体気流合気柔術拳法

体気流護身術のすべて

体気流合気柔術拳法
師範・宗家　吉岡英彦

浪速社

体気流合気柔術拳法

旗揚げ記念

体気とは
身体の中心より生じた気と力を
四肢のみならず
全身より　出すものなり
力は　筋肉のみの力にあらず

体気流とは
武技の伝承のみならず
常に創意工夫を加えるものなり
攻撃技には返し技有り
返し技には　更なる返し技有り

祝傘寿 吉岡英彦師範

平成11年11月18日

奈良高の原道場門弟の方々へ

すでにご存知のことと思いますが、吉岡先生が、今月18日に誕生日を迎えられます。驚く勿れ、なんと八十歳とのこと。あふれんばかりの気迫と軽やかな身のこなしからは、とうてい信じられない年齢です。

そこで、この節目において、先生への日ごろの感謝とお祝いの意をこめて、ささやかながら記念になる品をお送りできたらと考えました。寄贈品の内訳は、合気道衣上下・はかま・帯です。

まえがき

私は過去において、柔道、空手、合気道等の武術を習い、体気流合気柔術拳法を創始して私の道場で教えております。

腕の力だけで技をかけるのではなく、体の力と体重を利用して、更に気力を入れることにより、手に数十倍の力を出すことが出来ます。

これを私は、〝体気力〟と称しております。体気力を使うことにより強い相手を倒すことが出来ます。

また反対に相手に技をかけられても、体気により倒されません。逆に相手を倒すことが出来ます。

技を相手にかける場合に、力学的に考察することが大切です。一つの技でも力学的に考えることにより大いに、技は改良されます。

究極には天地自然の理に則って体を動かすことに努めることが大事です。

合気道等の小手返し、四方投げ、一本捕等の基本技は他書に譲り、これらの技を体得しておられる読者を対称として、本書はかいております。

平成十九年十一月十八日

体気流合気柔術拳法

宗家・師範 吉岡英彦

体気流合気柔術拳法――体気流護身術のすべて……………………目次

第一部

体気流について

体気武術の歌

作詞　吉岡英彦
曲　麦と兵隊と同じ

(1)天地の気をば　丹田《で》に込めて
構えをとれば　不思議にも
湧き出る体気に　敵は去り
武魂と理《ことわ》り　二つ持ち
共に励まん　体気術

(2)体気体気と　けいこに励む
励む体に　気が籠る
宇宙万理に　則《のっと》りて
練武に流す　玉の汗
身体《からだ》に漲る　体気力

(3)一技《わざ》一技　体気を込めて
かける技には　神宿り
金剛仁王の　威力湧き
不動明王の　不動心
我らは進む　堂々と

(4)体気の術は　武のみに非ず
広く社会に　通ずなり
荒波越える　力湧き
独立独歩　挫けずに
行手の厳しさ　乗り越える

体気武術の発見

私は大正八年十一月十八日生まれの現在（平成十九年十一月十八日）、八十八歳である。今日あるのも永年武道をやってきた御蔭であると思う。私は京都帝国大学迄の長い学生時代は勉強を主に過してきました。

大学を昭和十八年九月に、戦争で繰り上げ卒業になり、陸軍建技将校として昭和二十年八月の終戦迄二年間陸軍航空本部に属し、秘匿飛行場の建設に従事し、陸軍建技大尉で終戦を迎えました。

戦後の大阪の極端な食料不足の中、仕事人間となり仕事一途の生活で無理が祟り、昔から国民病といわれた結核（肺病）で倒れました。

当時は結核の特効薬のパス・マイシンの無い時代で、死病と恐れられた時代です。肋骨を五、六本とるか、またはピンポン玉を詰めて肺を縮小する大手術をするか、或は一般的な転地安静療法をするしか無かった時代でした。

二十六歳より三十六歳迄の十年間を闘病生活を送りました。人生の基礎を作る二十代半ばより、三十代半ば迄の十年間は痛手でした。

その間の大変な病苦、困苦はここでは触れずに他の機会に譲りたいと思います。

幸いに奈良在住の杉野陸朗氏に腹式呼吸を加味した腹の運動（詳細は省く）を一年間寝たきりでやり難病を克服しました。

医者からは一生傷を持つ体だから過激な運動は禁ぜられていましたが、体の調子が今一つなので、思い切って武道を始めました。

仕事があるので一週間に一度の稽古を始めました所、体も見違えるほど丈夫になり、風邪一つ引かない体になりました。

合気道、空手等を習い只腕力だけでなく、体の力をつかうことの大切さを知りました。体重、重力、力学等の考えを取り入れ〝体気〟と名づけました。

体気を会得すると相手の技はかかりません。また相手に技を掛けて、相手が抵抗した場合でも体気で相手を倒すことが出来ます。

私の本業は「都市計画」「下水道」の「技術士」で、設計業務に携わって来ました。

体気流護身武術を広めたく道場を開き教えております。合気道、柔道の技には数多くありますが、皆返し技があります。一つの技で万能の技ということはなく、弱点はあり返し技があります。

私の娘が大学生の頃、家に帰る途中、暗い場所で後ろから男に抱きつかれましたが、娘は胸の前にある男の指を噛んだところ、男は悲鳴をあげて逃げて行きました。

娘の犬歯はぐらぐらに動いていましたが、若さとは強いもので、歯医者に行かずに自然に元通りに固まり治りました。

娘は合気道等の武道は一切やっておりませんが、私は危険なとき、相手のどこでも噛めと教えておりましたので、役に立ったわけです。

噛むことも立派な護身術です。いざと言うとき落ち着きと、機転が大事です。

体気とは自然の重力の利用、力学の利用（延子の原利、支点と力点の利用）、気力の利用による技である。一つの技をかける場合にこのことを考えて練習すると、力は普通の力の数倍以上の不思議な力がでて相手を倒せるものである。

私は普通の人間であるので、如何にして弱い者が強い者を倒すかを考えて体気なるものを発見した次第である。

1 体気の例①

❶

❷

合気道では片手を出して相手に下から握り上に上げさせて、掌を開き気合を入れれば腕は上がらない。口から息を吸い五指を開き指先より息が出るようにして、合気をかければ腕は上がらない。指を握った拳では容易に上がると説明している。(❶)

筆者は体気を入れれば拳を握った腕でも相手は上げることが出来ない(❷)腕が上がるのは肩の関節が蝶番の役目をしているからである。この蝶番を固定すれば上下に腕は上がらない。体気を入れて固定すれば腕はビクともせず動かない。もちろん五指を開いていても体気を入れて肩の関節を固定すれば腕は上がらない。片手を拳にしても、指を開いていてもどちらでも肩が固定されれば上下に腕は動かない。

2 体気の例②

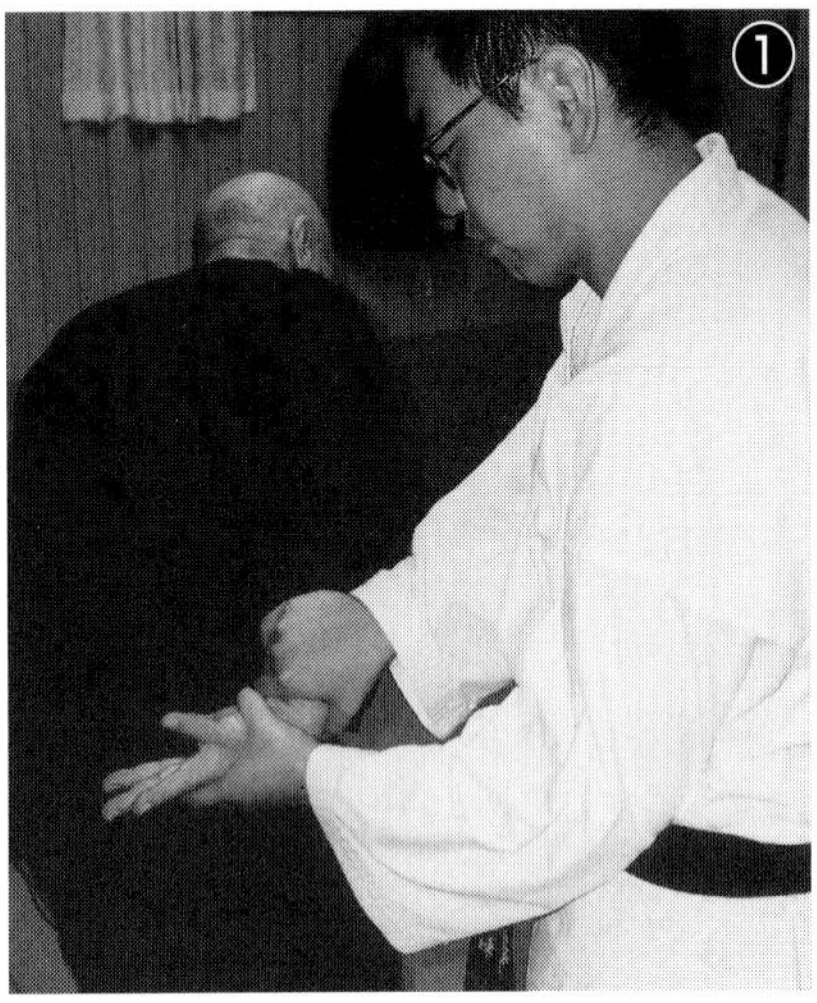

❶

〔受〕立っている捕の右手首を、背中に置き受の手首を曲げる。

〔捕〕体気を入れて右手首曲げを抵抗すれば手首曲げはかからない。(❶)

3 体気の例③

❶

〔受〕俯せている捕の右手首を曲げて極める。

〔捕〕前述と同様体気を入れれば、手首極めはかからない。(❶)

4 体気の例 ④

〔受〕立っている捕の右腕を下から後上に反り上げ極めます。

〔捕〕体気を肩に入れれば、右腕の後反り上げは極まらない。(❶)

5 体気の例 ⑤

〔受〕俯伏せになっている捕の右腕を後に反り上げ極める。

〔捕〕前述と同じく体気は肩に入れると、右腕の後反り上げ極めはかからない。(❶)

6 体気の例 ⑥

〔受〕前から両手で捕の両肩を押す。

〔捕〕左足を半歩後に引き、上体をくの字に前に曲げ、両手を前に出し両手首を曲げると後に倒れない。受が両手を外しても、前によろけない。受の両手の両肩押しの力は、体を通って左足に来る。(❶)

7 体気の例 ⑦

〔受〕後ろより両手で捕の両肩を押す。

〔捕〕右足を半歩前に出し、体を少し前傾し、両手を前に出し手首折れば体は前に倒れない。両手を受が外しても後によろけない。(❶)

8 体気の例 ⑧

〔受〕正座する。

〔捕〕前より両手で受の両肩を押す。両手を前に出し体を少し前屈し体気を入れる。受の両手での肩押しの力を体内に流し、両足先に流して両足甲で抵抗すれば後に倒されない。両手首を折り前に出すのは重心を前に移して倒れにくくするためである、受か両手を外しても前によろけない。(❶)

9 体気の例 ⑨

〔受〕正座している捕の両肩を後より押す。

〔捕〕両手をかかえるように前に出し、体をくの字に前傾すれば倒れない。受が両手を外しても後によろけない。(❶)

10 体気の例 ⑩

両足を前に投げ出して尻をつけて坐す。写真のように相手が立って両手で両肩を押すと簡単に後に倒れる。(❶)体を前に屈め両手を前に出し、体気を入れる。相手の両手の力を体内に吸収して尻に伝える。尻で抵抗すれば、後に如何に押されても倒れない。(❷)

⑪ 体気の例 ⑪

相手が左足を我が右足後にかけ、左手で我が胸に当て後に倒さんとする。我は体気をかけて左足を大きく後に引き、体を前に屈め顎と胸で相手の左腕を挟み、左手で相手の左手首をとり、右手で相手の右肘をとり、肘極め倒す。(❶)(❷)

⑫ 体気の例 ⑫

相手(向かって左)が左手を左膝に当て、右手を右首横に当てて。左手を左に引き右手を右に押し、我を倒さんとする。我は体気を入れて体を前傾して両手を前に出し手首を折、手の甲を垂らすと倒れない。(❶) 普通であれば容易に倒れる。

13 体気腕外し ①

〔受〕左手で捕の右手をとる。(❶)

〔捕〕右手を曲げ右肘を右腹横につけて、右肘で受の胸を肘打ちするように右肘を前に出し、右手先を右耳に向かって体気を入れて引けば右手は外れる。右手を右耳に向って上げるだけでは手の力だけになり強く受が握れば外れない。肘と肩の操作で右手を外す。(❶・❷)

14 体気腕外し ②

〔受〕両手で捕の右手を握る。

〔捕〕体を右に開き廻し受の右横に行き、右手を下より受の右手の内側に曲げて当てる。体は受の右横で受と直角になる。(❶・❷)体を右に廻し右手を後に引けば外れる。(❸)体気を入れて体で外す。手の力だけで外すのではない。

⑮ 上段打ち体気落し ①

〔受〕右手上段打ち。（❶）
〔捕〕左手で受の右手上段打ちを受けて、右手で受の左首襟をとり、肘を曲げて体を左に向けて下に落す。（❷・❸）

⑯ 上段打ち体気落し ②

〔受〕右手上段打ち。（❶）
〔捕〕左手で受の右手上段打ちを受けて、右手で受の右首襟をとり、肘を曲げて体を右に向けて下に落す。（❷・❸）

17 胸襟取り落し

先手で受の右襟をとった場合(❶)も、また先手で受の左襟をとった場合(❷)も、同様にして倒し落せばよい。

18 重心外し腕廻し投げ

〔受〕両手で捕の両手を夫々とる。(❶)

〔捕〕右手を左横に引き体を左に開き、右手を受の左手より外し(❷)受の顔面を右拳で打つ。(❸)左手で受の右肘衣を握り、右手で受の右手首を握り(❹)両手で受の右手を上にあげる。受の両手を上に上げることによって受の重心は上にあがる。両手で受の右手を円を描くようにして下にさげ、右肘を受の右手付根につけて肘でも受の体を下に押し両手と右肘の三つで体気を入れて、受を下に倒す。(❺)

19 腕抜き出来ない

相手の左腕を右手で力を入れて抱いても、相手は左手を抜いて容易に外す（❶）。この場合右肘を脇につけ、右手首を曲げ、右手親指と人差指を延ばし力を入れ、体気を入れ腰を落すと、相手の左腕は抜けられない。（❷・❸）体を左に廻して、更に腰を落して左下に落し倒す。

20 脈極め返し

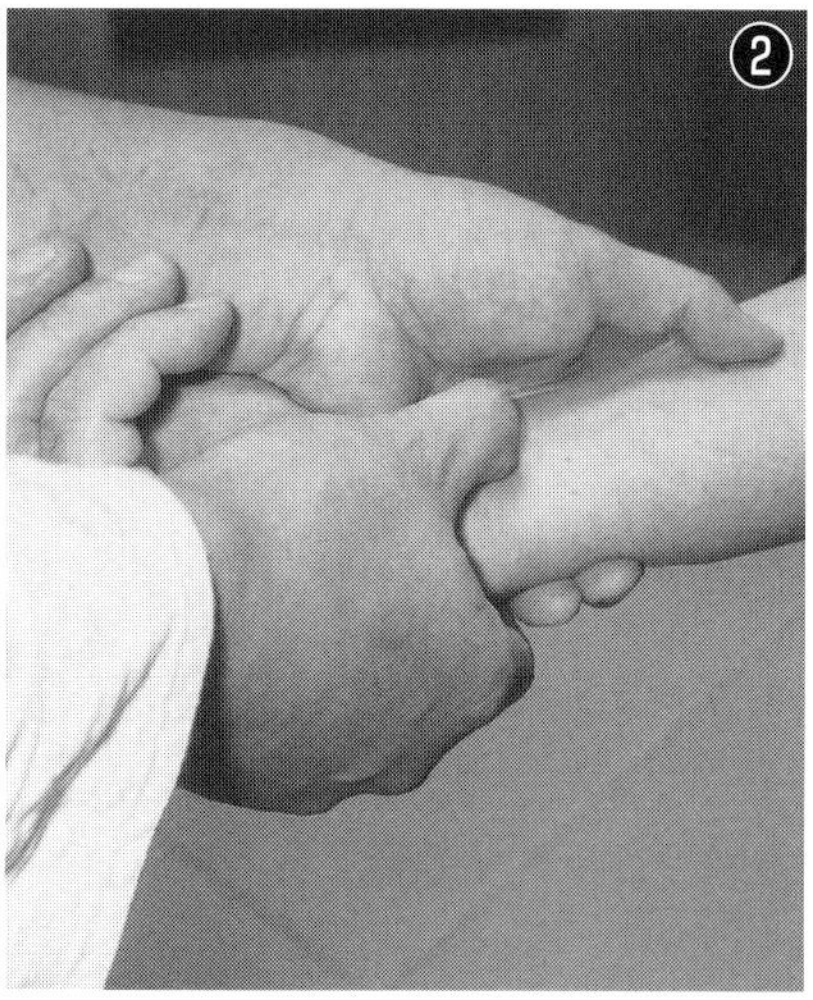

〔受〕（❶）のように両手で捕の右手首をとり、右手親指で脈極めをする。
〔捕〕体気を右手首に入れると、脈極めはかからない。（❷）左手で受の右手をとり、両手で左に小手返しをすればよい。

21 体重利用肘打ち落し

〔受〕両手で捕の胸襟を平行に胸をとる。

〔捕〕両膝の力を抜き腰を落し、左手刀にして左腕を受の右肘上より打ち落とし受を落し倒す。左手の腕の力だけでなく体重を左手に移動させて打ち落とす。腕の力に体重が加わる。

22 相手の上段打ちを受けても痛くない

小指と薬指に力を入れる

〔受〕右手を上段打ち。

〔捕〕受の右手を手指を開いて受けるか（❶）右手を握り拳にして空手のように受けるか一般にするが、指の力の入れ方が大事である。五指を開いて受ける場合、小指と薬指に力を入れ受けると痛くない。（❷）理由は小指と薬指に力を入れると右腕の外側の筋肉が固くなり、（❸）受の右手が当っても痛くない。私の場合弟子に力一杯打たせて私が受けると、打った弟子が痛がり、受けた私は痛くない。右手拳を握って受ける場合は拳を握ったまま小指と薬指を他の指よりも力を入れて握り締めると右手の外側の筋肉が固くなり痛くない。

23 手甲痛め外しに勝つ

〔受〕後より捕を両脇下より抱く。(❶)

〔捕〕両拳で受の上の手甲を打つか、両拳で受の手甲を押し従方向（この場合相手の手甲骨に直角）に強く擦れば、受は痛くて両手を離すので他の技をかけて受を倒すのが普通である。

〔受〕体気を入れれば自然と両手甲に気が流れ、捕が強く拳で突き擦っても痛くはない。(❷)受の優位は疑うべくもなく、体を横に捻り足かけて両手で斜め後に投げ飛ばす。

24 体気倒し

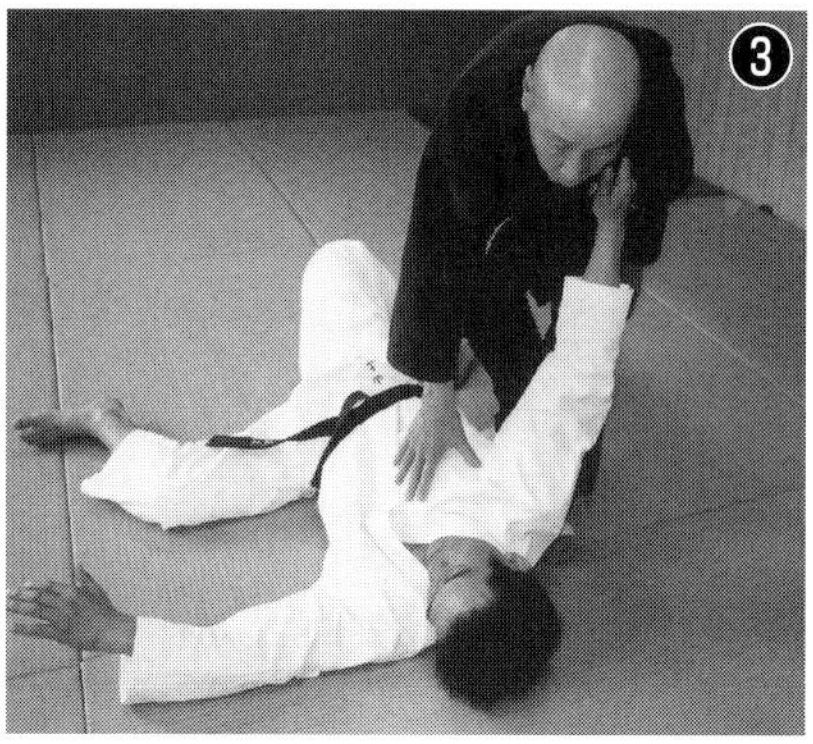

柔道で組み相手が右足で我が右足に掛けて倒さんとする。(❶)我は左足を大きく後に下げて体気を入れ体を前傾して左手を前に大きく出す。これで後に倒れないで逆に相手が我にかけている右足を逆に掛けて、右手で押し倒す。(❷・❸)

25 片手棒下げ

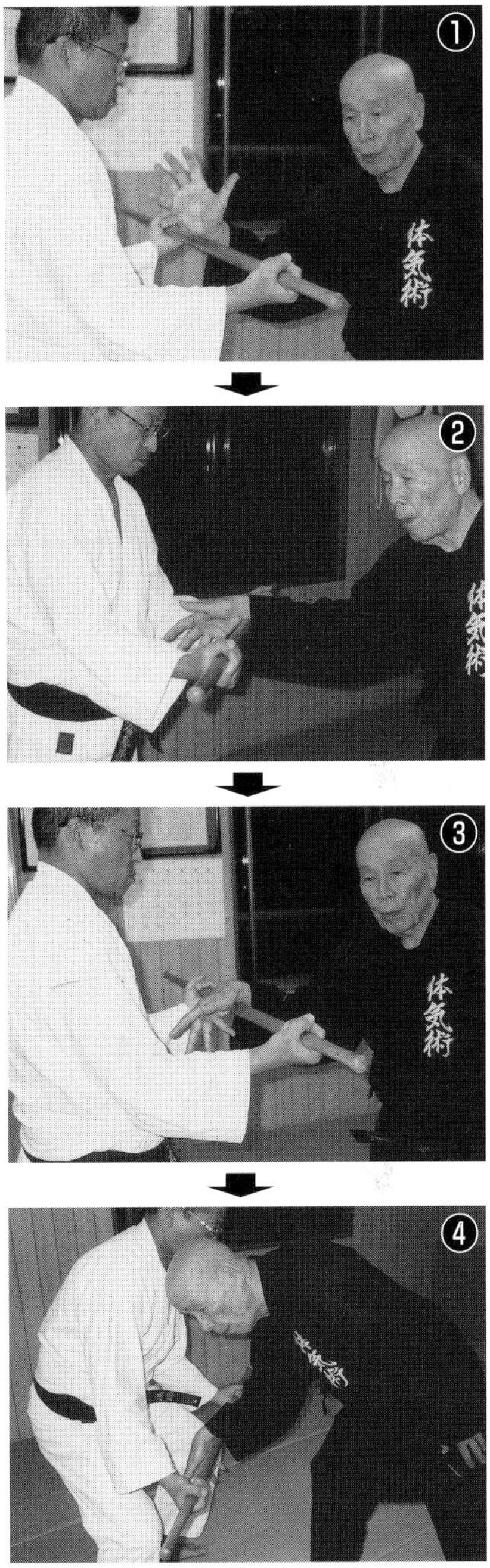

〔受〕両手で下より棒を握り支える。

〔捕〕右手首を棒に当て手だけの力で、下に押しても下がらない。(❶)右手首を垂直に下に曲げて体気を入れ下に押すと棒は下がる。受が如何に力を入れて支えても棒は下がる。手首を垂直に折り体重をかけ、体気を入れることが大事である。(❷・❸・❹)

26 肩とり体気外し

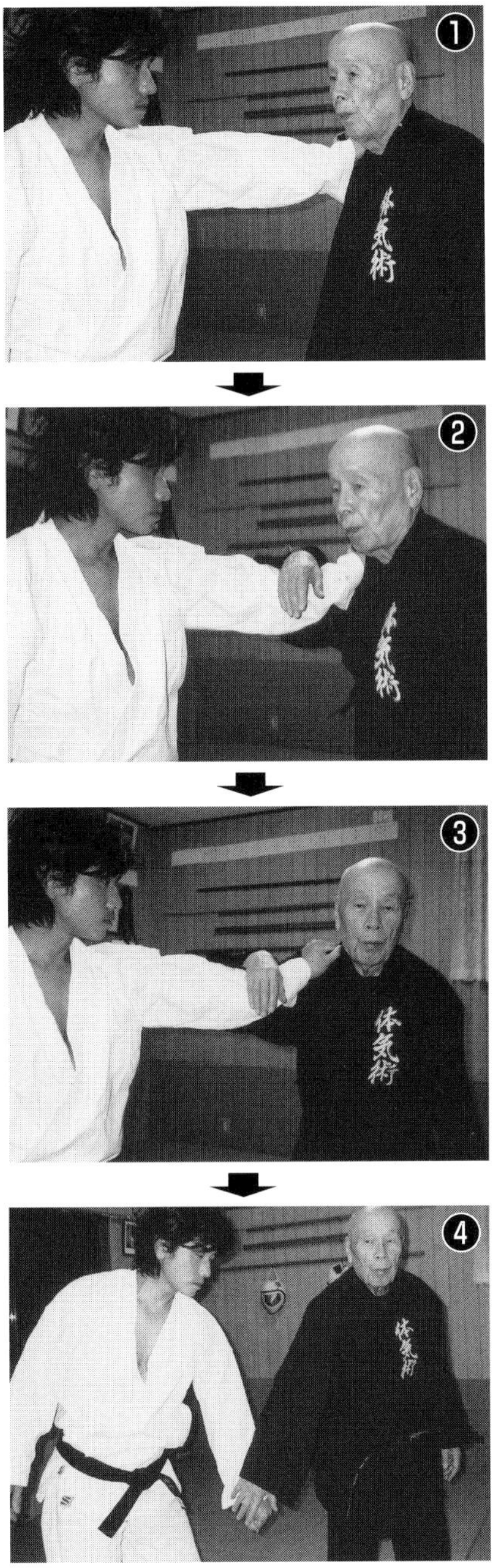

〔受〕左手で捕の右肩をとる。(❶)

〔捕〕前向きのままで受の左手を左下に払っても受の左手は外れない。(❷)体を左に開き(❸)右手で左下に体重をかけて払えば受の左手は外れる。(❹)

27 一本捕への応用

相手が左手で我が右肩をとった（❶）場合に一本捕をかけるときに、体を左に開いて（❷）一本捕をすれば相手が力を入れて抵抗しても容易にかけられる。（❸・❹）

28 片手胸とり外し

〔受〕右手で捕の胸襟をとる。（❶）

〔捕〕正面を向いたまま左手で右下に払っても受の右手は外れない。（❷）体を右に開き（❸）左手で右下に体重をかけて払えば受の右手は外れる。（❹・❺）

29 体気の例（押し歩き）①

❶

❷

❸

❹

❺

〔受〕両手で捕の両中袖をとり、（❶）両手で捕を後に押す。

〔捕〕両肘を両脇に密着させ（❷）、両下膊を曲げて上にあげ（❸）、手首を前に垂らす。（❸）体を前傾して腰を左右に交互に前に出して、ナンパ歩きをすれば受は後に押されて下がる。（❹）体気を入れて体で押し歩く。（❺）

30 体気の例（押し歩き）②

〔受〕両手で捕の両手をとる。（❶）
〔捕〕両手を両鼠蹊部に当て、両肘を両脇に密着させる。（❷）体を前傾して体の右半分を前に出し、右足を出し、体の左半分を前に出し、左足を出して、交互にナンパ歩きをすると受は後に下がる。体気を入れ腰を落して歩く。受は両手を外す。（❸・❹）

31 体重倒し

〔受〕右手上段打ち。（❶）
〔捕〕両手で受の右手を受け（❷）体を左に向け右足を一歩受の後に踏み出し、右肘を立て体重を右肘にかけ（❸）、受を下に落し倒す。（❹）

32 片手肩垂らし投げ

〔受〕右手中段突き。
〔捕〕体を左にさけ左手で受の右手を右に払う。右手首を受の左肩にかけて、右手掌を下に垂らし掌を受の背に密着させて（❶）、体を大きく前に屈め倒す。右手掌を手前に巻き込むようにして倒す。（❷）右足を大きく一歩踏み出す。体気で倒れる。体を受の右後にもってくることと、手掌を受の背中に垂らして密着させることが大事である。

33 上段打ち畳み投げ

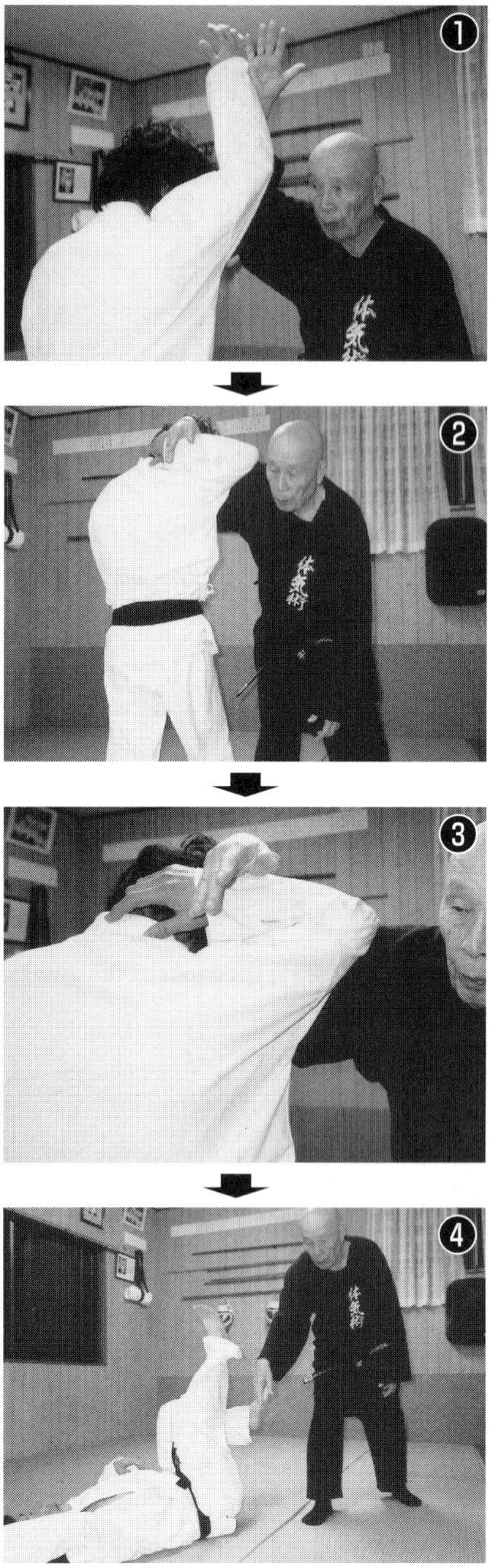

〔受〕右手上段打ち。（❶）
〔捕〕右手で受の右手を受け（❶）、そのまま受の右手をくの字に折り（❷）、受の右肩に畳み込み、右手首を垂直にして小指側に曲げて（❸）受を後に倒す。（❹）体を体気を入れて前傾する。

34 胸襟とり（体気体重かけ倒し）

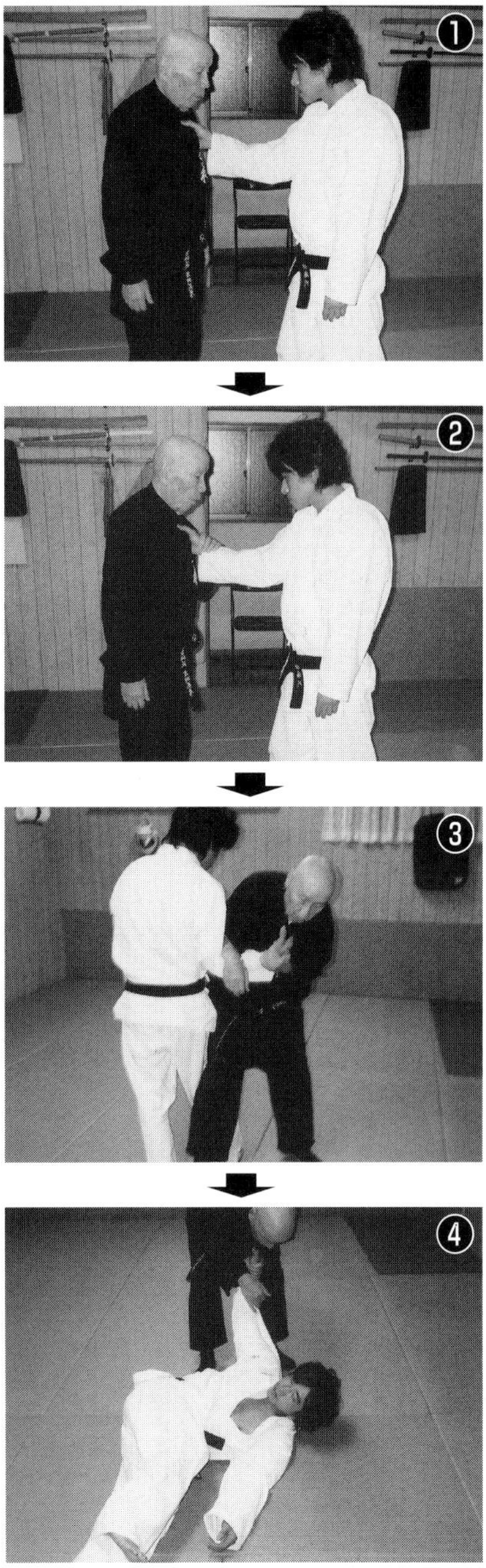

〔受〕右手で捕の襟をとる。（❶）
〔捕〕左手で受の右手首をとる。（❷）右手を受の右上膊に乗せ、体を左に向けて、受の右手に体重をかけ、右足を受の右足後にかけて倒す。（❸・❹）

第二部

技の極めと返し技について

1

手首水平折り

〔受〕右手中段突き。
〔捕〕左足を半歩後に下り体を右に開き右足を後ろに引く。(❶)両手で受の右手甲を上から掴む(❷)両手親指を交差する。両手で受の手を左に振り反動をつけて、右に振り小指側の受の手首の関節を折り右下に受の右手を持って行き引き倒す。(❸)受の右手首関節を小指側に折極める。手首の関節は手甲側や親指側や掌側には折らずに小指側に両手を水平に動かして折ること。受の右手甲は上に向けること。

2

手首曲げ折り倒し

〔受〕右手中段突き。(❶)
〔捕〕受の右手中段突きを外にさけ、左手で受の右手を右に払い体を右に開き、右手で受の右手首をとり、(❷)左手で受の右手上より受の左胸襟を握る。(❷)右手で受の右手を上に曲げ、我が左手上に巻き上げのせて、受の右手首を折り(❸)下に落し倒す。

③ 下手握り手首極め ①

〔受〕左手で捕の右手をとる。(❶)

〔捕〕右手掌を右に返して掌を上に向ける。(❷)下より受の左手首を掴み(❸)左に受の手首を廻して、右手親指が手根骨の上に来るようにする。(❹)左手で受の左手甲を掴み、(❺)右手親指で受の手根骨を下に押さえ(❺)左手で受の右手甲を上に上げ、受の左手首を垂直に曲げて極める。(❻)

④ 下手とり手首極め②（手刀打ちの場合）

〔受〕右手で捕の右手をとる。(❶)左手で捕の頭部を打つ。(❷)

〔捕〕受に握られた右手を上げて、受の左手打ちを防ぐ(❷)左手で下より受の右手甲を握り(❸)押えて少し左下に落し、受の右手首を極める。(❹)普通は上から左手で、受の右手甲を押さえ、右手を右廻りに返して、受の右手首を握り、両手で手首を極めるが、この場合は右手を右上に上げているから、左手で上から受の右手甲をとり押さえられないので、下からとり押さえることになる。

⑤ 双手とり二ヶ条極め①

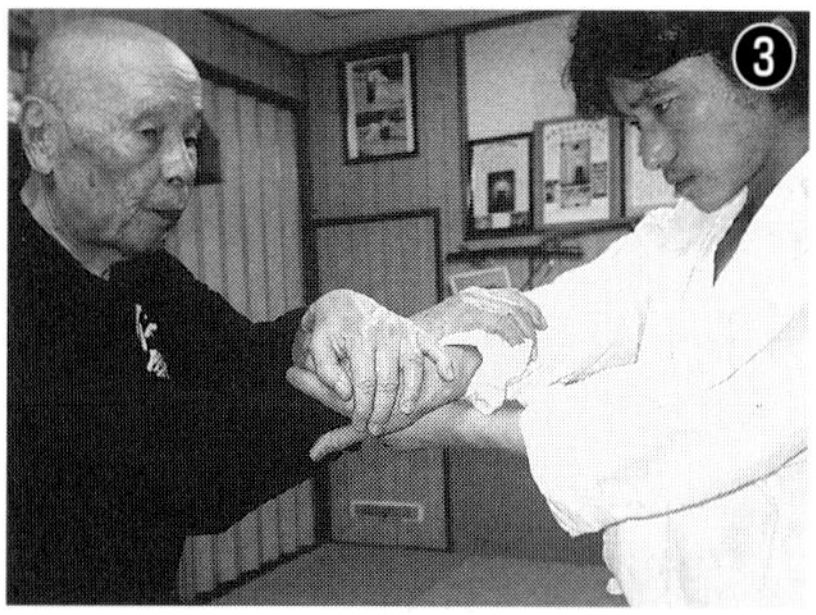

〔受〕両手で捕の右手をとる。右手が上、左手が下。(❶)

〔捕〕左手で受の右手甲を押え(❷)右手で受の右手首を下から上に握り、(❸)時計廻りに右に捻り二ヶ条極めをする。片手とりの二ヶ条極めと同じである。(❹)

6 双手とり二ヶ条極め ②

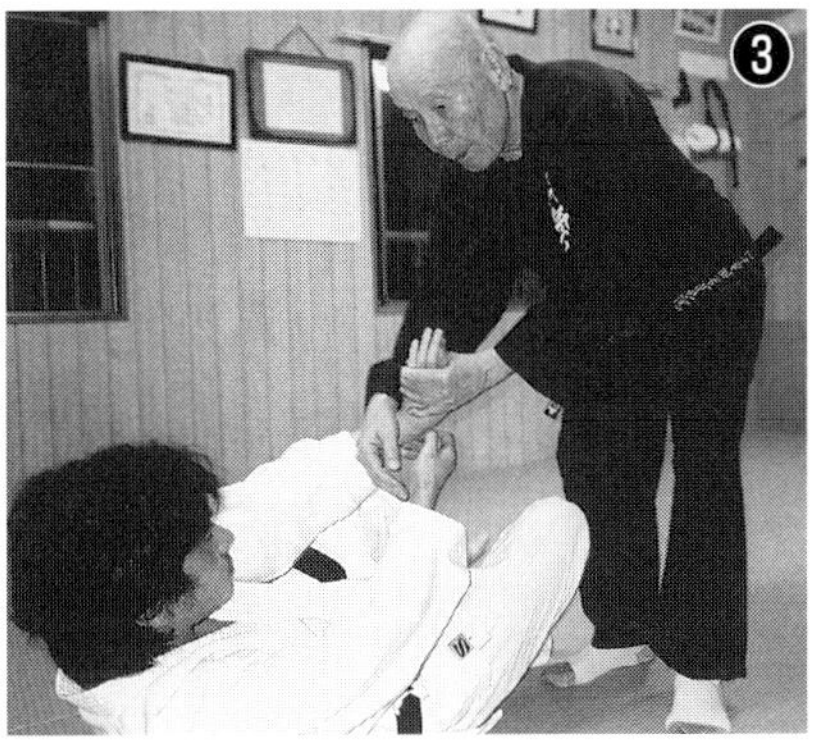

〔受〕両手で捕の右手首を握る。右手上、左手下。(❶)

〔捕〕左手で受の左手甲を握り、左に捻り(❷)右手で受の右手根骨を上より押さえ(❷)二ヶ条極めをする。片手とりの二ヶ条極めと同じである。(❸)

7 変型二ヶ条極め

〔受〕右手上段打ち。(❶)

〔捕〕両手で受の右手上段打ちを受けて、(❶)右手で受の右手の親指を除く四指を受の右手甲側より握り右に捻り、受の右手を下に落す。(❷)左手で受の右手首を握り下に押し(❷)右手で受の右手先を垂直にして上に曲げて手首を極める。手根骨を上に向けて右手首を鋭角に曲げて極める。(❸)

8 袖口捕り①

〔受〕左手で捕の右袖口をとる。❶

〔捕〕右手を内より外に右廻りに廻して、受の小指側の手根骨を上に向ける。（❷）左手で受の左手甲を上から握る。右手刀で受の手根骨を下に押し、左手を上に上げて受の手首を極めて（❸）倒す。（❹）片手をとられた場合の手首極めの合気道の二ヶ条極めと同じである。手首をとるか、袖口をとるかの違いである。

9 袖口捕り②

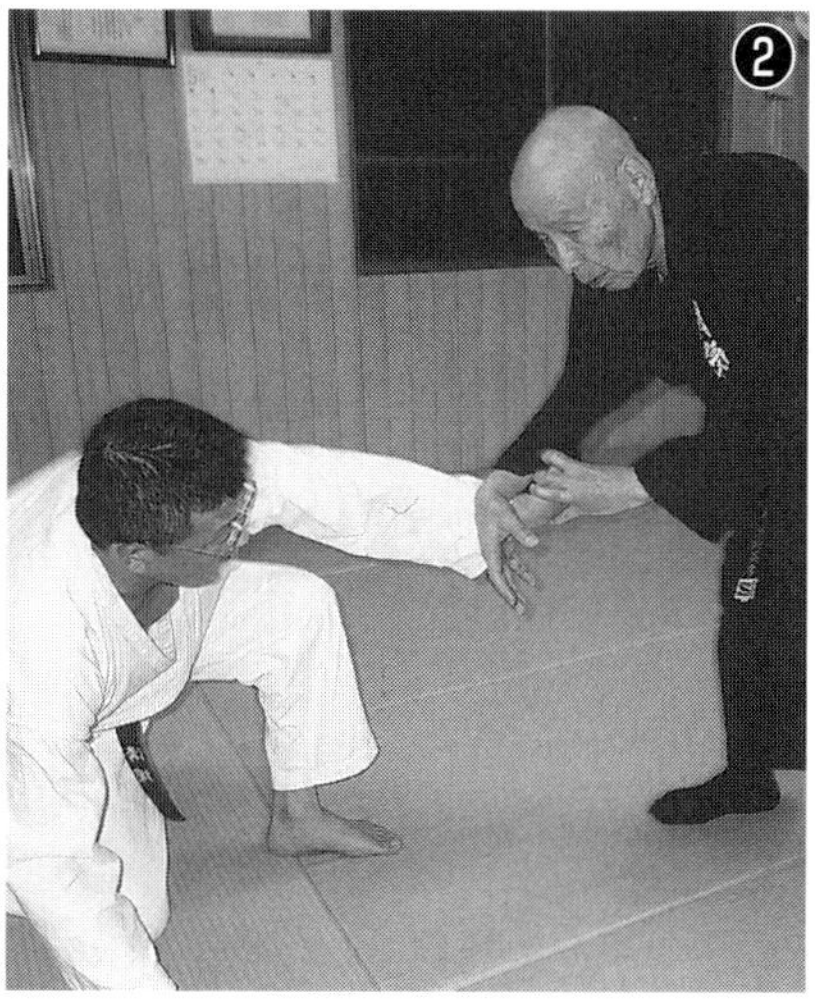

〔受〕左手で捕の右袖口をとる。

〔捕〕右手を外より内に左廻りに手首を廻して、受の小指側の手根骨を上にする。（❶）右手刀で上より受の小指側の上より手首を押さえ、左手で受の左手甲を上から握り上に曲げ（❷）上げて手首を極める。（❷）

10 片手首手刀打ち折り極め

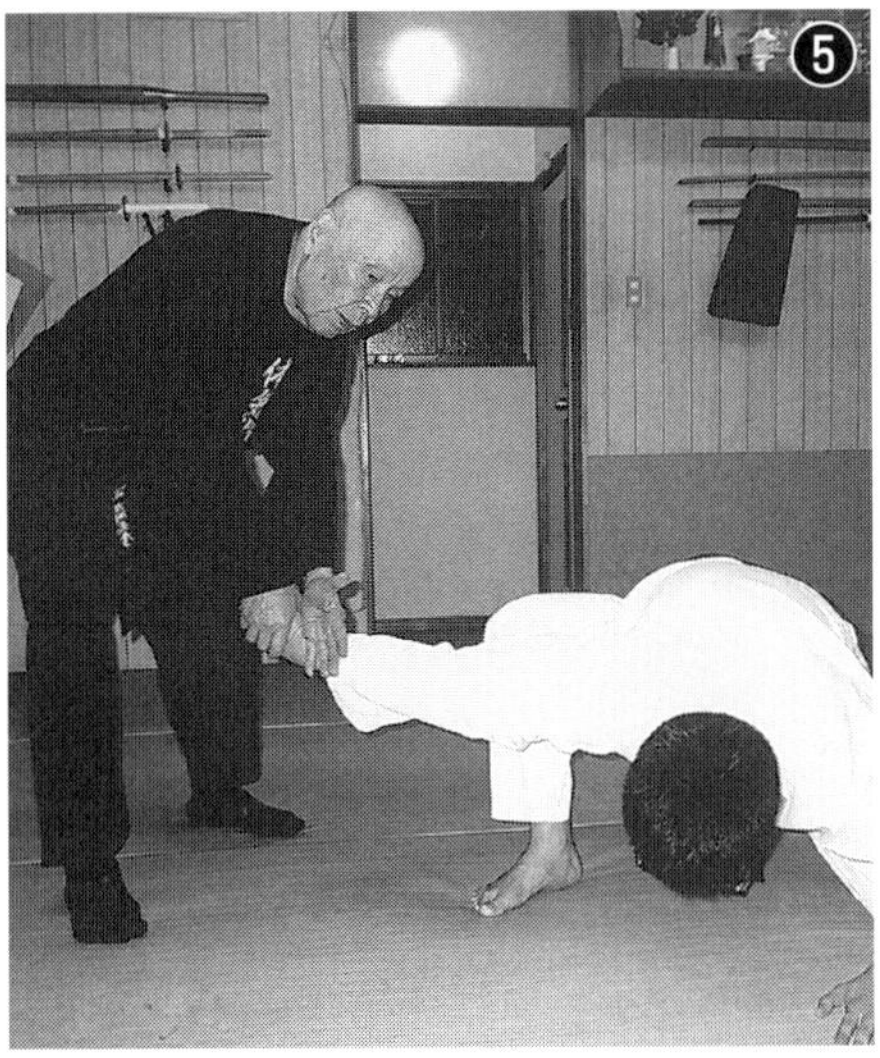

〔受〕右手中段突き。(❶)

〔捕〕体を右に開き、左手で受の右手を右に払う。(❶)右手で受の右手甲を上から握り、(❷)右に受の右手首を捻り、受の右手根骨を上に向ける。(❸)左手刀で受の右手根骨側の手首を打ち折り、(❹)右手で握った受の右手を上に上げて、受の右手首を極めて下に倒す。(❺)

⑪ 胸襟とり水平方向の二ヶ条極め

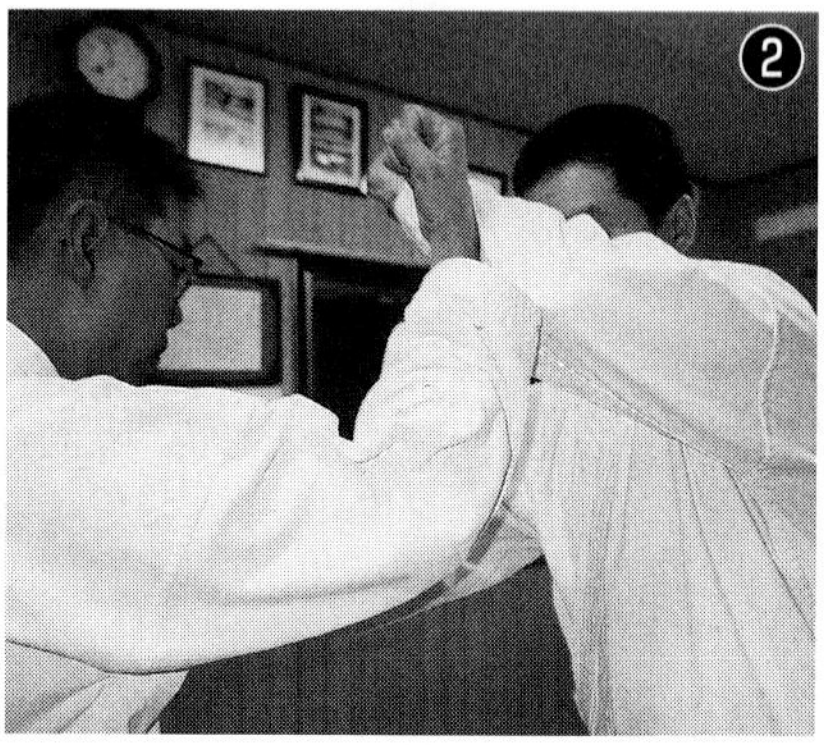

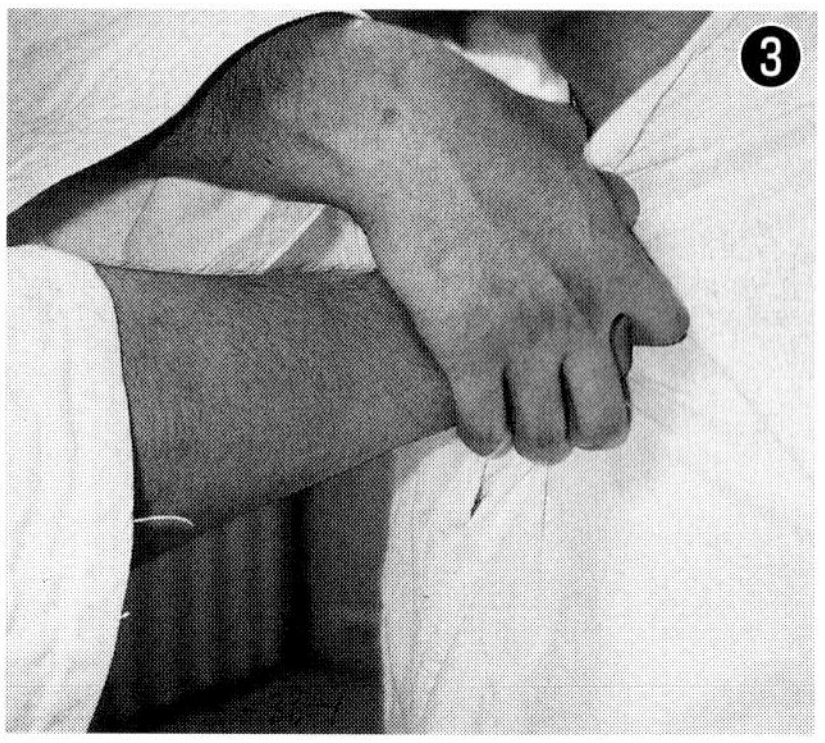

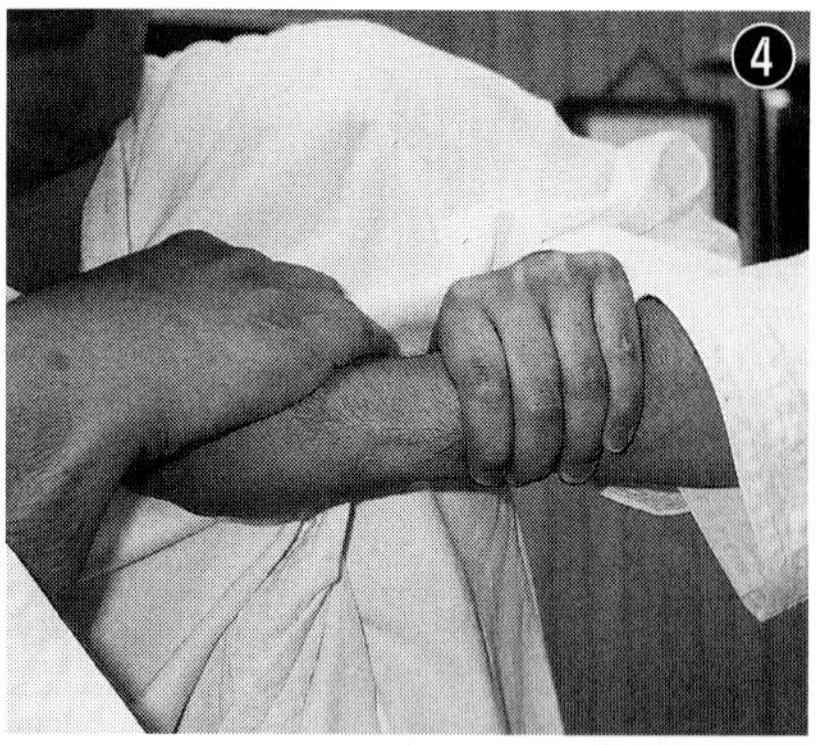

〔受〕右手で捕の胸襟をとる。強く胸襟を握る。(❶)

〔捕〕右手裏拳で受の顔を打つが、受の左手で受けられる。(❷) 右手で受の右手甲を握り右に捻るも、受が強く胸襟を握っているので、受の手根骨は上に廻らない。(❸) 従って上下方向の二ヶ条極めは出来ない。右手で受の右手甲を握り、左手で受の右手首を握り、体を右に廻して水平方向、左右方向に(❹)二ヶ条極めをして斜め右下に倒す。(❺・❻)

12 肩捕り水平方向二ヶ条極め

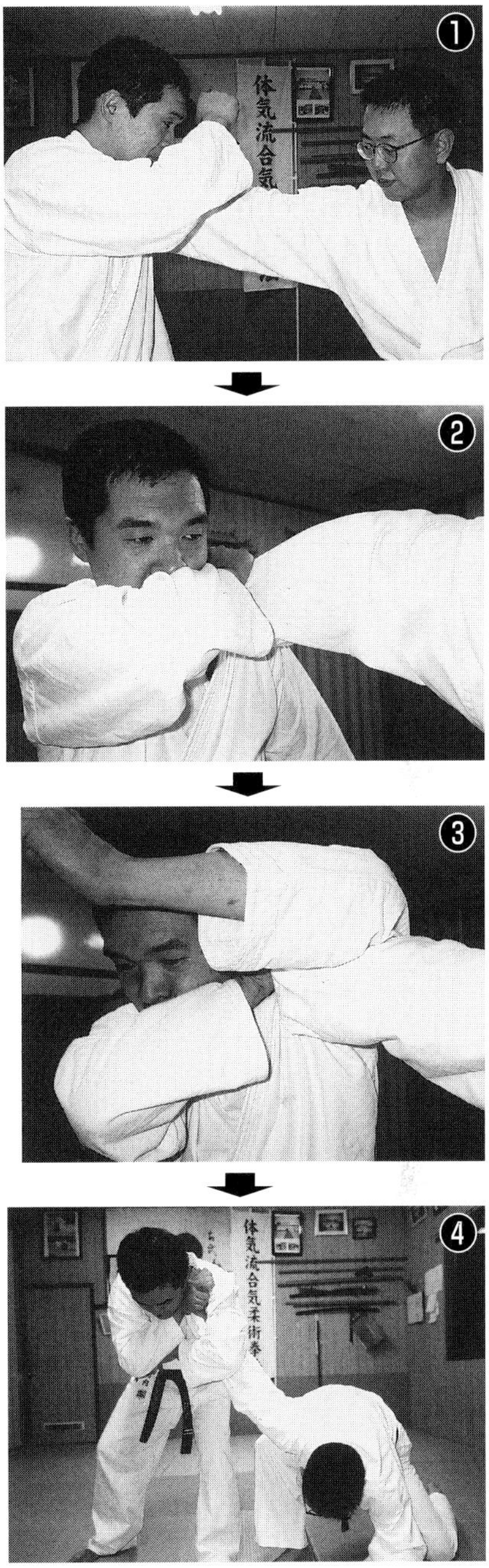

〔受〕右手で捕の右肩をとる。強く捕の右肩をとる。(❶)

〔捕〕強く受が肩衣を握ると、右手で受の右手甲を握り右に捻っても手根骨は上に向かないので、前述のように上下方向の二ヶ条極めは出来ない。(❷)体を右に廻して(❸)水平方向の二ヶ条極めをする。(❹)

13 手首極め後倒し

〔受〕右手で捕の左手をとる。(❶)

〔捕〕右手で受の右手首をとり手前に引きながら、左手首を右に水平に曲げて、左手小指側を上に上げ、受の横腹に左手小指側をつけて、左手小指側をこじ上げる。(❷)受は右手首を極められ、両踵を上げて背伸びする。左手を下に引き外して、受の右脇下に左手を下により当て、受の胸を押し、(❸)左足を受の右足後にかけて後に倒す。(❹)

⑭ 腹衣掴み

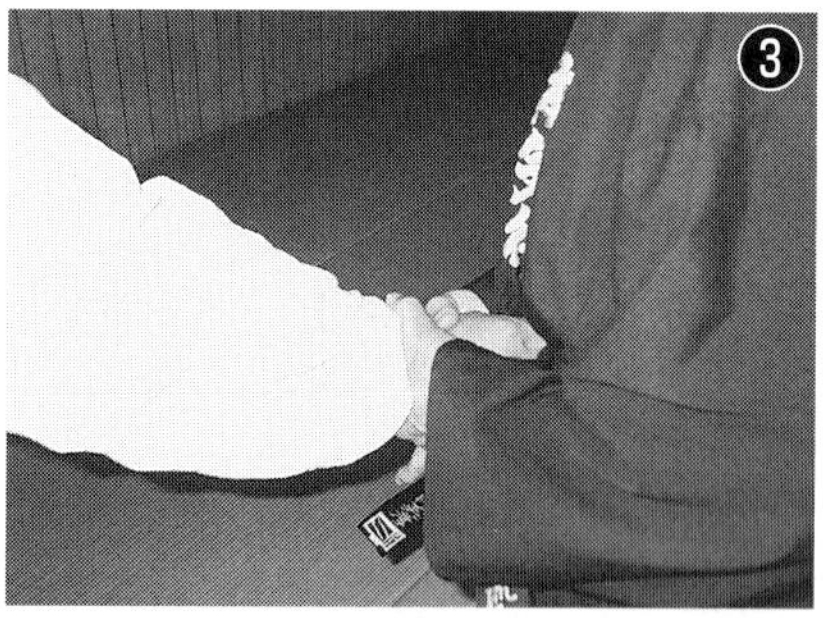

〔受〕右手で捕の腹衣をとる。(❶)

〔捕〕左手で受の右手首を左横より握る。(❷)右手で受の右手首を右横より握り(❸)両手で少し受の右手首を右に捻る。(❸)左手で受の右手を右に押し、右手掌で受の右手甲を左に押し体を右に開き廻して、受の右手根骨を水平方向に極める。(❹)

⑮ 両手とり二ヶ条極め

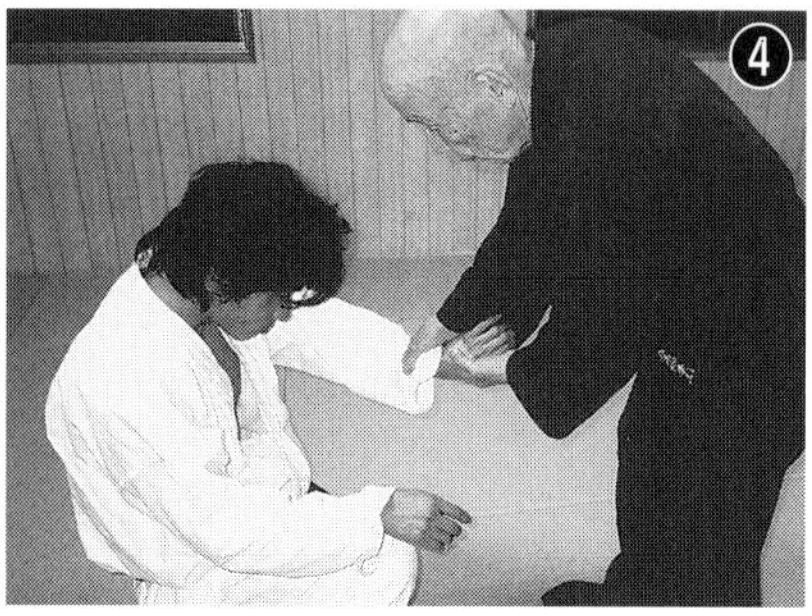

〔受〕両手で捕の両手を夫々とる。(❶)

〔捕〕両手で夫々外より内に手首を返して、両親指を上にして受の手首を握る。(❷)受の両手は内に捻れて小指が上になる。(❷)左手で受の左手甲を順に握り、(❸)右手を下に押し、左手を上に上げ受の左手首を垂直にして折り曲げて極める。二ヶ条に極める。(❹)

16 体捌きより手首極め

〔受〕右手で捕の左手をとり、左手で捕の顔面を突いてくる。

〔捕〕体を右に開き左手を大きく前に出し左足を前に出して体捌きをすれば、受の右手顔面突きは避けられる。(❶)

〔受〕捕が左手を前に出し、体を右に大きく開き体捌きをしたので、右手を引き込める。(❷)

〔捕〕右手で受の右手甲を上から逆手にとり、左手で受の右手首を握り受の手首を極める。(❸)二ヶ条の手首極めをする。

17 手首二ヶ条極めを逃げられた場合

〔受〕左手で捕の右手をとる。(❶)

〔捕〕右手を返して下から受の左手首を握り、左手で受の左手甲を握り上に上げ、受の左手の手根骨側を両手で折り曲げて極めんとする。(❷)二ヶ条の手首極めをせんとする。

〔受〕左手首が少し痛くなる初期の段階で、左肘を曲げて胸につけ、体を右に開き逃げんとする。(❸)

〔捕〕両手で受の左手首と左手甲を握ったまま、体を左に開き右肘を受の左肘に当て体重をかけて下に押し、両手で受の左手先を上に上げて肘極めをする。(❹)

18

両手手甲握り手首極め

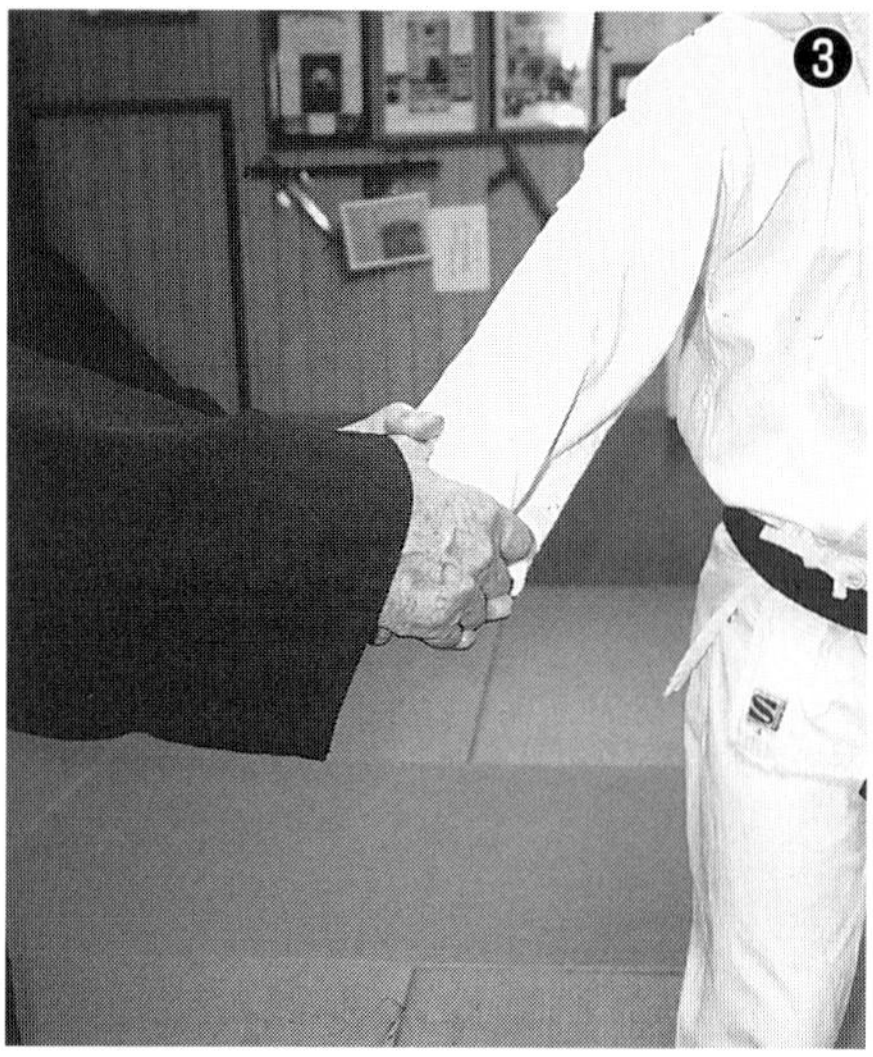

〔受〕右手中段突き。(❶)

〔捕〕体を右に開き左手で受の右手を右に払い、(❶)右手で受の右手甲を上から掴む。(❷)左手で受の右手甲を外側から掴み、両手で左下に振り、受の手首の手根骨側を折り極める。(❹)

⑲ 肘曲げ手首捻り落し

❶

❷

❸

❹

❺
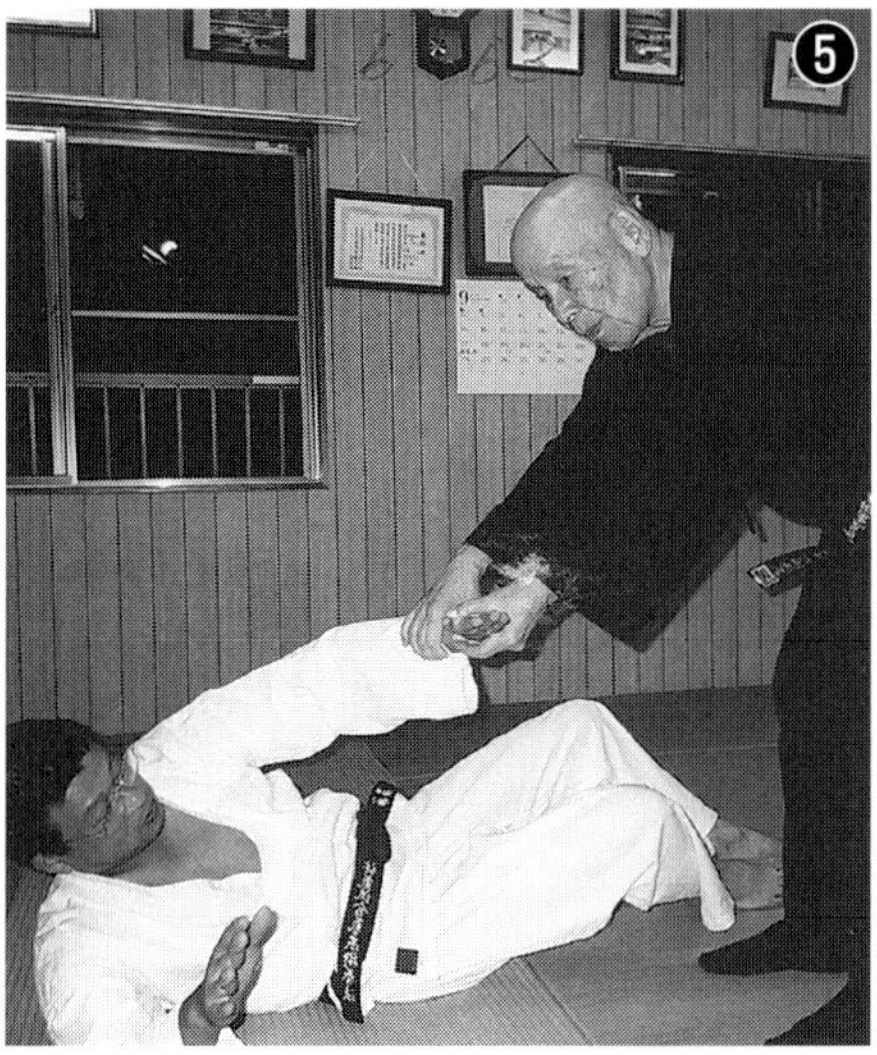

〔受〕左手で捕の右手をとる。(❶)

〔捕〕右手を反時計廻りに、手首を返して受の左手首を握る。(❷・❸)左手で受の左手甲を下より握り、(❸)受の右肘を曲げて、左手で受の左手甲を受の胸の方に捻り、右手も受の左手首を受の胸の方に捻り、両手で下に落す。(❹・❺)

20 手首折り極め

〔受〕右手上段打ち。(❶)

〔捕〕右手で受の右手上段打ちを受けて、素早く左手を受の首の後におき襟を握り体を受の右横におく。(❷)受の右手を自分の左手肘の上におき右手で受の右手を下に下げ、受の右手首を掌側に曲げて極める。左手は突っ張る。もし受の右手首折りが効かない場合は受の右手甲を反時計廻りに捻り折れば極まる。

21 捻り二ヶ条極め

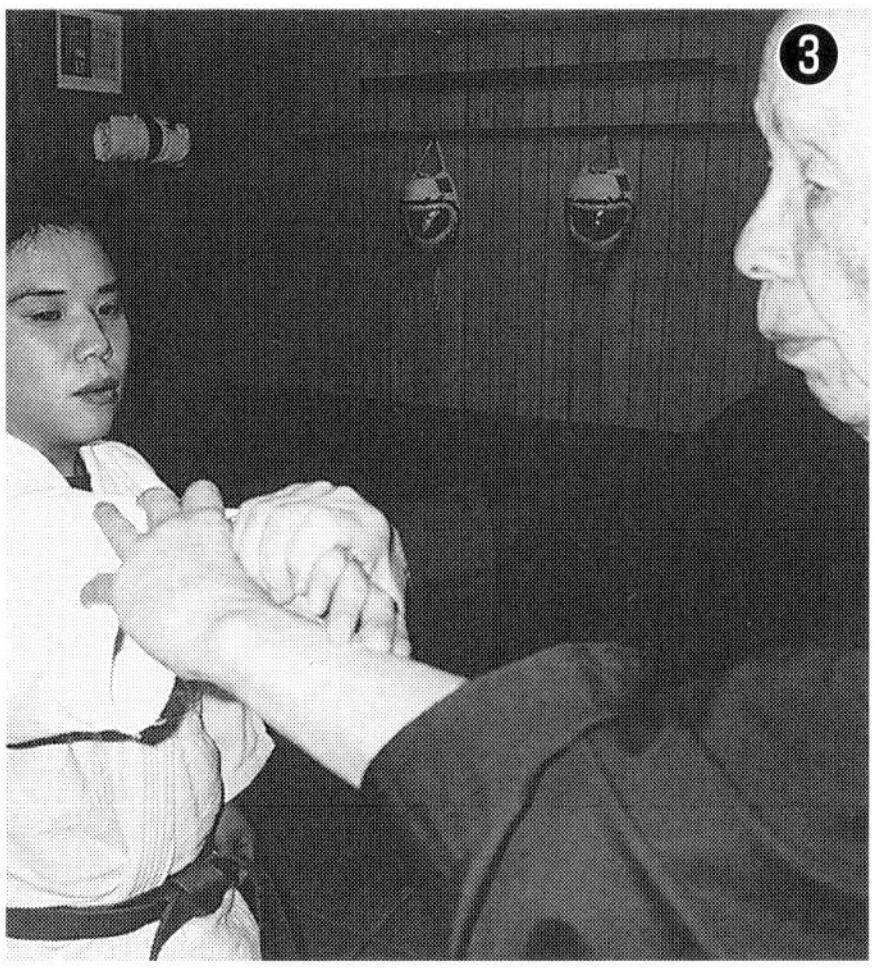

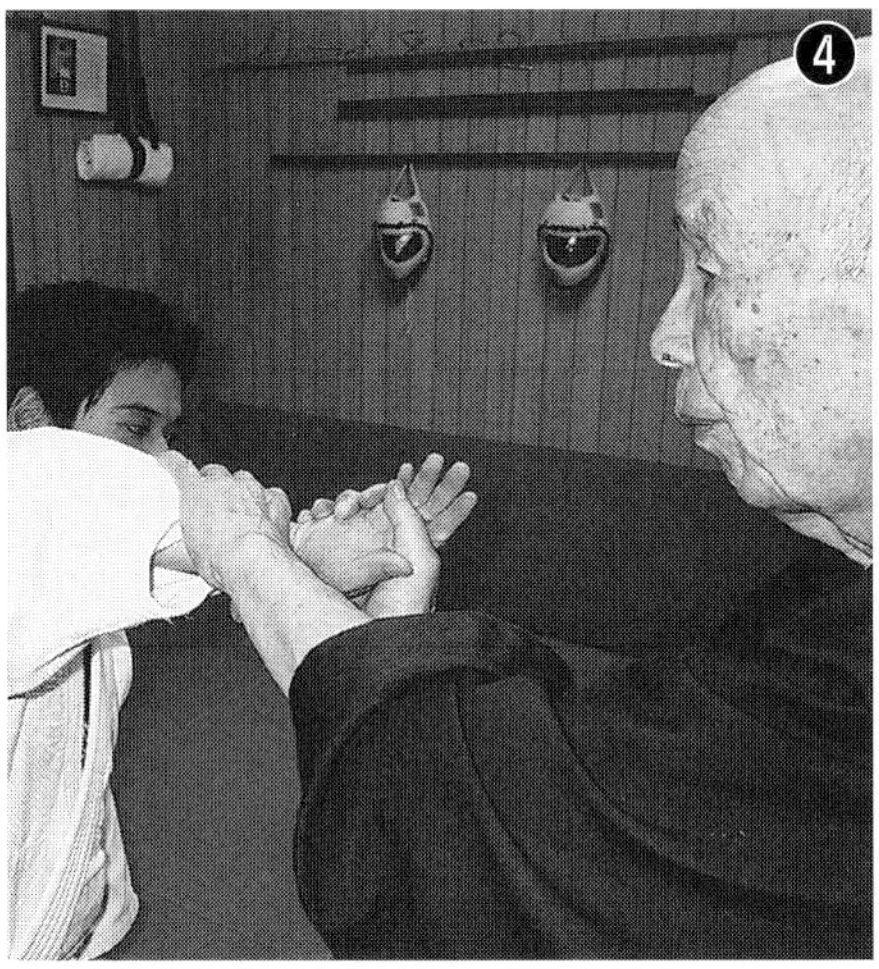

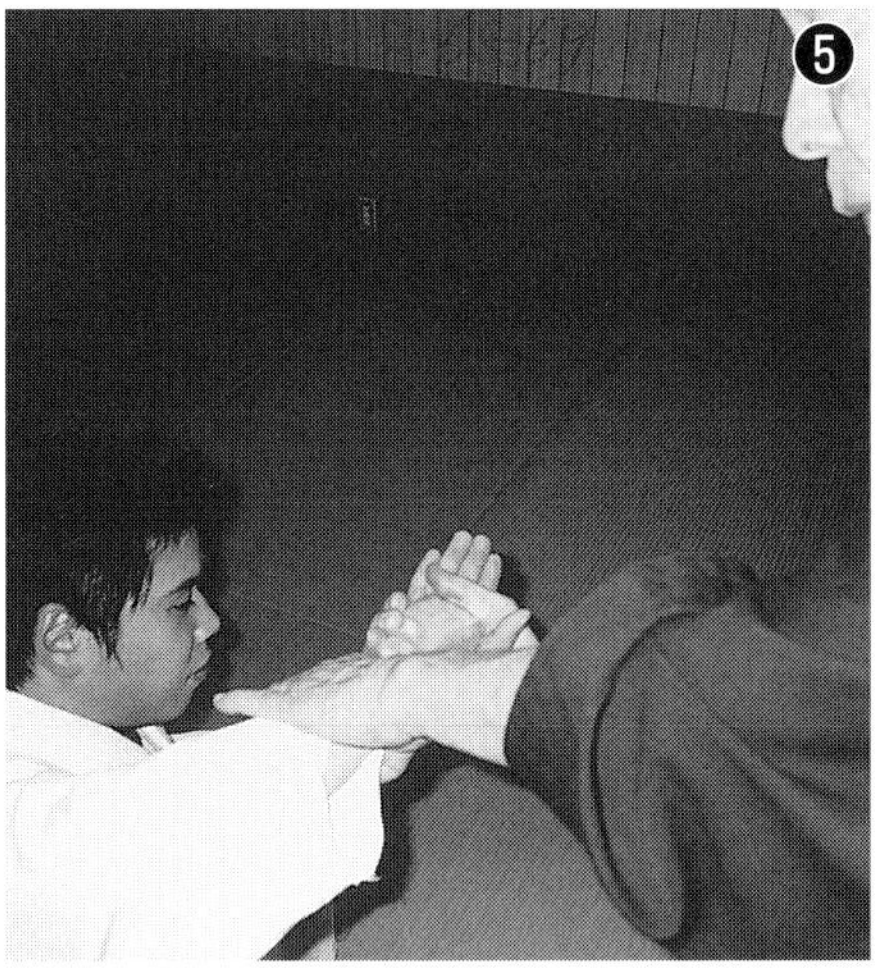

〔受〕右手で受の左手をとる。(❶)

〔捕〕右手で受の右手甲を深く握り、(❸)大きく右に捻り、(❹)左手で受の右手首を握り、(❷)受の右手掌が上を向くほど捻る。(❹)右手を右に水平に押し、左手を水平に左に引き手首を極める。(❺)手根骨側の急所を極める。合気道の二ヶ条は垂直方向に手首を極めるが、この場合は更に捻りをくわえて水平方向に手首を折り極める。

22 二ヶ条極めの変形①

相手の右手を先の捻り二ヶ条極めで述べたように、右手で受の右手を右に捻り、受の右掌を上に向けて、左手で下より受の右手首を握り、受の右手首を手根骨の方に水平に折り極める。(❶)

23 二ヶ条極めの変形②

相手の右手甲を左手で握り、右手で相手の右手首を下より握り、左手を水平に左に押し右手を水平に右に引き、受の右手首を手根骨側に折り極める。(❶・❷)

24 片手倒し

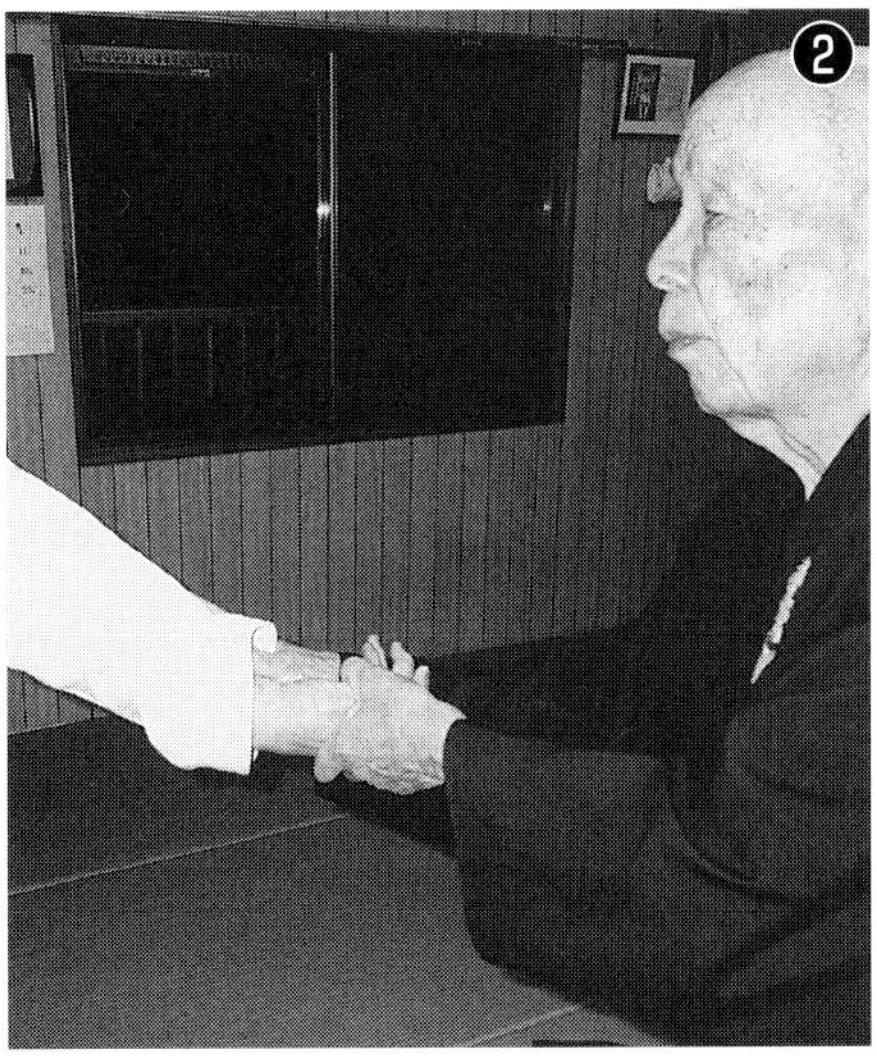

〔受〕左手で捕の右手をとる。（❶）

〔捕〕右手首を反時計廻りに外より内に廻して、両手で受の右手甲を握り（❷）左に捻る。受が右手で上段突きをして来ても、受の右手を左に捻りながら、受の左肩に突き上げれば（❸）受は捕を右手で突きは出来ずに倒される。（❹）

25 変形二ヶ条極め

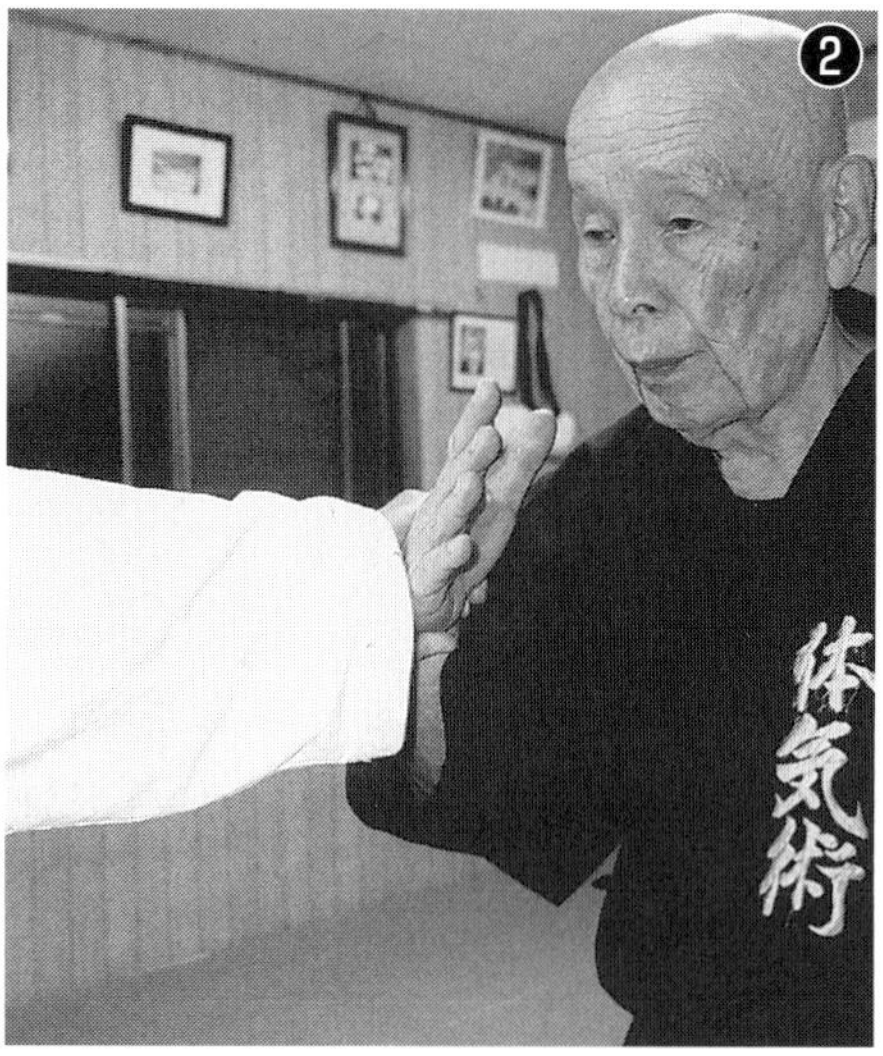

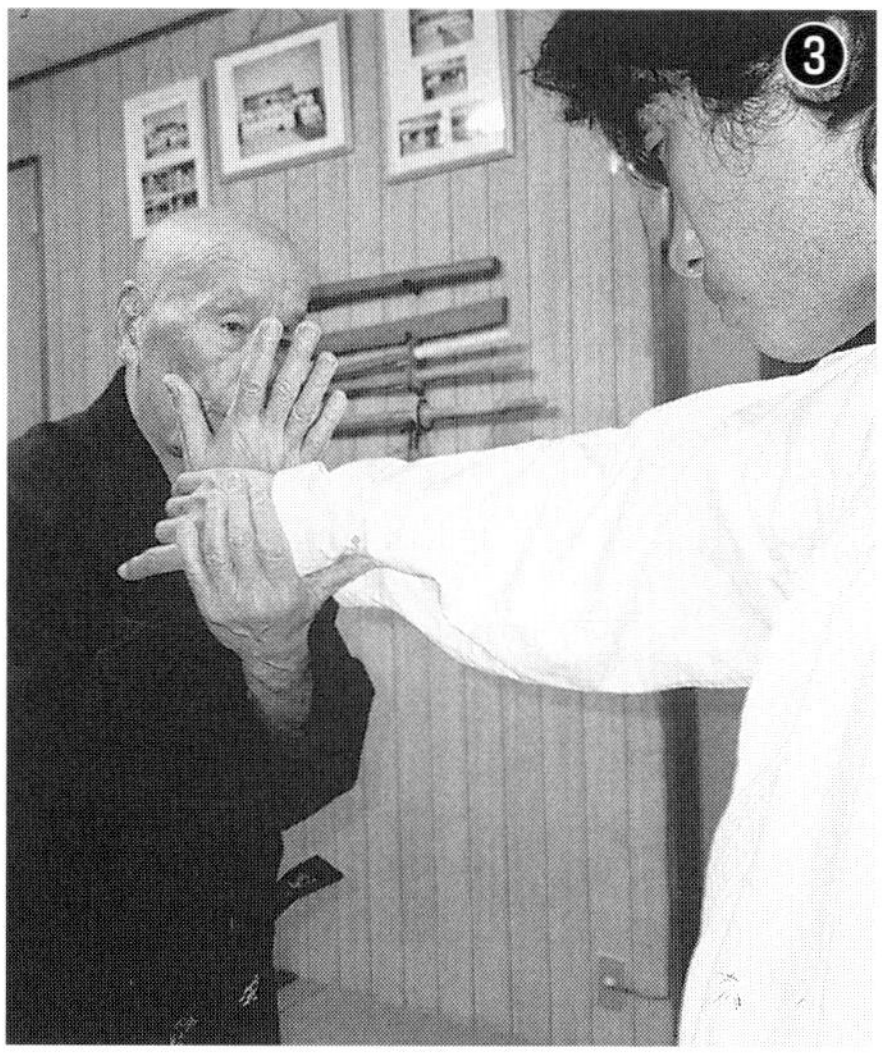

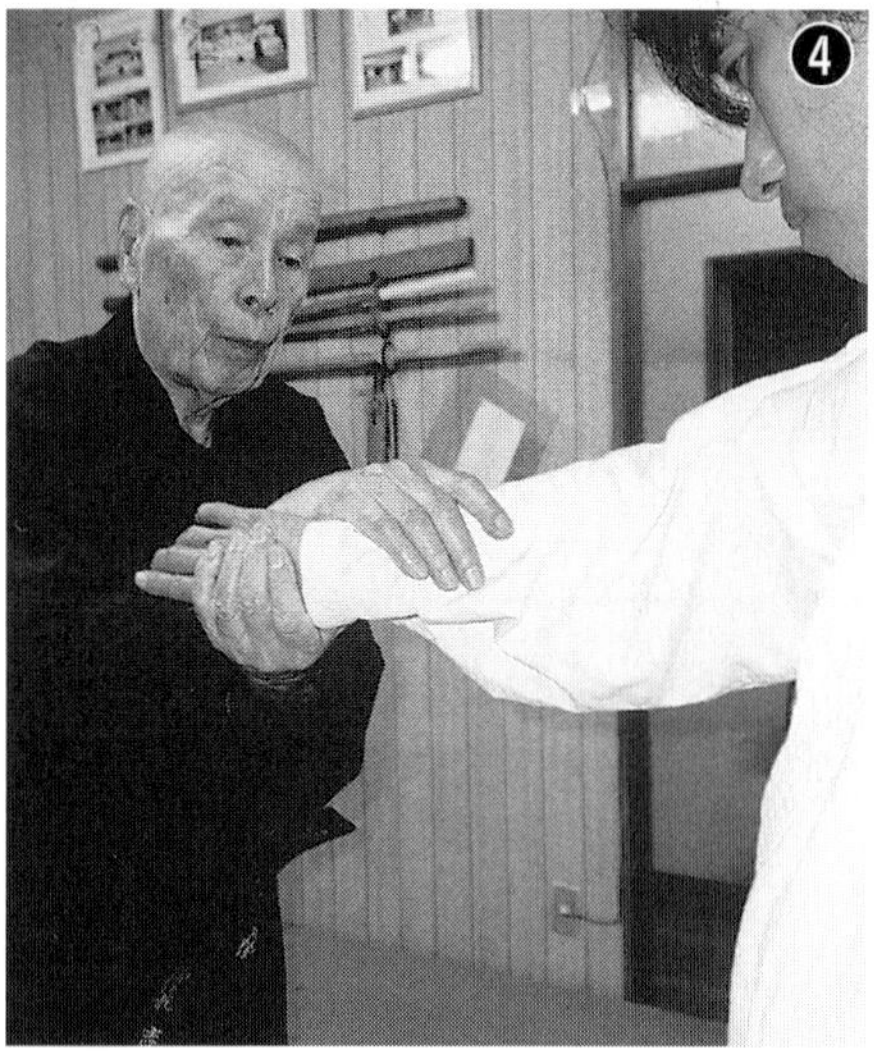

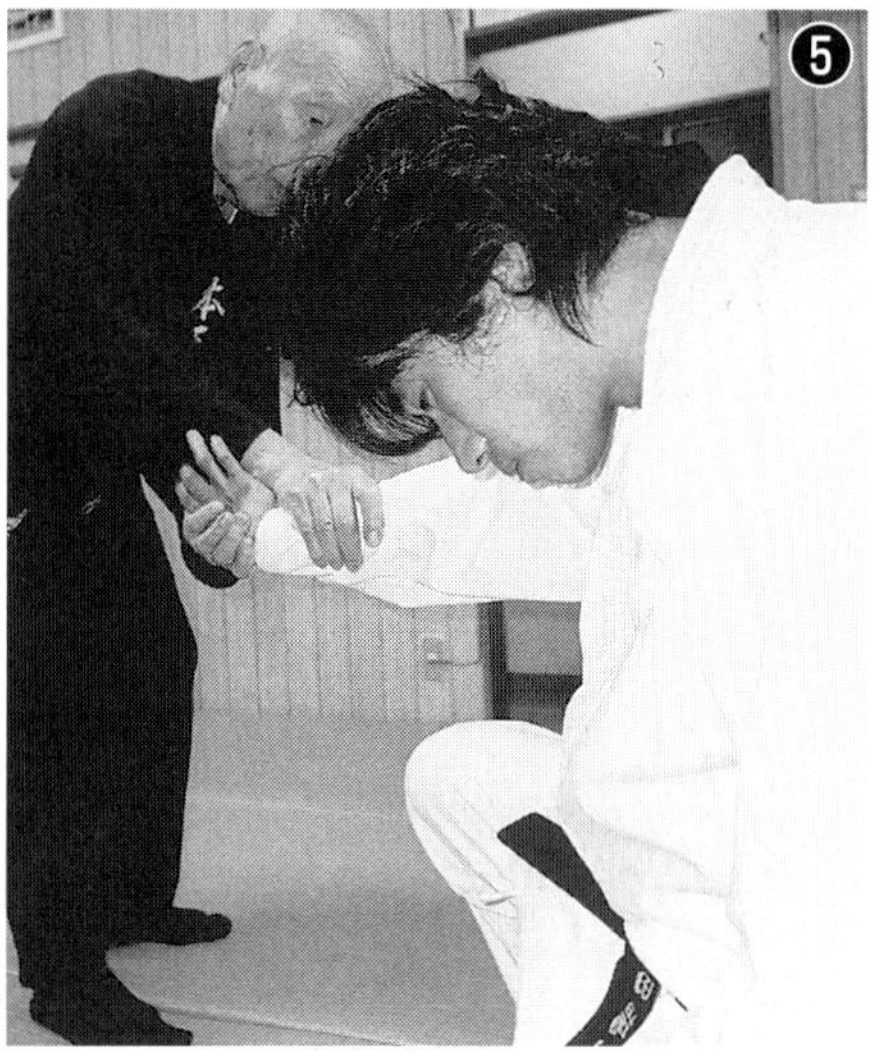

〔受〕右手で捕の右手をとる。(❶)

〔捕〕右手を曲げて上に上げ、(❷) 左手で下より受の右手甲を押える。(❸) 右手首を右に返して、上より受の右手首の手根骨にかけて握り (❹) 下に下げ、両手で手首極め。(❺) 綾手片手とりの二ヶ条極めの場合普通は左手で、受の右手甲を上より押さえ、右手首を右に返して受の右手首を握り、二ヶ条極めをするが、受が捕の右手首を五指の方にずらして握ると右手首を返せなくなり、従って受の右手首握れなくなる場合が生じる。このようなときに本方法を用いる。

① 手首極め二ヶ条の返し（親指極め）

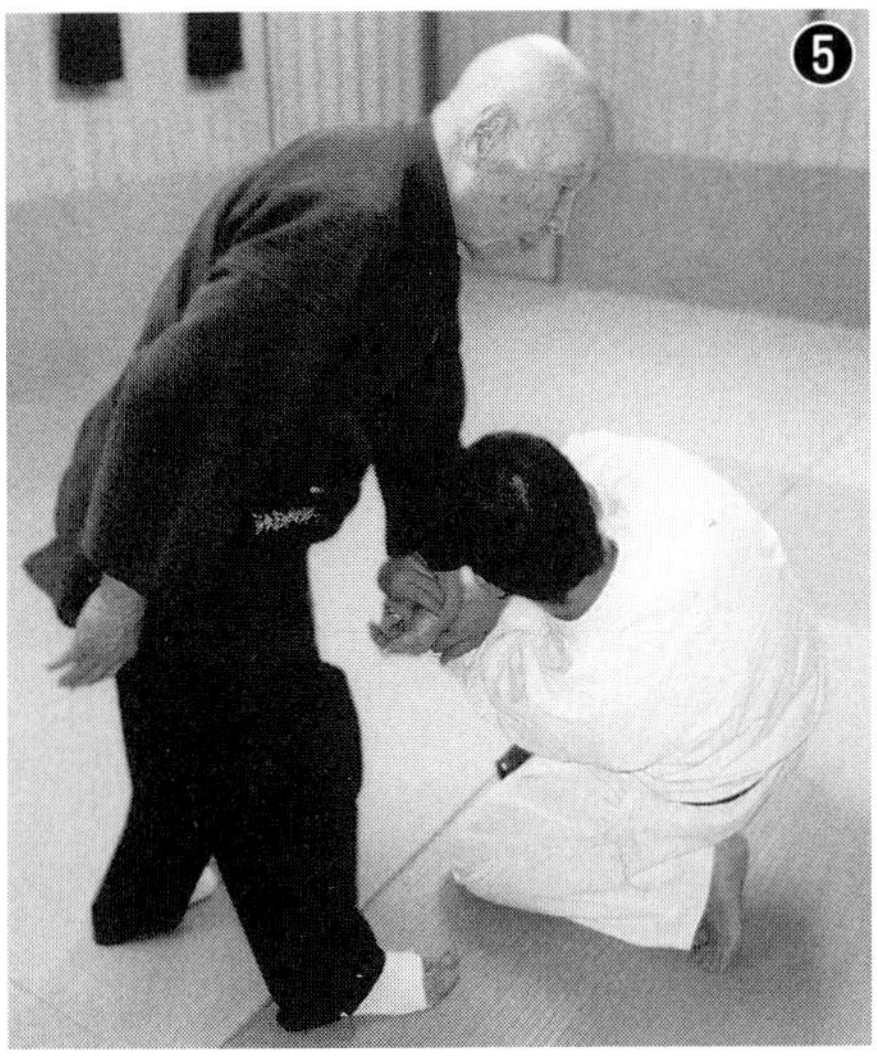

〔受〕右手で捕の左手をとる。（❶）

〔捕〕右手で受の右手甲を上から握り、右に捻り、右手首の尺骨側にある梅干の種子のような手根骨を上に向ける。左手で受の右手の手根骨の上にのせ下に押し、右手で受の右手首を上に曲げ、両手で受の手首を極めんとする。（❷）二ヶ条極めをせんとする。

〔受〕体気を入れ左に捻られた右手首を右に戻し捻りを緩《ゆる》める。右肘を下内に下げると手首極めはかからない。（❸）左手で捕の親指を握り折り極め下に落す。（❶・❷）

② 二ヶ条手首極めの返し（小手返し）

❶

❷

❸

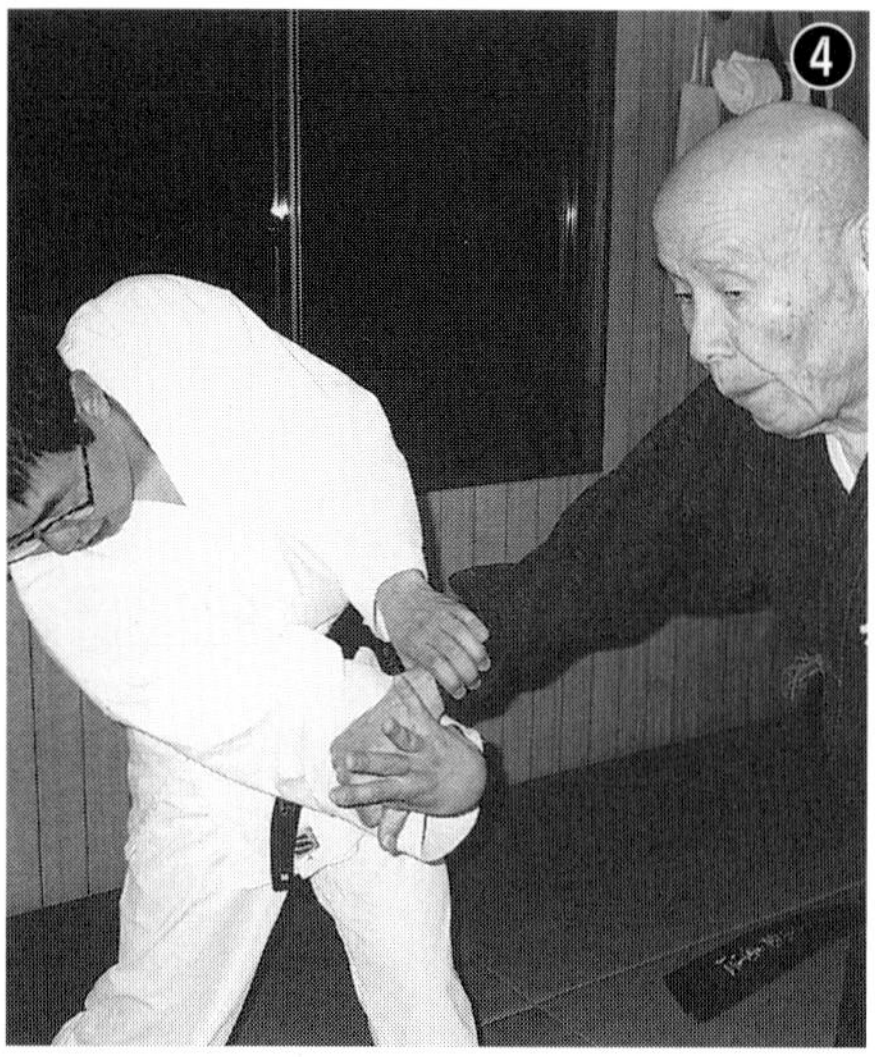

❹

❺

〔受〕右手で受の左手をとる。（❶）
〔捕〕右手で受の右手甲を上から握り、右に捻る。（❷）左手で下より受の右手首を握り左肘を曲げて上に上げる。受の手根骨を上に向けて左手を下げ、右手を受の手根骨側に受の右手首を曲げて極めんとする。（❸）二ヶ条の手首極めてせんとする。
〔受〕右手を時計廻りに右に捻り体気を入れる。五指を開き、（❸）右肘を少し曲げる。左手で捕の右手親指を握り、捕の方に折り曲げ、左手で捕の他の四指を握り（❹）両手で左に小手返しをする。（❺）

3 手首極めの返し（綾手とりの場合）

〔受〕右手で捕の右手をとる。（❶）綾手にとる。

〔捕〕左手で受の右手甲を上から押さえ、右手を外より内に時計廻りに手首を返して、受の右手首を握り、右手で受の右手を時計廻りに右に捻り下に下げて受の右手首を極めんとする。（❷）

〔受〕捕の右手甲を左手で押さえる。（❸）この時点で受も捕も同じ態勢で同等になる。どちらとも右手を右廻りに捻り下に下げればよい。受も捕もなく力の強い者が勝ちとなる。体気を入れて、気と体の力を両手に移して相手の右手首を捻り極める。（❹）必ず捕が勝つとは決まってはいない。受の左手の動作で捕と対等となり、体気を入れて捕に勝つのである。（❺）

④ 手首極め二ヶ条極めの返し

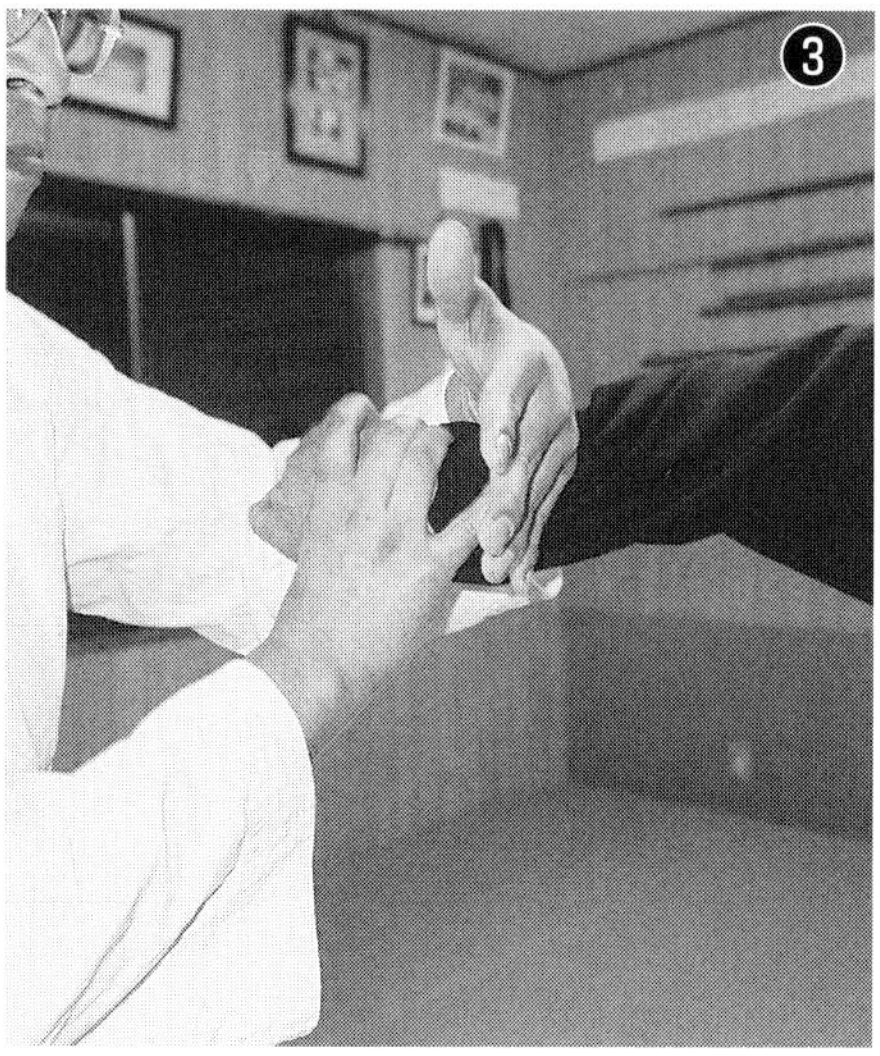

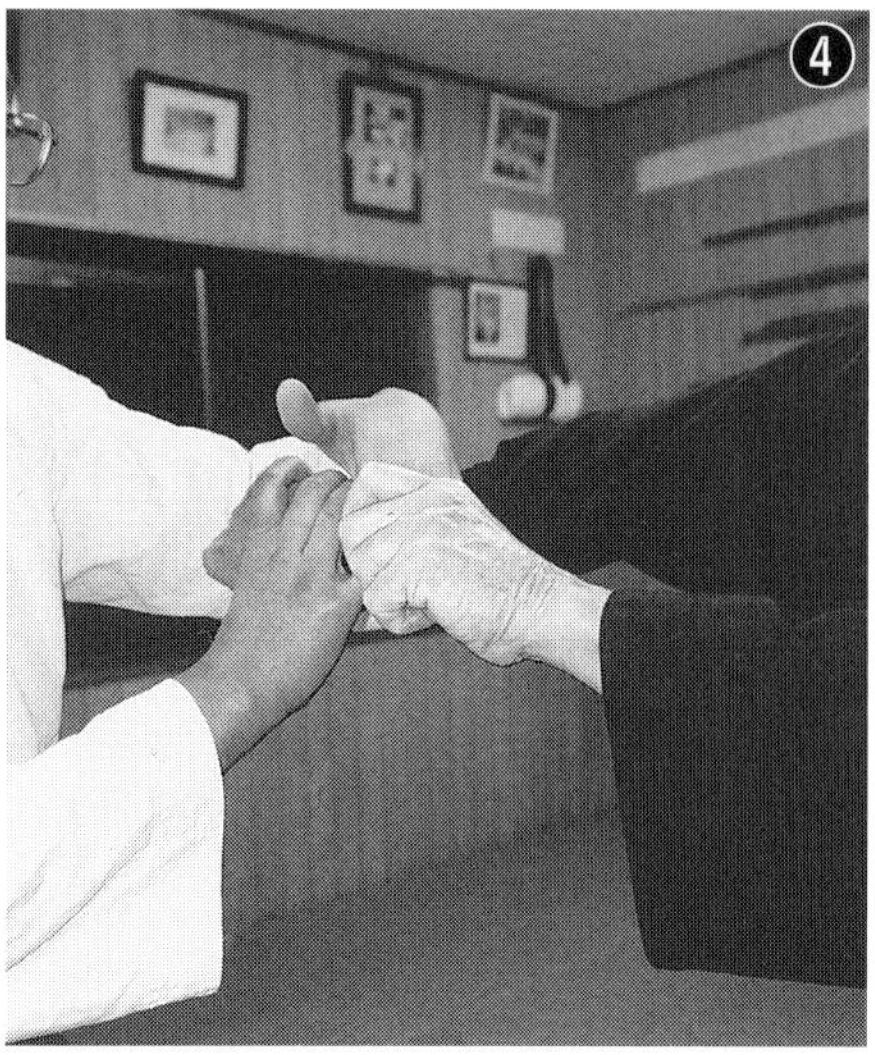

〔受〕右手で捕の左手をとる。（❶）

〔捕〕右手で受の右手甲を上からとり、（❷）時計廻りに右に捻り上げる。左手刀を受の右手首の手根骨の上におき、下に下げ、右手を上に上げて、右手首を折り二ヶ条極めをせんとする。（❸）

〔受〕捕の左手の親指を除く四指を左手で受の手甲側から握り、（❹）反時計廻りに捻り上げて四指を折り曲げ上げて極める。

5 胸とり二ヶ条極めの返し（親指突き）

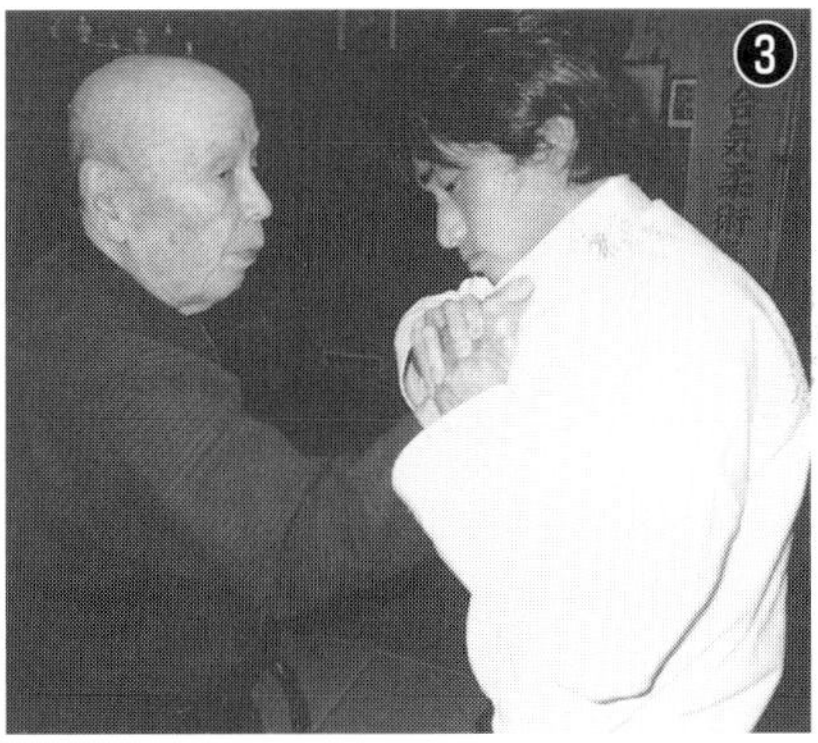

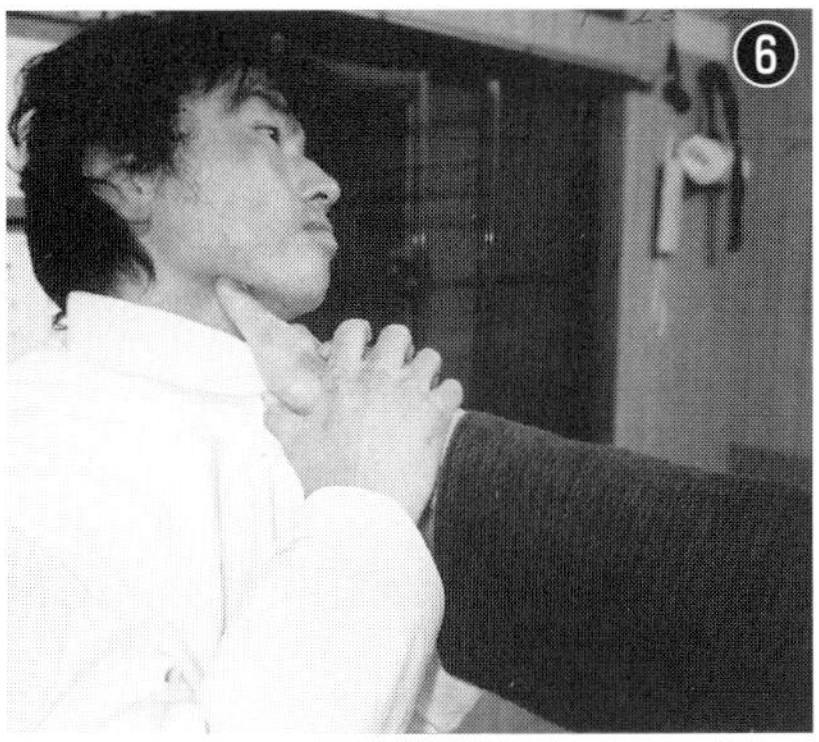

〔受〕右手で捕の胸襟をとる。（❶）

〔捕〕右手で受の顔面を右手裏拳で打つ。（❷）

〔受〕左手で捕の右手裏拳を受ける。（❷）

〔捕〕右手で受の右手甲を上から握り右に捻り、受の右手の小指側を上に向ける。左手で受の右手首を握り、両手で受の手首を折り胸を前に屈めて、受の手首を極めんとする。（❸・❹）合気道の二ヶ条極めをせんとする。

〔受〕体気を入れ右手を時計廻りに右に廻し、右腕を伸ばし突張る。（❺）右手親指を立て捕の顎下を突き極める。（❻）

6 胸とり二ヶ条極めの返し（小手返し）

〔受〕右手で捕の胸襟をとる。（❶）

〔捕〕左手で受の右手首をとり、右手で受の右手甲を握り、右に捻り胸を被せて受の右手根骨を上に向けて、手首を折り極めんとする。（❷）合気道の二ヶ条極めをせんとする。

〔受〕右手首を右に捻り体気を入れて、捕の二ヶ条極めを抵抗する。（❸）左手で捕の右手首をとり右手で捕の右手甲をとり、（❹）両手で左に小手返しをする。（❺・❻）

7 胸押え手首極めの返し技

〔受〕右手で捕の胸を押す。(❶)

〔捕〕両手で受の右肘を裏からとり受の右肘を曲げ手前に引き上げ、(❷)胸を屈めて受の右手掌を下に押す。両手と胸で受の右下膊を上下に挟み押す。受の右手首を極めんとする。(❸)

〔受〕体気を入れ右肘を少し後下に下げる。右手掌を捕の胸の上を滑らせて上に上げ、捕の喉を掴み、喉佛を砕く。(❹)喉佛を砕くと人は死ぬ。軽く掴んでも喉から血が出るから注意すること。

8 中袖とり手首極め（二ヶ条極め）の返し

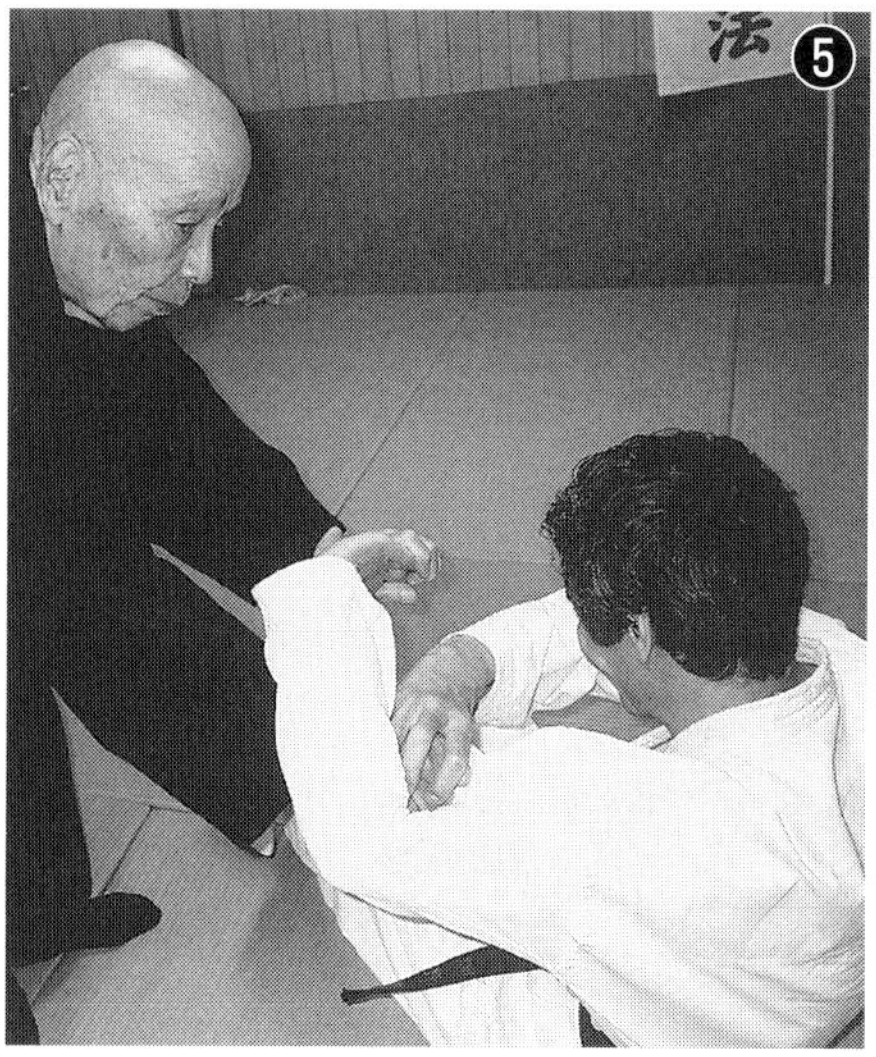

〔受〕右手で受の左中袖をとる。（❶）

〔捕〕右手で受の左手甲を上から握り、時計廻りに右に捻る。（❷）左手下膊を受の手首の手根骨におき下に下げて、右手を上に曲げ、受の右手首を極める。二ヶ条極めをせんとする。（❸）

〔受〕捕が受の右手首の上に左手下膊を置いたときに、左手で捕の左手の親指を除く四指を掌側から握り、反時計廻りに捻り下に落す。右手で受の左肘を下に落す。両手の同時動作で下に落し倒す。（❹・❺）

2 二ヶ条返し（手首極めの返し）

⑨ 肩とり手首極めの返し技①

〔受〕右手で受の肩をとる。

〔捕〕右手で受の右手甲を上から握り、右に捻り受の右手手根骨を上に向け、左手で受の右手首を握り、受の手首を手根骨を上に向けたまま手首を折り極めんとする。二ヶ条極めをせんとする。❶

〔受〕捕の右手親指を右手で握り親指を曲げ上げて折り極める。❷

⑩ 肩とり手首極めの返し技②

〔受〕右手で捕の左肩をとる。❶

〔捕〕右手で受の右手甲を握り右に捻り、受の右手根骨を上に向ける。左手を大きく上に上げ、右手上腕で、受の手首を押し、体を前に傾けて、受の右手首を二ヶ条極めにする。❷

〔受〕右手首を右に捻り返して、捕の二ヶ条極めを抵抗する。左手で捕の右手首をとり左に返して、❸右手で捕の右手首甲をとり、両手で左に小手返しをする。❹

11 両手首極めの返し技

〔受〕両手で捕の中袖を掴む。（❶）

〔捕〕両手で外上より内下に廻し下げて受の両手首を両手刀で押えて、両手首を極めんとする。（❷）

〔受〕両手首を外に捻り、体気を入れると、捕の両手首極めはかからない。左足を捕の左足後ろにかけて、（❸）両手で捕の中袖を握ったまま後に押し倒す。（❹）

⑫ 手首を極め上げ倒しの返し

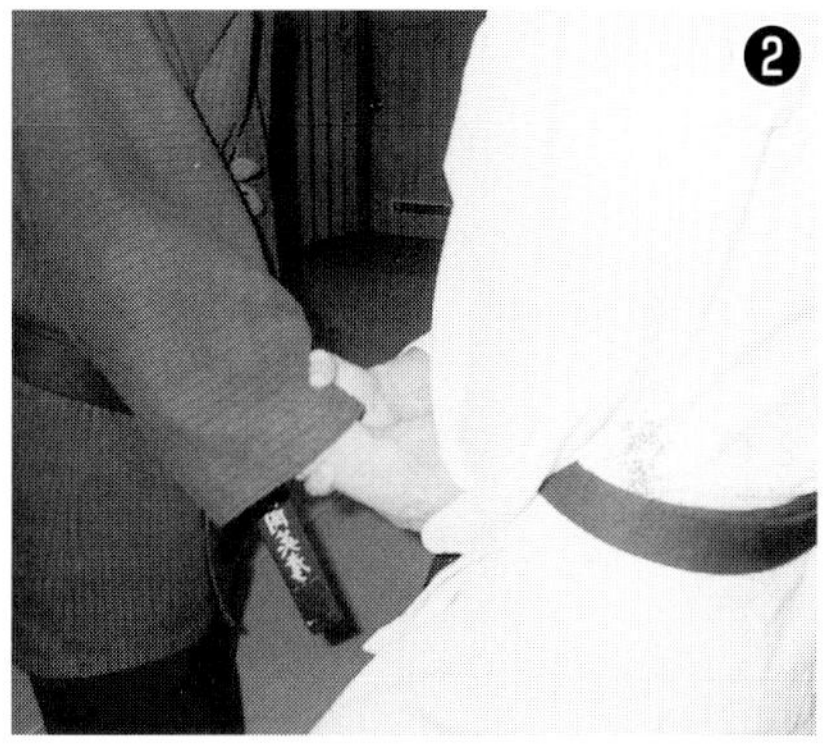

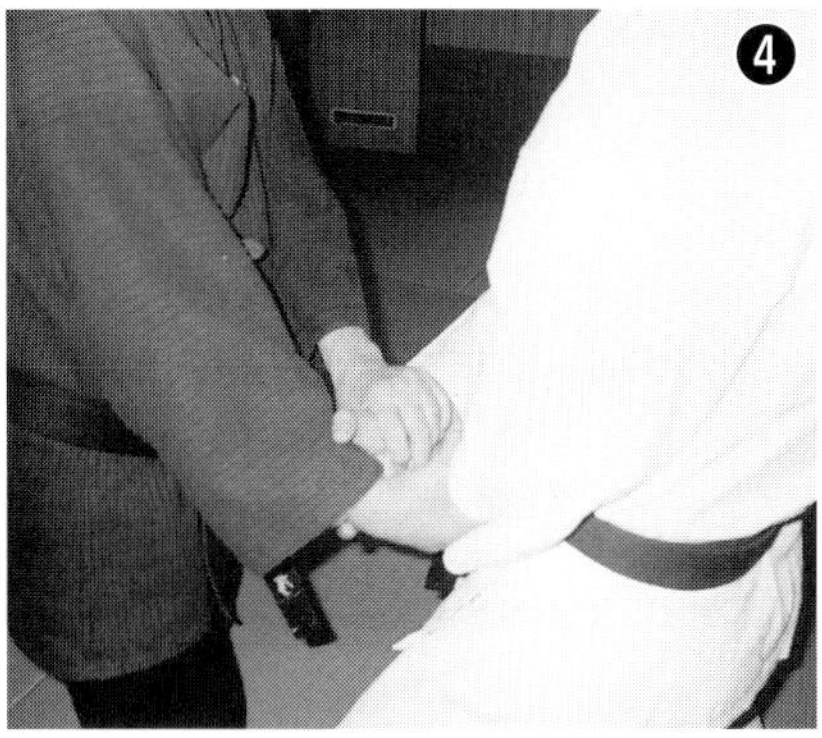

〔受〕右手で捕の左手をとる。（❶）

〔捕〕右手で受の右手首を握り手前下に引き下げ、（❷）左手の五指を開き小指を上にして下より上に受の手首を上に曲げる。体を受の右側に寄せる。（❸）受の右手は受の体の真中におき、受の体につけ離れないようにする。受は右手首を極められ踵を上げ爪先立ちとなる。そのまま後に倒さんとする。又は左足を受の右足後にかけて倒さんとする。

〔受〕体気を入れ右手首を掌の方に曲げてから少し肘を曲げれば、手首極めはかからない。受の右手首を左手でとり、左に捻り、受の右手を握った左手を放して、捕の右手をとり両手で左に小手返しをする。（❺・❻）

13 中袖とり二ヶ条の返し（指折り）

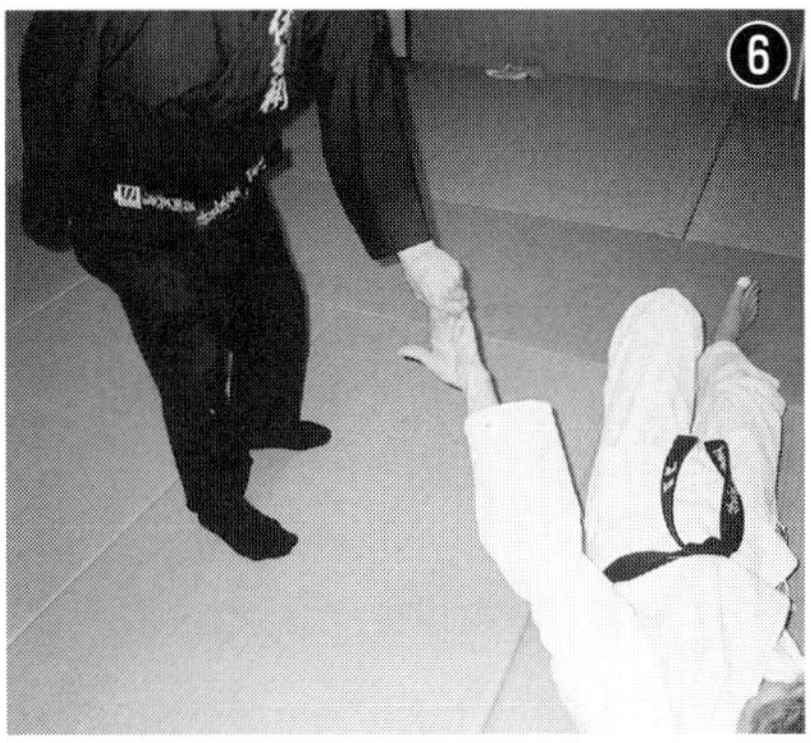

〔受〕右手で捕の左中袖をとる。（❶）

〔捕〕右手で受の右手甲を上からとり、右に捻る。（❷）左手を上げ受の右手首の手根骨の上に左下膊をおき下に下げて、二ヶ条極めをせんとする。（❸）

〔受〕捕が二ヶ条極めをせんと左手を、受の右手首にのせようとしたときに、左手で下より捕の左手を跳ね上げて、（❹）親指を手甲側にして、捕の左手四指を（親指を除く）握り、（❺）折り曲げ下に倒す。（❻）

⑭ 胸とり二ヶ条返し

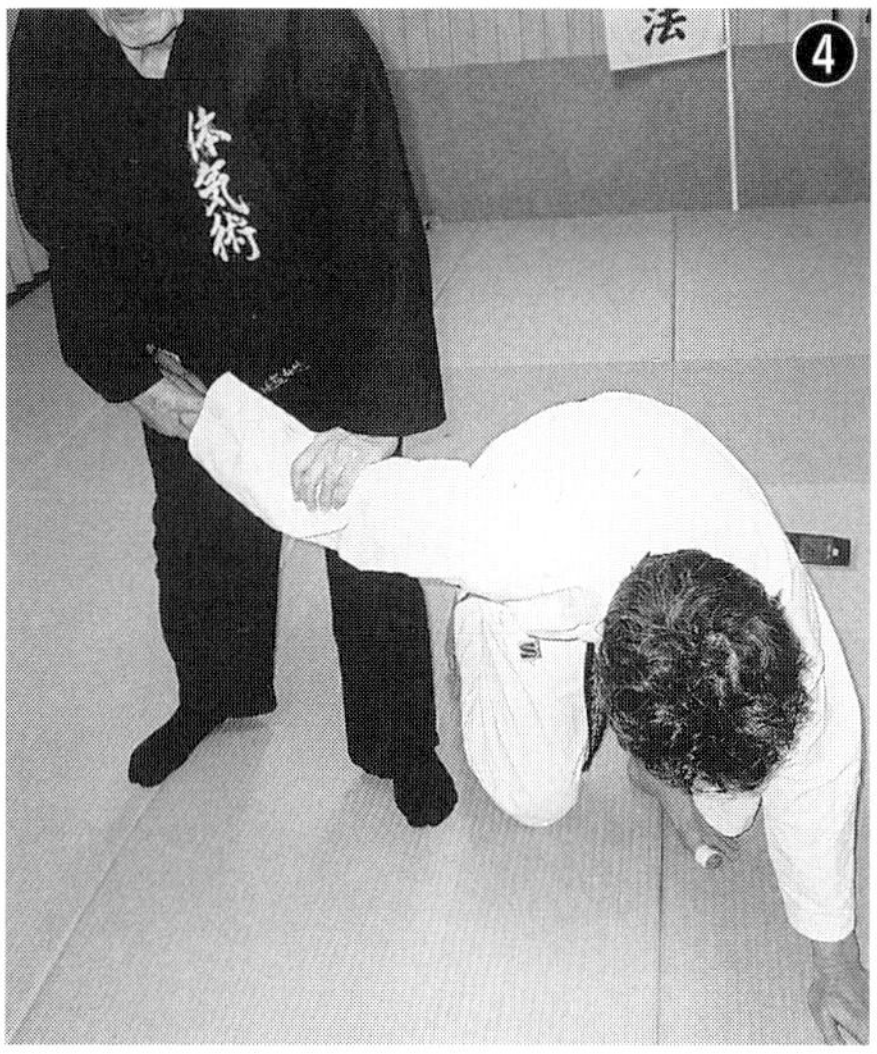

〔受〕右手で捕の胸襟をとる。(❶)

〔捕〕右手で受の右手甲をとり右に捻る。

(❶)左手で受の右手首をとり握り、左手を下に押し、右手を上に押し、胸を前に傾けて二ヶ条極めをせんとする。

(❷)

〔受〕左手で捕の右肘を下より跳ね上げると二ヶ条極めは緩み出来なくなる。(❸)捕の胸襟を握っている右手を外して、捕の右手首を握り、一本捕をする。(❹)

⑮ 肩とり二ヶ条の返し（指折り）

❶

❷

❸

❹

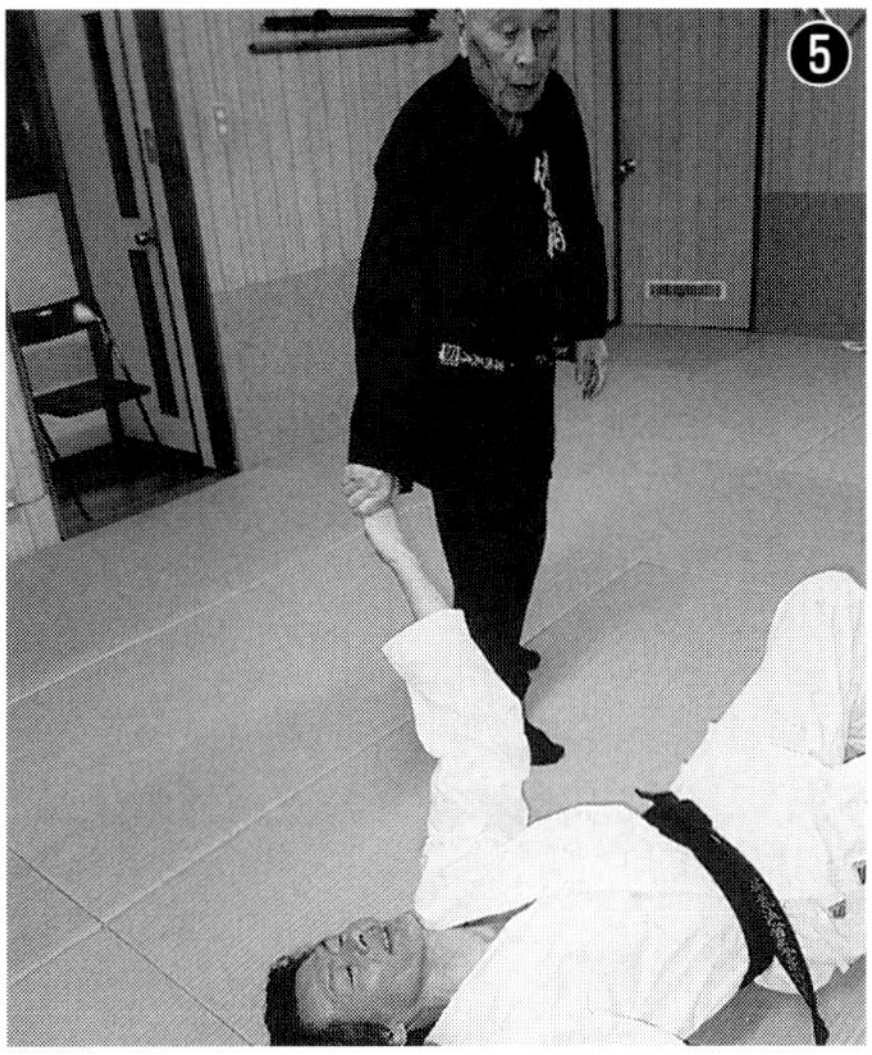

❺

〔受〕右手で捕の左肩をとる。（❶）

〔捕〕右手で受の右手甲をとり右に捻り、（❷）左腕を大きく上にげ受の手首の手根骨の上に乗せて、下にさげ、二ヶ条の手首極めをせんとする。（❸）

〔受〕捕が二ヶ条極めをせんと左手を受の右手首に乗せるときに、左手で捕の左手首を下から跳ね上げて、捕の首襟を握っている右手を外し、捕の左手指（親指を除く）四本を握る。親指を手甲側に、他の四本指を掌側にして握る。（❹）捕の四本指を折り下に倒す。（❺）

1 胸押しの手首折り外し

〔受〕右手で捕の胸を押す。(❶)

〔捕〕右手で受の右手甲を押え胸に密着させ、左手も自分の右手甲の上に重ねて両手で受の右手甲を自分の胸に押しつけ、胸を前に傾けて受の右手首を手甲側に折り曲げ、手首極めをせんとする。(❷・❸)

〔受〕右手首が手甲側に折り曲げられるのを右肘右肩に体気を入れ抵抗して体を屈めたら右肘を下げ、右掌底を真下に落すと右手は外れる。(❹・❺)

2 胸掴みの手首折り極めの外し

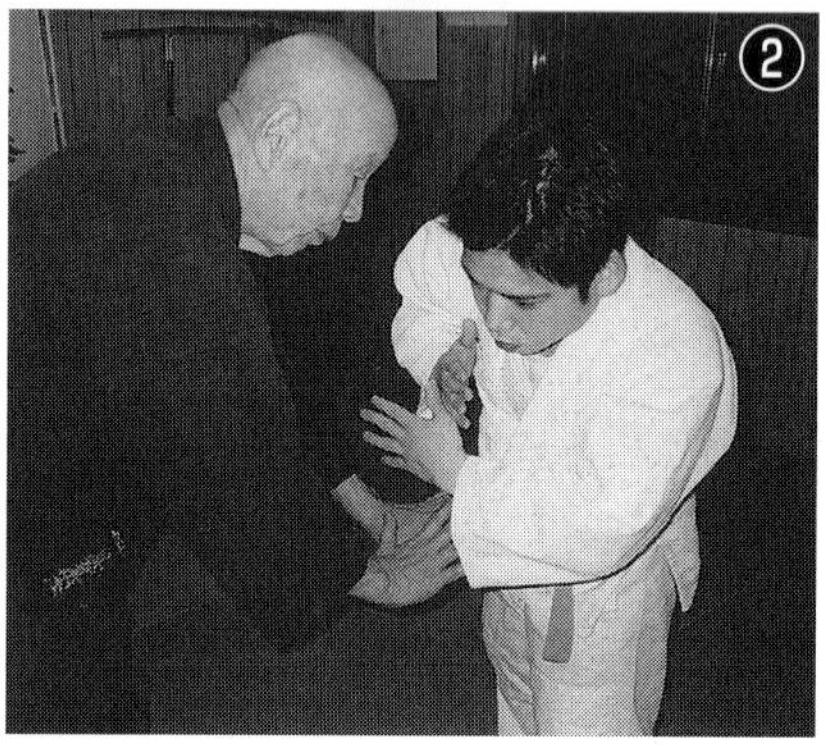

〔受〕捕の胸襟を右手で握りとる。（❶）

〔捕〕両手で受の右手甲の上に重ね我が胸に受の右手を押しつけ、胸を前に屈めて受の右手首を手甲側に曲げ折り手首を極めんとする。

〔受〕捕の握っている胸襟を離し五指を延ばし、体気を入れて右肘を下に下げて右手指を外す。（❷）

3 十字締の手首極め外し

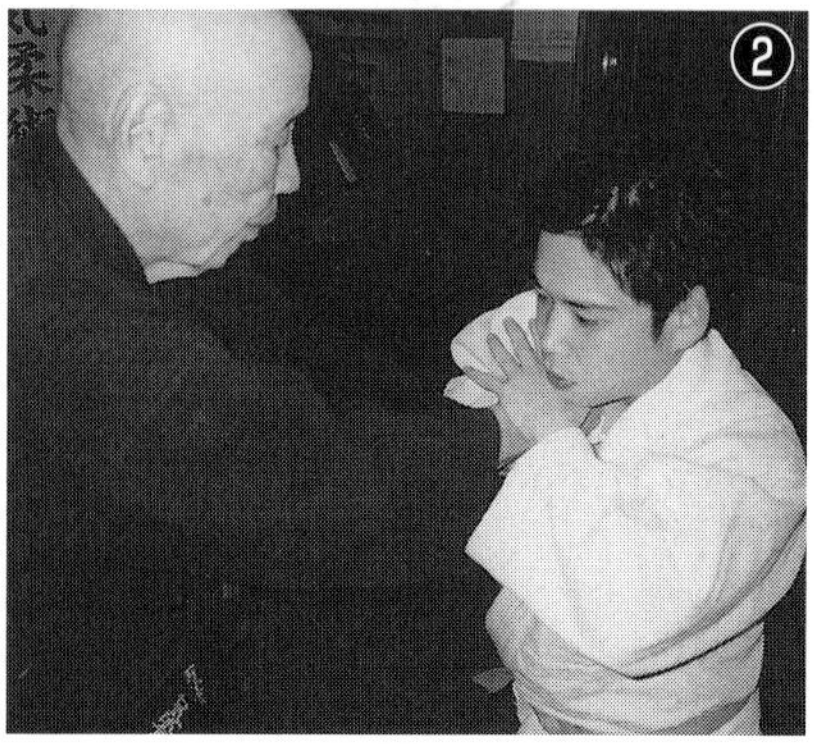

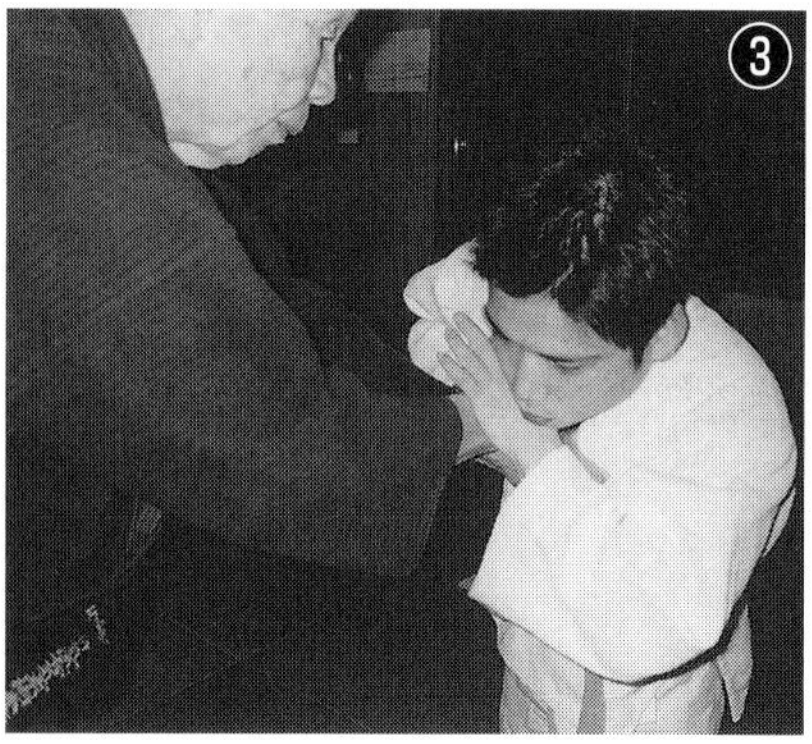

〔受〕両手（右手上、左手下）で捕の両胸襟をとり十字締めをする。（❶）

〔捕〕受の右手甲を両手で、押さえ胸に向かって押え胸を少し左に向けて前に傾けて受の手首を折り曲げ極めんとする。（❷）

〔受〕捕の胸襟を握った両手指を外し五指を開げて体気を入れ前述と同様にして下に下すと両手は外れる。

4

両手首胸固定極めの外し

〔受〕両手で捕の両手を夫々とる。(❶)

〔捕〕両手首を外より内に返して受の両手首を折り、(❷)受の両手甲を胸につけ両手刀で受の両手首を強く押え、胸を少し前に屈める。(❸)両手と胸で受の両手首を極めんとする。

〔受〕体気を入れ両手首を夫々外に捻り廻して、捻りを戻し両手先を下に落し外す。(❹)

5 片手胸固定極め外し

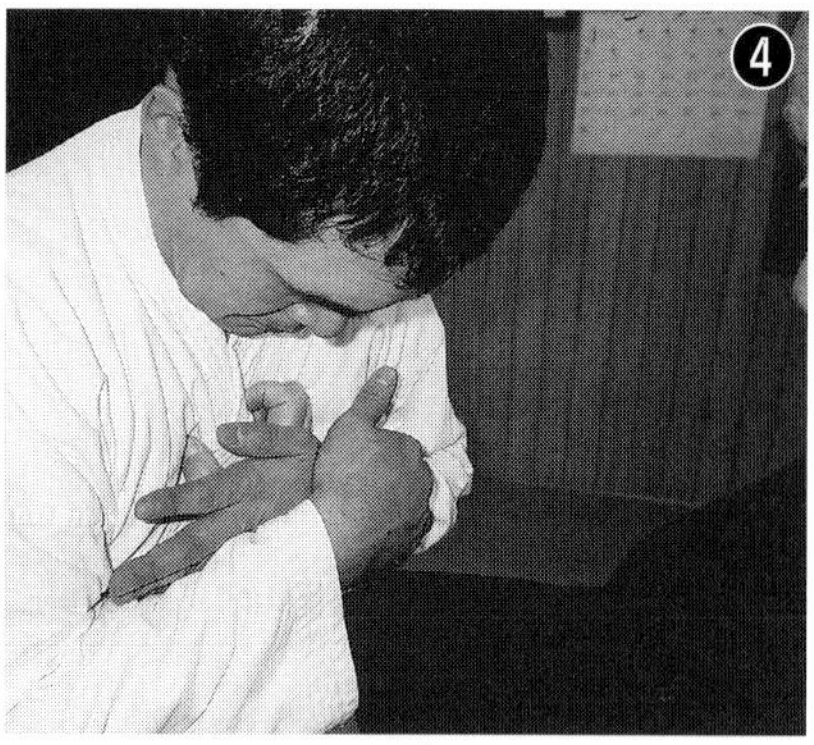

〔受〕右手掌で捕の胸を押す。（❶）

〔捕〕両手を重ねて受の右手甲の上に置き、（❷）我が胸に押し固定して、（❸）胸を少し前に屈める。（❹）両手と胸で受の右手首を折り極めんとする。（❹）

〔受〕体気を右手五指と右手首に入れ、五指を支点として右手首を延ばして下に引き外す。（❺）右手で捕の顔面打ち。（❻）

4 小手返し

1 爪立突きの小手返し

〔受〕右手中段突き。(❶)

〔捕〕体を右に開き左手で受の中断突きを右に払い、(❶)右手で受の右拳の下より掌を上に向けて握り親指以外の四指爪を、受の四指の爪の生え際に当て爪を立て握り、(❷)受の四指の爪の生え際を痛める。受の右手拳を握った右手を反時計廻りに左に廻し、(❸)左手で受の右肘を打ち受の右腕を曲げ上げて、(❸)右手で受の右手拳を押し上げ左に下し小手返しをして倒す。(❹)

2 爪突き極め小手返し

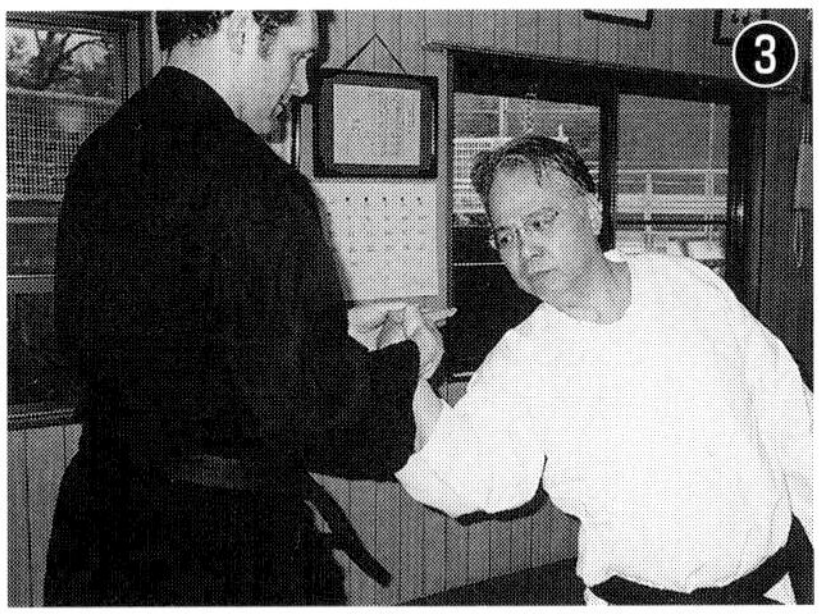

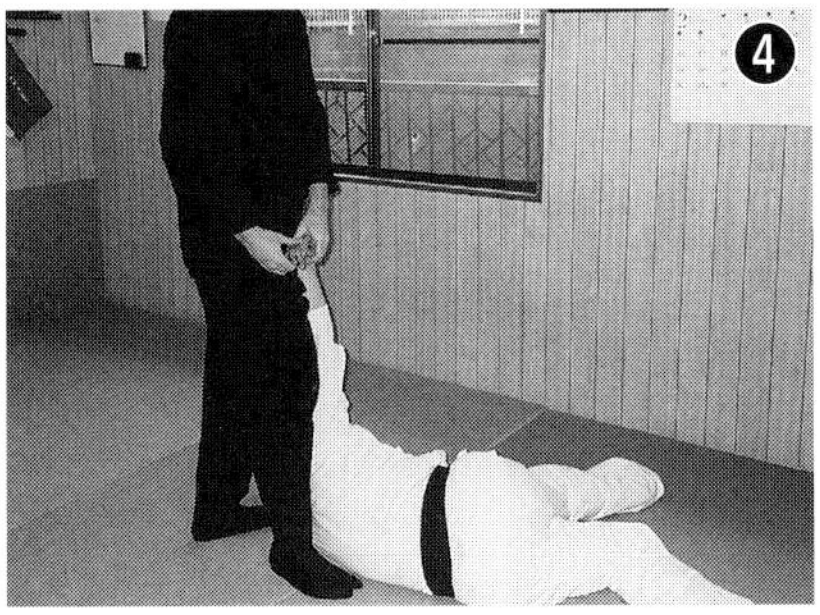

〔受〕右手上段突き。(❶)

〔捕〕左手で受の右手上段突きを受け、(❶)右手で受の右手首を握り、左手で受の右手甲を握り、(❷)左手親指で受の右手親指の爪の生え際を左手親指の爪で突き極める。(❷)そのまま小手返しで左に倒す。(❸・❹)相手の爪の生え際を自分の指爪で突き極め攻撃することは弱者、女性、老人等が使うとよい。

3 片手（右手で）小手返し

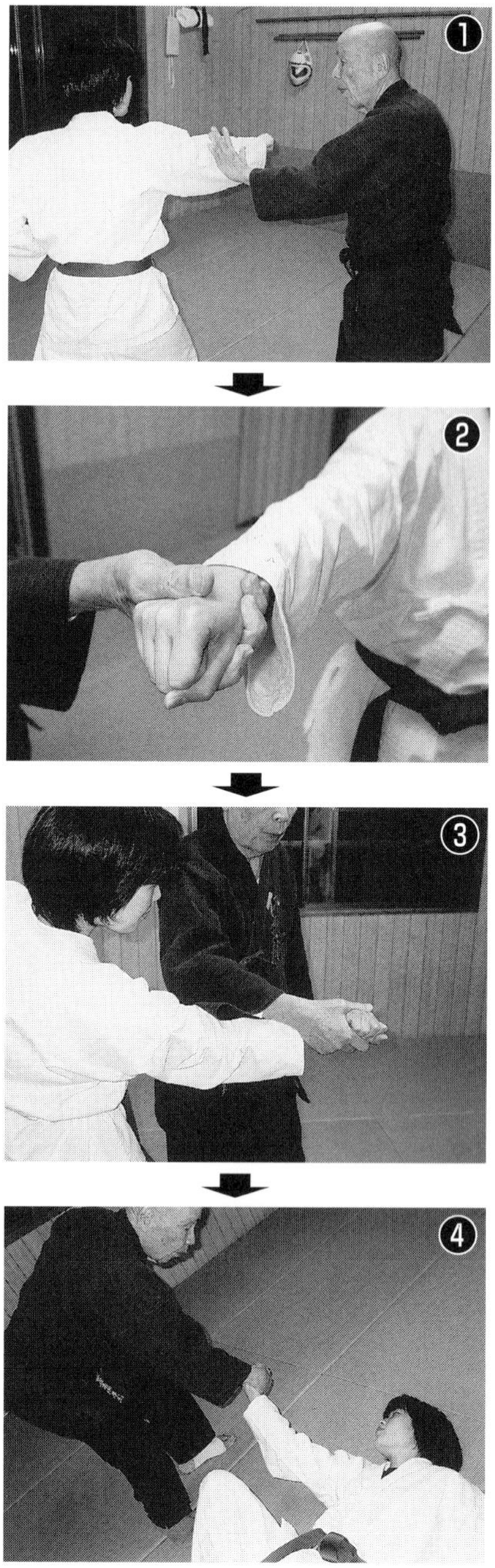

〔受〕右手中段突き。（❶）
〔捕〕受の右手中段突きを体を右に開き、左手で払い、（❶）右手で受の右手拳を、掌を上にして下から握る。（❷）親指が上になる。受の右手を曲げながら右足より前に出し体を左に廻り、体を左に向け受の右手を右手で下に押し（❸）小手返しで倒す。（❹）受の右手を右手でとった点を円の中心として、左廻りに廻り受の右手を自分の体につけて小手返しする。体で小手返しをする。

4 小手返しより俯伏せ返しに抵抗された場合①

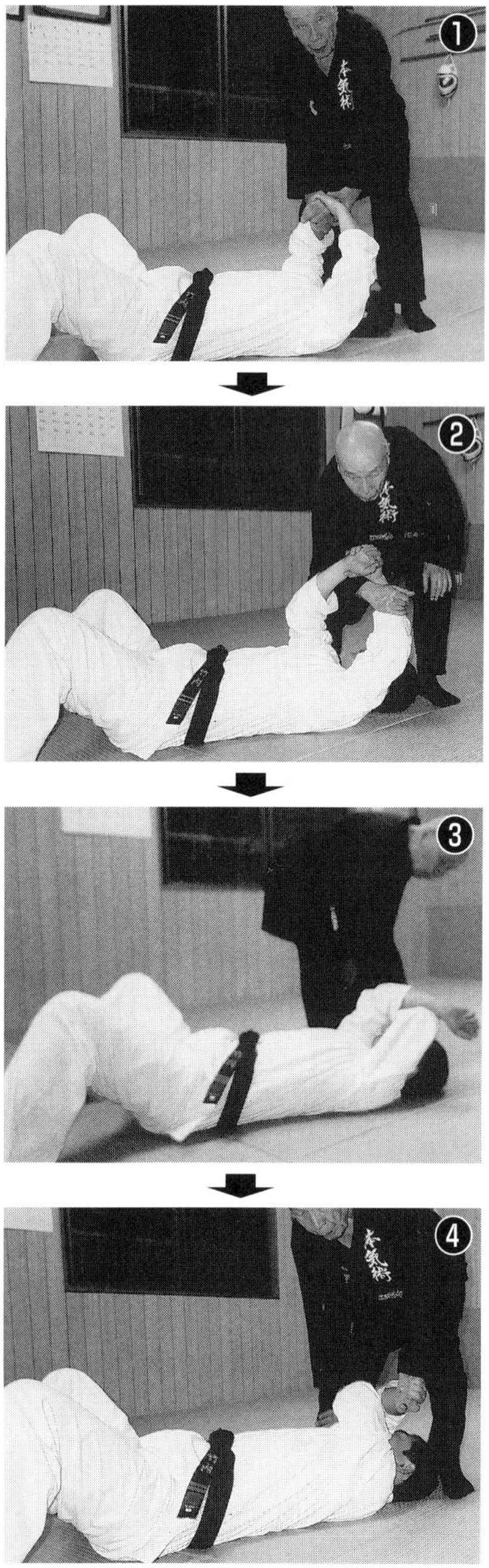

〔受〕右手中段突き。
〔捕〕前述のように小手返しで倒し、受を俯伏せにせんとする。（❶）
〔受〕左手で自分の右手甲を握り俯伏せに抵抗する。（❶）
〔捕〕右手を受の両手の間に入れ、（❷）受の左手を握り左に捻り、（❷）右肘で受の右肘を押し、（❸）受の両手を外して、受の両手を受の顔の上で交差して、（❸）両手で肘を押し極める。（❹）

5 小手返しより俯伏せ返しに抵抗された場合②

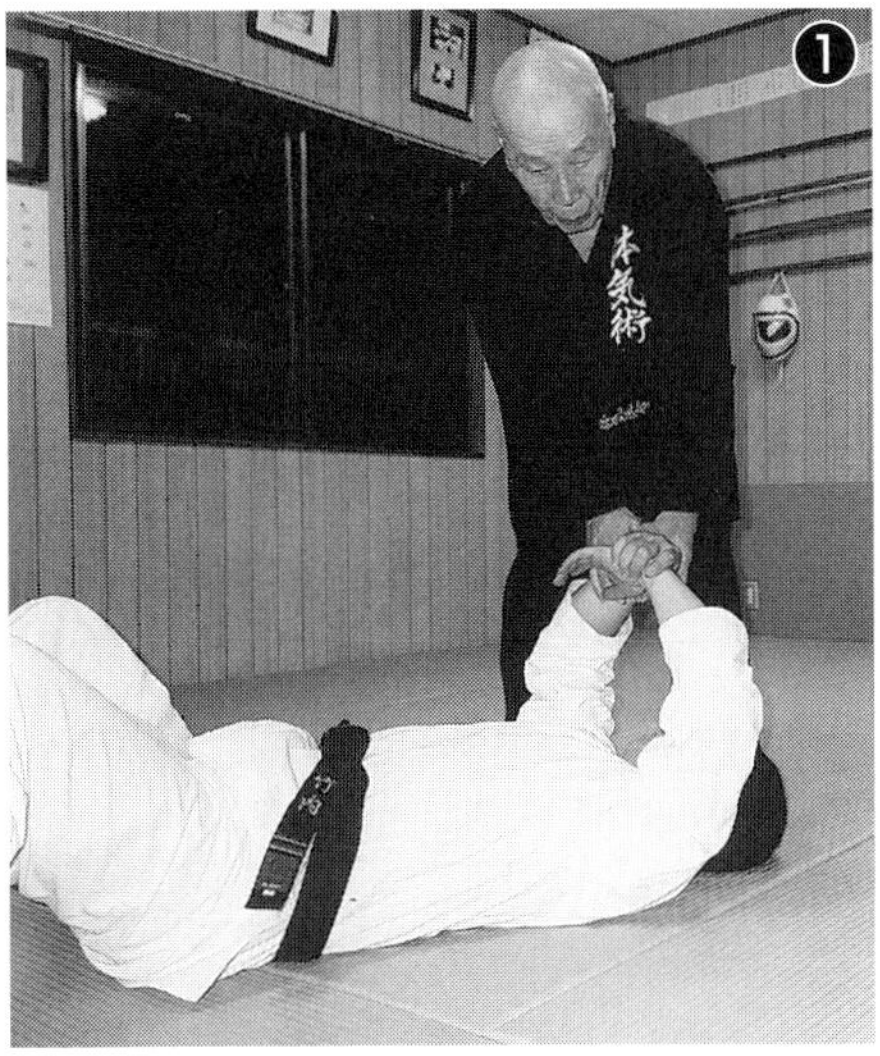

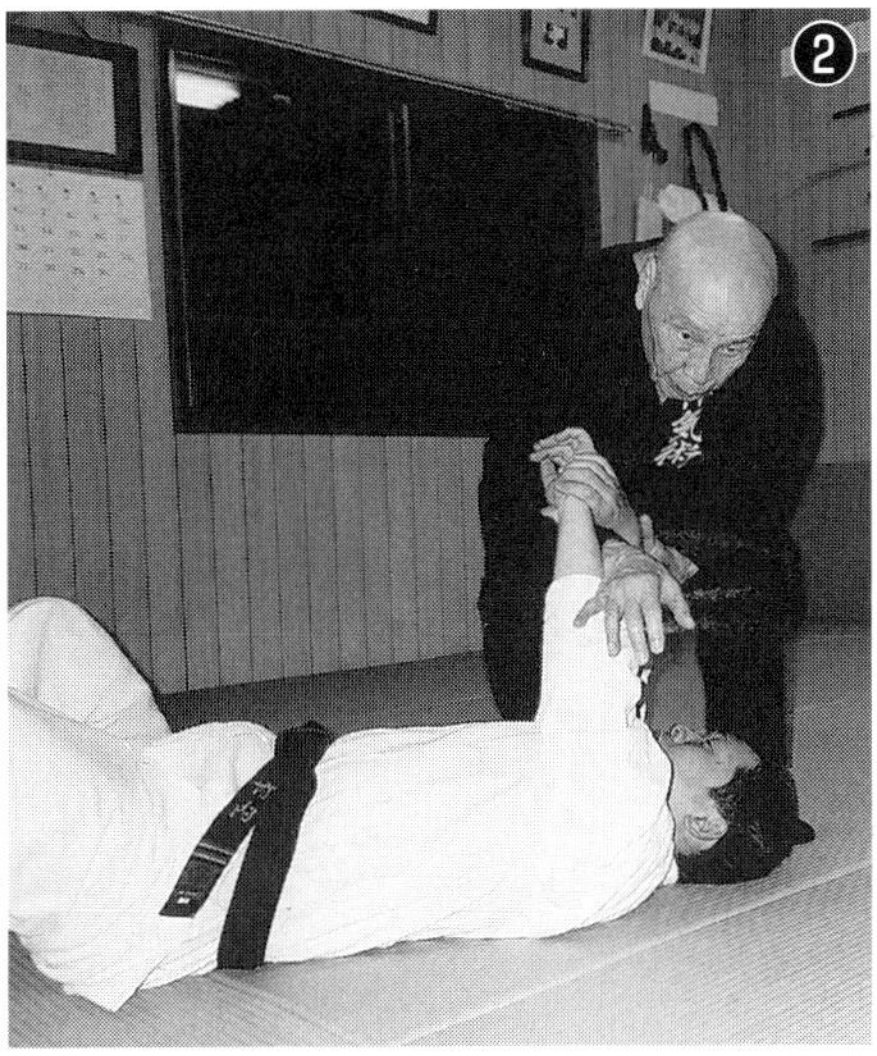

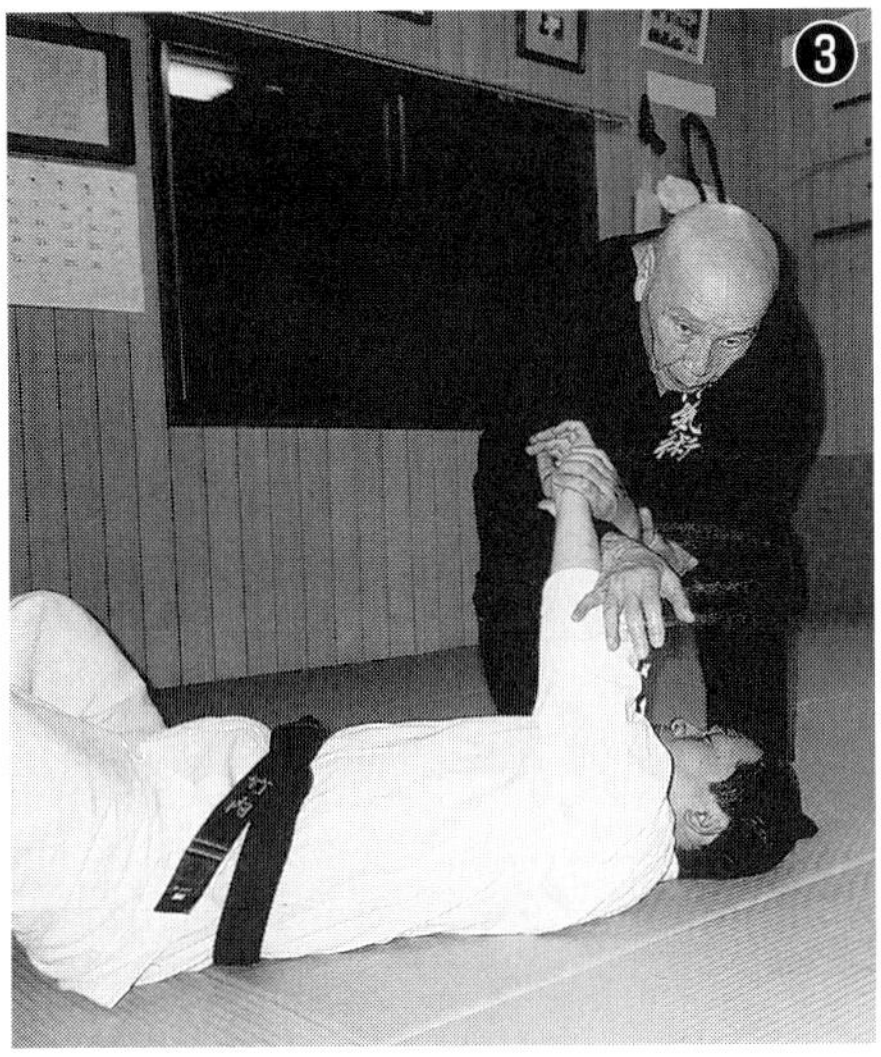

受の両手の間に右手を入れ、(❶)受の左手首を握って(❷)右に捻ってもよい。相手の両手を顔の上で交差して、両手で押し極める。(❸)

6 中袖とり捻り極め小手返し

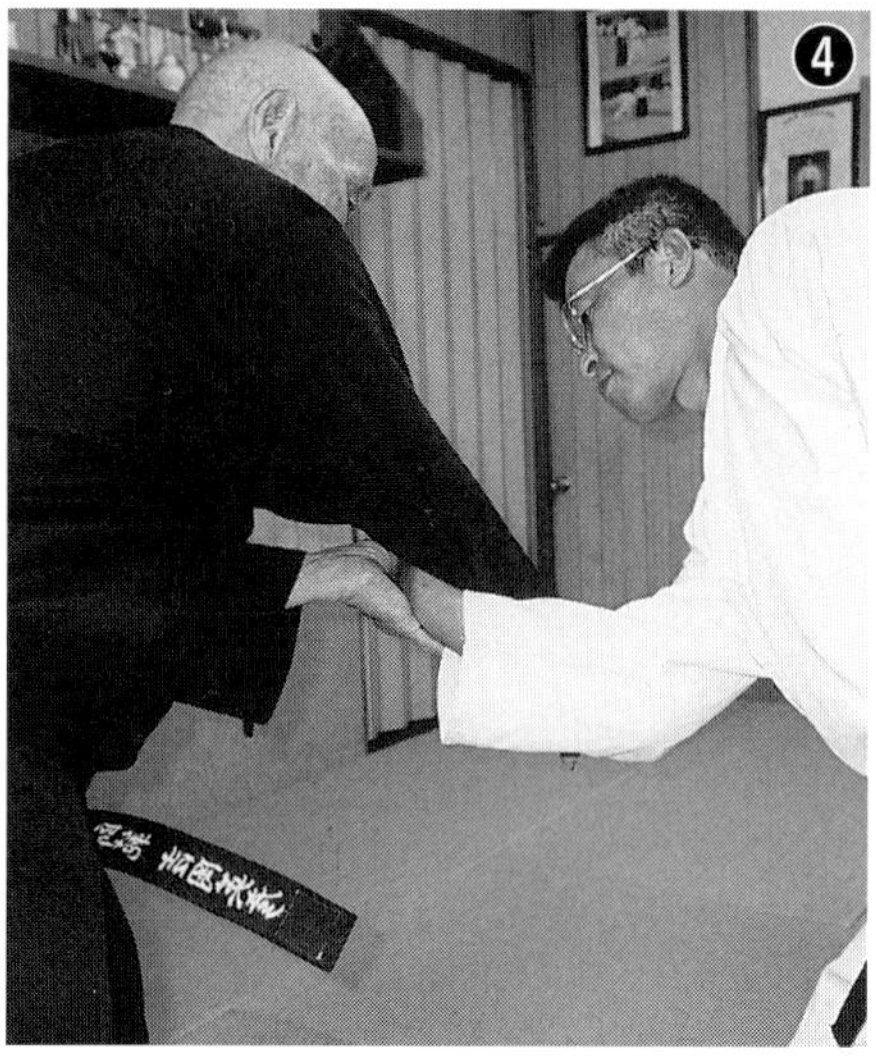

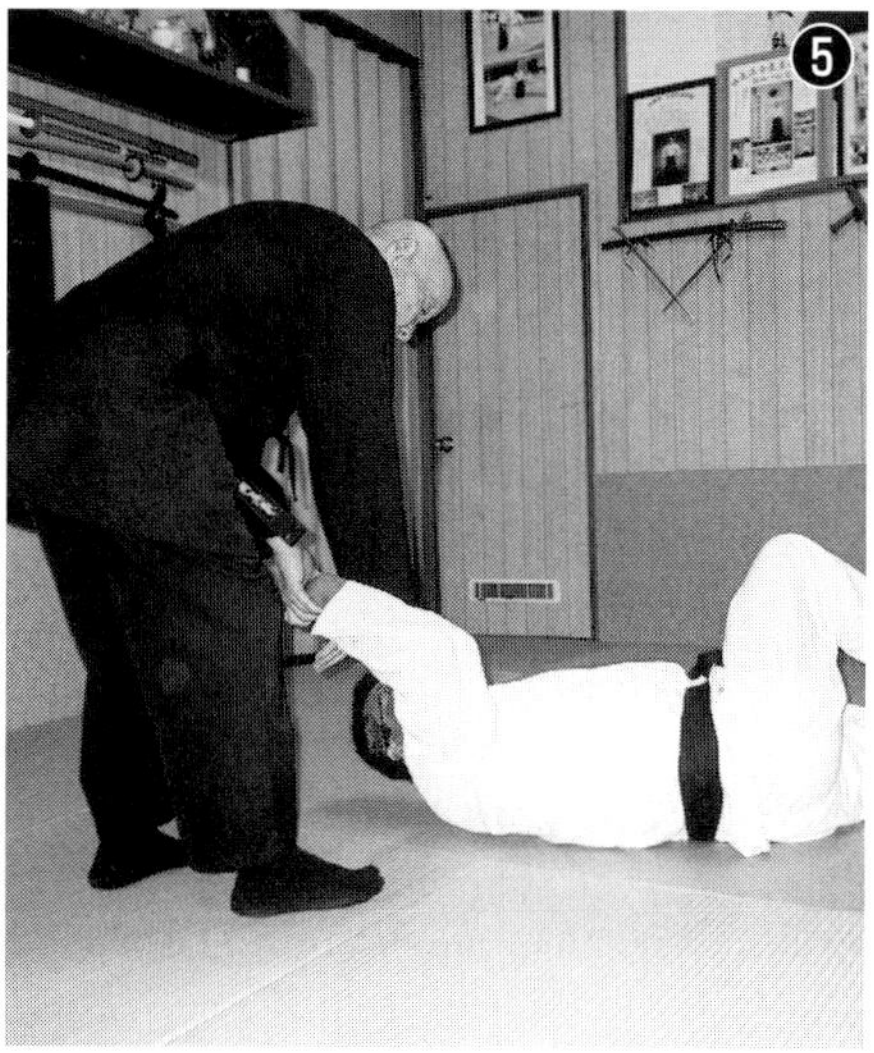

〔受〕右手で捕の右中袖をとる。❶
〔捕〕左手で受の右手甲をとり、❷左に捻り受の右手手根骨を上に向ける。❸右手肘を曲げて、受の手根骨の上に乗せる。❹右手を下に押し、左手で受の右手首を更に右に捻り倒す。❺

7 小手返し後の腕巻き極め

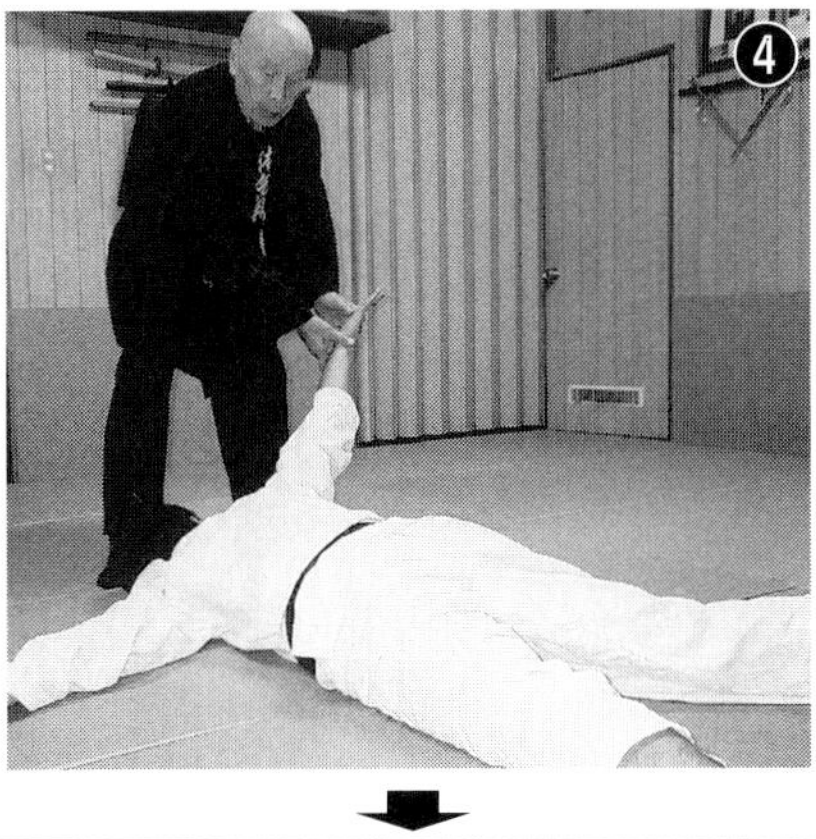

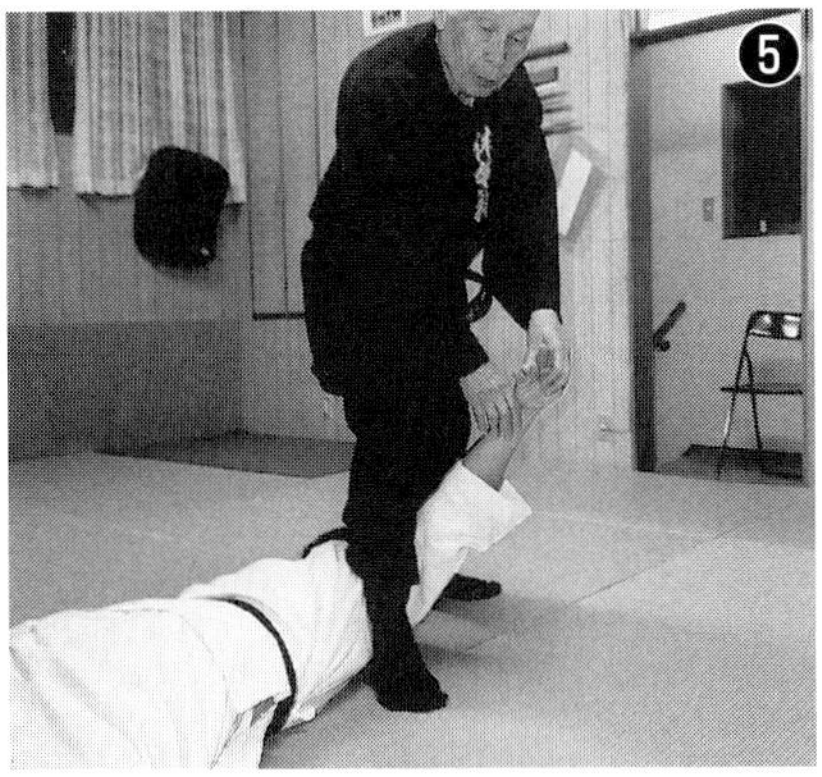

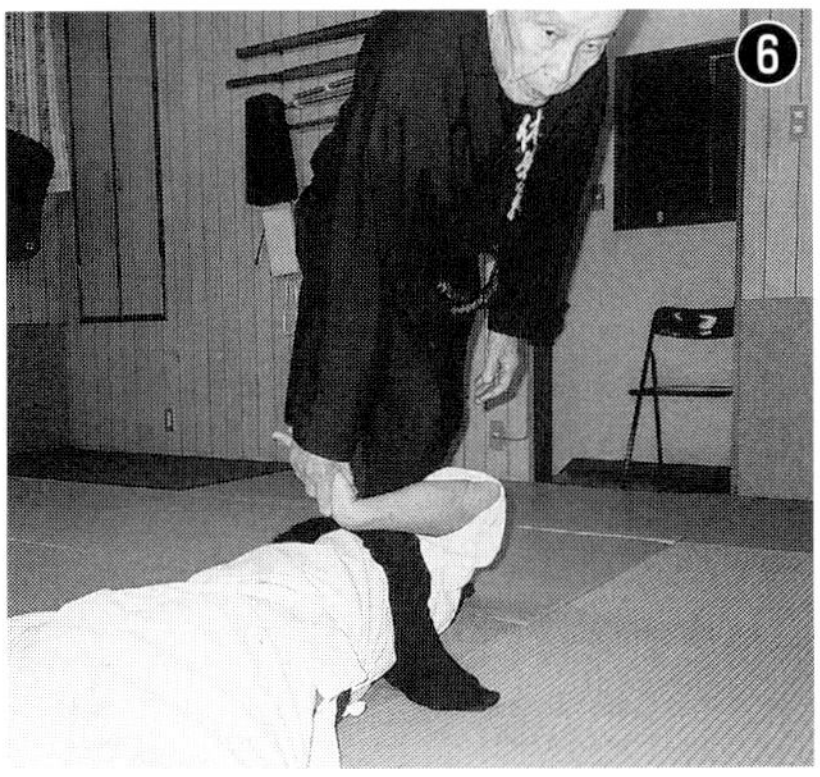

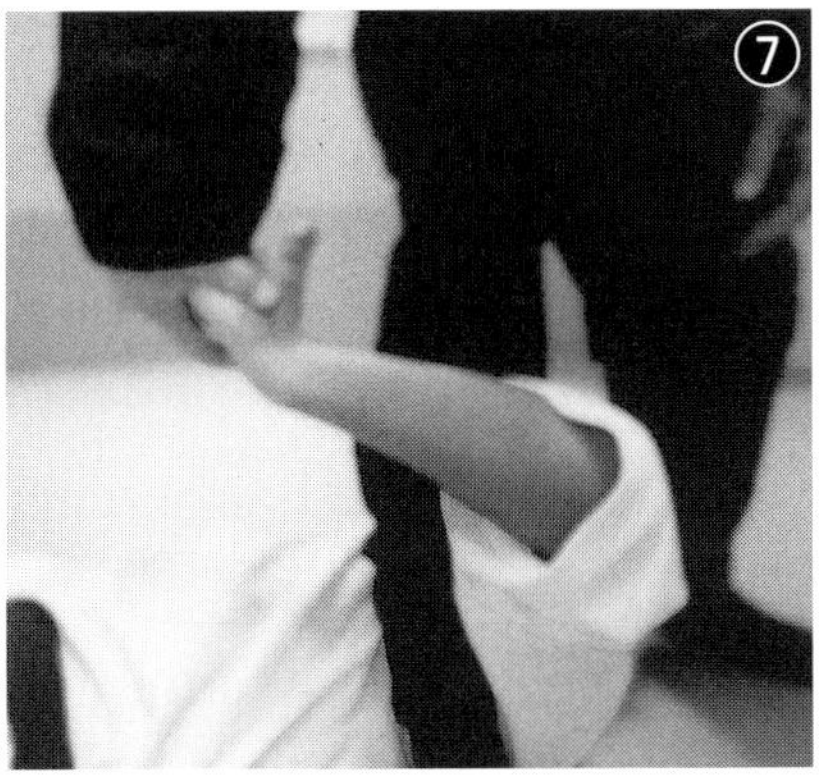

〔受〕右手で捕の左手をとる。（❶）
〔捕〕左手首を内より外に反時計廻りに返して、受の右手首をとり、更に左に捻る。（❷）右手を受の右手甲に当て、（❷）左に押し捻り、両手で受の左手を小手返しで倒す。（❸）右手で受の右肘を押し極めながら受を俯伏せにする。（❹）右足を受の右脇に入れて、（❺）受の右手を折り右足の頸に巻きつけ上に引き上げて極める。（❻・❼）

8 片手捻り小手返し

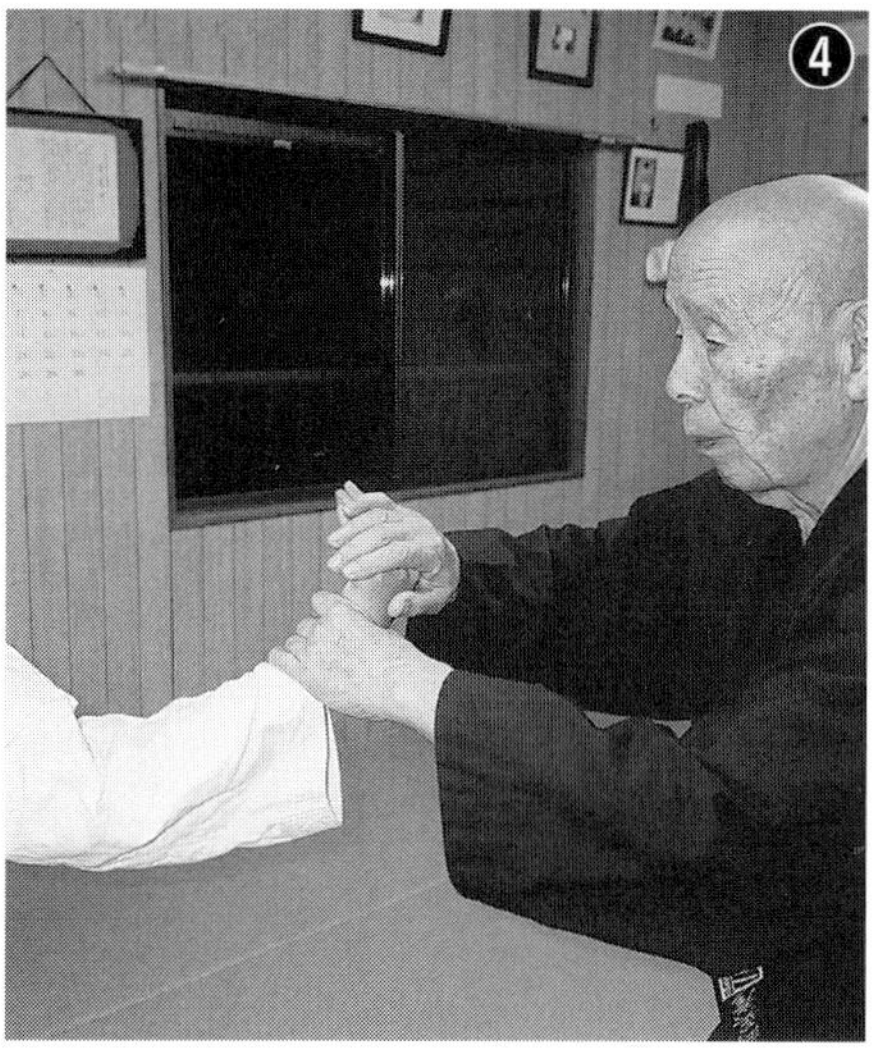

〔受〕左手で捕の右手をとる。(❶)

〔捕〕右手を上げ、(❷) 左手で手甲を上にして、受の左手首を握る。(❸) 左手で受の左手を反時計廻りに捻り、右手を外して受の左手甲を握り両手で受の左手を右に捻り倒す。(❹・❺) 合気道の左手で拇指丘を握る小手返しがあるが、この場合は小指側よりとる。

① 小手返しを肘返しで返す

❶

❷

❸

❹

❺
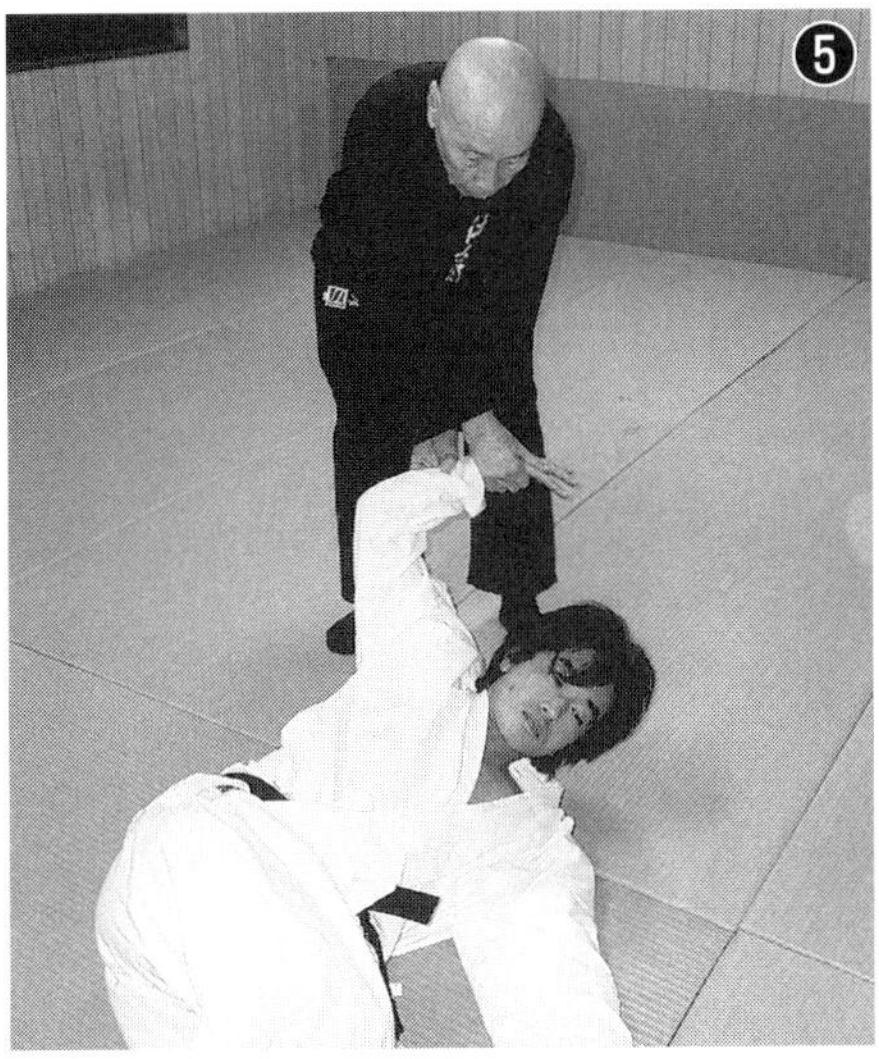

〔受〕右手中段突き。

〔捕〕左手で受の中段突きを右に払い、体を右に向けて、受の右手甲を掴み、(❶)右手で受の左手下より握り左に小手返しをせんとする。(❷)

〔受〕体気を入れ抵抗すれば小手返しはかからない。左手で捕の右肘をとり(❸)内右に押し、右手で捕の右手甲をとり両手で左に小手返しをする。(❹・❺)

②小手返しの返し技①

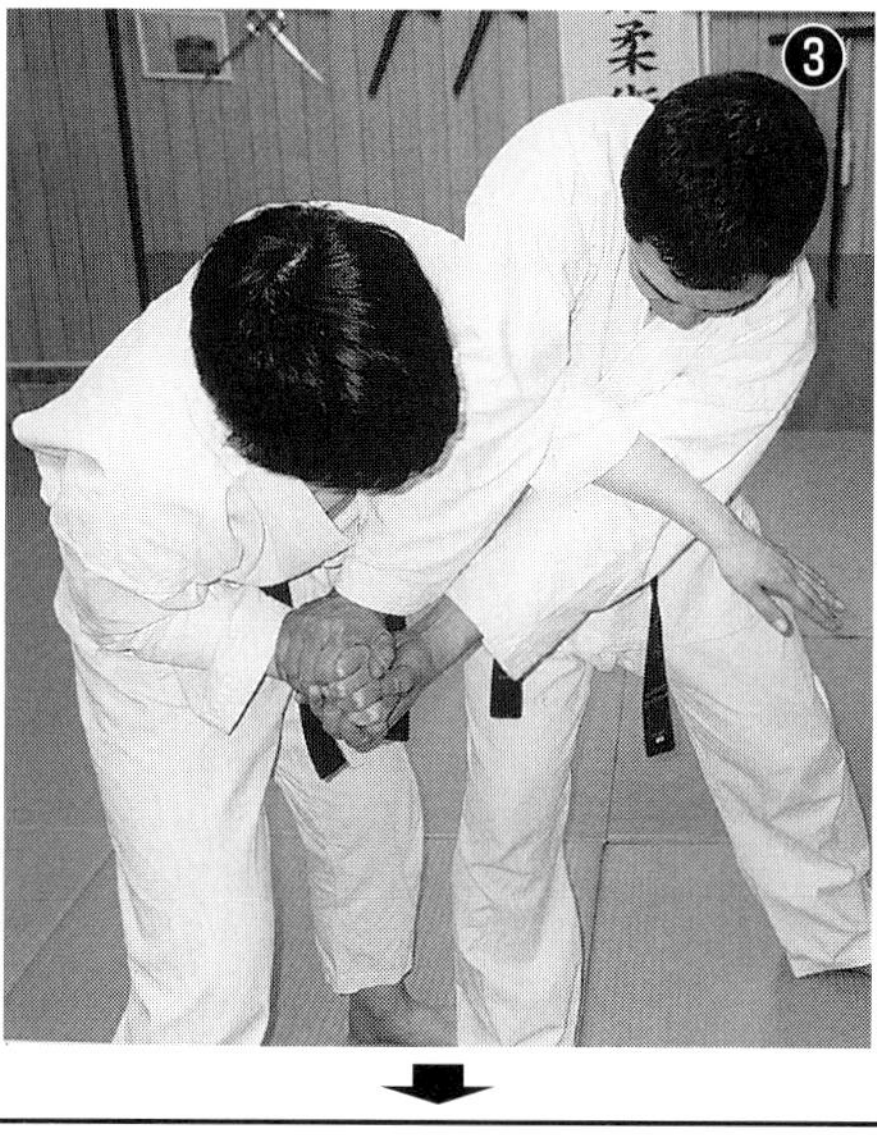

〔受〕右手中段突き。

〔捕〕体を右に開き、左手で受の右手を左より右に払い、(❶)左手で受の右手甲を上からとり、右手で下より親指を上にして受の右手甲をとり、体を左に反転して受を小手返しに倒さんとする。(❷)受の右手甲の上で両親指が交差するように握る。左手親指が下、右手親指が上になる。

〔受〕右肘を曲げて、右手首を左に廻して、体気を入れて、捕の小手返しに抵抗する。体を受の右横に移動して、左手を受の右手下より、受の両手の間に入れ受の左手の上に置き、(❸)左手を深く入れる。体を起こし左手を受の胸と喉に当て(❹)、後に押し、左足を捕の右足後にかけて後ろに倒す。足かけ入身投げで返す。(❺)

③ 小手返しの返し技 ②

〔受〕右手中段突き。
〔捕〕前述のように両手で小手返しをする。(❶・❷)
〔受〕体を右に開き左手を捕の右手上より捕の左手の下に入れる。左腕を曲げ上げて捕の左手肘を極め上げ、左肘で捕の右肘を下に押える。(❸・❹)体を左に廻しながら左腕で捕の左肘を極め、左肘で捕の胸を後に押し左腕を延ばし受を後に倒す。(❺)

④ 小手返しの返し技 ③

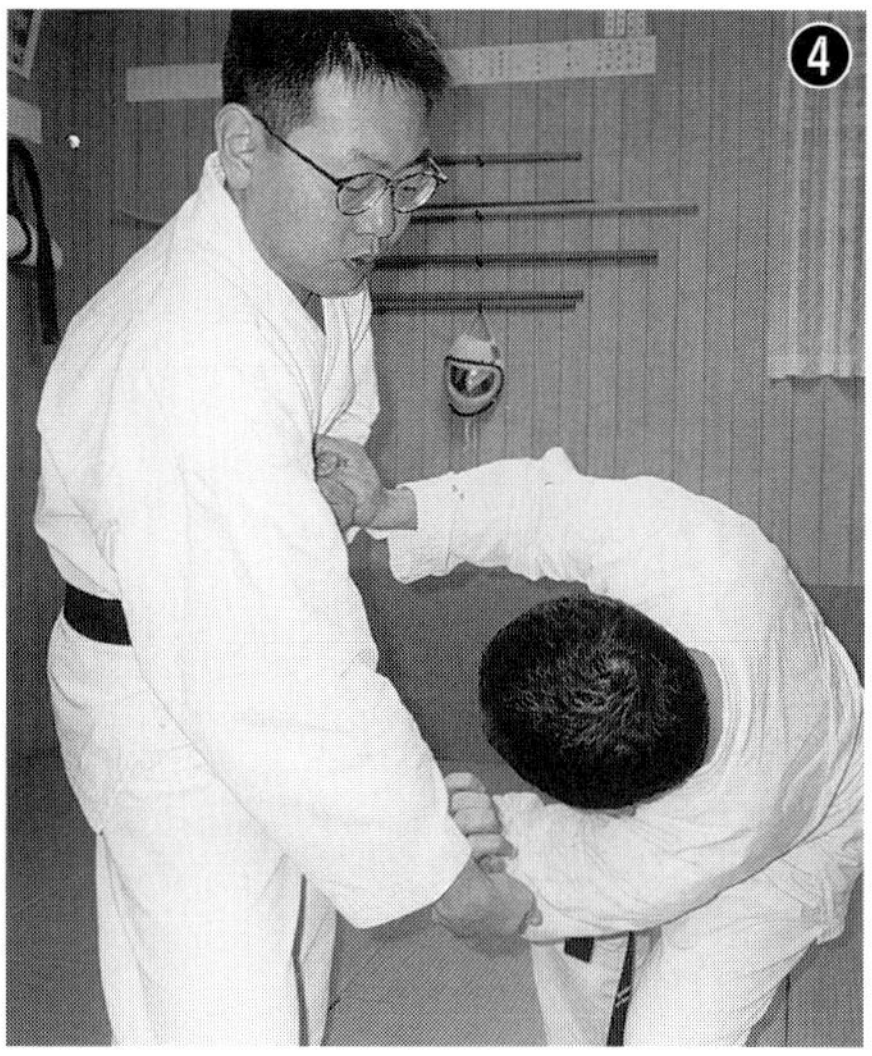

〔受〕右手中段突き。
〔捕〕前述のように両手で小手返しをする。(❶・❷)
〔受〕右手で捕の左手親指を握りとり折り曲げ極める。(❸・❹)捕の右手親指をとり折り曲げてもよい。

⑤ 小手返しの返し技④

〔受〕右手中段突き。

〔捕〕前述のように両手で受の右手をとり、左に小手返しをせんとする。

〔受〕捕の左横に体を進め、右手を捕の左足の内後下におき、(❶)右手先を左に捻り戻して、捕の左足膝裏をとり、左手で捕の左足裏をとり、(❷)両手を手前に引き、右肩で捕の体を押し倒す。捕の左足を取りアキレス極めをする。(❸)

⑥ 綾手片手とり小手返しの返し技

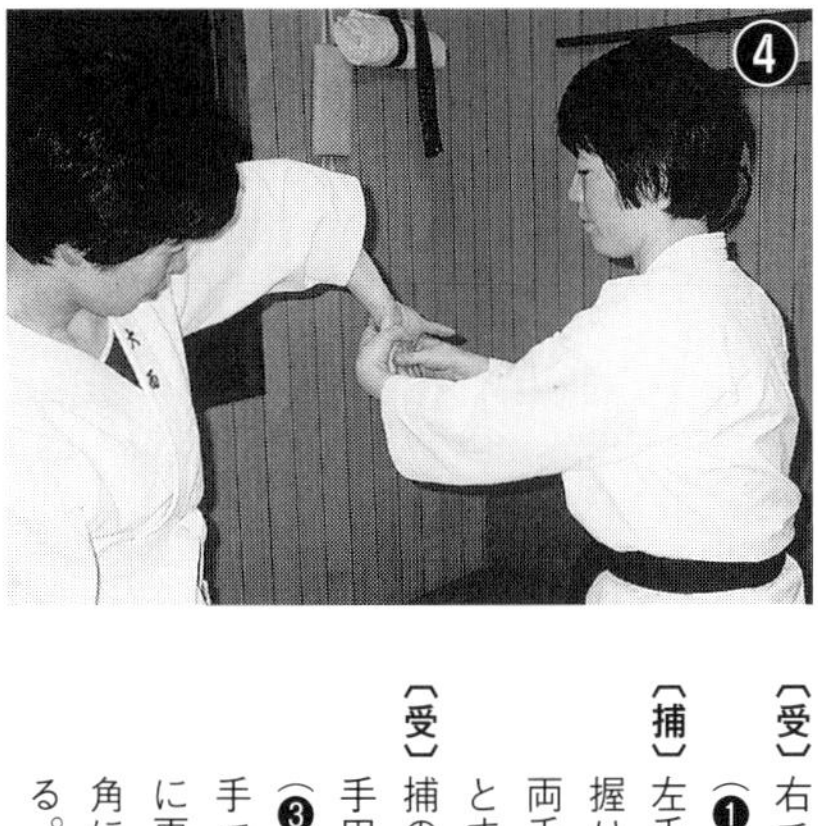

〔受〕右手で受の右手をとる。(❶)

〔捕〕左手で受の右手甲を上から握り左に捻り、右手を外し両手で左に小手返しをせんとする。(❷)

〔受〕捕の我が右手甲を掴んだ左手甲を左手で上から掴み、(❸)左に捻り右手を外し両手で捕の左手甲をとり左に更にねじり捕の左手を直角に曲げ小手ひねりで極める。(❹)

⑦ 手鏡小手返しの返し技（親指とり）

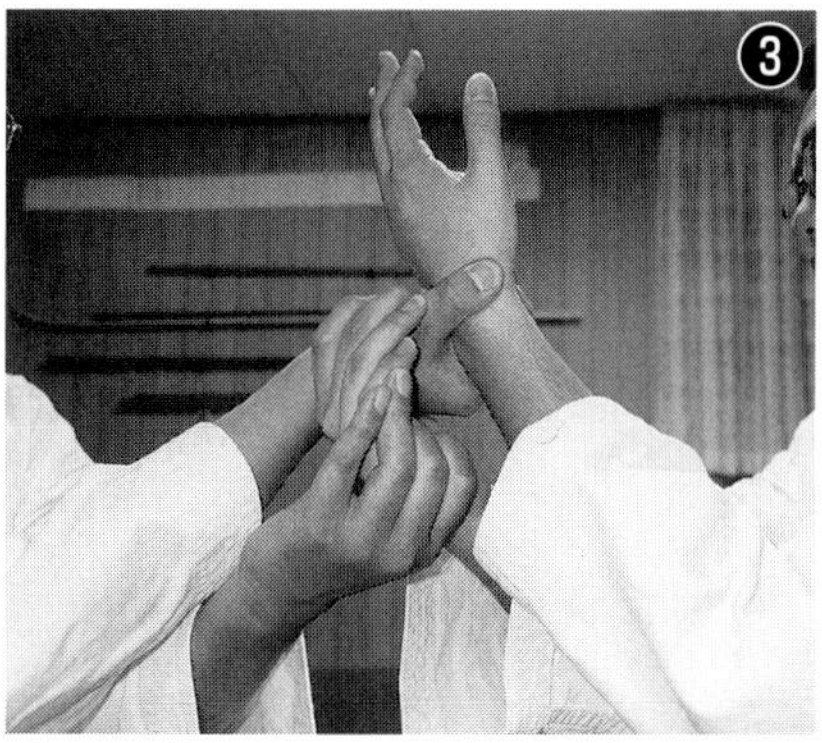

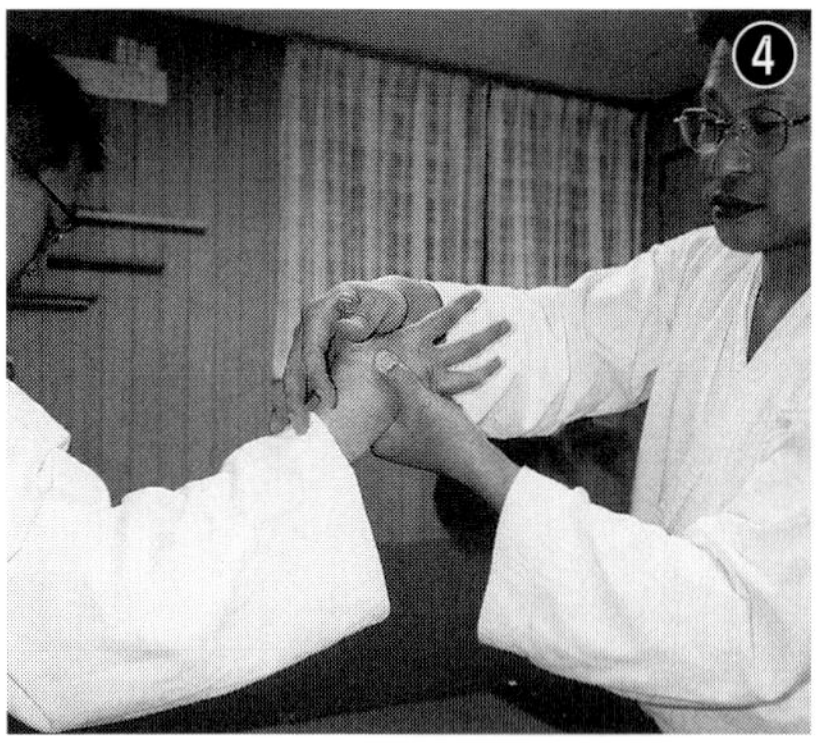

〔受〕右手で捕の左手をとる。（❶）

〔捕〕左手を曲げ上げ右手で受の右手拇指丘を下より掌を上にして握る。（❷）左手を手前に引き、右手で受の右手を左に捻り、左手を添えて小手返しをせんとする。

〔受〕捕が受の右手拇指丘を下から握ったときに左手で逆に捕の右手小指側より下から掌を上に向けて握る。（❸）右手で捕の親指を握り折り曲げ（❹）て極め倒す。

8 手甲見小手返し（手鏡小手返しの反対）

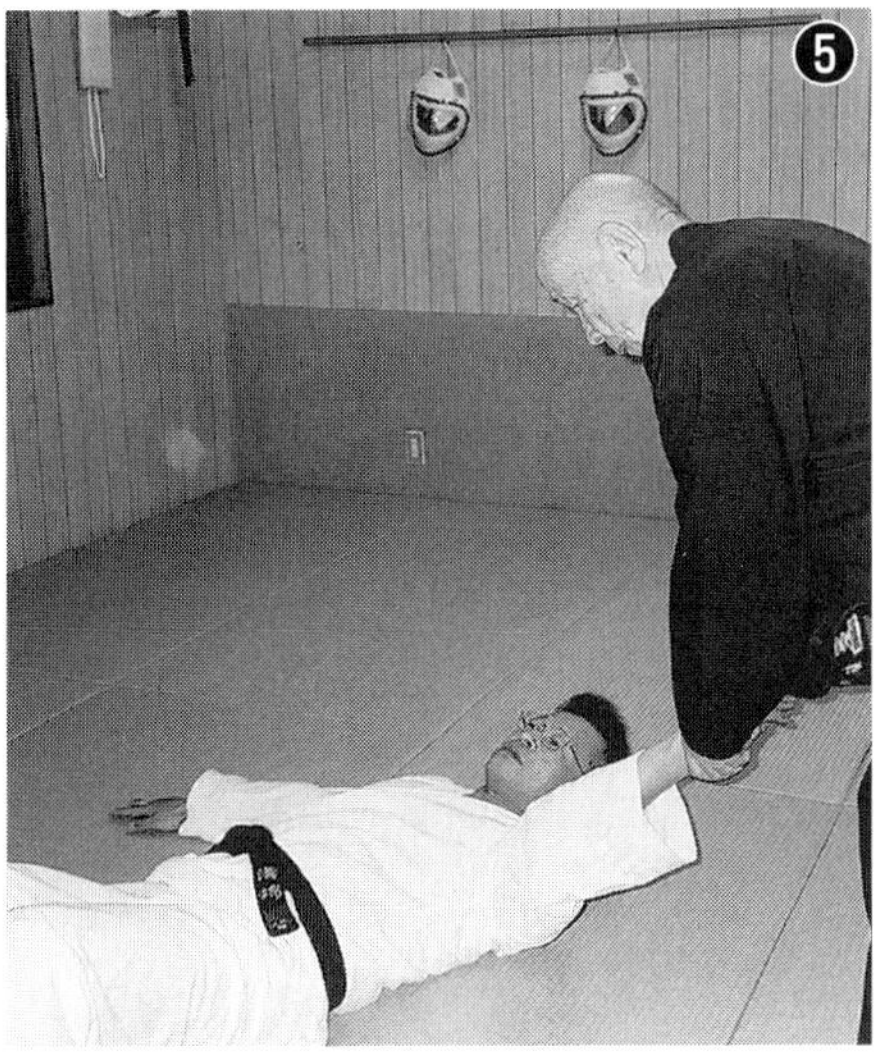

相手が左手で、我の右手を捕った場合に、（❶）手鏡小手返しをする説明には、右手掌を手前に向けて女性が化粧をするときに、鏡を顔に向けるように掌を顔に向けると必ず本に書いてある。右手を相手の左手の内側に曲げて立てれば、右手甲が手前に向いていても小手返しは出来る。（❷）左手で相手の右手拇指丘をしたからとれば、全く同じように小手返しは出来る。掌を顔に向けても、手甲を顔に向けても、どちらでも小手返しは出来るのである。実戦の場合に思わず片手甲を顔に向けた場合でも、拇指丘とり小手返しは出来ることを知っておくべきである。（❸・❹・❺）

⑨ 小手返しで倒されてからの返し技

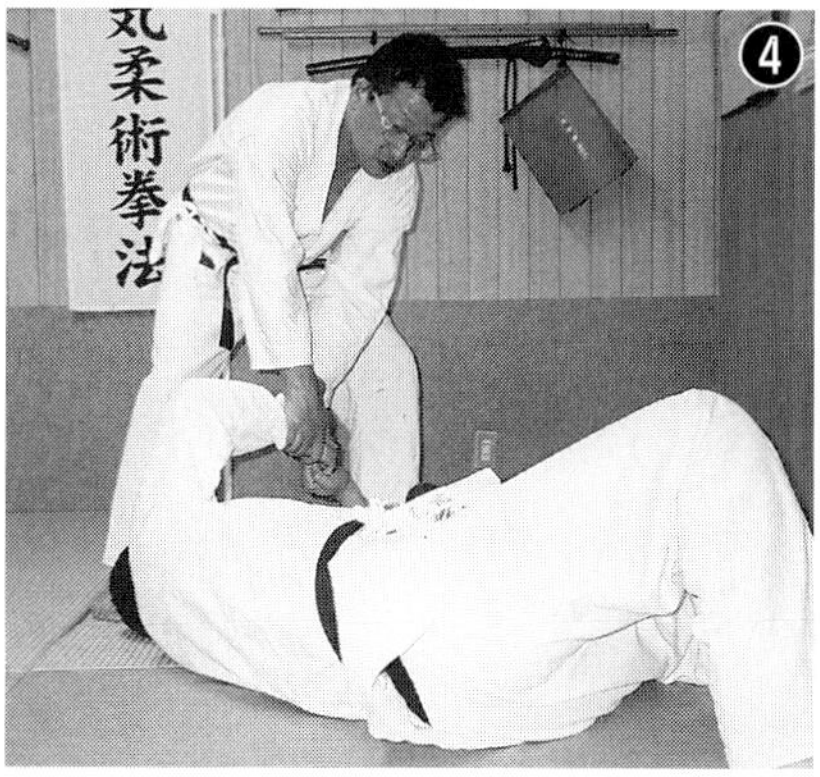

〔受〕右手中段突き。(❶)

〔捕〕前述のように受の右手を両手でとり、小手返しで倒す。(❷)受を俯伏せにせんと受の右手を受の左側に返そうとする。(❸)

〔受〕両手をクラッチして抵抗する。(❹)この様にすれば受は俯伏せにならない。捕が受の右肘を極めて、受の左側に俯伏せにしようとしても出来ない。右足で捕を蹴り上げる。(❺)体を起して左手で捕の左足首を後よりとり、右手で受の左膝上を押して、右肩を前にあずけて捕を後に倒す。捕の左足を左脇に抱きアキレス極めをする。(❻)

⑩ 小手返しをされてから俯伏せを返す

〔受〕小手返しで捕を倒して、両手で捕の右手を延ばし、捕の頭側を廻って、捕を俯伏せにせんとする。(❶・❷)

〔捕〕右肘を曲げて体気を入れ、体を左に返して左手で受の右足首後をとり、右膝を受の右膝に当て、右足先を受の左足膝裏に当て左手を引き、右膝を押して受を倒して、(❸) 右手で受の右足のこぶらがえりを掴んで極める。

⑪ 小手返しの返し（打ち払い外し）

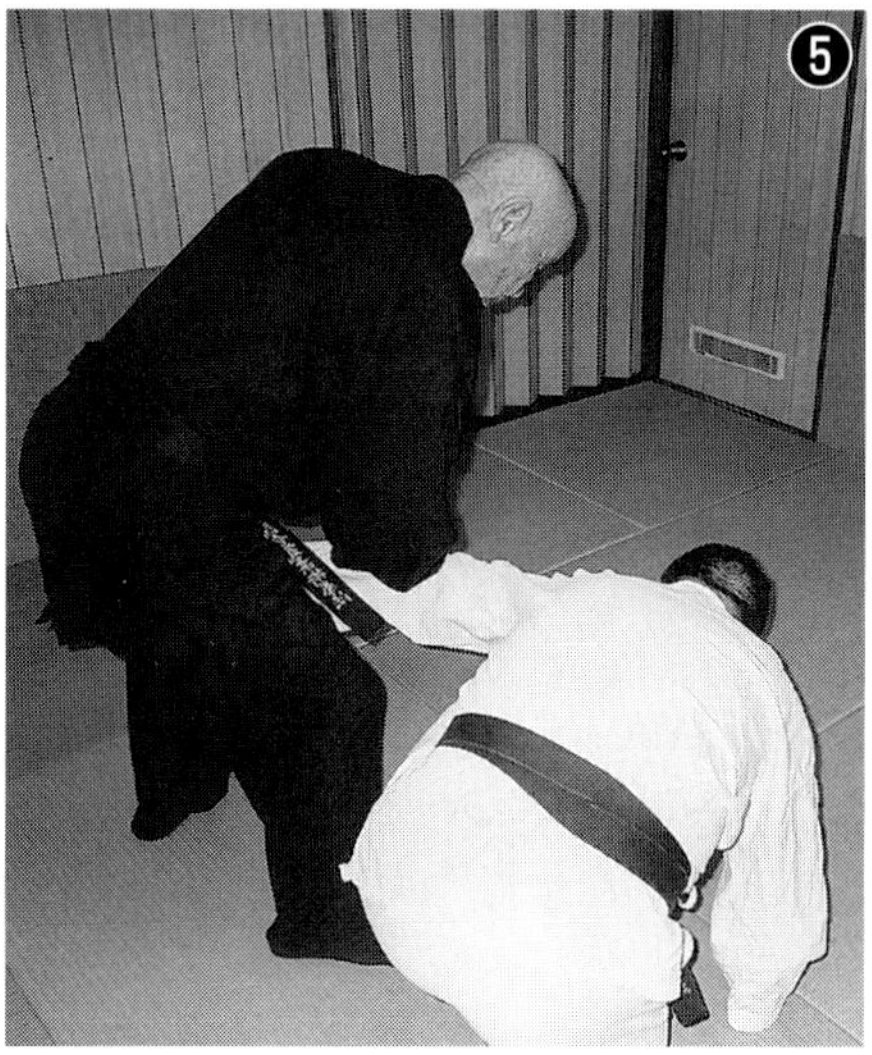

〔受〕右手中段突き。（❶）
〔捕〕体を右に開き左手で受の右手を右に払い、（❶）左手で受の右手甲を上からとり、右手で受の右手下からとり、両手で小手返しをせんとする。（❷・❸）
〔受〕体を右に向け、右手を曲げ胸に近づけて、左手で捕の両肘を下より打ち払い上げ、捕の両手を外す。（❹）体を左に反転して、左手で捕の左手首をとり、右手で捕の左肘をとり一本補に極める。（❺）

⑫ 小手返しの返し（捻り倒し）

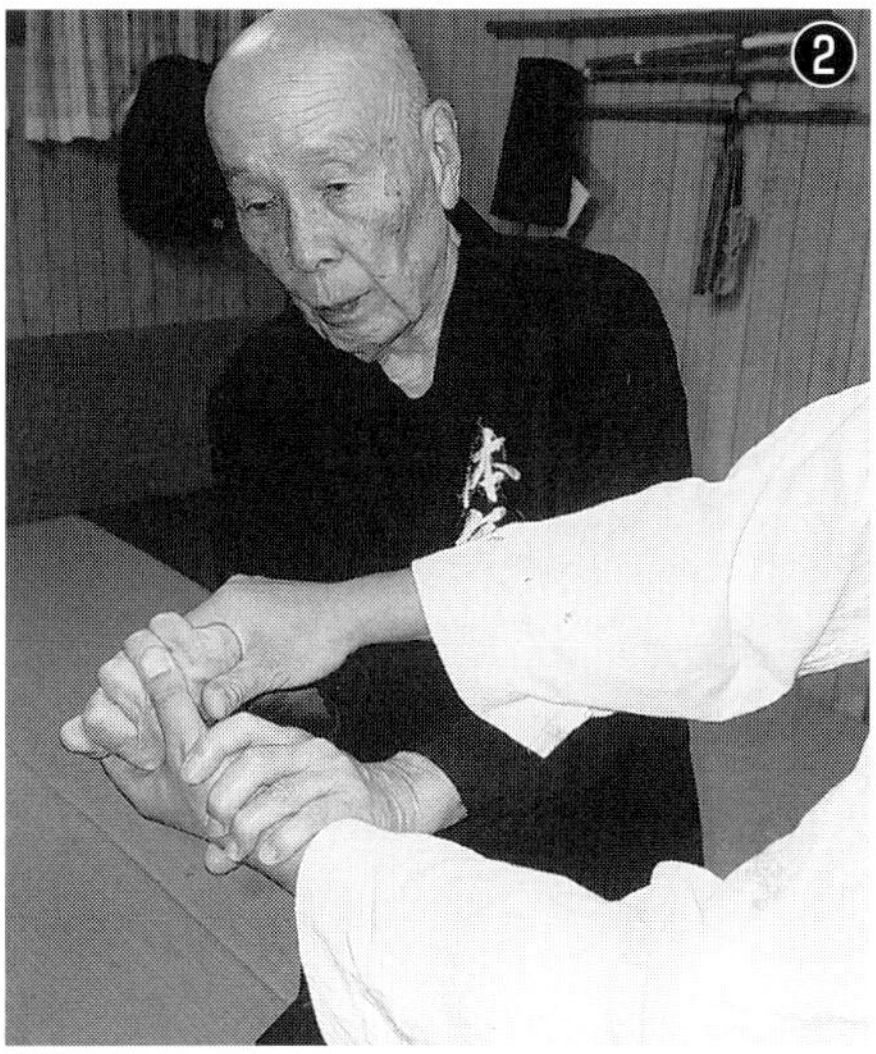

〔受〕捕に握られた左手を上に曲げ、右手で捕の右手拇指丘をとり、左手を外して、捕の右手甲に覆せて両手で左に小手返しをせんとする。（❶）

〔捕〕左手で受の左手掌を左手甲を上にして掴み、（❷）右に時計廻りに捻り、右手を外して受の四本指（親指を除く）を握り右に捻り、（❸）両手で更に捻り倒す。（❹）

⑬ 手鏡小手返しを返す（四指とり）

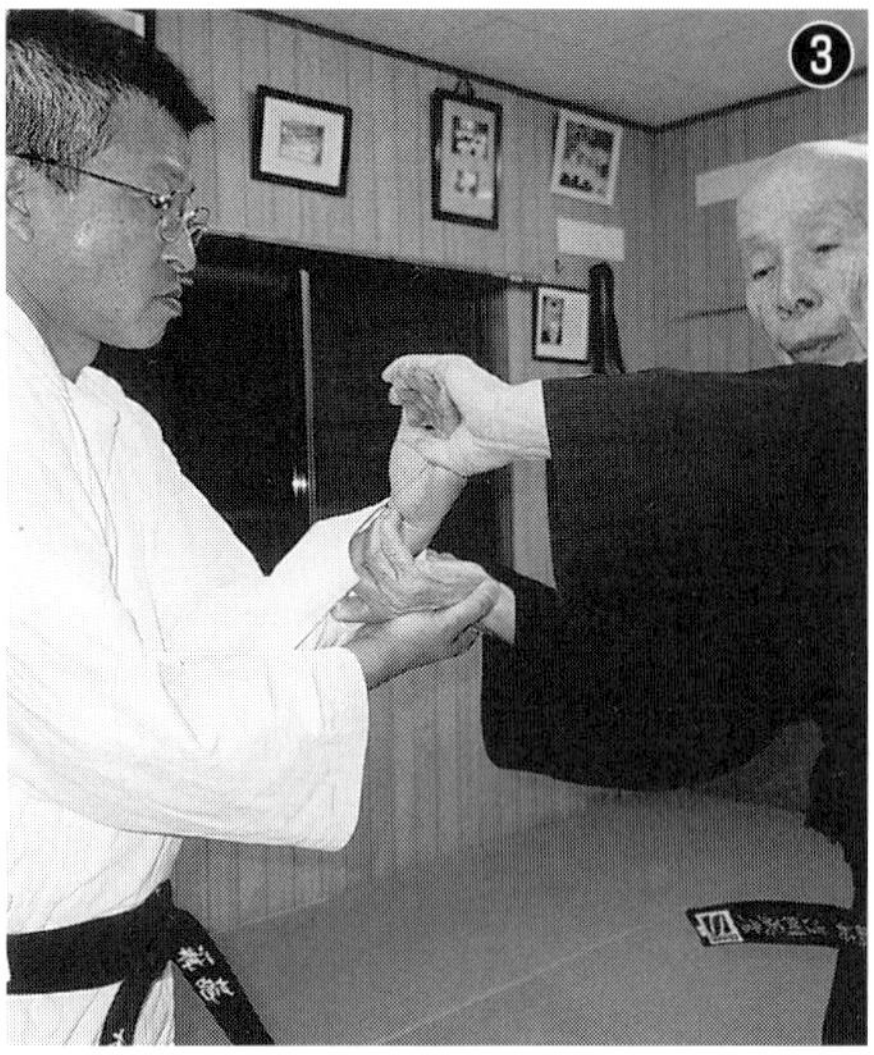

〔受〕右手で捕の左手をとる。（❶）

〔捕〕左手を上げて、右手で受の右手下より、受の右手掌の拇指丘を四指で握り、親指は受の小指側におく。（❷）捕は左手を外して、受の右手甲に当て、両手で反時計廻りに右に捻り、両手で手鏡小手返しをせんとする。

〔受〕捕が左手を上げ、右手で受の拇指丘をとったときに、左手で捕の左手親指を除く四本指を親指を掌側にして握り、（❸）反時計廻りに廻して捻り上にあげ、四指を曲げ極める。（❹）

1 腕巻き一本捕

〔受〕後より捕の後襟を右手でとる。（❶）
〔捕〕左に廻り左手拳で受の腹を当身をする。（❶）左手で受の左手を掴み、（❷）後を向きながら受の左手を受の右手下より上に上げて、（❸）受の右手を受の左手で下より巻き（❸）下に落す。右手で受の右手首を握り、両手で受の右手を下に落し一本捕に移る。（❹）

② 強く片手を握られた場合の一本捕

〔受〕左手で捕の右手首を強く握る。(❶)

〔捕〕左手で受の左手甲を上から逆手にとり(❷)右手を外し、右手で受の左肘をとり、一本捕をせんとしても、受に力一杯右手首を握られると出来ない。親指で受の左手合谷の急所を押して、受の左手より外そうとしても強く握られている急所の合谷を押さえても痛くなく外れない。このような場合右肘を曲げ(❸)水平に右肘を反時計廻りに左に廻し、(❹)体を少し左に廻し、左手で受の左手甲を左に捻れば受の左手より右手は容易に外せる。一本捕をする。(❸)

3 肘曲げ 一本捕

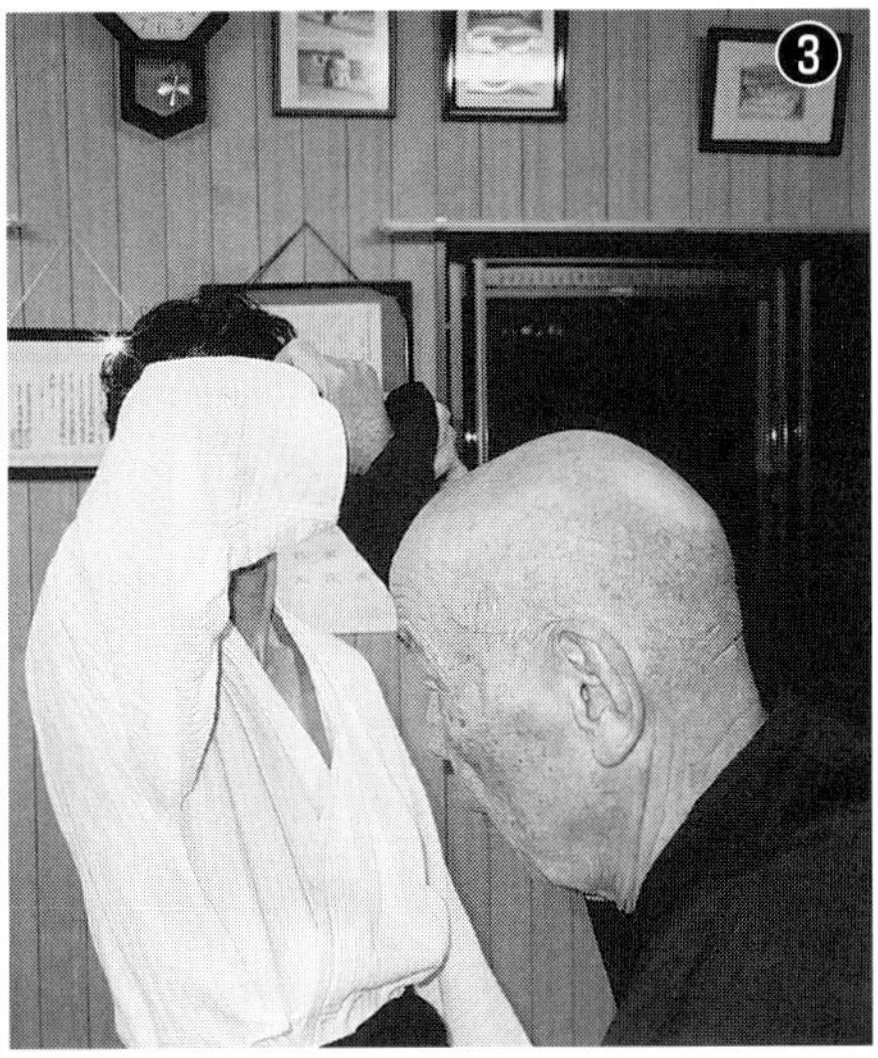

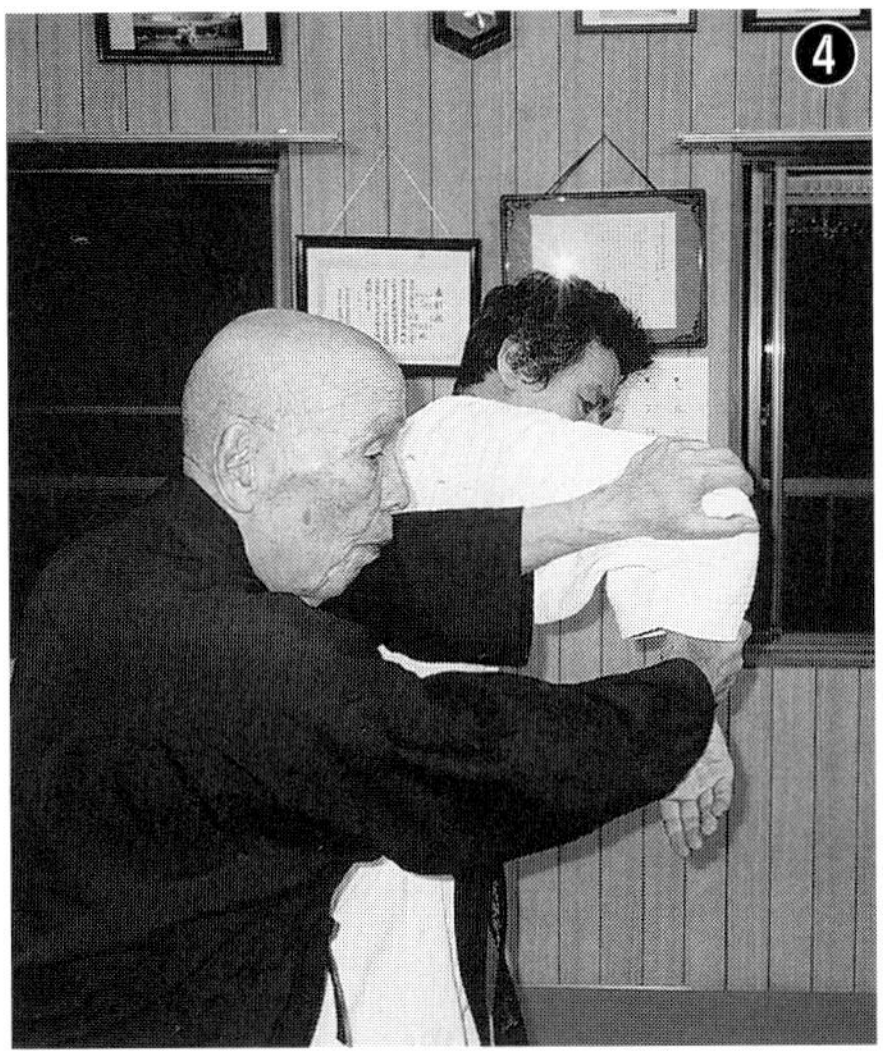

〔受〕右手で捕の右手をとる。(❶)
〔捕〕右手首を右に反転して、受の右手を右手でとる。(❷) 受の右手首を握ったまま受の顔に打ちつけ、(❸) 受の左肘を曲げる。左手で受の右肘をとり一本捕をする。(❹・❺)

4 捻り一本捕

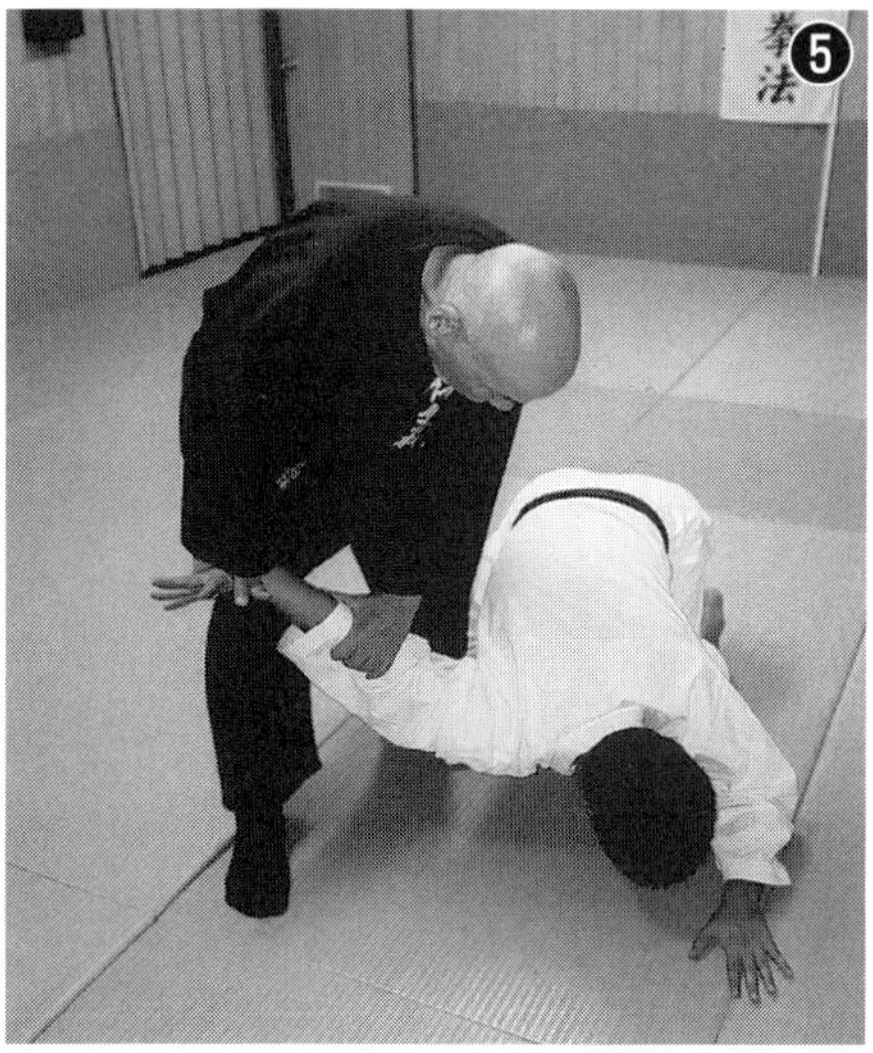

〔受〕右手で捕の左手をとる。(❶)
〔捕〕左手首を時計廻りに外より内に廻し、(❷)右手で受の右手甲を握り、(❸)時計廻りに右に捻る。左手で受の右肘をとり一本捕をする。(❹・❺)普通に右手で受の右手を上からとり一本捕をするよりも、受の右手首の捻れが、この方法では強い。左手を時計廻りに廻すことにより受の手首は捻れ、更に右手で受の右手甲をとり右に捻るので2倍の捻れになり受は痛い。

⑤ 一本捕足かけ）

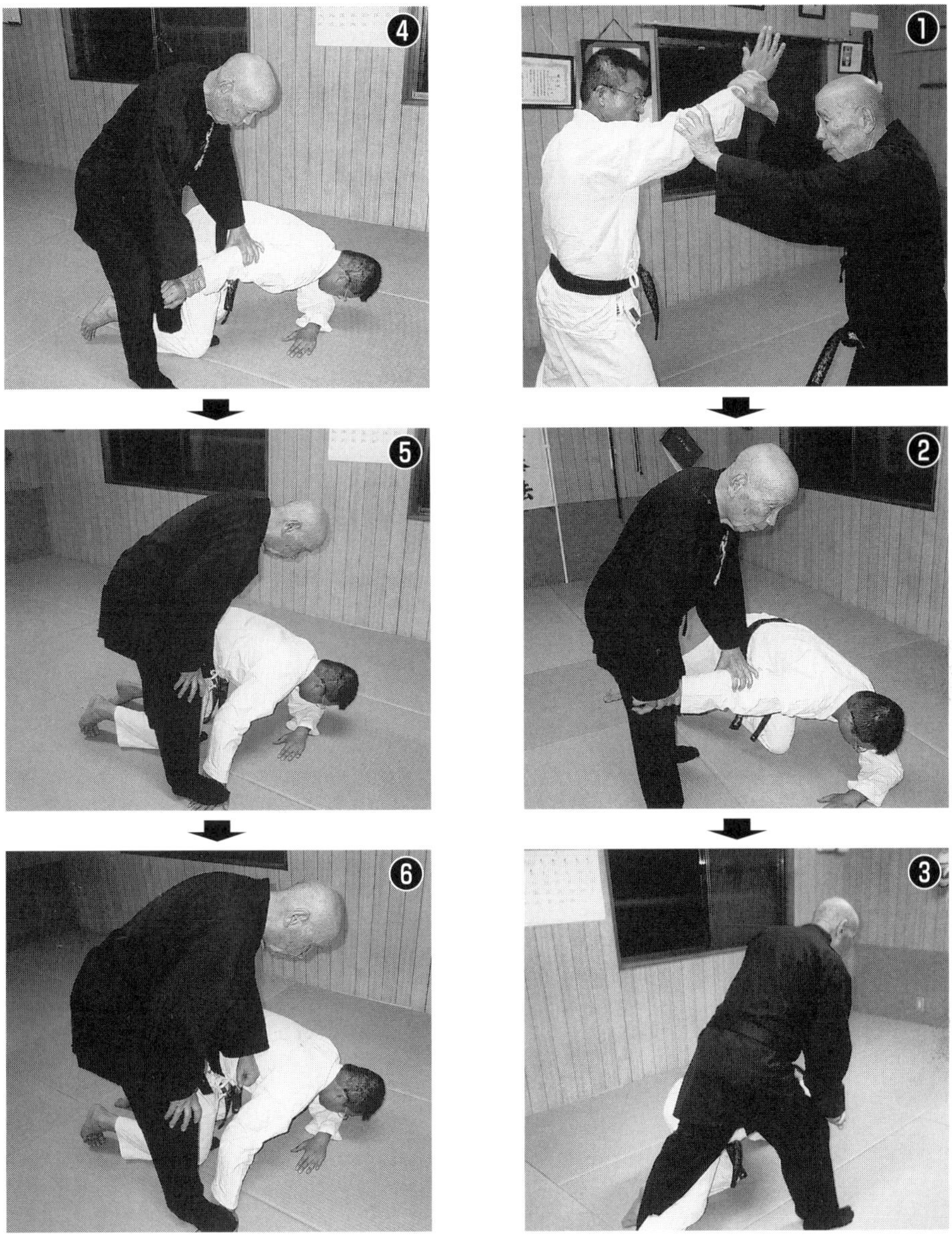

〔受〕右手上段打ち。(❶)

〔捕〕両手で受の右手を受け一本捕をする。

(❷) 左足を受の右足膝裏にかけて、

(❸) 前に押して受の右膝を曲げる。

(❹) 左膝で受の右膝を抑え、(❺) 右足で受の右手を踏む。(❻) 左手で受の横腹を打つ。(❻)

⑥ 体反転一本捕

〔受〕右手で捕の右手をとる。(❶)

〔捕〕右手首を右に返して、掌を上に向けて、下より受の右手首を握る。(❷) 受の右手を上にあげ受の後に行き、(❸) 体を反時計廻りに左に反転して後を向く。(❹) 受の右手は捻られている。左手で受の右肘をとり一本捕で極める。(❺)

7 指折り一本捕

❶

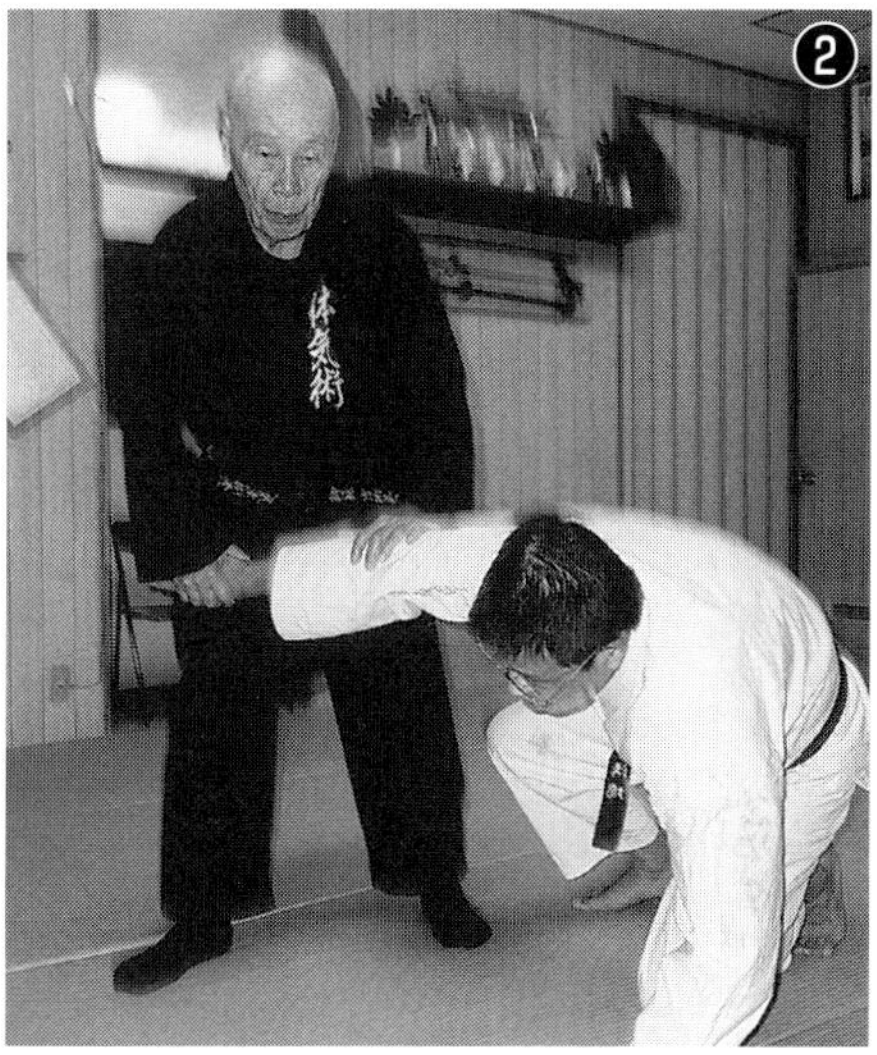

❷

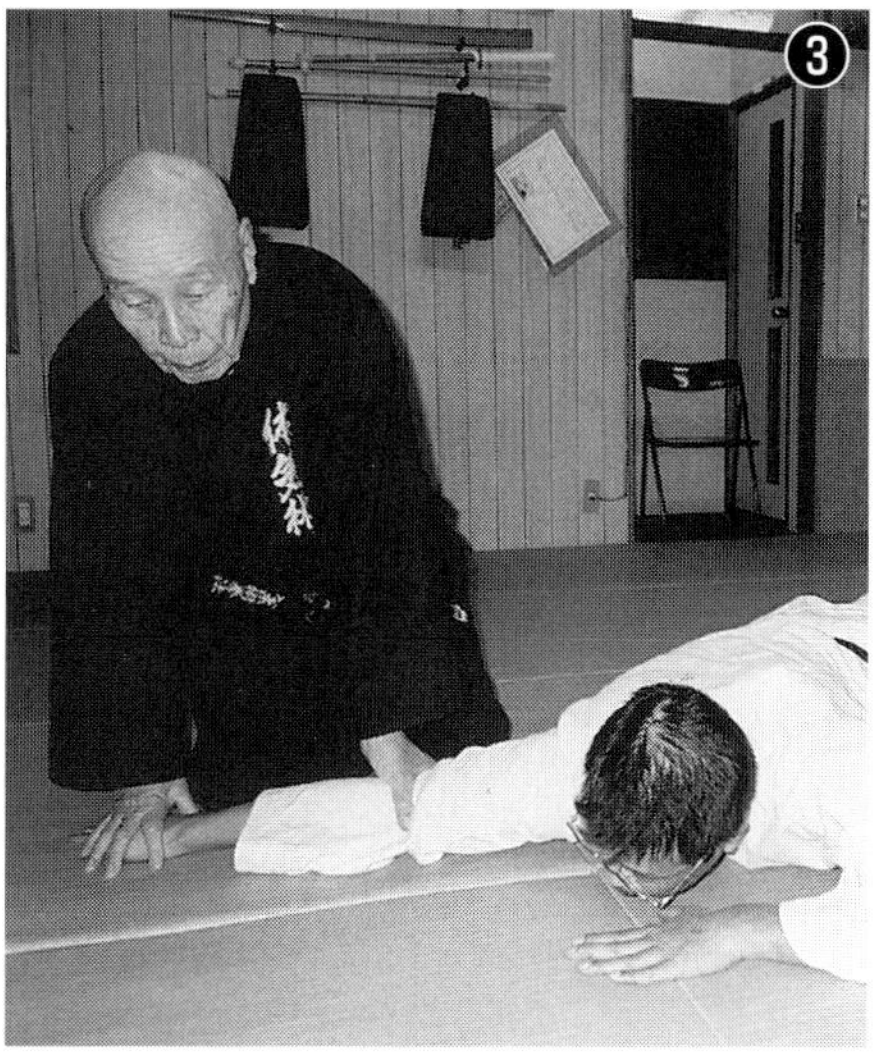

❸

❹

❺

〔受〕右手上段打ち。(❶)

〔捕〕両手で受の右手を受けて、一本捕で倒し引き、受を伏せ倒す。(❷・❸)受の右手甲を上にして伏せ倒した場合、左膝で受の右腕付根を押し、右膝で受の右手甲を押さえる。(❹)右手で受の人差指をとり上に折り極める。(❺)左手は受の首を押さえる。

⑧ 肘折り一本捕

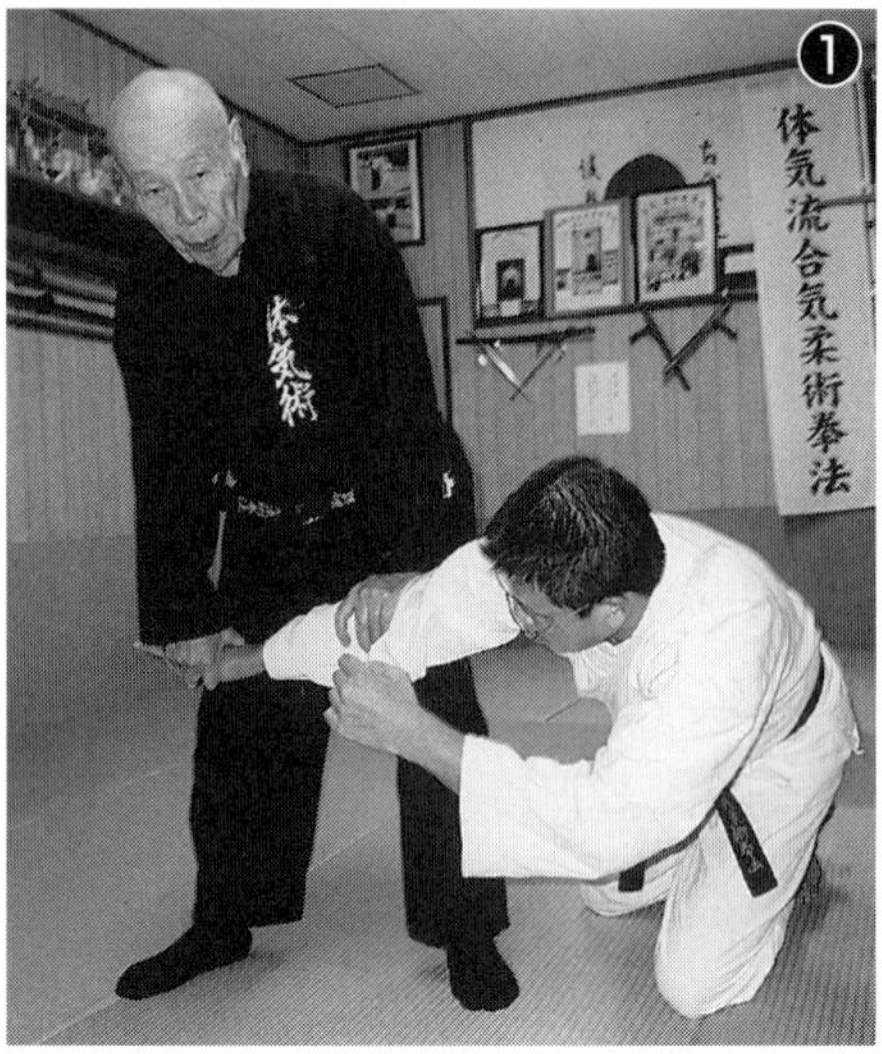

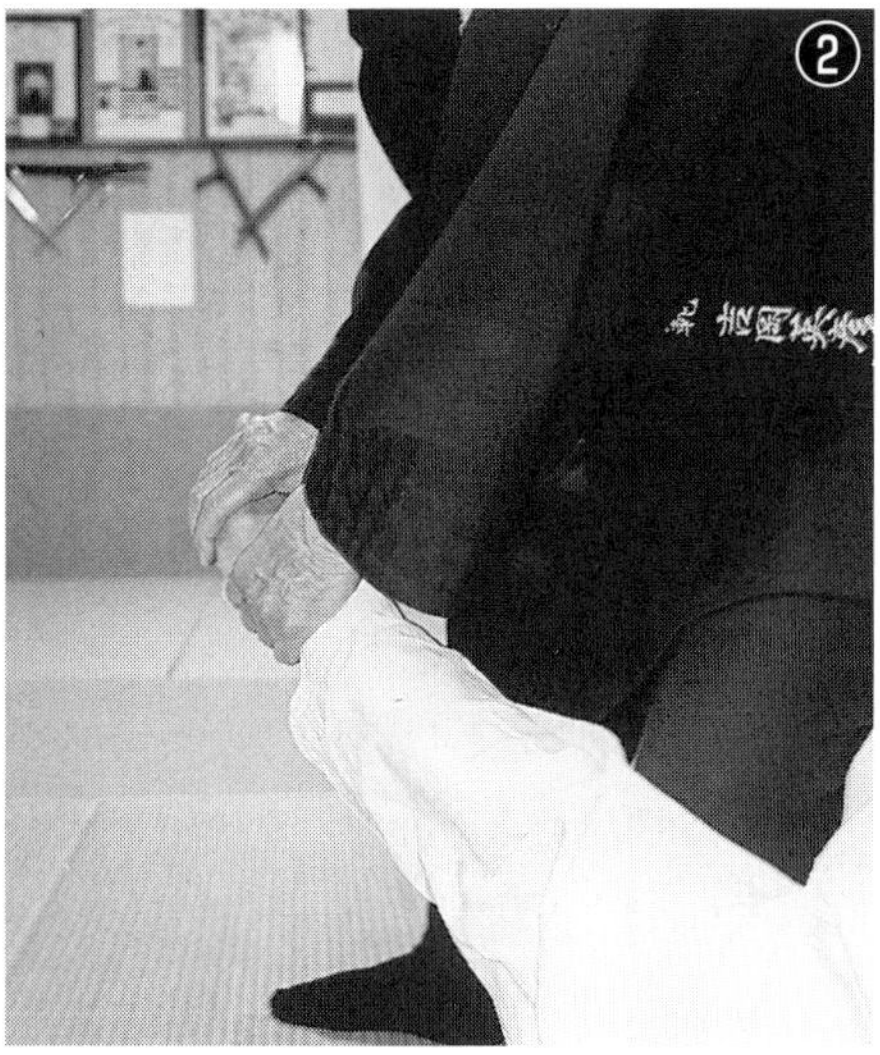

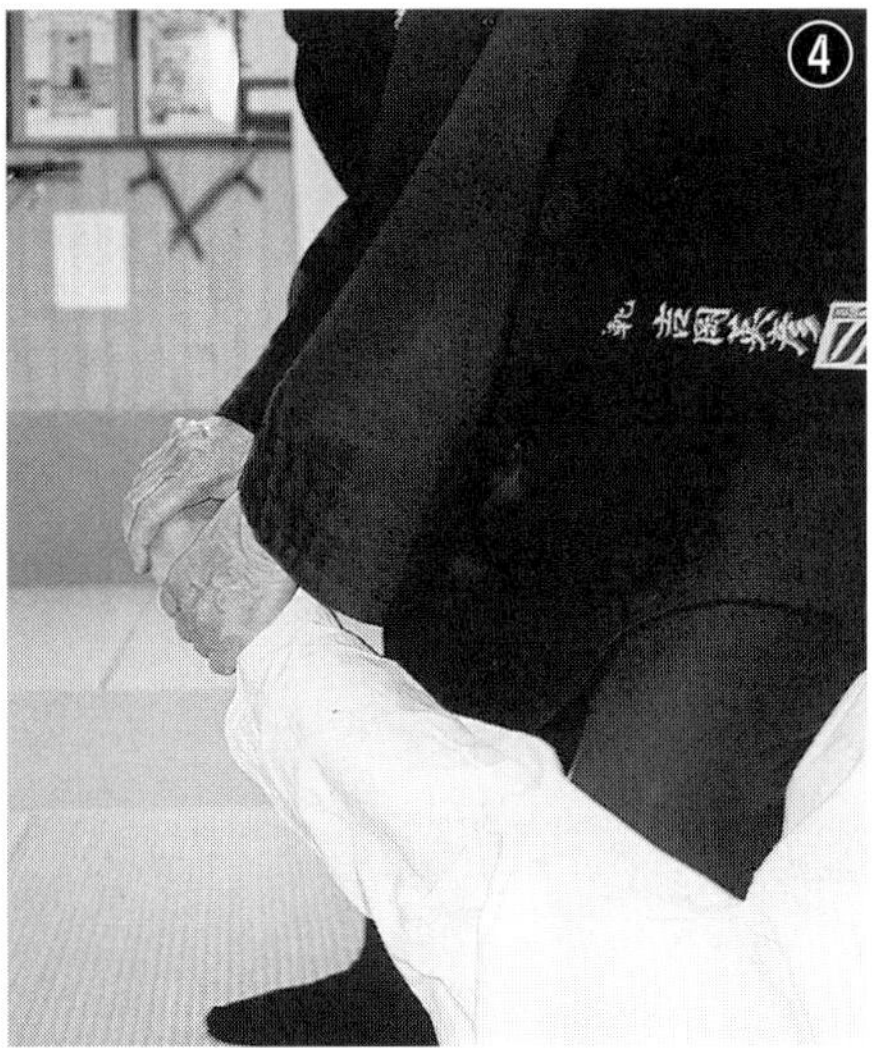

相手の右手上段打ちを両手で受けて、一本捕をした場合に、相手が右肘を曲げて抵抗すれば、(❶・❷)体を右に向けて、両手で受の右手をとり、右膝を受の右肘に当てる。(❸)両手で受の右手首を握り、左膝を曲げて、受の右肘を押し、右手で受の右手を手前に引き受の右肘を折り極める。(❹)

① 一本捕の返しの返し技（小手捻り）

〔受〕右手上段打ち。（❶）
〔捕〕両手で受けて一本捕をせんとする。（❷）
〔受〕体を右に反転して逆に一本捕をせんとする。（❸）
〔捕〕右手で受の右手をとり、（❹）左手で受の右手とり、両手で小手捻り。（❺）

② 一本捕の返し技①（小手返し）

〔受〕右手上段打ち。（❶）
〔捕〕両手（右手上、左手下）で受の上段打ちを受け一本捕をせんとする。（❶）
〔受〕右肘を曲げ体気を入れ、体を左に開けば一本捕はかからない。体を右廻りに反転して左手で捕の右手首を逆手に握り、受の右肘を折り上げ反時計廻りに捕の腕を廻して右手を外して、受の右手甲に当て両手で左に小手返しをする。（❸）

③ 一本捕の返し技②（足急所突き）

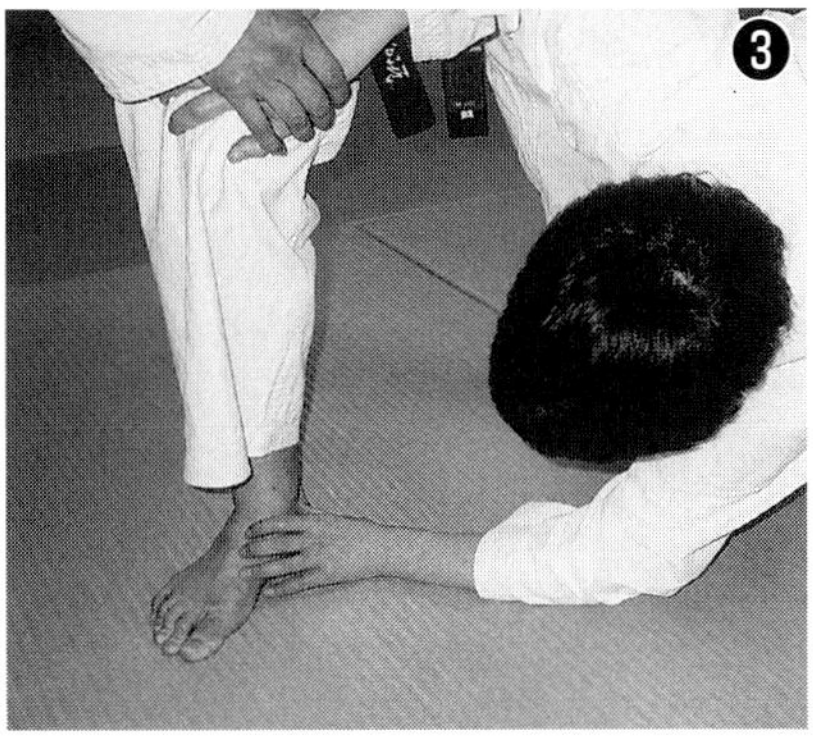

〔受〕右手上段打ち。
〔捕〕受の右手上段打ちを両手で受け一本捕する。左手を受の右肘に当て押し、右手を受の右手を握り右膝に当て手首を折り、受の右肘と手首を極めんとする。（❶）
〔受〕中腰で前屈みのまま体気を入れ、右腕をくの字に曲げ、右手首を右に廻し元に戻し抵抗すれば、力を入れても受を極めることは出来ない。（❷）左手で捕の右足くるぶしの下の急所を左手親指で押し極める。（❸）又は捕のふくらはぎを掴み極めるか、受の右足脛骨の内側を押し極めてもよい。

④ 抜手一本捕の返し

〔受〕両手で捕の両手をそれぞれとる。(❶)
〔捕〕右手を左上に振り上げて右手を外し、受の右横面を打つ。(❶)
〔受〕捕の右手横面打ちを左手で受ける。(❷)
〔捕〕右手で受の右手甲を上から握り右に返し、左手を外し一本捕をせんとする。(❸)
〔受〕左手で素早く捕の右手首を握り、(❹)体を左に開き、受の右手をとった右手を外して、(❺)両手で左に小手返しで倒す。(❻)

5 胸とり一本捕の返し

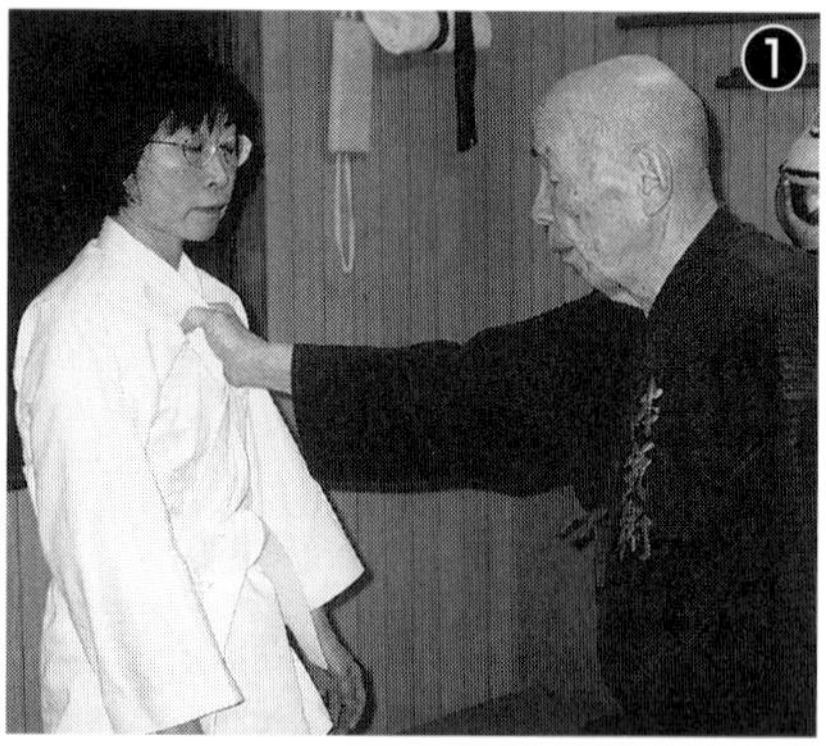

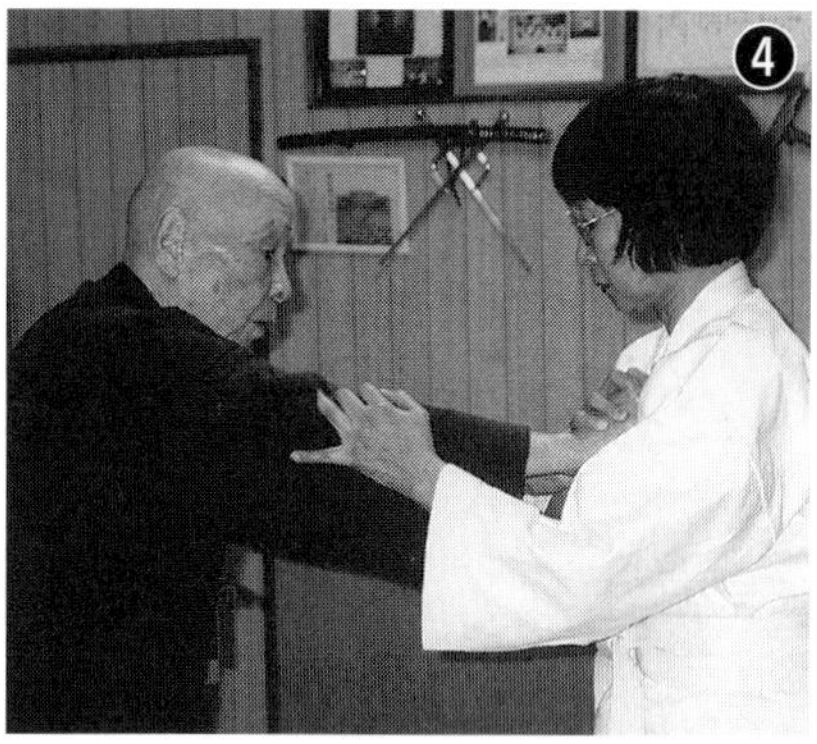

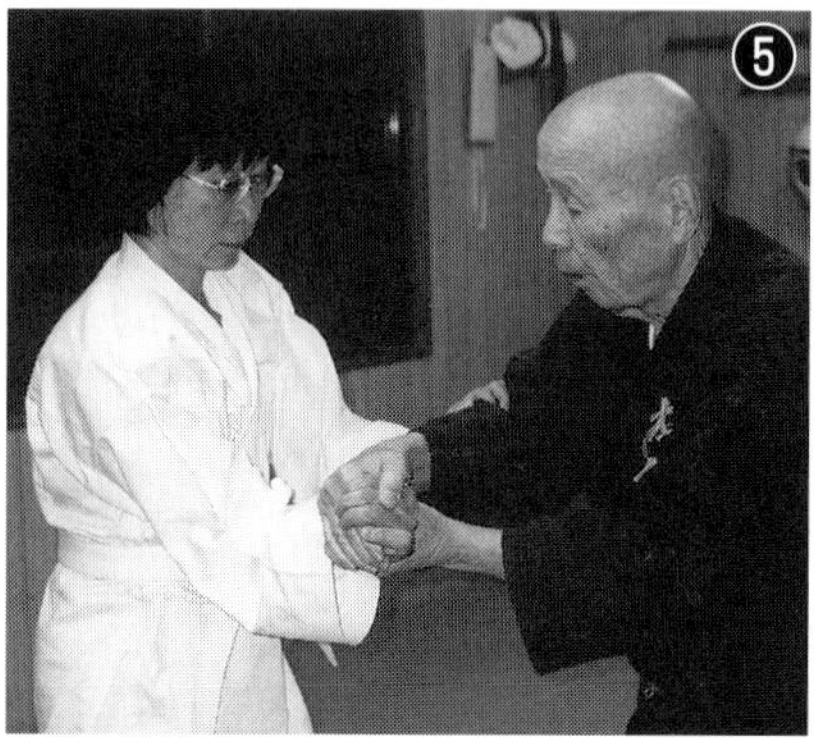

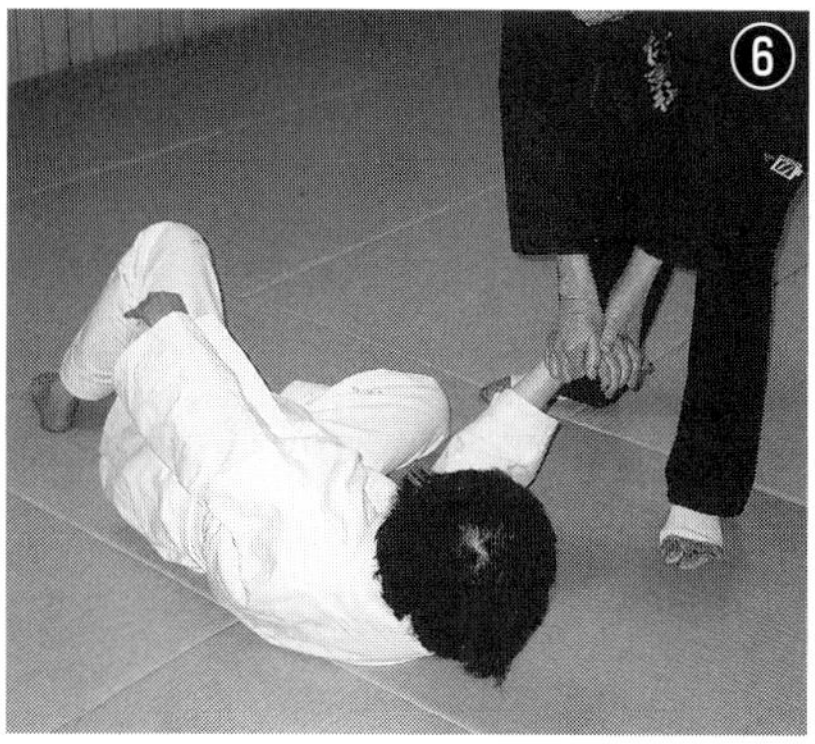

〔受〕捕の胸襟を右手でとる。(❶)

〔捕〕右手で受の顔面を裏拳で打つ。

〔受〕捕の右手裏拳打ちを、左手で受ける。(❷)

〔捕〕右手で受の右手甲を握り、(❸)右に捻り左手で受の右肘を握り(❹)体を右に開き、一本捕をせんとする。

〔受〕捕の右手甲を左手で握り、右手で捕の右手首を握り左に捻り、(❺)体を左に廻し、左に両手で小手返しをする。(❻)右手に体気を入れれば捕の一本捕はからない。

6 後襟一本捕の返し技 ①

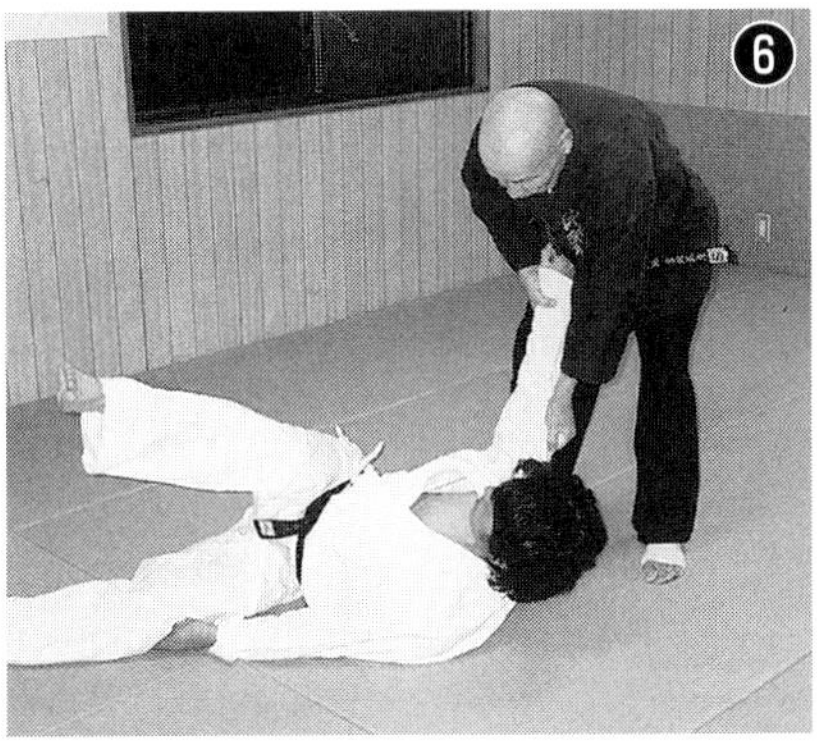

〔受〕右手で捕の後より後襟をとる。（❶）

〔捕〕体を左に廻し左手で受の左脇腹を当身する。（❷）体を屈めて受の右腕下を潜り、（❸）右手で受の右手をとり、左手で右肘をとり、体を右に開き両手で受を一本捕にせんとする。

〔受〕捕の左手脇腹打ちを左手で防ぐ。（❷）捕が右手下を潜らんとするときに、右手肘を曲げて下に下げて、捕の左首に当て左に押し、（❹）捕の右腕下を潜らんとするのを防ぐ。左手で捕の右肩下衣をとり、右足を捕の右足裏にかけて、（❺）右手を上に押し上げ、左手を下に引き倒す。（❻）

⑦ 後襟とり一本捕の返し技 ②

〔受〕後から右手で捕の後襟を掴む。（❶）

〔捕〕左に体を廻し左手で受の脇腹を打ち、（❷）受の右腕下を潜り受の右手の外側に出る。右手で受の右手首を掴み、左手で受の右肘をとり両手で一本捕をせんとする。（❸）

〔受〕捕の左手脇腹打ちを左手で防ぐ。（❷）左手で受の右手首を握り、左に捻る。（❹）捕の後襟を取った右手を外し、両手で左に小手返しをする。（❺・❻）

⑧ 一本捕の返し技（反転けり返し）

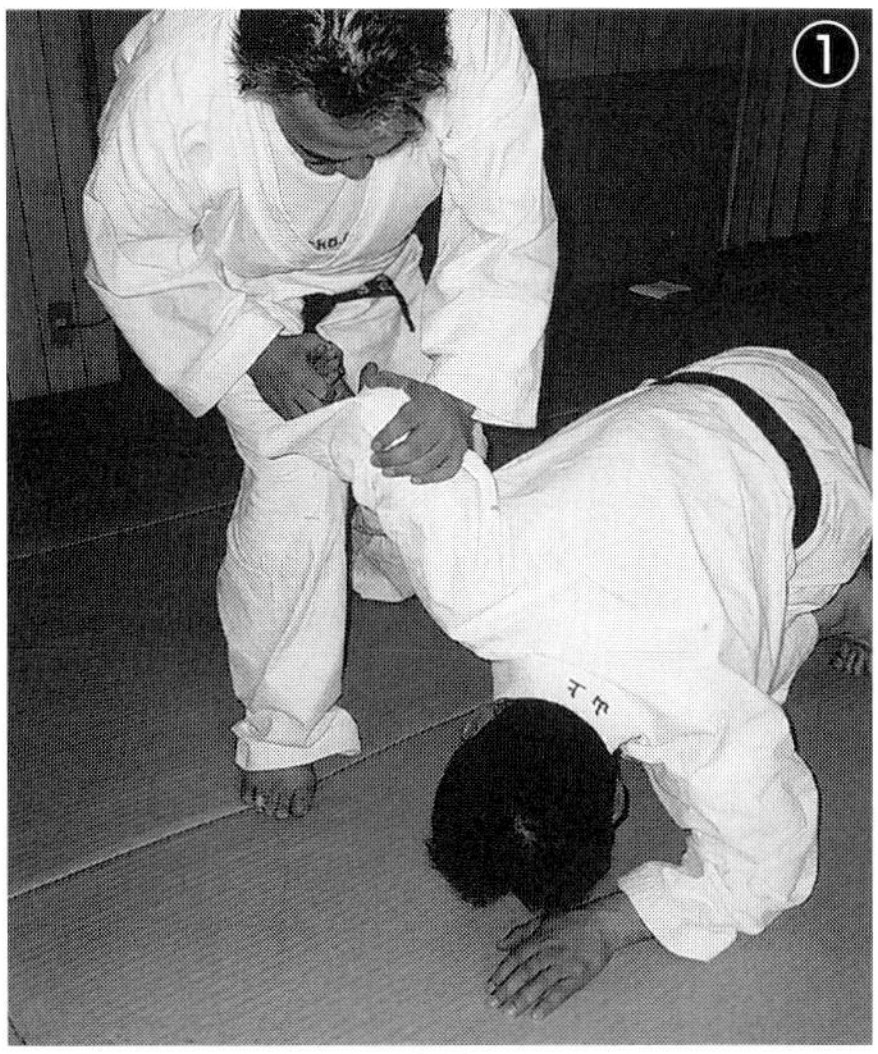

〔受〕右手上段打ち。
〔捕〕前述のように受を一本捕にして、受を中腰に倒し最後の極めをせんとする。（❶）
〔受〕前述のように右肘を曲げ体気を入れて捕の一本捕を無効にする。前方に回転して仰向に寝たまま、（❷）右手で捕の右膝の衣を掴み、左手で捕の左膝の衣を掴み、（❸）左足で捕の腹を体を右に反転して蹴り押し、（❹）両手を手前に引き捕を後に倒す。（❺）

9 一本捕の返し技（反転小手返し）

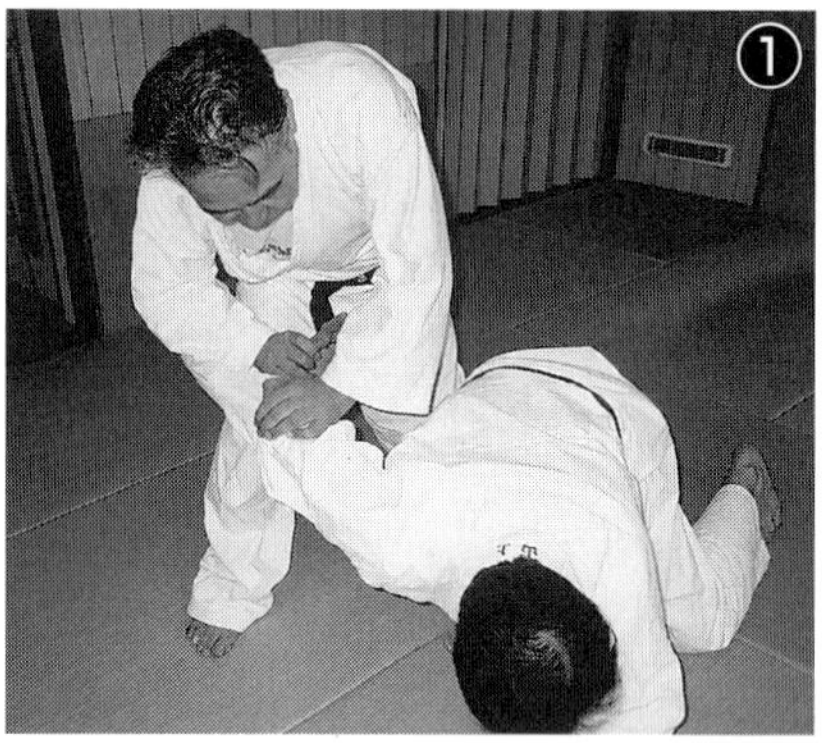

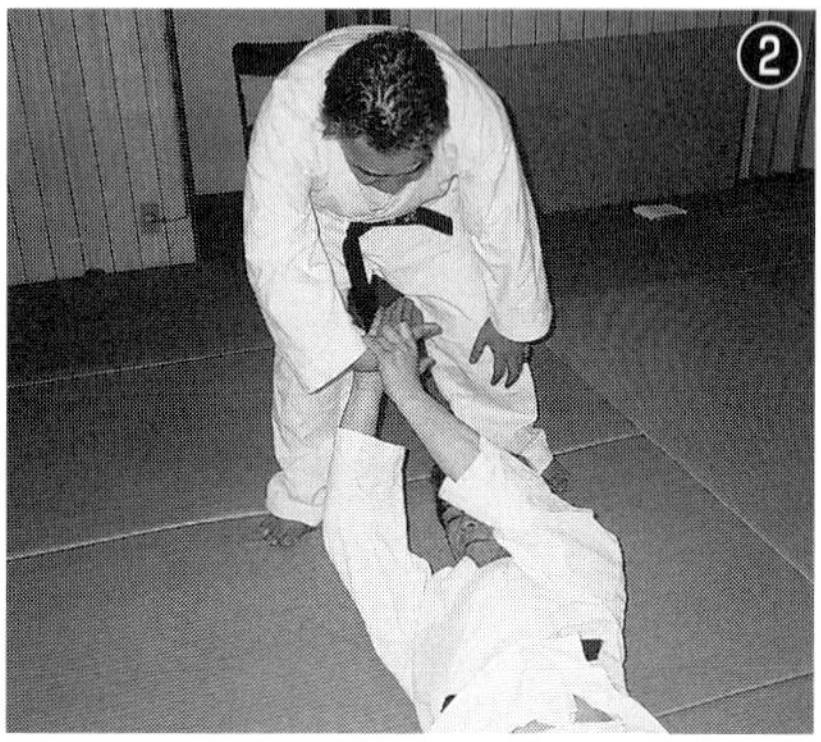

〔受〕右手上段打ち。

〔捕〕受の右手を前述のように、両手で受け一本捕をする。

〔受〕右肘を曲げて体気を入れ、捕の一本捕を無効にして、(❶)体を左斜前方に前転する。仰向けに寝たまま左手で捕の右手甲を掴み、(❷)右手を添え両手で受の右手を小手返しにする。(❸)

10 一本捕の返し技（肩極め）

〔受〕右手上段打ち。

〔捕〕前述のように受を一本捕にせんとする。

〔受〕前述のように体気を入れ捕の一本捕を無効にする。右手を下に下げ、捕の左手下より上に廻し上げて、(❶)受の左手を肩に乗せて、両手で受の左手を肩極めをする。(❷)

11 一本捕の返し技（逆一本捕）

〔受〕右手上段打ち。
〔捕〕前述のように受を一本捕にせんとする。
〔受〕前述のように右肘を曲げて、（❶）体気を入れて右手首を反転して、捕の右手首を握り、左手で捕の右肘を握り、（❷）体を右に回転して逆に一本捕をする。（❸）

12 一本捕の外し（返し打ち）

〔受〕右手上段打ち。
〔捕〕両手で受の右手をとり一本捕をせんとする。（❶）
〔受〕右腕を曲げて体気を入れ、（❷）体を左に回転して、捕の両手を外す。（❸）更に左に回転して左手裏拳で捕の顔を打つ。（❹）

7 一本捕の返し

⑬ 一本捕の返し（手首折り）

〔受〕右手上段打ち。
〔捕〕前述のようにして受の右手を両手で受け一本捕をせんとする。
〔受〕体気を入れ前述のようにして捕の一本捕を無効にして、左手で捕の左手首をとり左に捻り、（❶）両手で受の左手甲をとり手首を掌側に折り極める。（❷）

⑭ 一本捕の返し（小手ひねり）

〔受〕右手上段打ち。
〔捕〕前述のように両手で受の右手を受けて一本捕をせんとする。
〔受〕体を左に開き右腕を曲げて体気を入れると一本捕はかからない。（❶）右手首を右に捻り、右手で捕の右手甲をとり、左手で捕の右手甲を順手でとり、（❷）両手で捕の右手を小手ひねりで極める。（❸）

15 一本捕の返し（搦投げ）

〔受〕右手上段打ち。
〔捕〕両手で受の右手を受け一本捕をせんとする。
〔受〕右肘を曲げ、体を左に開き体気を入れる。これで一本捕はかからない。（❶）右手首を返して捕の右手首をとり、左手で捕の左手首をとり体を右に反転して、（❷）捕の両手を交差して搦投げをする。（❸）

16 一本捕の返し（体開き小手返し）

〔受〕右手上段打ち。

〔捕〕両手で受け、右手で受の右手首をとり、左手で受の左肘をとり、（❶）左足進め右足を進めて、受の右肘を極めながら前に押し、受の右手首を右膝につけ、右手で受の右手首を曲げ、左手で受の右肘を下に押し肘を極め、手首を極めて一本捕をせんとする。

〔受〕右肘を曲げて体気を入れ、体を左に大きく開く。（❷）左手で捕の右手首をとり（❸）左に捻り右手を添えて、両手で小手返しで倒す。（❹・❺）

⟨17⟩ 一本捕の返し（三点押え返し）①

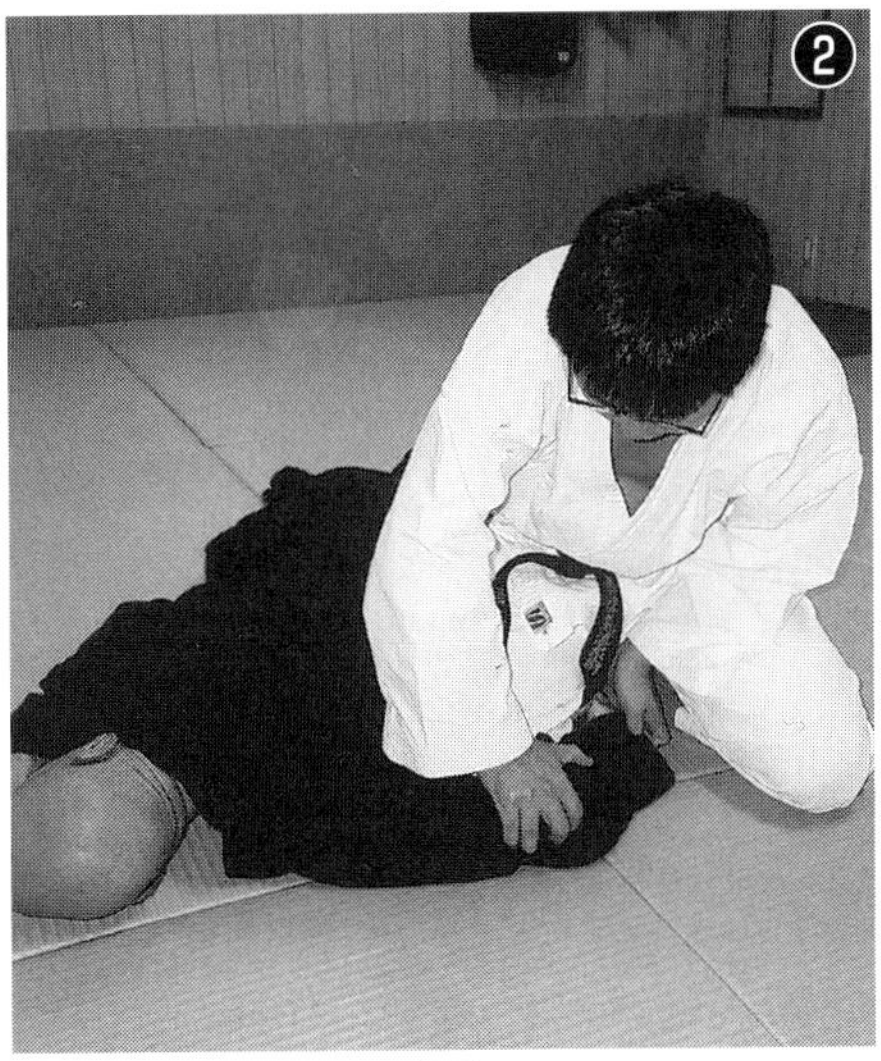

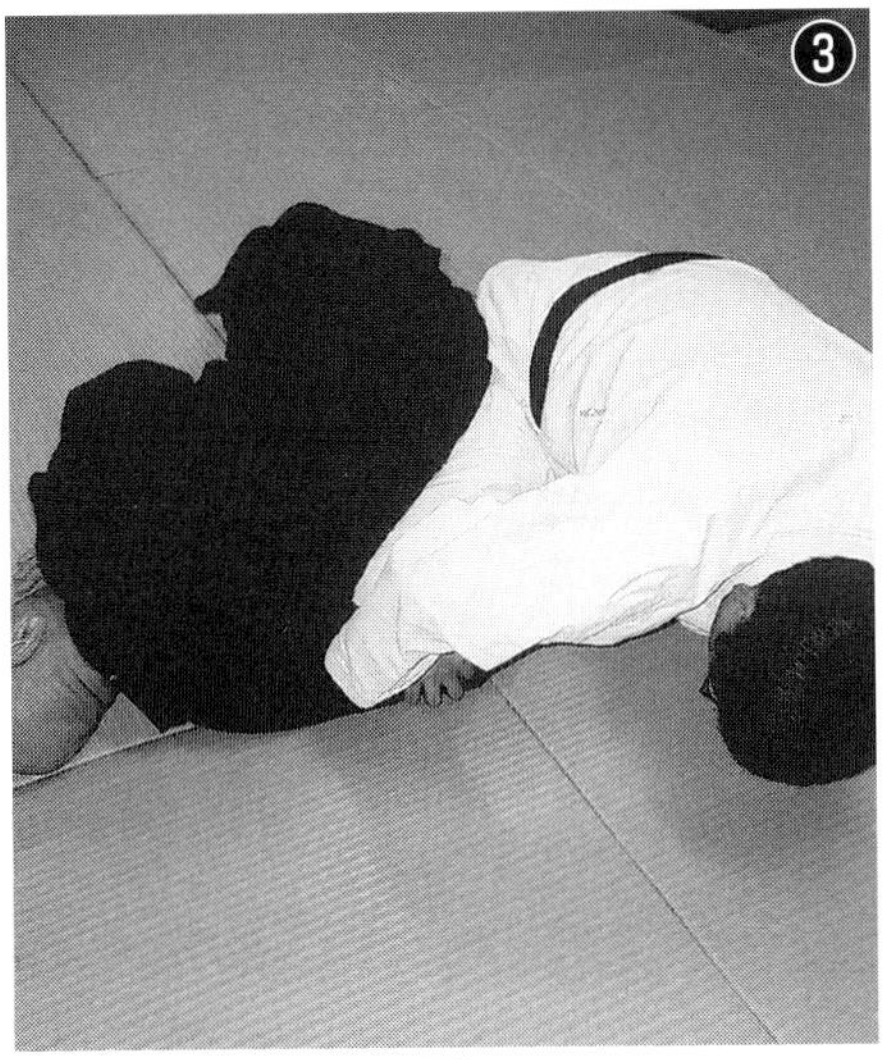

〔受〕正座して一本捕の最後の段階で、右手で捕の左肘を押え、左手で受の手首を掌側に曲げて、極めんとする。（❶）

〔捕〕前述のように体気を入れ、下半身を受の尻に寄せ、（❷）両膝を曲げて尻で受の尻を押し、（❸）体を右に反転して受を倒す。（❹）

18 一本捕返し（三点押え返し）②

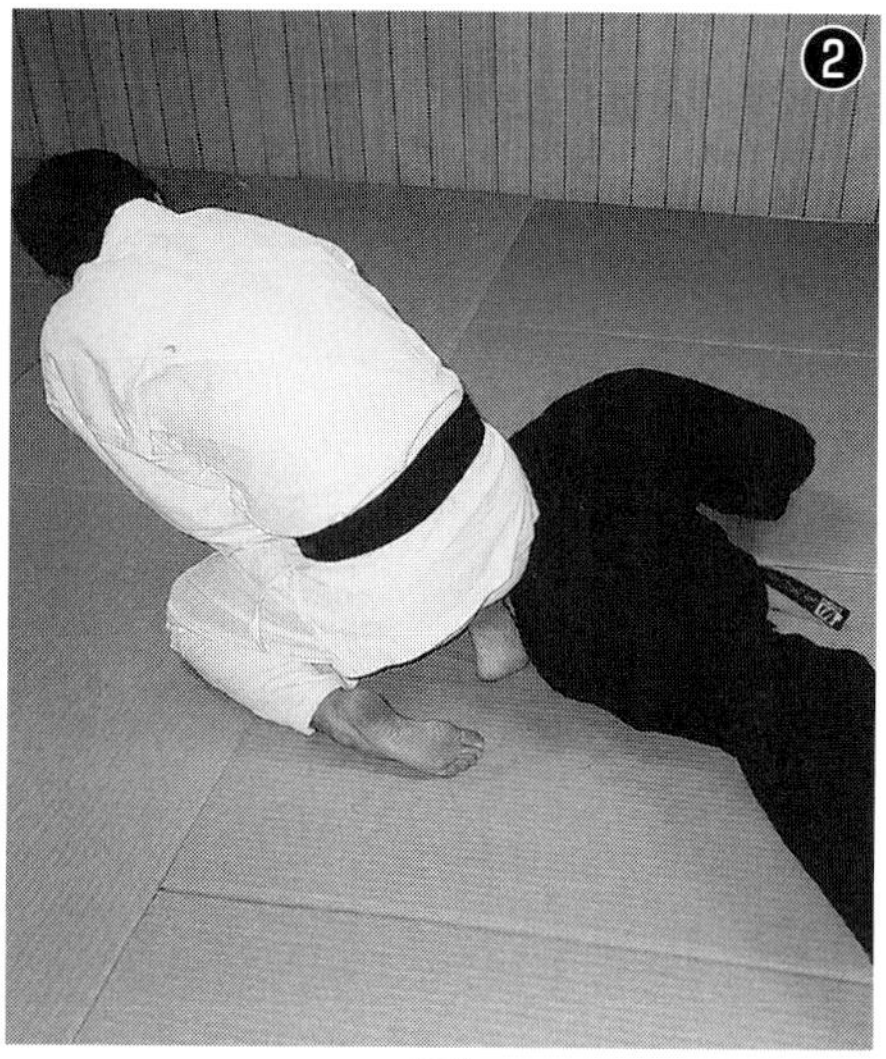

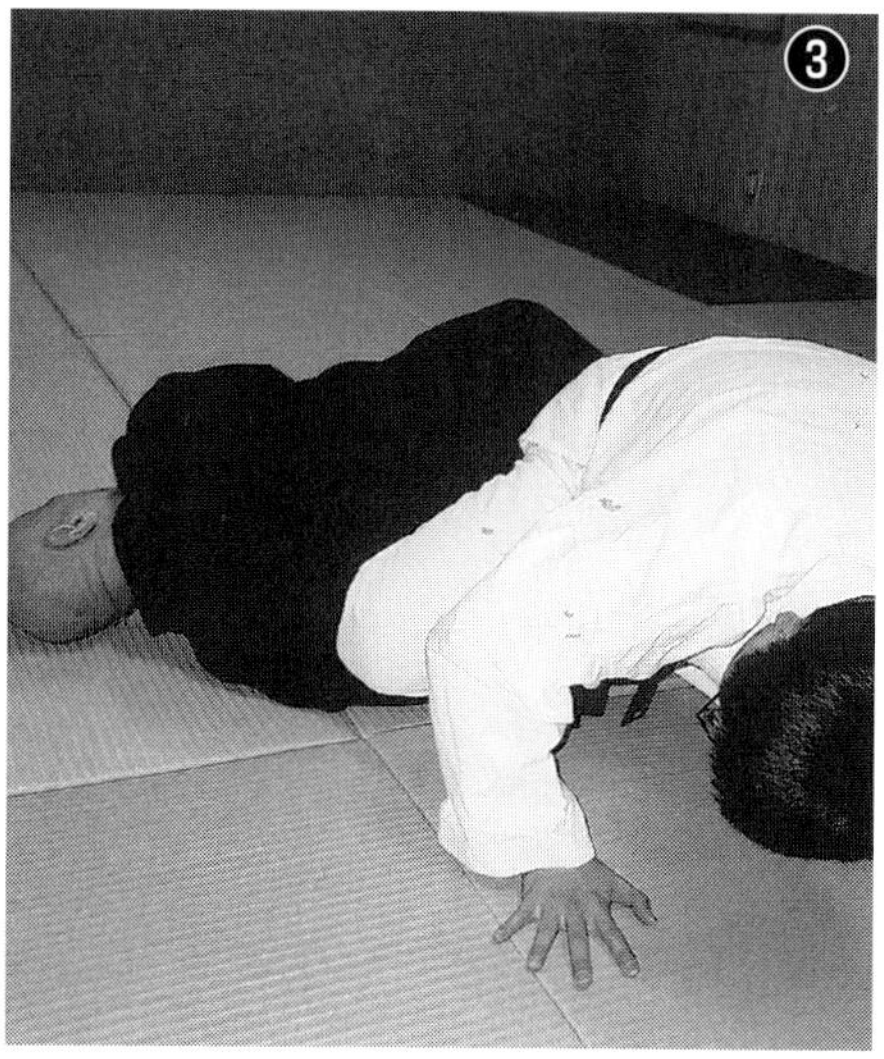

〔受〕一本捕の最後の段階の捕の左腕付根を右膝で押え、右手で捕の左肘を押え、左手で捕の左手首を掌側に折り曲げ極めんとする。肩、肘、手首の三点を押え極めんとする。（❶）

〔捕〕体気を入れ体の下半身を左に寄せ受の尻に当て、体を右に廻し垂直に起こす。（❷）左肘を曲げ左手首を反時計廻りに左に捻り、左手甲を上に向ける。両膝を曲げて尻を上げて（❸）受の尻を押し、右手で受の右手上膊を後に押し倒す。（❹）左手で受の右足の急所を掴み極める。（❺）

19 一本捕の返し技（腕廻し手首極め）

〔受〕右手で捕の右手をとる。（❶）

〔捕〕右手首を返して、受の右手首をとり、（❷）左手で受の右肘をとり、（❷）一本捕で受を倒さんとする。

〔受〕体を少し左に向けて、右手を下に落し左廻りに大きく回転して、受の両手を外す。（❸）左手で捕の左手首をとり右手刀を受の左手の手根骨の上におき、手首を極める。（❹）

20 一本捕の返し（後倒し）

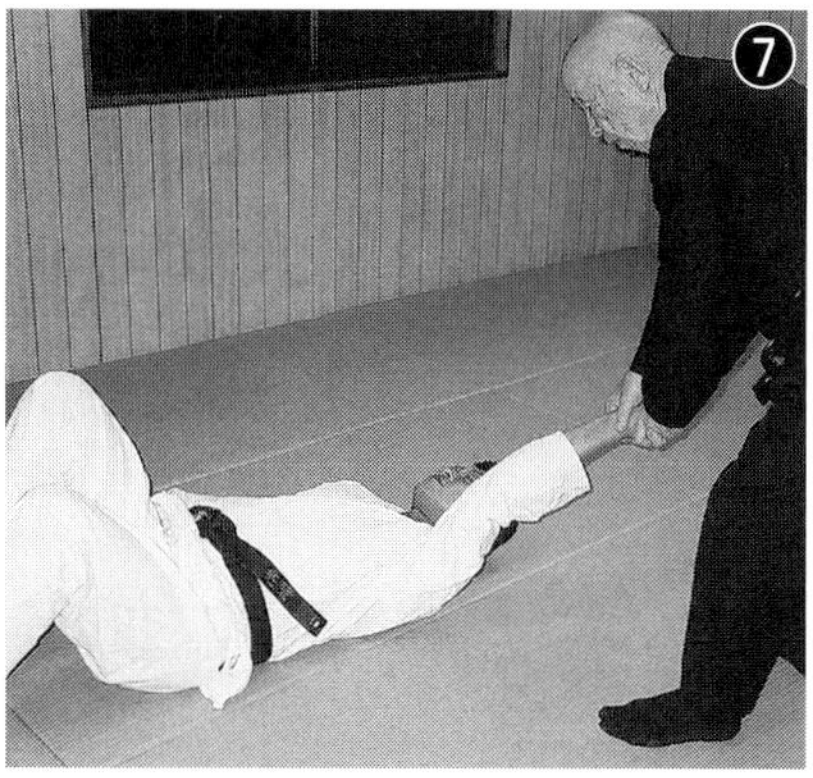

〔受〕左手で捕の右手をとる。（❶）
〔捕〕左手で受の顔面を裏拳打ちする。（❷）
〔受〕右手で捕の左手裏拳を受ける。（❷）
〔捕〕左手で受の左手甲を上から握り左に捻り、一本捕をせんとする。（❸）
〔受〕捕が左手で受の左手甲を握った瞬間、右手で受の左手首を下より打ち払い上げて、（❹）捕の左手を外し、両手で捕の左手を握り、（❺）捕の左肘を折り、捕の右肩に突き上げて、捕を後向け、（❻）後下に引き倒す。（❼）

1 片手捻り四方投げ

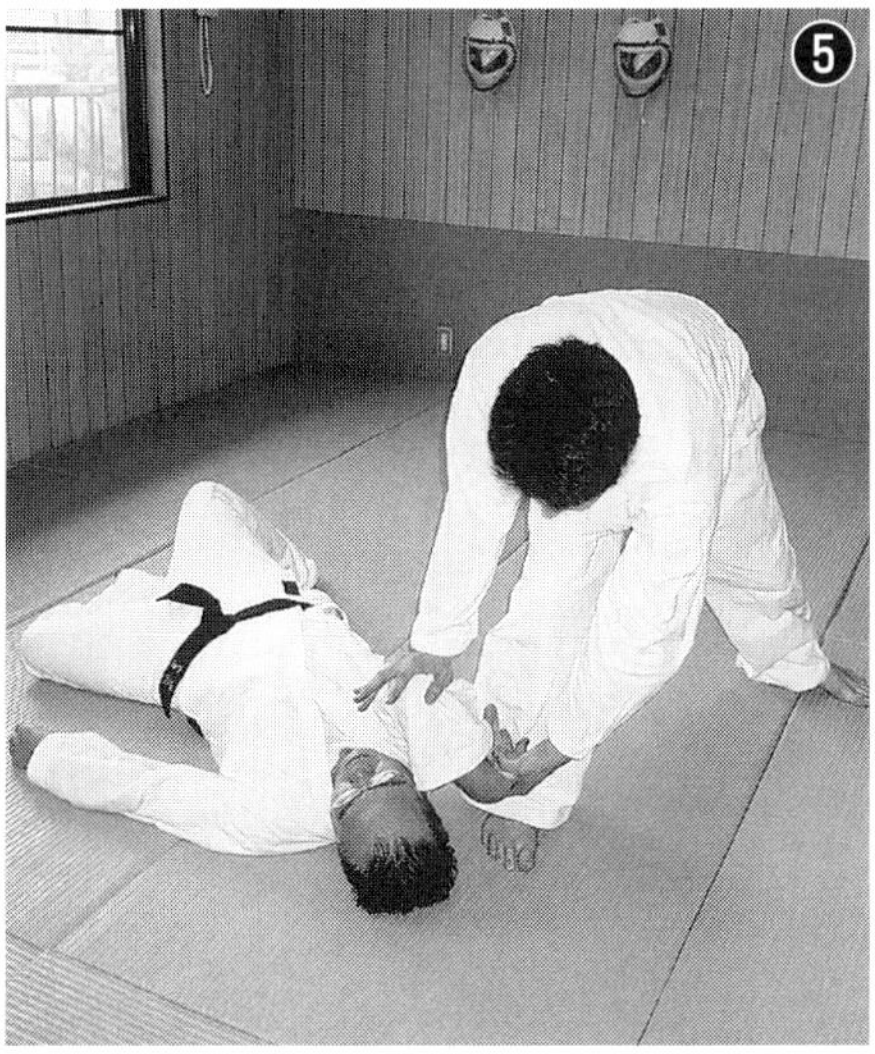

〔受〕右手で捕の左手をとる。（❶）

〔捕〕左手首を内より外に返して、受の右手首をとり左に捻る。（❷）右手で受の右手甲を下より握り、（❸）更に左に受の右手首を捻り、受の右手下を潜り（❸）（❹・❺）四方投げをする。受の右手を捻り極めて、四方投げをすると、四方投げの返し技をかけられることは少なくなる。

② 捻り四方投げ

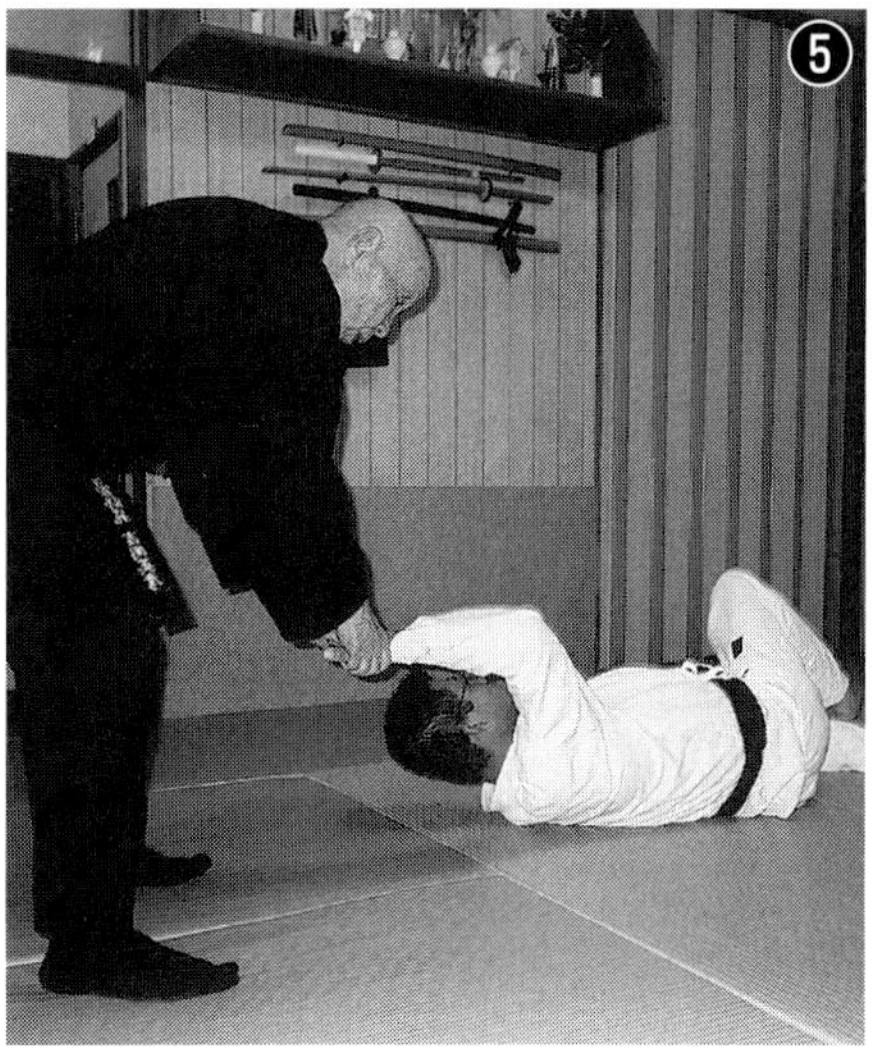

〔受〕右手で捕の左手を捕る。（❶）
〔捕〕右手で受の右手首をとり、受の右手下を潜り（❷）体を右に反転して、（❸）受の右手を左廻りに捻り倒す。（❹・❺）受の右脇を潜る迄は四方投げと同じである。四方投げのように、受の背中後に受の右手を曲げて持って行かずに、受より少し離れて、受の右手を余り曲げずに左に大きく捻り倒す。

3 後追いかけ四方投げ

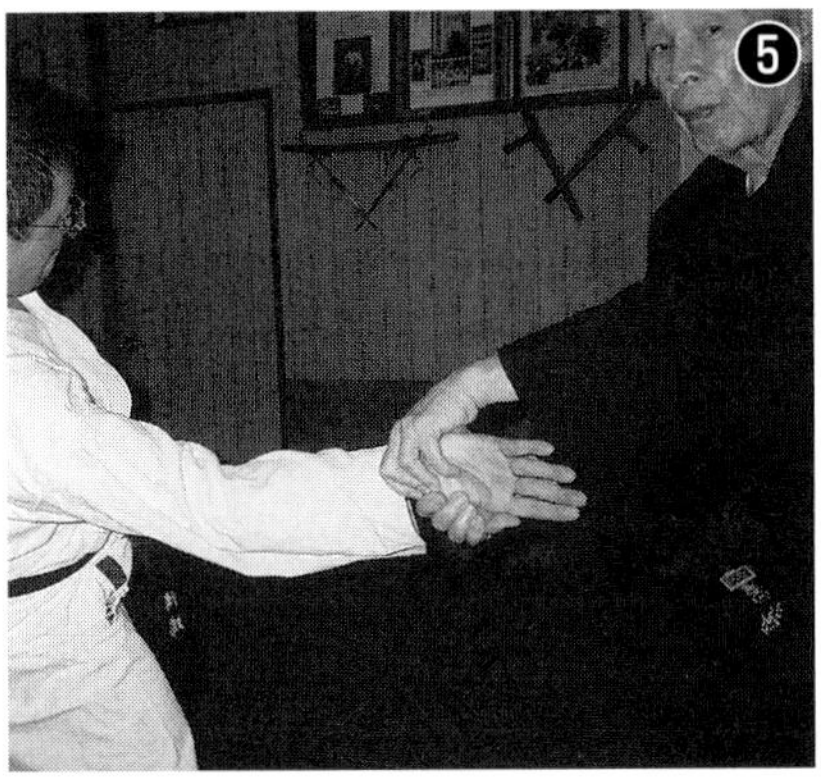

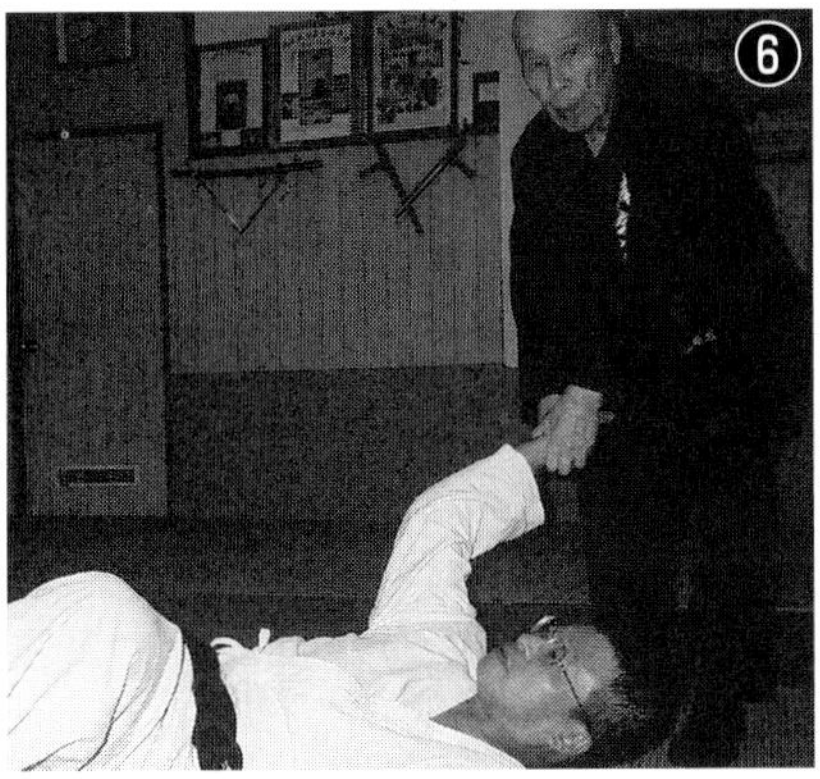

後より片手又は両手で、相手の右手をとり、(❶・❷)相手の右手を上げ(❸)相手の右手下を潜り、右廻りに反転して、(❹)倒す。両手で滑らないように強く相手の手首を握るので、相手の右手は時計廻りに捻れて痛く倒されやすい。(❺・❻)これは後より相手の右手をとり四方投げをしているのである。普通の四方投げは両手で強く相手の手首を握っていないので、相手の手は捻れないので、後に折り倒している。

① 四方投げの返し（小手返し）

（受）右手で捕の左手をとる。（❶）

（捕）右手で受の右手首をとり四方投げに入らんとする。（❷）

（受）左手で捕の右手首を親指を手前下にして、逆手にとり左に捻り、（❸）右手を添えて両手で体を大きく左に開き小手返しをする。（❹・❺・❻）

② 四方投げの返し（後襟とり）

〔受〕左手で捕の右手をとる。（❶）

〔捕〕前述のように左手で受の左手をとり、受の左手下を潜り（❶・❷・❻）四方投げをせんとする。

〔受〕捕が受の左手下を潜り後向きになった時に、（❸）体を捕の左横に移動して、捕に握られた左手を後に引く。（❹・❼）右手で捕の後襟を掴み後下に引き倒す。（❺・❽）

※別の角度から撮ったもの。（❻・❼・❽）

3 四方投げの返し（指折り）

〔受〕右手で捕の右手をとる。（❶）

〔捕〕左手で受の右手首を握り、受の右手下を潜り四方投げをせんとする。（❷）

〔受〕捕が受の右手下を潜らんとする瞬間に、左手で捕の右手親指を除く四指を下から掴み折り曲げ上げて極める。（❹）

4 四方投げの返し（一本捕）

〔受〕左手で捕の右手をとる。

〔捕〕前述のように左手で受の左手をとり、四方投げをして受の左手下を潜り後に倒さんとする。（❶）

〔受〕左手下を捕が潜って、後に倒さんとする時に、左足を大きく後に下げて、体気を入れ捕の後倒しに抵抗する。左肘を捕の左肘の上より内側に入れて、（❷）上より左腕で捕の左腕を抱く。（❷）右手で捕の左肩を押し、（❸）両手で一本捕をして極める。（❹）

5 四方投げの返し（体捌き）

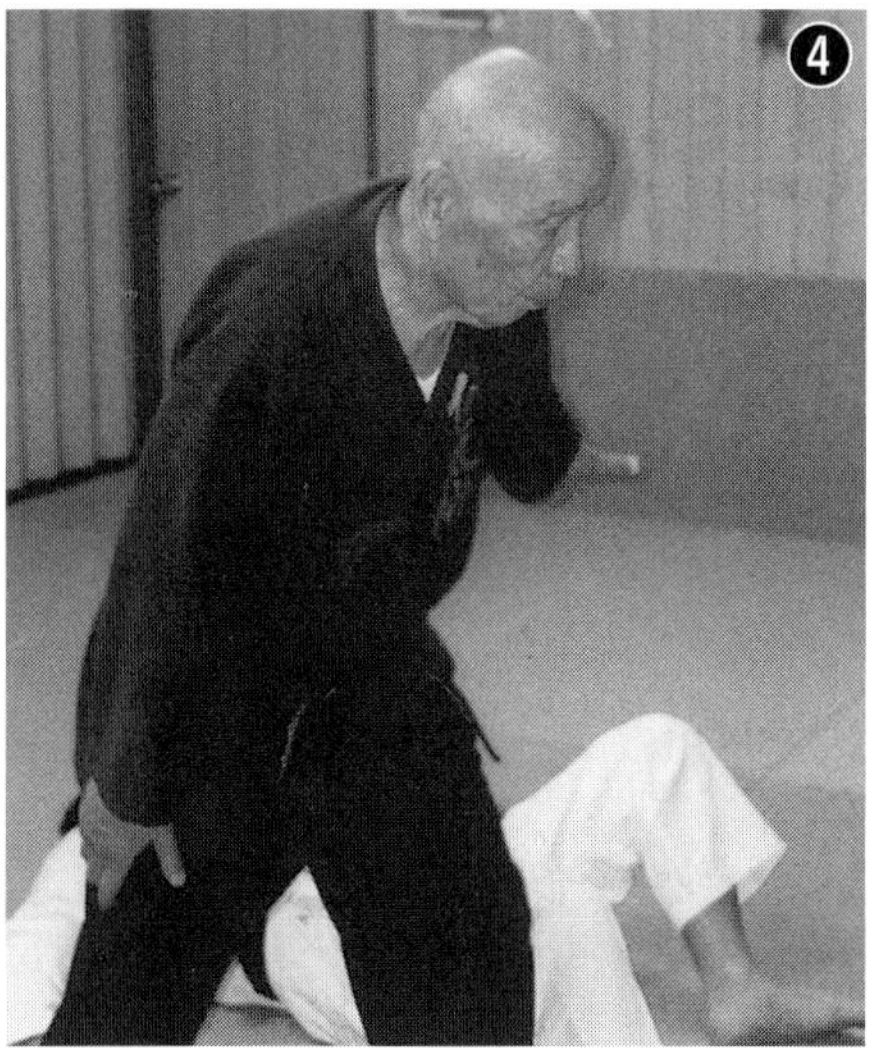

〔受〕左手で捕の右手をとる。（❶）

〔捕〕左手で受の右手首を握り、右足を左前に出し体を左に開き、四方投げを（❷）せんとする。

〔受〕左手を延ばし右足を大きく後に引き、体を右に開き体捌きをする。左手を捕の胸に当て体気をかけて後に倒す。（❸・❹）

⑥ 四方投げの返し技（体捌き足かけ）

〔受〕右手で捕の左手をとる。（❶）

〔捕〕前述のように四方投げをせんとする。（❷・❸）

〔受〕前述のように右手を延ばし、左足を後に引き体を左に開き、体捌きをする。（❹）右膝を捕の左膝後に当て前に右膝を曲げて捕の左膝を押し、同時に右手を捕の胸喉に当て後に倒す。（❺）

7 四方投げの返し（肘返し）

〔受〕右手で捕の左手をとる。（❶）
〔捕〕右手で受の右手首を握り、右足を右前に出し、両手を上げ受の右手下を外より潜り抜け四方投げをせんとする。（❷）
〔受〕右肘を捕の右肘内側より外側に外し、（❸）右肘で捕の右肘を下から上に押し上げ、（❸）左手で捕の右手首を握り下に落とし倒す。（❹・❺）

8 四方投げの返し（廻り返し）

〔受〕右手で捕の左手をとる。（❶）

〔捕〕右手で受の右手首をとり、受の右手下を潜り右廻りに廻り四方投げを（❷）せんとする。

〔受〕捕と一緒に素早く右廻りをすれば、（❸）捕は四方投げが出来ない。捕と同時に同方向に廻りながら左手で、捕の後襟を掴み（❹）後下に落し倒す。（❺）

⑨ 四方投げの返し技（鎌手極め）

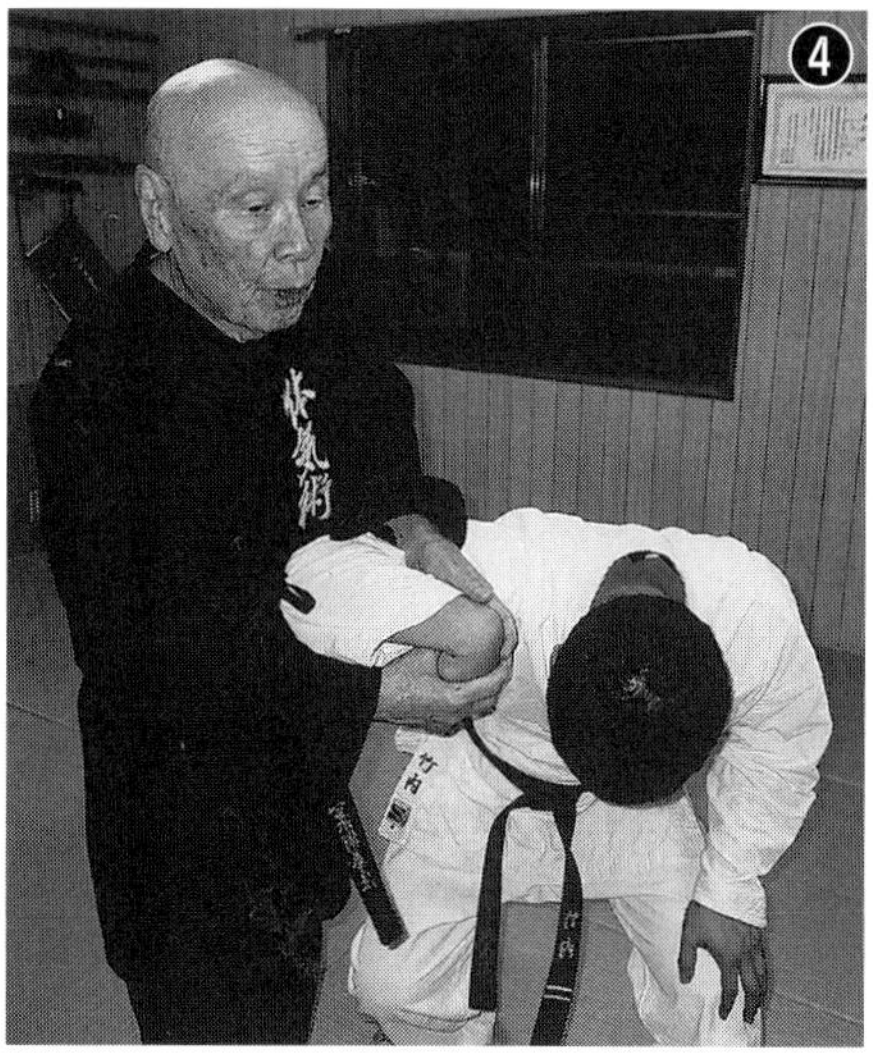

〔受〕右手で捕の左手をとる。(❶)

〔捕〕左足を半歩前に出し、右手で受の右手首をとり、受の右手を上に上げ、受の右手の下を潜り四方投げを(❷)せんとする。

〔受〕捕が右手で受の右手首を握った時、すぐに受の右手首を左手で逆手に握る。(❸)捕の右手を曲げ上げ、体を捕の右横に移動して、右手で捕の右手甲をとり、鎌手極めをする。

(❹)受の左手は捕の右手の上になる鎌手極めである。

10 四方投げの返し技（逆倒し）

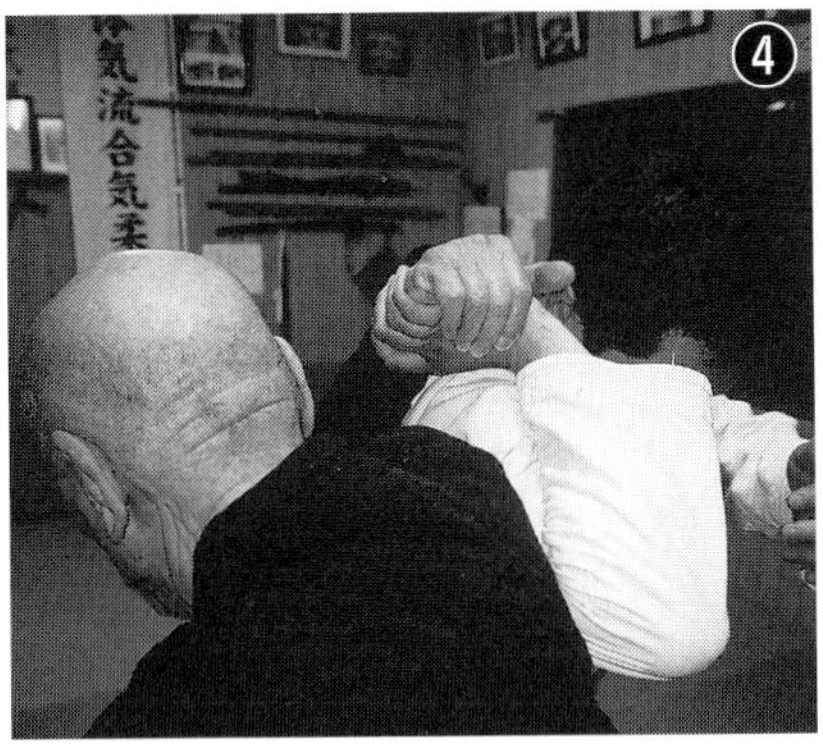

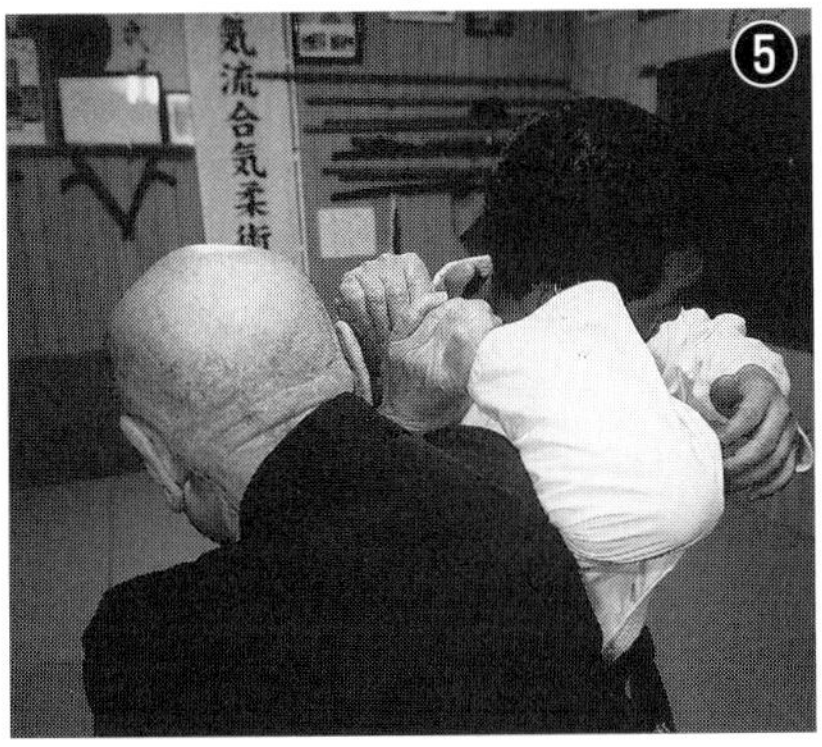

〔受〕右手で捕の左手をとる。(❶)

〔捕〕左足を半歩前に出し、受の右手首を右手で握り、受の右手下を外より内に潜り、(❷)反転して三百六十度廻り、四方投げを(❸)せんとする。

〔受〕右足を大きく後に引き、体を前に屈めて体気を入れ抵抗する。右手四指（親指を除く）で捕の右手小指側より手甲を握る。(❹) 左手で捕の右手首を握り(❺) 右足を大きく前に出し捕を後に倒す。(❻)

1 内廻り廻し投げ

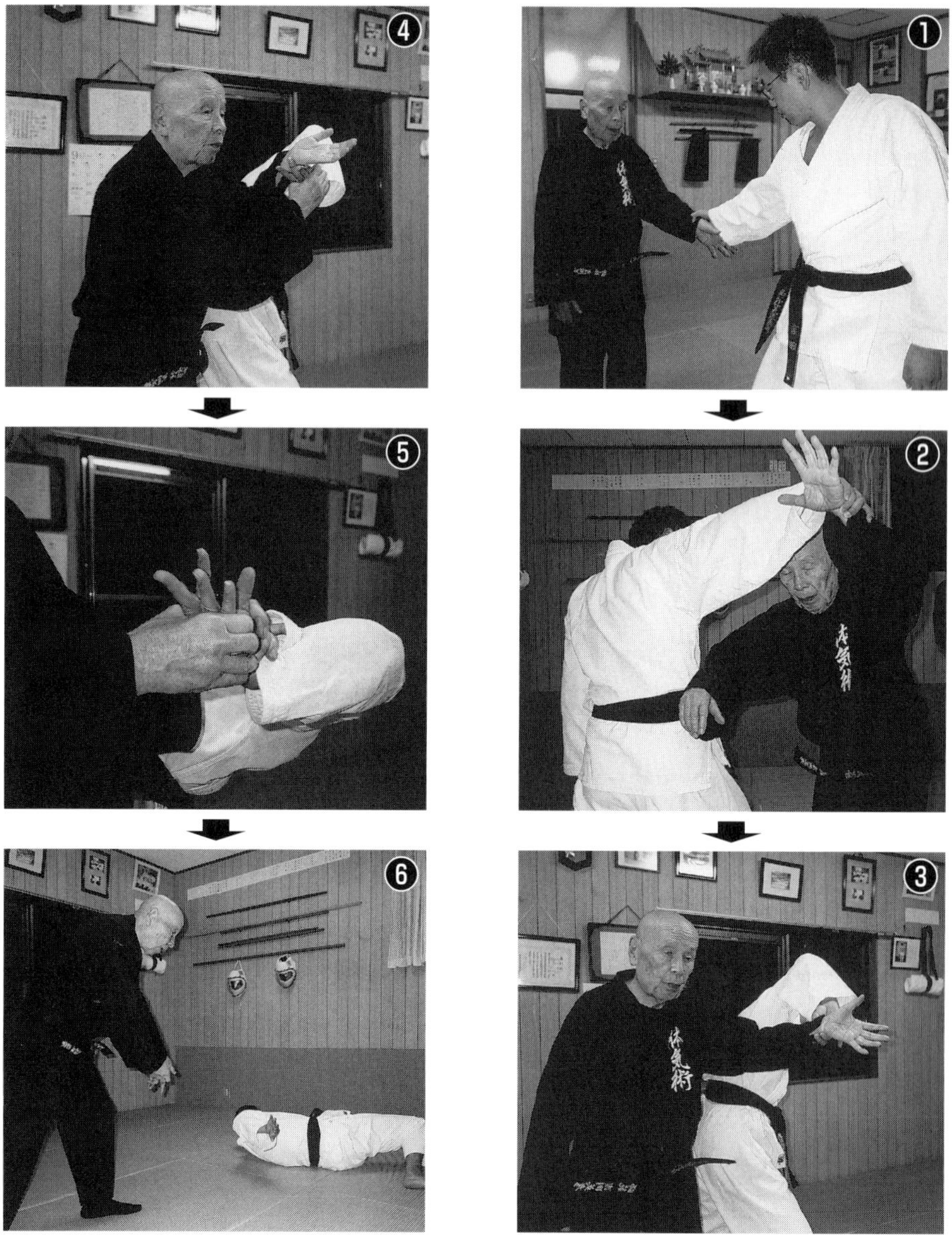

〔受〕右手で捕の左手をとる。（❶）

〔捕〕左手を上げ（❷）左足を一歩前に進めて、右肘で受の右横腹を肘打ちを（❷）しながら、右足を大きく踏み出し、受の右脇下を潜り、左廻りに後を向く。（❸）右手で受の右手甲を下より握る。（❹）左手で受の右手首を上より握り、（❺）右手で受の右手甲を時計廻りに、前に廻し、左手で下に押し落す。（❻）

2 外廻り廻し投げ

〔受〕右手で捕の左手をとる。(❶)
〔捕〕左足を半歩斜め左前に進め、右足を大きく左後に引き体を時計廻りに右に回転する。左手を下より後に右廻りで上にあげ、(❷)右手で受の右手甲を握る。(❸)右手親指は受の右手甲側にある。左手で受の右手首を握り、(❹)両手で受の右手首を手掌側に折り、右手で受の右手甲を時計廻りに捻り落す。(❺)

1 回転投げの返し技 ①

❶

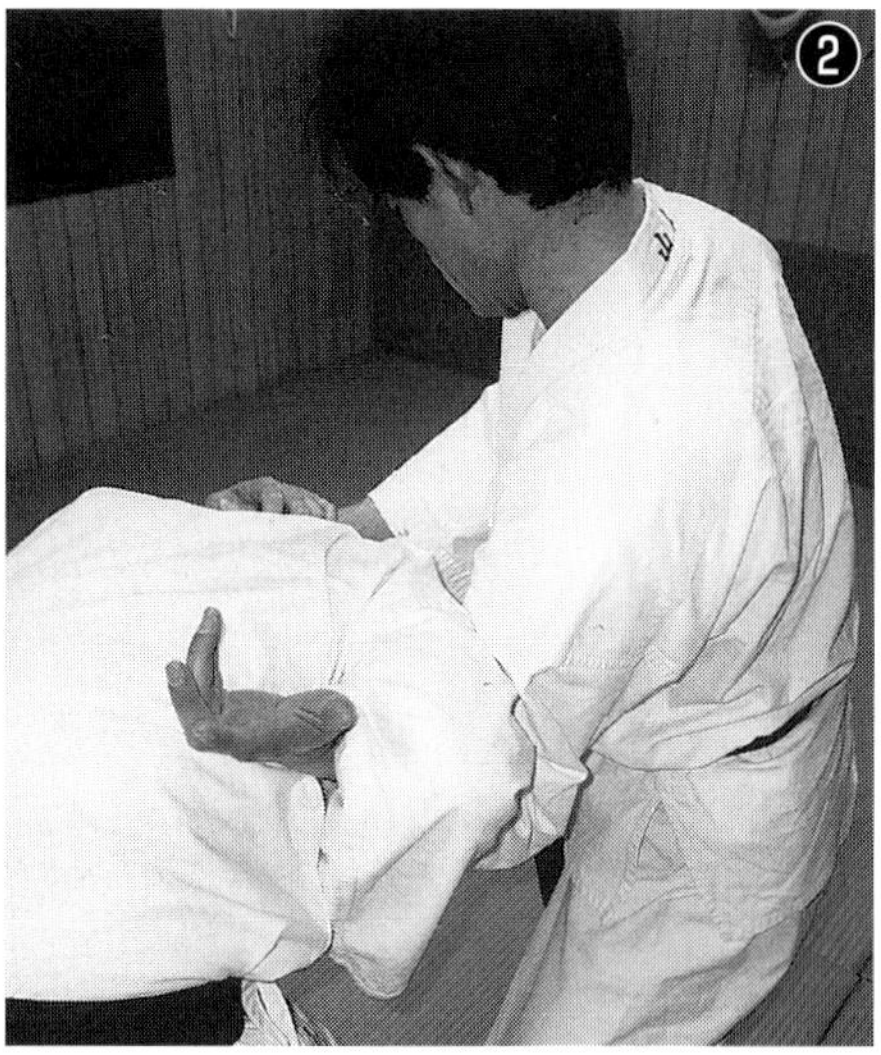
❷

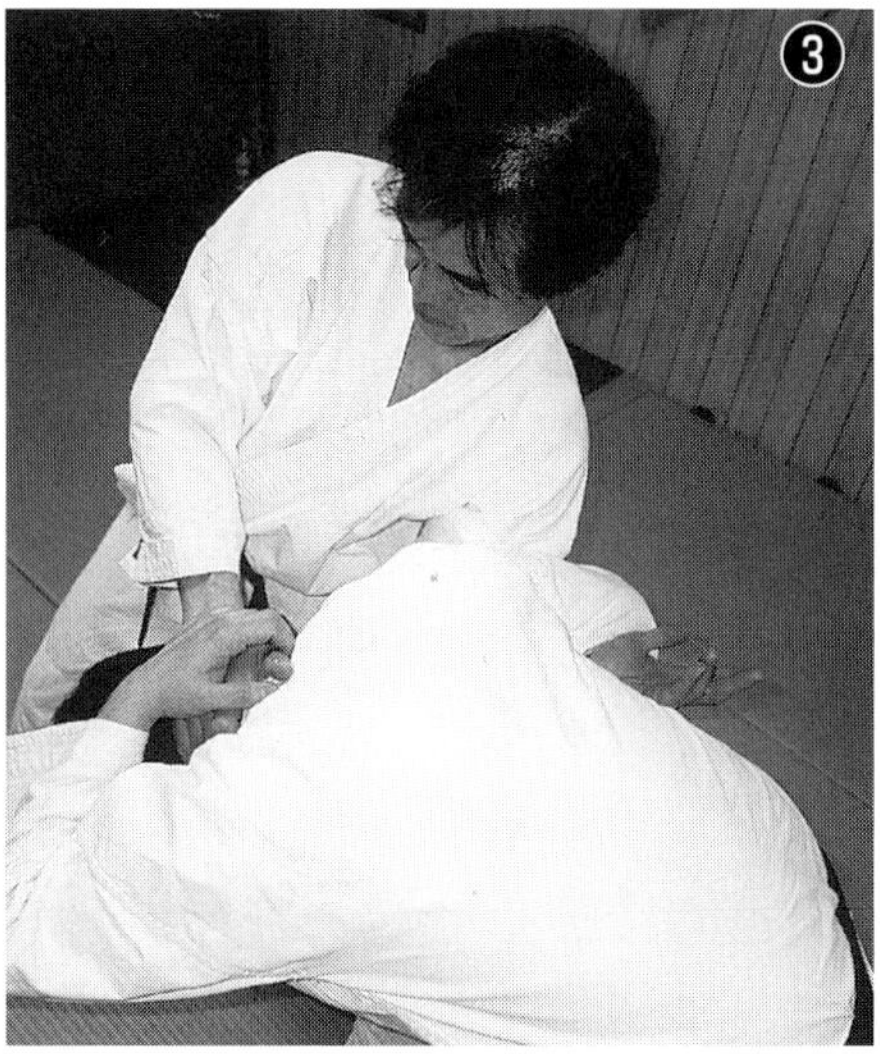
❸

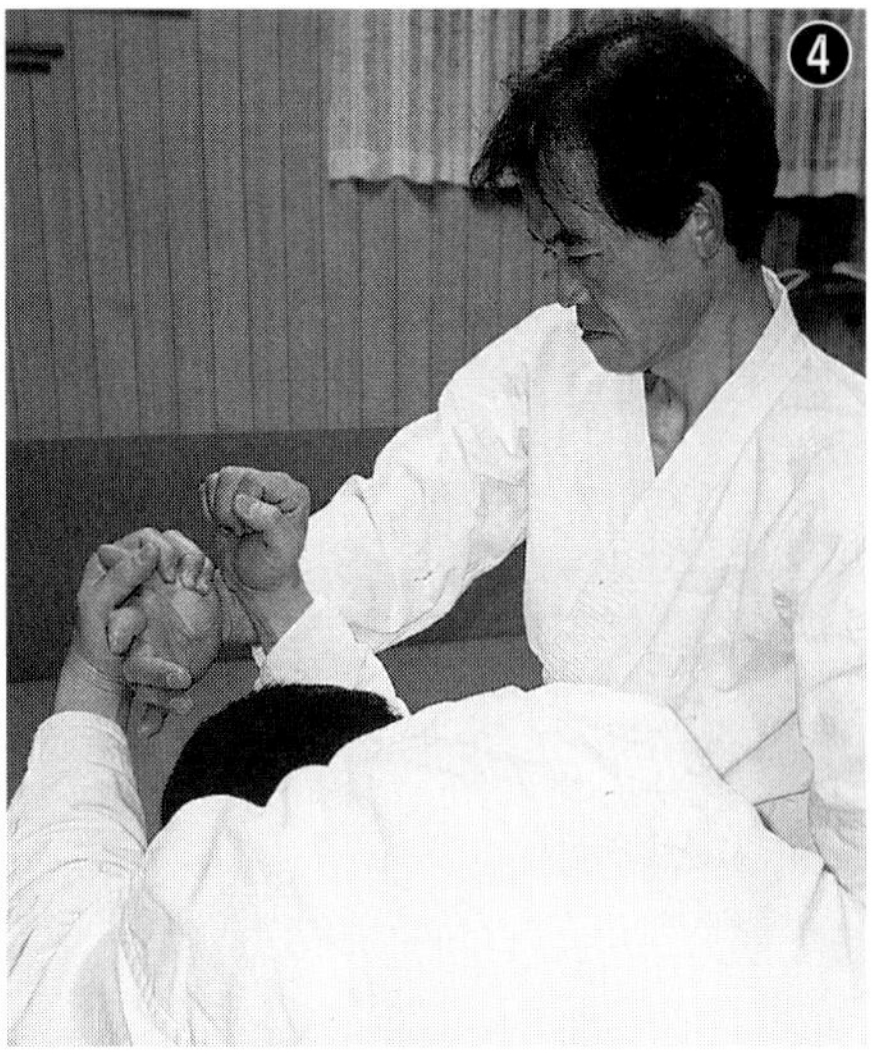
❹

❺

〔受〕右手中段突き。(❶)
〔捕〕体を右に開き右手中段突きを避け、左手で受の右手を上から下に打ち払いながら受の右手を下から上に廻し上げて、右手で受の首後に当て下に押し、両手で廻転投げをせんとする。(❷)
〔受〕体を前屈みにして右足を後に大きく下げて、体気を入れ捕の回転投げを耐える、左手で首後にある捕の右手甲をとり反時計廻りに捻る。(❸)右手をくの字に曲げ捕の我が右手の背中への巻上げに抵抗して、右肘を曲げて受の右腕を下から叩き上げる。(❹)両手で捕の右手をとり左に捻り、左に小手返しをする。(❺)

② 回転投げの返し技 ②

〔受〕右手中段突き。

〔捕〕「回転投げの返し技 ①」のように廻転投げをせんとする。(❶)

〔受〕左足を大きく後に引き、体を前屈みにして左手で捕の右足首か又は右ふくらはぎにかける。(❶) 右手で捕の右腿を押し更に右肩で捕の右腿にもたれかかるように押す。左手で捕の足首を引き倒す。(❸)

3 回転投げの返し技 ③

〔受〕右手中段突き。
〔捕〕前述のように回転投げをせんとする。
〔受〕(❶)捕により下から後上に巻き上げられた右手を捕の左肩に右手首をかけて(❷)後に押す。左手で受の右膝後にかけ手前に引く。(❸)左肩で受の左腿を押し倒す。

4 回転投げの返し技 ④

〔受〕右手中段突き。
〔捕〕前述のように回転投げをせんとする。
〔受〕捕によって後に逆に反時計廻りに上げられた右手をくの字に曲げ、体気を入れて時計廻りに下に廻して、(❶)捕の左腕を右脇に抱く。(❷)体を時計廻りに反転して捕と向き合い、左手で捕の左肩を押して倒す。(❷・❸)もし捕の左手を右脇下に抱けないときは右手で捕の左手首をとり、右手で捕の左肩を押し倒す

5 回転投げの返し技（足ふみ手抜き）

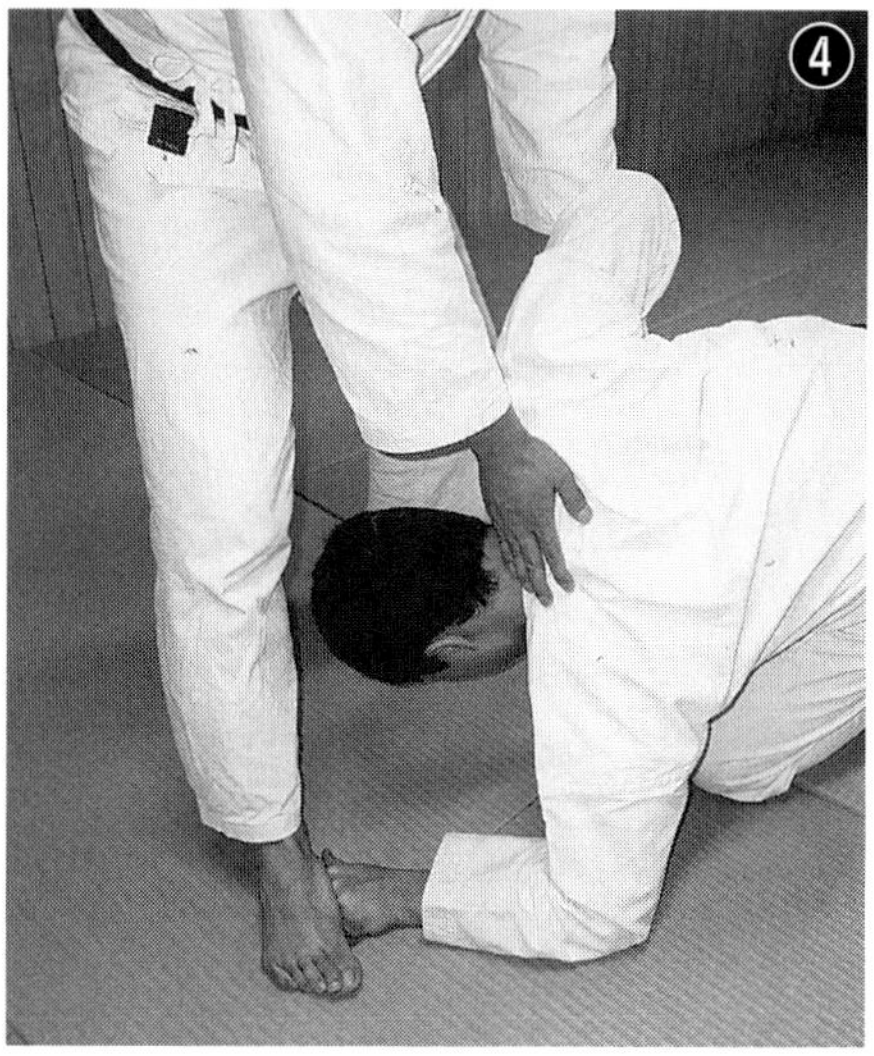

11 回転投げの返し

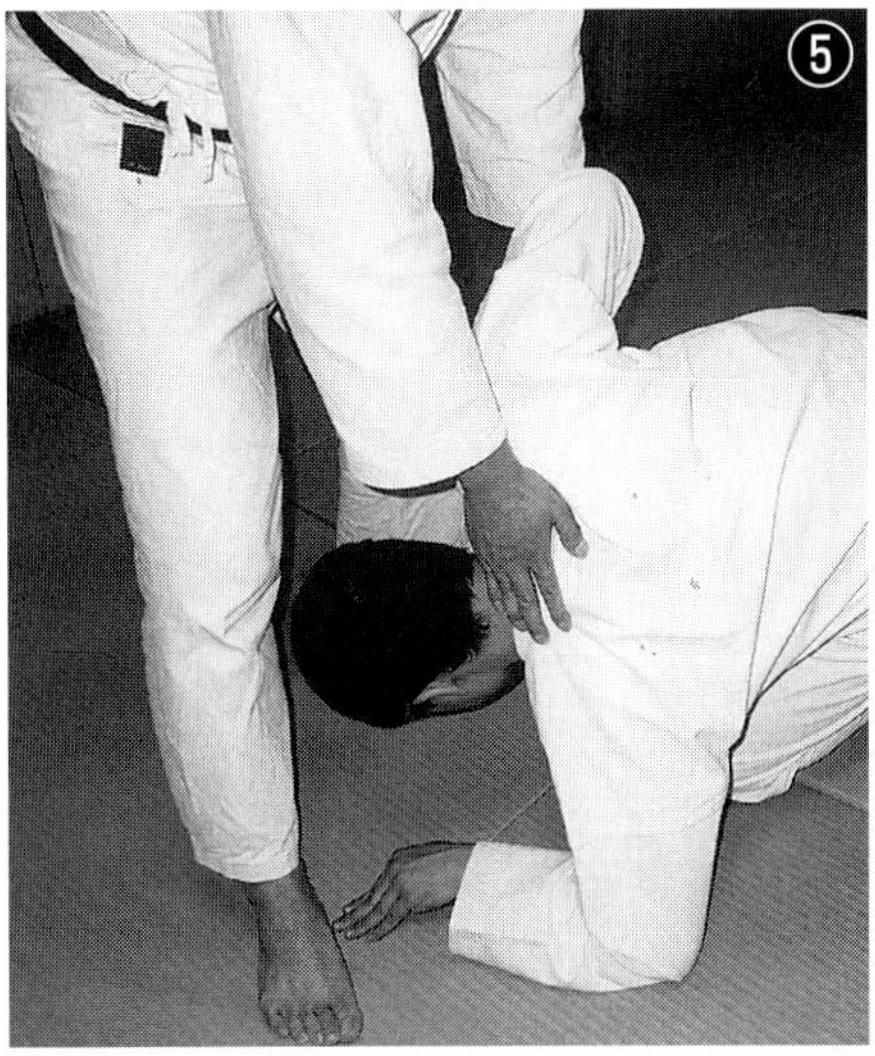

〔受〕右手中段突き。（❶）

〔捕〕体を左に開き受の中段突きを避け、左手で受の右手を下に打ち落としながら（❶）受の右手首を左手でとり、（❷）時計廻りに受の背中上に廻し上げ、右手で受の首後を押え前に倒し（❸）受の左手甲と指を足で踏み（❸）受の右手を上に反り上げて極めんとする。

〔受〕右手をくの字に曲げて体気を入れ右手を上げ極められるのを防ぐ。（❹）捕に踏まれた左手四指（親指を除く）先に力を入れて、四指の付根の関節を曲げて斜め上に左肘に力を入れて引き抜くと左手は外れる。（❺）足の土踏まずの少しの空間を利用して指を曲げるのである。左手を外して、後は「回転投げの返し技②」のように捕の右足をとり、右手で捕の右腿を押し、右肩で捕の右腿を押し倒す。

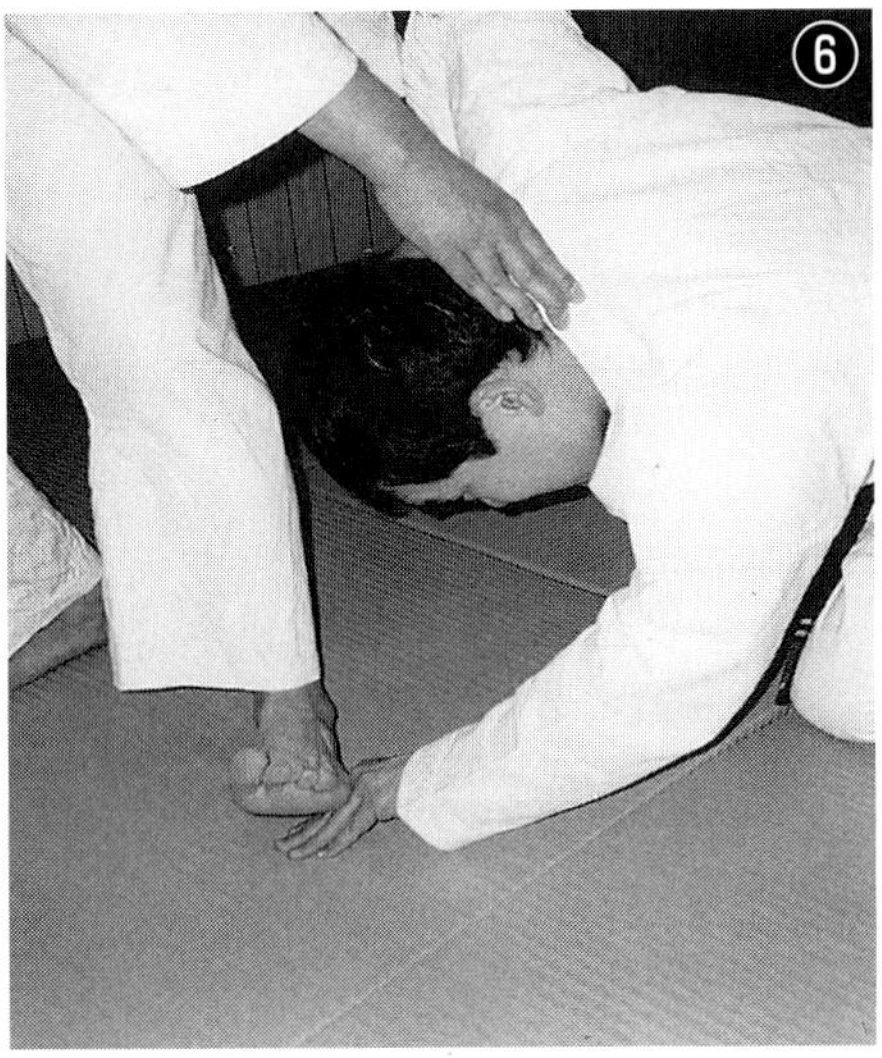

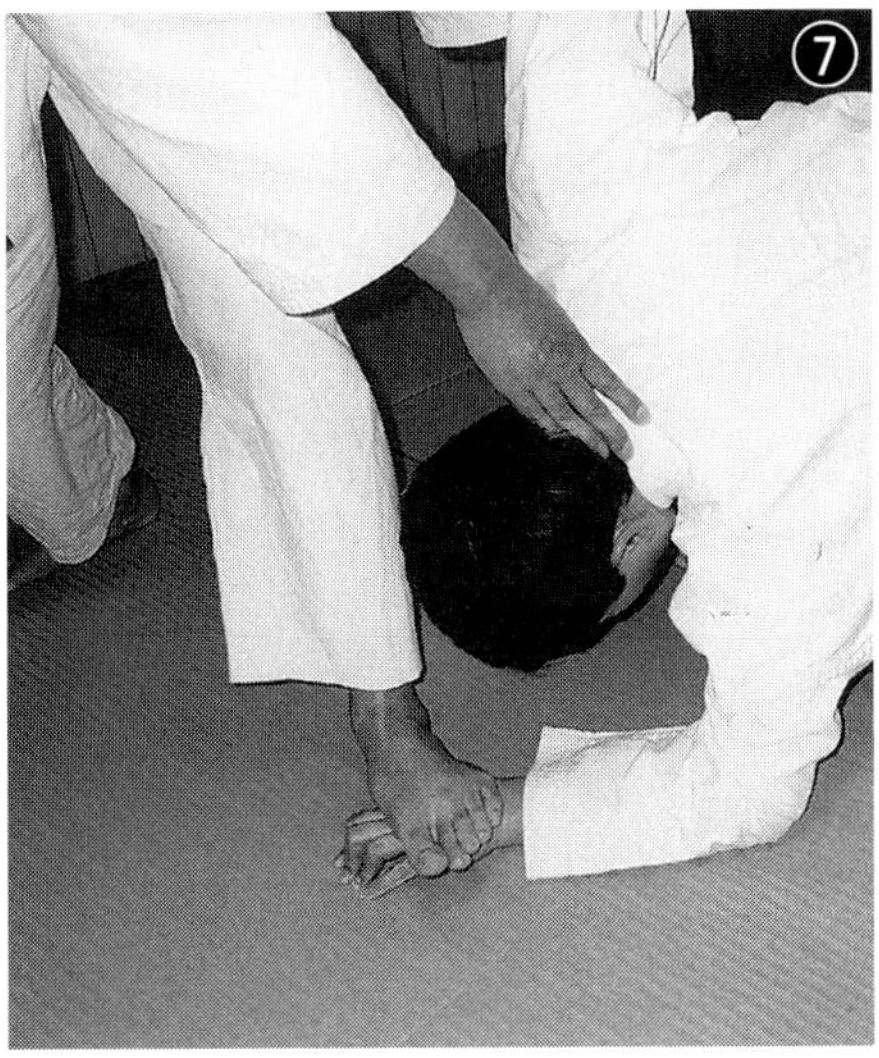

〔捕〕左足で受の左手を踏む。（❻）

〔受〕左手で四指を曲げ上げて、左手首を少し上げて斜め上に左肘を後に引き左手を抜く、（❼）体気を入れて肘の力で抜くこと。受が左足で踏んだので土踏まずは反対側の指の方にあるので、指を少し曲げることが出来ることを利用する。

1 綾手片手とりの鎌手極め

〔受〕右手で受の右手をとる。（❶）

〔捕〕右手を右に振り上げ（❷）体を右に開き、左手で受の右肘を下に打ち折り、（❸）体を受の右横に移し、左手で受の右手首を握り、（❹）受の右肘を胸につける。（❺）体を右廻りに後向き、右手を受に握られたまま受の右手首を手前に曲げ押し極める。（❻）鎌手極めをする。又は右手で受の右手指を手前に曲げて（❼）極めをする。（❽）

2 鎌手極め

〔受〕右手上段打ち。(❶)
〔捕〕右手で受の右手上段打ちを受けて、(❶)右廻りに下に巻き落す。右手で受の右手首をとり、(❷)左手で受の左手下より受の右手甲をとり、受の右肘を曲げて、受の右肘を左胸に当て、受の右手首を手前に折り極める。(❸)受の右手甲は前向き。

3 鎌手極めより指裂き

〔受〕前述のように中段突き、又は上段打ちより、捕の右手を両手で鎌手極めをする。(❶)捕が右手肘を受の胸より外し逃げんとする。左手で捕の親指と人差指を握り、(❷)右手で捕の小指と薬指を握り、(❷)両手で左右に引き、捕の指を裂く。(❸)

4 後鎌手極め ①

〔受〕右手上段打ち。（❶）

〔捕〕両手で受の上段打ちを受け右手で受の右手首を握り、左手で受の右肘を握る。（❶）そのまま両手で受の右手を右廻りに下して、（❷）体を受の右横に移動して、受の右手肘をくの字にして受の背中に持って来る。（❸）左手で受の右肘を曲げて、右手を受の右脇下より入れて受の右手甲を握り下に手首を折る。（❹）左手も受の右手甲をとり両手で受の右手首を折り鎌手極めをする。（❹）

5 後鎌手極め ②

〔受〕右手中段突き。（❶）

〔捕〕左足を左斜め前に一歩踏み込み、体を右に開き左手で受の右手中段突きを右に払い（❸）受の後に廻り、後から右手刀を受の左脇下に突き入れ（❷）左手で受の左手甲を掴み上に上げ受の左手首を折る。（❸）両手で受の左手甲をとり受の左手首を曲げ手前に押し、受の左肘を我が胸につけて鎌手極めをする。（❸）

6 手指鎌手極めが極まらない場合

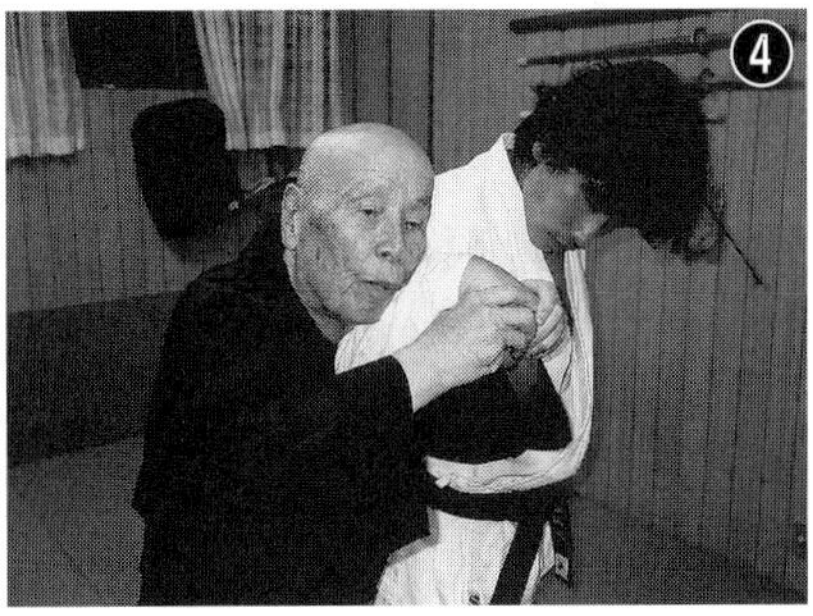

〔受〕両手で捕の右手を鎌手極めする。(❶)

〔捕〕右手首に力を入れて、手首を手首甲側に返せば鎌手極めは出来なくなる。(❷)

〔受〕腰を落して捕の右肘を胸の上部にもってくる。両手で受の右手を親指を下にして、下より握り替える。(❷) 両手で捕の右手甲を下に胸に押しつけながら、捕の右手甲だけを下に下げ(❸)ながら両手で捕の右手首を掌側に曲げて手首を極める。(❹)

7 逆鎌手極め ①

〔受〕右手上段打ち。(❶)

〔捕〕左手で受の右手上段うちを受けて、(❶) 左廻りに巻き落す。受の掌は上向き。左手で受の右手甲を下よりとり、(❷) 上に受の右手を曲げ上げ、右手で受の右手甲をとり、両手で受の右手首を手前に折り極める。(❸) 受の右手甲は手前向き。

⑧ 逆鎌手極め ②

〔受〕左手で捕の右手をとる。（❶）

〔捕〕右足を一歩前に出し、左足を後に引き、体を左に回転し、右手を大きく前に出し、体捌きをする。（❷）左手で受の左手首を握り、（❸）右手を外し、受の左手の上より受の左手甲を押え曲げ、左手も同様に受の左手甲を押し曲げ鎌手極めをする。（❹）普通の鎌手極めは片手が受の片手下になるがこの場合は上になる。

9 逆鎌手極め ③

〔受〕右手中段突き。(❶)

〔捕〕体を右に開き左手で受の右手を右に払う。右手で受の右手首をとる。(❷)体を受の右横に移し、受の右手の上より(❸)左手で受の右手甲を握る。両親指を受の右掌側に置き、両手四指で受の右手甲を握り、(❹)受の右手首を曲げ手前に押して極める。(❺)受の右肘を左胸で支える。(❺)左手は受の右手の上より手甲を握る。普通の鎌手極めは前述のように、左手は受の下より受の右手甲をとる。左手を相手の右手の下からでも、上からでも自由にとり鎌手極めをするべきである。

① 鎌手極めの返し ①

〔受〕捕の右手を鎌手極めにする。(❶)
〔捕〕腰を下げ体気を入れて、右手首の曲げを元に戻し、(❷)腰を上げ右手を拳にして突き上げれば、鎌手極めはかからずに外れる。(❸)

②鎌手極めの返し②

〔受〕右手中段突き。(❶)

〔捕〕体を右に開き受の右手を左手で右に払い(❶)右手で受の右手首をとり、左手で受の右手下より受の右肘を曲げて、右手で受の右手甲を押え曲げ、左手も右手甲の上に重ねて、受の右手甲を手前下に押し曲げる。(❷)受の右肘を左胸につけて台として、体を受と同じ方向を向き鎌手極めをせんとする。(❷)

〔受〕右肘を受の胸から外し上に上げて(❸)捕の左肘の外に出す。(❹)右手で捕の親指を握り(❹)折り、左手で捕の掌に当て右に小手返しをする。(❺)

1 片手（綾手）とり小手ひねり

〔受〕右手で受の右手をとる。（❶）
〔捕〕右手親指と四指を矢筈にして、受の右手首を下より握り上にあげる。（❷）左手で受の右手甲をとり、（❸）右手で受の右手甲をとり両手で（❹）受の右手を小手ひねりで極める。（❺）

2 片手（順手）とり小手ひねり

〔受〕右手で捕の左手をとる。（❶）

〔捕〕親指と他の四指をYの字の矢筈にして、受の右手首をとり上に上げる。（❷）右手で受の右手甲を上からとり（❸）反時計廻りに捻る。左手も受の手甲をとり両手で捻り上げ小手ひねりをする。（❹）

3 体捌き小手ひねり

〔受〕右手で捕の左手をとる。（❶）

〔捕〕左足を前に出し、右足を後に引き、体を右に開き左手を前に延ばし、体捌きをする。（❷）右手で受の右手をとり、受の右手を小手ひねりで極める。（❸）体を受の右横に置く。

4 小手ひねりより手首折り倒し①

〔受〕右手で捕の左手をとる。(❶)
〔捕〕左手首を外より 内に返して、右手で受の右手甲をとり、反時計廻りに捻り、左手で受の右手掌側より右手を握り、両手で左に捻り、受の右肘を直角に曲げて小手ひねりをする。(❷) 両手で受の右手親指側の手首を折り、受の右肘を下に突き落とすようにして右手首を曲げて(❸)左に倒す。(❹)

5 小手ひねりより手首折り倒し②

〔受〕右手で捕の左手をとる。
〔捕〕前述のように受の右手を小手ひねりをする。(❶) 受の右手首の小指側を折り曲げて、受の右肘を下に突き落とすようにして、受の右手首の小指側を折り、(❷) 受を右下に倒す。(❸)

6 手指とり小手ひねり

〔受〕右手上段打ち。

〔捕〕左手で受の右手肘を親指と他の四指をＹの字にして掴む。（❷）右手で受の右手四指（親指を除く）を手甲側より握り、（❷）時計廻りに受の四指を捻る。受の右肘をくの字に曲げて、受の右指は捕の目の高さに保つ。（❸・❹）

① 小手ひねりの返し技 ①

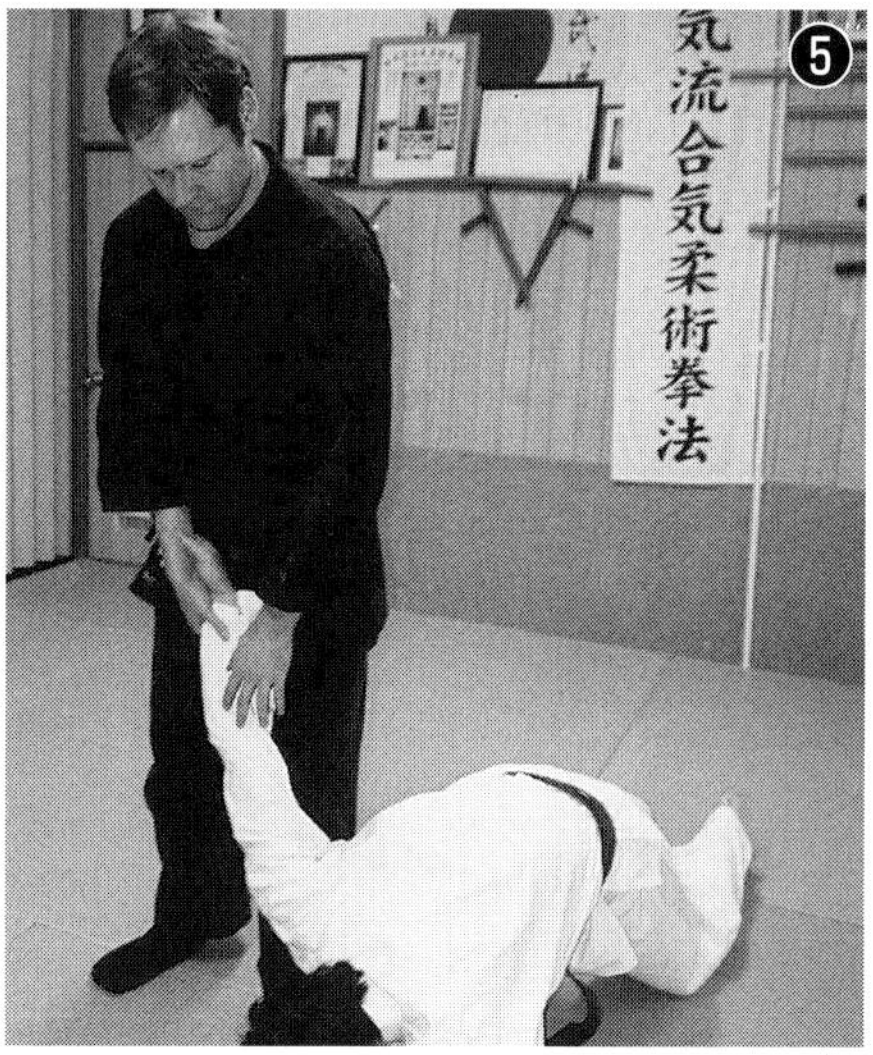

〔受〕右手上段突き。(❶)

〔捕〕受の中段突きを右外に避け、(❶)右手で受の右手甲を上から掴み、左手を下から受の右手をとり、両手で反時計廻りに受の右手を捻り小手ひねりをせんとする。(❷)

〔受〕体を大きく右に開き体気を入れ、右肘を下げ右手先を我が腹につける。右手先を時計廻りに廻し、我が手の捻りを戻し、体を右廻りに反転する。(❸)右手で捕の右手をとり左手で捕の右肘をとり一本捕で倒す。(❹・❺)

② 小手ひねりの返し ②

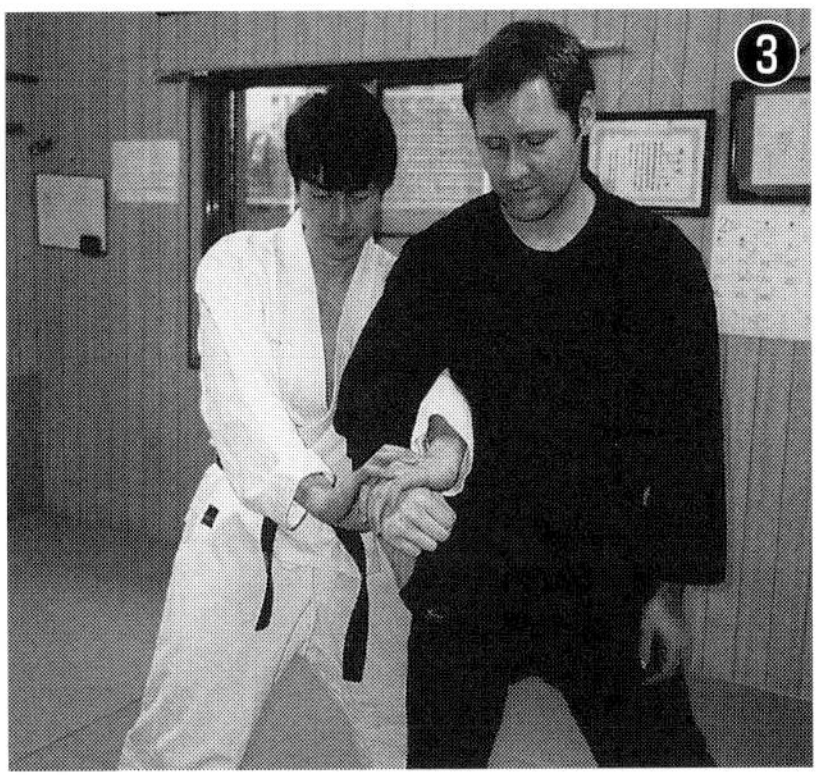

〔受〕右手で捕の右手をとる。（❶）

〔捕〕右手先を右に廻して受の右手をとり、両手で受の右手甲を握り小手ひねりをする。（❷）

〔受〕体を左に大きく反転して、（❸）右手先を我が胸下につけて、（❹）更に体を左に廻して捕の左に並び右肘を受の左肘内側に入れる。（❸）右脇で捕の左腕を締め抱き、（❺・❻）左手で捕の左手四指（親指を除く）手前甲側に折り曲げ極める。（❹）又は指一本でもよい。（❼）更に右肘を捕の左胸に当て、右足を受の左足後にかけ右肘で後に押し倒す。もし捕が体を離せば（❺）こちらの体を受の左に大きく寄せて行き、右肘を捕の右肘内に入れ（❻）後は同様。

③ 小手ひねりの返し ③

〔受〕右手で捕の右手をとる。（❶）

〔捕〕右手首を外より内に時計廻りに返して、受の右手首を握り、左手で受の右手甲をとり、左に反時計廻りに捻り小手ひねりをせんとする。（❷）

〔受〕捕が両手で小手ひねりをせんとする時に、体気を入れて捕の小手ひねりに抵抗する。（❸）左手で捕の右手首を握り、（❹）左に捻り右手も添えて左に小手返しをして捕を倒す。（❺・❻）

① 中段突きより搦投げ

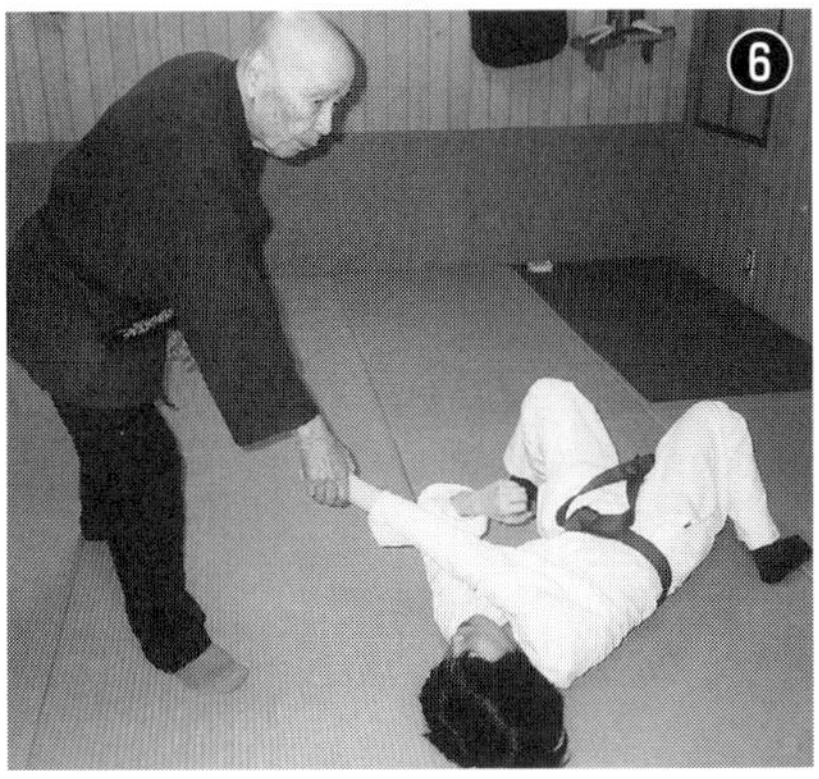

〔受〕右中段突き。(❶)

〔捕〕体を右に開き受の中段突きを避けて、左手で受の右手を右に払い、右手で受の右手首を握る。(❷)右手で受の右手を受の左側に押し、(❸)左手で受の左手をとる。(❹)受の左手を受の右手の下に交差して両手で搦投げをする。(❺)受を仰向けに倒して(❻)受の両腕を顔の上で交差して、片手で押える。(❼)左右どちらの手でもよい。

②上段打ち搦投げ

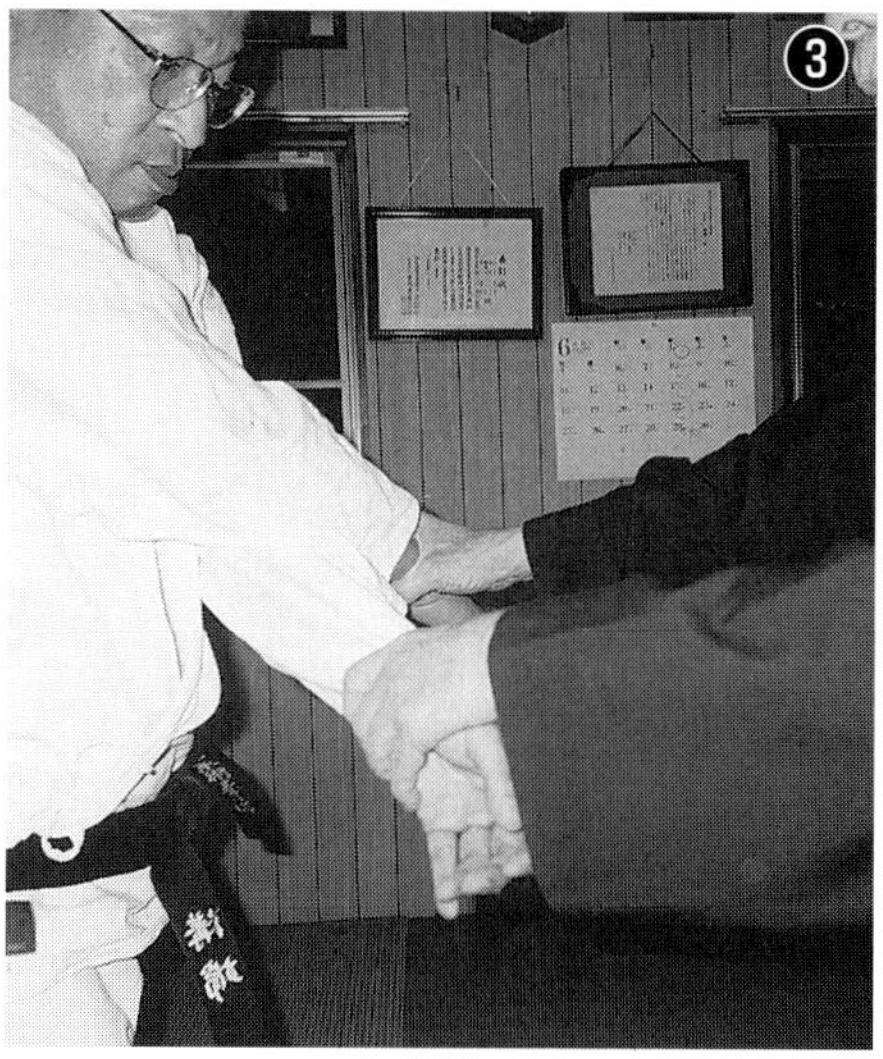

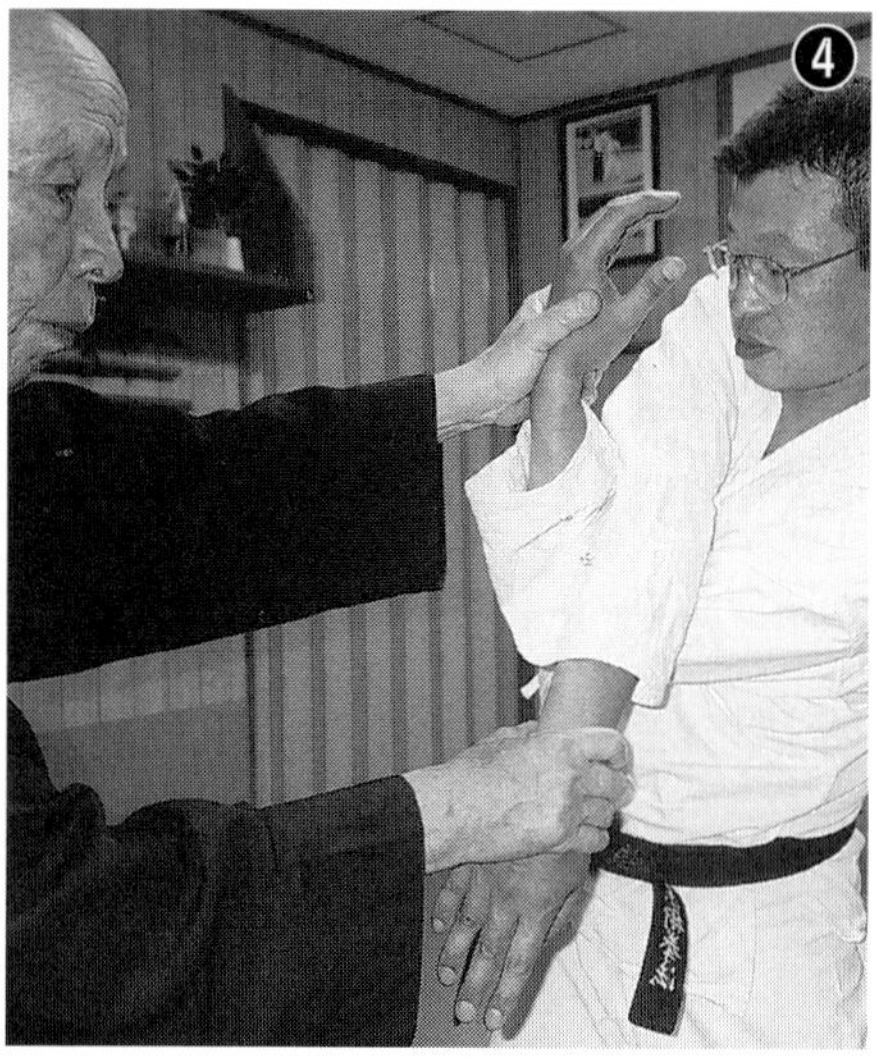

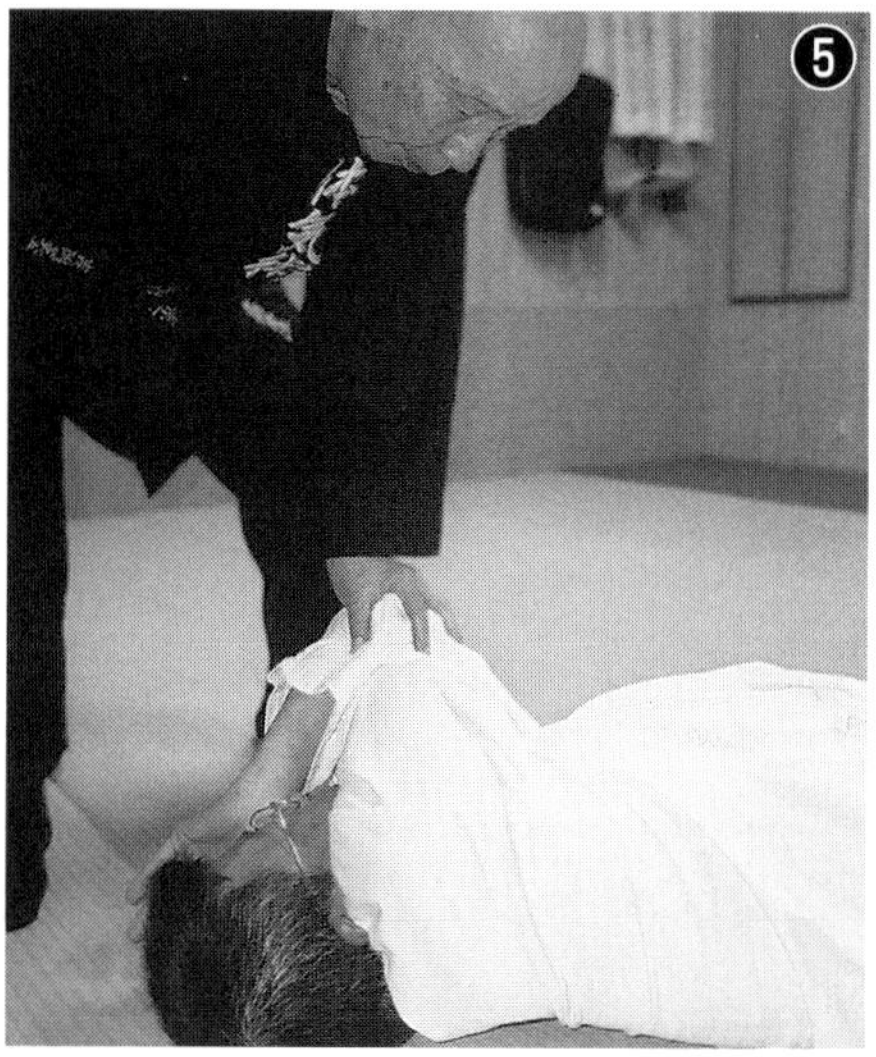

〔受〕右手上段打ち。(❶)

〔捕〕右手で受の右手を受けて、(❶)右手で受の右手首をとり右下に下す。(❷)左手で受の左手を受の右手下よりとる。(❸)受の左手を下より上に上げて、(❹)受の右手に搦め交差して搦め投げをする。(❹)左手で受の左手上より押える。(❺)

③ 両手首とり搦投げ

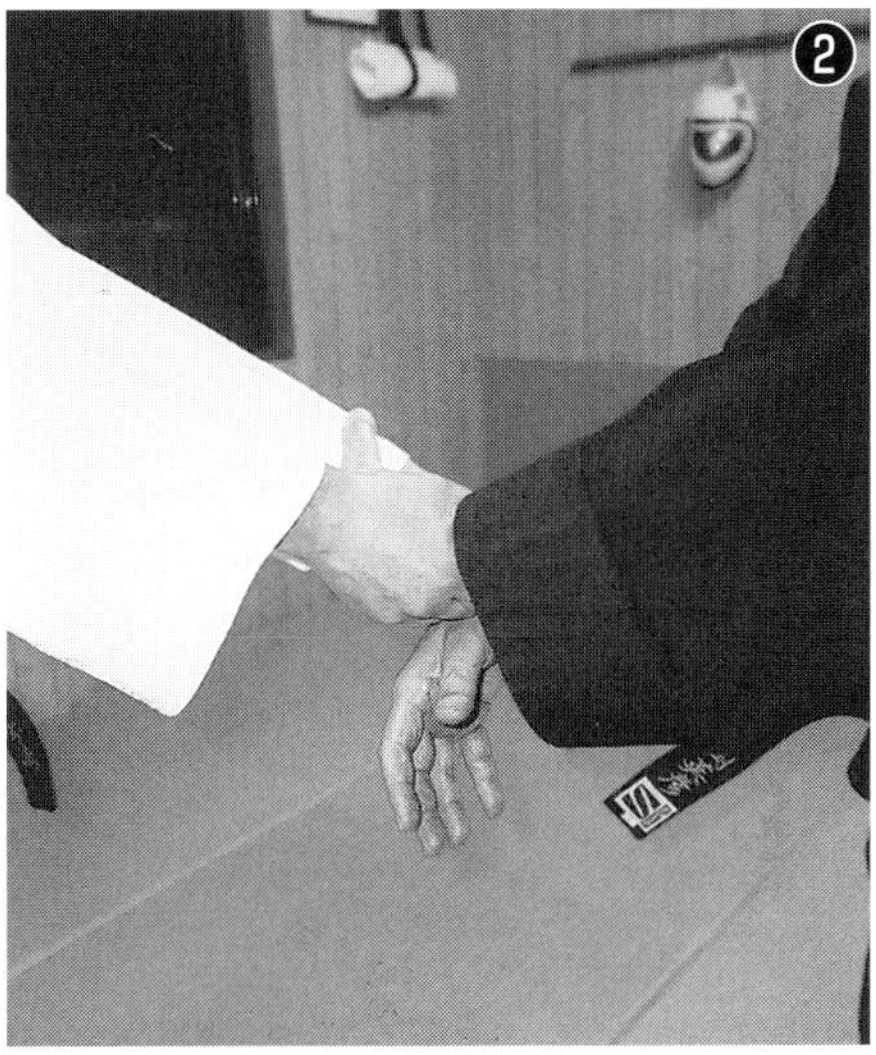

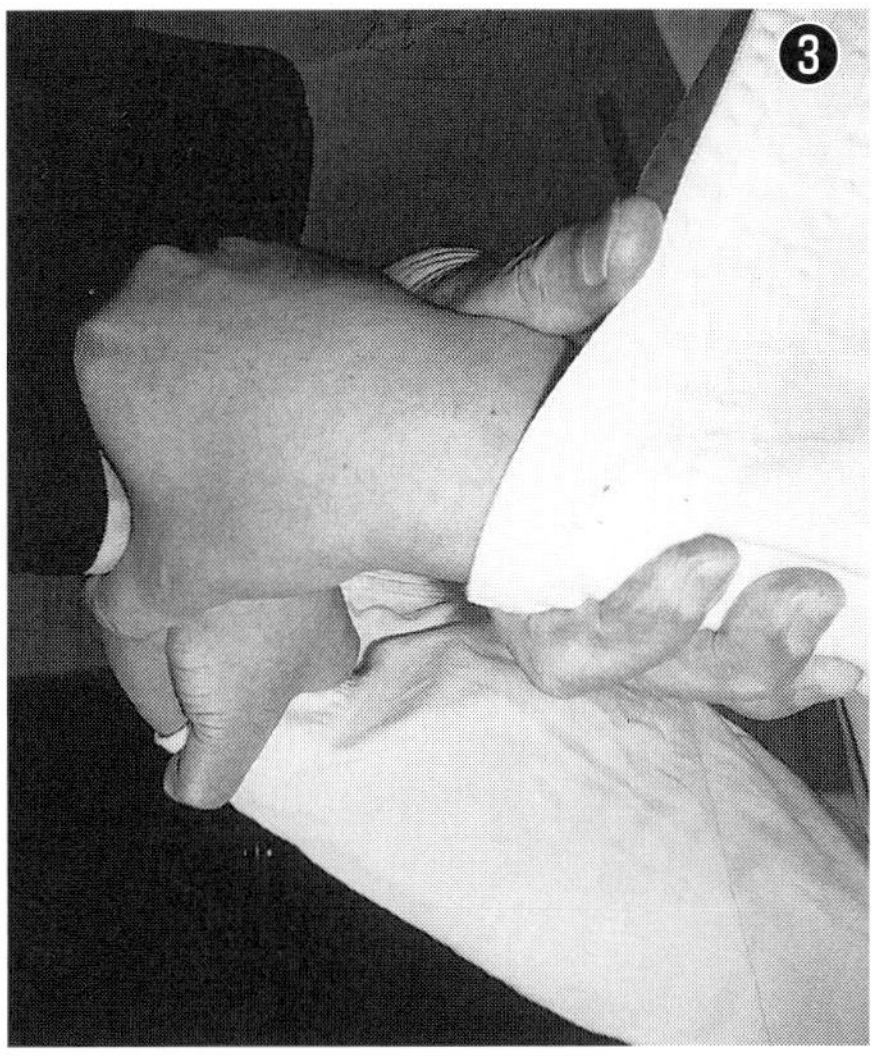

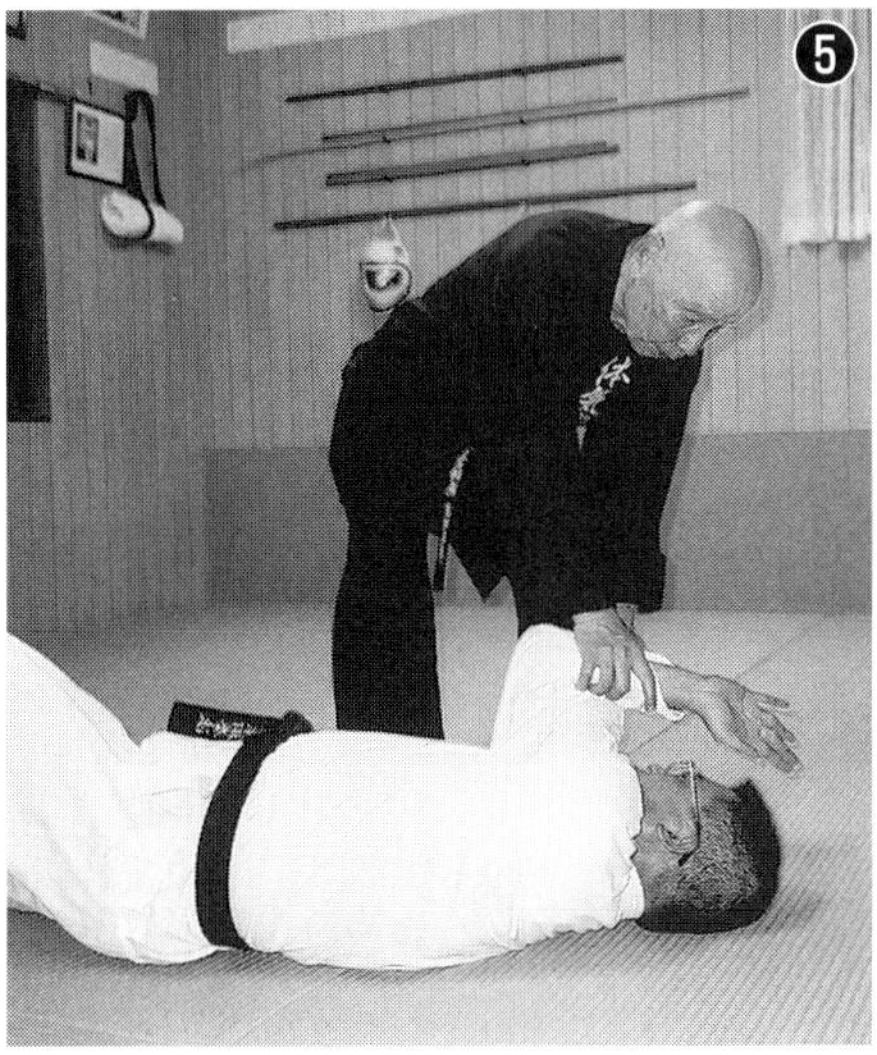

〔受〕両手で捕の両手をそれぞれとる。(❶)

〔捕〕左手で受の左手首を親指を上にして、内横より掴む。(❷) 右手で親指を下にして左手の下より受の右手首を掴む。(❸) 受の左手を右手の上にして左右に交差引き、(❹) 受の右肘を曲げ受の両手を搦投げをする。(❺)

4 両手首搦投げ

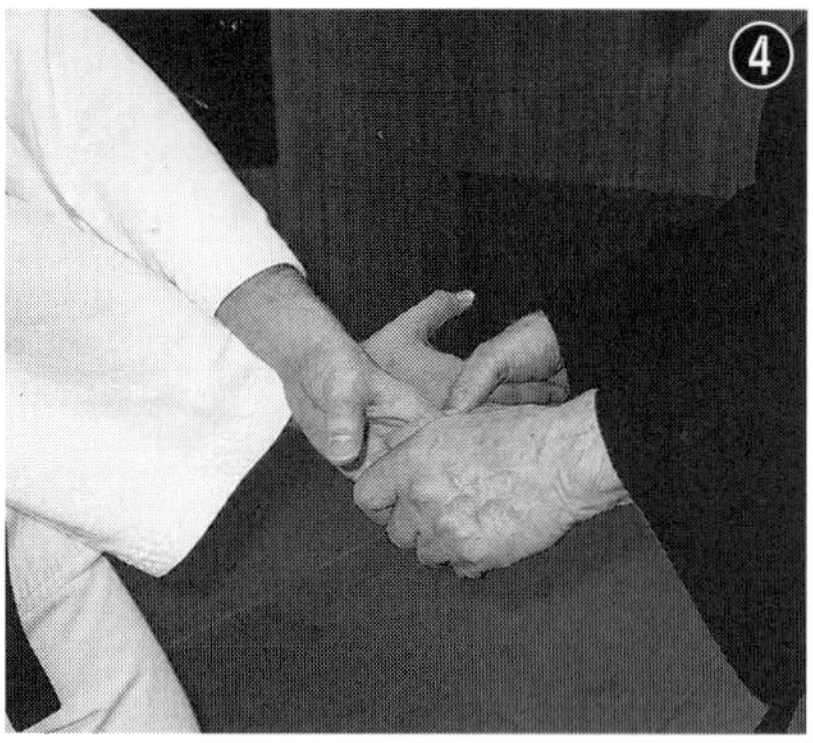

〔受〕両手で捕の両手をそれぞれとる。(❶)

〔受〕右手で上から受の右手首を打ち握り、左手を上に上げて外す。(❷)左手で上から受の左手首を打ち握り、右手を上げて外す。(❸)右手で受の右手の親指を除く四指を握る。(❹)左手で同様に受の左手の四指を握る。(❹)どちらも両親指は受の両手甲側にある。受の左手首を上に、受の右手首を下にして交差し、(❺)左に捻る。受の右手首を左上に捻り、受の左手首を下右に捻り、受の両手首の搦投げをして極める。(❻)

5 搦投げ（双手どり）

❶

❷

❸

❹
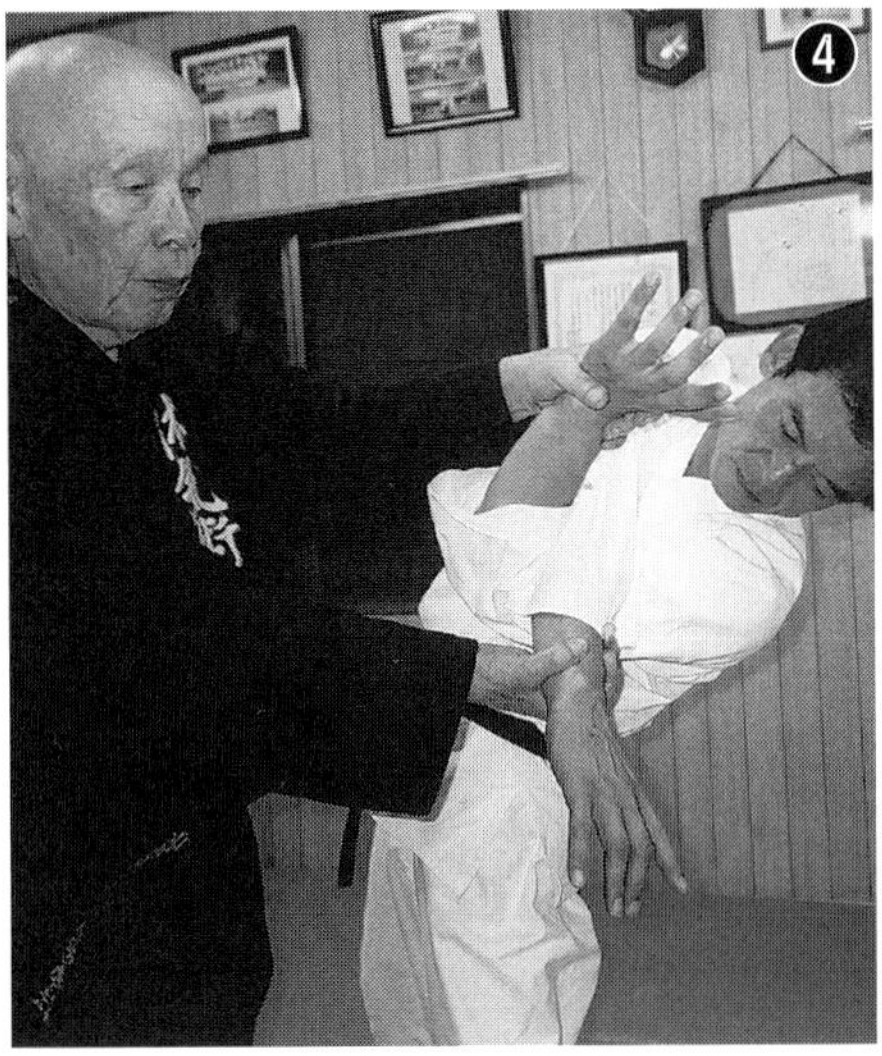

❺
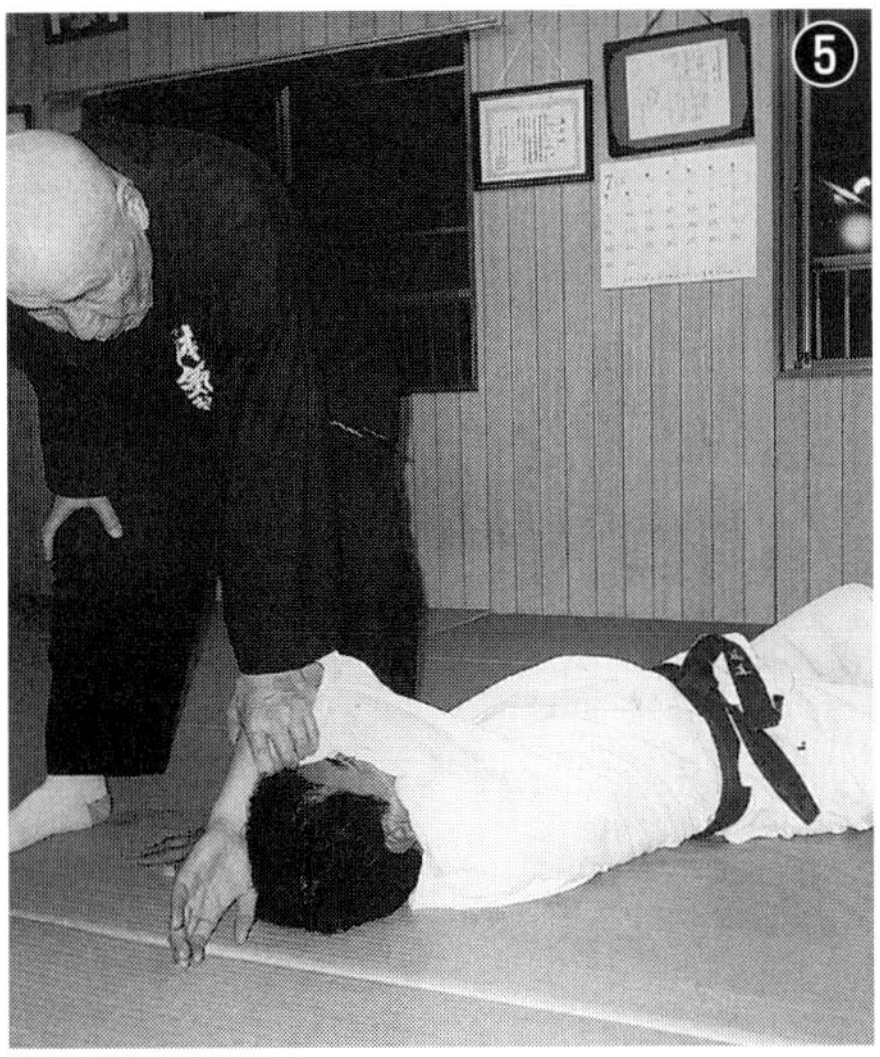

〔受〕両手で捕の右手をとる。双手どりをする。（❶）

〔捕〕体を左に開き、右手で受の右手首を上からとる。（❷）右肘を上げる。左手で受の左手を自分の右手の下より掴む。（❸）両手を左右に大きく開き、受の両手を交差して、（❹）搦投げで倒して、受の両肘を極める。（❺）

6 搦め投げを抵抗された場合

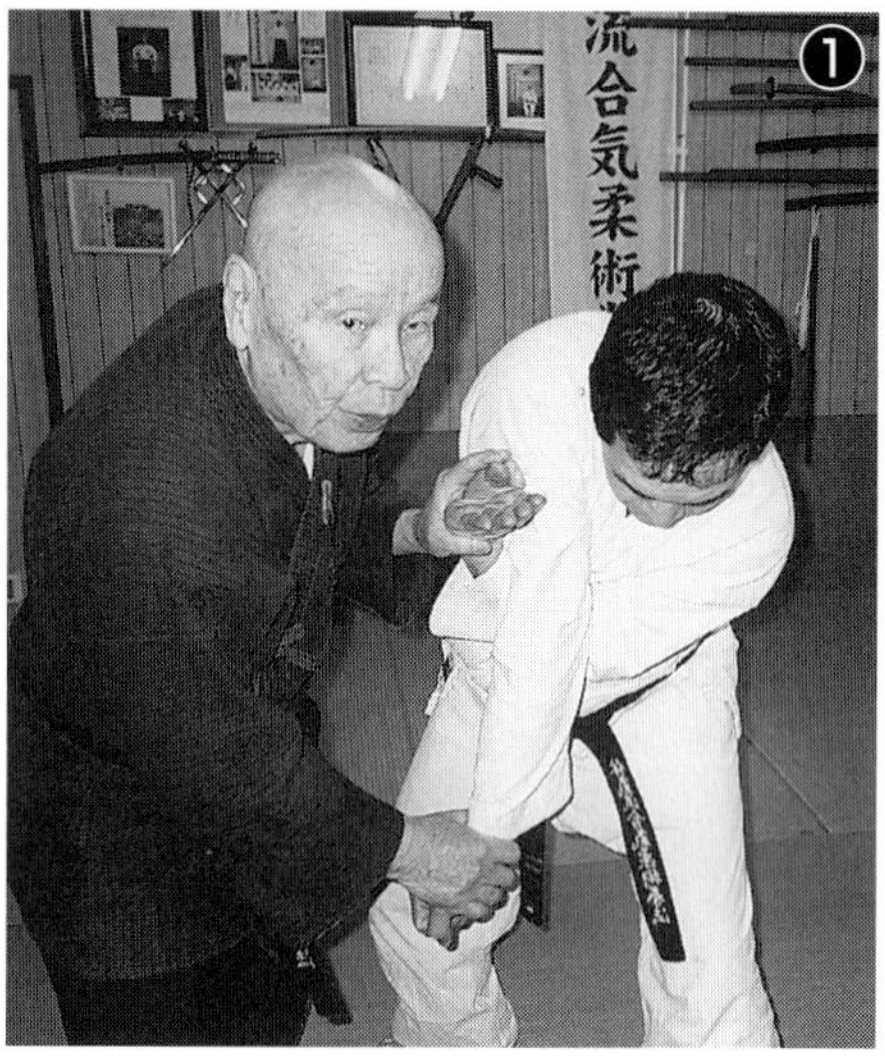

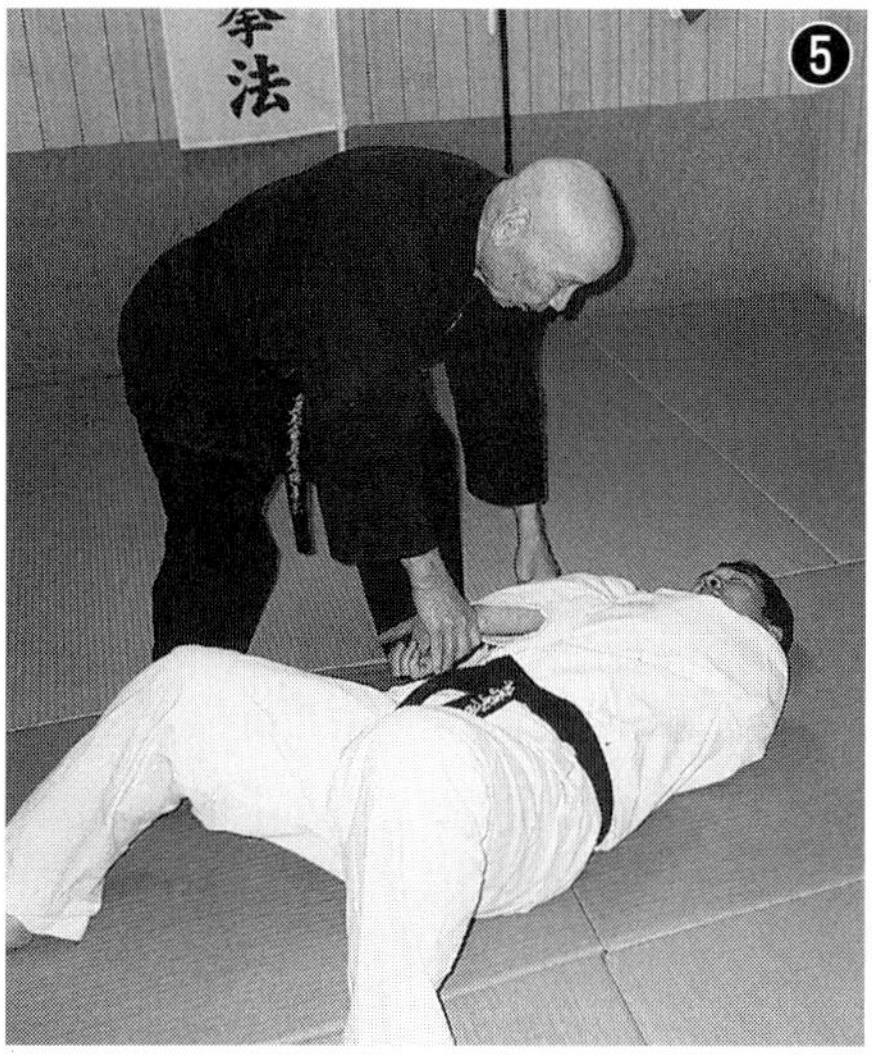

搦投げをして相手が頑張って抵抗した場合。(❶)相手の右後ろに行き、相手の右肘を相手の左肘と交差させ、相手の右肘を極める。(❷)左手で相手の左手を上に上げ相手の右脇につける。(❸)右手で相手の右手を後ろに引き、(❹)左手で相手の左手をとったまま、相手の左手を上に上げながら相手の右肩下を押し、右手を後に引き倒す。(❺)

① 搦投げの返し技（逆搦投げ返し）

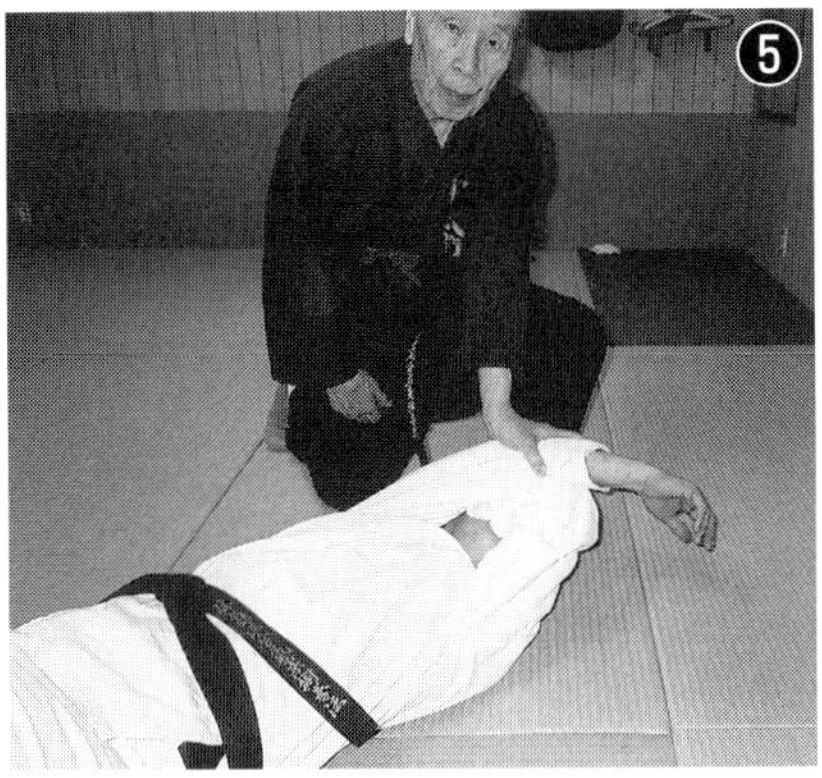

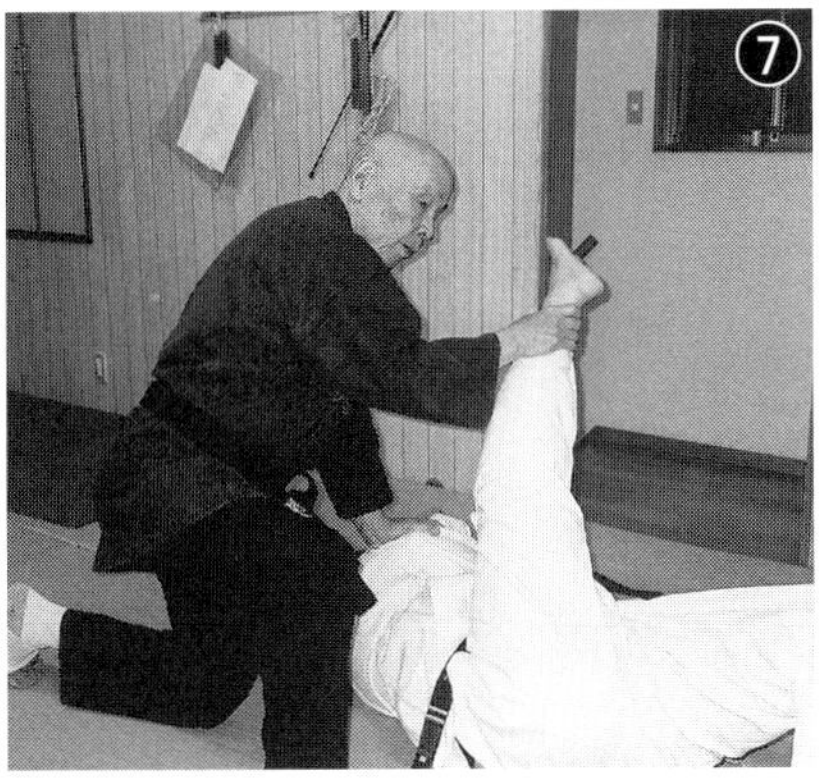

〔受〕右手で捕の胸襟をとり、左手で上段打ちをする。（❶・❷）

〔捕〕左手で受の左手上段打ちを受けて、左手で受の左手を握る。右手で受の右手首をとる。受の左手を上に右手を下に深く交差して搦投げをせんとする。（❸）

〔受〕体気を入れれば捕は搦投げは出来ない。左手で捕の左手をとり握り、右手で捕の右手を逆手にとり握り、逆に搦投げで倒す。（❹）この時点で両者の態勢は同じで両者共両手は交差している。仰向けの捕の顔の上に捕の右手を上に、捕の左手を下に交差して重ねて左手で押える。（❺）捕が右足で受の顔面を蹴って来るので、右手で捕の右足を受ける。（❺）捕の右足首を掴み受の顔の方に押え極める。（❻・❼）

① 上段打ち四ヶ条極め

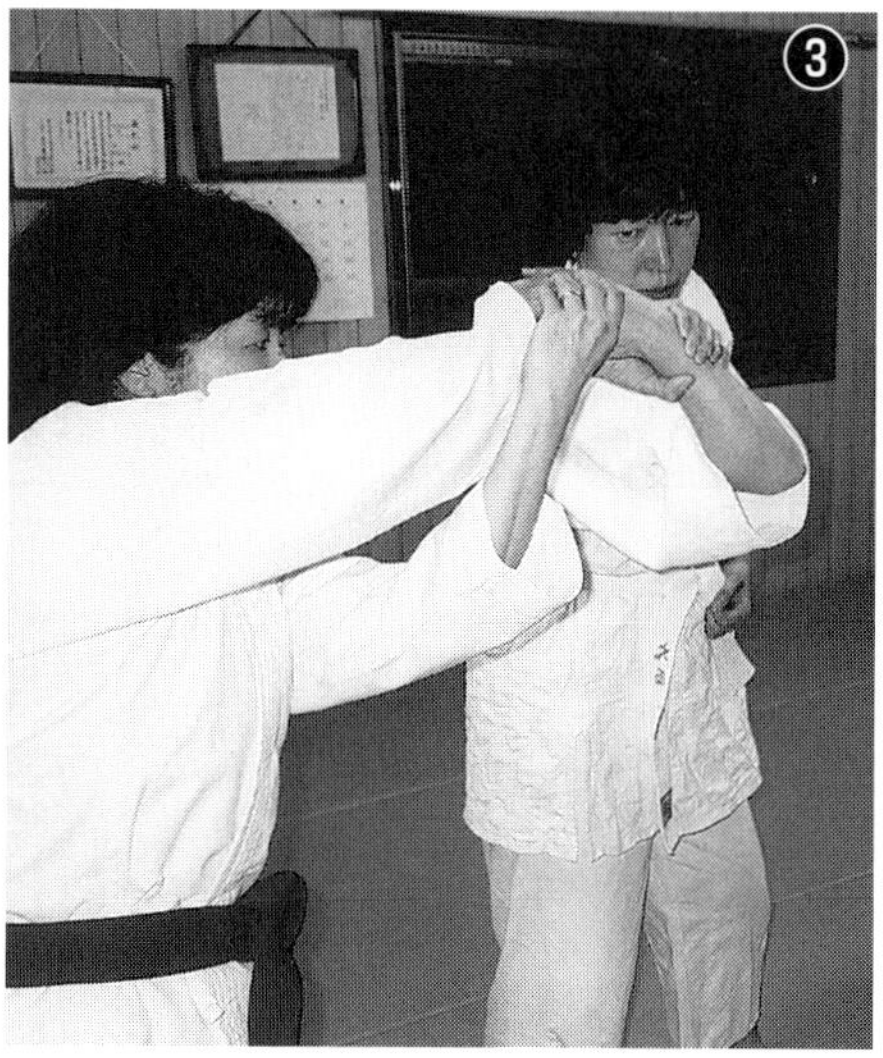

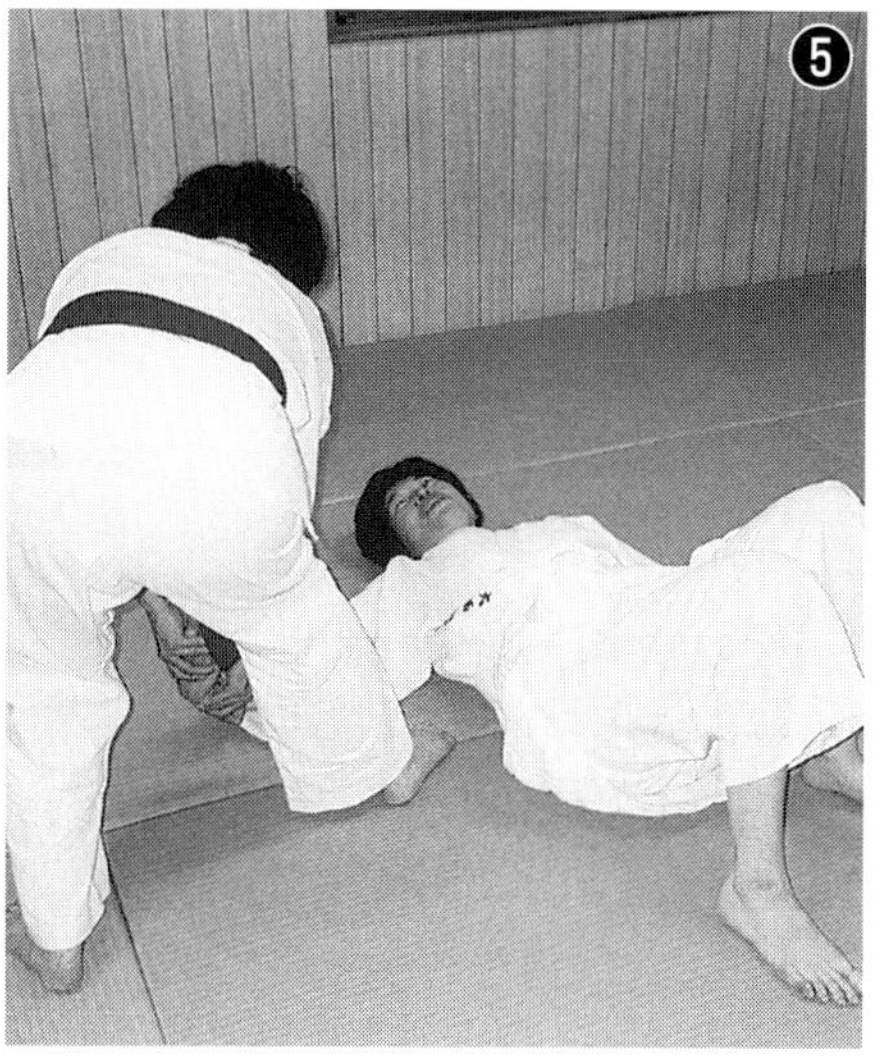

〔受〕右手上段打ち。(❶)

〔捕〕左手で受の右手を受けて、(❶)左手で受の右手首をとり左廻りに下し、受の右手を右に持って来る。(❷)右手で左手の上より受の右手首を握り、(❷)左手で受の右手甲を上より握り、(❸)体を左に反転して両手で受の右手を左上に振り上げ、(❹)下に下して四ヶ条の脈極め投げをする。(❺)

2 短刀とり四ヶ条

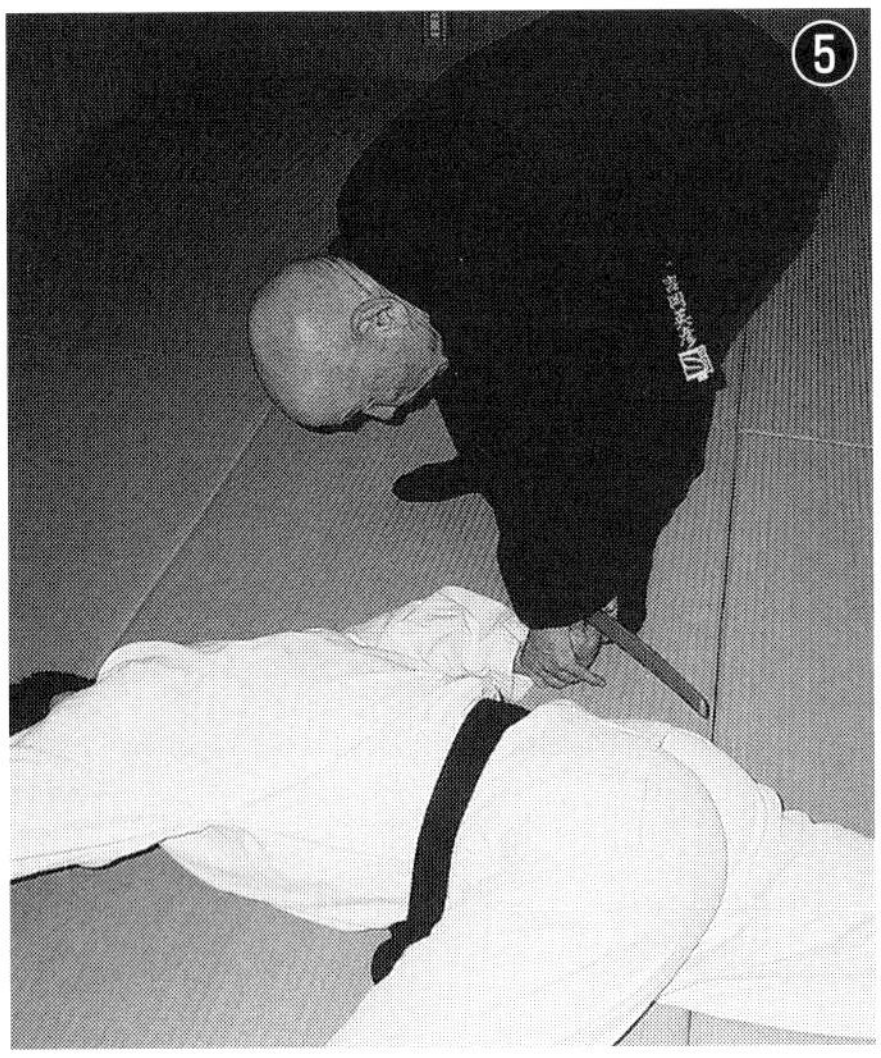

〔受〕右手で短刀を順手持ちをして、上段切り。(❶・❷)

〔捕〕両手で受の短刀を握った右手首より少し離れて、受の右手を受ける。(❷)右手で受の右手甲を握り、(❸)左手で親指と人差し指をYの字にして、下より受の右手首の脈を握る。(❸)両手で右下に振り下ろして、(❹)左手を下に押し、右手を引き上げて、受の右手脈部を極める。合気道の四ヶ条極めである。(❺)

① 七里引きについて

(1) **肘極め七里引**

左腕で相手の右肘を上から抱き、右手で相手の右手首を握る。左手で右手首を握る。(❶) 右手を下げ、左肘を上げ締めて相手の右肘を極める。

(2) **手首折極め七里引**

相手の右手下膊を左腕で抱き、右手で相手の右手甲をとる。(❶) 親指が相手の手甲側に、他の四指が相手の右掌側にくる。左手で右手首を握る。右手で相手の右手首を手甲側に折り、左手首で相手の右手首を押し極める。(❶)

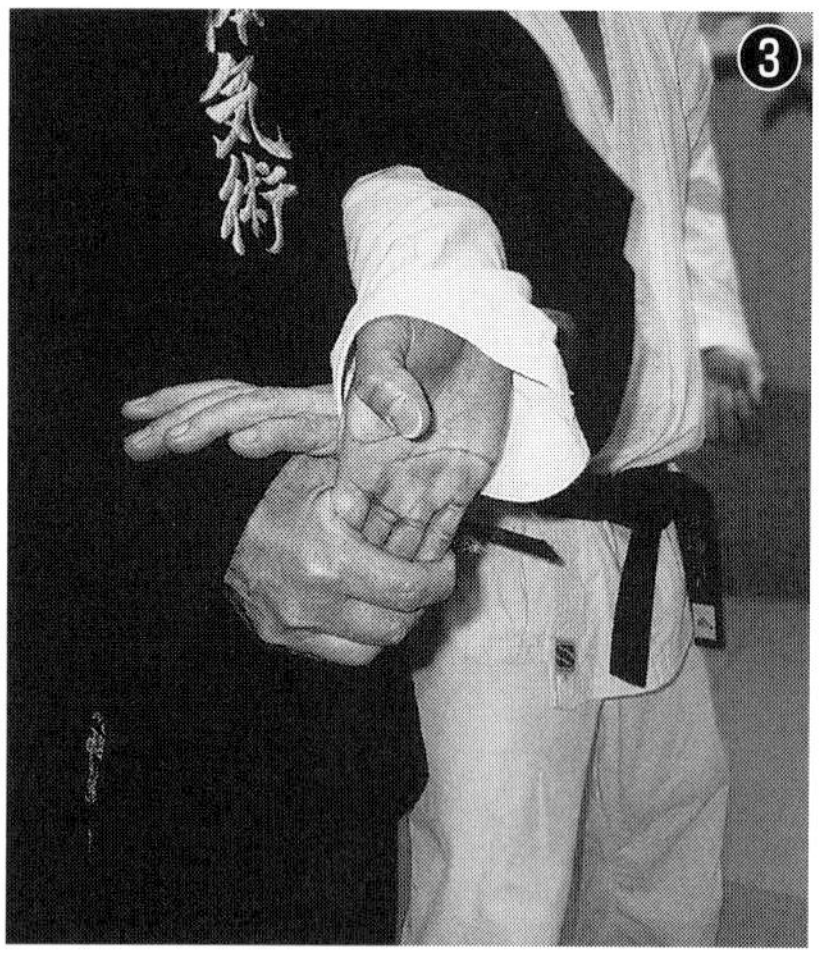

(3) **指折り極め七里引**

相手の右手下膊を左腕で抱き、右手で相手の親指を除く四指を握り手甲側に折る。(❶) 左手で相手の右手甲を押し、左手を右手甲の親指と人差指側におき、相手の右手甲を押し極める。(❶)

② 七里引きを抵抗された場合①

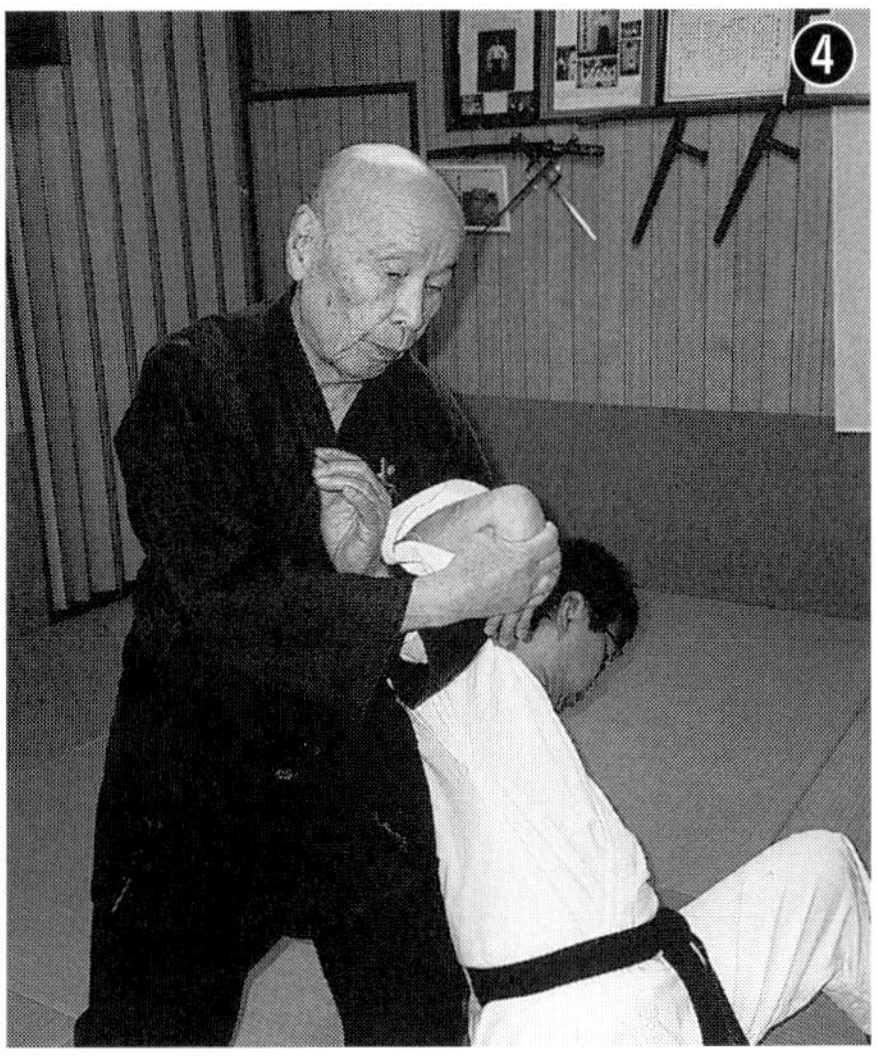

〔受〕右手上段突き。
〔捕〕前述のように七里引きをする。(❶)
〔受〕右肘を曲げて抵抗する。(❷)
〔捕〕左脇肘で確りと受の右腕上部を抱き、右手で受の右手甲を上から握り受の右手首を掌側に折り、(❸)左肘を後下に押し体重をかけて受を下に落す。(❹)

3 七里引きを抵抗された場合②

〔受〕右手中段突き。(❶)

〔捕〕体を右に開き左手で受の右手を右に払い、右手で受の右手首を握る。(❷)左手で受の右腕を上から抱き、受の左下膊下より右手首を握る。(❸)右手で受の右手首を下に下げ、左肘を上に上げて受の右肘を極め七里引きをせんとする。(❸)

〔受〕右腕をくの字に曲げて七里引きを抵抗する。(❹)

〔捕〕両手をそのままにして、体を左に反転して、受の右手を折り梃子極めにして倒す。(❺・❻)

① 七里引きの返し（手首極めの場合）

❶

❷

❸

〔受〕右手中段突き。

〔捕〕体を右に開き左手で受の右手を右に払い、右手で受の右手首をとり、体を受の右横に移す。左手で受の右腕を上から抱き、我が右手首を握り受の右肘を極めんとする。（❶）

〔受〕左手で捕の喉笛を握り極め倒す。（❷）又は右肘を曲げ捕の胸を突き押し、右足を捕の左足後にかけ後に倒す。（❸）

2

七里引き返し（小手ひねり）

〔受〕右手中段突き。

〔捕〕体を右に開き、左手で受の右手を右に払い、右手で受の右手首をとり受の右手首を手前に捻り、受の右手脈を上に向ける。左手で受の右手肘を上から抱き、左手で受の右手下より右手首を握り受の右肘を極めんとする。（❶）七里引をせんとする。

〔受〕体気を入れて右肘を少し上に曲げると七里引は出来なくなる。（❷）右肘を大きく曲げて上に上げ、（❸）体を右に廻し受と相向い、右手四指で受の右手甲を握り、左手で受の右手首をとり、（❹）両手で受の右手を反時計廻りに捻り小手ひねりをする。後に廻り左手で受の後襟をとり（❺）下に引き倒す。（❻）

21 指折り曲げ極め

1 指吊り上げ落し

〔受〕右手上段打ち。(❶)
〔捕〕受の右手を両手で受けて、(❶)右手で受の右手甲を上から握り右廻りに捻り受の右掌を上に向け、受の親指を除く右手四指を手甲側に折り曲げる。(❷)受の右手下を潜り後に行き、(❸)受の右手四指を下に押し折り倒す。(❹)

2 指吊り上げ肘引き

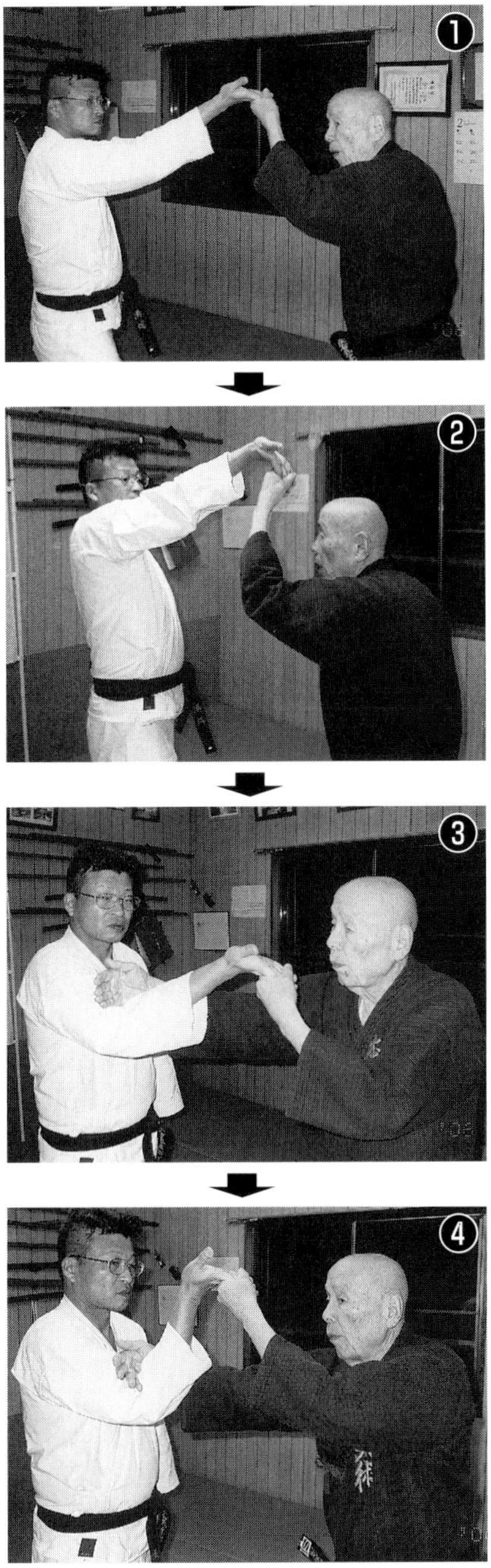

〔受〕右手上段打ち。
〔捕〕右手で受の右手上段打ちを受けて、左手で受の右手指(親指を除く四指)を手甲側の上より握り(❶)左に捻り、受の右手掌を上に向けて、受の右手四指を手甲側に下から折る。(❷)更に上に上げ曲げて極める。受が右手を引き逃げんとするとき左手でそのまま受の右四指を握り折り曲げたまま、右手で受の右肘の内側より上におき、(❸)右内手前に引き左手を前に押しきめ倒す。

③ 指とり落し

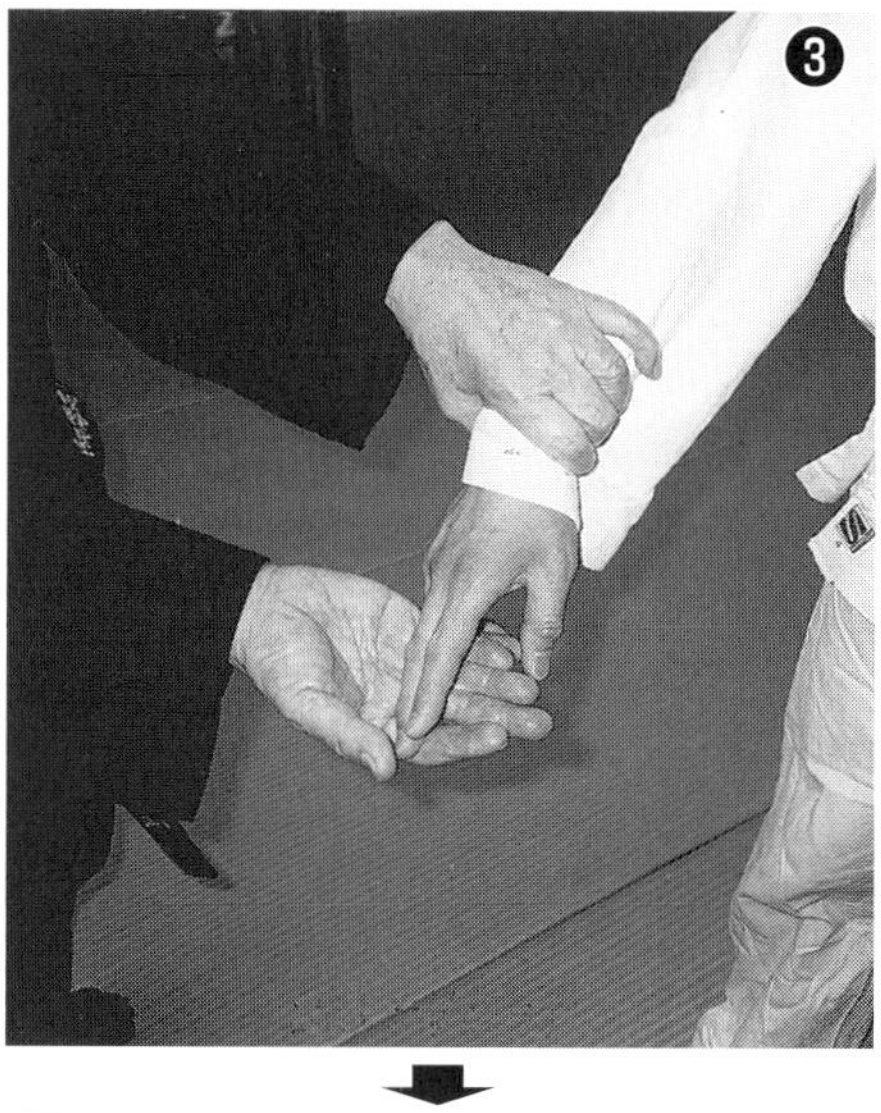

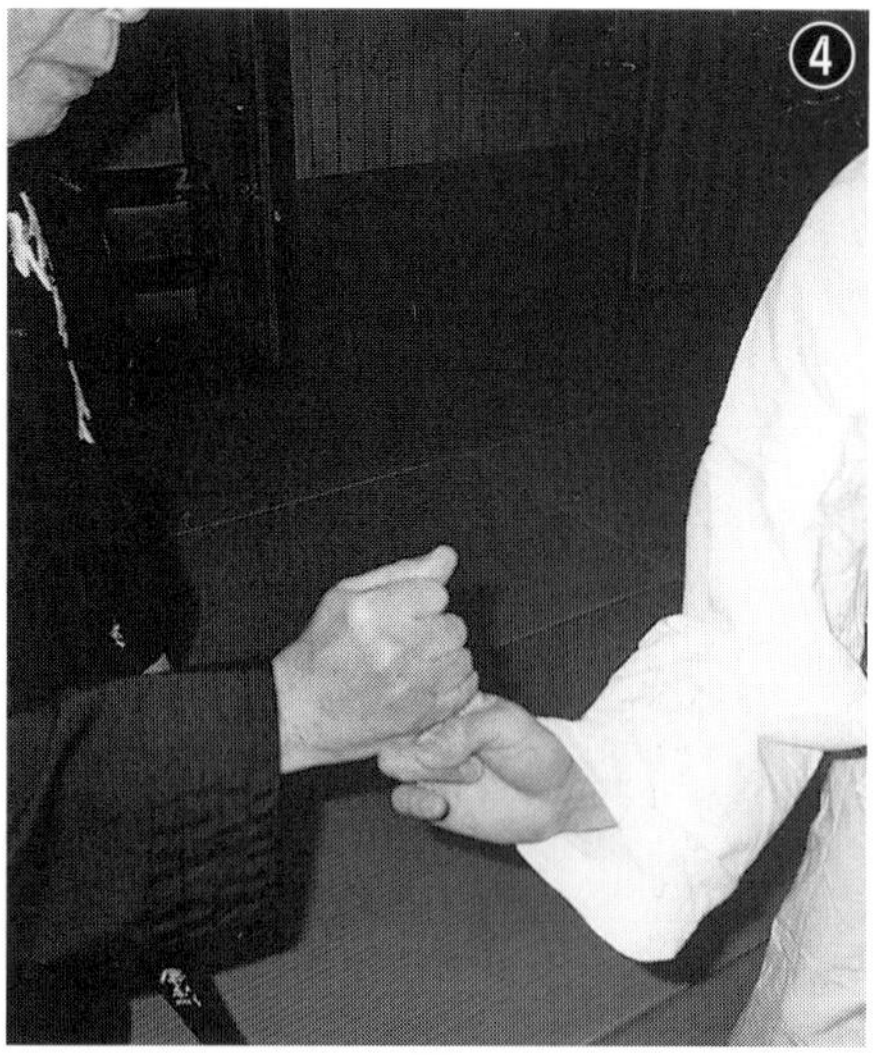

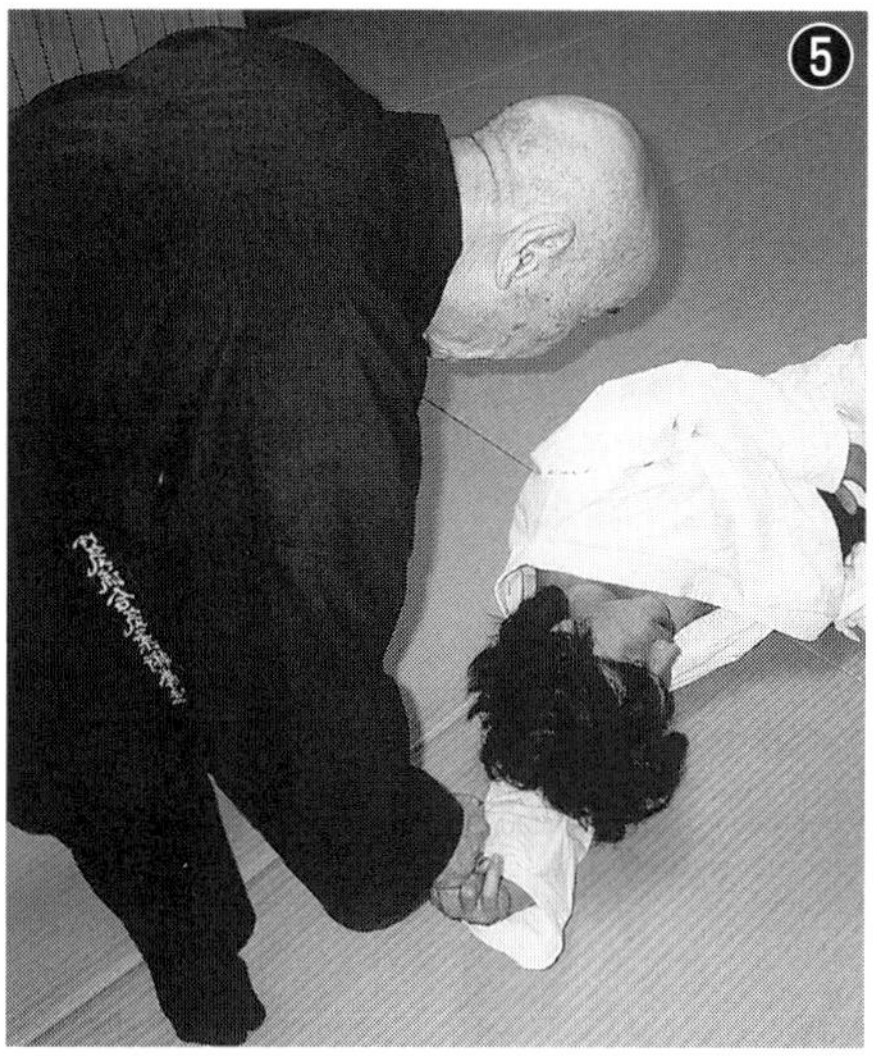

〔受〕右手上段打ち。（❶）

〔捕〕右手で受の右手首を、左手で受の右肘を受けて、（❷）両手で受の右手を下に下し、（❷）左手で受の右手首を握り、（❸）右掌を上にして受の中指と薬指の間に上から入れて、（❸）中指と人差指を握る。（❹）受の人差指と中指を右手で握り、小指側を支点として右下に曲げて極め下に落とし倒す。（❺）強く曲げると受の人差指か中指が折れるから注意すること。

4 片手指曲げ捻り引き倒し

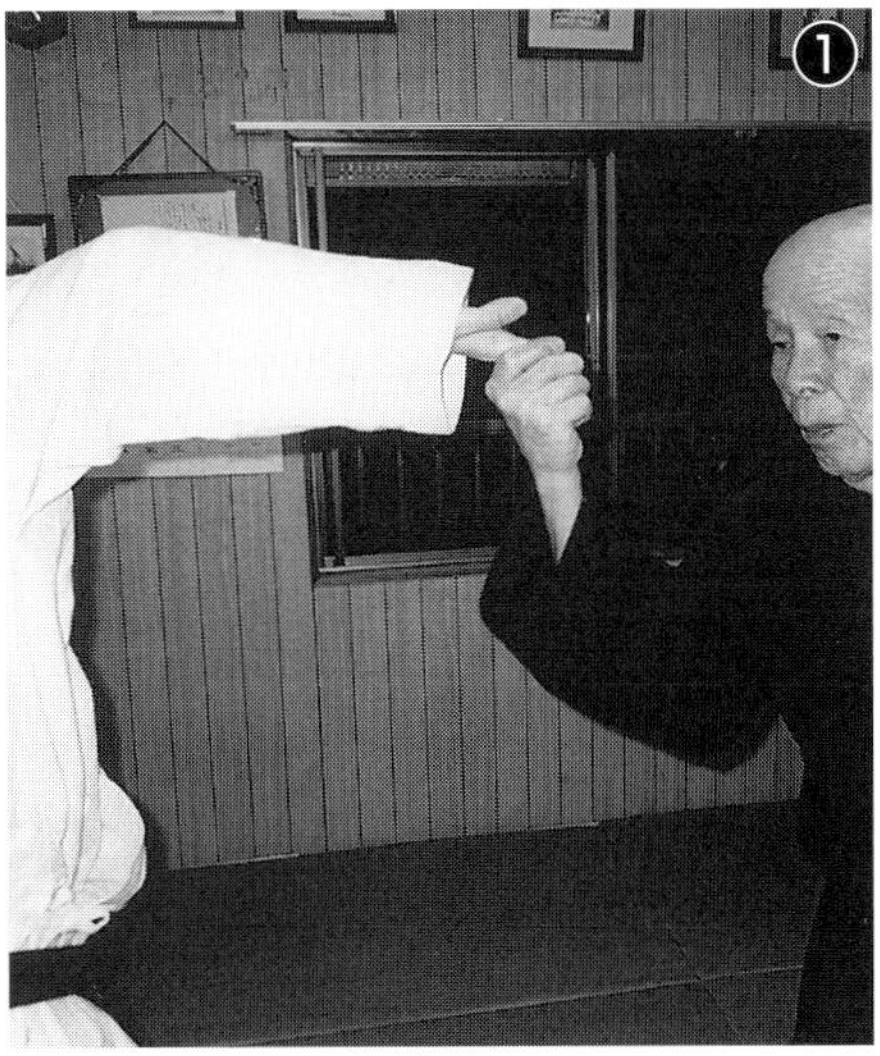

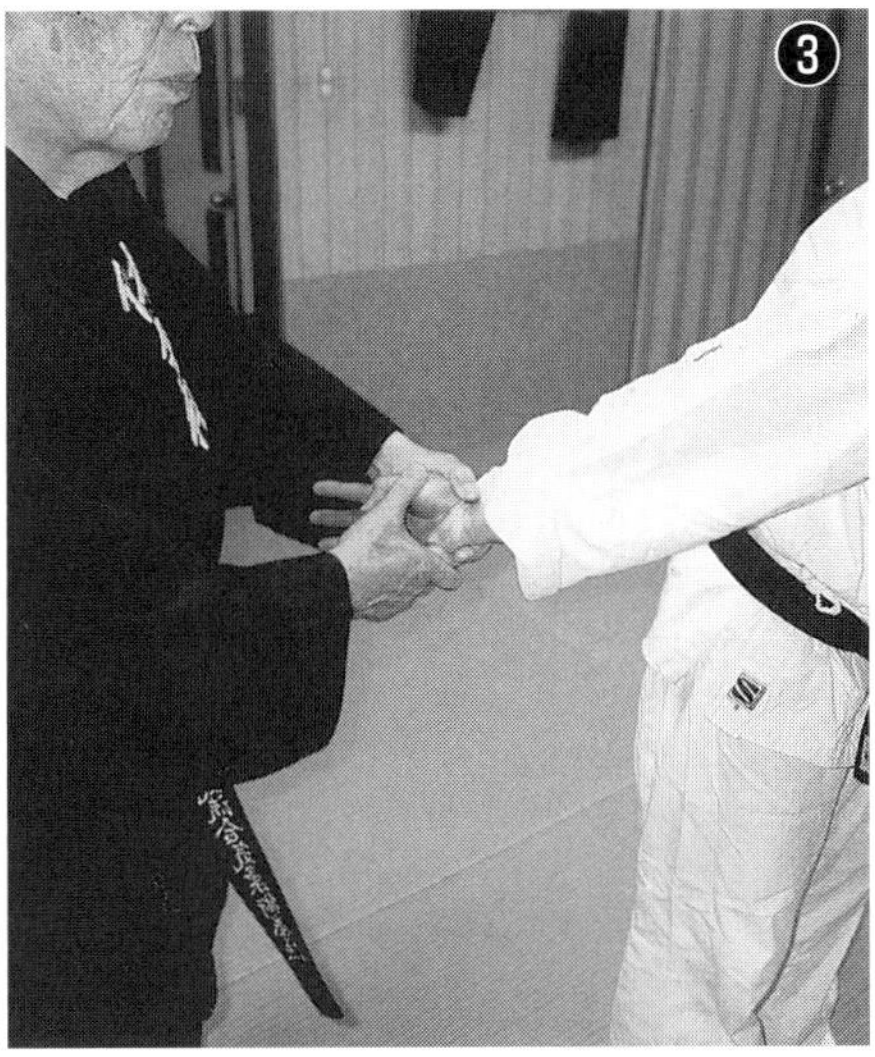

〔受〕右手上段打ち。

〔捕〕両手で前述のように受けて、右手で親指を下にして、他の四指を受の右手甲を上にして、受の四指を握る。(❶)右廻りに受の右手を廻して、受の右掌を上に向けて、(❷)受の四指を手甲側に折り曲げ上に吊り上げ極める。(❷)左手で受の小指側を下より握り右に捻り、受を後に向ける。(❸)右手で受の右肘を前よりとり前に引き倒す。(❹・❺)左手は受の左手首をとる。

5 親指きめ倒し

〔受〕右手で捕の右手をとる。(❶)

〔捕〕左手で受の右手首を握り、(❷)左に捻り上げ、右手の親指と受の親指が相対する。右手の親指側で受の親指を下に押しきめ倒す。(❸)又は受の親指を握って親指を折り極めてもよい。

⑥ 指折り倒し ①

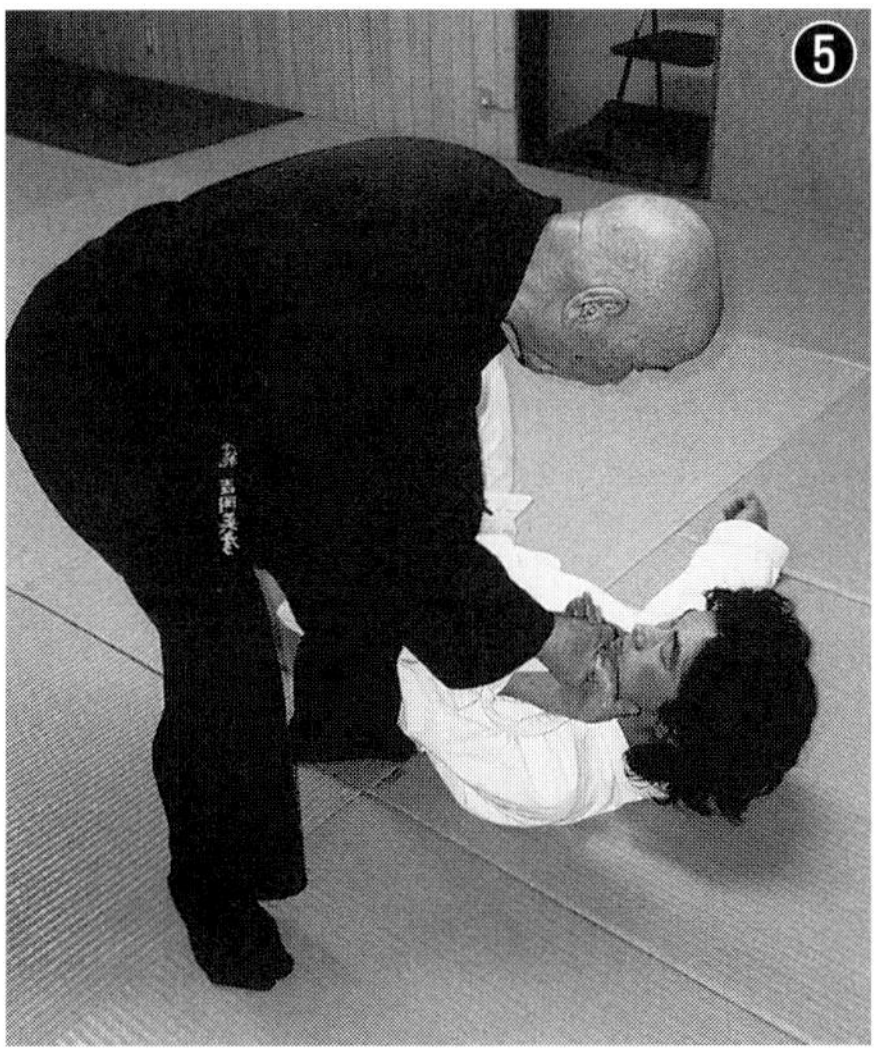

〔受〕左手で捕の右手をとる。

〔捕〕右手首を時計廻りに内から外に廻しながら、(❶)右手を下にずらして受の四指(親指を除く)を握る。(❷)右手を上に上げて、受の四指を手甲側に曲げ極める。(❸)更に左手を受の右肘上に置き下に押して、手前に引く。(❹)右手を受の四指を握ったまま前に押し受を倒し、(❺)四指を極める。

7 指折り倒し ②

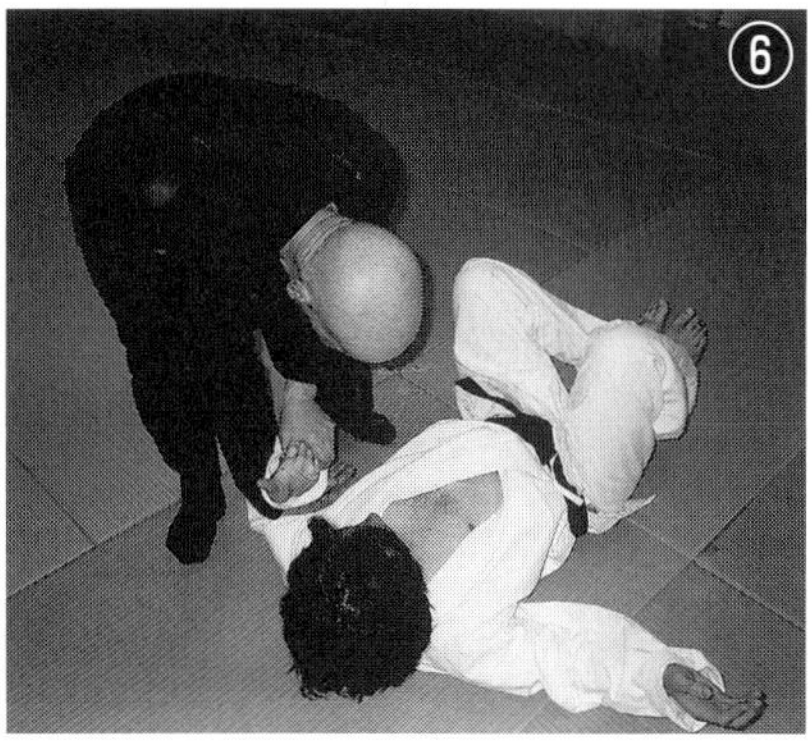

〔受〕左手で捕の左手をとる。(❶)

〔捕〕左手を時計廻りに内から外に廻して、(❷)受の左手四指(親指を除く)を握る。(❸)左手を上に上げ、受の左手四指を折る。(❹)右手を受の右肘の上に置き下に押し、(❹)手前に引き、左手で受の四指を折り曲げながら前に押し(❺)倒す。受の四指を曲げ極める。(❻)

8 胸襟とり親指とり ①

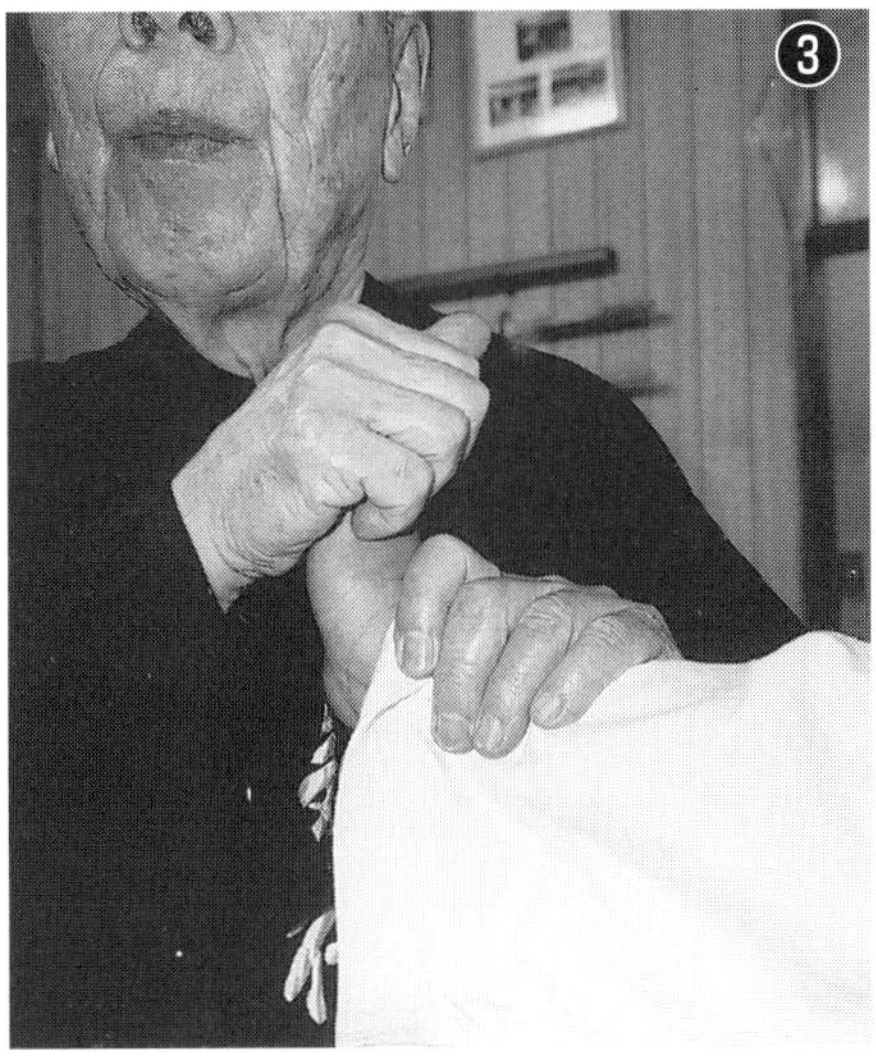

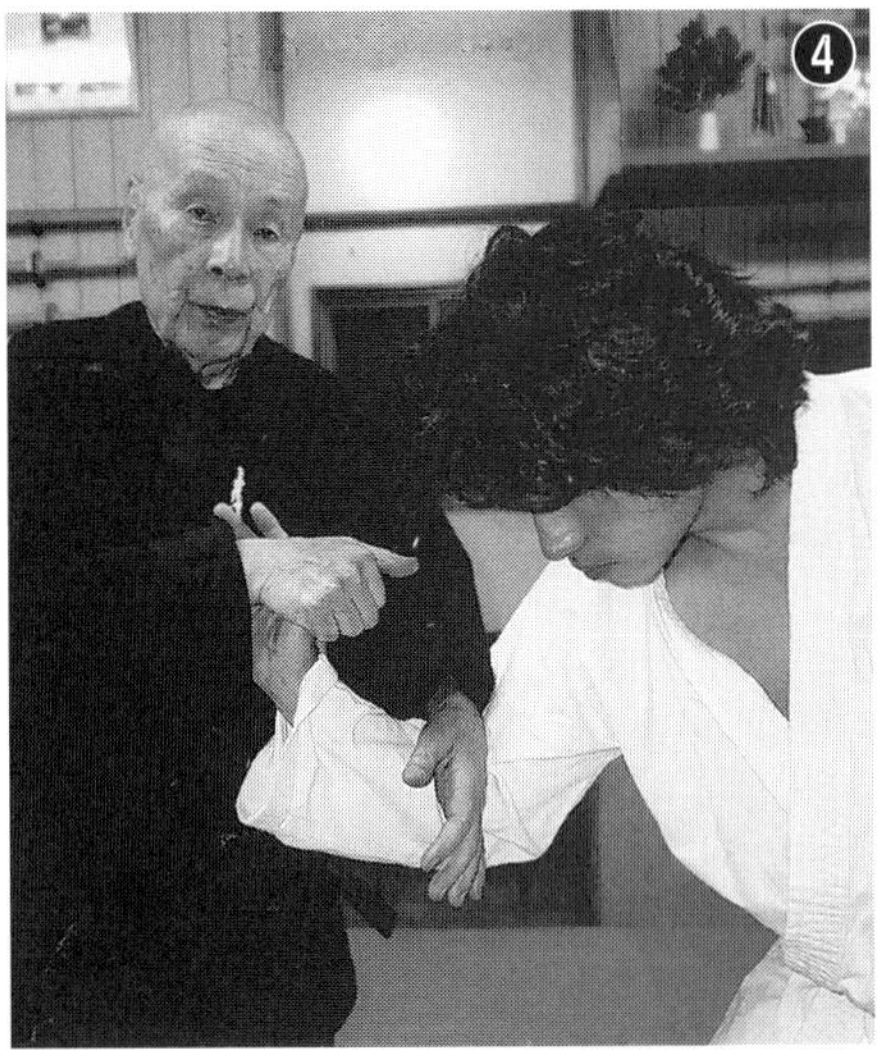

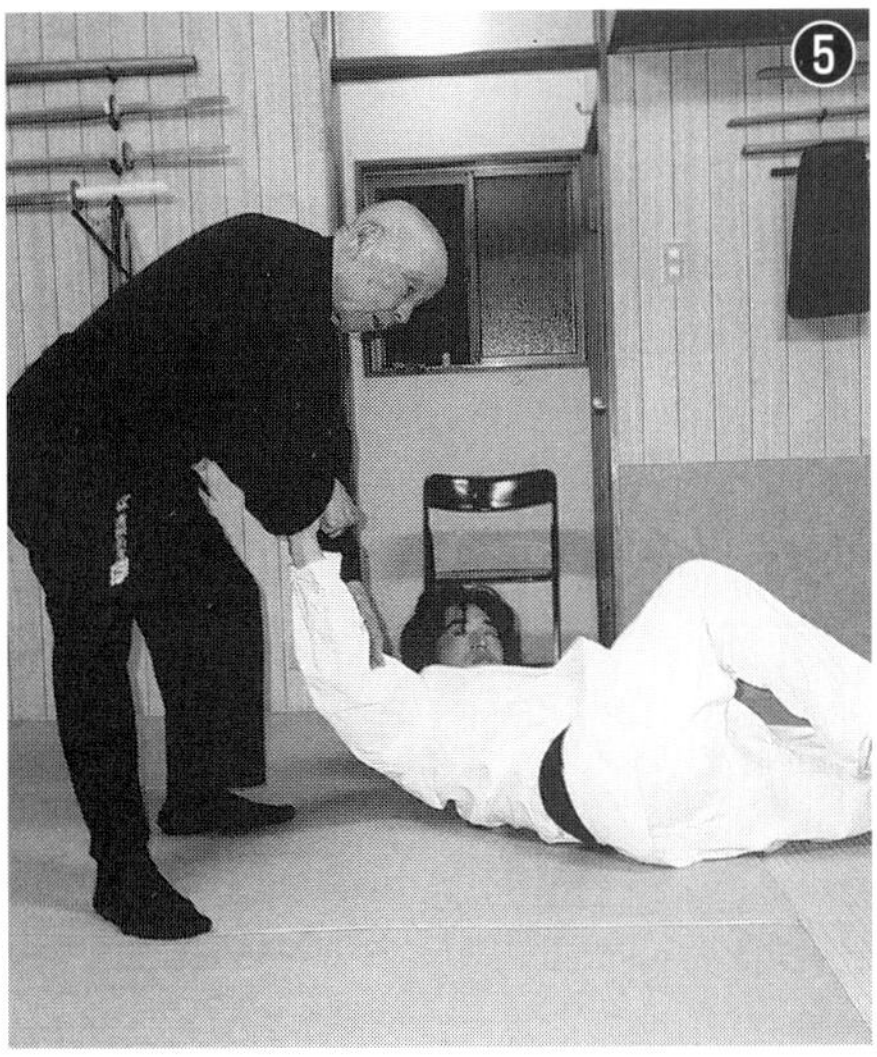

〔受〕右手で捕の胸襟をとる。(❶)
〔捕〕左手で受の右手首をとり、(❷)体を右に向けて、受の右手親指を出す。(❸)正面を向いていれば、受の親指は胸衣の中に隠れている。右手で受の親指を握り前に折り曲げ、(❹)極めながら左手で受の右肘を上から押えて倒す。(❺)

9 胸襟とり親指とり ②

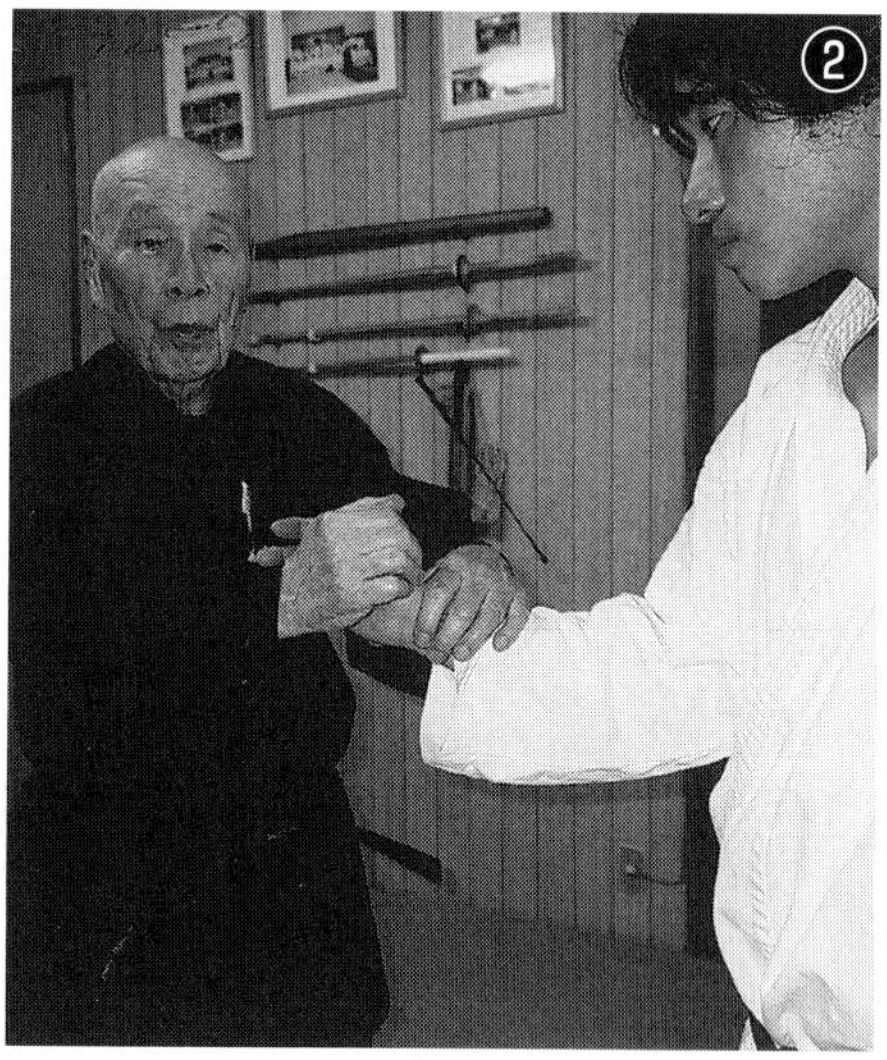

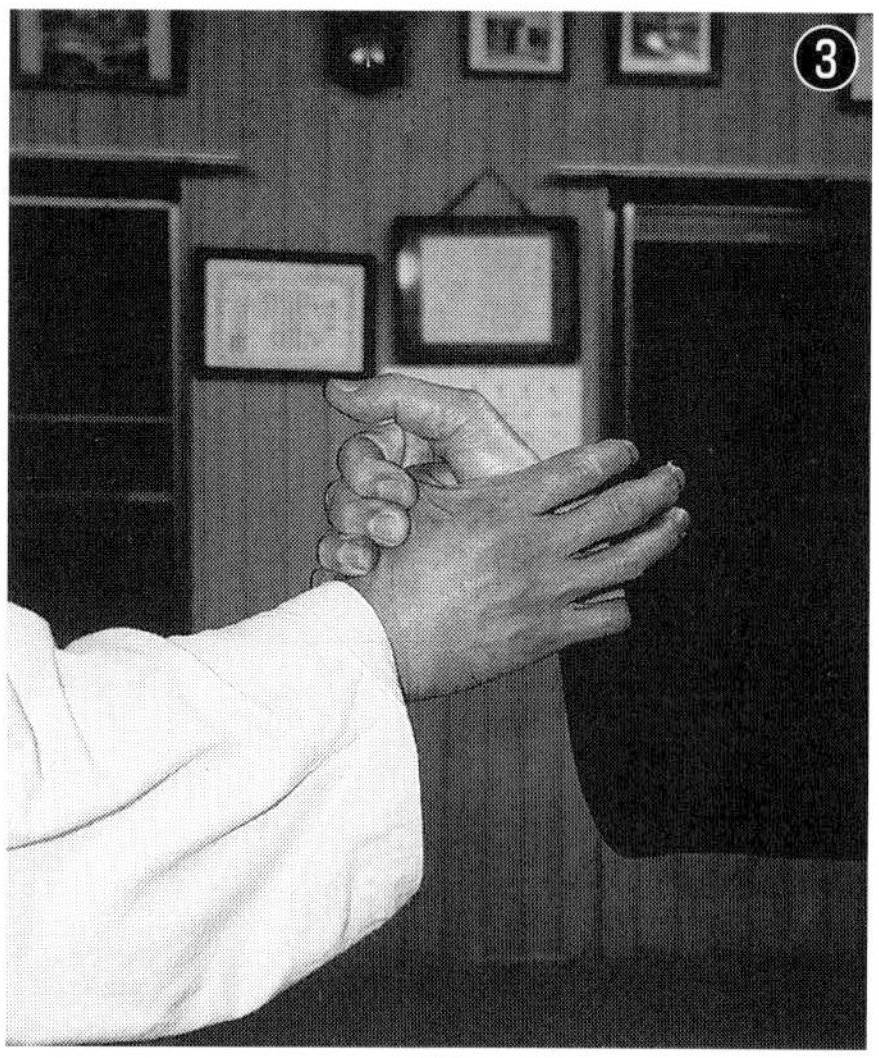

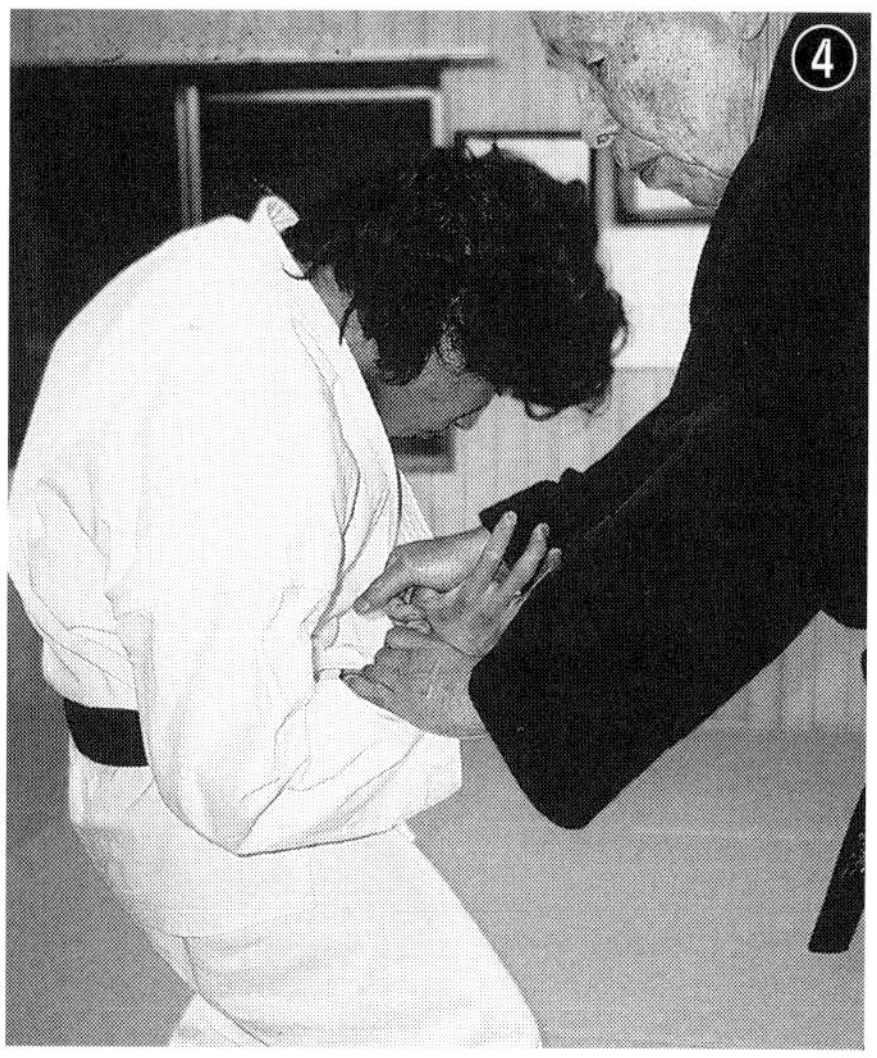

〔受〕右手で受の胸襟をとる。

〔捕〕左手で受の右手首をとり、(❶)体を右に向ける。右手で受の右手親指をコの字に折り握る。(❷)受の親指の第一関節を曲げて、右手拇指丘を受の親指の爪に当て、他の四指で受の右親指の付根の下の手甲部分に当て強く握り極める。(❸)左手で受の右手首を握り手前に引き、右手で受の親指をコの字に握ったまま前下に押し倒す。(❹)

10 握手倒し

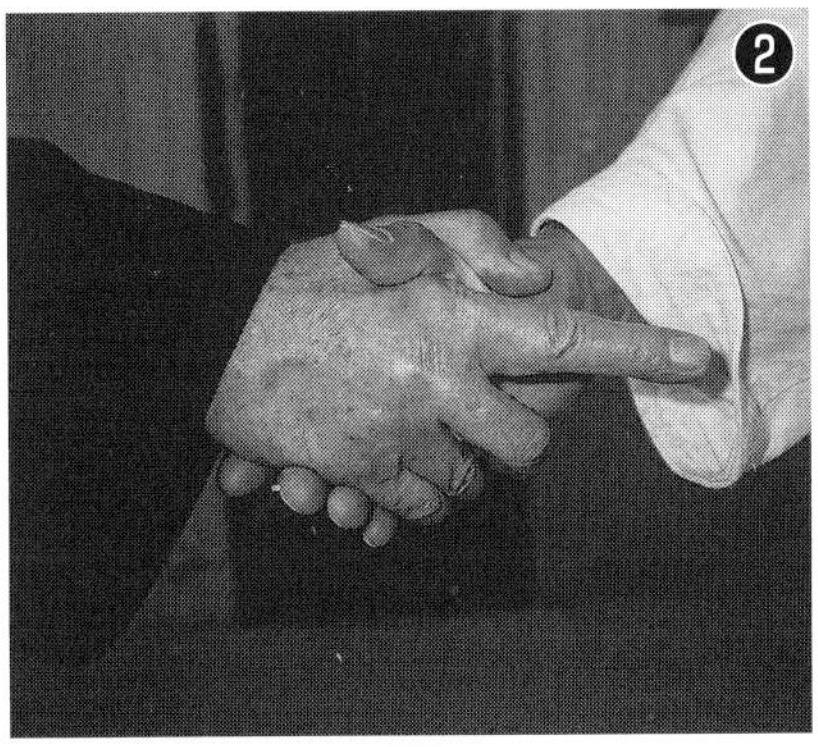

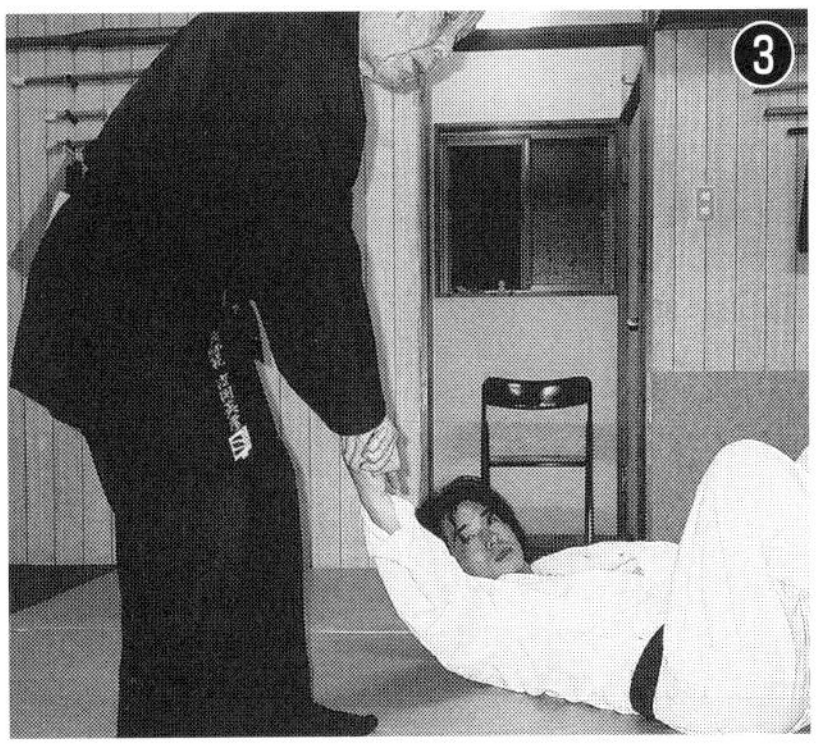

〔受〕右手で捕と握手する。(❶)
〔捕〕親指と人差指を延ばして、(❷)受の親指の付根を挟む。受の親指を強く左に折り倒す。(❸)握手したからといって、油断はならない。友好的に握手して左手で撲ってくるかも知れない。

11 握手より鎌手極め

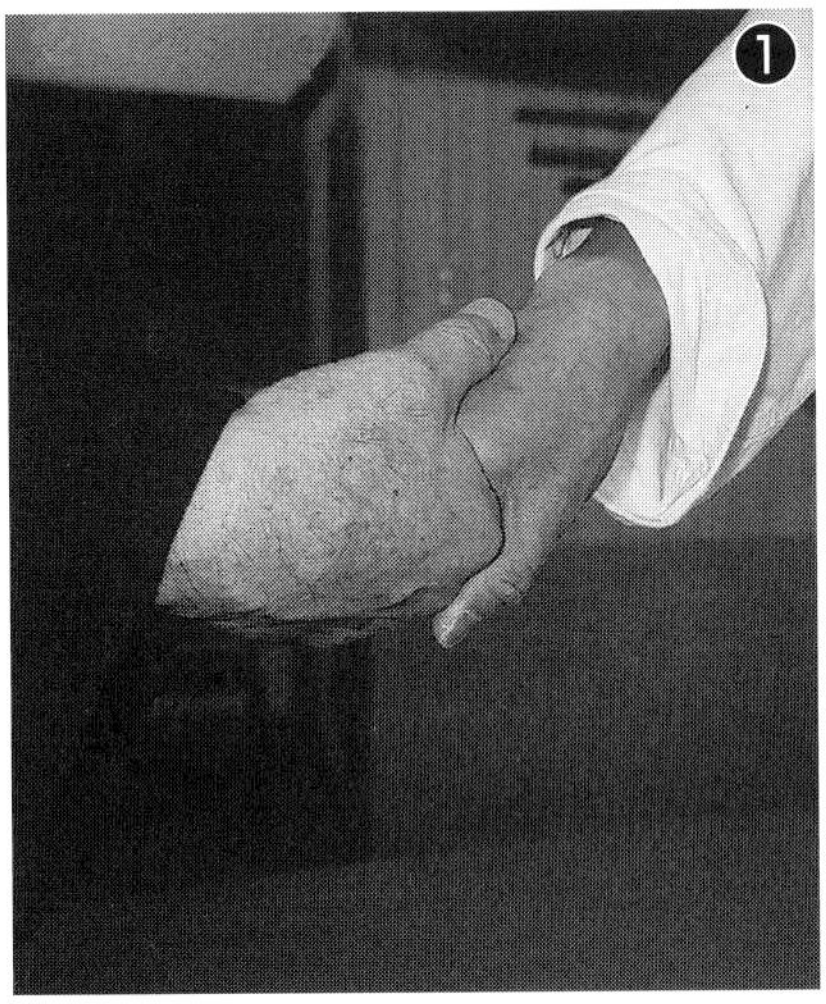

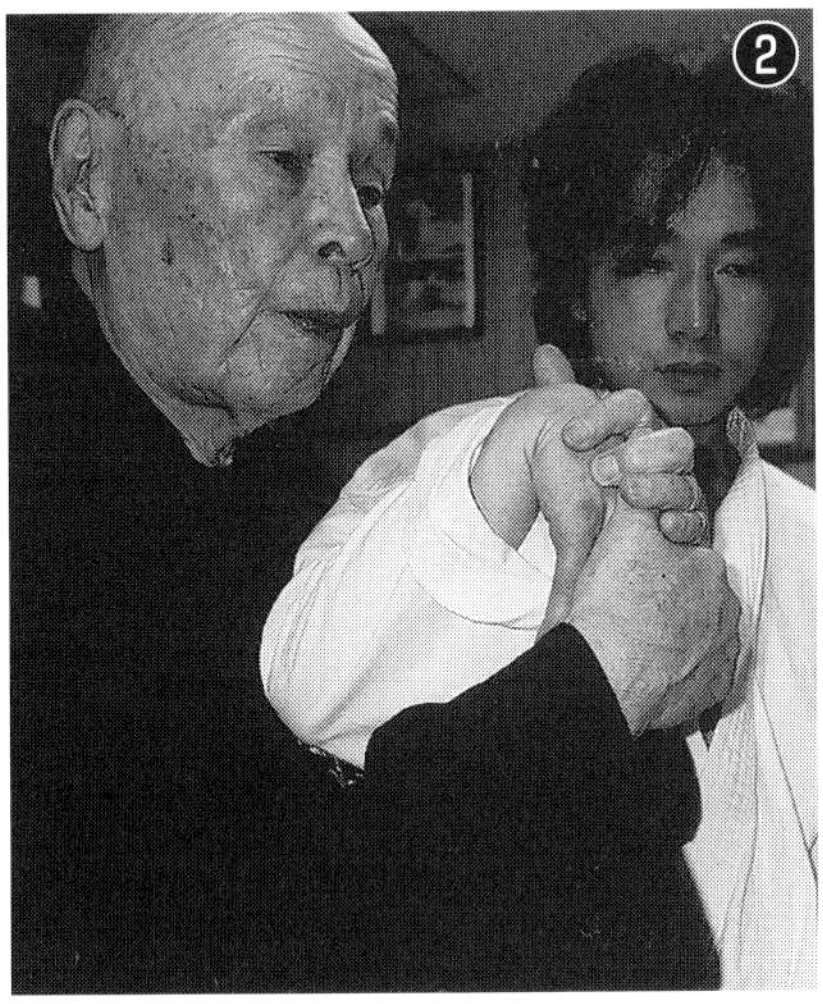

〔受〕右手で捕と握手する。(❶)
〔捕〕握手したまま、受の右手を手甲を上に向けて上げて、体を受の右側に移動して、両手で鎌手極めをする。(❷)

⑫ 両手親指とり極め

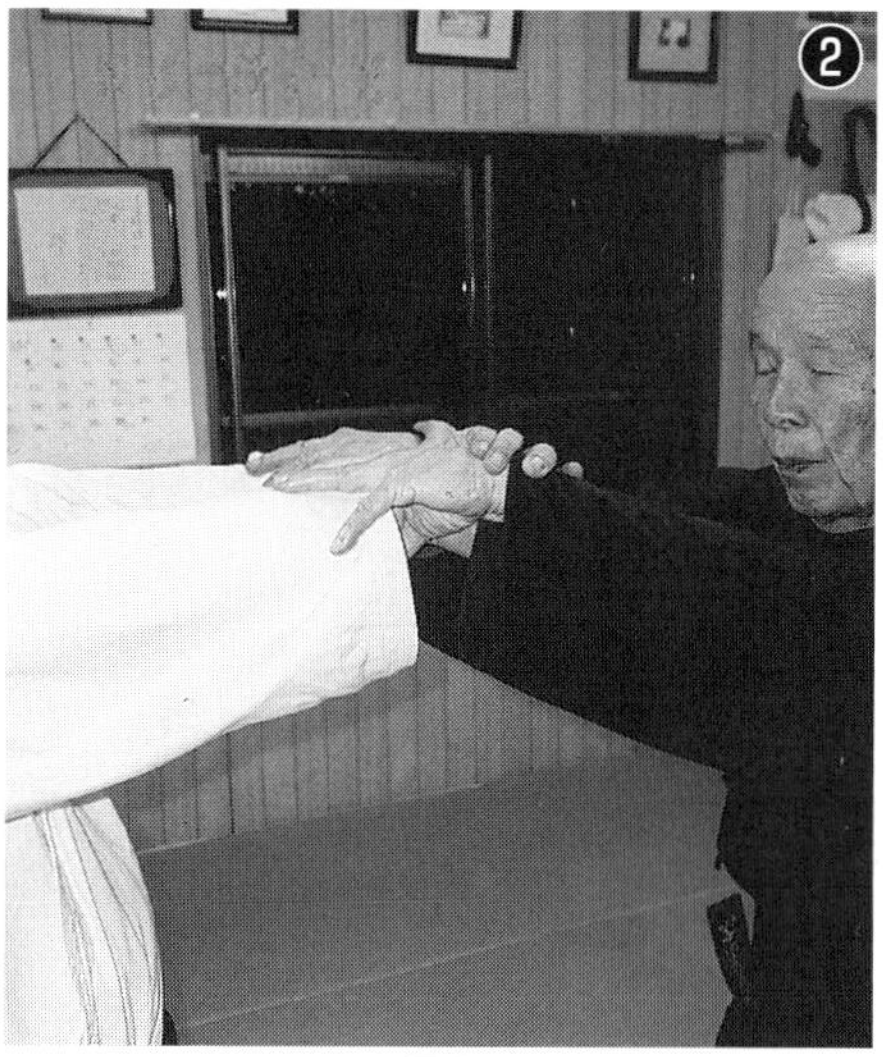

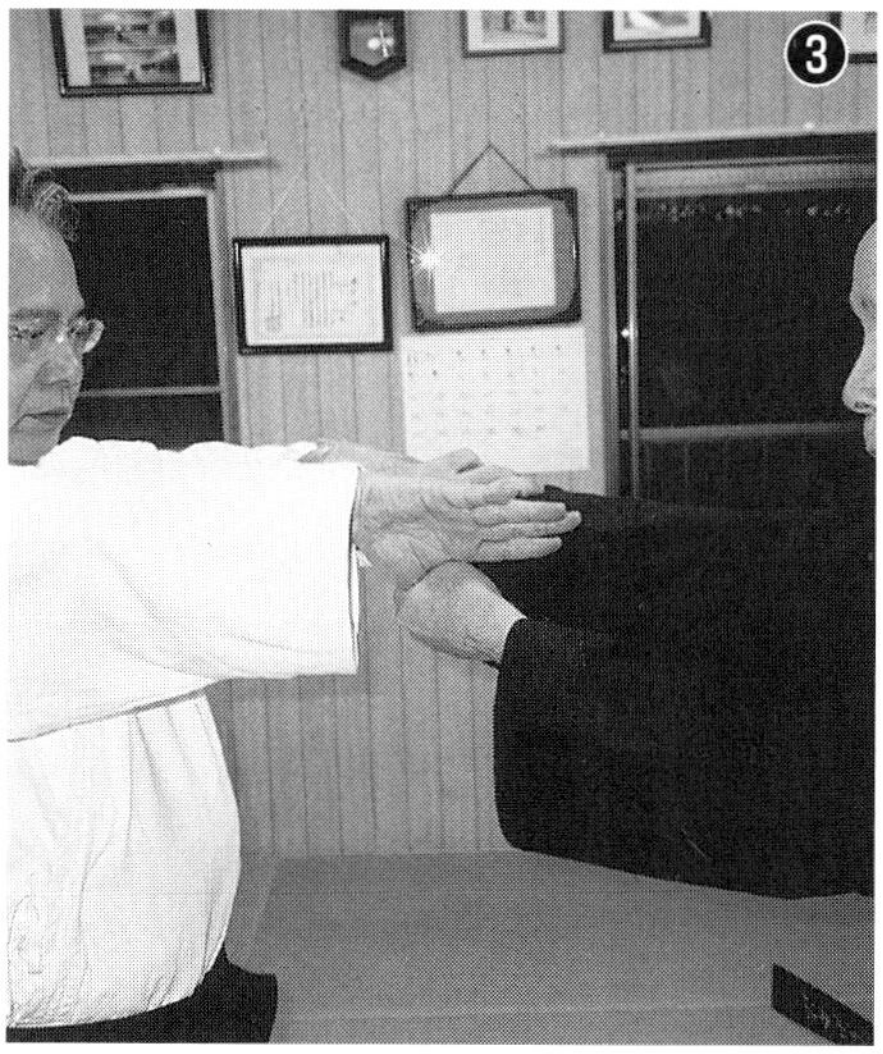

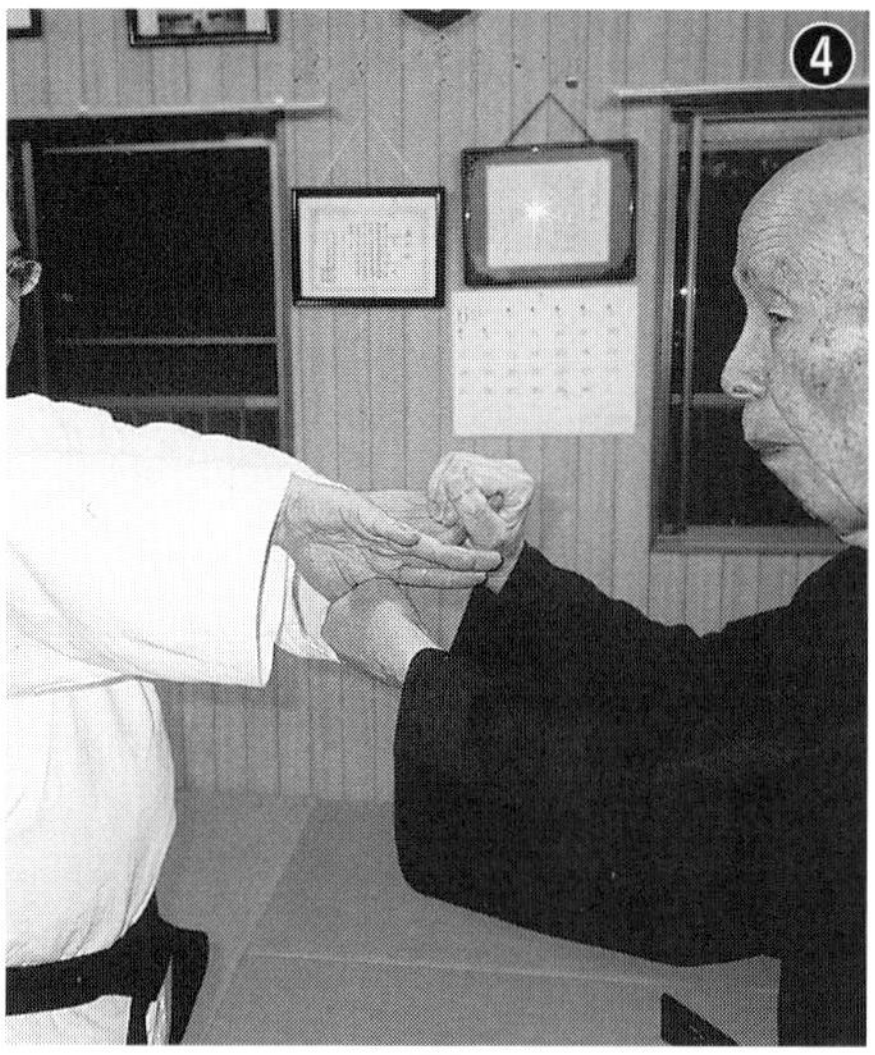

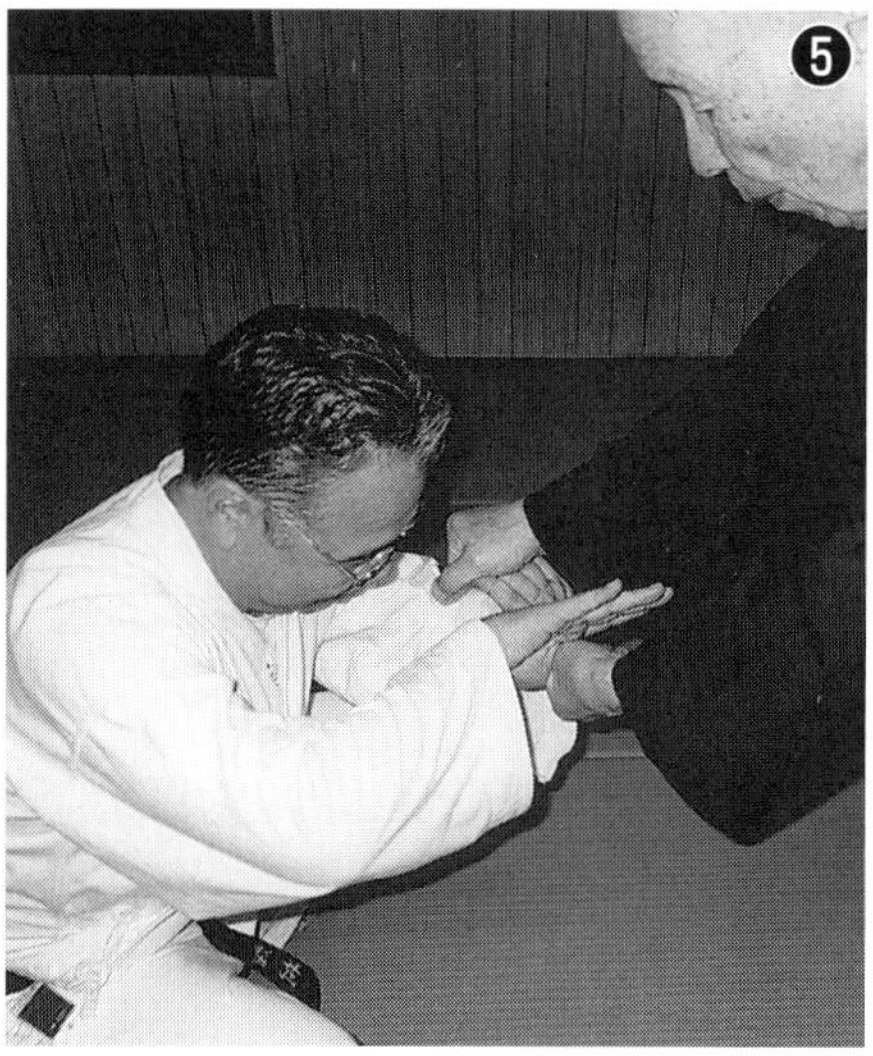

〔受〕両手で捕の両手をそれぞれとる。(❶)

〔捕〕両手首を外より内に廻して、受の両手首をとり受の両手甲を合せる。(❷) 捕の両手甲も合わさる。左手で素早く受の両親指を握る。(❸) 右手で受の左手四指を手甲側より握り、手甲側に曲げて(❹) 極める。受の両手指が開いていれば、受の両中指と両人差指を握り、手甲側に曲げ、左手で握った受の両親指を下左に引き、右手を上右に引き受の両手指を裂いて極めてもよい。受の両親指を下から握る前に、右手で受の両手首を握って、左手で受の両親指を握ろうとすると、右手で受の両手首を握ることは、受が両手を下に引くと容易に外れるからしない方がよい。片手で相手の両手を握ることは簡単に外される。

⑬ 両手指折り極め

〔受〕両手で捕の両手をそれぞれとる。(❶)

〔捕〕両手を外より内に手首を廻して、受の両手甲を合せ打ち痛める。(❷・❸・❹)両手を少しずらして受の親指を除く四指を握る。(❺)両親指は受の手甲側にある。両手を大きく左右に上に上げ、四指を手甲側に下に折り極める。(❻)右足金蹴り。(❼)

⑭ 指折り倒し

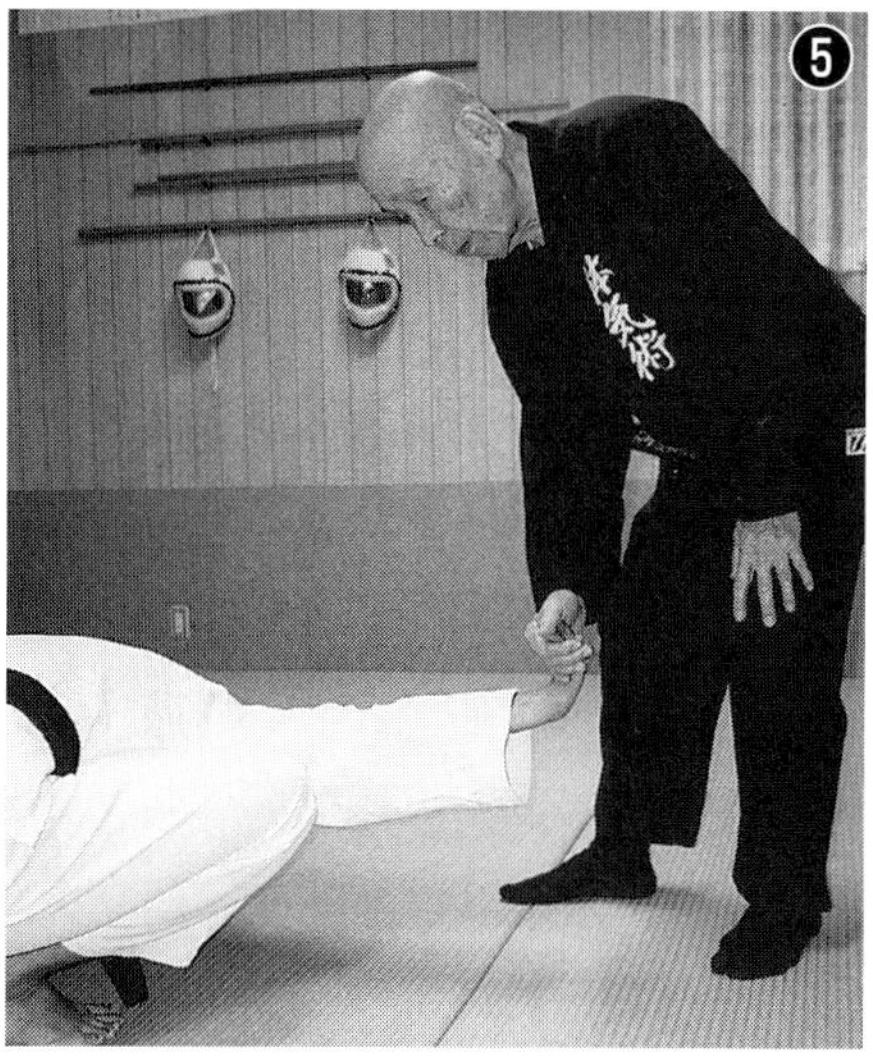

〔受〕右手で捕の左手をとる。(❶)
〔捕〕右手で受の右手甲を上から握り(❷)右に捻り、左手を受の右手より外す。(❸)右手で受の右手四指を(親指を除く)握り斜め左下に引き受の四指を折り倒す。(❹・❺)

15 指とり脇潜り倒し

〔受〕右手で捕の左手をとる。(❶)
〔捕〕左手を外より内に時計廻りに廻して、左手を外しながら受の右手指をとる。(❷・❸)親指は受の右手掌側に他の四指は受の右手甲側にして受の四指を握る。(❸)左手で受の四指を握り上に上げ受の右手下を潜り反時計廻りに後を向く。(❹)受の右手指を手甲側に曲げ下に押し落す。(❺)

①指折り外し

〔受〕右手上段打ち。(❶)
〔捕〕両手で受の右手を受け、(❶)親指を受の右手掌側にして、他の四指を受の右手甲側におき、受の右手指を握り(❷)右に捻り上に上げて受の四指を折り曲げ極めんとする。
〔受〕体気を入れて右手首を右に廻し、右手指先に力を入れて四指を曲げて、右手首の捻れを元に戻しながら下に右手を落し外す。(❸・❹)

② 指折り吊し上げの返し（入身投げ）

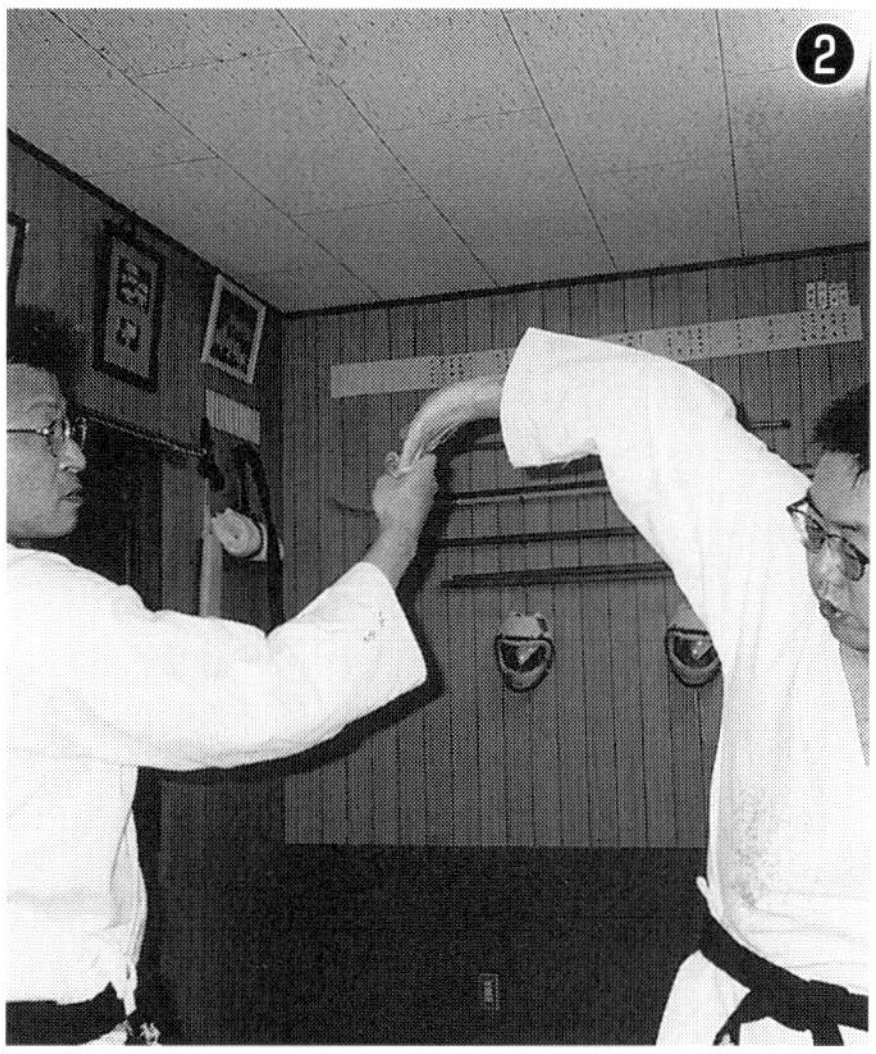

〔受〕右手上段打ち。（❶）

〔捕〕体を右に少し開き両手で受の右手上段打ちを受けて、（❶）右手で受の右手指を上から掴み時計廻りに右に捻り、受の右掌を上に向け親指以外の四指を手甲側に折り押し巻き上げんとする。（❷）受の四指の第一関節と第二関節を握り曲げること。四指の根元迄を握らぬこと。

〔受〕体気を入れ指先を手前に握るように巻き戻し、右手首を手前に折ると指曲げ上げは極まらない。右肩右肘に力を入れ肘を曲げる事。そのまま右肘を下に落すように指を下に引けば右手は外れる。（❸）又そのまま受の左横に体を移し、右手を反時計廻りに廻し元に戻し、右手を延して受の胸喉に当てて（❹）入身投げをして受を倒す。（❺）

3 指折り外し顔面打ち

上段打ちを相手が両手で受け右手で自分の右手指を折り曲げ上げ（❶）極められんとする。（❷・❸）体気を入れ前述のようにして指折り上げ極めを防止して、体を相手の左横に移動して、体を左に反転して右手を外し（❹）右手で相手の顔面打ち。（❺）

1 鎖骨凹み突き極め倒し（親指の場合）

〔受〕右手上段打ち。（❶）
〔捕〕左手で受の上段打ちを受けて、（❶）右手で受の左襟を親指を除く四指で掴み、（❷）右手親指を立てて受の鎖骨の凹みを上から下に突き痛め倒す。（❷）

2 鎖骨凹み突き極め倒し（人差指の場合）

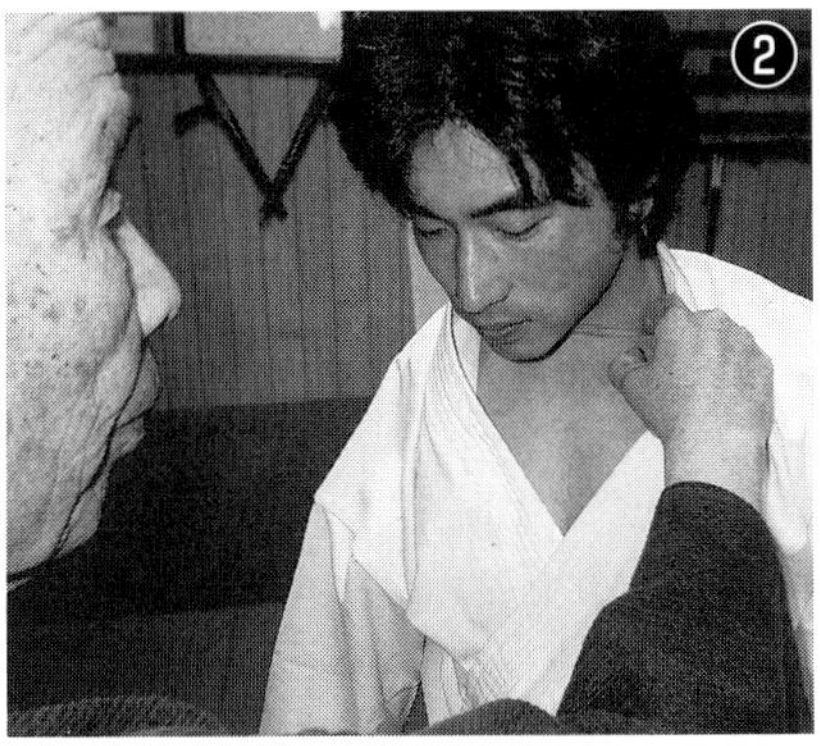

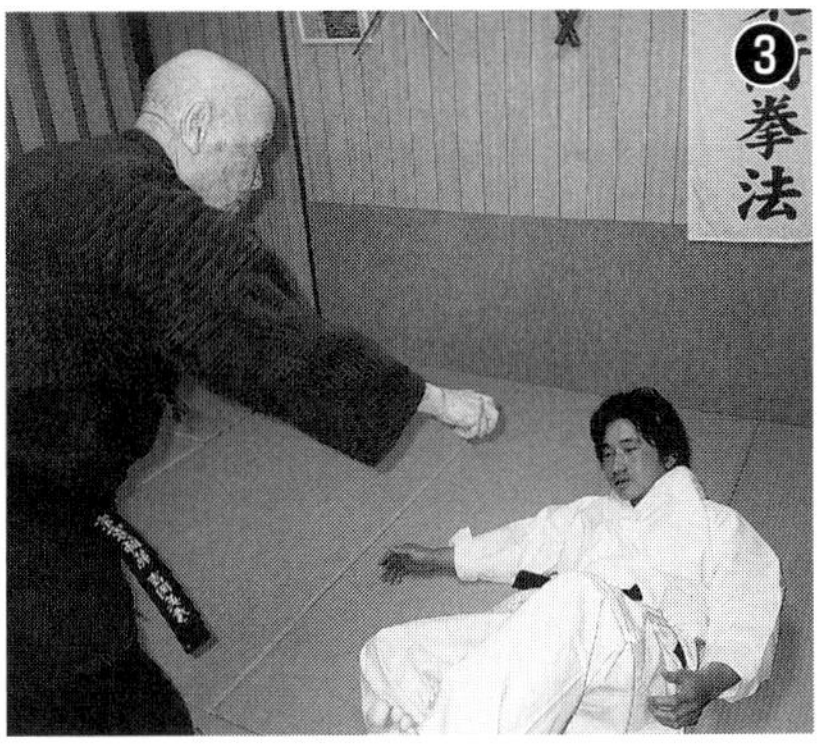

相手の胸襟を中指と薬指と小指と掌で掴む。（❶）親指と人差指は自由にする。右手親指と人差指で相手の鎖骨を上から掴む。両指で相手の鎖骨を掴んだまま人差指を鎖骨裏に押し込み相手を倒す。（❷）親指と人差指は相手の鎖骨を掴んだまま、相手側に押し回転するようにして人差指を鎖骨の裏側に捻り入れてきめ倒す。（❸）

3 羽交締め（鎖骨凹み極め）

後より羽交絞にする場合、相手の鎖骨の凹みに両手の四指を（親指を除く）入れ立てて突き込み痛める。（❶）

4 鎖骨凹み肘突き倒し

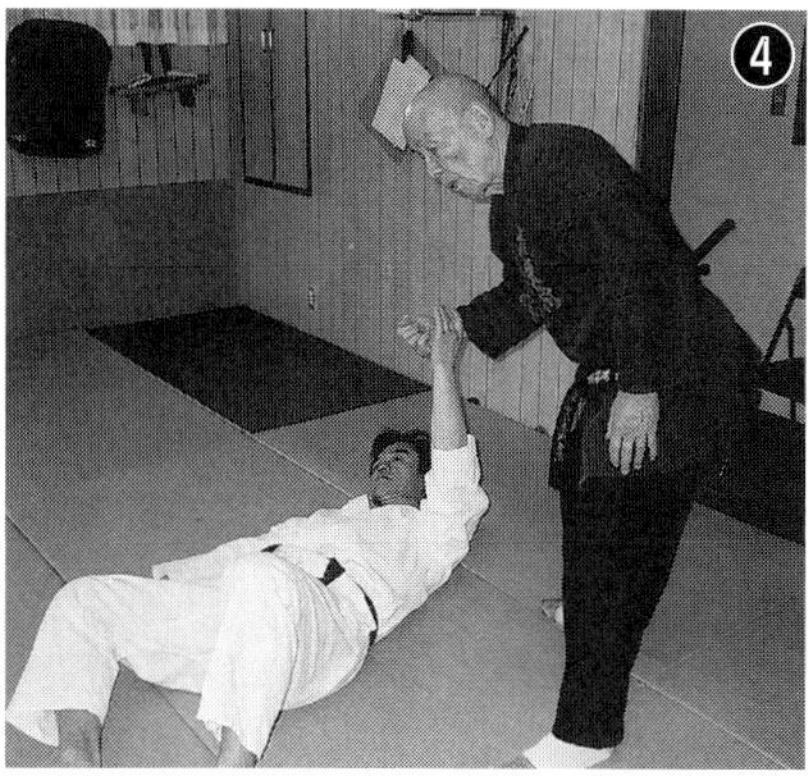

〔受〕右手中段突き。（❶）

〔捕〕体を右に開き左手で受の右手を右に払い（❶）両手で受の右手首をとり、左肩に受の右腕を担ぎ、右肘を極めんとする。（❷）

〔受〕体気を入れて右肘を少し、くの字に曲げれば（❸）肘は極まらない。そのまま右肘を捕の鎖骨の凹みに押し込み下に落し倒す。（❹）

5 鎖骨落し

〔受〕右手中段突き。（❶）
〔捕〕前述のように体を右に開き、受の右手を左手で払い（❶）右手で受の右手首をとる。（❷）左肘で受の右肩鎖骨を打落し倒す。（❸・❹・❺）

6 鎖骨凹み突き車倒し

❶

❷

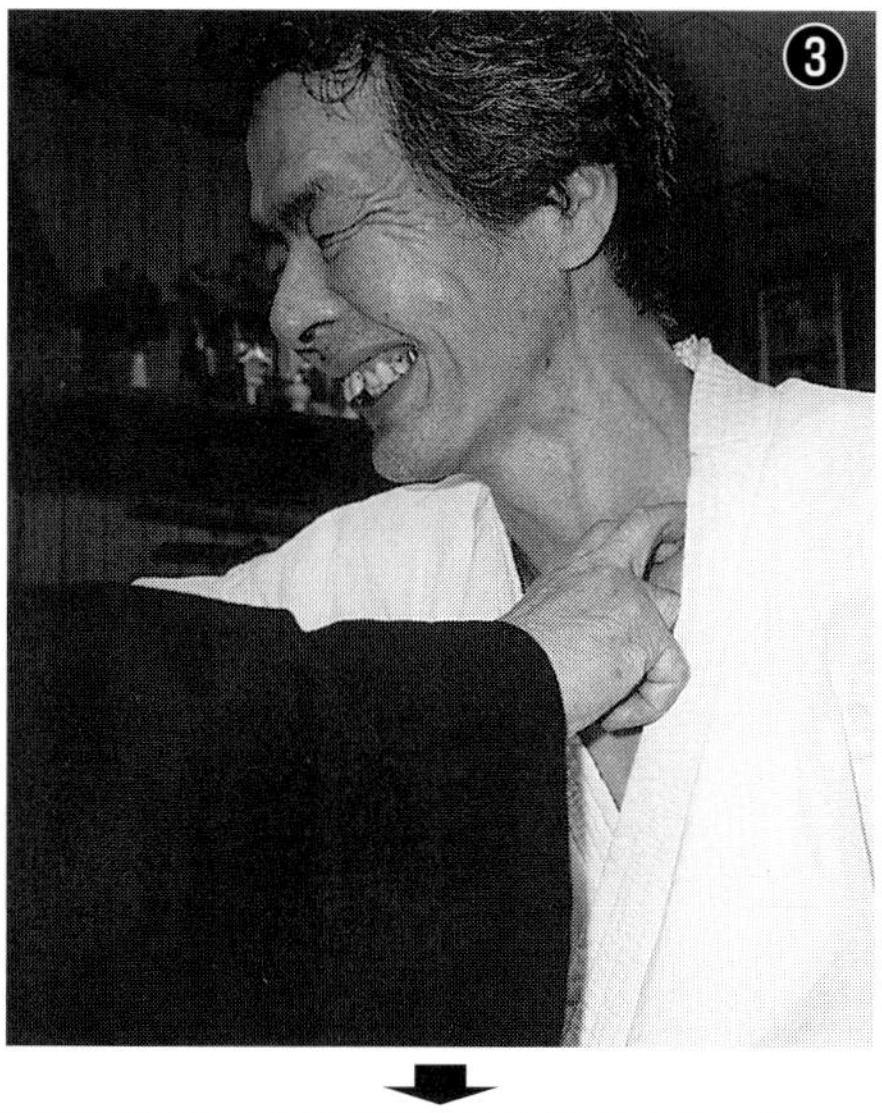
❸

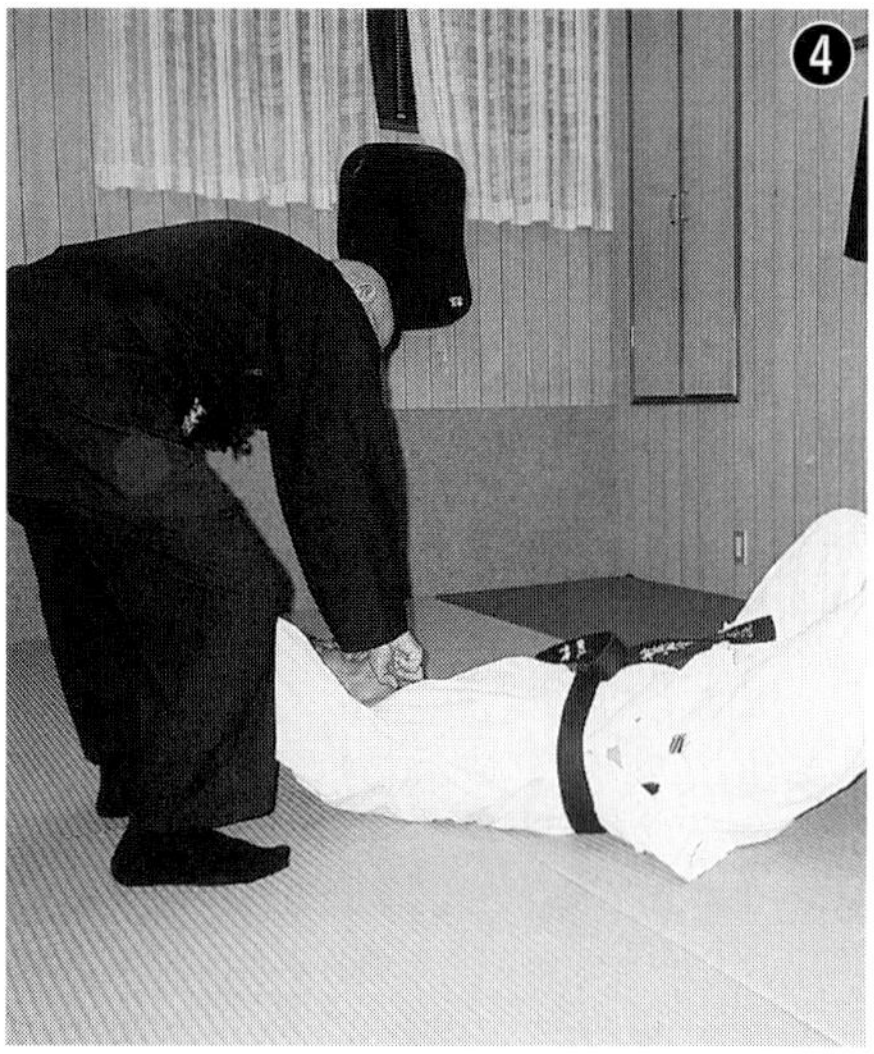
❹

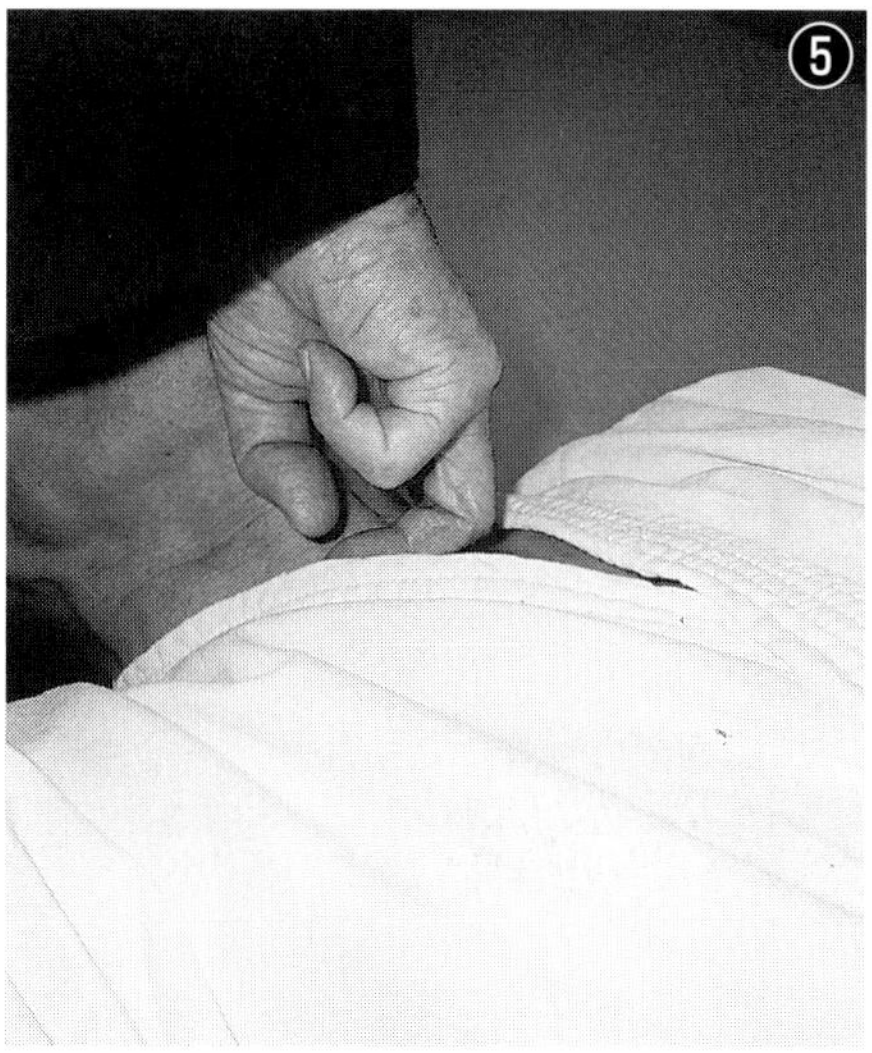
❺

〔受〕右手上段打ち。(❶)

〔捕〕左手で受けて、左手で受の右手首を握り左に引く。体を左に向ける。右手で受の鎖骨の凹みに人差指と中指を突き入れ、(❷)手前に深く引く。体を左に大きく回転して倒す。鎖骨の凹み突きの車投げである。(❸・❹・❺)その他車投げには右手で左耳を打ち掴み車投げをする。頸動脈を親指で突き車投げをする。右手の親指を除く四指で受の頸動脈を突き車投げをする等がある。

7 鎖骨凹みに親指突き倒し

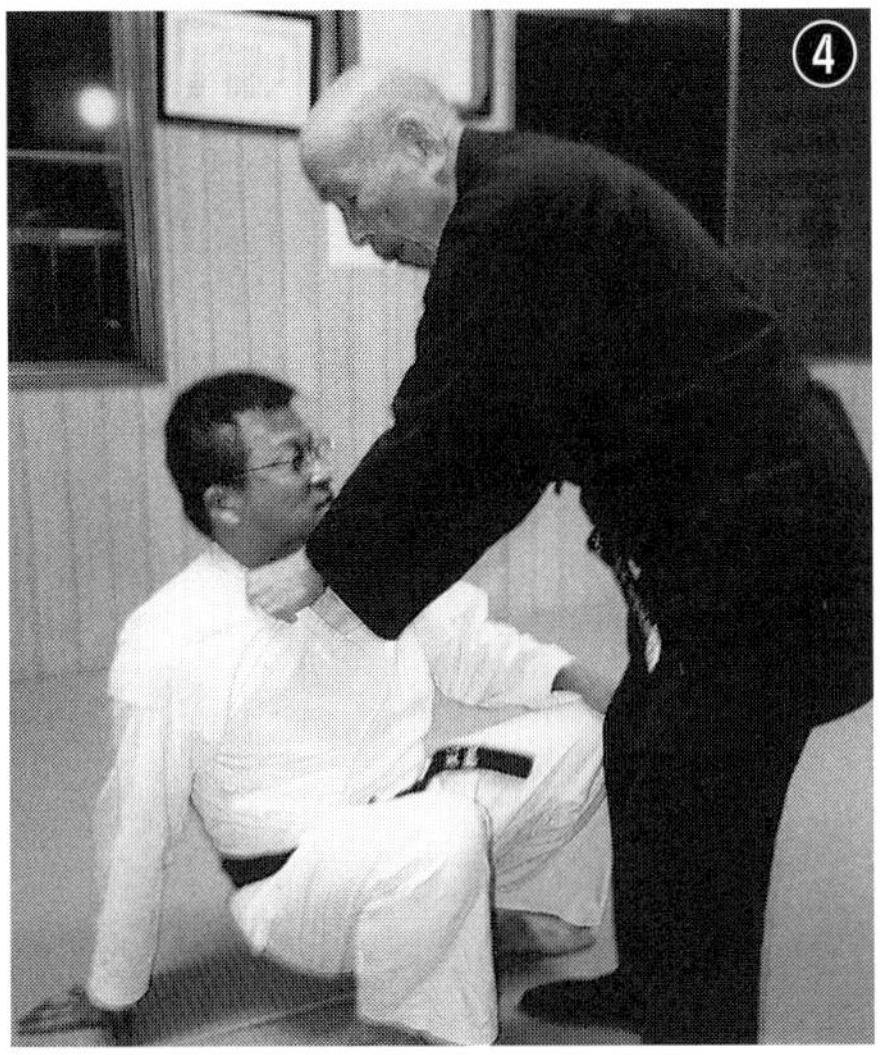

相手の胸襟の上部を両手で握り、（❶）親指を鎖骨の凹みに突き入れ、（❷・❸）下に落し倒す。（❹・❺）両手首を内に捻ると両親指は鎖骨の凹みに入りやすくなる。

1 延子極め倒し

❶

❷

❸

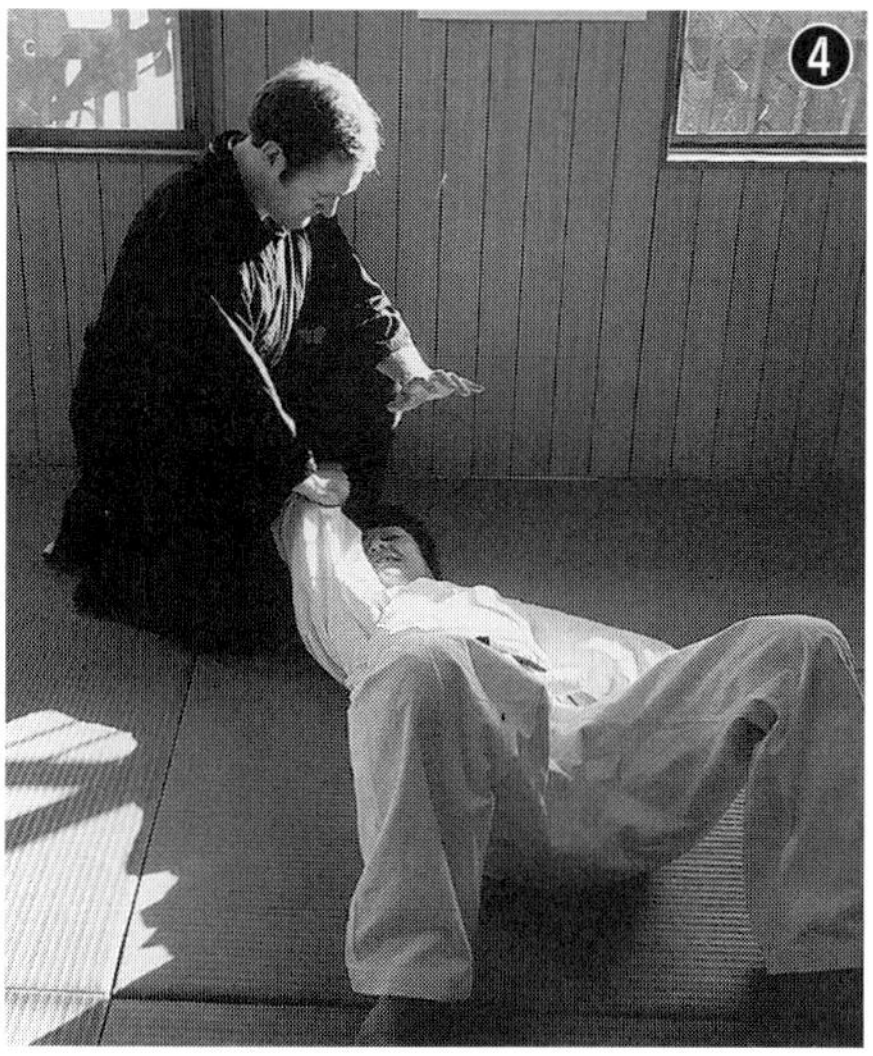

❹

〔捕〕左手で受の右手をとる。(❶)

〔受〕右手を親指と人差指でＹの字にして、下より捕の左手首を握り上に上げ曲げて(❷)捕の左手下より左手を深く入れ捕の左手首をとり、左肘を上げ左手先を下げて下に倒す。(❸・❹)

② 延子極め（倒してから）

〔受〕右手で捕の右手をとる。（❶）

〔捕〕左手で受の右手甲をとり、左に捻り、右手首も左に反転して、両手で左に小手返しをする。（❷・❸）受の右手を引き上げて、受の右肩を上げる。（❸・❹）受の右手をくの字に曲げて、（❺）受の右手上膊の下より右手を入れて、受の右手首をとり、右肘を上げ、右手先を下に下げて、受の右手を延子極めにして極める。体を左に捻ると、受の右手はよく極まると同時に受の後足蹴りを背中で防ぐことが出来る。

3 中段突き延子極め倒し

❶

❷

❸

❹

❺

〔受〕右手中段突き。(❶)

〔捕〕体を右に開き左手で受の右手を右に払い、(❶)左手で受の右手首をとり、(❷)受の右腕を折り上げ、(❸)右手を受の右上膊の下より、受の右手首にかけて、(❹)延子極めに倒す。(❺)

④ 逆延子極め

〔受〕右手上段打ち。(❶)
〔捕〕右手で受の右手上段打ちを受けて(❷)右に廻し落し受の右手を握り、胸の高さに上げる。左手刀を受の右手下膊の下より入れて受の右手上膊におき(❸)下に押える。左手上膊は上に上げる。受の右手を握っている右手を下に下げる。(❹)逆延子極めとなり受は後に倒れる。(❺)

5 片手延子極め倒しを抵抗された場合

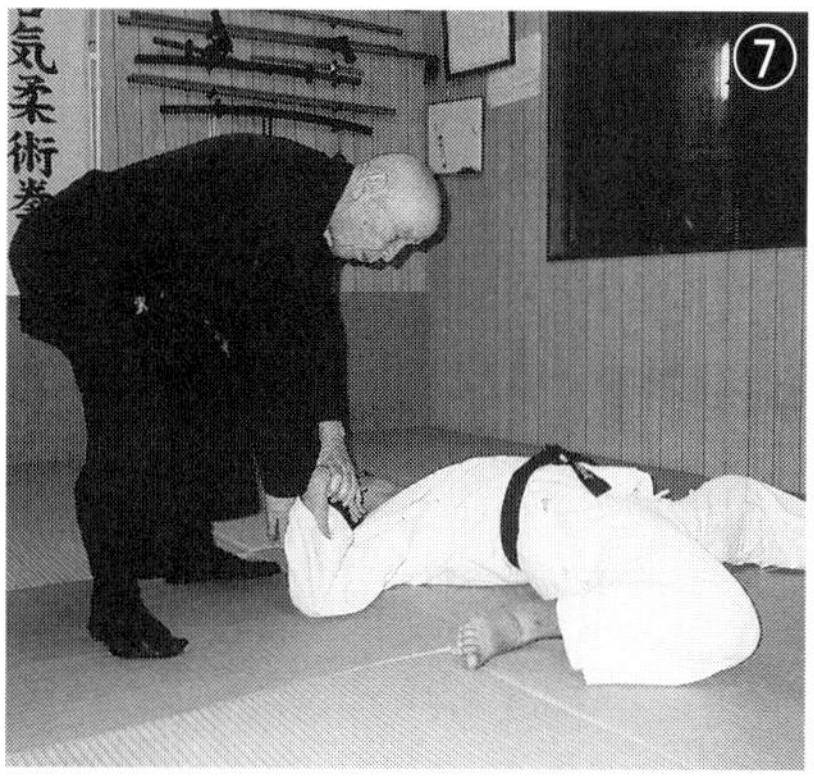

〔受〕右手上段打ち。（❶）

〔捕〕左手で受の右手を受け（❶）左手で受の右手首を握り、受の右手を曲げる。（❷）右手を受の右上膊の下より入れて、受の右手首の上にかけて、延子に極めて後に倒さんとする。（❸）

〔受〕右足を後ろに引き、体を前に傾けて抵抗する。（❹）

〔捕〕体を右に廻して後を向き、受の右手を延子にかけた右手で受の右肘を押える。（❹・❺）左手で受の右手甲を握り後下に押し、右手で受の右肘を下に押え、受を後に倒す。（❻・❼）

6 綾手片手とり延子極め倒し

〔受〕右手で捕の右手をとる。(❶)
〔捕〕右手で五指を矢筈にして、下より受の右手首を掴む。(❷)右手で受の右手を折り上げる。(❸)左手を受の右上膊上より受の右手首にかけ握り、(❹)右手で受の右肘をとり(❺)両手で後に倒す。(❻)

7 延子締めの後抱き

後から相手の両腕と共に抱く場合に、普通に腕の力だけで抱くと、(❶)両肘と両肩を上げられて外されてしまう。右手で左手首を握り、(❷)右手を右に強く引き、左手を強く左に引き、両肘で相手を抱き締めると相手は、抜けることが出来ない。両手首を延子の支点に、両肘を延子の力点にして相手を後から抱き締める。(❸)

8 片手で後両手とり倒し

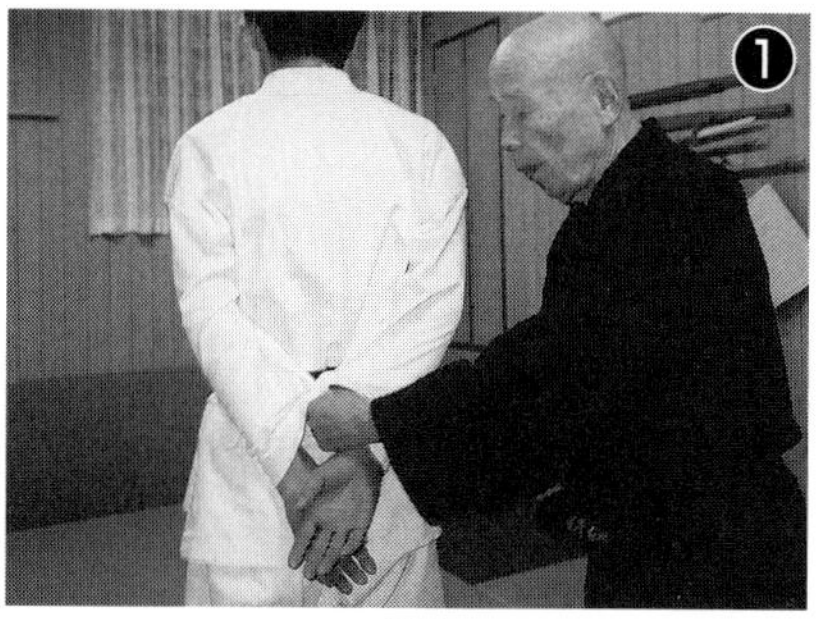

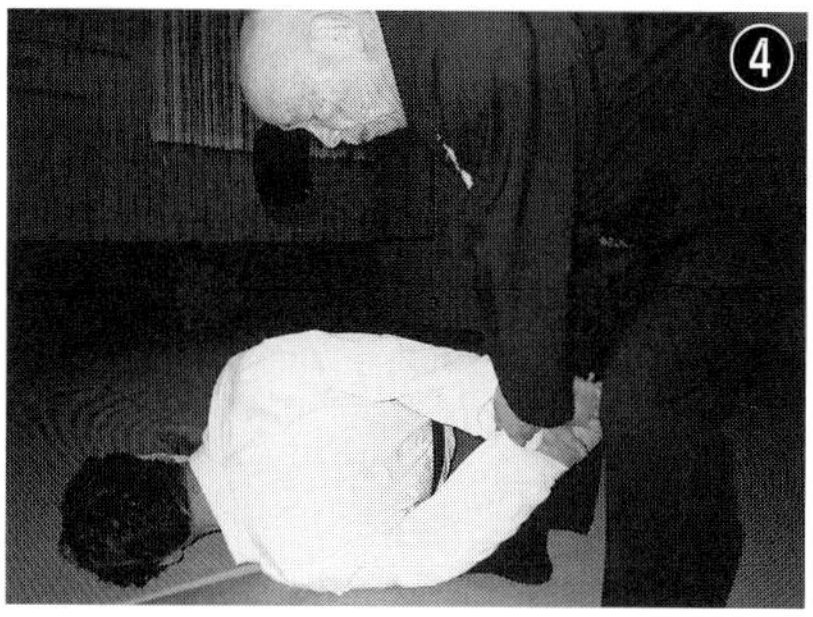

右手で相手の右手を後より掴み、左手で相手の左手袖口を掴み背中に持って来る。左手で相手の左手袖口を掴んだまま、左手親指を相手の右手袖口に入れて握れば、左手だけで相手の両袖口を掴み、相手の両手を固定出来る。(❶)右手で相手の右手下より入れ、相手の左手肘の上に乗せる。(❷)右手先を押し右肘を上げて、延子にして相手を倒す。(❸)相手の両手を両手で、相手の頭のほうに反り上げて極める。(❹)左足で相手の両手を反り上げてもよい。

1 片腕延子極め倒しの返し技 ①

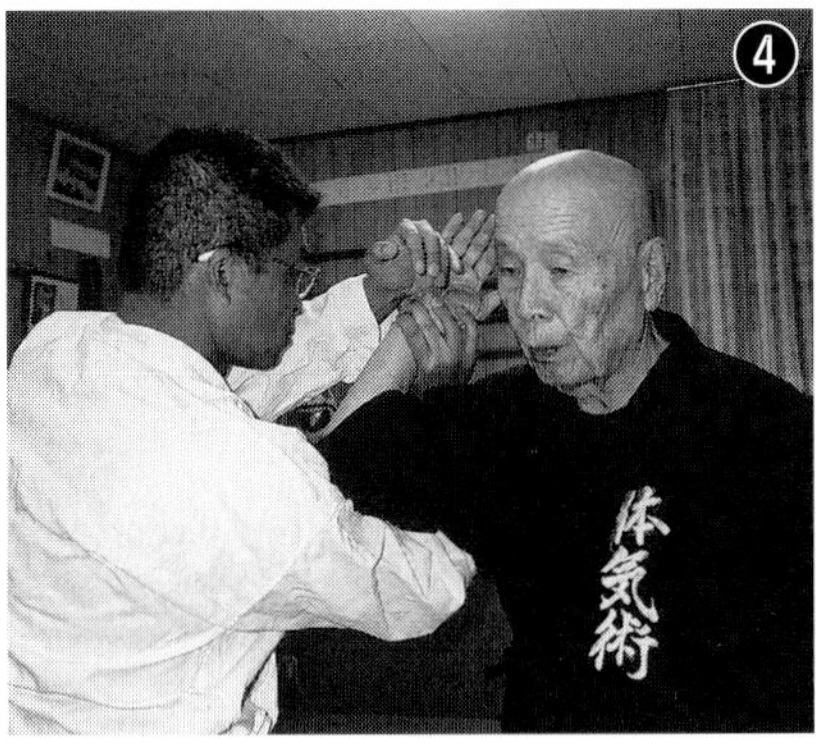

〔受〕右手上段打ち。（❶）

〔捕〕左手で受の右手を受け、（❶）左手で受の右手首を握り、（❷）受の右肘を押し曲げ、（❸）右手を受の上膊の下より入れ受の下膊手首を握り、延子極めをして後に倒さんとする。（❹）

〔受〕右肘を受の右肘より外し脇に確りとつけて、体気を入れると、受の延子極めは極まらない。（❺）逆にそのまま右手で受の右手四指を（親指を除く）とり後に倒す。左手で受の右手甲をとり、両手で受の後下に倒してもよい。（❺・❻）

② 片腕延子極め倒しの返し技 ②

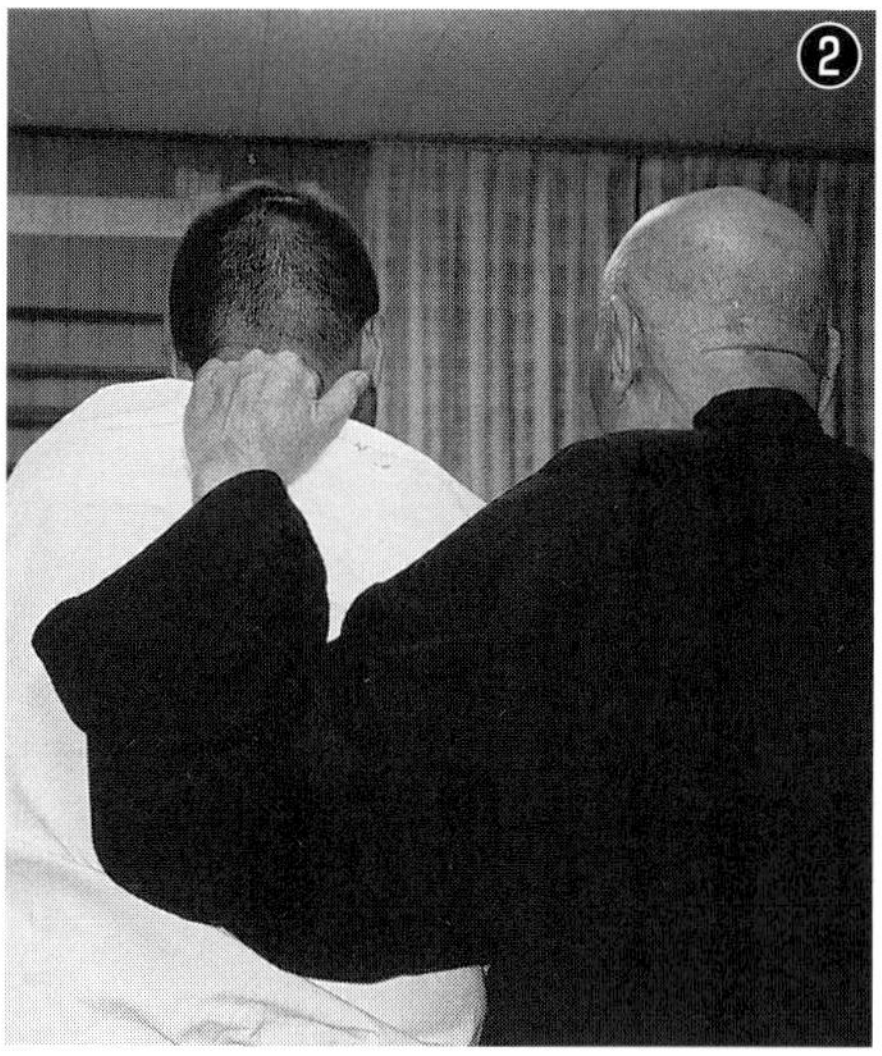

〔受〕右手上段打ち。
〔捕〕前述の片腕延子倒しのように、受の右手を延子極めにして倒さんとする。(❶)
〔受〕前述と同じように受の右肘より、右肘を外して、右脇に確りとつけると、受の延子極めはかからない。右手で受の右手四指を(親指を除く)下から握る。体を右に廻して左手で受の後襟を握り、(❷)真下に落し倒す。後に倒すのではなく真下に落す。(❸)

③ 片腕延子極め倒しの返し技 ③

〔受〕右手上段打ち。(❶)

〔捕〕右手で受の右手を受け、(❶)右手で受の右手首を握り、受の右肘を曲げる。(❷)左手を受の右上膊の上より入れて、自分の右手首を握る。(❸・❹)右肘を上げ、右手先を下げて受けの右手を延子極めにして後に倒さんとする。

〔受〕体気を入れて、体を左に向け肘を張り、右手先を下に向けると捕の延子極めはかからない。(❺)左手で捕の右手甲をとり、(❻)体を左に廻すと、捕の両手は交差して捻られるので痛い。そのまま両手で捕の右手を下に引き、体を左にまわし倒す。(❼)

1 胸とり反転倒し

〔受〕 右手で受の胸襟をとる。(❶)

〔捕〕 体を右に回転して。肩か又は左上膊で、受の右肘を強く打つ。(❷) 左に体を反転して右手で受の右肘を上から打ち落とし倒す。(❸・❹)

② 肘内かけ倒し

〔受〕右手で捕の胸襟をとる。
〔捕〕体を右に回転して左肩か左上膊で、受の右肘を強く左から右に打つ。(❶)左肘を曲げて受の右肘の内側にかけて、(❷)左下に落し倒す。(❸)受が左に廻って逃げる場合は、捕も左に体を廻し肘で受の右肘をかけて下に落す。左足を受の右足にかけて倒してもよい。

③ 中段突き右肘落し

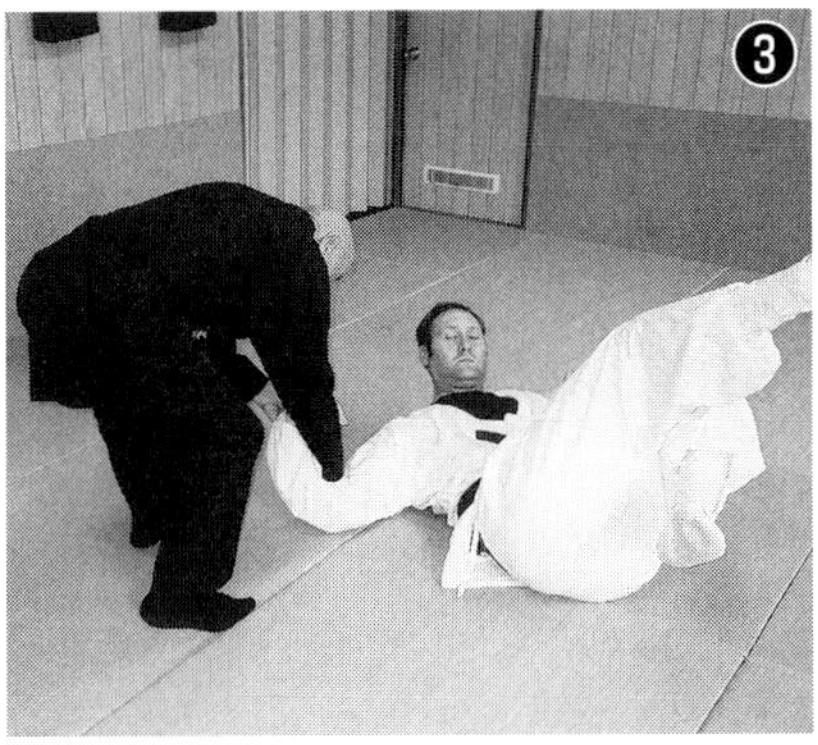

〔受〕右手中段突き。(❶)
〔捕〕体を右に開き、左手で受の右手を右に払い、受の右手首を上から握る。(❶)体を左に反転して、右手で受の右肘を打ち落す。

4 片手とり肘落し

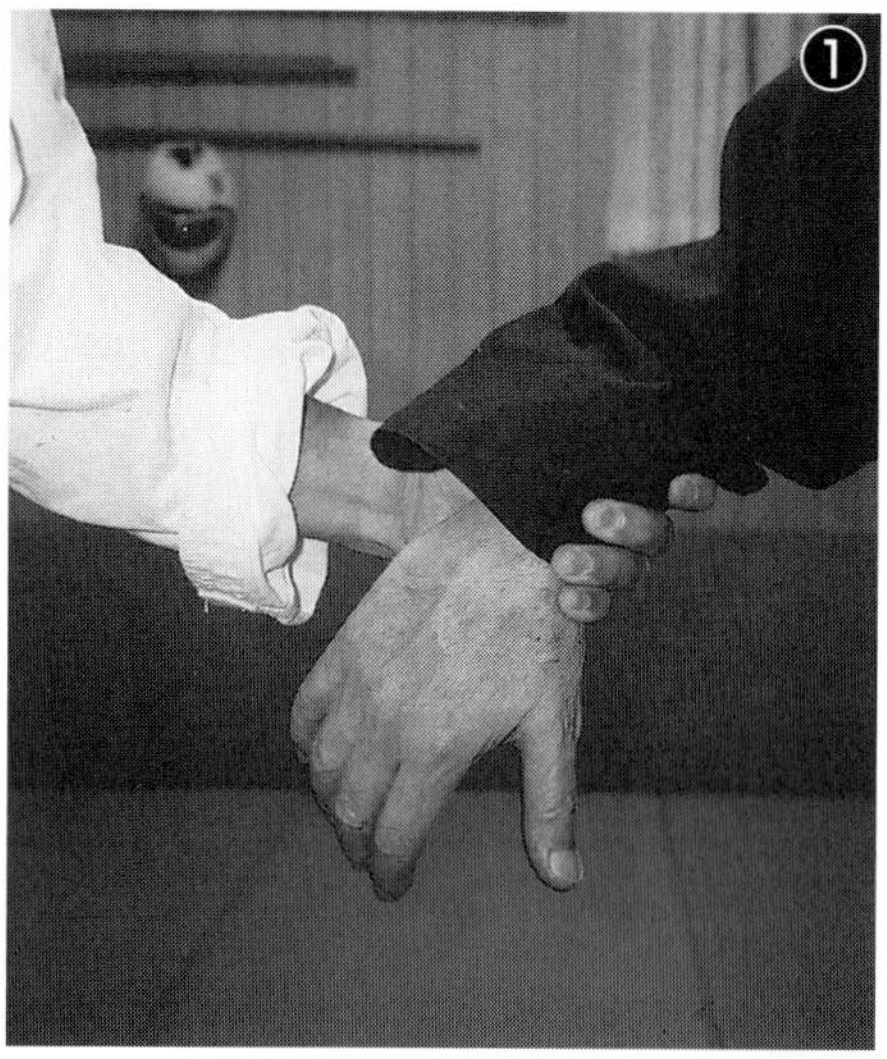

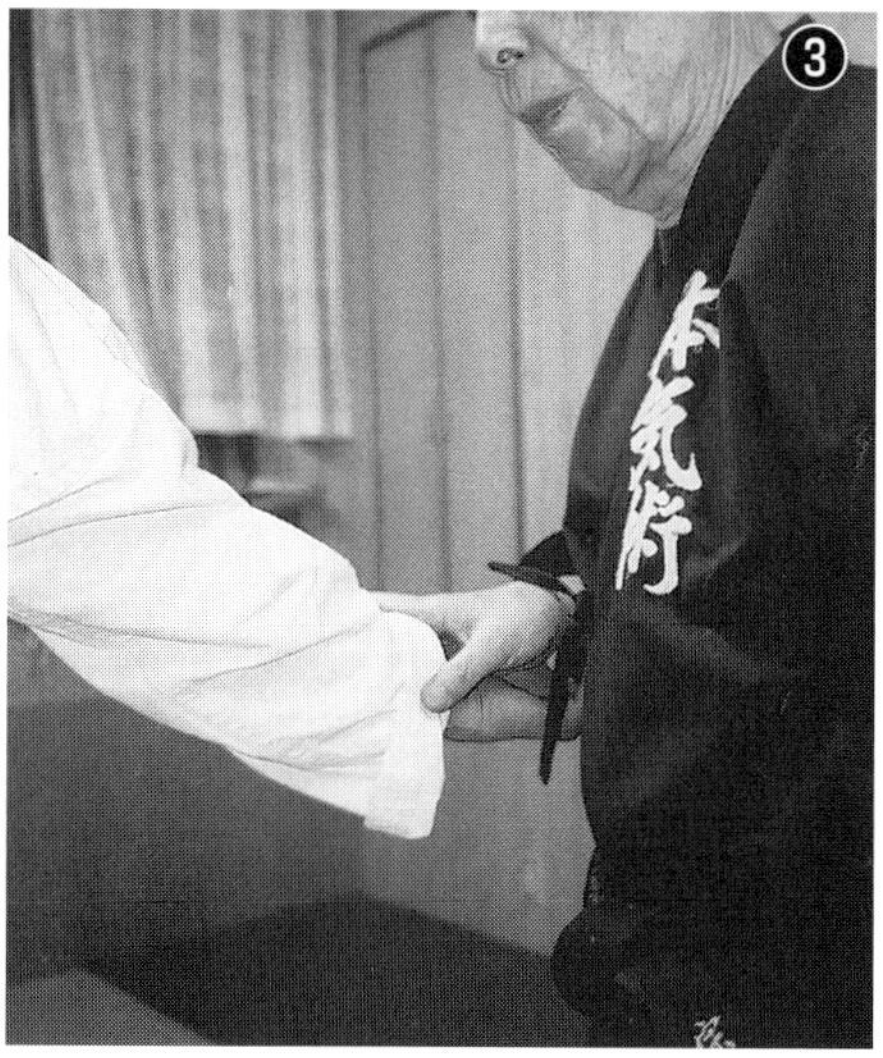

〔受〕左手で捕の右手をとる。(❶)
〔捕〕右手肘を右横腹につけ、右手掌も腹につけて、体気を入れると受は捕の右手を引いても、捕の右手は捕の横腹より外れない。(❷)もし受が強く捕の右手を引っ張れば、それに逆らわずについて行き、体を前に出して、右肘と右掌を右横腹につければよい。右手首を右に反転して受の左手首をとり、(❸)体を右に反転して、左手下膊で受の左肘を肘落しをして倒す。(❹・❺)

5 片手手首極め片手肘落し投げ

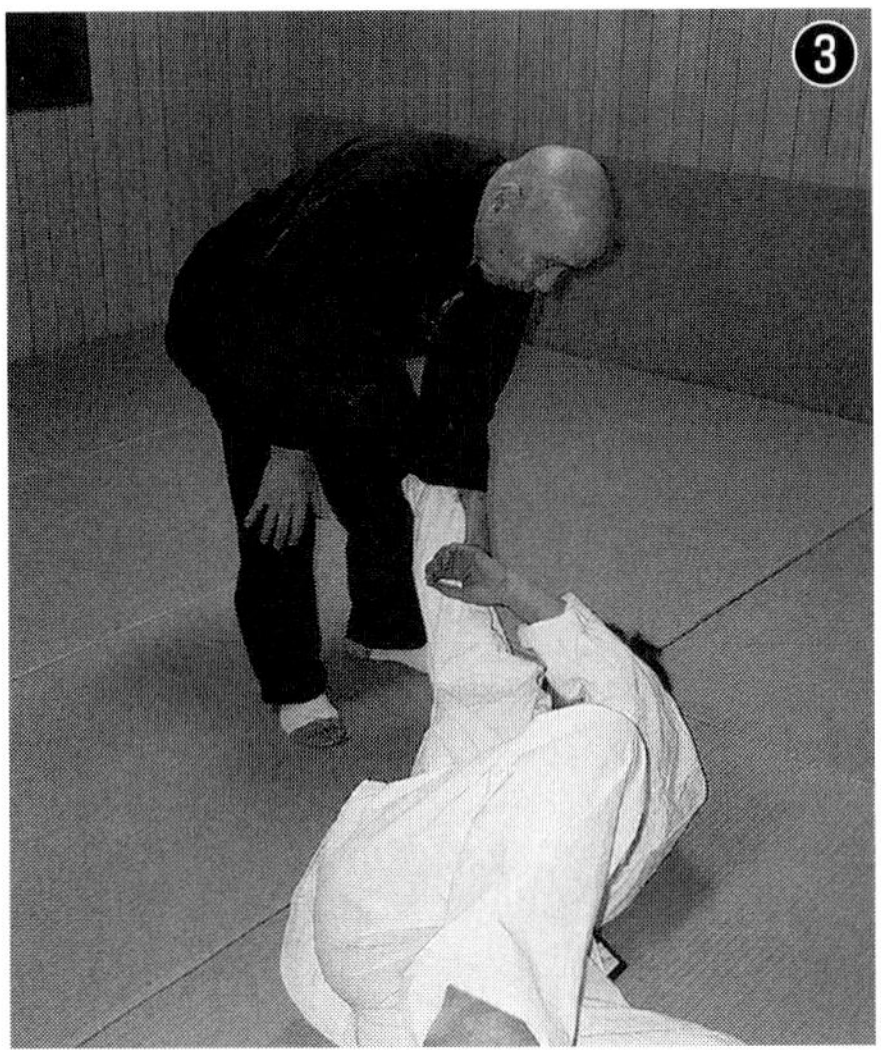

〔受〕両手で捕の両中袖をとる。（❶）

〔捕〕右手で受の左手を前述の片手手首極め投げのように胸に固定する。（❷）左手を受の右肘に乗せ下に押し、体を左に回転して受を投げる。（❸）

6 綾手とり肘落し

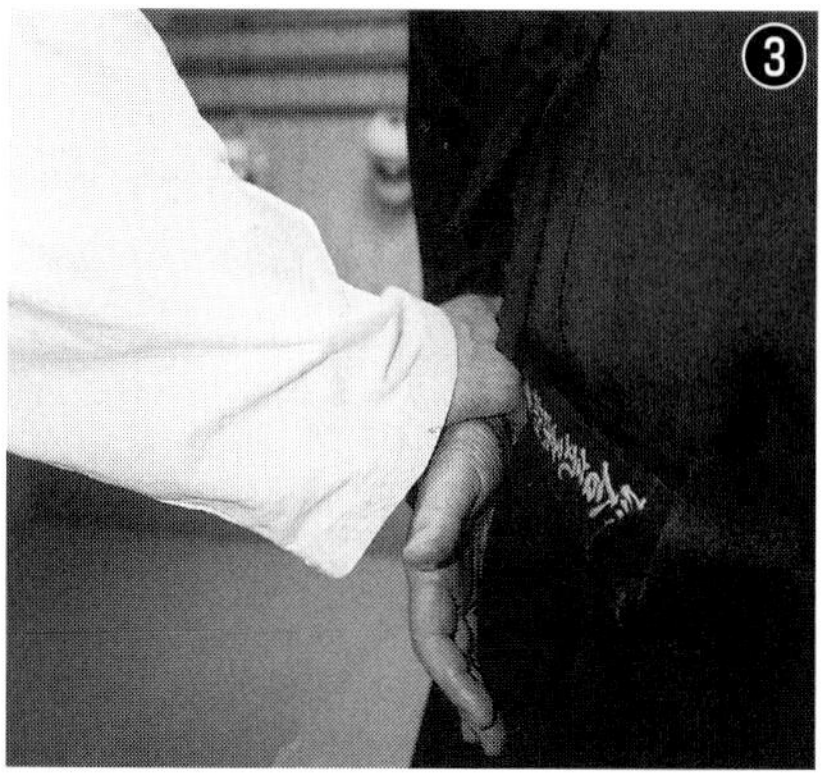

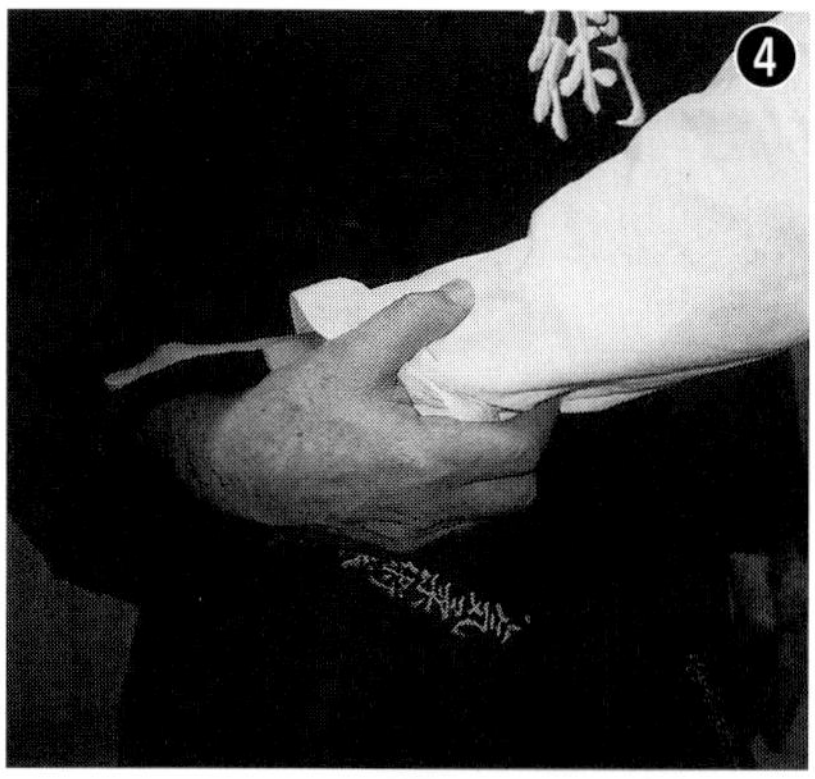

〔受〕右手で捕の右手をとる。（❶）綾手にとる。

〔捕〕右手肘と右手掌を右横腹につける。（❶）受が力を入れて引けば前述のように、体を前に移動して、右手肘と掌を横腹につければよい。（❷・❸）右手で掌を上にして下より、受の右手首を掴み体気を入れる。（❹）受が捕の右手を引いても、受の右手は捕の横腹より外れない。左手下膊を受の右肘に当て（❹）体重をかけて、下左に引き落し気味に肘落しをする。（❺）

7 胸とり肘落し

〔受〕右手で捕の胸襟をとる。

〔捕〕右手で受の右手甲を上から握り、(❶)右に捻り、体を右に大きく向ける。左肘で受の右肘に肘落しをかけて倒す。(❷・❸)

8 腹衣とり歩き倒し

〔受〕左手で捕の右横腹衣をとる。(❶)

〔捕〕右手で受の右手首を握り、(❷)体を右に向けて、右足を前に出し、左腕を受の左肘に乗せ下に押し、(❷)左足を前に出し、右足を前に出し歩きながら、体重を左腕にかけて、受を下に落し倒す。

9 腕とり肘落し

〔受〕右手で捕の胸襟をとりに行く。(❶)
〔捕〕体を右に開き左手で受の右手首を逆手に握る。(❷)左手で受の右手を右に引き込む。(❷)体を右に廻し後向き、右肘で受の背中を肘打ち。(❸)体を左に移動して、右肘を受の右肘内側に上から入れて肘落しで受を倒す。(❹・❺)

10 中袖とり肘落し（順手とり）

〔受〕捕の右中袖を右手でとる。（❶）

〔捕〕左手で受の右手甲を握り、（❷）反時計廻りに左に捻り、右手刀にして受の右肘に置き（❷）右手を下に押し、体を傾け右足一歩前に踏み出し体気をかけて倒す。（❹）

11 中袖とり肘落し（綾手とり）

〔受〕左手で捕の右中袖をとる。（❶）

〔捕〕右手刀にして右手首を受の左肘にかけて（❷）手前に引き、受の右手下膊を腰につける。（❷）腰を下げて右下に落し倒す。（❸・❹）

12 両手中袖とり肘落し

〔受〕両手で捕の中袖をとる。(❶)

〔捕〕両手を手刀にして、受の両肘の上に置き、体を前に屈め腰を落して、受の両肘を折り手前に引き、体を右か左に傾けて前述の片手中袖とりのように落し倒す。(❷)

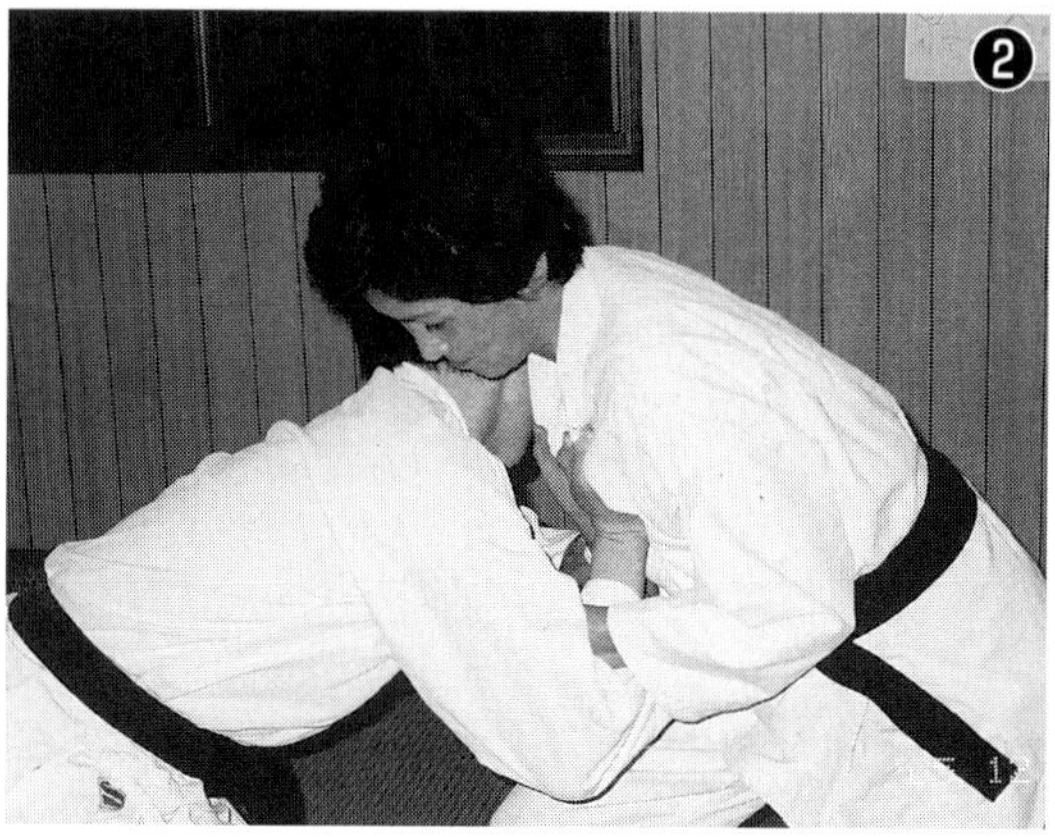

1 肘極め反転小手返し

〔受〕右手中段突き。（❶）
〔捕〕体を右に開き左手で受の右手を右に払い、受の右手首を左手で握り、左肘で受の右肘を上から抱く。（❷）右手で受の右掌を握り（❸）体を右に廻し受の右肘を極め、（❹）体を左に反転して左に小手返しをして倒す。（❺・❻）

2 肘叩き上げ

〔受〕右手で捕の左中袖をとる。（❶）

〔捕〕左手掌を上に向けて下より受の右肘を強く打ち上げ、（❷）左手刀を受の右肘に上からかけて、（❸）左肘を延ばし体を右に向けて、体重をかけて下に押える。右手で受の右手首を握り固定する。受の右肘が極まり倒れる。（❹）

③ 肘極め抵抗を返す

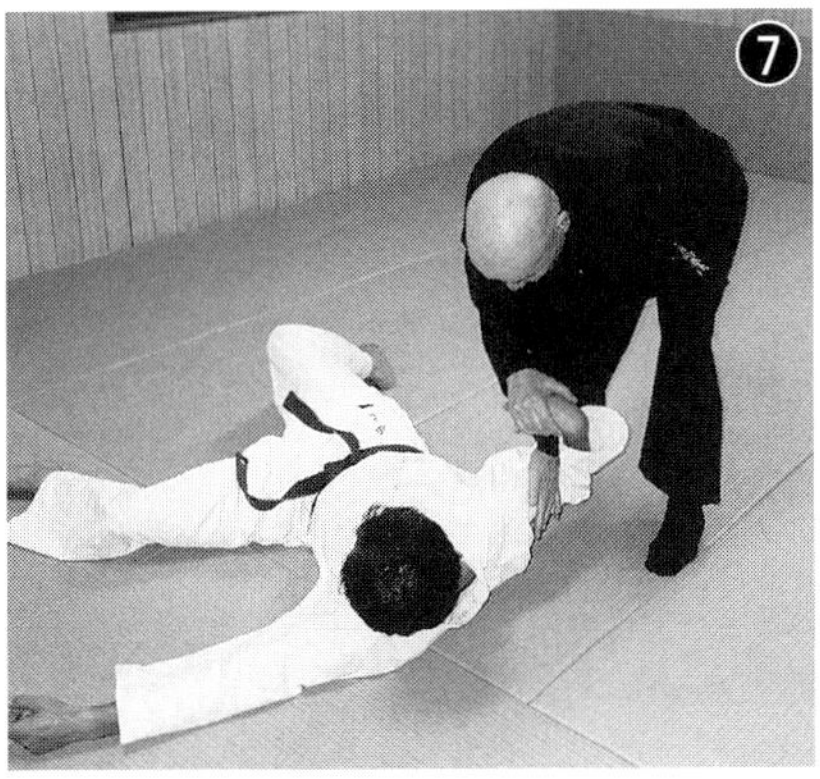

〔受〕右手中段突き。(❶)
〔捕〕体を右に開き、左手で受の右手を右に払い、右手で受の右手首を握り、(❷)左手を受の左肘下に当てて、(❸)右手を下げ、左手を上げて受の右肘を極めんとする。(❹)
〔受〕右肘を少し、くの字に曲げて捕の肘極めに抵抗する。
〔捕〕体を少し左に廻し、左手刀を受の右手下より受の上膊に当て後に押し、(❺)右手で受の右手甲を握り、掌側に手首を曲げ、(❻)両手で後に倒す。(❼)

④ 肘極め（胸襟とり）

〔受〕右手中段突き。
〔捕〕右手中段突きを外に避け、左手で受の右手を右に払い、右手で受の右手首を握る。右手で受の右手首を右に捻る。左手で受の左胸襟を握り。左肘を上げ、右手を下げ受の右肘を極める。（❷）そのまま受の体を左に捻り後に受を倒す。

⑤ 一本捕より逆肘極め

〔受〕右手上段打ち。（❶）
〔捕〕両手で受の右手を受けて、一本捕をする。（❷）
〔受〕左手で受の右手首をとり、体を受の右脇に仰向けに乗せ、（❸）両手で受の右手を上げて、左肘で受の右肘を押さえ体重をかけて、受の右肘を極める。（❹）

◇1 片手くの字曲げ上げ極め ①

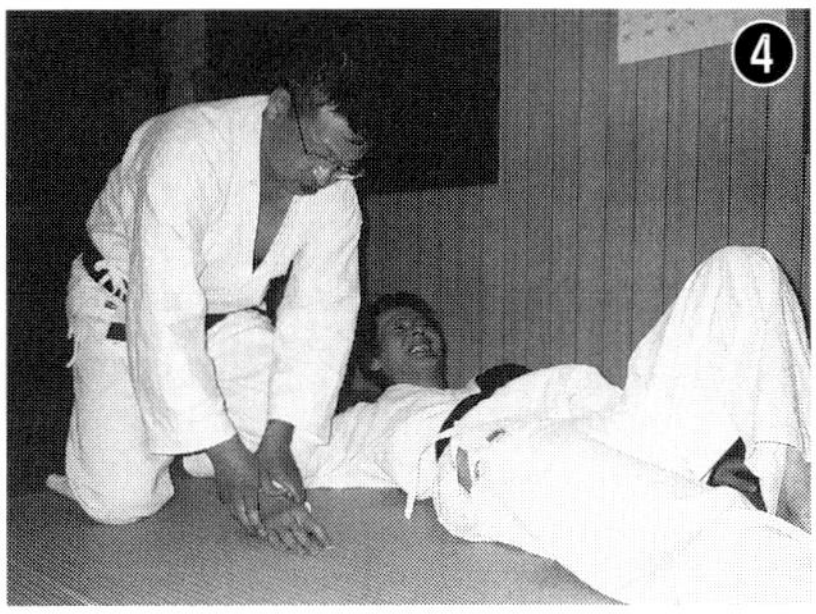

〔受〕右手中段突き。(❶)

〔捕〕体を右に開き左手で受の右手を払い、両手で受の右手をとり左に小手返しで仰向けに倒す。(❷・❸) 受の右手を手甲を上にして、右肘を直角に曲げて、受の腰の方にくの字にして床につける。(❹) 左膝で受の右肘を踏み、両手で受の右手首を握り上に引き上げ、(❹) 受の右肘を極める。(❺) 受の右手を上げて受の右手首を曲げて極めてもよい。(❻) 受の右手と肘を直角に曲げて、右手甲をくの字にして受の頭の方に下して床につける。右膝で受の右肘を踏み、両手で受の右手首をとり上に引き上げ受の右肘を極める。(❼)

◇2 片手くの字曲げ上げ極め ②

相手を小手返しで倒して、受の左肘を極めながら受を俯伏にする。(❶)前述と同様受の腰の方に受の左手をくの字にして床におき、右膝で相手の左肘を押えて、両手で相手の左手を引き上げて相手の右肘を極める。(❶)相手の右手をくの字にして相手の頭側に置いた場合も同様である。(❷)

1 腕返し

〔受〕右手中段突き。(❶)
〔捕〕体を右に開き左手で受の右手を払い、右手で受の右手首をとり、(❷)左手で上より受の右手を抱き、(❸)左手で右手首を握る。(❸)体を左に反転して、左手を上げ、右手で受の右肘を折り後に倒す。(❹・❺)

② 手首折り肘折倒し

〔捕〕受の右手中段突きを体を右に向け右足一歩後に引避けて、左手で受の右手を右に払い、右手で受の右手甲をとり(❷)受の腕を折り受の右手拳を受の右胸上部に押しつけ、(❸)体を受の右横に行く。(❹)左手を受の右肘の上に置き下に押し、右手で受の右手首を下に曲げ(❺)両手で下に落す。(❻・❼)

3 肘折り落し（胸襟とり）

〔受〕右手で捕の胸襟をとる。（❶）

〔捕〕体を右に廻し左肩で受の右手を右に押す。（❷）体を左に反転して左手を受の右手下膊に左上よりおき、（❸）右手を受の右肘の上におき、（❸）両手で下に肘を折り落す。（❹）

4 肘かけ倒し

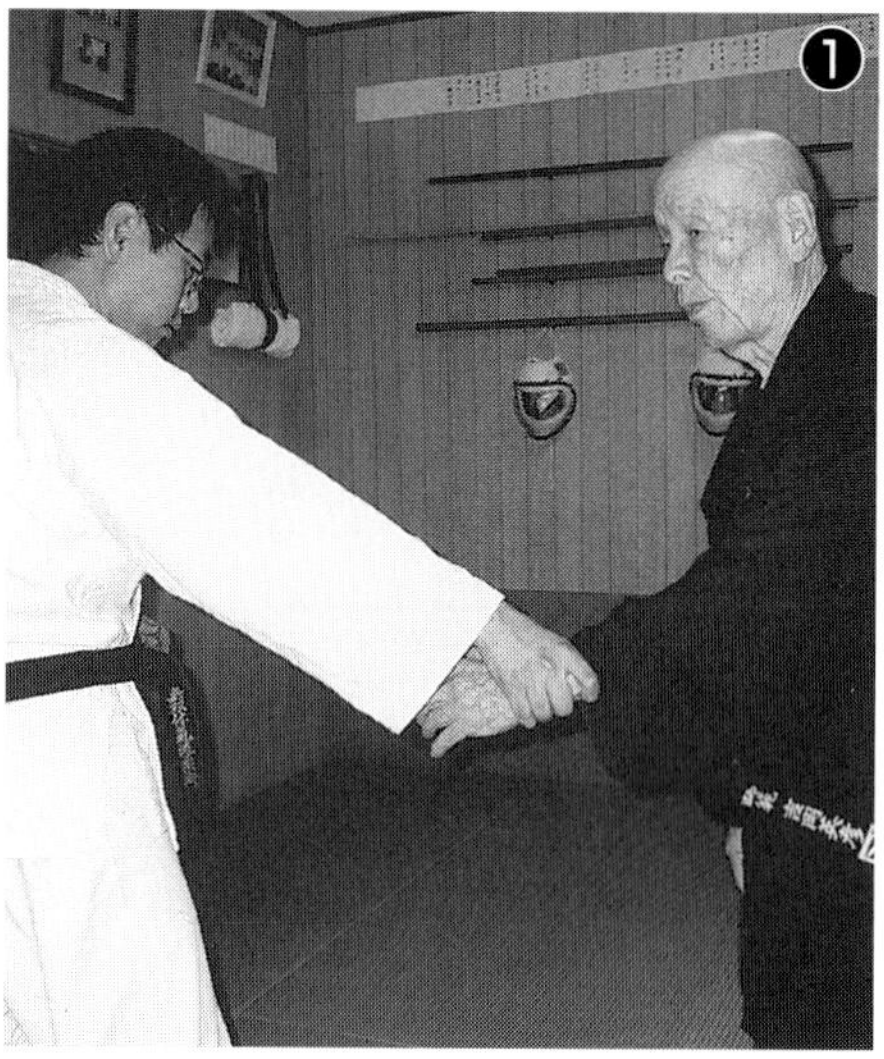

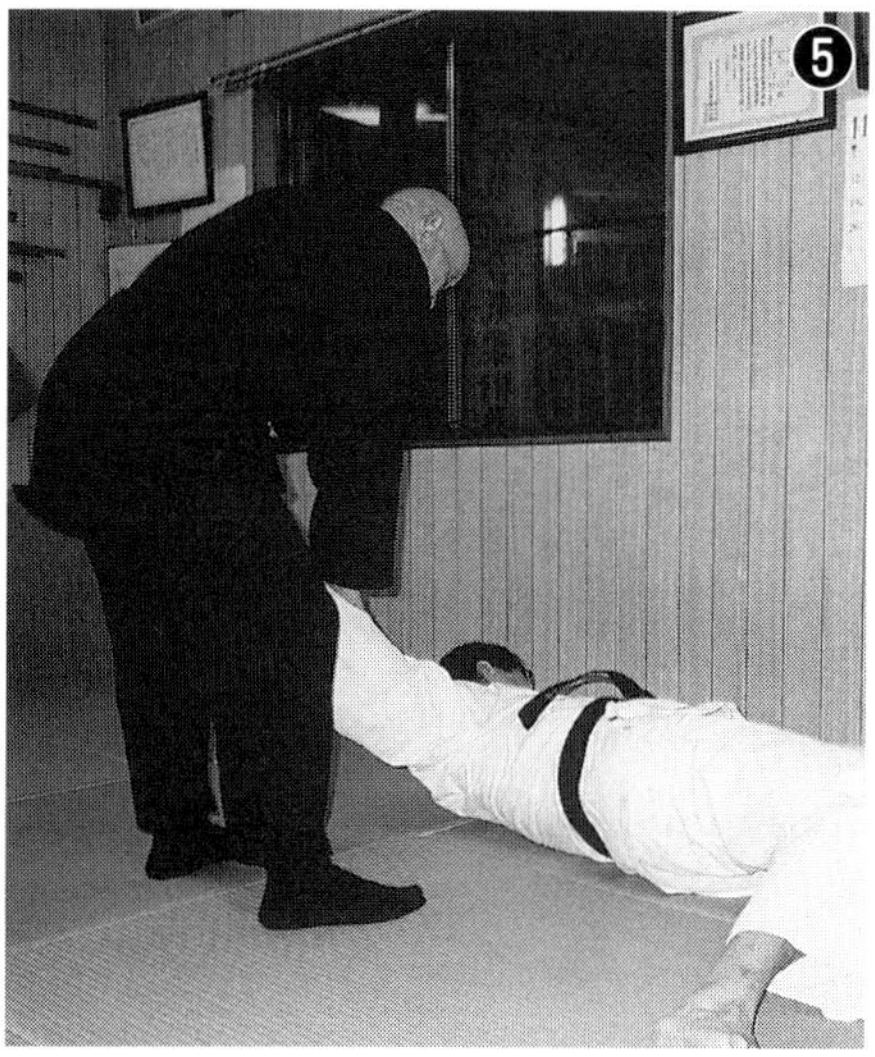

〔受〕右手で受の左手をとる。(❶)

〔捕〕左手首を左に返して、受の右手首を握り(❷)上に上げて、体を受の後に移す右横。(❸)右手を受の右肘にかけ押し倒す。(❹・❺)受の右足に右足をかけて倒してもよい。

5 片手肩畳み倒し

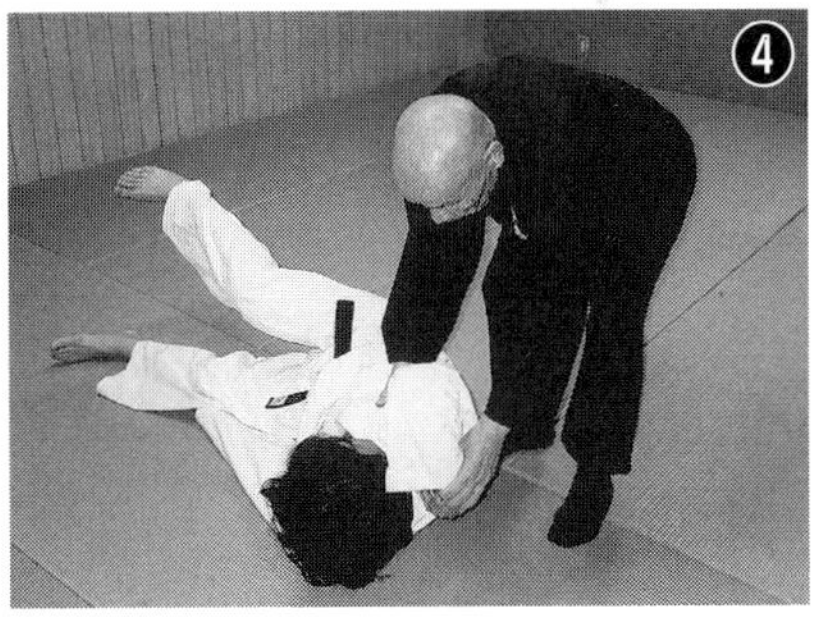

〔受〕右手上段打ち。(❶)

〔捕〕左手で受の右手を受け、受の右手首を握り、受の右肘を肩に折る。(❷)右手で受の右手首を前より握り、受の右肘を右肩に乗せ、両手と右肩で受の右肘を折り締めて後に倒す。(❸・❹)

6 肋骨肘打ち倒し

〔受〕右手中段突き。(❶)

〔捕〕前述のように体を右に開き、左手で受の右手を右に払い、右手で受の右手首を握り上に上げ、体を後に向けて、(❷)左肘で受の肋骨を肘打ちして倒す。(❸)

1 胸とり肘巻落し

〔受〕右手で捕の胸襟をとる。(❶)

〔捕〕右手で受の右肘を上から強く打ち落して、(❶) 右手で受の右肘に外よりかけて右に押して受を半分後に向かせる。(❸) 左手で受の後襟をとり後に引き落す。(❹・❺)

② 肘極め後向き背負い

〔受〕右手で捕の胸襟をとる。
〔捕〕前述の胸とり肘巻き落しのように、左手で受の右肘を上から打ち落して、右に受の右肘を押し受を半後向きにする。(❶)両手で受の右手をとり、受を後向きに背に負う。(❷)受の右手を左首にくっつける。受の右手首を左に捻り背負うと受の右肘と右手首は極まる。(❸)そのまま体を屈めて背負うと受の右手は損傷するから危険である。前述の胸とり肘巻き落しのように右手で受の右手を上から打ち、巻き落し右に押して半後向きにして、逆肘背負いをしてもよい。

3 肘内返し

〔受〕右手で捕の胸襟をとる。(❶)
〔捕〕両手を受の右肘の上に当て、手前に引きつけると(❷)同時に受の右肘を右に両手で押し受を後に向ける。(❸)左手で受の喉を押し左足を受の右足にかけて後に倒す。(❺・❻)

4 両手胸とり肘返し首巻き倒し

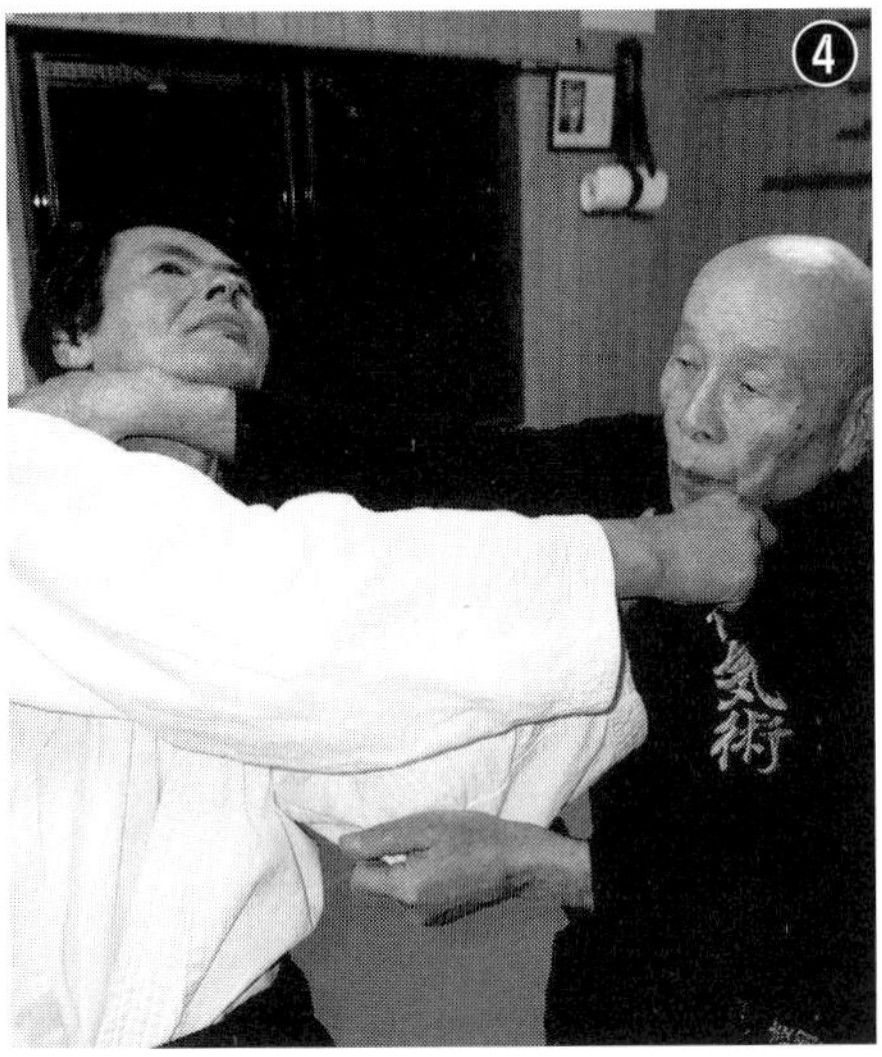

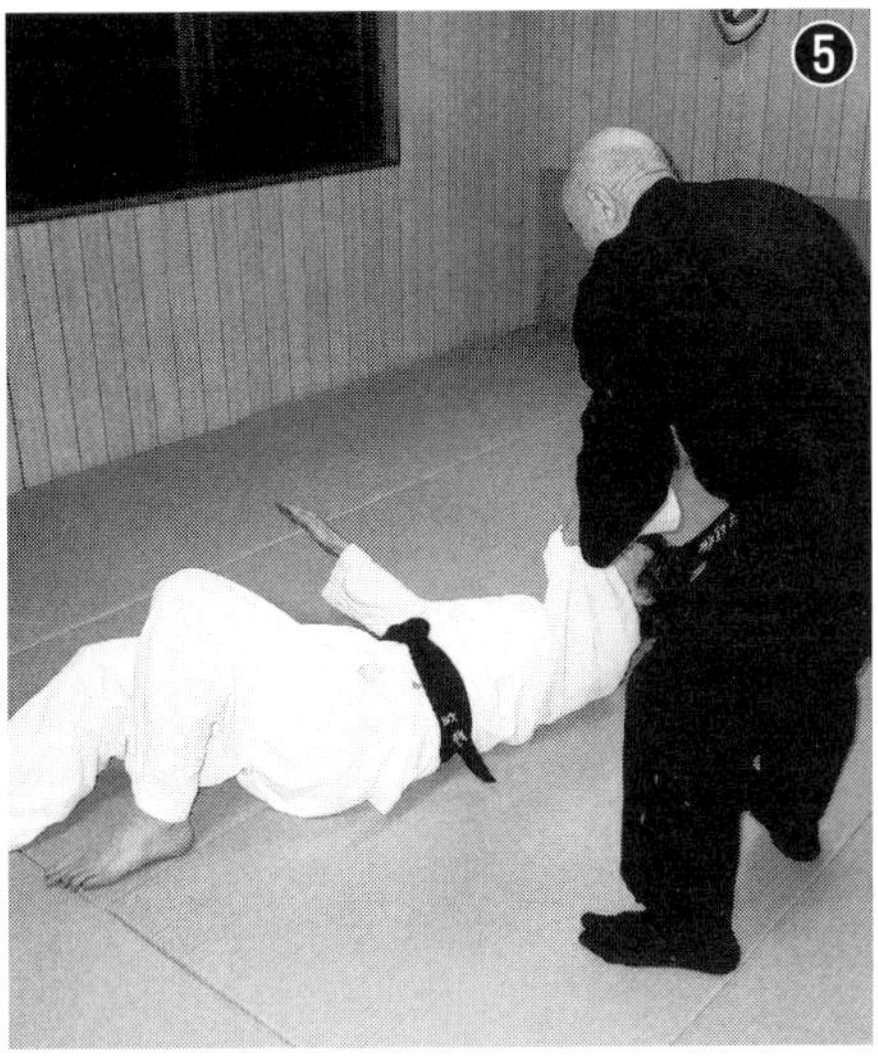

〔受〕両手で捕の胸襟をとる。(❶)
〔捕〕右手で受の左手の肘の上をとり、(❷)左手で受の左手肘の下の衣をとり、(❷)両手で受の左手を内左に押す。(❸)受は半ば後を向く、左手はそのまま受の左肘衣を掴み左に引き、右手で受の右首横にかけて、(❹)体を右に廻し受を倒す。(❺)

① 肘極めを抵抗された場合

〔受〕右手で捕の胸襟をとる。(❶)

〔捕〕両手で受の右手甲と右手首を握り体を右に開き左肘を受の右肘におき、左肘で受の右肘を上から押さえ体を左に傾けて受の右肘を極めんとする。(❷)受は右肘を曲げて抵抗する。(❸)

〔捕〕左肘を受の右肘の内側に入れて(❹)左肘に体重をかけて真下に押し落し倒す。同時に右手で受の右手首を曲げて真下に落す。

② 肘極め足かけ倒し

〔受〕右手で捕の右手をとる。(❶)

〔捕〕右手首を返して受の右手首を握り、(❷)左手を受の右肘下に当て上に上げる。(❸)右手で受の右手首を下に下げ、両手で受の右手肘極めをする。左足を受の右足後にかけて、左手で受の胸を押し後に倒さんとする。

〔受〕右肘をくの字に曲げて捕の右肘極めをゆるめて逃げんとする。(❹)

〔捕〕そのまま受の右手を握った右手を下に下げ受の右体側に持ってくるようにする。左足で受の右足後にかけ、左手で受の胸を押し後に倒す。(❺)

3 片肘極め前引き倒しを抵抗された場合

〔受〕左手で捕の右手をとる。（❶）

〔捕〕右手首を外より内に返して、受の左手首をとり、受の左手を反時計廻りに捻り上に上げる。左手を受の左肘に当て下手前に引き、（❷）右手で受の左手首を逆に上に押し上げ、両手の反作用で受の左肘関節を極め引き倒さんとする。（❸）

〔受〕左肘を曲げて抵抗する。（❸）

〔捕〕受の左肘に当てている左手を逆に押し（❹）左足を踏み込んで、右手は逆に受の左手首を手前に引き、受を後に倒す。（❺）

1 胸とり肘極め返し ①

〔受〕右手で捕の胸襟をとる。(❶)
〔捕〕右手で受の右手甲を上からとり右に大きく捻る。(❶)体を前に少し移し受の右肘を曲げて左手で受の右肘を上から下に押し、(❷)受の右肘を痛め極めんとする。
〔受〕体気を入れ右手首を右に廻し左に捕の右手で捻られるのを防ぐ。(❸)右腕を延ばし突張る。(❹)左手で捕の右手甲を上から握り左に捻る。(❺)捕の胸襟をとった右手を外し、両手で捕の右手を左に小手返しをして倒す。(❻)

◇2 胸とり肘極めの返し ②

〔受〕右手で捕の胸襟をとる。(❶)

〔捕〕右手で受の右手甲をとり右に捻り、左手で受の右手首を握り、左肘を受の右肘上の置き、体を右に開き左肘で受の右肘を下に押し、両手で受の右手先を上に上げて肘極めをせんとする。(❷)

〔捕〕右手首を体気を入れて右に捻り戻し、右肘を曲げて体を大きく左に開けば左肘極めはかからない。(❸) 捕の親指を右手で握り親指を曲げてきめ倒す。(❹・❺)

3 肘関接折りの返し

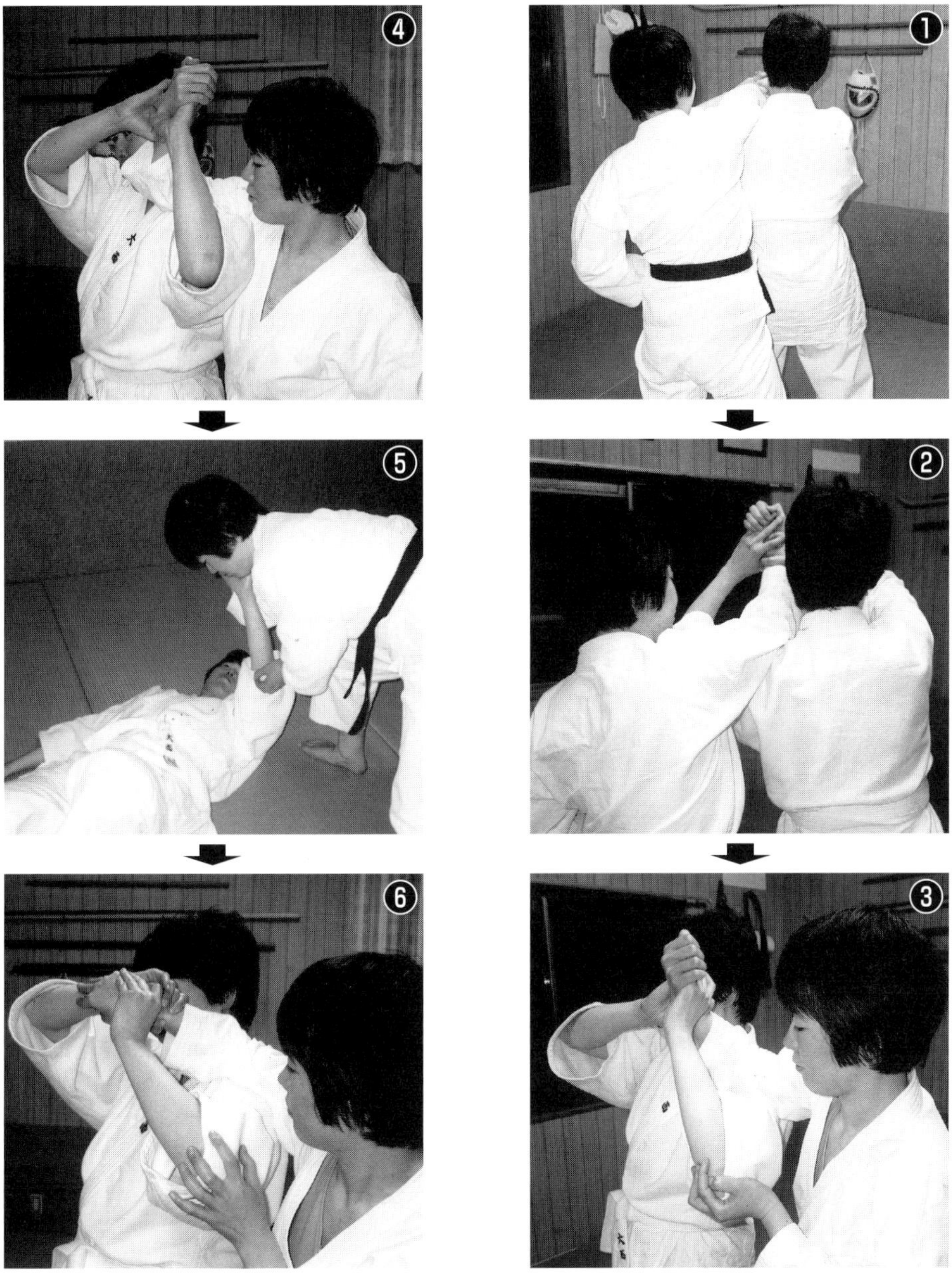

〔受〕右手横面打ち。

〔捕〕体を左に開き両手で受の右手を受け、右手を下より掌を上にして握り、体を右に廻し後を向き、両手で受の右手首を握り、受の右肘を左肩に担ぐ。両手を下に下げ左肩を上げて受の右肘関節を折り極めんとする。(❶)

〔受〕右腕をくの字に少し曲げて、(❷)右手首も手前に曲げて体気を入れると、右肘関節極めはかからない。(❸)左手で受の右肘を掴み上に上げ、(❸)後に押し倒す。右手で受の右手指を掴み、(❹・❺)後に引き、左手と共に後に倒す。(❻)又は右肘を受の左肩より外し、右手首を右に捻り受の右手首を握り、受の顔に当て後に引き倒す。左手は前述と同じで受の右肘に当て上げて後に押し倒す。(❻)

4 右肩とりの肘極めの返し技

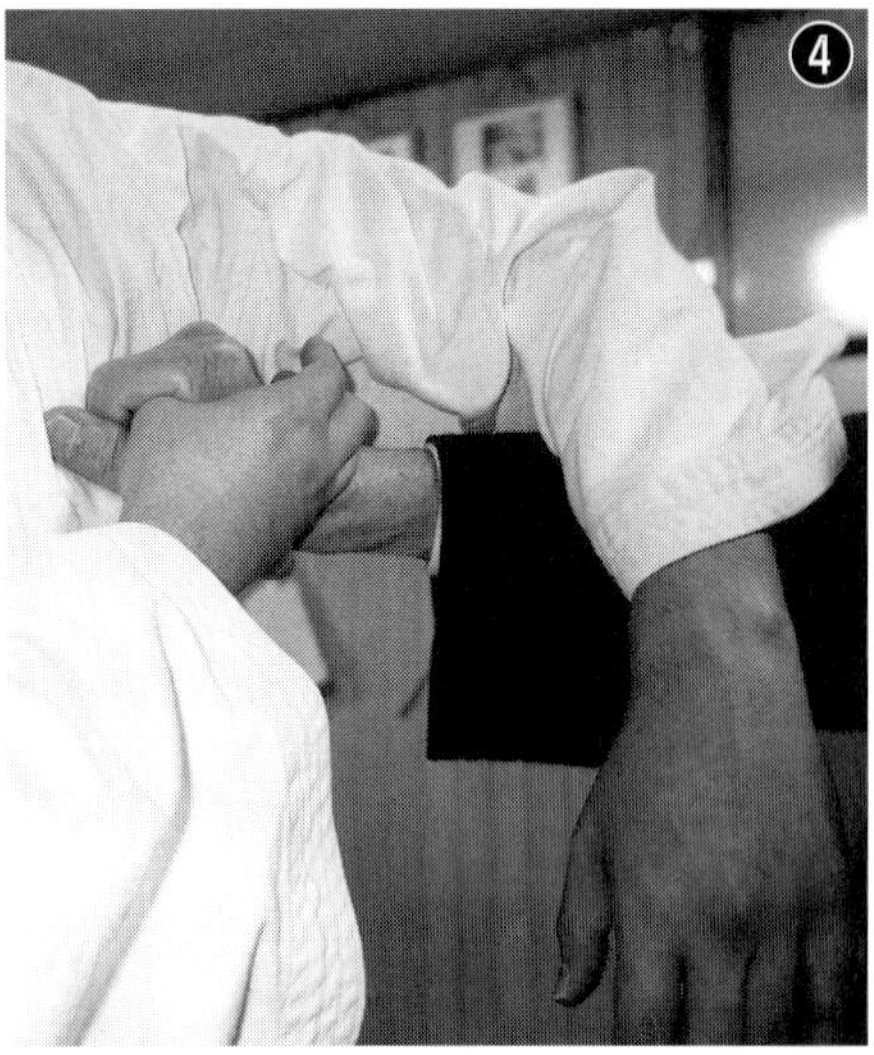

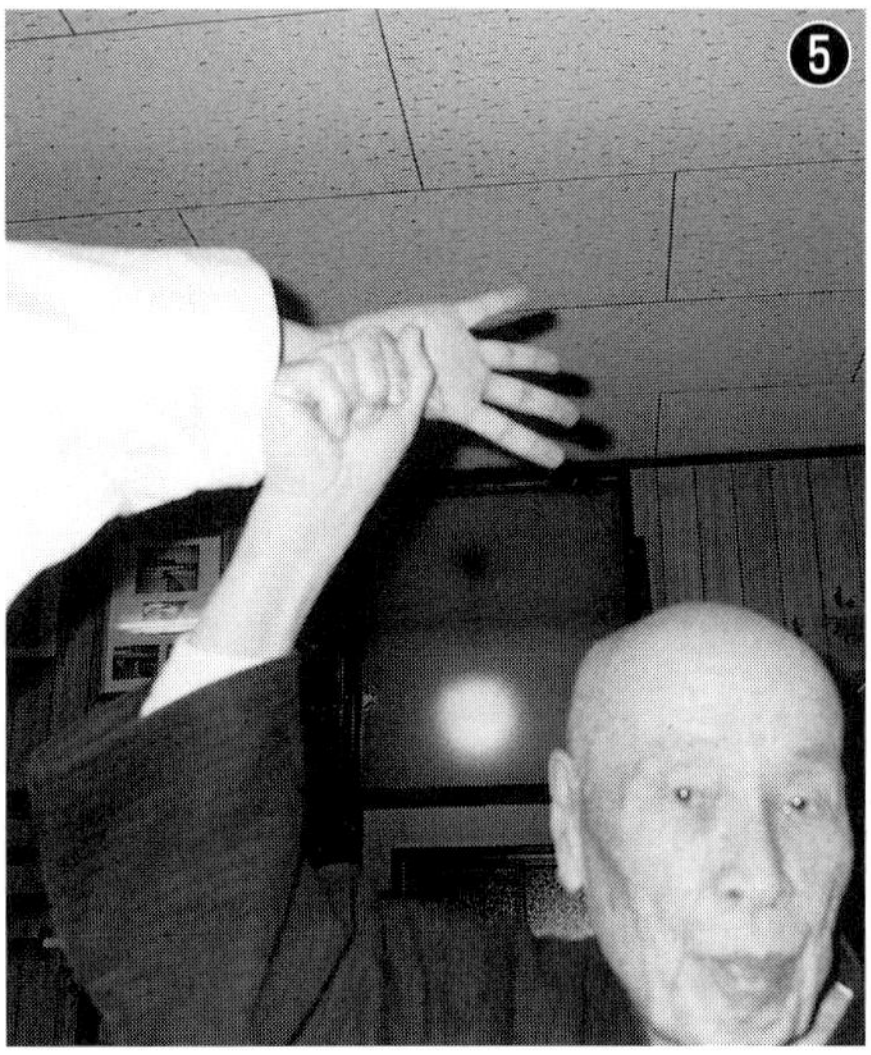

〔受〕右手で捕の左肩をとる。(❶)

〔捕〕右手で捕の右手甲を握り右に捻り、左手を受の右肘に当て体を右に開き受の右肘を押え極めんとする。(❷)

〔受〕体気を入れ右肘をくの字に曲げ、右手先を右に廻し戻し捕の肘極めを防止する。(❸)捕は如何に力を入れても肘極めは出来ない。捕が右手で我が右手甲を握り右に捻る時に右手で捕の親指を握り折り極め、(❹)我が頭の上に体を廻し一回転して捕の親指を極め倒す。(❺)又は捕の右手下を潜り、体を一回転して捕の親指をきめ倒してもよい。原理は同じ事である。

⑤ 後肘極め返し ①

〔捕〕後より左手で受の右肘を押え、右手で受の右手首をとり、肘を左手で押し極めんとする。(❶)

〔受〕右肘を少し、くの字に曲げて、捕の肘極めを抵抗して、体を右廻りに後を向き右手を延し、捕の右手の上に乗せ捕の両手を右手が上、左手が下に交差させる。(❷)左手で捕の左手拇指丘を握り(❸)右手を受の左手甲に乗せて、右に両手で小手返しで倒す。(❹・❺)

6 後肘極め返し ②

〔捕〕後から右手で受の右肘を押え、左手で受の右手首をとり、受の右肘を押し極めんとする。(❶)

〔受〕体を右に廻し後を向き右手を延し、受の右手を受の左手の上に交差させる。(❷) 左手で掌を上に向けYの字にして、捕の左手をとり、右手で捕の右手首をとり、捕の両手を交差して右に搦投げをする。(❸・❹)

7 右肘肩担ぎ極めの返し

〔受〕右手中段突き。(❶)
〔捕〕体を右に開き、左手で受の右手を右に払い、両手で受の右手首をとり、体を右に廻して背中を受の背中に合わせて、受の右手を左肩に担ぎ(❷)受の右肘を極めんとする。(❷)
〔受〕右肘を少し、くの字に曲げて肘極めを抵抗する。体を右に廻し反転して、(❸)左手で受の左肘を下から当て上に上げて後に倒す。右手を後下に落す。(❹・❺)

1 肘返しの返し

〔受〕座ったまま捕の胸襟を右手でとる。(❶)
〔捕〕右手裏拳で受の顔を打つ。(❷) 体を右に開き受の右横に行き、右手を受の右手下より入れ、受の右肘にかけ右下に押し倒さんとする。肘返しをせんとする。(❹)
〔受〕腰を上げ、捕の右手裏拳を左手で受ける。(❸) 右手で捕の右手を右脇下に抱き締める。(❹・❺) 左手で捕の右手付根を下に押し倒す。(❻)

1 胸襟とり（肘を曲げ顎突き上げ）

〔受〕右手で捕の胸襟をとり、右肘を曲げて右拳で喉を突き上げる。（❶）

〔捕〕右足を一歩後左に引き、体を右に開き左手で受の右肘を右内に強く押す。（❷）女の人は左手甲の上に右手を重ねて両手で強く右内に押す。受は半ば後を向く（❷）から左手で受の後襟をとり（❸）後に引き倒す。（❹）

2 高胸襟とり

〔受〕右手で捕の胸襟を高くとる。（❶）

〔捕〕受が捕の胸襟を喉元近く高く握ると、右手で直接受が右手で握っている胸襟の直下の襟を受の右手の上より取ることは出来ない。左手で受の右手が握っている我が胸襟の直下の襟を握り（❷）上に上げ、右手でその襟をとり（❸）受の右手首の上に左より右に覆せ巻き（❹）下に引き体を右に向け左手で受の右手首をとり極める。

③ 片手胸襟とり（手首折り）

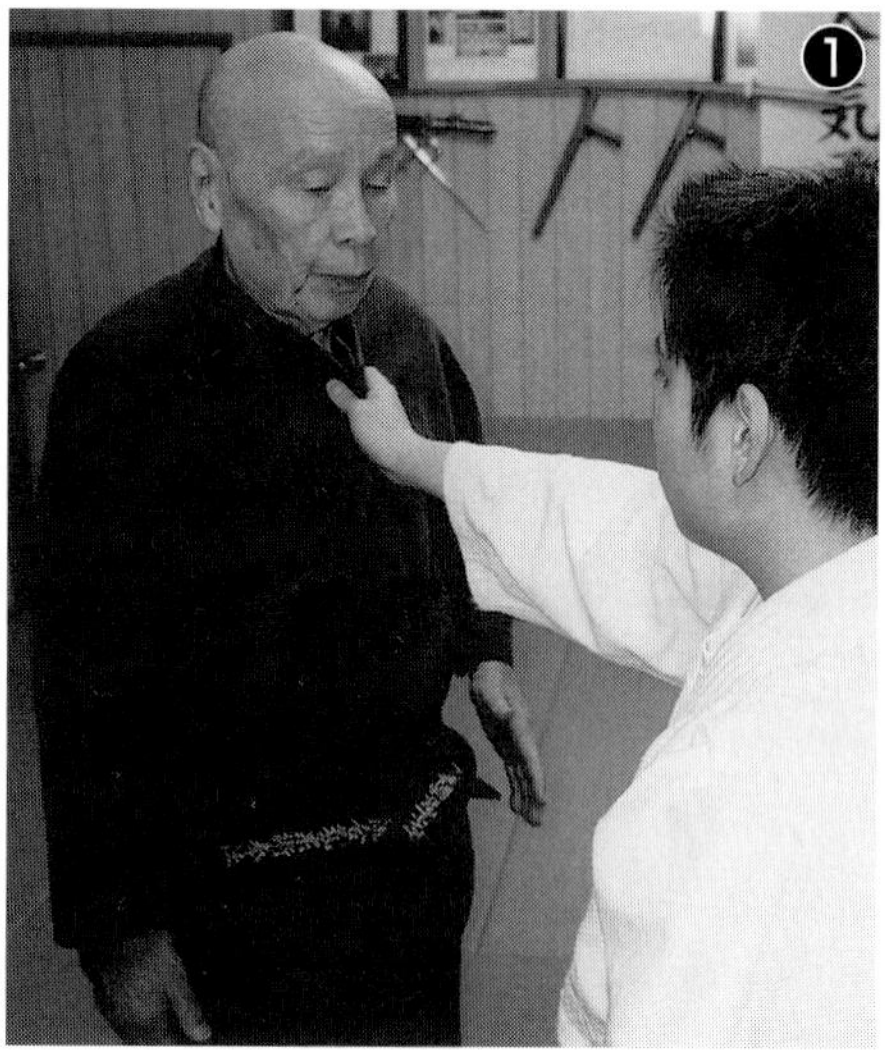

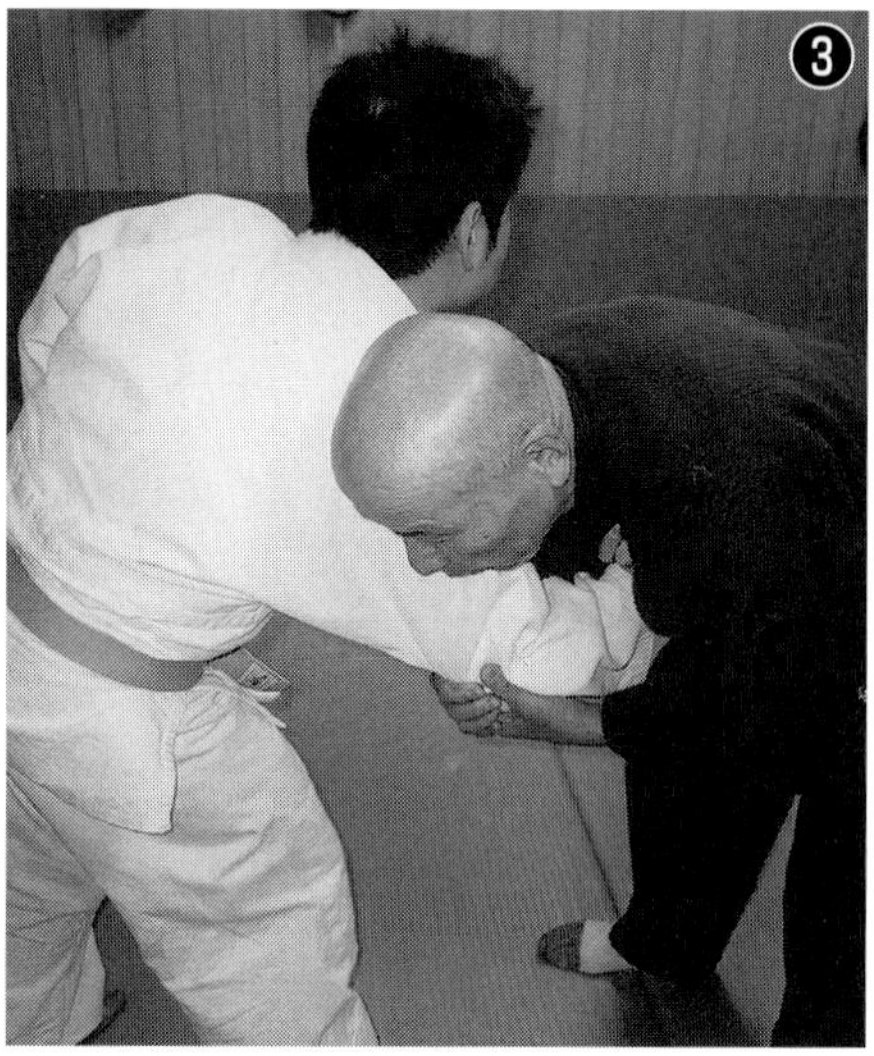

〔受〕右手で捕の胸襟を握りとる。（❶）

〔捕〕右手で受の右手甲を押え（❷）胸に密着させ、左手で受の右肘を下よりとり、（❷）胸に向って引き寄せ、（❸）体を屈めて受の右手首を手甲側に折り極める。（❹）受は右肘を捕の左手で押さえられているので、逃げられない。

④ 胸襟とり上段打ち ①

〔受〕左手で捕の胸襟をとり、(❶)右手で上段打ち。(❷)

〔捕〕右手で受の右手上段打ちを受けて、(❷)右手で受の右手首を握り、時計廻りに巻き落して受の左手の上に乗せ交差させる。(❸)左肘で受の右肘を押えて、肘で肘を押える。一本捕をして極める。(❹・❺)

5 胸襟とり上段打ち②

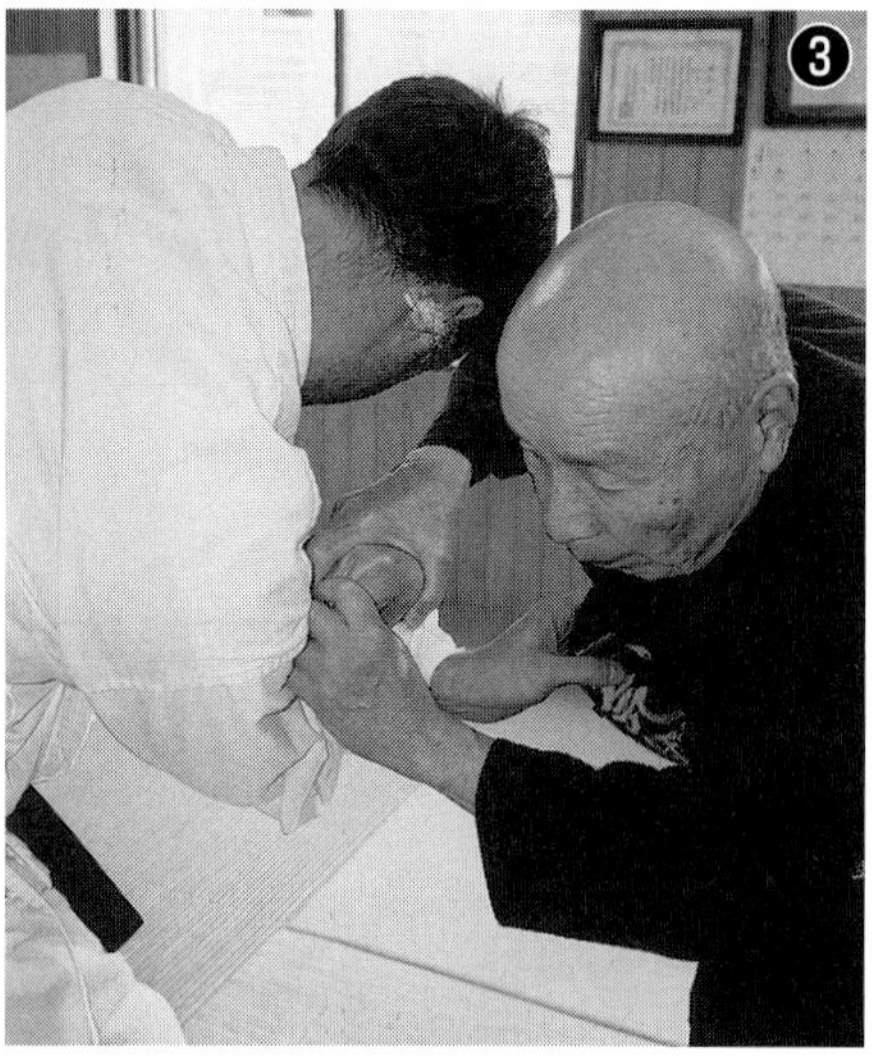

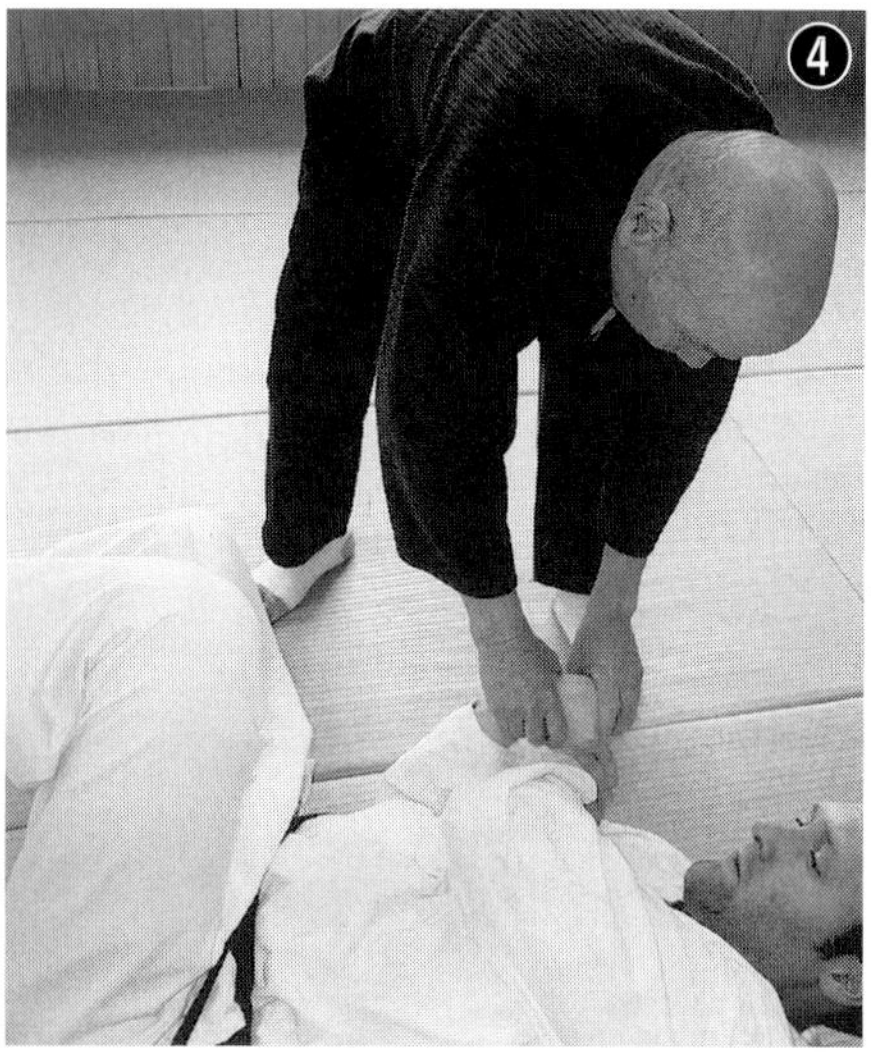

〔受〕左手で捕の胸襟をとり、右手で上段打ち。（❶）

〔捕〕左手で受の右手上段打ちを受けて、（❶）左手で受の右手首を握り、反時計廻りに左に巻き落して、更に受の左手下より右手を交差して上に上げて右手で受の右手甲を上から握り受の右手首を折る。（❷）左手で受の右手四指を（親指を除く）握り、（❸）両手で受の手首を極め倒す。（❹）胸襟をとり上段打ちは普通は搦投げをするが、左手で捕の胸襟を強く握られた場合、受の左手が胸襟から外れないから搦投げは出来ない。この場合に「胸襟とり上段打ちの①②」をする。

6 胸襟逆手とり引き倒し

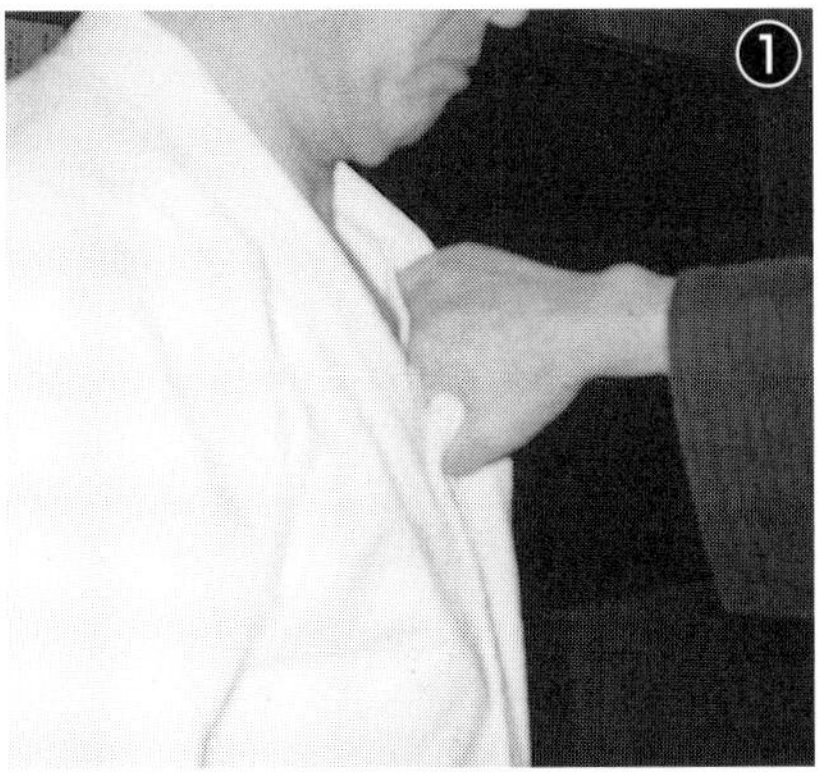

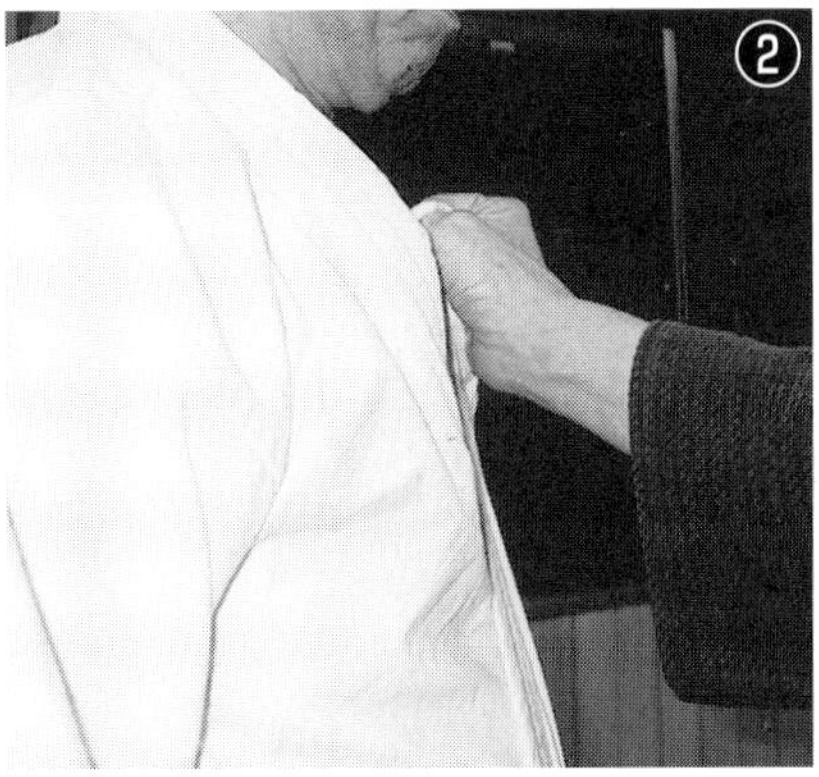

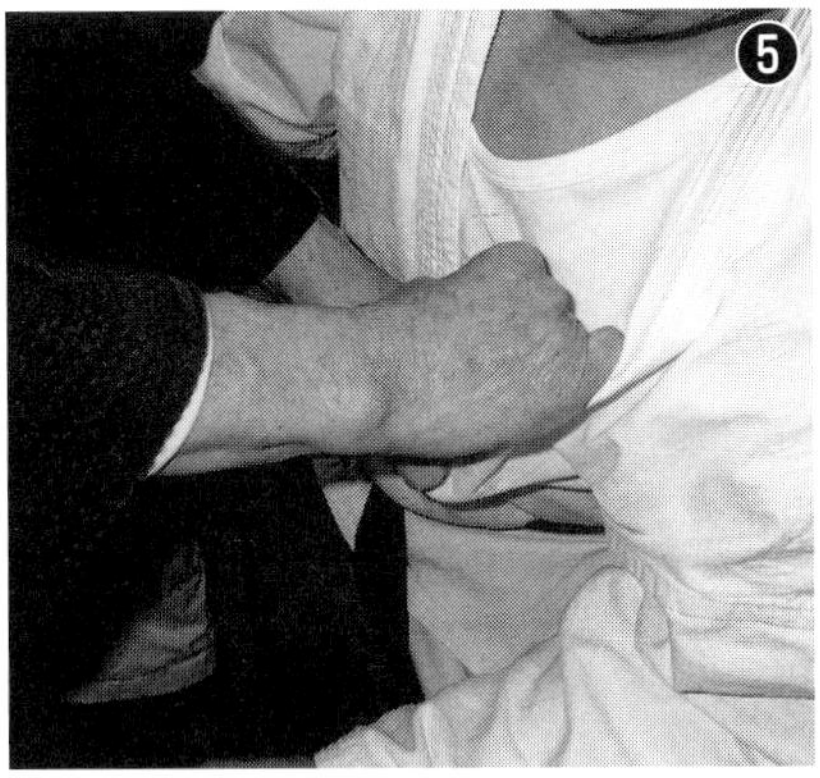

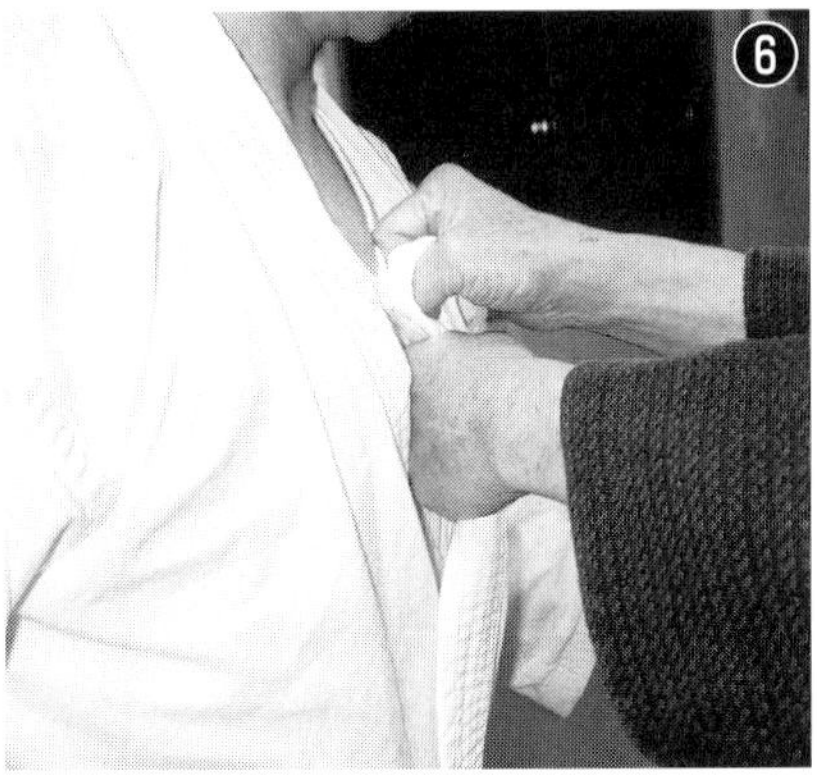

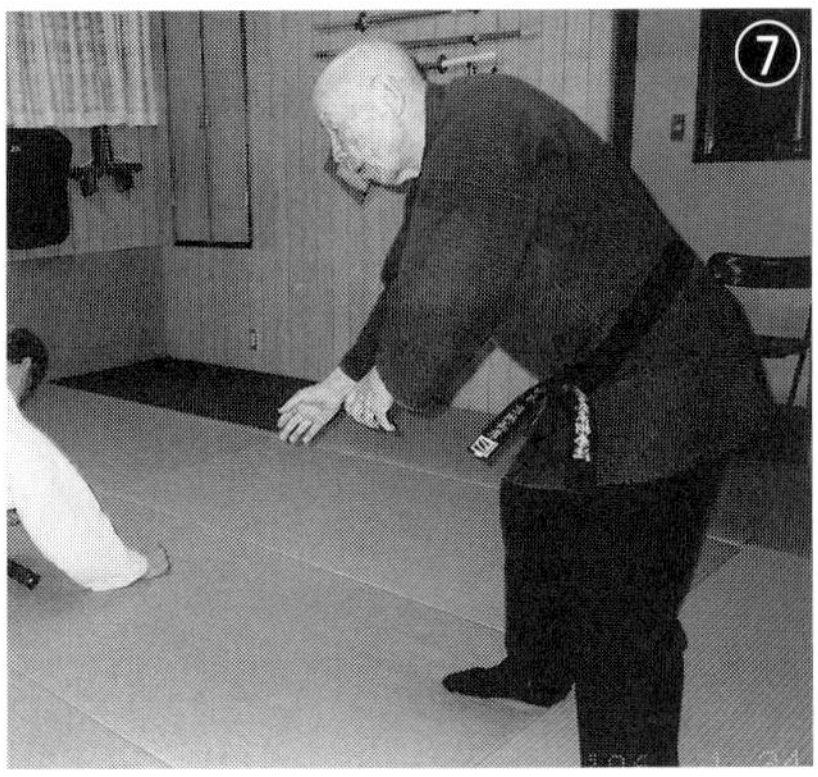

相手を右手で捕の胸襟を逆手で（親指を下に小指を上にして）握り、（❶）右に捻りながら下右に引き倒す。（❷・❸・❹）

力の弱い人は右手で相手の胸襟を掴み右に捻った胸襟の直下の襟を左手で掴み（❺）両手で下右に引き倒す。（❻・❼）

⑦ 胸とり延子極めを抵抗した場合

❶

❷

❸

❹

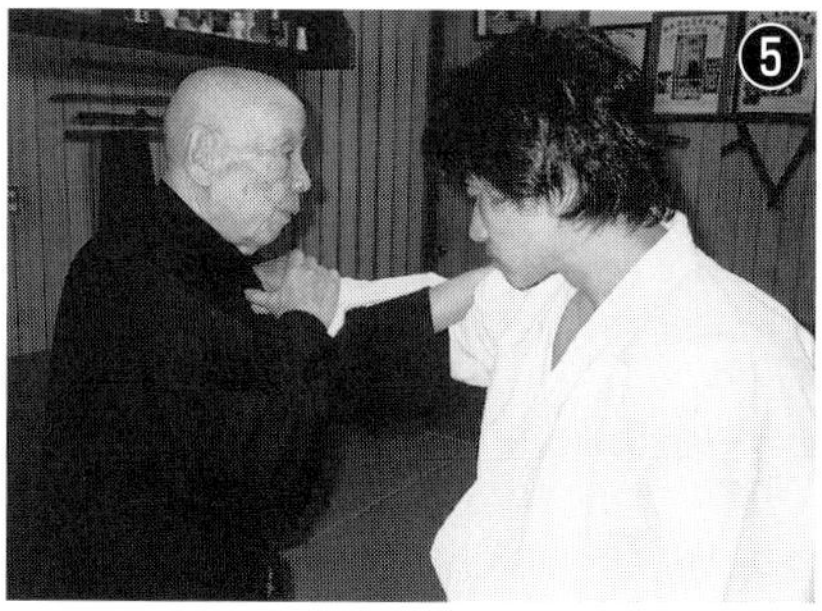
❺

❻

❼

❽

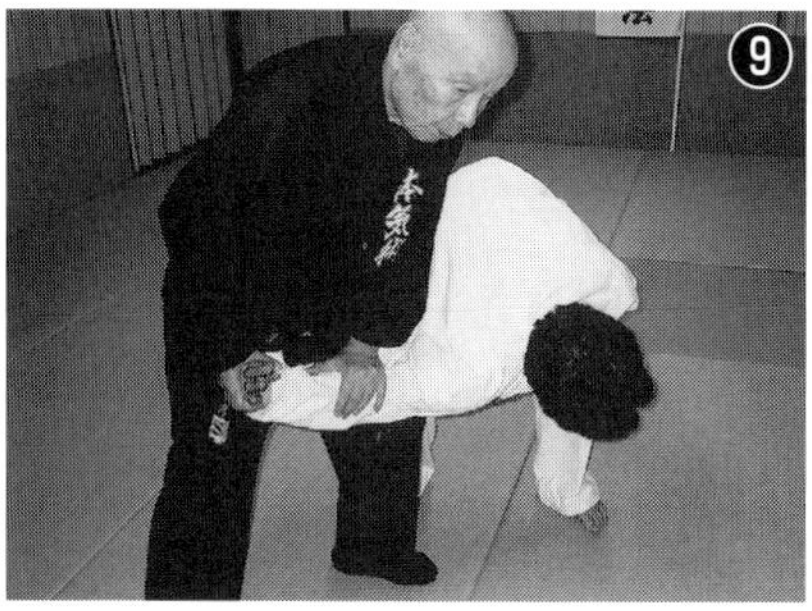
❾

〔受〕右手で捕の胸襟をとる。（❶）
〔捕〕右手で受の右手甲を上から深くとり、（❷）右に捻る。（❸）左手で受の右手の内側より入れて、受の右肘を左に押し曲げて、左手刀にして受の右上膊に乗せる。（❹）右手で受の右手首を右に捻り、左手で受の右上膊を下に押えて極めんとする。（❺）
〔受〕右肘と右肩を上に上げて、捕の右手延子極めに抵抗する。（❻・❼）
〔捕〕左手で受の右肘をとり一本捕をする。（❽・❾）

8 強く胸襟をとられた場合

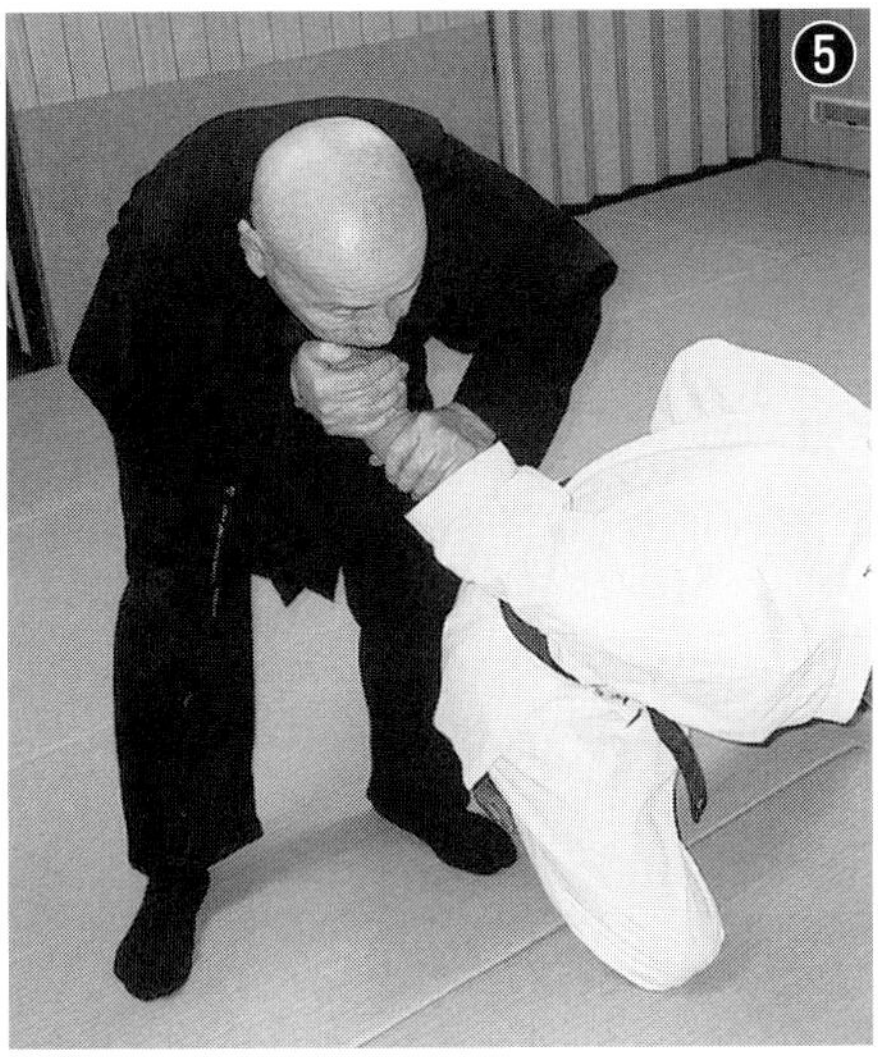

〔受〕右手で捕の胸襟を強く掴む。（❶）

〔捕〕受が右手で力を入れて強く胸襟を掴むと捕は二ヶ条の手首極めは出来ない。右手裏拳で受の顔面を打っても空手を習っている受は直に左手で受けてしまう。他本に書いてある通り簡単に二ヶ条極めは出来ない。この場合右手で受の右手甲を掴み、（❷）左手で受の右手甲を下より掴む。（❸）体を左に向け（❸）すぐに右に向け、受けの手を左右に揺さぶる。体を左に向けるときは両手で受の右手を右に捻る。体を右に向ける場合は両手で、受の右手を左に捻る。左右に激しく振り動かすと受の手根骨が上に捻れ上がる。手根骨の部分を折り曲げて手首極めをする。（❹・❺）手根骨が上に上がらなくとも斜め水平下に受の手首を折ればよい。

9 胸襟とりの手首極め外し ①

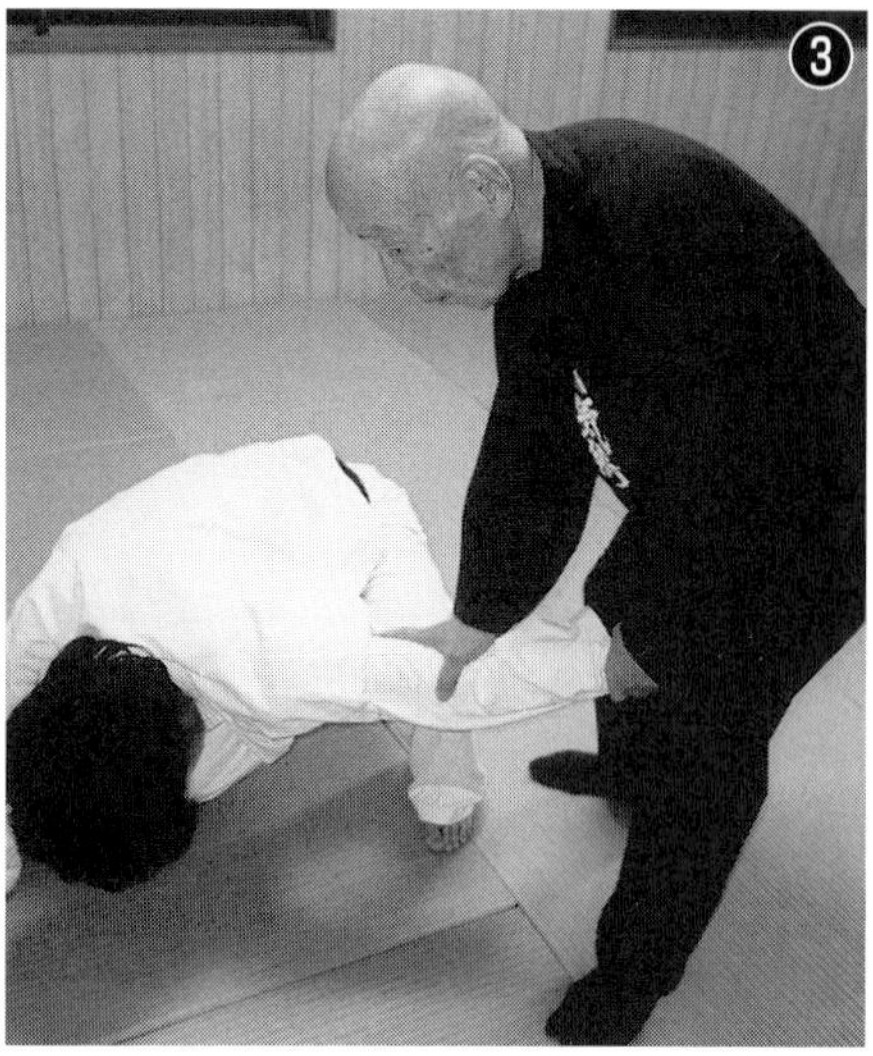

〔受〕右手で捕の胸襟をとる。
〔捕〕両手で受の右手甲をとり、手首極めか又は受の右肘を極めんとする。(❶)
〔受〕捕の胸襟を掴んだ右手の握りを外す。五本の指を開ければ簡単に外れる。左手で捕の左手首を握り、右手で捕の左肘をとり、横一本捕に極める。(❷・❸)

⑩ 胸襟とり手首極め外し ②

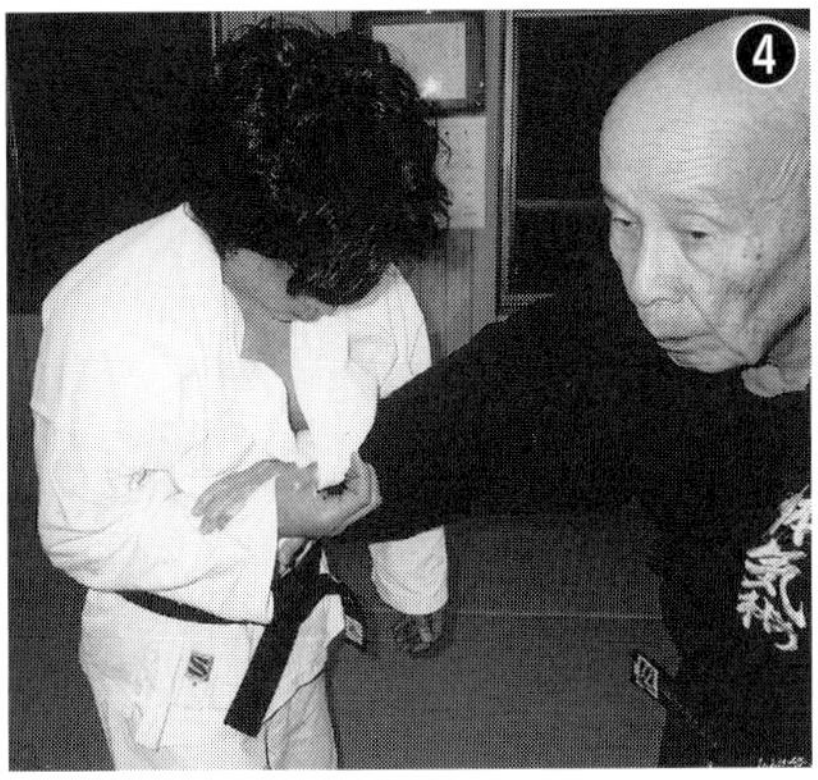

〔受〕右手で捕の胸襟をとる。（❶）

〔捕〕右手で受の右手の上より、自分の左襟をとり、上に上げて受の右手首に巻きつけ下に引き、（❷）受の手首を右に捻り折り二ヵ条に極めんとする。

〔受〕右手五指を開き捕の胸襟の握りを外し、（❸）捕の右手首を握り左に反時計廻りに捻る。（❹）左手で捕の右手甲を握り左に小手返しで倒す。（❺・❻・❼）

35 両手平行胸襟とり

1 平行胸襟とり ①

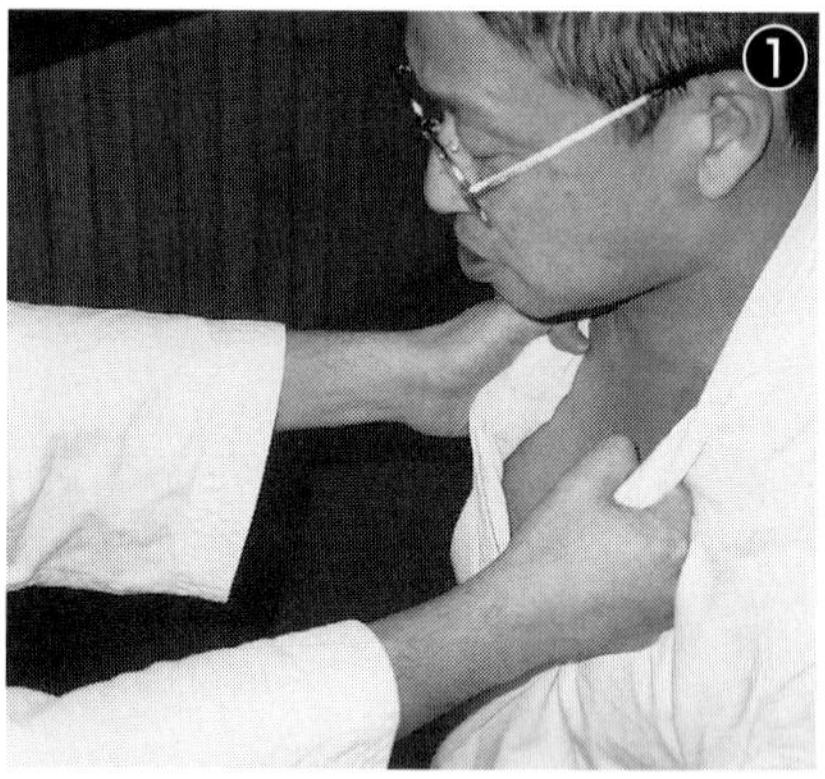

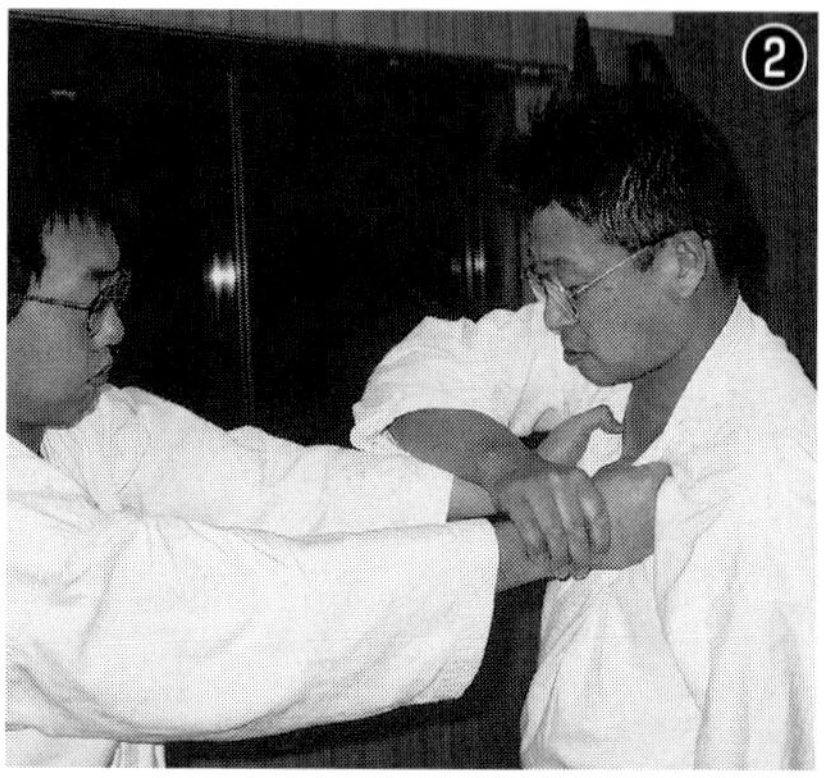

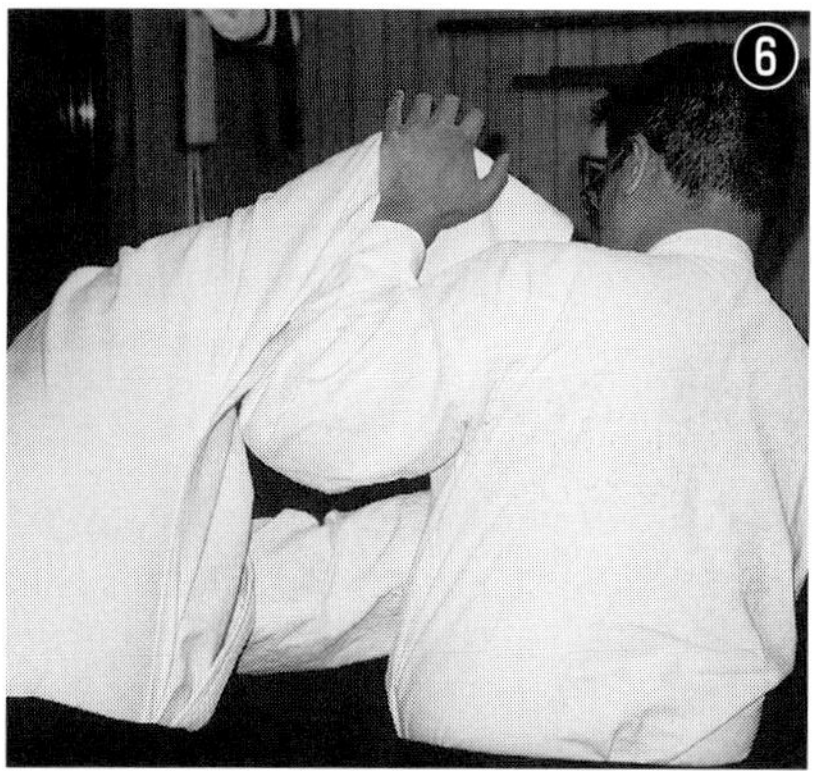

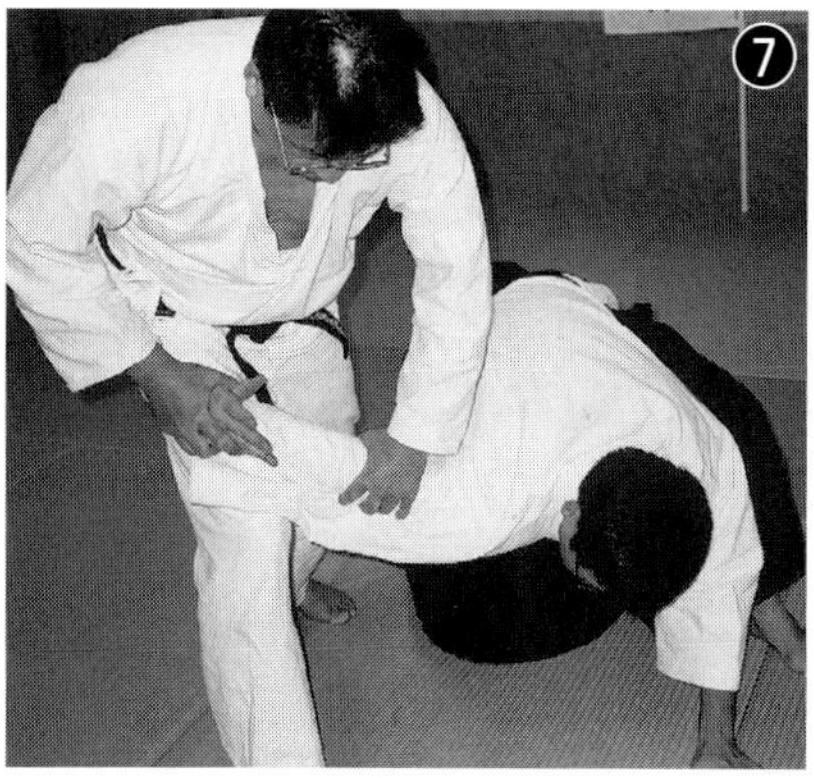

〔受〕両手で平行胸襟とり。(❶)
〔捕〕右手で受の右手甲を上から握り(❷)右に捻り、右上膊を左手首近くに当て左に押し受の左右の手を右手で一体化する。(❸)左手で受の左手首をとり、体を右に廻して下に崩し倒す。(❹・❺)又は左手で受の右肘を握り(❻)一本捕に行ってもよい。(❼)

②平行胸襟とり②

〔受〕捕の両胸襟を平行に両手でとる。(❶)

〔捕〕右手で受の右手甲を上より握り押え、右肘で受の左手首を左内に押さえ左手で自分の右手甲を手前に押え、(❷)右脇を締め受の左手首を極め、体を屈め両手首を我が胸に押えると(❸)受の両手首が極まり下に倒れ落ちる。(❹)

③ 平行胸襟とり ③

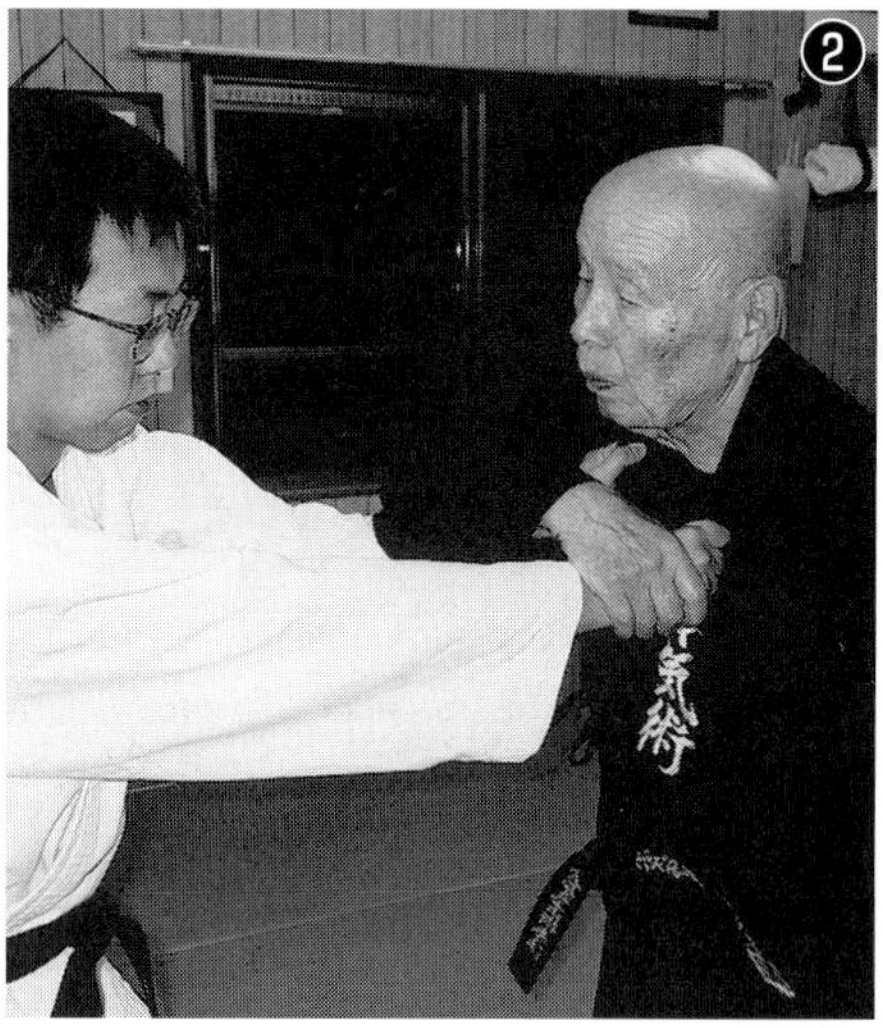

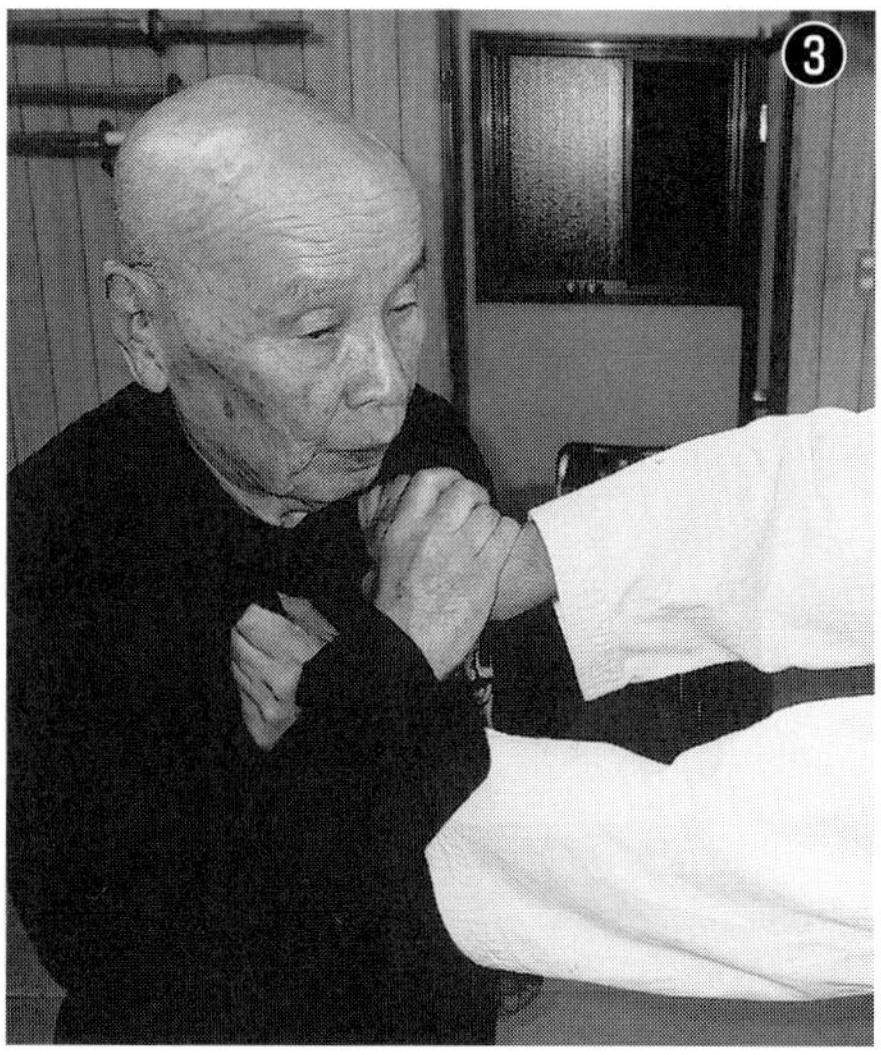

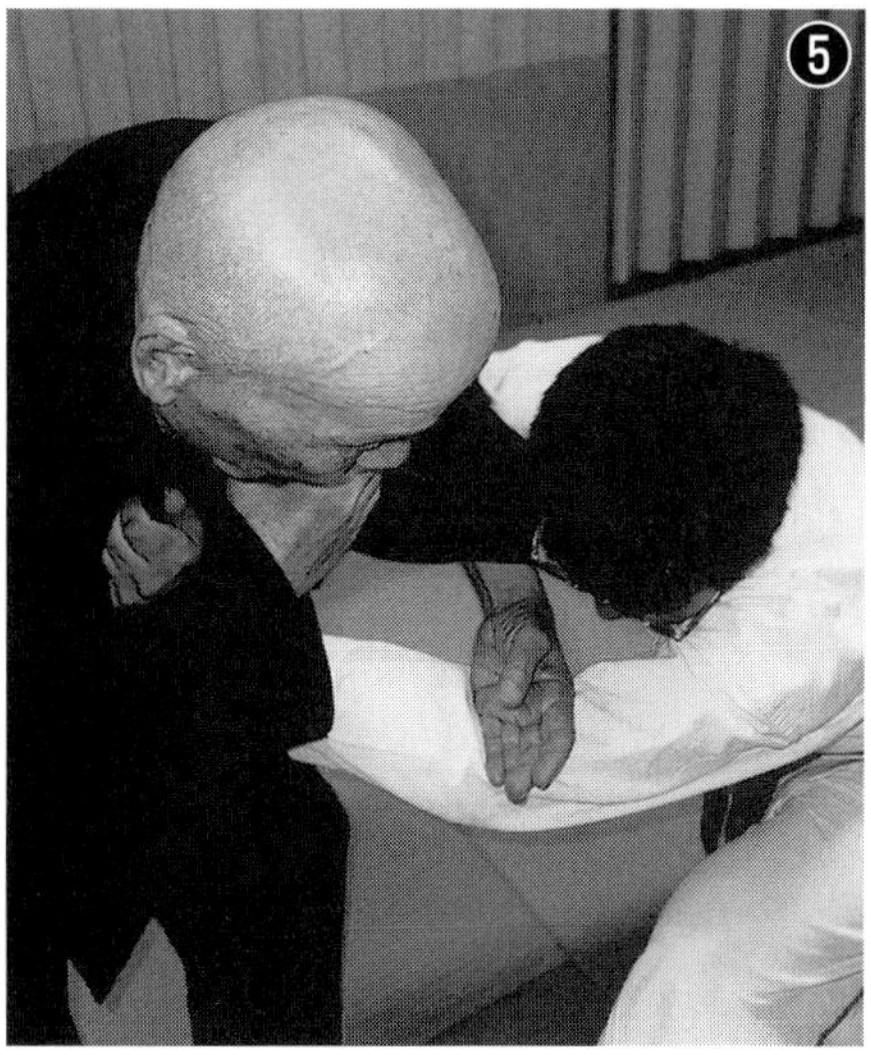

〔受〕両手で受の胸襟を平行にとる。（❶）
〔捕〕右手で受の右手甲をとり右に捻る。（❷・❸）体を受の方に寄せて、受の右肘を曲げる。（❹）左肘を受の右肘に上に乗せ下に落すと、受の右肘が痛み極まり下に崩れ倒れる。（❺）

◇1 片手胸押し ①

右手で相手の胸を押す場合に普通は手掌で押すだけである。（❶）肘を曲げて掌を胸に当て肘を延し相手の胸を押し、肘が延び切る少し前に掌を右に返して手前に垂直にして手刀にして押すと、押す力は強くなり倍加する。始めから手刀で押しては力は出なくて駄目である。肘が延び切る段階で手刀にして、小指側で肩に力を入れ体気で押すのである。（❷）

◇2 片手胸押し ②

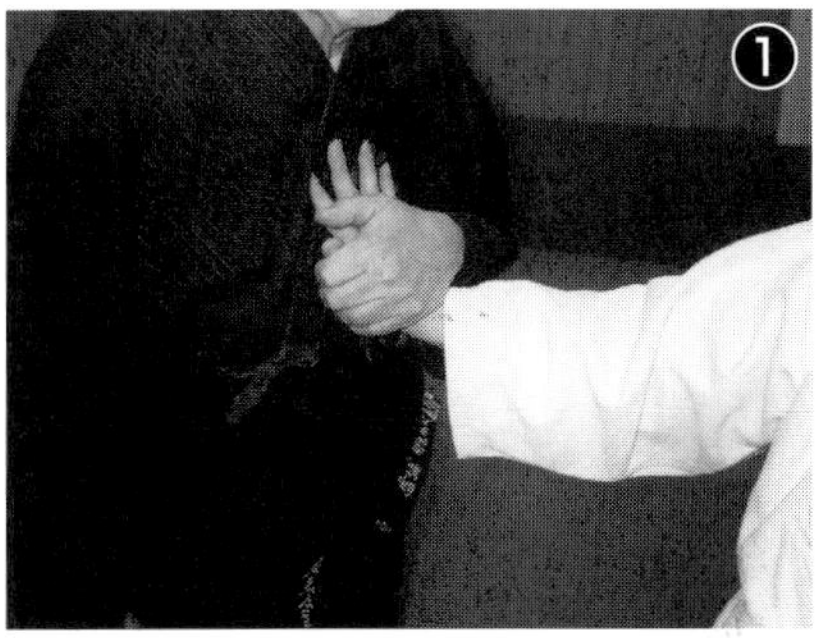

〔受〕右手で捕の胸を押す。（❶）
〔捕〕左手で右手甲の上より受の右手親指側の掌を右手で引きかけ握り（❶）右手を自分の左手甲の上に重ねて胸に密着して押しつけ（❷）体を前に屈めて受の右手首を手甲側に折り曲げて極める。（❸）右手で受の右手小指側を握り右手を右手甲に重ねて同様にして手首極めをしてもよい。（❹・❺）

1 上段打ち肩抱き倒し（前から）

〔受〕右手上段打ち。（❶）

〔捕〕体を左に向けて右手で受の内より右手打ち払い、（❶）下右に反時計廻りに巻き落し、受の右手を右手で上に巻き上げ、右手で受の右肩を前より抱く。（❸）左手で右手を握り、大きく右足を前に踏み込み体を屈めて倒す。（❹）

2 上段打ち肩抱き倒し（後から）

〔受〕右手上段打ち。（❶）

〔捕〕右足を半歩前に出し、左足を後に引き、体を右に向けて、左手で受の右手を外より打ちを払い、（❶）下に落し左手を受の右脇下に前より入れ受の右肩にかけ、（❷）右手で左手を握り、体を屈めて肩極めをする。（❸）

3 後肩とり肩極め

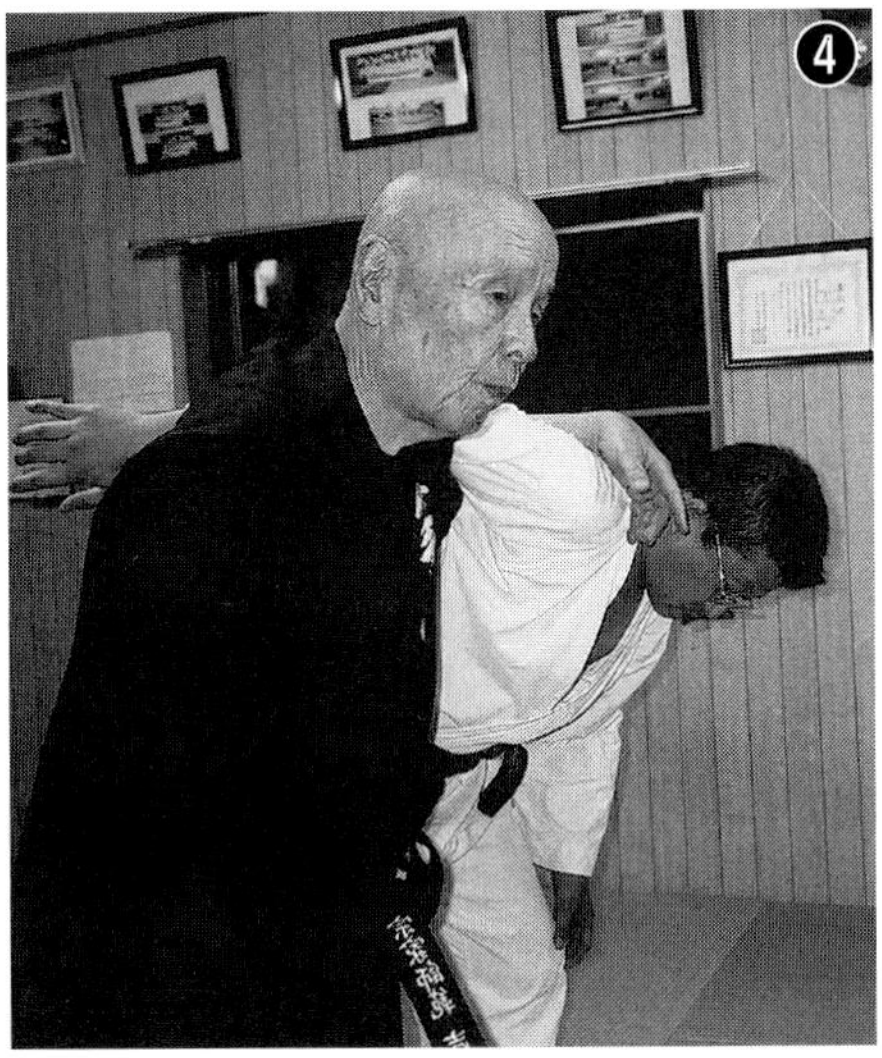

〔受〕両手で後より捕の両肩をとる。(❶)

〔捕〕右に体を廻し右手で受の右横腹を打つ。(❷) 左手で受の右肘を上から打ち、(❸) 左手を受の右手の内側より、受の右脇に前より入れて、(❹) 後より受の右肩を抱き、体を前に屈め肩極めをする。(❺)

4 脇入れ肩極め倒し

〔受〕左手で捕の右手をとる。(❶)
〔捕〕右手首を外より内に反時計廻りに廻して(❷)そのまま右手を受の左脇に突込む。(❸)体を左に開き受の左横に行き、(❹)右手を受の左肩にかけ左手も受の左肩にかけて両手で(❺)受を前に倒す。(❻)

5 肩極めを抵抗された場合 ①

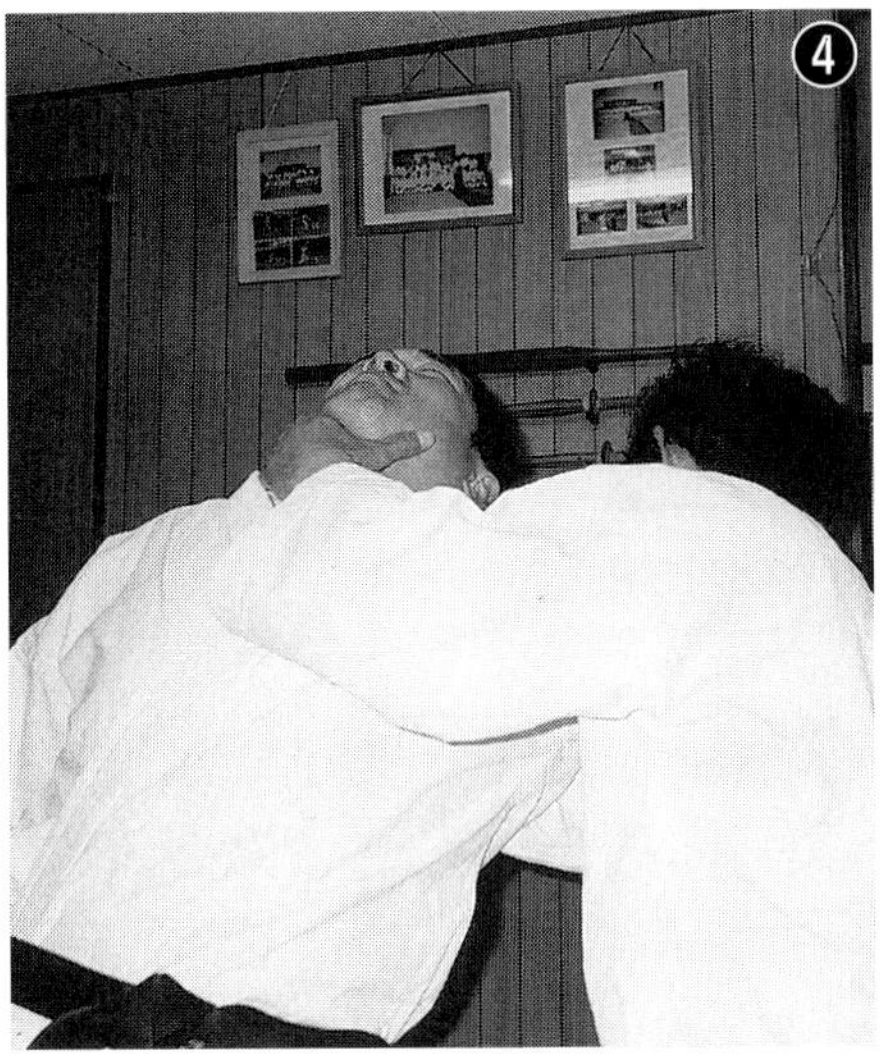

（受）左手で捕の右手をとる。（❶）

（捕）左手裏拳で受の顔を打つ。（❶）

（受）右手で捕の左手裏拳を受ける。（❶）

（捕）右手を外より内へ反時計廻りに廻して、（❷）受の左脇下より入れて、受の左肩に上げ、左手で右手を握り、体を下に屈めて、肩極めをする。（❸）

（受）肩に力を入れて抵抗する。

（捕）左手で受の喉を喉輪にとり後に押し、（❹）右手で受の左肩をとり、（❹）体を右廻りに反転して後に倒す。（❺）

6 肩極めを抵抗された場合②

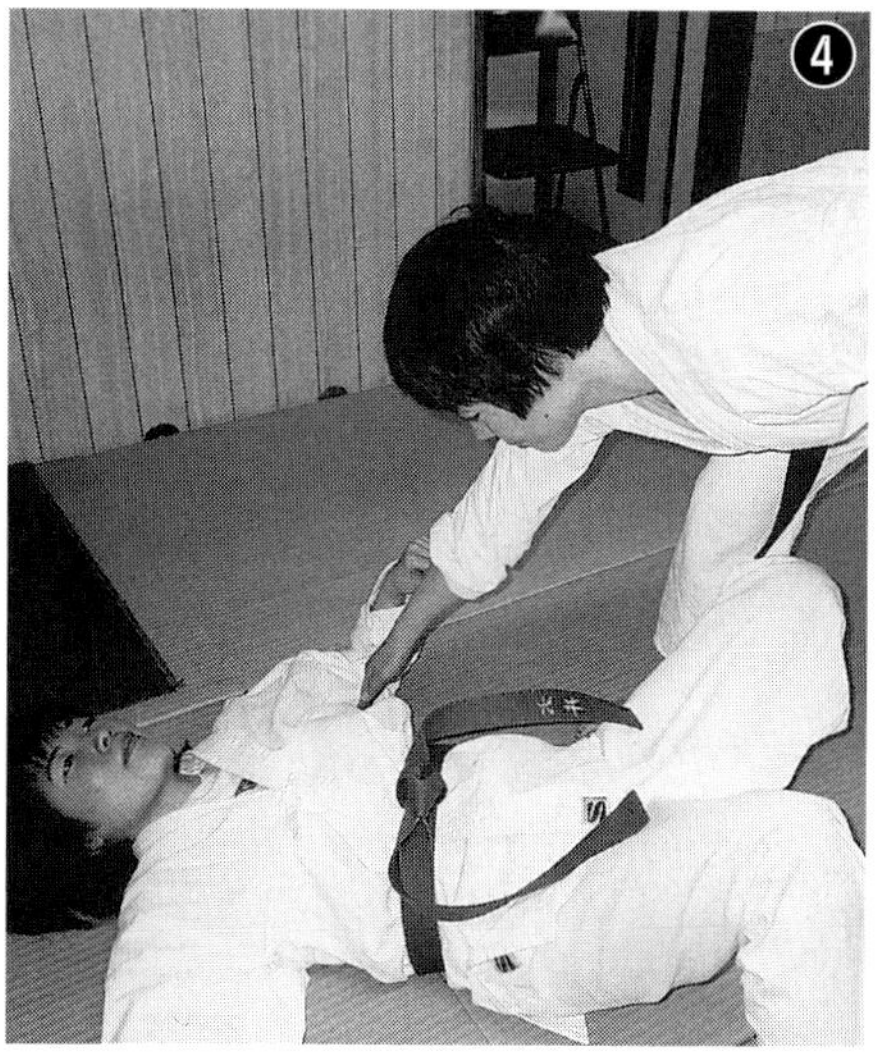

（受）左手で捕の右手をとる。（❶）

（捕）前述のように右手を反時計廻りに返して、受の左脇に入れ、体を左に開き受の左横に行き肩極め倒しをせんとする。（❷）

（受）左手をくの字に曲げ、前屈みにして捕の肩極め返しを抵抗する。（❷）捕の肩極め返しは、こうすればかからない。

（捕）右手を延し受の顔に当て（❸）後に倒す。（❹）

⑦ 肩極めを抵抗された場合 ③

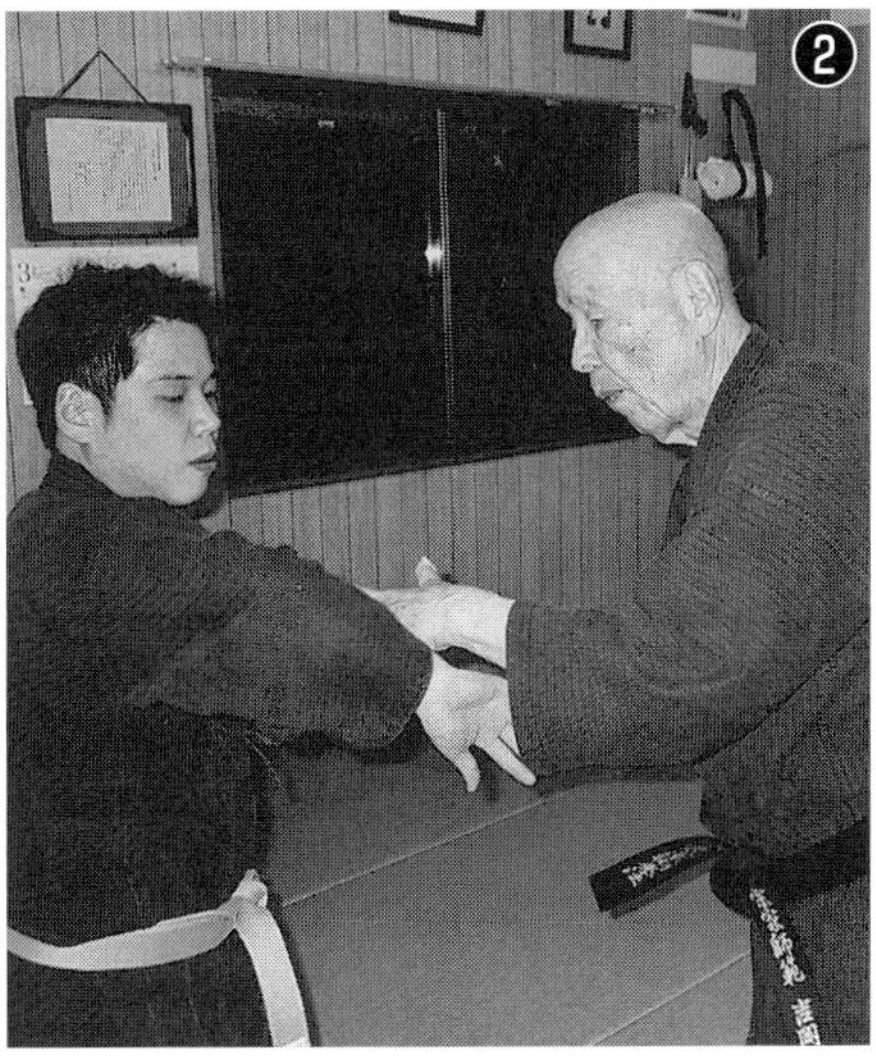

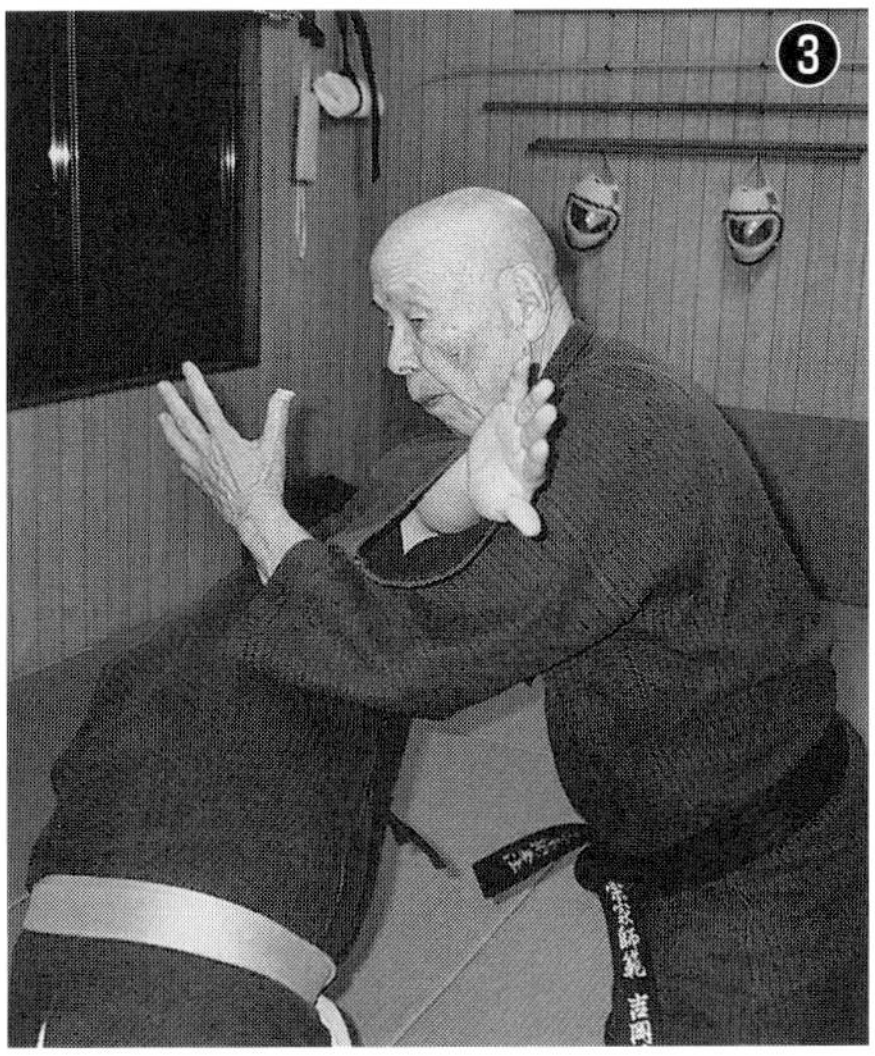

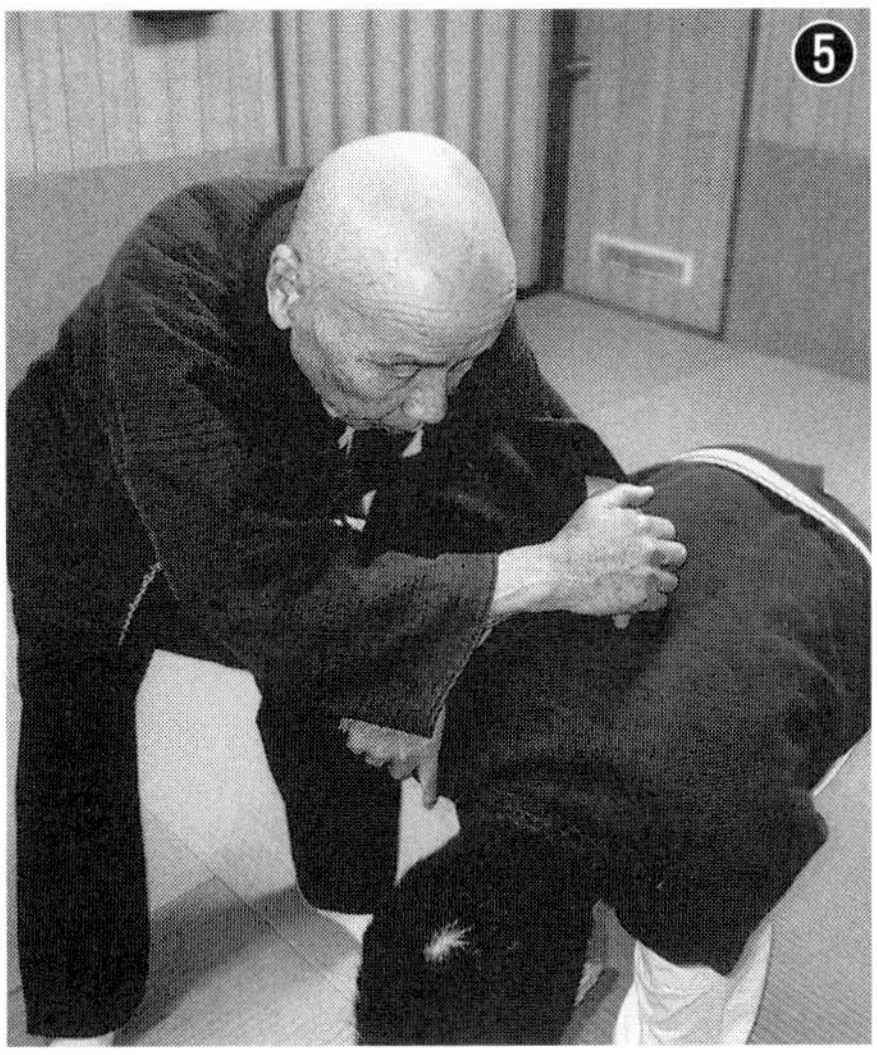

〔受〕右手で捕の左手をとる。(❶)

〔捕〕左手首を外より内に右廻りに返して、(❷)左手を外し、受の右脇下に入れて受の右肩を抱き、(❸)右手を左手に添えて、両手で下に押し肩極めをせんとする。(❹)右肘を上げて受の右手を上げる。

〔受〕抵抗する。

〔捕〕左手で受の右肩を肩極めしながら、右手で受の右手甲をとり(❺)受の右手首を曲げ上げて極める。(❺)

⑧ 肩極めを抵抗された場合 ④

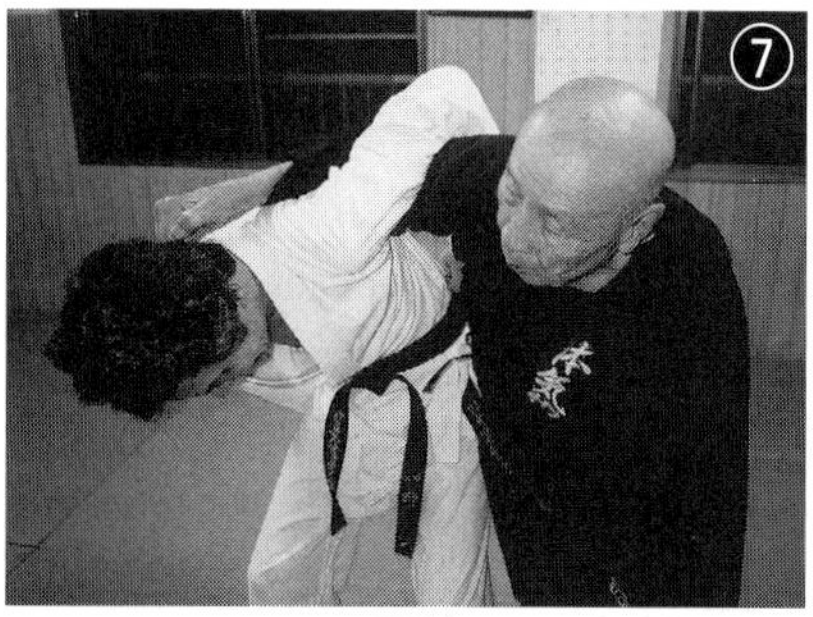

〔受〕左手で受の右肩をとる。（❶）

〔捕〕右手を反時計廻りに廻して、受の左手肘の上より受の左脇下に入れ、（❷）上に上げて、受の左肩にのせて肩極めをせんとする。（❸・❹・❺）

〔受〕捕の肩極めを抵抗する。

〔捕〕右手で受の顔横を叩き押す。（❻）右手で受の後襟を掴み後下に引き落す。（❼・❽）

9 肩極めより首押え倒し

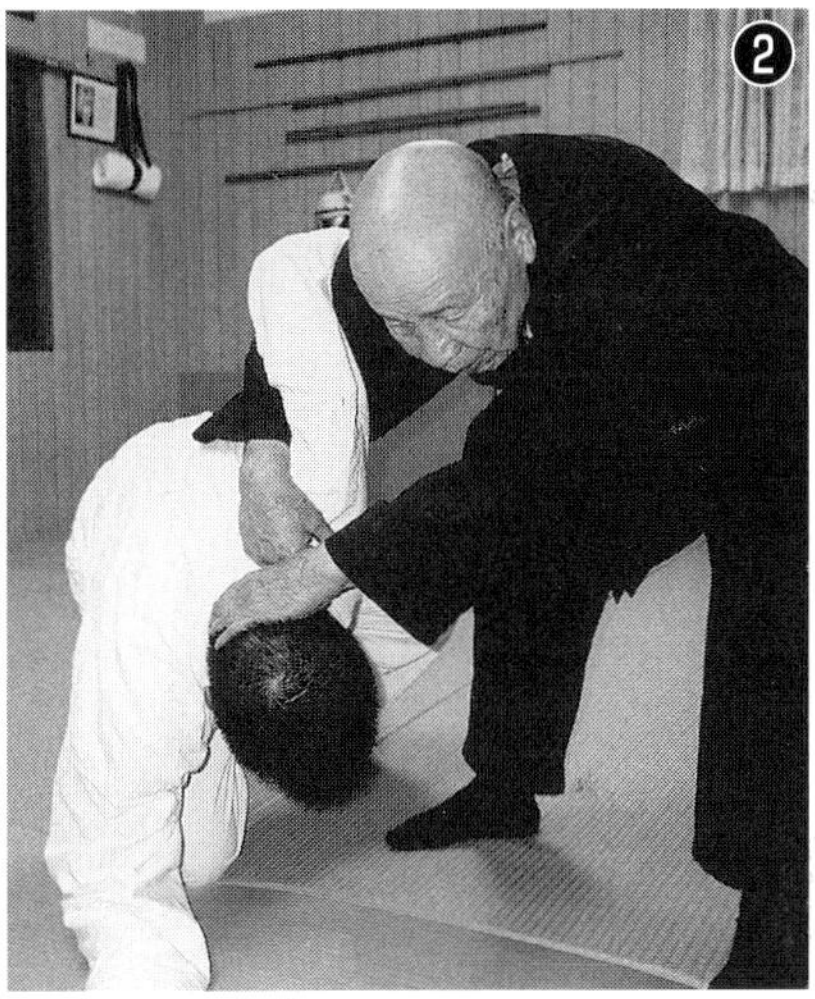

〔受〕肩極めをされ抵抗する。(❶)
〔捕〕受が肩極めを抵抗したので、左手で受の首後を押え倒す。(❷) 又は受の首後を猫の首掴みに極めてもよい。

10 体気体重倒し

相手が肩極め倒しを抵抗した場合、(❶・❷)自分の体重を相手の左肩に移し替えて倒す。(❸・❹)腕の力だけでは倒れないので両膝の力を抜き、全体重を相手に右腕を通じてかけると相手は倒れる。相手に我が全体重をかけるには両膝の力を抜き、自ら両足で立つことを止めることが大事である。

1 肩極めを抜き外し返し

〔受〕右手で捕の肩をとる。（❶）
〔捕〕左手を受の右手の上より内に入れて、更に受の右手の内より右肩にかけて、受を肩極めにせんとする。（❷）
〔受〕体気を入れて抵抗して、右肘を直角に曲げて下に落すと捕の肩極めより抜ける。（❸）（❹）右肘より抜く気持ちで抜き、受の左首横を右手下膊が滑らすように抜く。左手で受の左手首をとり、（❺）右手で受の左肘をとり両手で一本捕で倒す。（❻）

2 肩極め入身返し

〔受〕右手で捕の左脇下に前から入れ、後に廻し受の左肩を抱き肩極めをする。(❶)

〔捕〕体気を入れ肩極めを抵抗。(❷)左手を受の頭を越して受の胸に置き後に押し、(❸)左足を受の右足後にかけて後に倒す。(❹)

3 肩極めの返し

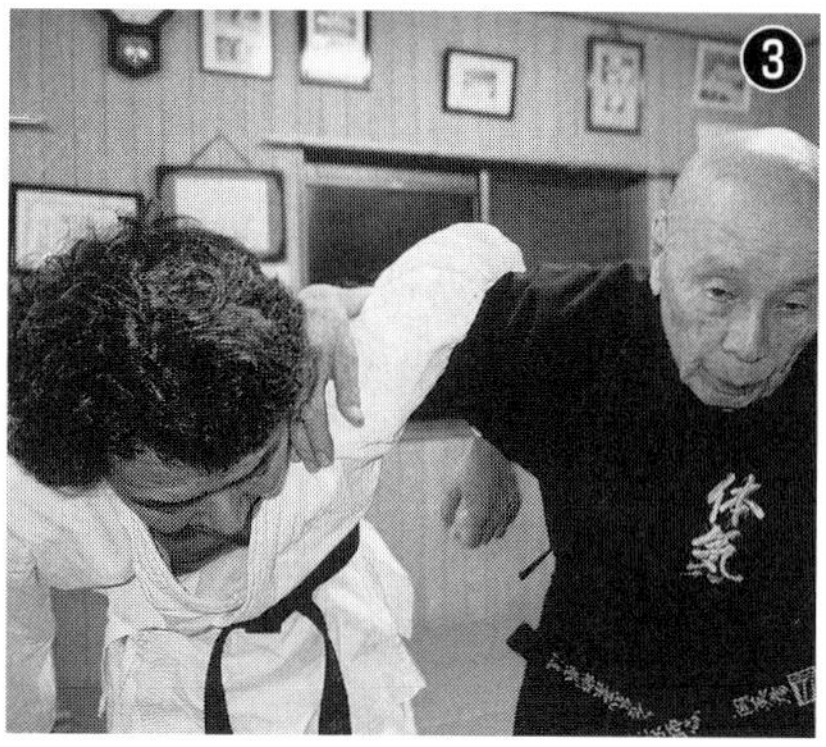

〔受〕左手で捕の右中袖をとる。(❶)

〔捕〕右手を捕の左肘の内側に入れ、外に廻して受の左肩におき、体を前傾して肩極めをせんとする。(❷・❸)

〔受〕右手で捕の顔面を突く。(❹)

〔捕〕受の右手突きを左手でとる。(❹)右手で捕の右手をとり、左手で捕の左手をとり後に引き倒す。(❺・❻)捕の右手先は捕の左肩後にきているので、後に倒れやすい。

39 肘抱き極めの返し

1 肘抱き極めの返し ①

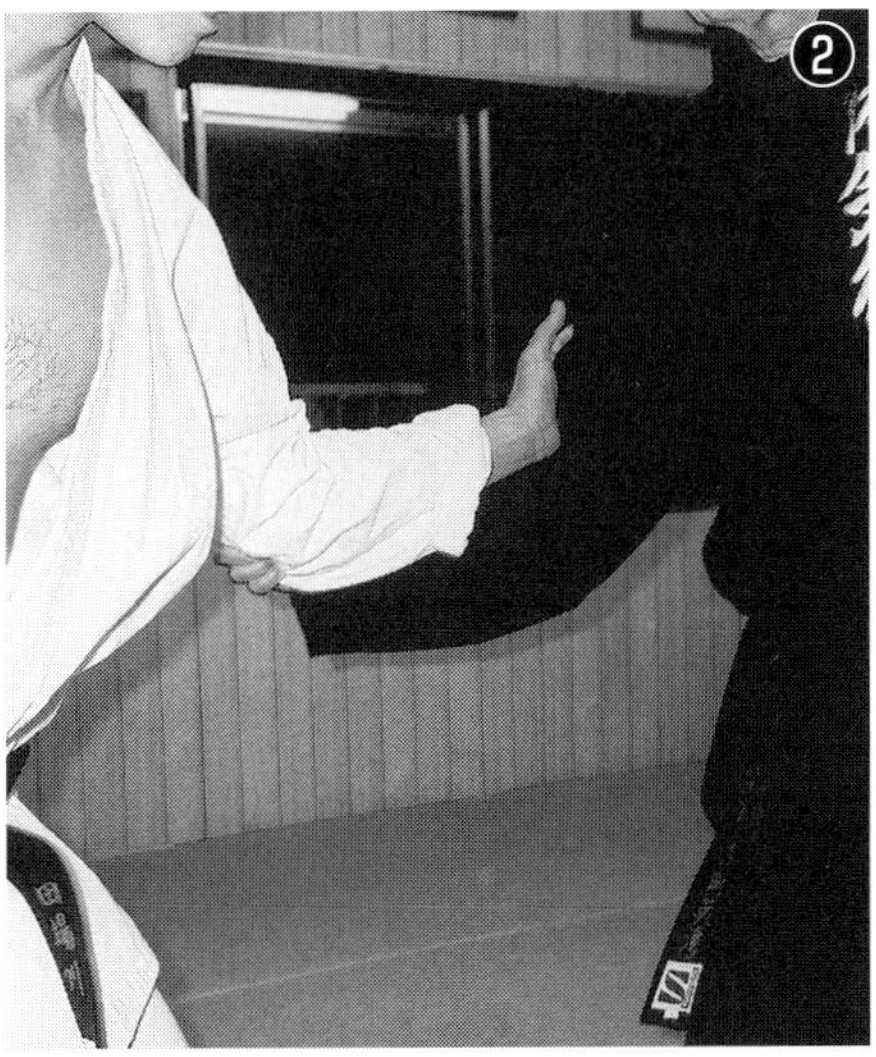

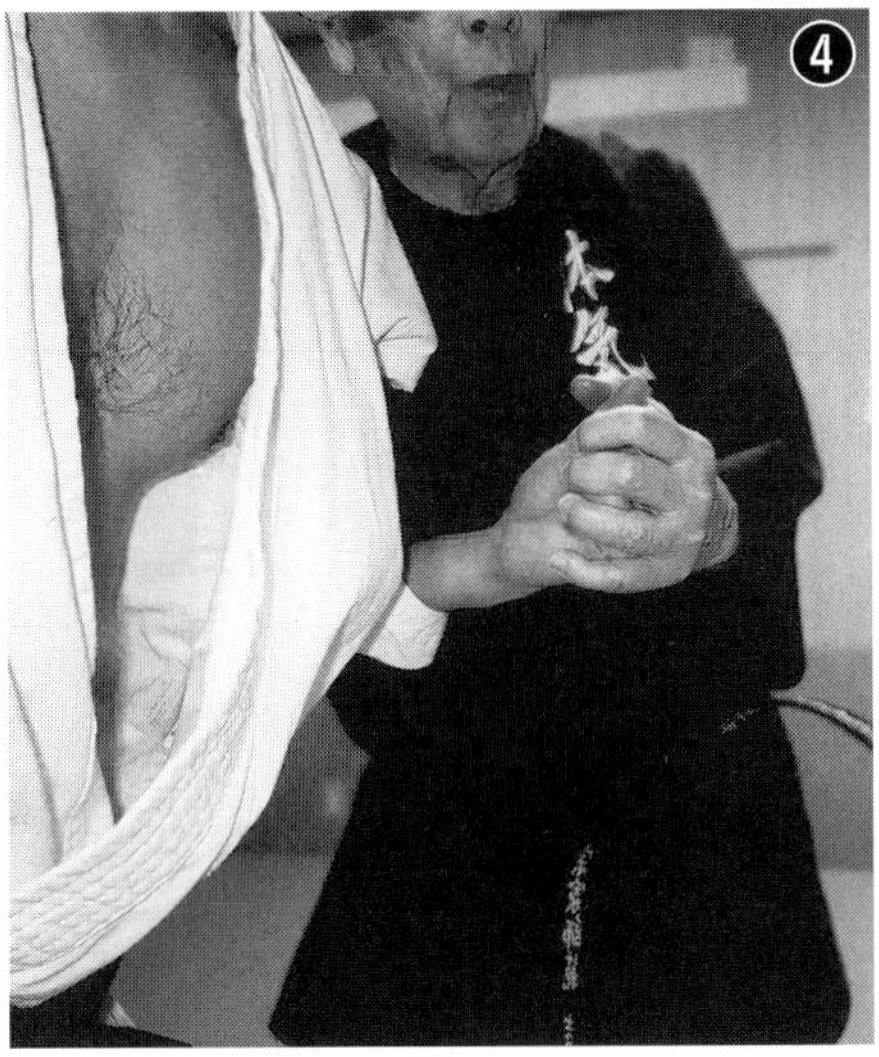

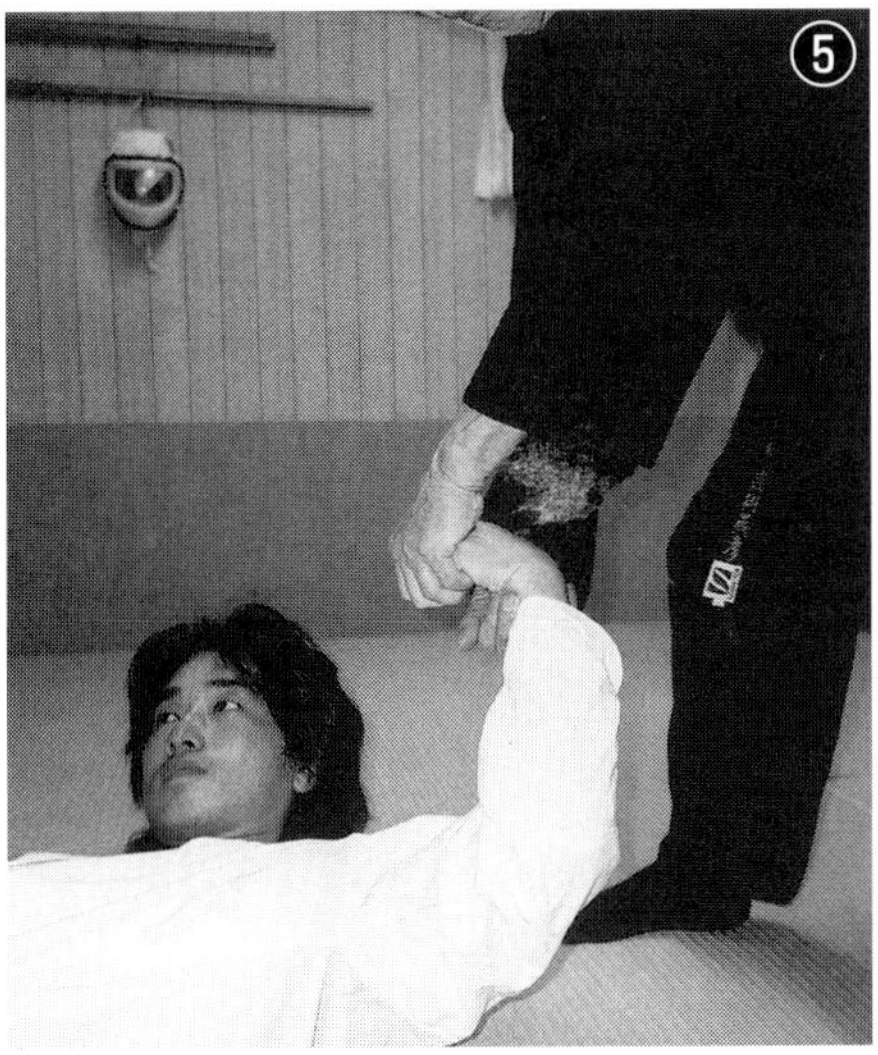

〔受〕右手で捕の左中袖をとる。(❶)

〔捕〕左手刀で受の右肘を押えて、受の右肘を曲げ、(❷)受の右肘を深く左手で抱き上に上げ、肘を極めて後に倒さんとする。(❸)

〔受〕右肘を右に押し戻し体気を入れ、右肘を右に張る。受の左手甲を上から左手で握り、受の手首を掌側に折り極め、(❹)体を右に向けて受を倒す。(❺)

② 肘曲げ上げ極めの返し

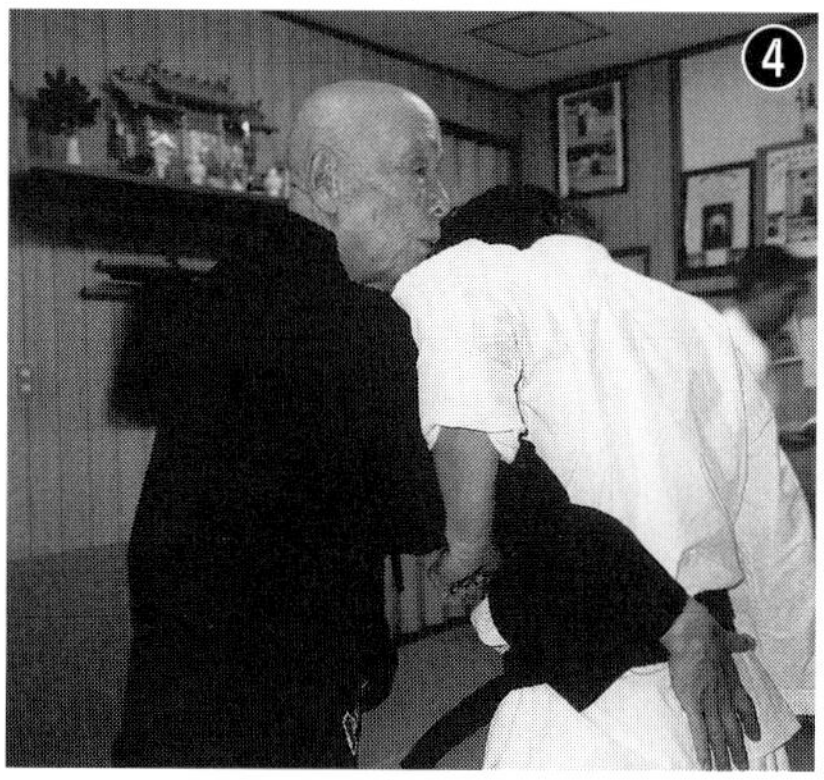

〔受〕右手で捕の左中袖をとる。(❶)

〔捕〕左手を内より外に反時計廻りに廻して、受の右肘を抱き、巻き上げて受の右肘を極めながら後に倒さんとする。(❷)

〔受〕右肘を我が右横腹につけて体気を入れ、捕の肘曲げ上げに抵抗する。(❸)この様にすれば捕は如何程力を入れても肘巻き上げは出来ない。受の力が強く右肘を我が右横腹につけられない場合は、体を前に進めれば容易に右肘は体につく。右肘を下に延ばすと捕の左手は容易に外れる。(❹) 右手を捕の胸喉に当て後に押し、(❺・❻)右足を捕の左足後にかけて倒す。

1 体捌き反転入身投げ

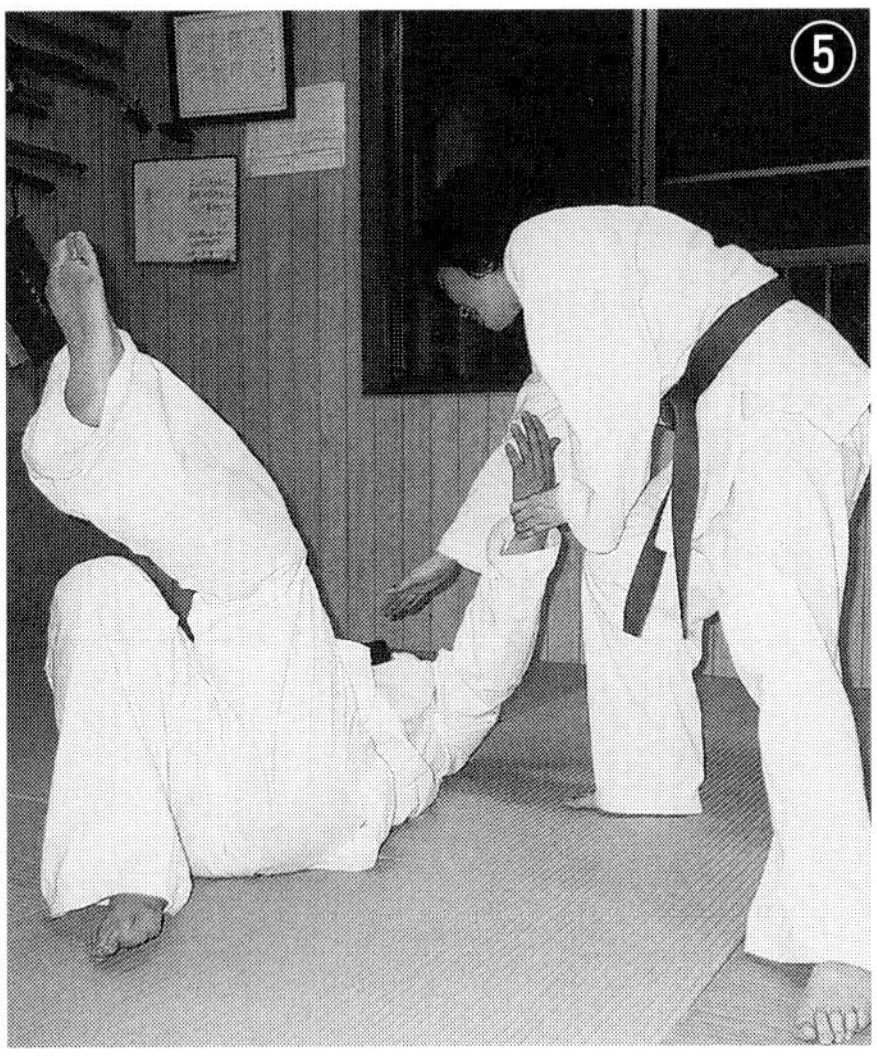

〔受〕左手で捕の右手をとる。(❶)
〔捕〕右足を一歩左前に出し、左足を後に引き、体を左に回転して、右手を大きく前に出す。(❷)左手で受の右手首を握り、(❸)右手を外し、受の喉に当て後に倒す。(❹・❺)右足を受の左足後にかけてもよい。

◇2 水平体捌き入身投げ

〔受〕右手で捕の左手をとる。(❶)

〔捕〕体を受の右横に移し、右に体を開き左手を水平に延し、受の胸に当て(❷)後に押し倒す。(❸)

1 入身投げの返し（指折り）

〔受〕右手で捕の左手をとる。
〔捕〕左手を左より右に返して受の右手を外し、体を右に向け受の右横に行き左手で受の胸と喉の間に当て入身投げをせんとする。（❶）
〔受〕体を左に回転して背中を受の背中に合せるように半ば後を向く。（❷）右手で捕の左手指をとり（❸）我が頭を越して右に持ってきて体を左に少し回転する。（❹）捕の手指を折り曲げて極める。後に引き倒す。（❺）

②後襟とり入身投げの返し(肘極め)

〔受〕右手で捕の後襟を後からとる。(❶)

〔捕〕右足を一歩斜後横に下げて、左足を下げ受の右足後にかける。左手を受の胸喉に当て後に倒さんとする。一種の入身投げである。(❷)

〔受〕左足を大きく後に下げて体を深く前傾して体気を入れれば後に倒れない。(❸)受の左手を顎と胸で挟む。(❸)左手で捕の左手首を握り右手で捕の左腕付根を押し、(❹)捕を前に倒して両手で捕の左手肘を極める。(❺)

③ 上段打ち入身投げの返し技 ①

〔受〕右手で上段打ち。(❶)

〔捕〕両手で受の右手上段打ちを受ける。

(❶)右手で受の右手をとり右後に引き体を右に開く。左手で受の首後ろを押えて右に引き、(❷)両手で受を右廻りに回転して引き廻す。体を左に反転して右手で受の喉に当て右足を前に踏み込み倒さんとする。上段打ち入身投げをせんとする。

〔受〕捕が受を右廻りに引かんとする時に、自身の体をその場で右に廻し、捕の右手を左手でとり、(❸)右手も捕の右手首をとり両手で捕の右手下を右に潜り四方投げをする。(❹・❺)

④ 上段打ち入身投げの返し技②

〔受〕右手上段打ち。

〔捕〕前述の「上段打ち入身投げの返し技①」のように入身投げをせんとする。

〔受〕右手首を外より内に、反時計廻りに右手首を返して右手を外して、（❶）下より上に上げて、捕の左手上膊に当て下に押し落し、（❷）左手で捕の左手をとり右肩に乗せて、両手で肩極めをする。（❸）

⑤ 上段打ち入身投げの返し技③

〔受〕右手上段打ち。（❶）

〔捕〕前述のように受の右手上段打ちを両手で受けて、右に引き廻し入身投げ（❷）をせんとする。

〔受〕捕の右に両手で引き廻す力を利用して体を屈め、捕の右足に向かって進む。右下膊で捕の腿を押し、左手で捕の右膝裏をとり手前に引き（❸）捕を後に倒す。（❹）

⑥ 上段打ち入身投げの返し技④

〔受〕右手上段打ち。
〔捕〕前述の上段打ち入身投げの返しの②のように入身投げをせんとする。
〔受〕前述の上段打ち入身投げの返し②のように捕の左手を両手で肩極めをするときに捕が肘を曲げて力を入れ抵抗した場合は、（❶）体を前に大きく屈め、左手で捕の左手首をとり、頭を越して前に持って来る。（❷）右手で捕の左肘をとり、両手で一本捕で（❸）返す。

⑦ 入身投げの返し技（腕とり倒し）

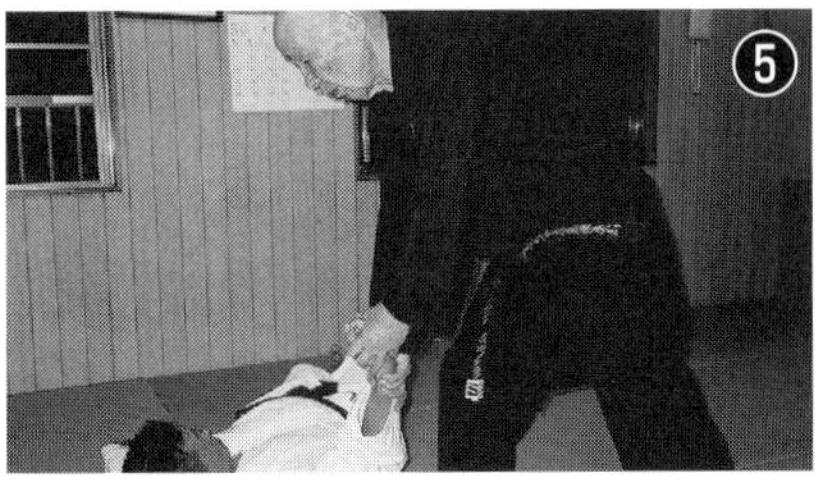

〔受〕右手中段突き。（❶）
〔捕〕体を右に開き左手で受の右手を右に払い、（❶）右手で受の喉に当て後に倒さんとする。（❷）
〔受〕左手を曲げて胸の前を滑らせて上に上げて、受の右手を防ぐ。（❷）そのまま左手で捕の右中袖をとり、右手で捕の右脇下より入れ、捕の右肩衣をとり、（❸）右足を捕の右足後にかけて倒す。（❹・❺）

8 入身投げの返し技（一本捕）

〔受〕右手中段突き。
〔捕〕前述同様にして左手で掌を上に向けて左手を喉に当て後に倒さんとする。入身投げをせんとする。（❶）
〔受〕左手で胸の前を滑らせて上に上げて、捕の左手を防ぎ、左手で捕の左手首をとり右手で捕の左肘をとり一本捕をする。（❷・❸）

9 入身投げの返し技（肘落し）

〔受〕右手上段突き。（❶）
〔捕〕体を右に開き、左手で受の右手を右に払い、左手を受の右脇下より入れ上に上げて、入身投げで倒さんとする。（❶）
〔受〕左手で前のようにして捕の左手を防ぎ、左手で捕の左手首をとり、右肘で捕の左肘を打ち痛める。（❷）そのまま右手肘で捕の肘を落して倒す。（❸）肘落し一本捕をする。（❹）

10 入身投げの返し技（足かけ押し倒し）

〔受〕右手上段打ち。

〔捕〕前述のように左手で受の右手を右に払い、右手で受の右脇下より右手を入れ入身投げをせんとする。（❶）

〔受〕前述のように左手で捕の右手を胸の前で受けて、左手で捕の右手首をとり、（❷）右手で捕の右肩をとり、（❸）右足を捕の右足後にかけ後に倒す。（❹）

11 入身投げの返し技（指折り）

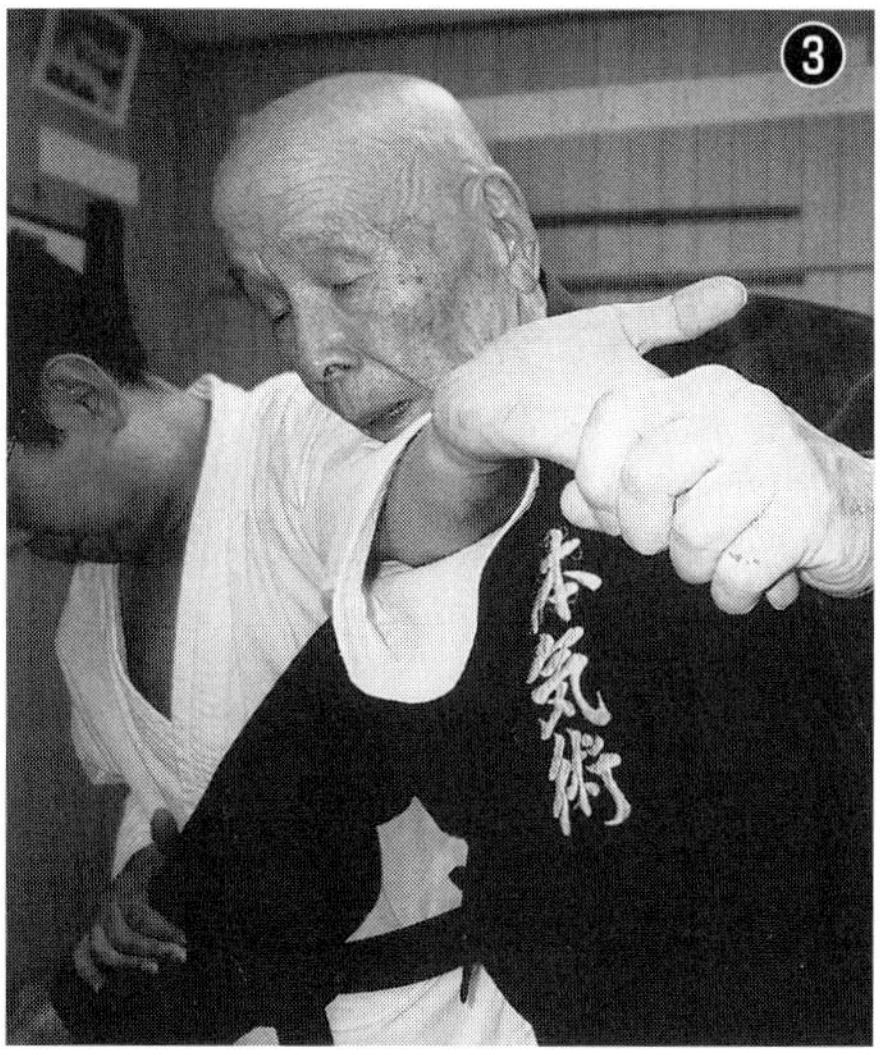

〔受〕右手中段突き。

〔捕〕体を右に開き、左手で受の右手を右に払い、（❶）右手で受の右手首をとる。左手で受の胸に当て後に押し入身投げで倒さんとする。（❷）

〔受〕捕が左手で捕の胸を押さんとする時に、左手肘を自分の腹に当て、肘を曲げて捕の入身投げの左腕を、左手で受ける。（❷）顎を締め体気を入れて、左足を後に引き、受の左手入身投げに抵抗する。（❷）左手で捕の親指以外の左手四指を受の掌側から掴む。（❸）受の左手四指を右に捻り、受の左手を頭を越して上げ捻り極める。（❹・❺）

1 十字締め倒し

〔受〕両手で捕の胸襟をとり十字締めをする。（❶）

〔捕〕顎をしめ両肩を上げて両手拳で鳩尾を打つ。（❷）

〔受〕両腕を延し突張り尻を後に引き、（❷）受の両手拳の当身を外す。体を前に進め両手肘を両脇につけ体重を両手に移し、（❸）受を前右に引き倒す。（❹）

2 十字締めの抵抗を返す（手首極めの場合）

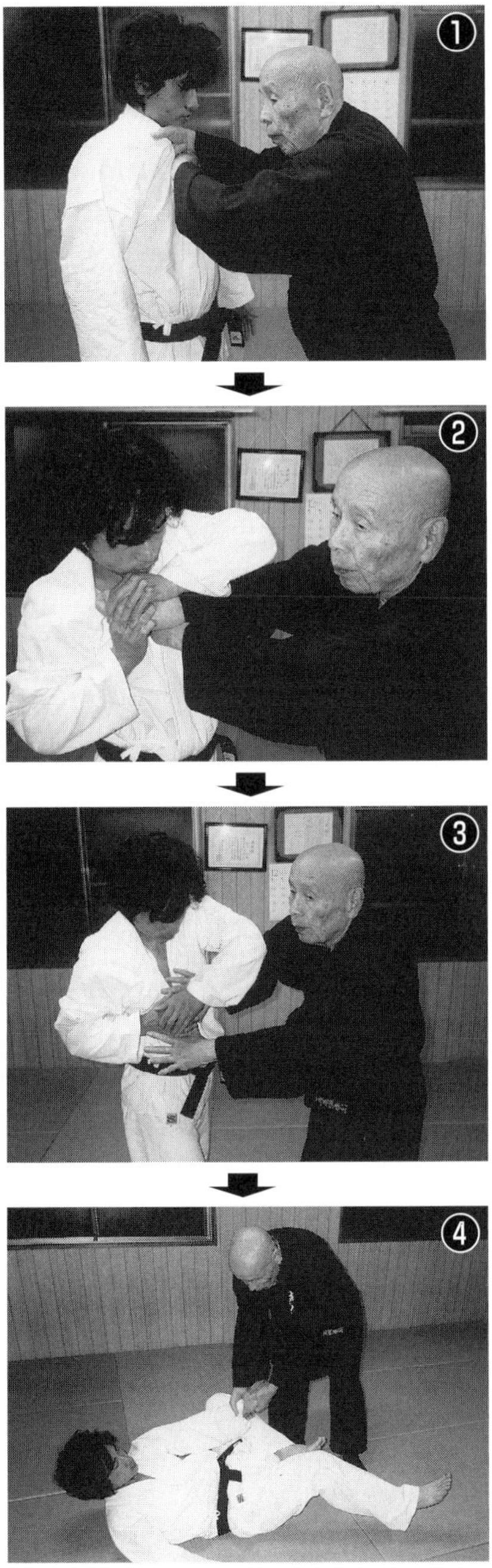

〔受〕両手で捕の胸襟をとり十字締めをする。（右手が上、左手が下の場合）（❶）

〔捕〕両手で受の右手甲をとり、手首極めをせんとする。（❷）

〔受〕捕の胸襟を十字締めに握った両手を放し（❸）右手で捕の左手掌を握り、左手で捕の左手甲を握り、両手で捕の左手首を捻り折り倒す。（❹）

3 片手胸襟逆締め倒し

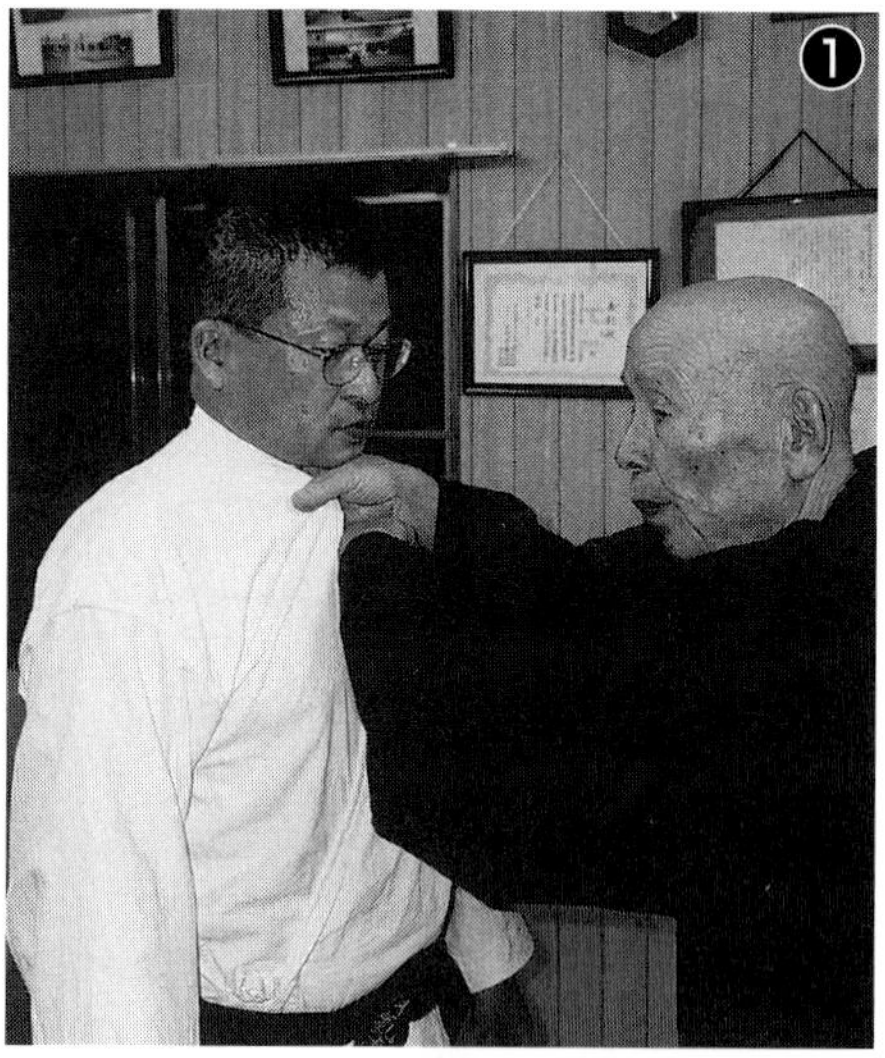

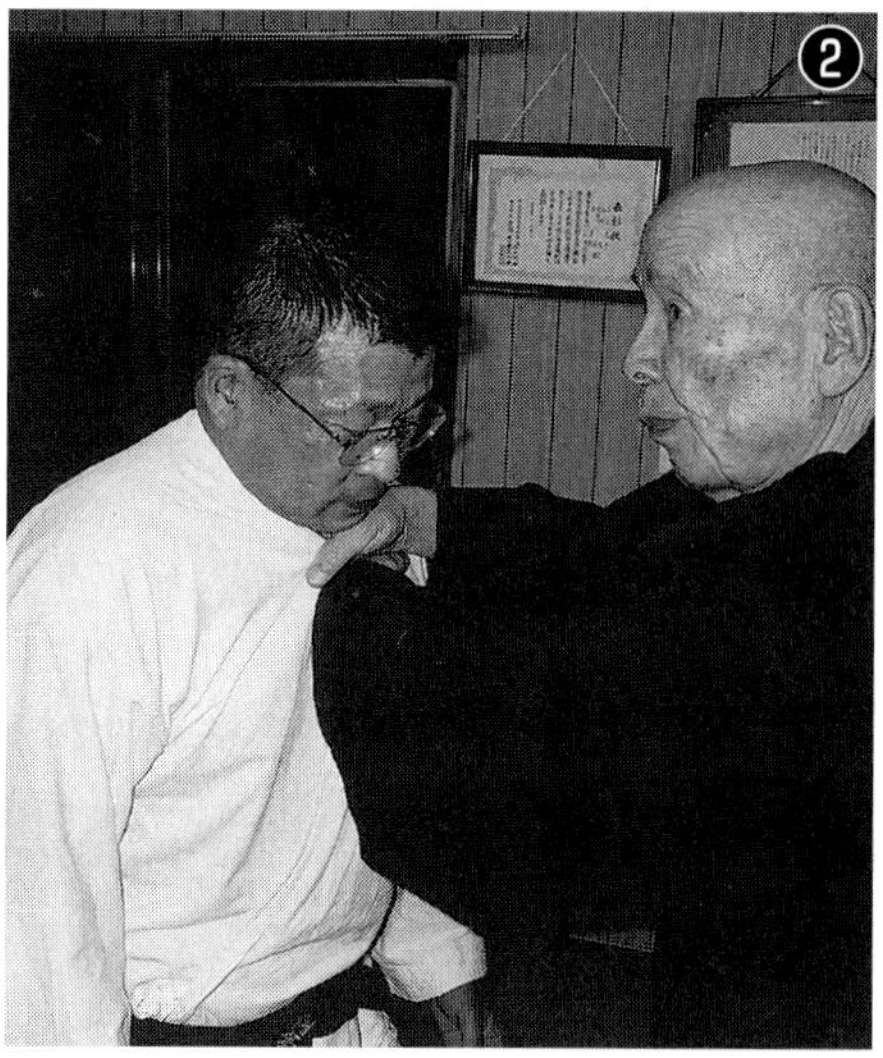

〔受〕両手で捕の胸襟をとり、十字締めをする。右手が上、左手が下。(❶)
〔捕〕顎を締め、両肩を上げ受の両手十字締めを抵抗する。(❷)
〔受〕下になっている左手を放す。(❸) 右肘を上げ受の左肩の後にもって行く。(❸) 体を受の左後に移動する。(❹) 捕の右胸襟を握った右手を受の左後に引き倒す。(❺) 捕の首が締まる。

1 十字締め足かけ入身倒し①

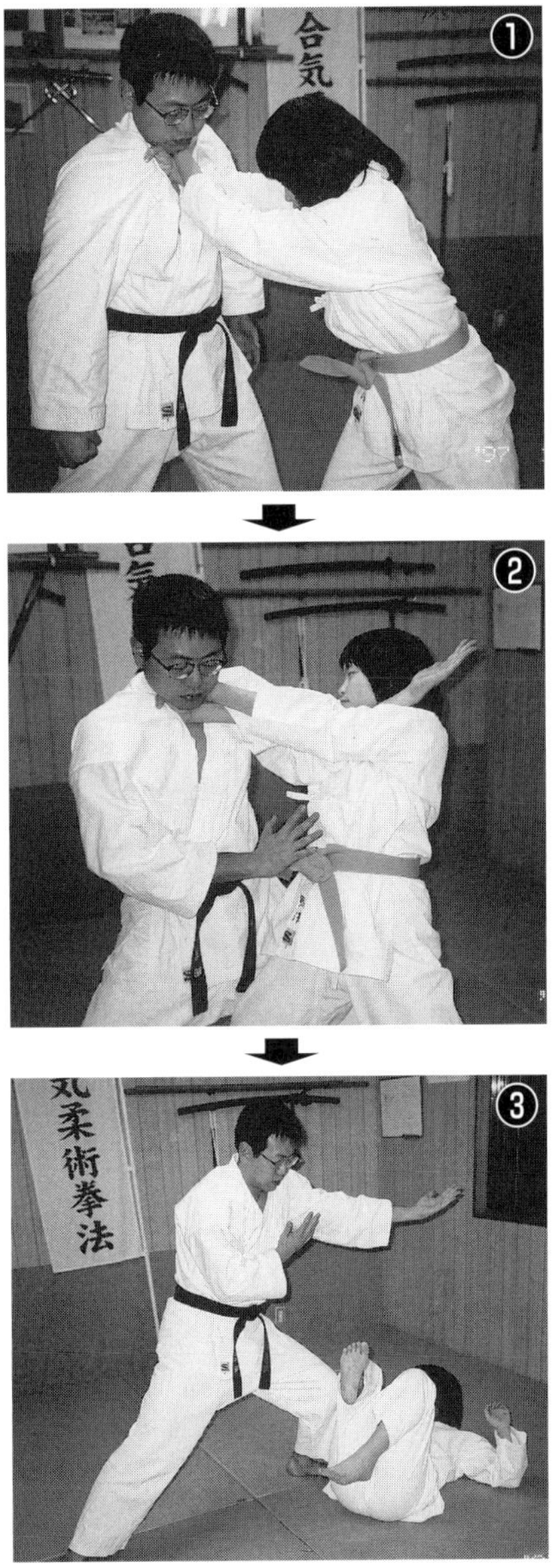

〔受〕右手を下に左手を上にして捕を十字締めにする。(❶)

〔捕〕顎を締め両肩を上げて、口を左右に引き締めて、受の十字締めを抵抗する。左手を受の右下より内に入れ、体を右に向け、(❷) 左足を受の右足後にかけて、左手で受の胸を押し倒す。(❸)

2 十字締め足かけ入身倒し②

〔受〕右手を上に左手を下にして捕を十字締めにする。(❶)

〔捕〕顎を締め両肩を上げて、口を左右に引き締めて、受の十字締めを抵抗する。右手を受の左手上より受の右手下に入れ、体を左に向け、(❷) 右足を受の左足後にかけて、左手で受の胸を押し倒す。(❸)

3

十字締め返し（手首折り）

〔受〕両手（右手上、左手下）で捕の両胸襟をとり十字締めをする。（❶）

〔捕〕受の右手甲に両手を当て自分の胸に押しつけ、左手で受の右肘下をとり手前に引き寄せ、右手で受の右手甲を押え体を屈めて、（❷）受の右手首を手甲側に折り体を左に向けて、右肩で受の右手握りの拳を左に押し左手で受の右手を内右上に押し（❸）受を左に倒す。（❹）

4 十字締め延子返し ①

〔受〕両手で捕の胸襟を十字締めにする。右手が上、左手が下。(❶)
〔捕〕両手拳で受の水落ちを突く。
〔受〕腰を後に引いて捕の両手拳の水落ち突きを避ける。(❷) 両手で十字締めを強め、両肘を横に張り強く十字締めをする。
〔捕〕両手を捕の両手下膊下より捕の両手上膊の上に乗せる。(❸) 両肘を上げ両手先を下げて延子の原理で下に押し下げて倒す。(❹・❺) 片手で同様にしてもよい。(❻)

⑤ 十字締めの延子返し②

〔受〕両手で捕の胸襟を十字締めをする。右手が上で、左手が下。❶

〔捕〕体を右に向けて左手を受の右手の上から内に深く入れ、受の左手肘下に入れる。❷体を左に反転して、左手で受の左手を左に押し、右手で受の左上膊を押し、❸両手で一本捕をする。❹捕が受の高くなっている右手の上から左手を内に入れるのは、延子の支点が高くなり容易に受の左手を左上に反転することが出来るからである。受の下の方の左手の上より、右手を入れて受の右手の下に当てても、同様に反転することは困難である。延子の力点が高くなり非常に力を要することになる。力学物理の法則を考えれば明らかである。

⑥ 十字締めを十字締めで返す

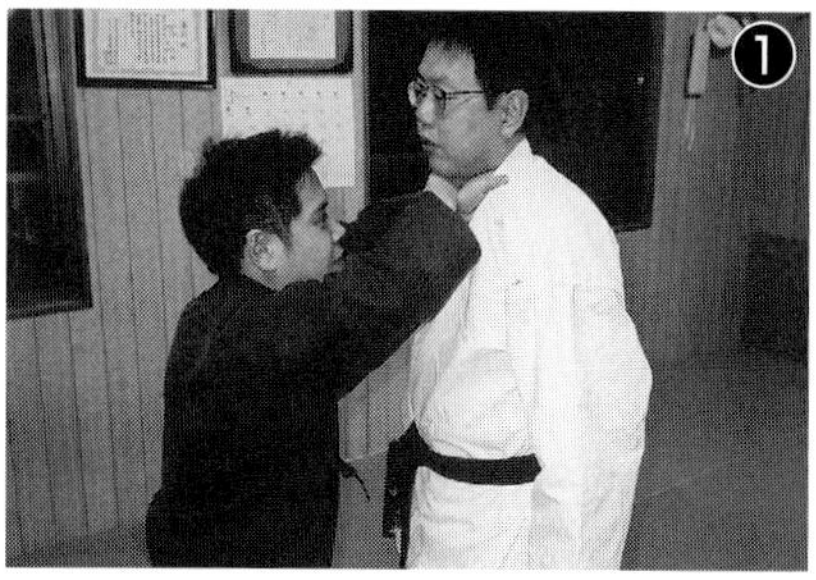

〔受〕両手で捕の胸襟をとり、十字締めをする。❶

〔捕〕顎を締め、両肩を上げて受の十字締めを耐える。逆に両手で受の両手下より、受の胸襟をとり十字締めをする。❷両肘を上げ受の両肘を上げ受の十字締めを緩める。❸左足を受の右足後にかけて、両手で十字締めをしたまま受を押し倒す。❹

7 十字締め返し（上膊痛め）

〔受〕両手で捕を十字締めにする。（右手上、左手下）（❶）

〔捕〕顎を締め、両肩を上げて受の締めに抵抗する。（❷）右手で受の右手甲を握る。左手を受の右手の下より入れ、受の右上膊の上に左手首を置き、五指を開き体気を入れる。（❸）左肘を上げ、左手首を下に下して受を下に落す。（❹）受は右手上膊の真中が痛い。

8 十字締め外し

〔受〕両手で捕を十字締めにする。（❶）

〔捕〕顎を締め、両肩を上げて受の十字締めに抵抗する。（❶）両手人差指を受の両耳後下の急所に当て押し、両親指で受の歯幹を押し、他の四指で顎骨の裏にかけ強く握るようにして、受の耳後下の急所と歯幹を突き押えて極める（❷）と受の十字締めは緩む。他の技をかける。

⑨ 十字締めに対する抱き締め倒しの返し——

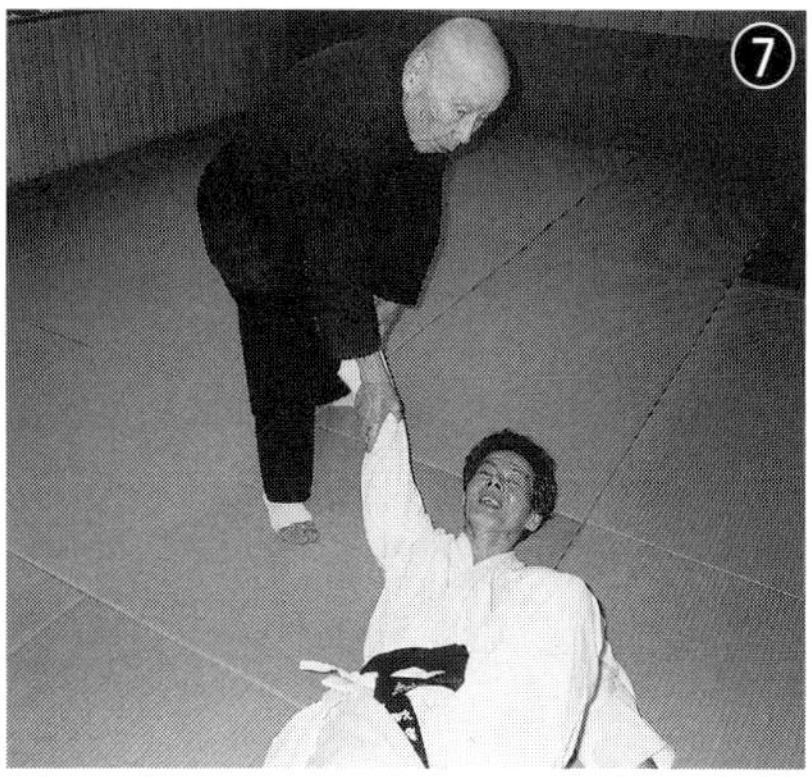

〔受〕両手で捕の胸襟を十字締めにする。(❶)右手が上、左手が下の場合。

〔捕〕両手で受の水落ちを当身をする。(❷)

〔受〕腰を引き両手を突張り捕の両手水落ち突きを避ける。(❷)更に十字締めをして強める。

〔捕〕左手を受の左手肘の上に乗せ、右手を左手甲の上に乗せる。両手で受の左肘の上に重ねて乗せ体を左に開き、(❸)両手で受の左肘を下に押し倒さんとする。抱き締めをせんとする。(❹)

〔受〕右肘で捕の左腕肘を押え捕の左腕を殺す。(❺)左手で捕の右肘を押える。(❻)右手で捕の左肘外衣を掴み、左手で捕の右手肘を下に押し、右手で捕の左肘外衣を掴み上に上げ回転して倒す。(❼)

⑩ 十字締め外し（肘跳ねあげ）

〔受〕両手で捕の胸襟をとり、十字締めをする。（❶）

〔捕〕顎を締め、両肩を上げ体気を入れて、受の十字締めに抵抗する。両手を受の両肘に当て、内側に受の両肘を押しながら上に上げる。（❷）更に両手を押すと受の十字締めは外れる。（❸）両手で受の両肘を内に押すことにより、受の十字締めは緩む。更に受の両肘を上げると受の両肩が痛くなり、受の両手は捕の胸襟から外れる。

⑪ 両手揺さぶり投げ

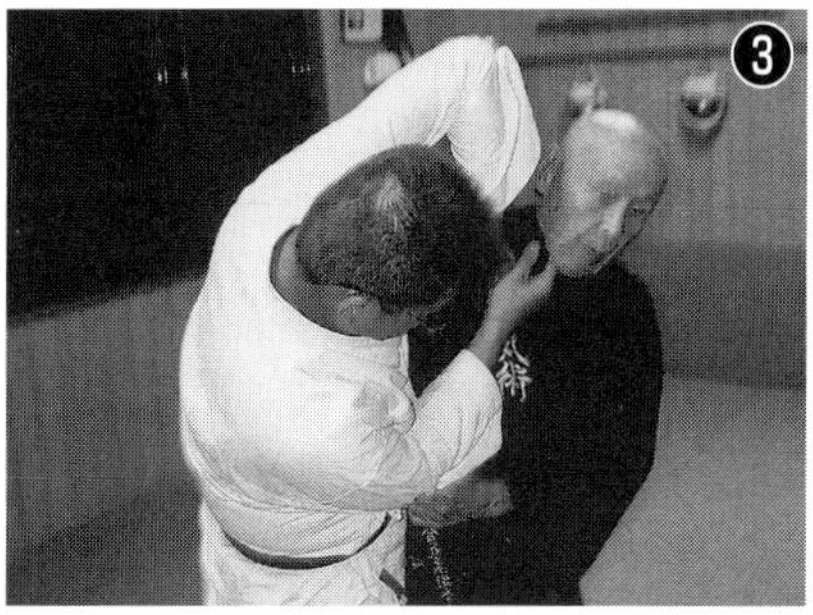

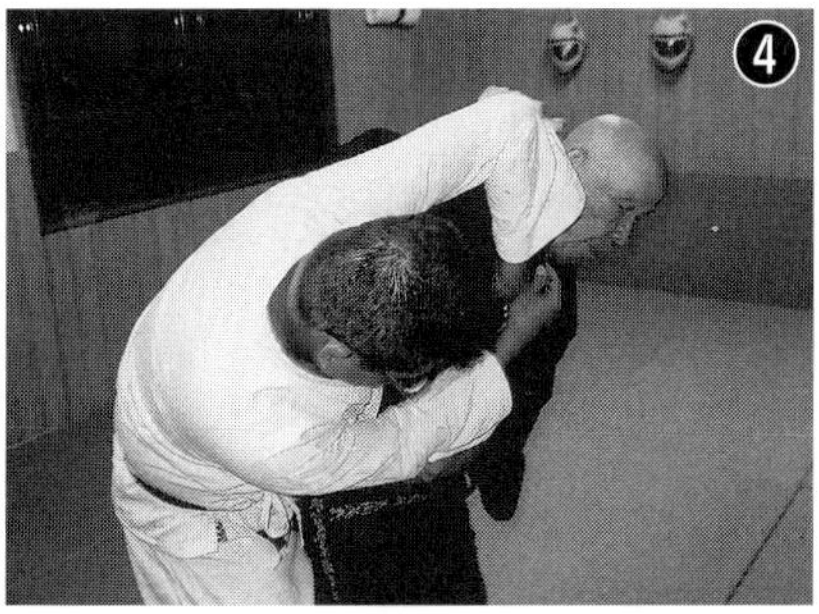

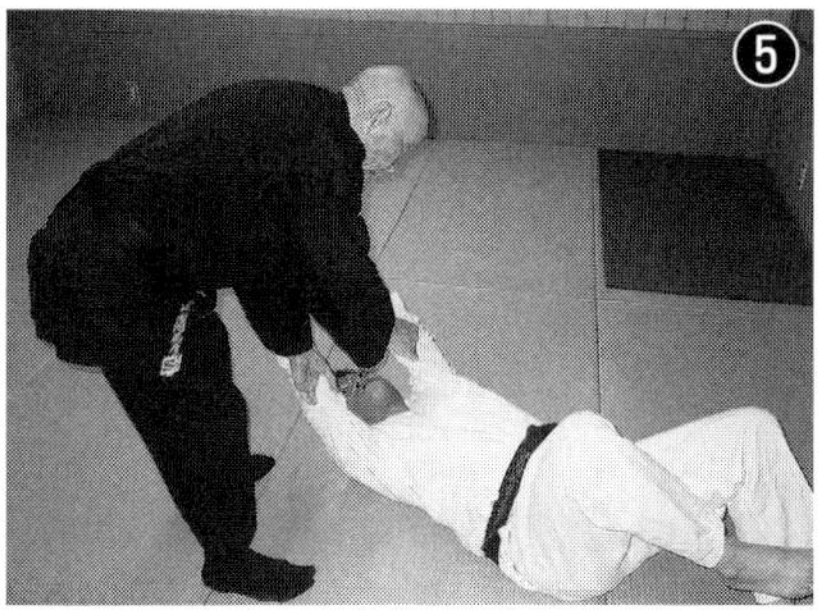

〔受〕両手で捕の胸襟をとり、十字締めをする。（❶）

〔捕〕両手で受のそれぞれの両肘袖をとり、（❷）上下に揺さぶり、（右手で受の左手を上げ、左手で受の右手を下げて、受の体を左に傾け、次に反対に右手で受の左手を下げ、左手で受の右手を上げて、受の体を右に傾ける。機を見て腰を入れて受を投げる。（❸・❹・❺）合気道では上下左右の揺さぶりを相手に与えないで、ただ左手で受の右肘を下からとり、右手を受の左肘の上に置き、左手で受の右肘を上げ、右手で受の左肘を下げ、腰を入れて投げるだけで揺さぶりはない。

◇1

首脇抱き締め

〔受〕右手で捕の首を後から抱き、左手で右手を握り両手で首を締める。(❶)

〔捕〕左手刀で受の左手を上から打ち外し、(❷・❸・❹)右手で受の右手首をとり受の右脇下を潜り、(❺)後に出て受の右手を受の背中に折り曲げ上げ、くの字に極める。(❻)

② 後胴締め後首締め

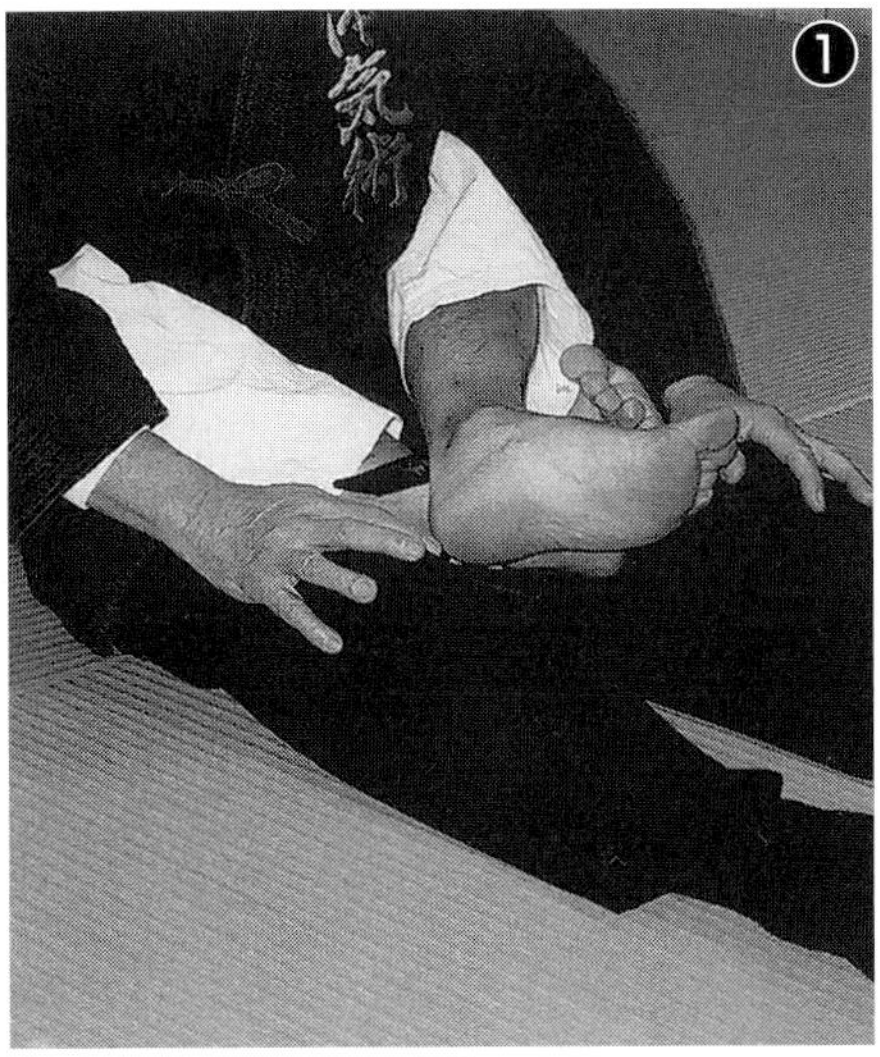

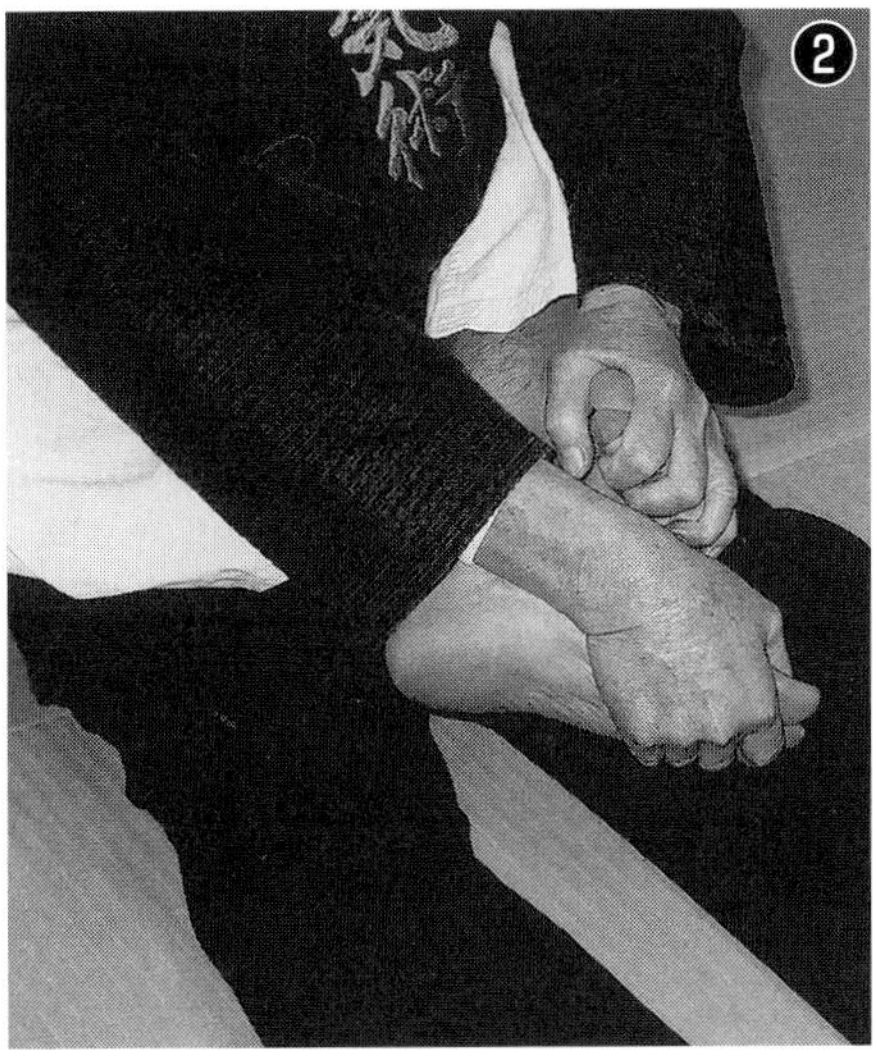

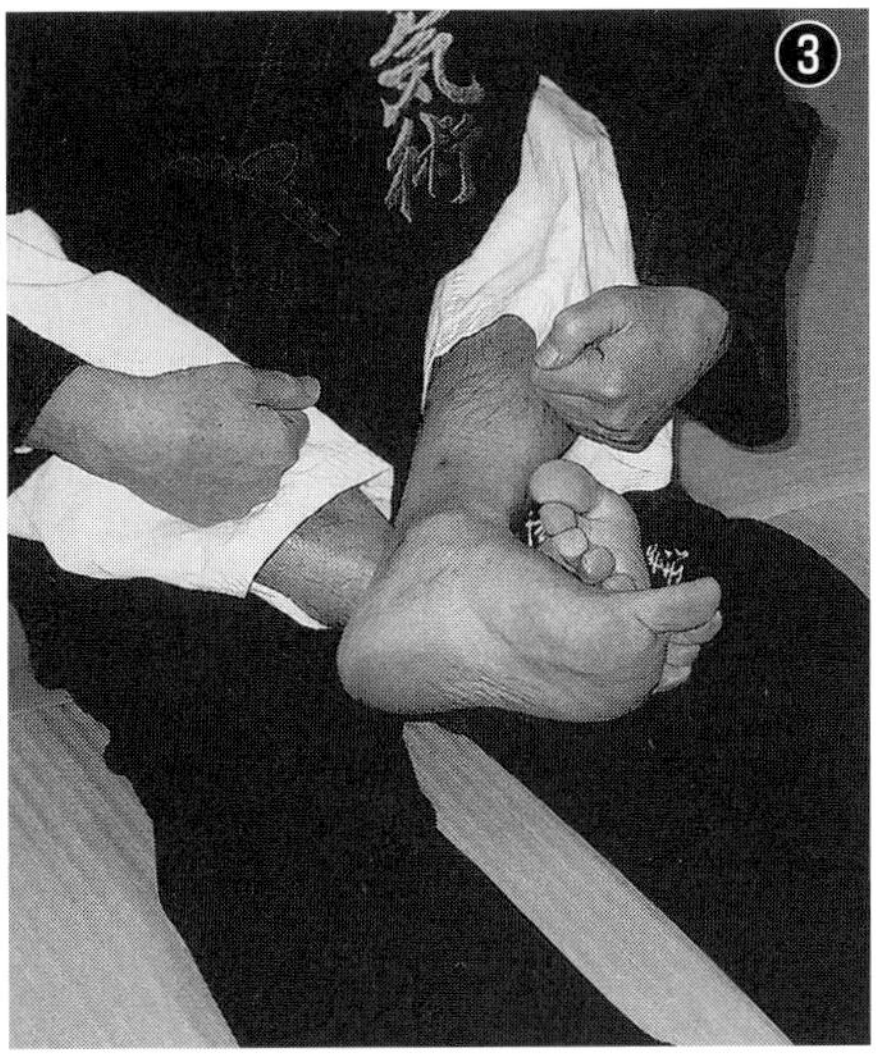

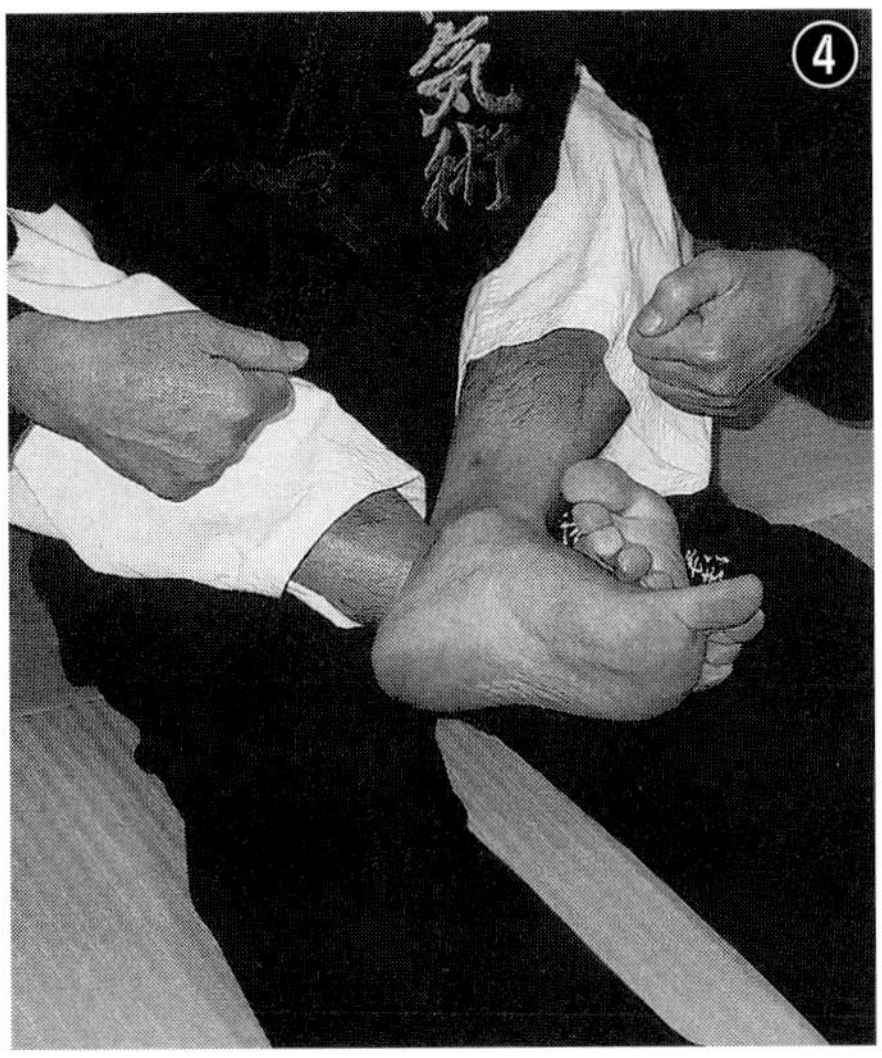

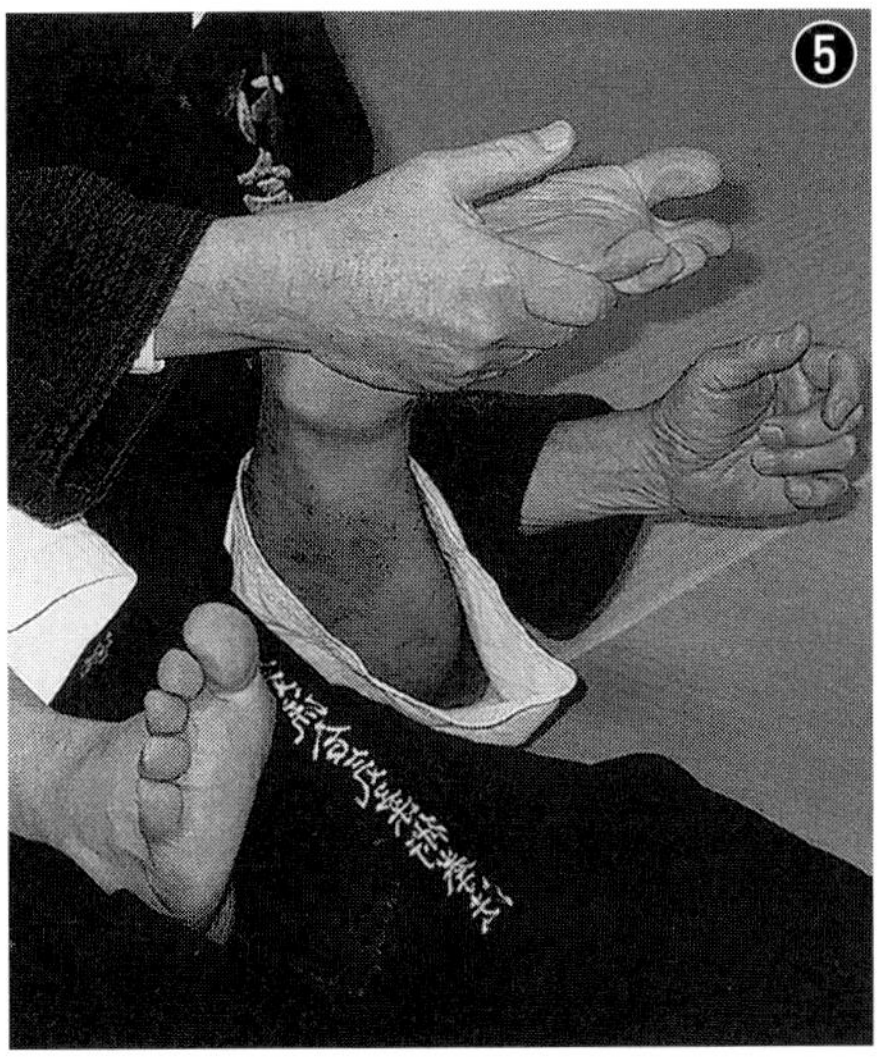

〔受〕正座して両足を前に出し尻を下した捕の後より両足を交差して（左足上、右足下で交差）胴締めをして、右手で後より首締め。（❶）

〔捕〕顎を締め両肩を上げ受の首締めに抵抗して、受の胴締め足の上の左足先を右手でとり下に押し、（❷）受の下に交差している右足先を左手でとり（❷）上に引き上げて受の両足甲を交差して極める。（❷）両拳で受の両脛を打ち極める。（❸・❹）また受の左足甲を右手でとり、左肘で受の左内膝を押し体を左に傾け受の左膝を極める。（❺）

③ 羽交い締めより片手抱き首締め

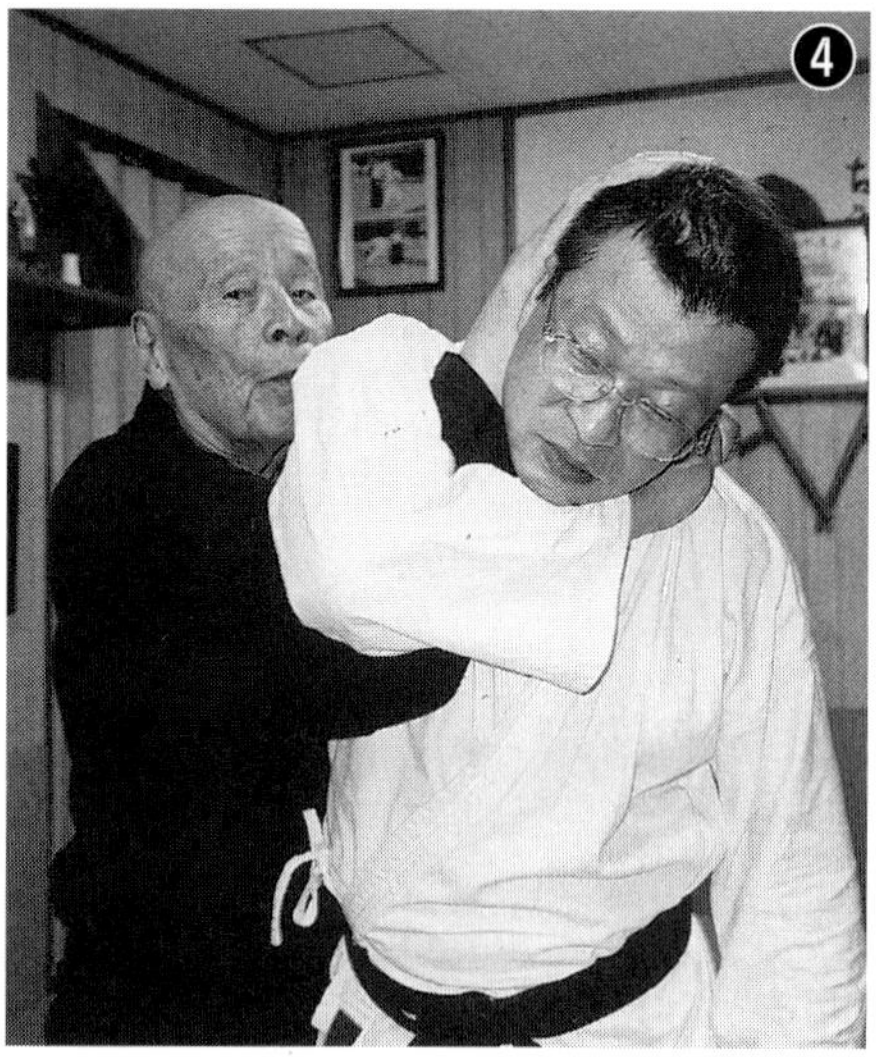

〔受〕後より捕を羽交い締めにする。(❶)

〔捕〕両肘を下に下し腰を下げ受の羽交い締めを抵抗して、(❷)右手で受の右手をとり、逆に技をかけんとする。(❸)

〔受〕捕に握られたまま右手を捕の首の右横に持って来る。(❸)左手で捕の右手をとり後に引き、(❹)右手で捕の頭の右横を押し、(❹)左手を更に後右に引き、右手で更に受の頭を押し首を締める。(❺)

45 首締めの返し

1 紐首締め①

〔受〕紐で前より首を締める。（❶）
〔捕〕顎を締め両肩を上げ、口を左右にイートと締め、左右前後の首の筋肉が固くなり首締めに抵抗する。左手で受の右手左より右に叩き紐を緩めて、（❷）左手で受の右手甲をとり、右手を添えて両手で体を左に開き、小手返しをする。（❸）
＊受の右手を小手返しにするところ。

2 紐首締め②

〔受〕「紐首締め①」と同様。
〔捕〕顎を締め両肩を上げ「紐首締め①」と同様。両手で受の両手を外より内に向かって打ち叩き紐を緩める。（❶）両手で受の水落を突く、両手で受の両手甲を上から逆手（両親指を外にして、四指を内側にして両肘を張り）に握り、両手を内より外に捻り返して受の両手を左右にそれぞれ片手小手返しをする。（❸）

3 紐首締め ③

〔受〕後より紐で捕の首を締める。(❶)
〔捕〕顎を締め、両肩を上げ紐首締めを抵抗して、(❶)後を向き右手で受の右横腹を打ち、(❷)両手で受の右手をとり左へ小手返しをする。(❸)

4 紐首締め ④

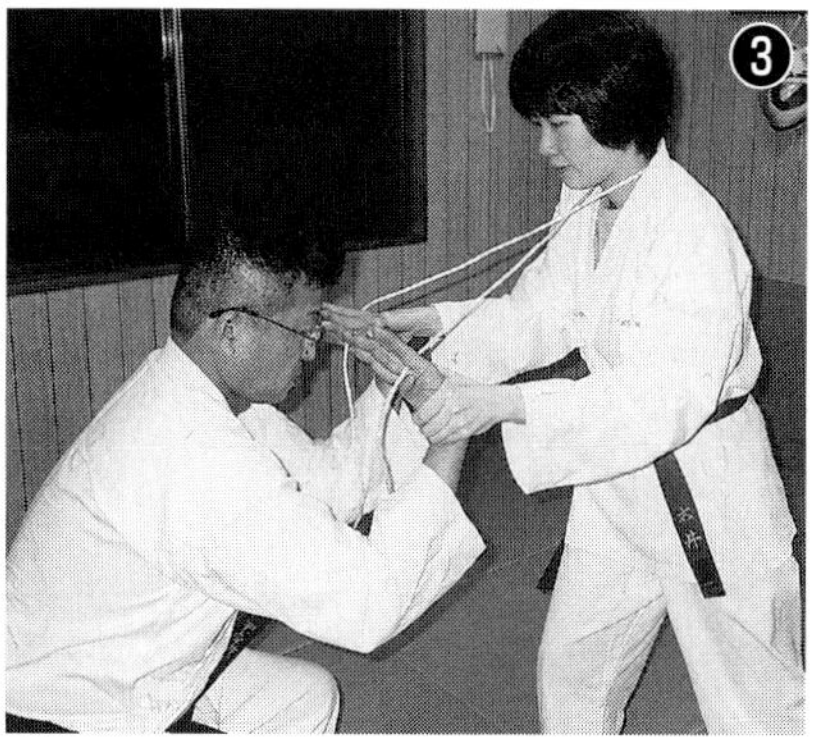

〔受〕後より捕の首を紐で締める。(❶)
〔捕〕顎を締め、両肩を上げ口をイート締めて首締めを抵抗して後を向き、両手で受の両手を外より内に打ち叩き紐を緩めて、(❷)両手で逆手(紐締めの②の逆手と同様)で受の両手甲をとり内より外に捻り、受の両手をそれぞれ左右両手で片手小手返しをする。(❸)

5 首締め返し

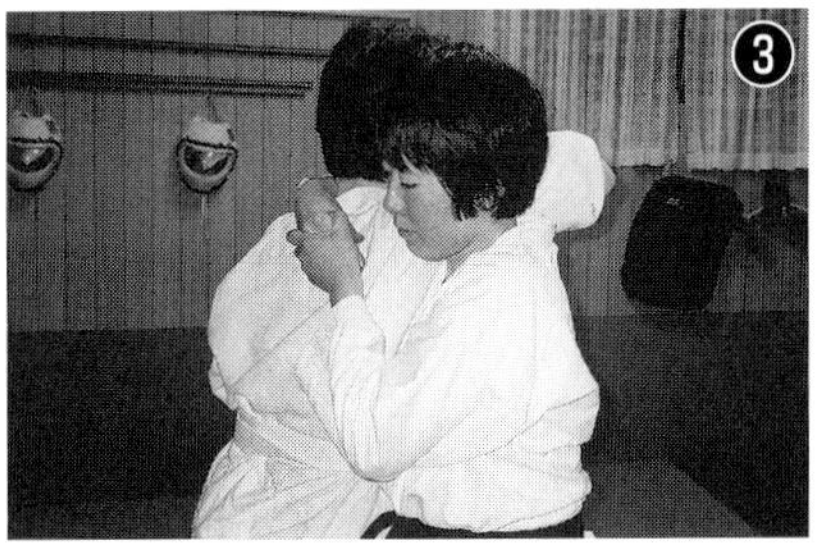

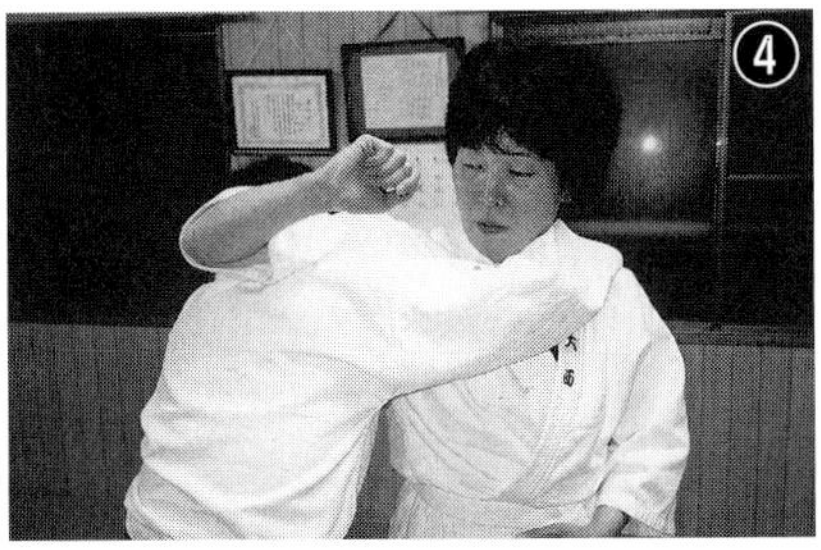

〔受〕右手上段打ち。(❶)

〔捕〕受の右手上段打ちを体を前に出し受に近づき右肩で受ける。(❷)右手で受の右脇下より入れ受の首を左より抱き、左手で右手を握り、両手で受の首を締める。(❷)

〔受〕顎を締め両肩を上げ、体気を入れ両肩に力を入れ抵抗すれば捕の首締めはかからない。(❸)右腕を曲げて捕の右首に右肘を当て右に押し、受の右首を痛める。(❹)左手で受の脇腹急所を掴み極める。(❺)

6 肩落しがかからない首締め

〔受〕捕の後真中に右足を置き、右膝を曲げて捕の背中に当て捕の背中を押す。右手で捕の胸襟をとり捕の首を締め、(❶)左手で捕の左肩をとり、後に引き首を締めて極める。

〔捕〕捕は後に反り前に受を投げられない。受は捕に後から密着して捕の左胸襟をとるから、重心が前に移り容易に投げられる。捕との間に空間を作れば簡単には投げられない。捕との間に空間を作るために右膝を捕の背中に当て空間を作る。捕は右膝で捕の背中を強く押し、右手で捕の首を締めて極める。

7 肩落しの返し

〔受〕座っている補の後から右手で捕の胸襟をとり首を締めんとする。

〔捕〕顎を締め両肩を上げ首締めに抵抗して、右に体を廻して、左手で受の右足首を掴み手前に引き、右手で受の右膝内に当て右に押し倒す。(❶)

8 仰向け首締め外し

〔受〕仰向けに倒された捕の上を跨ぎ両手で首を締める。(❶)

〔捕〕顎を締め両肩を上げて、体気を入れて首締めに抵抗する。両手で受の両足首の衣を握る。(❷)右膝を曲げて受の金を蹴る。(❸)右膝を受の股の前に出し、右足を延ばして、受の左足付根に置き(❹)押し倒す。両手で受の両足首の衣を手前に引く。(❺)受の足を握り親指突き極めをする。(❻)受の両足首の袴の衣を握るのは、受が足を引き上げて逃げないためである。単に足首を抱いただけでは強い足の力で逃げられる。

9 両手前から首締め外し

〔受〕両手で捕の首を前から締める。(❶)
〔捕〕両手で受の水落ちを突く。(❷) 両手で受の両手肘を上から下に打ち落し、(❸) 右手を受の左脇下に入れて、受の左肩を抱き肩極めをする。(❹)

10 後口閉ぎ後首締めに対して

❶

❷

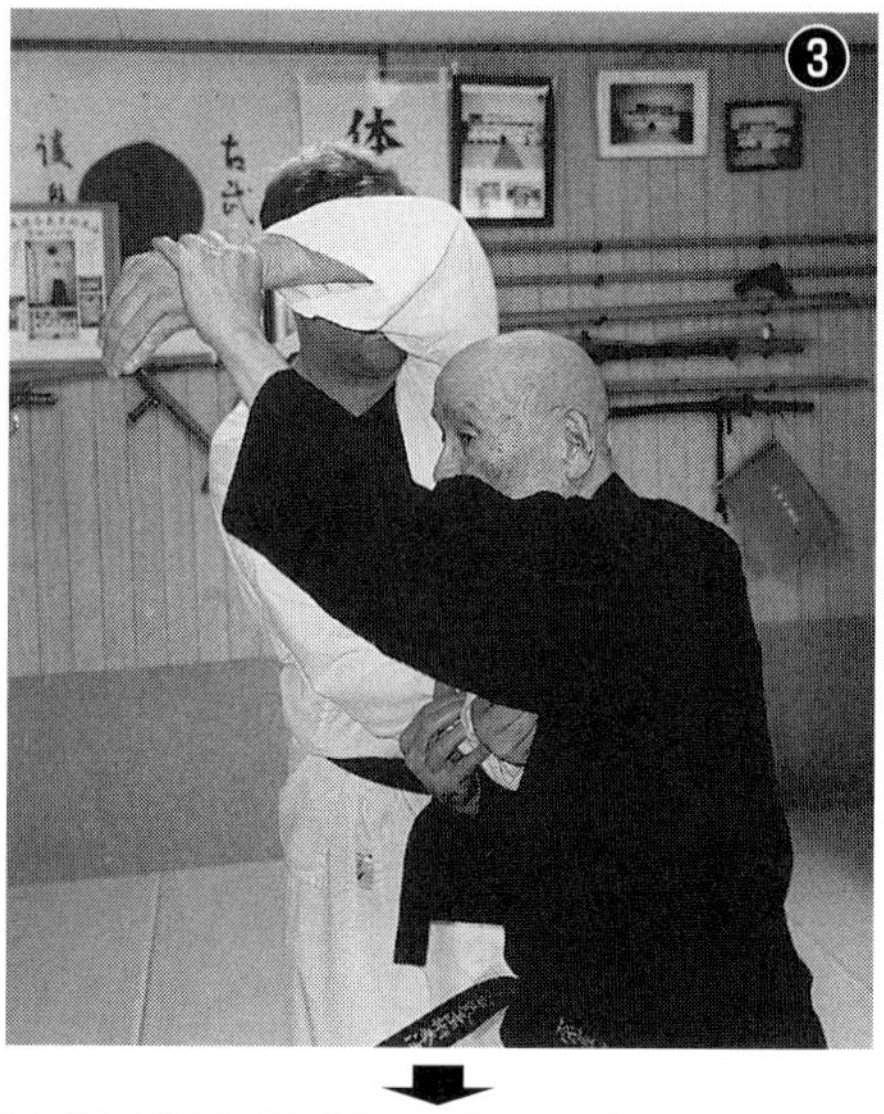
❸

❹

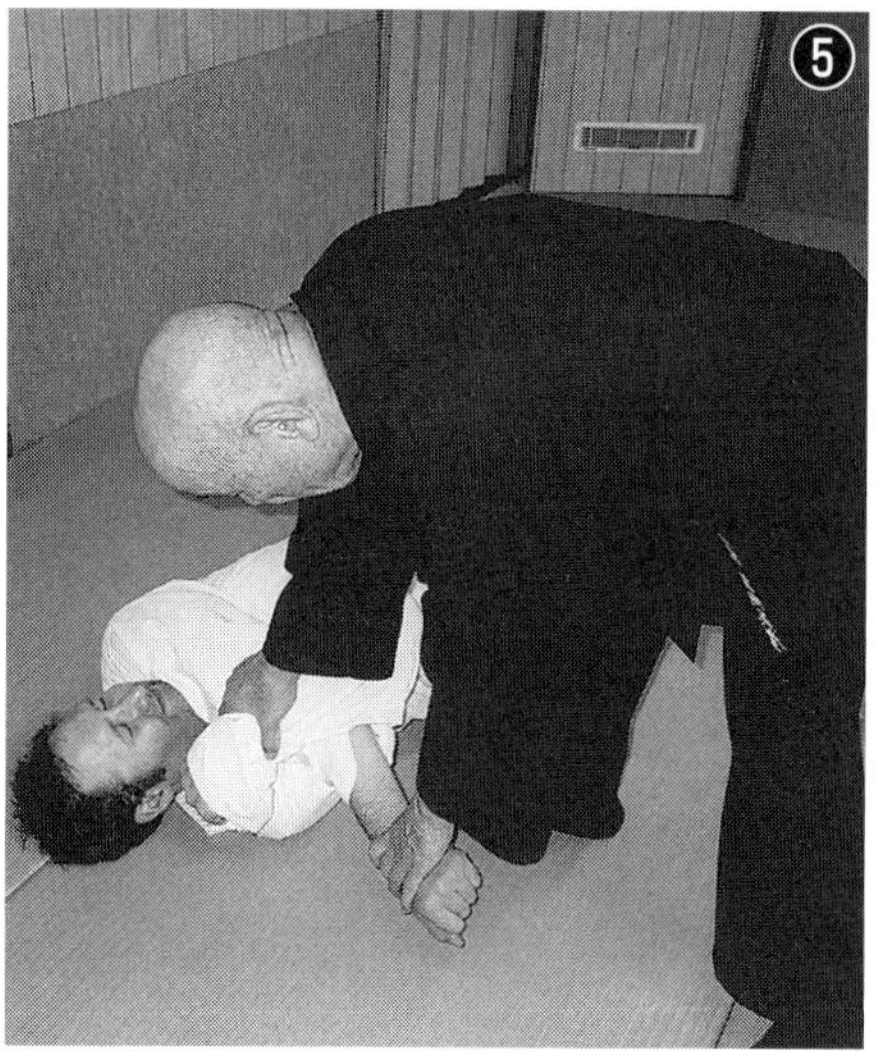
❺

〔受〕右手で捕の首を後から締め、左手で後から捕の口を閉ぐ。（❶）

〔捕〕右手で受の右手首をとり、左手で捕の左手首をとる。（❷）左手で受の右手を下に下げ、右手で受の左手を上に上げ、て、体を右に廻し後ろを向き、（❸）受の両手を交差して搦投げで倒す。（❹・❺）

1 顔巻き倒し

〔受〕後より捕の両手をそれぞれとる。（❶）
〔捕〕左手を上げ、体を右に廻し受の左手下を潜る。（❷）潜るときに左手で受の左手首を握り、（❷）後を向き左手で受の左手を受の顔に当て押す。（❸）右手首を返して受の右手をとり（❸）手前に引き、左手を押し後に倒す。（❹）体は受の右横におく。受の両手を曲げて交差すれば搦投げになる。

②片手首巻き倒し

❶

❷

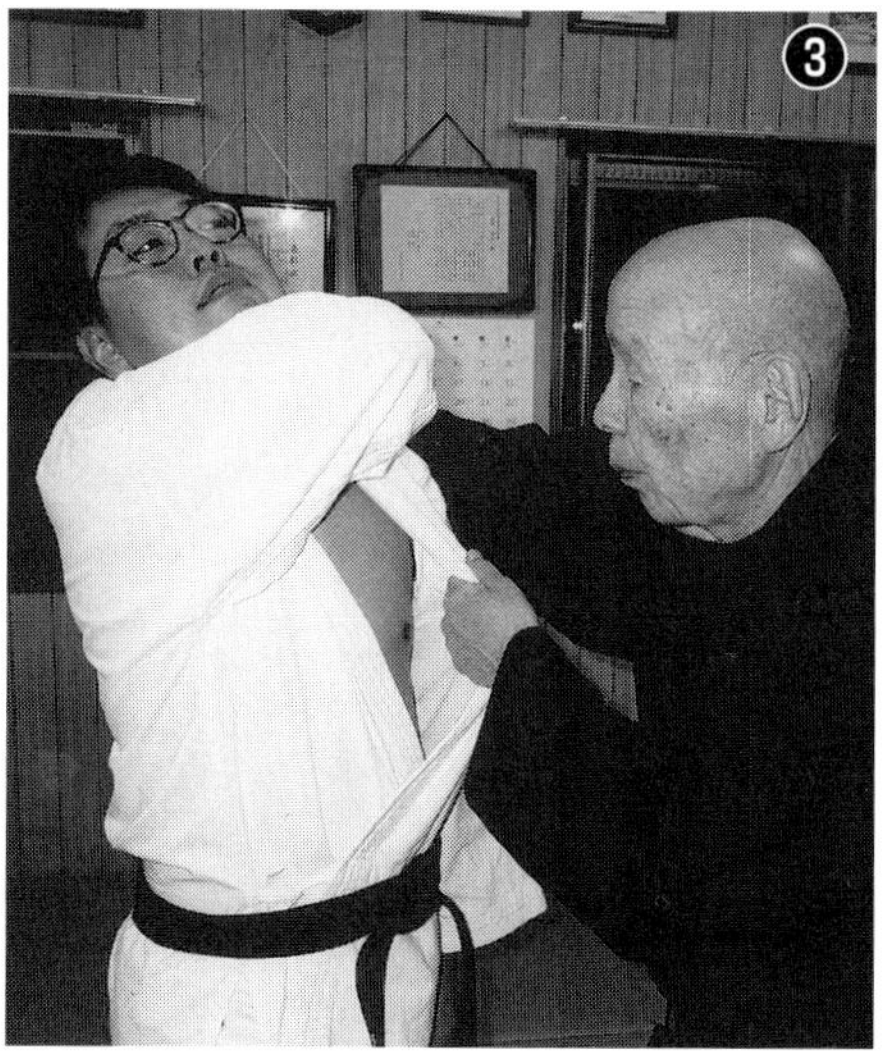

❸

❹

❺

〔受〕右手で捕の右手をとる。(❶)
〔捕〕右手首を外より内に返して、受の右手首を握り受の喉に当て押す。(❸)左手で受が逃げないように受の胸襟をとり手前に引く。(❸)受の左横に行き左手で受の右肘を押し上げ(❹)右手で受の右手を後下に引き、受を後に倒す。(❺)

3 片腕首巻き倒し（両手とり）

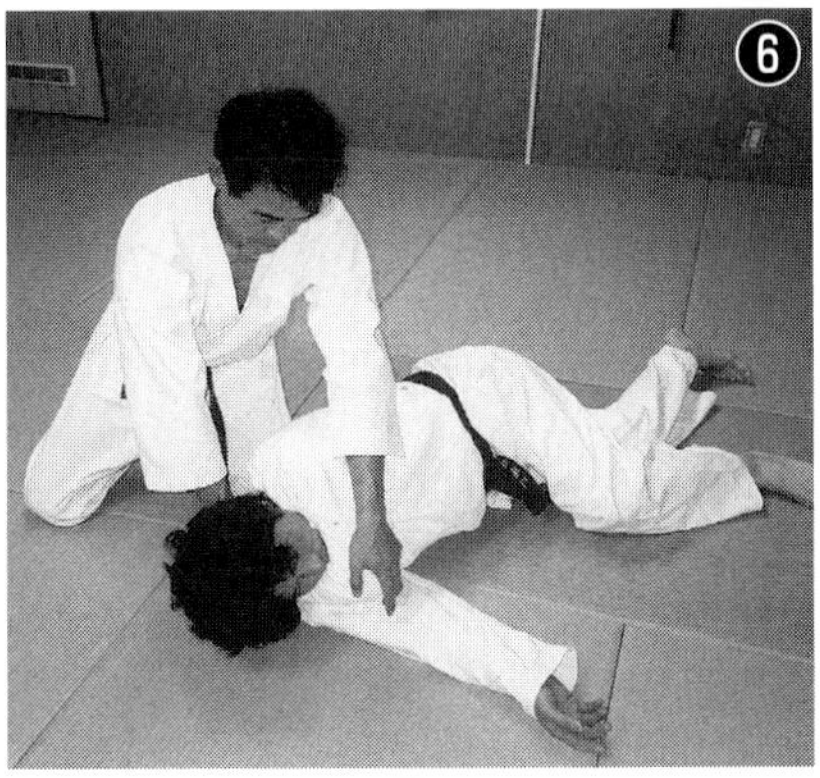

〔受〕（座り技）座ったまま捕の両手をとる。（❶）

【捕】両手首をそれぞれ外より内に廻し返し、左手で受の左手首をとり、（❷）右手で受の左手甲をとり、受の左手を小手ひねりにかける。（❸）左手で受の左手を受の首に前より当て、受の左手先を受の右肩におく。（❹）右手で受の左手を受の左側後よりとる。（❺）左手で受の左肘に当て後右に押し、右手で受の右手を右に引き、受を右に倒す。（❻）左手で受の左顔を押し極める。（❼）

1 片手首巻き倒しの返し ①

❶

❷

❸

❹

❺

〔受〕右手上段打ち。(❶)
〔捕〕両手で受の右手上段打ちを受けて、受の右手を前より受の首に当て巻き、体を受の右横に移動する。(❷)左手で受の後より受の首を巻いた受の右手をとる。右手で受の右肘を下よりとり押し上げる。(❷)左手で受の右手を下に引き、両手の作用で受を後に倒さんとする。
〔受〕左足を大きく後に引き、体を大きく前屈して抵抗する。(❸)捕の我が右肘をとった右手首を左手で握り左に捻り、右肘を外して両手で左に捕の右手を小手返しで倒す。(❹・❺)

◇2 片手首巻き倒しの返し ②

〔受〕右手上段打ち。(❶)

〔捕〕両手で受の右手上段打ちを受けて、(❶)右手で受の右手首をとる。受の右腕を前から受の首に巻き、後から左手で受の右手をとり後下に引き、右手で受の右肘を下より押し上げ、両手で後に倒さんとする。(❷)

〔受〕左足を大きく後に下げ、体気を入れて体を前に押せば後に倒れない。左手で捕の右手拇指丘を下よりとり、(❸)右手を添えて両手で捕を小手返しで左に体を開き倒す。(❹・❺)

③ 片手首巻き倒しの返し（指とり）

〔受〕右手で捕の右手をとる。
〔捕〕前述の片手首巻き倒しのようにする。（❶）
〔受〕捕が右肘に当てている受の左手の小指を左手でとり、（❷）手甲側に折り曲げ倒す。（❸）

① 両手刀回転打ち外し

〔受〕両手で捕の両手をそれぞれ強く確りと握る。(❶)

〔捕〕右肘を右脇につけ、(❷)右手刀で受の右手首を斜め上より打つ。(❸)同時に左手を上に上げて左手を外す。(❹)左手刀で受の左手首を打ち、右手を上げ右手を外す。(❺)右手拳で受の顔面を打ち。(❻)右手刀で受の右手首を打つときは右腰で体気を入れて打つ。左手刀で受の左手首を打つときにも左腰で体気を入れて打つ。

② 両手捻り胸押し倒し

〔受〕両手で捕の両手をとる。（❶）

〔捕〕両手首を外より内に返して受の両手首を外より握り、受の両肘を折り、受の胸に畳み重ね（❷）両手で受の両手首を受の胸側に捻り、（❸）押して下に落し倒す。（❹）

3 両手交叉胸押し倒し

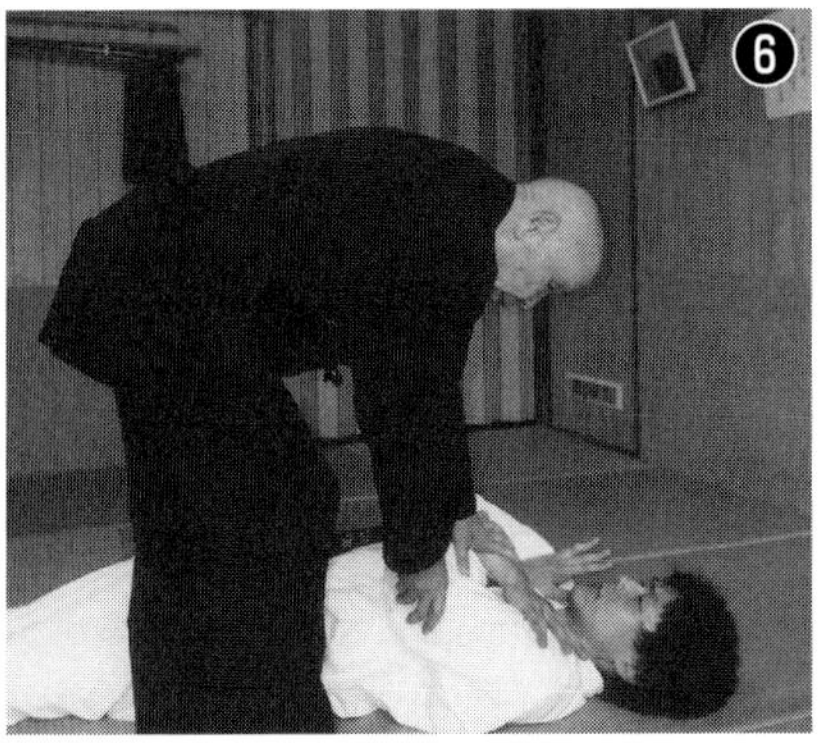

〔受〕両手で捕の両手をそれぞれとる。（❶）

〔捕〕両手首を外より内に廻して、受の両手首をとり（❷）左手で受の右手首を受の左肩に当て、右手で受の左手先を受の右肩に当て、受の両腕を折り右手下に、左手上に重ねて受の胸に置く。（❸）右手で受の左肘を掴み左に押し、左手で受の左手を押し、受の両手を胸の前で固定する。（❹）右足を受の左足後ろに掛けて（❺）両手で受を後に押し倒す。（❻）

4

両手とり後倒し

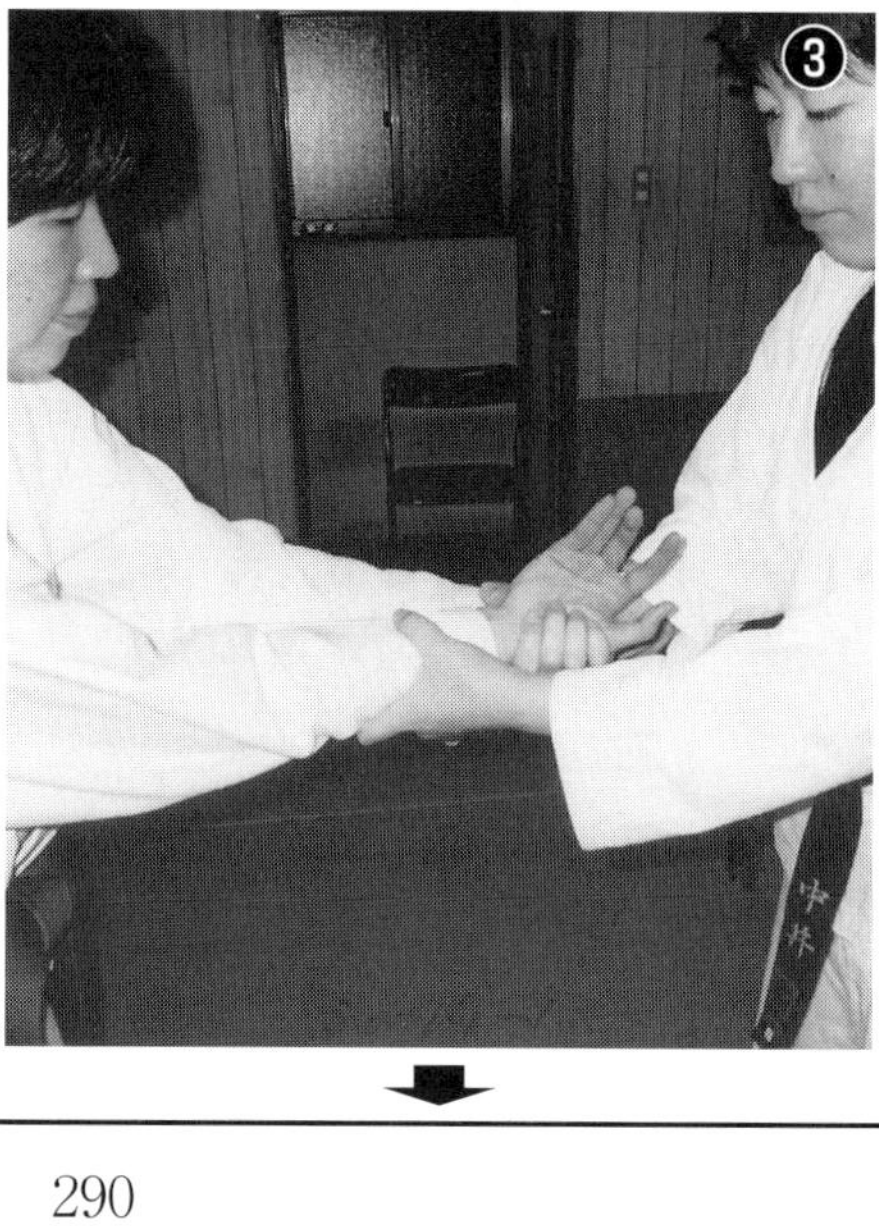

〔受〕両手で捕の両手をとる。(❶)

〔捕〕左手を曲げ上に上げ、(❷) 下より右手で受の右拇指丘を握り、(❷) 左手で受の右手首を握り、(❸) 両手で受の右手を左に捻りながら、受の右肘を曲げて、(❹) 右肘を受の左肩に突き上げ受を後向きにして、両手で受の右手を後下に引き倒す。(❺)

5 両手とり引き倒し

❶

❷

❸

❹

❺

❻

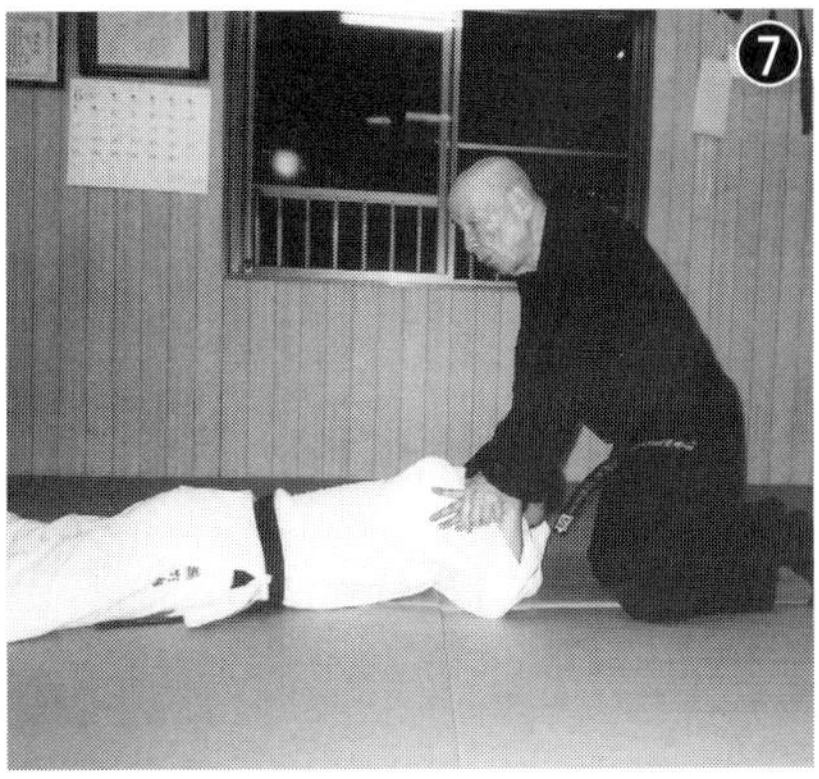

❼

〔受〕両手で前より捕の両手をそれぞれとる。（❶）

〔捕〕左手で受の右手で握られたまま、上から強く受の左手首を打ち握り下に落し、（❷）同時に右手を斜め左上に上げ右手を外す。（❷）左手は受の左手首を握ったまま。右手を上に上げて上より受の右手を打ち握る。（❹）同時に左手を右上に上げて、左手を外す。右手で受の右手首を握ったまま。受の両手を深く両手を開げ、交差する。（❺）右足で受を蹴り（❻）前に引き倒す。（❼）受の両手を交差したまま、受の両肘を曲げて、受の両手首を掌側に曲げて極める。

6 両手外し突き

〔受〕両手で捕の両手をそれぞれとる。（❶）
〔捕〕両手首を外より内に廻し、（❷）受の両手根骨を上にして、（❸）両手を拳にして、受の水落ちを突く。（❹）

⑦ 両手とり外し（両手交叉引き倒し）（❶～❻）

7

両手とり外し（両手交叉引き倒し）（❼〜⓫）

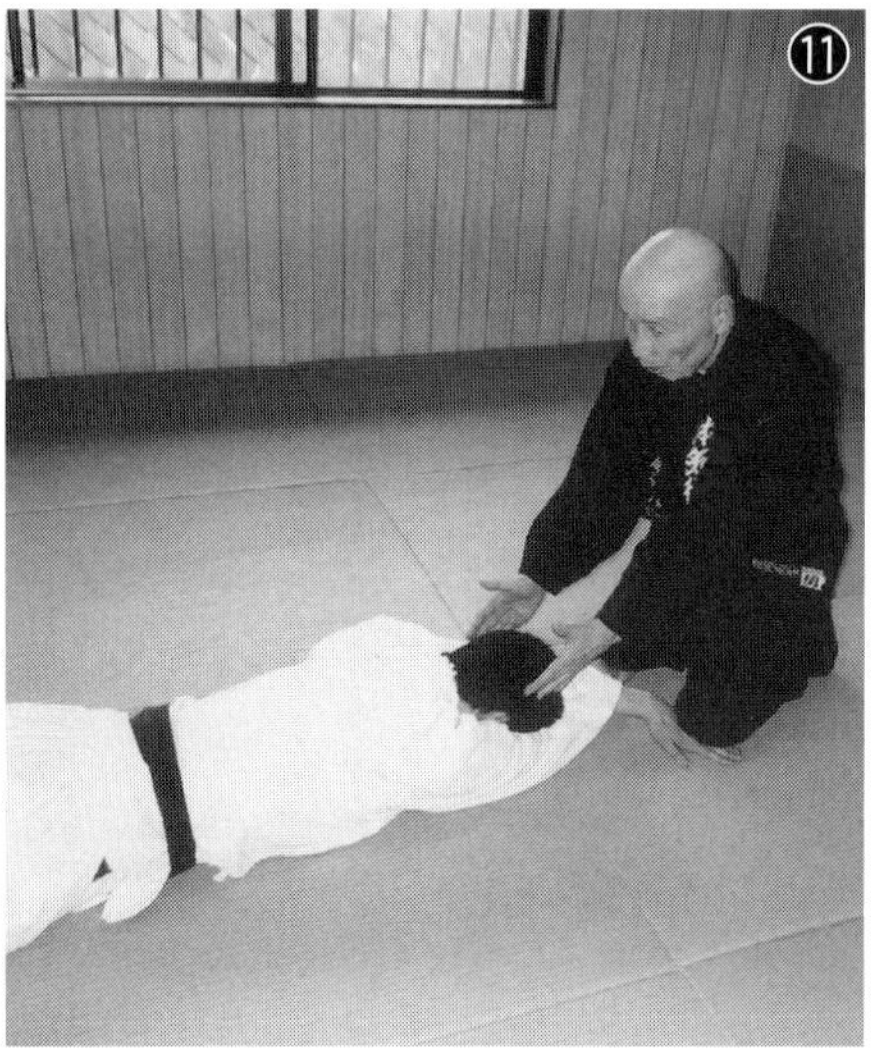

〔受〕両手で捕の両手をそれぞれとる。（❶）

〔捕〕右手を上げて、親指と他の四指を矢筈にして、（❷）受の右手首を打ち左手右に上げて、左手を外し、（❸）右手で受の右手首を握る。左手を同様にして、受の左手首を打ち握り外す。（❹）受の両手を交差して握り、（❺）左右に深く交叉して上に上げる。（❻）両手を受の手首から、手甲にずらして握り、（❼）受の両手首を上に折り曲げる。（❽）右膝で受の金を蹴る。（❾）両手で受の両手を下に引き落して、俯伏せにして受の交叉した両手を右膝で押さえ、（❿）両手で両耳打ち。（⓫）

8 強く確りと握られた両手外し ①

〔受〕両手で捕の両手首を強く確りと握りとる。(❶)

〔捕〕両手首を外より内に返して腰を下げる。(❷)両手刀を受の両手首に乗せ下に押し、(❸)腰を上げて両手を外す。(❹)体気を入れて腰の上げ下げによって両手を外す。

9 強く確りと握られた両手外し②

〔受〕両手で捕の両手を強く確りと握りとる。(❶)
〔捕〕両手首を内より外に返して腰を下げる。(❷)両手刀を受の両手首にそれぞれ置き両手を下に押し、腰を上げて両手を外す。(❸)

10 後両手とり①

〔受〕後より両手で捕の両手をそれぞれとる。(❶)
〔捕〕両手五指を開き、体気を入れる。(❶)右手掌を前に向けて(❷)大きく前に出し、(❸)右手を外す。右足を一歩前に出す。体を左廻りに反転して、受の左手甲を右手を逆手にして握り、(❹)左手で下より受の左手をとり、(❹)両手で右に小手返しをする。

11 後両手とり②

〔受〕後より両手で捕の両手をそれぞれとる。(❶)

〔捕〕両手五指を開き体気を入れ、左足を少し後に引き体を受に近づける。(❷)右足を一歩前に出し、両手掌を前に向けて大きく前に出す。(❸)両手は受の両手より外れる。左に体を反転して前述と同じく両手で受の左手とり右に小手返しをする。(❹)

⑫ 後両手とり引きに対して

〔受〕後より捕の両手をそれぞれとり、(❶)後に引く。(❷)

〔捕〕少し後に下り腰を落し、尻を後に出す。(❸)両肘を曲げ体気を入れて両肘より前に出し、両腕を前に延す。(❹)両手先より前に出しても、受の両手より外れない。必ず両肘を曲げ、両肘より前に出すこと。肘で外す気持ちを持つこと。左手で受の右手をとり、(❺)後を向く。右腕で受の右腕の付根を押え、(❺)左手で受の右手を上に上げて極める。(❻)

⑬ 後より片手とり

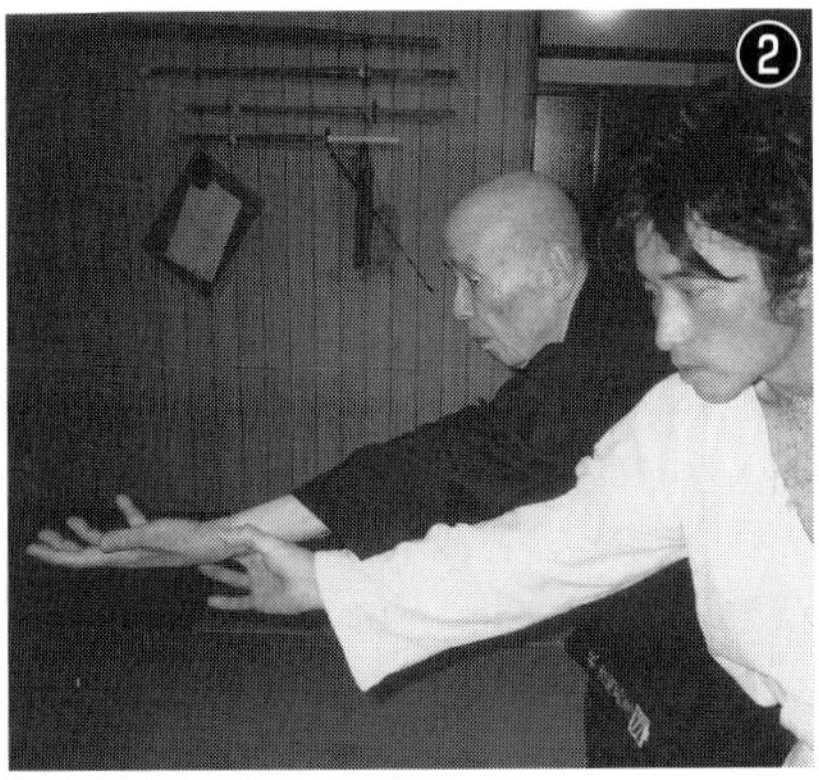

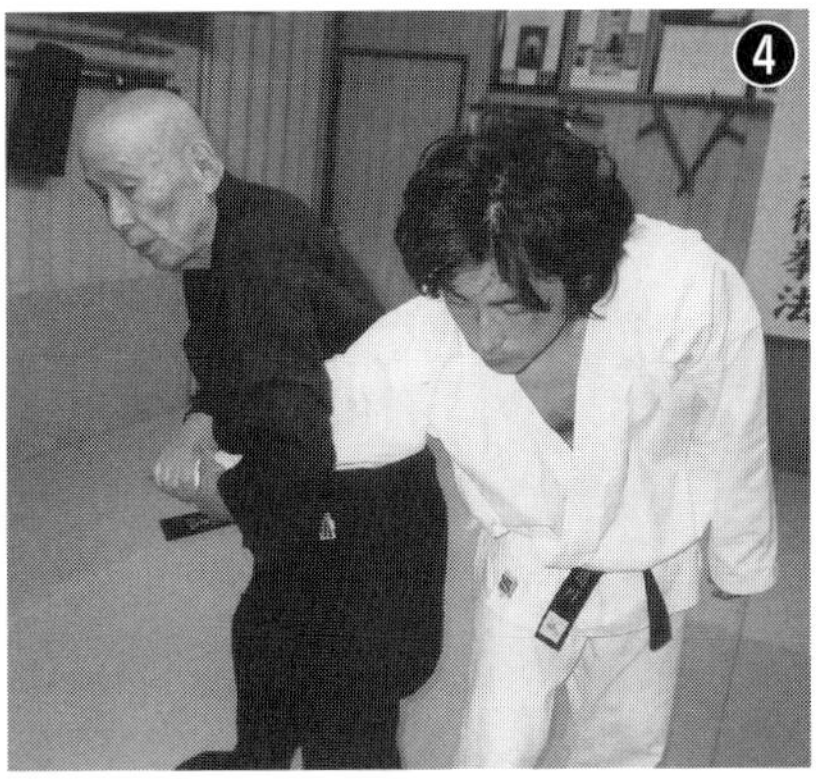

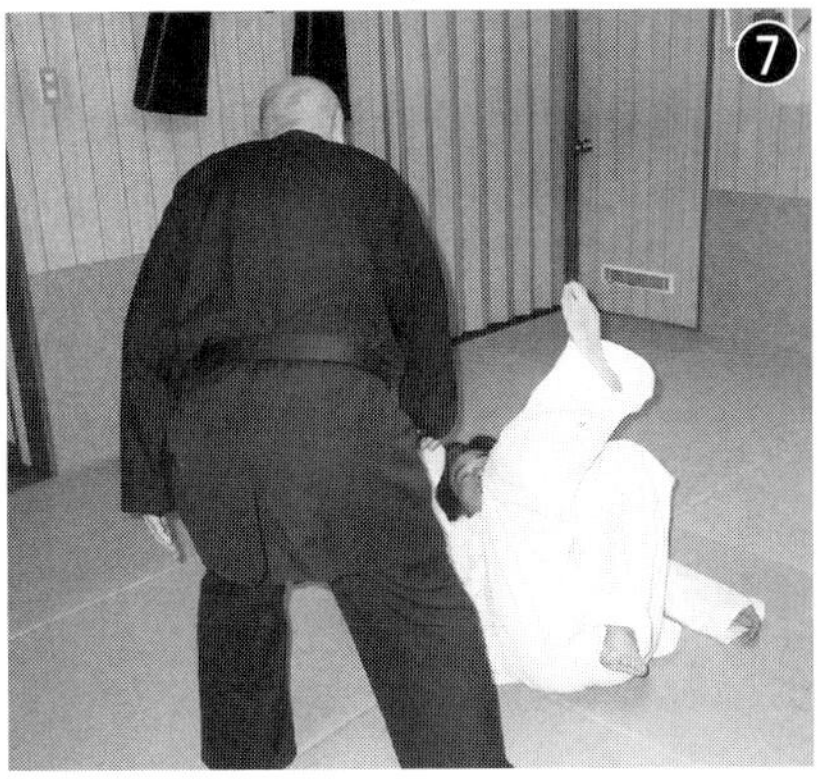

〔受〕後より右手で捕の左手をとる。（❶）

〔捕〕左手を前に大きく左掌を上にして出す。（❷）左足を大きく前に出す。右手で受の右手首を上より握り、（❸）左手を外して受の右手首を握る。（❸）両手で受の右手を右横に引き、受の右肘を左横腹に当て、腹を前に出し、受の右手を右後に引き、受の右肘を左横腹で極めながら、腰で受の右肘を跳ね飛ばして肘を折る。（❹）受が右肘を折られないように肘を曲げて抵抗すれば、左手を受の喉に当て（❺）後に押し、左足を受の右足後にかけて後に倒す。更に受けが抵抗すれば、体を左に反転して右手で受の首を前から抱き、（❻）右足を受の右足後ろにかけて後に倒す。（❼）

14 後両腕抱き締め外し

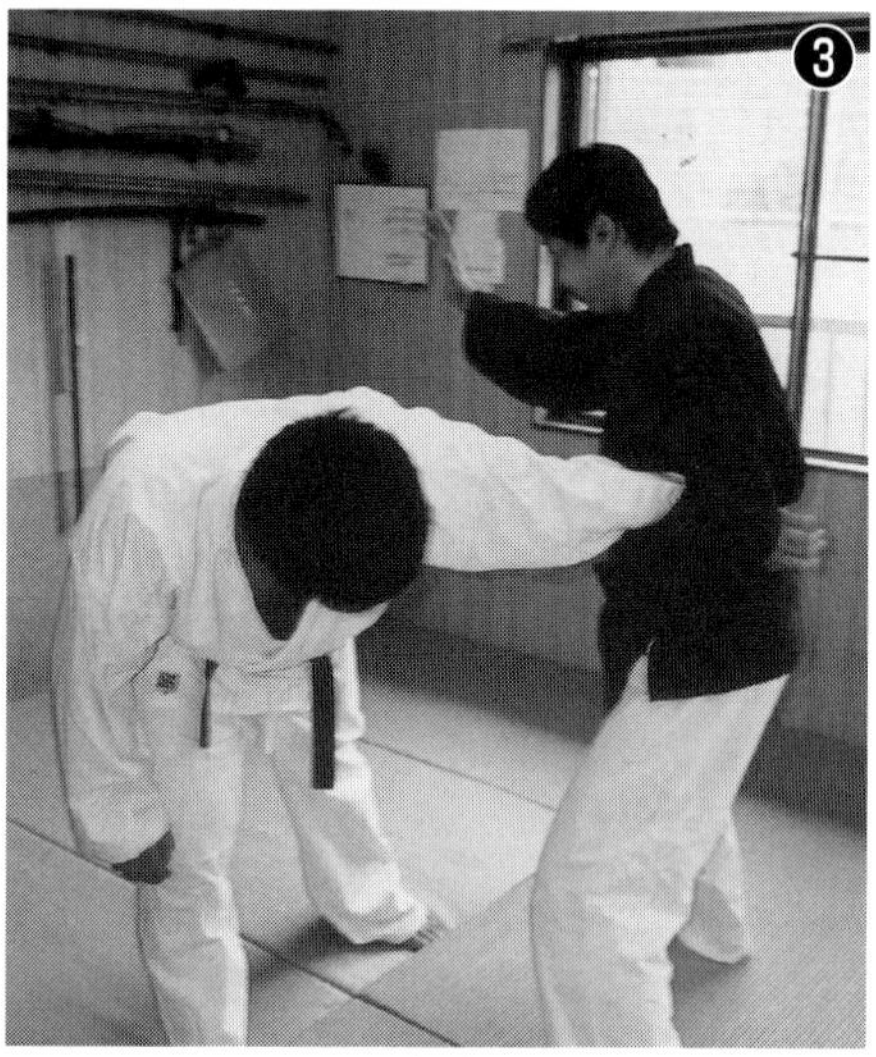

〔受〕両手で捕の後より、両手で捕の両肘をそれぞれ外より抱き締める。（❶）

〔捕〕体を大きく前に屈めて、尻で受の腹を突く。（❷）両肘を横前に張る。体を反時計廻りに左に廻して右手を抜く。（❸）左脇で受の左腕を固く抱く。（❸）右手で受の右肘をとり一本捕で極める。（❹）

15

両手とり後倒し①

〔受〕両手で受の両手をそれぞれとる。(❶)
〔捕〕両手掌を上に向けて、下より受の両手をとり、(❷) 左手で受の右手を受の頭を越して後ろに持ってくる。受は後を向く。(❸)体を右に向ける。右手で受の右手を引き右腰につける。(❹) 両手で受を後に倒す。(❺)

16 両手とり後倒し ②

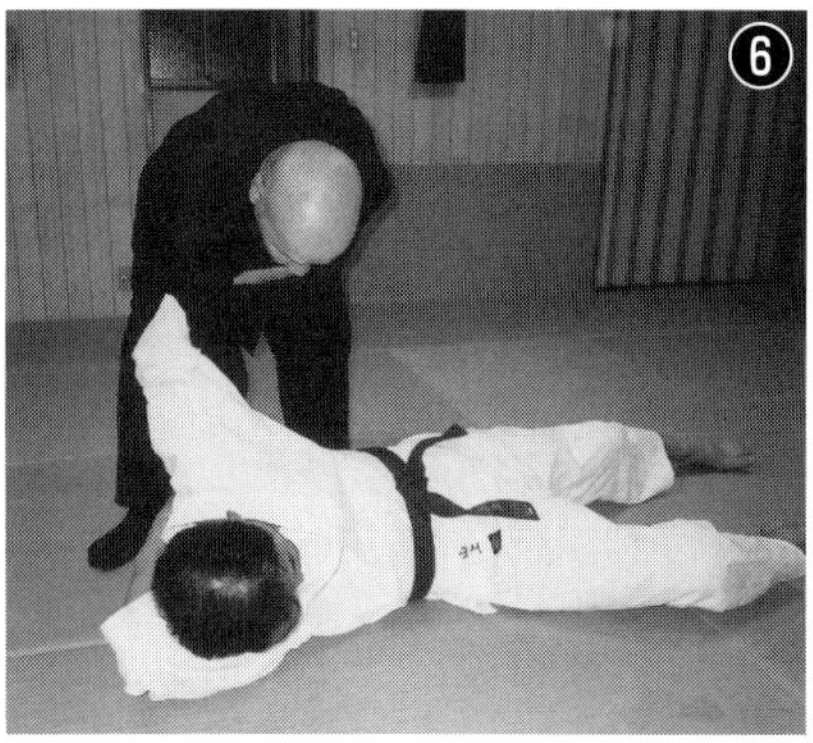

〔受〕両手でそれぞれ捕の両手をとる。(❶)
〔捕〕両手首を内より外にそれぞれ廻して、受の両手をそれぞれとる。(❷)
〔捕〕左手で受の右手を受の頭を越して、受の頭の後に持って行く。(❸) 右手を受の左脇下より入れて、受の右手を握り、(❹) 左手で受の左手をとり、(❺) 両手で受を後に倒し極める。(❻)

17 片手外し

〔受〕左手で捕の右手を強く握る。（❶）
〔捕〕右肘を曲げ、（❷）受の胸を肘打ちするように前に上げれば、受の左手より外れる。（❸）普通本に書かれているのは、右手先を右耳に向かって引き上げれば、右手は外れると書いてあるが、普通に受が右手首を握った場合はそれで外れるが、力一杯強く握られた場合には、それでは外れない。肘で外すのである。両手外しも同様である。

① 後首掴み極め倒し

❶

❷

❸

〔受〕右手中段突き。(❶)
〔捕〕体を右に開き、左手で受の右手を右に払い、(❶)右手で受の右手をとり、(❷)左手で受の首後を掴み(❷)極めて、前に倒す。(❸)左手で受の首後を深く掴み握ること。

② 首掴み倒し

〔受〕座って右足を出し上段打ち。(❶)
〔捕〕左手で受けて、受の右手を掴む。右手を受の右首横に出し、(❷)受の首を右横より掴み、(❸)右横に倒す。左手で受の右手を右に押し倒す。(❹・❺)

1 双手どり外し①

〔受〕捕の右手を双手捕する。（❶）左右の両手で受の右手をとる。

〔捕〕右肘を曲げ前に肘を出し腰を落し（❷・❸）肘突きをするように前上に上げる（❹）と右手は外れる。（❺）受が両手を握っているから、握られたところに力を入れて手前上に上げても、右手は外れない。右肘に力を入れる。握られた所に力を入れても、相手が両手で力を入れれば外れない。相手は腕二本でこちらは腕一本の二対一であるから、なお外れない。両手で握られた所以外の肘に力を入れるのである。右手指先は開け体気を入れる。

＊五指の第二関節を曲げる。

② 双手どり外し②

〔受〕左手を下に右手を上にして両手で捕の右手を握る。（❶・❷）

〔捕〕腕の力だけで右手を左廻し又は右廻しをしても受が強く握り、上から押えれば、右手は受の両手から外れもしなければ、動きもしない。受の右手が上の場合は、右手刀を右廻りに廻して上に上げ、（❸）体を受の斜め右横前に移動（❸）して右を向き、右手刀を受の右手首にかけて、右下に下すと外れる。（❹）体も移動して回転するのである。右腕は上下方向に回転して、体は水平方向に回転する。このようにすれば、体の力が右手に移り受の両手を右手で動かすことが出来る。

③ 双手どり外し③

〔受〕左手が上、右手が下で、捕の右手をとる。（❶）

〔捕〕右手を反時計廻りに右より左に廻し、受の左手の上に右手を乗せ、体を左に廻し、体重を乗せて右手を下に落すと受の両手は外れる。

（❷）双手どり外しの①・②の場合右肘を脇腹につけることが大切である。それにより体気は右手に移る。

④ 双手どり外し ④

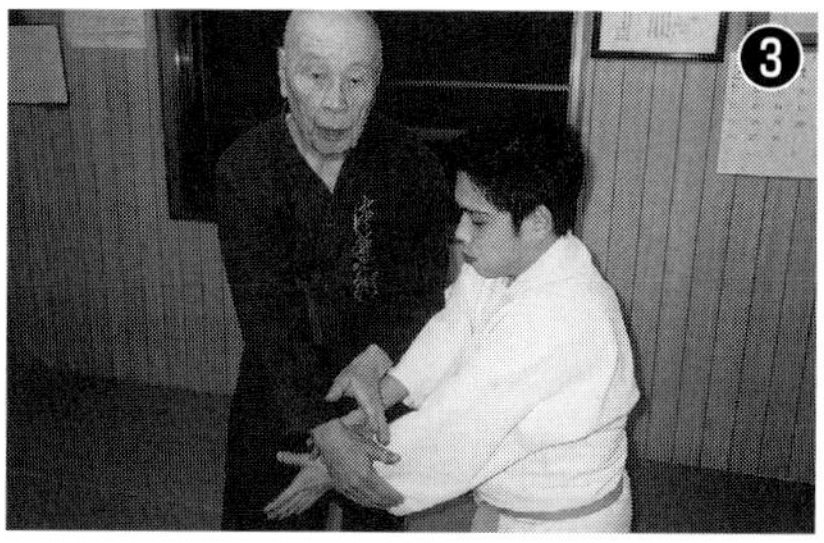

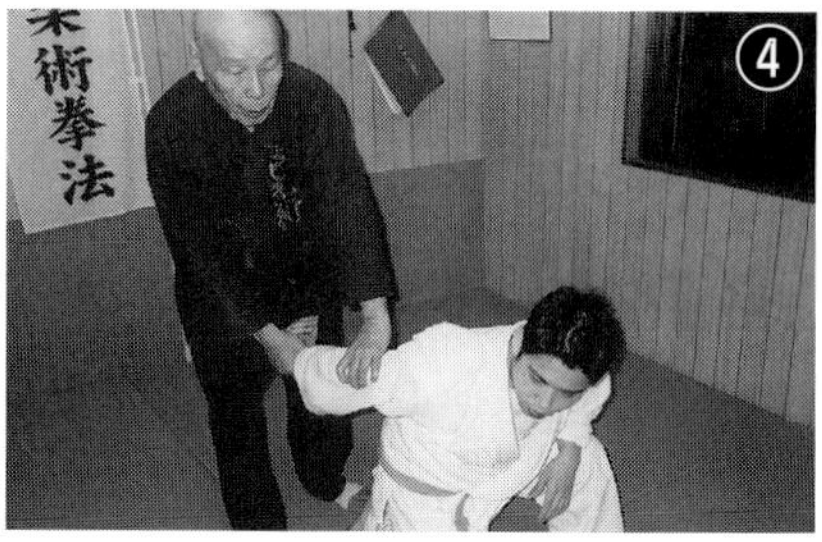

〔受〕捕の右手を双手どり。❶

〔捕〕一般の本では単に左手で受の両手の下より自分の右手を握り、両手で左下から真上に更に右下に下げれば外れると書いてあるが、果たして実戦で外れるか疑問である。型の稽古のためにじっと立って相手の技をかけてくるのを待っていては敗けて倒れてくれる人間ではない。双手で捕の右手をとり強く引張ると右腕は延び❶て右手と左手の力だけでは左から右に両手を廻しても外れない。この場合は体を自ら前に進め右肘を右脇腹につけ❷左右両手下膊を立て体に近づける。❷体を右に回転して両手を下に下すと右手は外れる。❸体気により右手に体の力が移るからである。右手で受の右手首をとり、左手で受の右肘をとり一本捕で倒す。❹

⑤ 双手どり（一本捕）

〔受〕両手（右手上、左手下）で捕の右手を双手とり。強く引張る。❶

〔捕〕右肘を引張られるまま右肘を曲げて、右脇腹につけて❷前述と反対に体を左に廻して❸受の左手を一本捕をする。❹

6

双手とり（肘打ち外し）

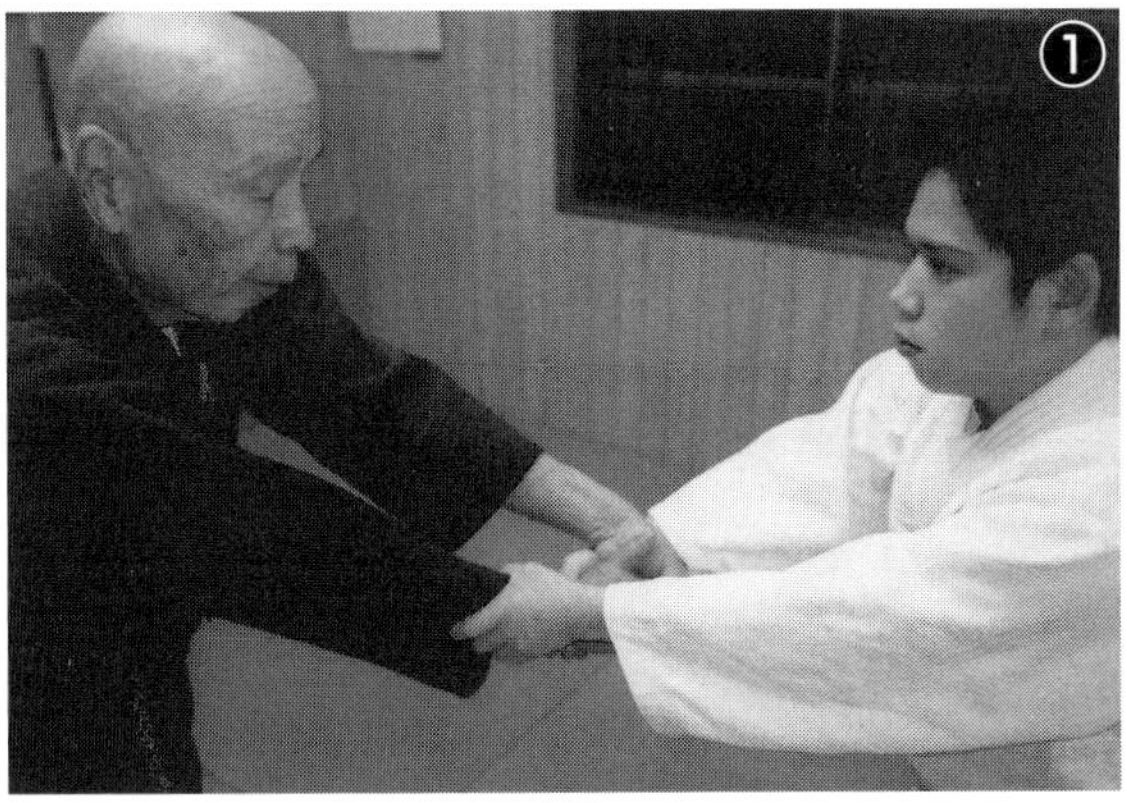

〔受〕両手で捕の右手をとる。(❶)双手どり。

〔捕〕市販一般の本では左手で受の両手の間から自分の右手を握り右耳に向かって両肘を曲げ上げれば外れるとあるが、果たして実戦ではそうなるか疑問である。受が双手で捕の右手をとり強く引張ると(❶)捕の両手は真直ぐに延びる。体は前屈みになる。この姿勢で左手で受の両手の間より上から右手を握り手前に引き上げると自分の右手首が手前に曲り痛くて外れない。受が双手で捕の右手を強く引張ると捕は引かれるままに前進し右肘を曲げ右脇腹につけて体気を入れ、右肘を前に肘打ちをするようにして右肘を上に上げ、体を右に向けると容易に右手は外れる。(❷)

1 肩とり

〔受〕右手で捕の右肩をとる。(❶)

〔捕〕左手で受の右手甲を握り(❷)反時計廻りに捻り、右手刀を受の右肘上に置き(❸)体重をかけ右足を前に踏み出し受を倒す。(❹)

② 片手後肩とり

〔受〕右手で後より捕の右肩をとる。（❶）

〔捕〕右廻りに後向き、受の右手首を両手で下から握る。（❷）両手で受の右手を上げると同時に腰を下に下げ、（❸）両肩を下げて、受の右手を右肩より外す。右肘を受の右肘の上より被せ抱き、（❹）両手で受の右手首を右に捻り、体を左に廻して受を倒す。（❹・❺）

3 両肩とり

〔受〕両手で捕の両肩をとる。（❶）

〔捕〕右肩を右後に引き（❷）受の左肘を延ばし下より右手で親指と他の四指をＹの字にして受の左肘を打ち上げて左に押し受の右手の上に重ねる。（❸）左手で受の右手首をとり右足を受の右足にかけて体を左に回転して、両手を左後に引き受を投げる。（❹・❺）

1 後襟とり

〔受〕右手で捕の後襟をとる。(❶)
〔捕〕左に体を廻して、左拳で受の右腹を叩く。(❷)受の右手の下を潜り受の右手の外に出る。(❸)体を少し右に廻し、両手で受の右手首をとり、(❹)左肘を受の右肘に上より当て、受の肘を右手極める。(❺・❻)又は手首を折り極める。(❼)

②両手で後首襟をとり

〔受〕捕の後より両手で捕の後首襟をとる。(❶)
〔捕〕右手で受の右手の拇指丘を上から握り、(❷)右に受の右手を捻りながら、体を右に廻し向け屈み後を向き、受の右手を外して左手を受の右手小指側より握り、両手で左に小手返しをする。(❸)

3 後襟とり足倒し

❶

❷

❸

❹

❺

❻

❼

〔受〕右手で捕の後襟をとる。(❶)

〔捕〕少し右横に寄り左足を、受の右足の内側に入れる。(❷)体を前傾にする。左足先を左足踵を中心に左に廻す。右足先も同様にする。左足先を中心にして左踵を右に廻す。右足も同様にする。交互に足先と踵を中心支点にして、足を後に移動させる。踵は絶対に上げない。左足をこのようにして後に少し下げ、左足膝裏を受の右膝横に密着させる。(❸・❹・❺)体を急速に左に回転して、受の右膝の内側を押して倒す。(❻・❼)

1 天秤投げの抵抗を返す ①

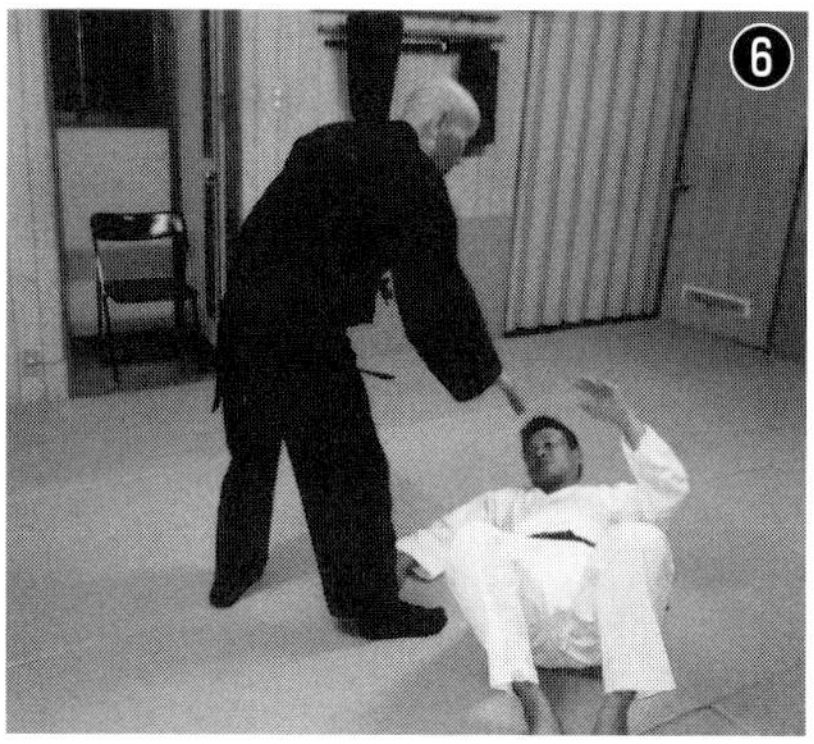

〔受〕右手中段突き。（❶）

〔捕〕体を右に開き左手で受の右手を払う。（❶）右手で受の右手首をとり、（❷）左手を受の右肘に当て肘を極め、左足を踏み出し天秤投げをせんとする。（❸・❹）

〔受〕右肘を少し曲げて、肘極め天秤投げを抵抗する。（❹）

〔捕〕体を左廻りに反転して、右手で受の喉に当て、（❺）右足を受の右足後に掛けて後に倒す。（❻）

② 天秤投げの抵抗を返す②

〔受〕右手中段突き。
〔捕〕右足を後に引き体を右に開き受の右手中段突きをかわし左手で受の右手を右に払い、右手で受の右手首を握り、左手を受の右肘に当て押し受の右肘を極め前に倒さんとする。(❶)
〔受〕抵抗する。
〔捕〕左手で受の右手首を受の右手の上より握り(❷)左上に捻り体を反転して右手を受の右手甲に当て両手で左に受を小手返しで倒す。(❸)

③ 天秤投げの抵抗を返す③

〔受〕左手で捕の左手をとる。
〔捕〕左手を外より内に右に廻して外しながら、左手で受の左手をとり右手を受の右肘に当て押し、天秤投げをせんとする。(❶)
〔受〕抵抗する。
〔捕〕右手で受の左手下より受の前帯を深く掌を前に向けて握り(❷)受の左肘に右手内側を当て前に押し左手で受の左手を後に引き、我が体を受の左肘に当て押し、右足を前に出し投げる。(❸)

4 天秤投げの抵抗を返す ④

〔受〕右手で捕の右手をとる。

〔捕〕右手首を右に返して受の右手首を握り右後に引き体を右に向けて左手を受の右肘外に当て肘を極めながら、左足を前に出し投げんとする。(❶)

〔受〕抵抗する。

〔捕〕受の右手を両手でとり受の肘を直角に曲げて小手ひねりをして極める。(❷)

1 天秤投げの返し技

〔受〕右手中段突き。（❶）

〔捕〕体を右に開き、左手で受の右手を右に払い、（❷）右手で受の右手首を握り、（❷）左手を受の右肘に当て、左足を一歩前に出し、受を天秤投げで倒さんとする。（❸）

〔受〕右肘を曲げて（❸）体気を入れて、捕の天秤投げを抵抗する。体を右に反転して捕の右側に行き、（❹）左手で捕の右手甲を握り、（❺）右手で補の右手甲を握り、両手で左に小手返しをする。（❻）

1 中袖とり手首極め倒し ①

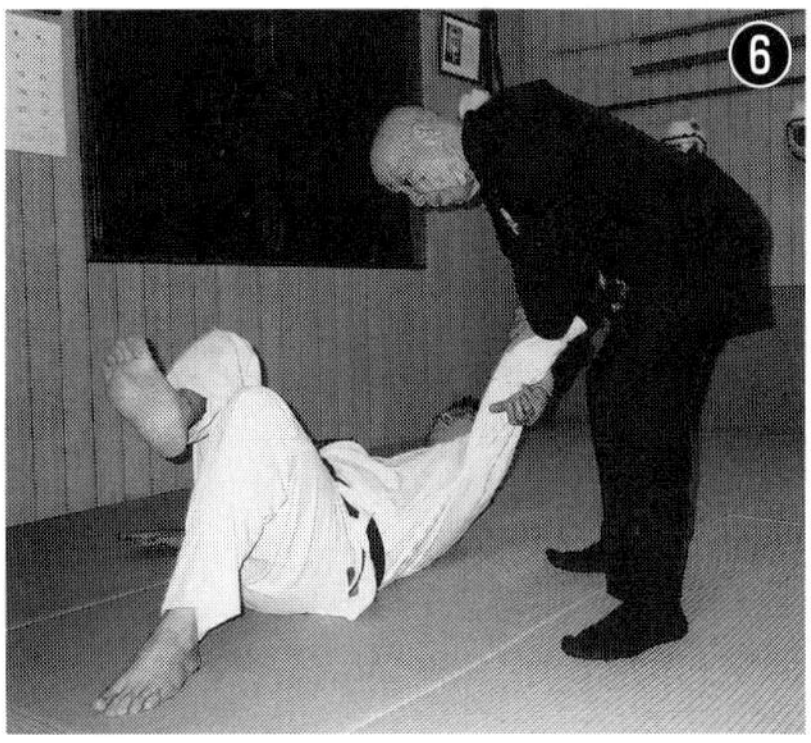

〔受〕左手で捕の右中袖をとる。（❶）
〔捕〕右手で受の左手首を上から右廻りに、巻き上げる。（❷・❸・❹）左手で右手首を握り、両手で（❺）受の両手を上に上げて、体を右に廻して右に倒す。（❻）

◇2 中袖とり手首極め倒し②

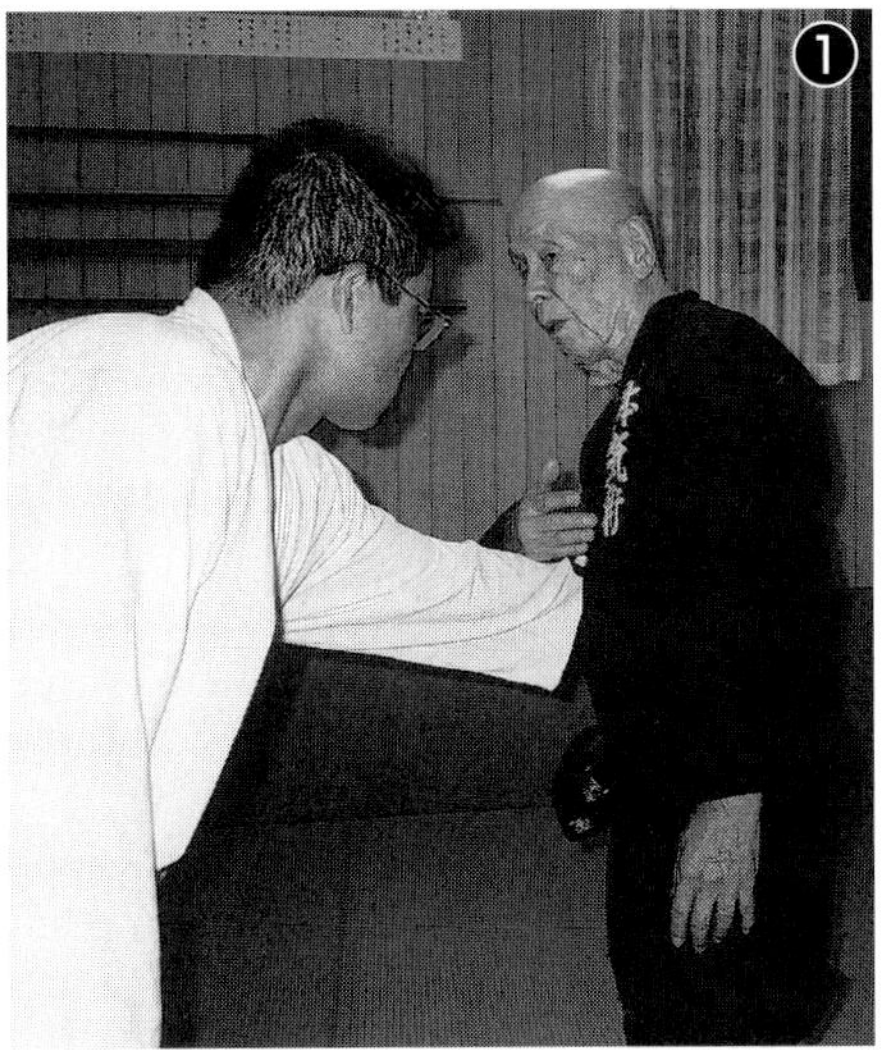

〔受〕左手で捕の右中袖をとる。(❶)
〔捕〕右手を下より上に上げ、手刀にして受の左手首の上に乗せ、(❶)体を左に回転して、左手で右手を握り、(❷)体を更に左に回転して受を倒す。(❸)

① 袖口掴み外しを倒す①

〔受〕左手で捕の右袖を順手か、又は逆手で袖口をとる。(❶)(順手)、(❷)(逆手)
〔捕〕袖口をとられれば左廻りか、右廻りに右手を廻せば、受の左手は外れる。
〔受〕捕が右手を外から内に時計廻りに廻す力を利用して、捕の右袖を左手で掴んだまま、捕の喉に当て、左足を受の右足後にかけて後に倒す。(❸)

② 袖口掴み外しを倒す②

〔受〕左手で捕の右袖口を掴む。(❶)
〔捕〕右手を内より外に時計廻りに廻して受の左手を外そうとする。(❷)
〔受〕捕が時計廻りに右手を廻し、捕の右肩上に捕の右手が上がった時に、(❷)右手で捕の右肩か又は右上膊を押し右足を捕の右足後にかけて(❸)後に倒す。(❹)

3 後両袖口片手捕りの外し

〔受〕右手中段突き。(❶)

〔捕〕体を右に開き、左手で受の右手を払い、右手で受の右手をとり、後に廻り、左手で受の左手をとり、受の両手を後で交差して、受の両手の袖口を右手で下より掌を上に向けて掴む。(❷)

〔受〕体気を入れて、両肘を下に延し、(❸)体を右に向け右肘を捕の右手首に上より当てる。(❹)右肘で捕の右手首を下に押し体を右に廻し腰を落すと両手は外れる。右手で捕の右手をとり(❺)肘極め。(❻)

1 帯とり外し①

〔受〕右手で掌を下にして、捕の帯を上から掴む。（❶）

〔捕〕右手で受が掴んだ帯のすぐ右側を上から掴む。（❷）左手で受の右肘を下から当て（❷）上に上げ、すぐ下に押し肘を極めながら、右手で帯を上に上げれば受の右手は帯から離れる。（❸）

2 帯とり外し②

〔受〕右手で捕の帯を掌を上に向けて、下から掴む。（❶）

〔捕〕受が右手で掴んだ帯のすぐ右側を、右手で上より掴む。（❷）左手で受の右肘を下から上へ押し上げ、受の右肘を極めながら、（❷）右手で帯を下げれば受の右手は外れる。（❸）

3 帯掴み返し（手首極め）

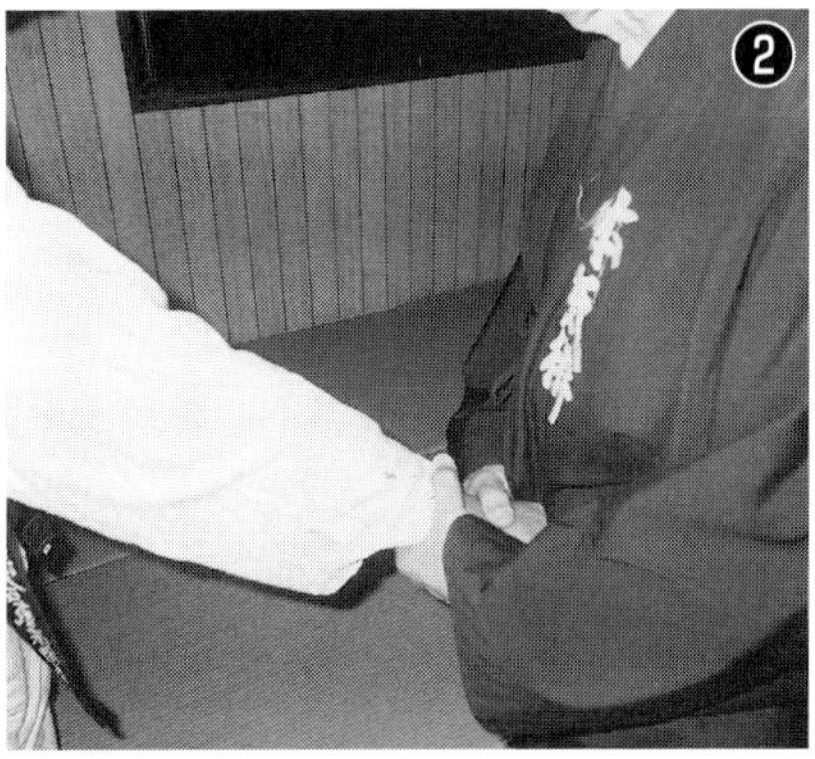

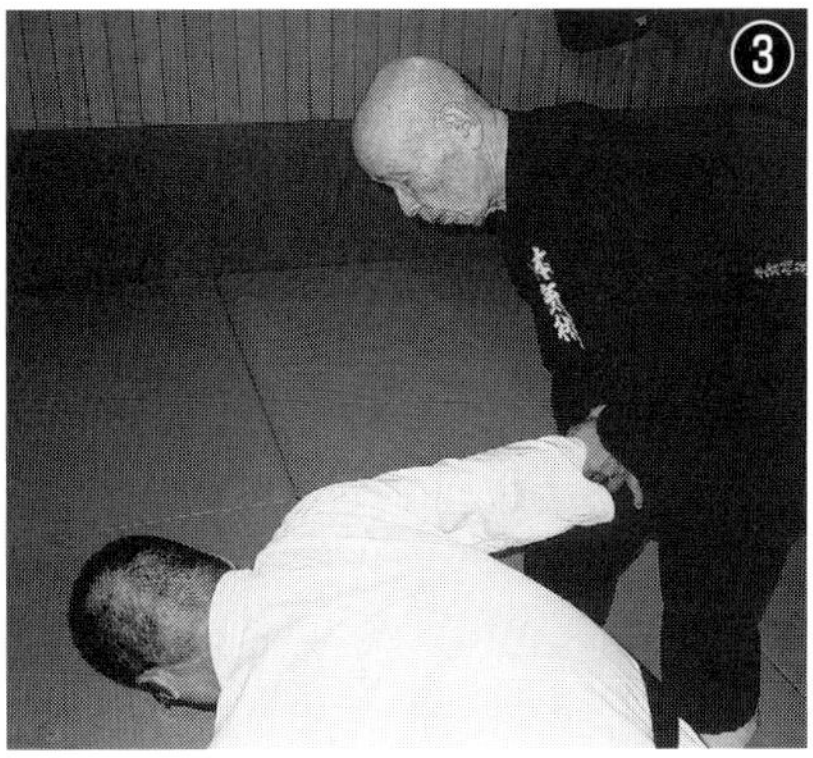

〔受〕右手で捕の帯を前から掴む。手甲を上にして。（❶）
〔捕〕左手で受の右手首を握り、（❷）右手で受の右手甲を捕り、右手を左に押し左手を右に押し、体を右に廻し、手根骨部分を曲げて極める。（❸）

4 横より両手帯とり返し①

〔受〕捕の右横より捕の前帯を右手で捕の後帯を左手でそれぞれ深く上より掴む。（❶）
〔捕〕右手先を左に寄せて、右肘で受の水落ちを突く。（❷）右肘を受の左上膊の上部に乗せて（❸）下に押し落し倒す。（❹）

5 横より両手帯とり返し ②

〔受〕「横より両手帯とり①」と同じ。（❶）
〔捕〕左手で受の右手首を握り、（❷）右手で受の右肘を下より抱き締め上げる。（❷）右足を受の右足後にかけ後に倒す。（❹）

6 片手横帯とり外し ①

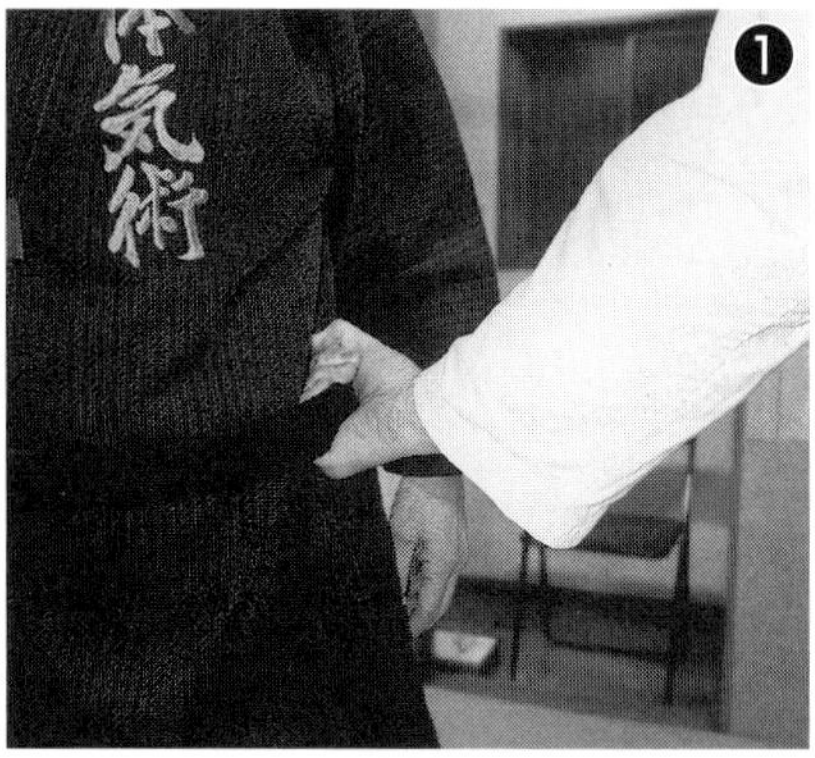

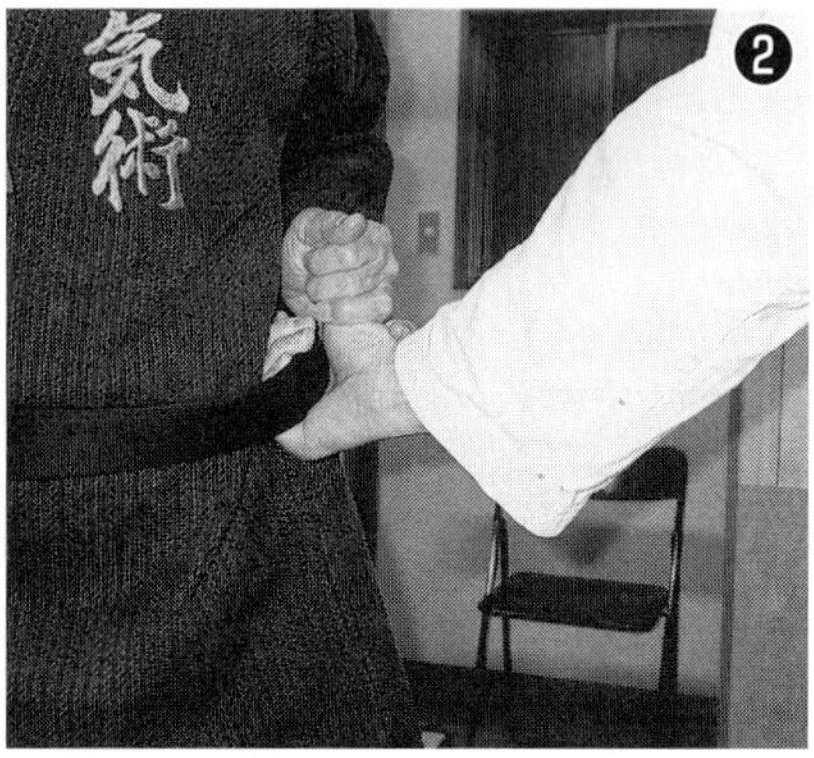

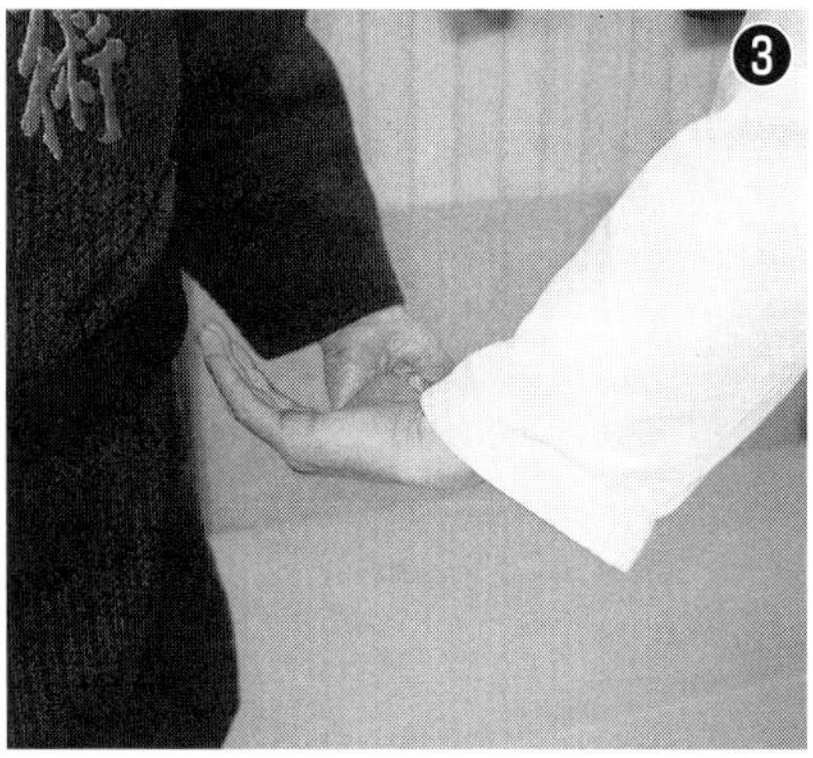

〔受〕横より右手で掌を上にして下より捕の帯を握る。（❶）
〔捕〕左手で受の親指を握り（❷）左下に折り極め下に落す。（❸）

⑦ 片手横帯とり外し②

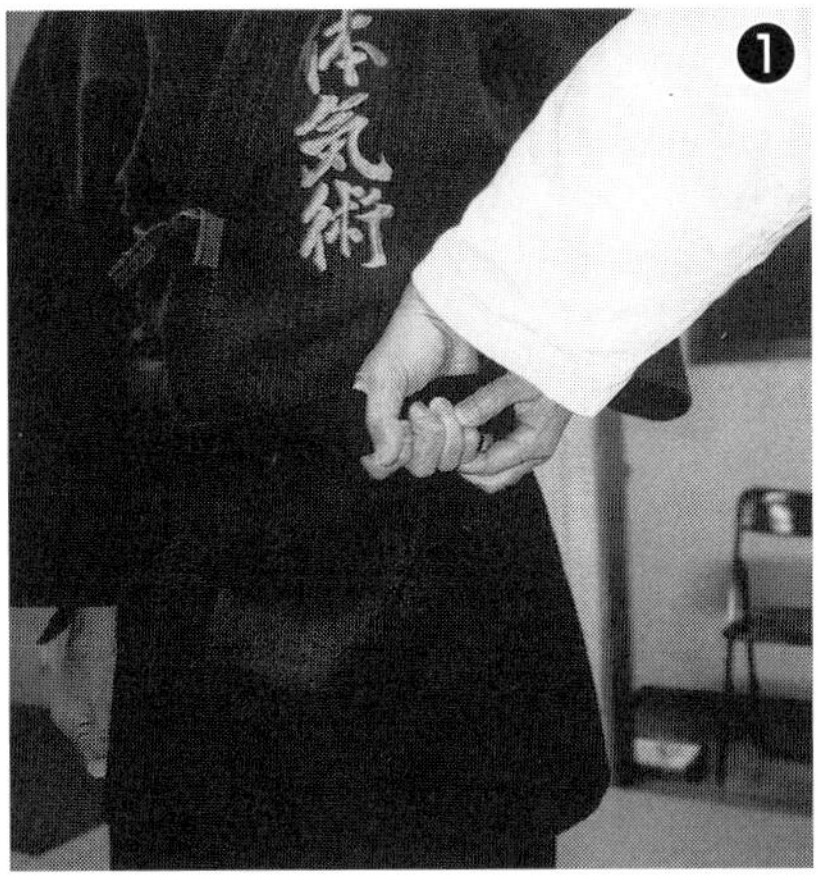

〔受〕横より右手で手甲を上にして、上より捕の横帯を握る。(❶)

〔捕〕親指と人差指で受の小指の第一関節と第二関節を曲げて挟み押え極める。(❶)

⑧ 後帯とり

〔受〕右手で捕の後より帯をとる。(❶)

〔捕〕右に体を反転して右肘で受の右肘を打つ。(❷)右手を受の右手下より胸に当て(❸)後に押し、体を受の右横に移動し左手で受の後襟を掴んで(❹)後下に引き倒す。

〈1〉前抱き脱し①

〔受〕前より両手で捕の体を両手腕下より抱く。(❶)

〔捕〕両手で受の両脇腹を両手指で握り(❷)痛めると、受は激痛で離れる。(❸)受が捕の両腕上より前から抱いた場合も(❹)両手は下膊が自由に動かせるから前記と同様に、受の両横腹下を掴み痛め極めると受は離れる。(❺・❻)これは簡単な横腹急所掴みの技である。技とは言えないと他は言うかも知れないが、こういう簡単な急所掴み極めの技が危急時に役に立ち、大事なのである。

◇2 前抱き脱し ②

〔受〕前より強く捕の両腕上より捕の体を抱く。(❶)

〔捕〕尻を後に大きく引き、両肘を後横に引き張る。(❷)受の両腕が外れる。左足を前に出し、両手で受の後腰を抱き手前に引き、捕の腹に密着させ（❸）鯖折りで倒す。(❹)

3 前抱き脱し ③

〔受〕両手で前より捕の両肘と両肩の中間を強く抱く。(❶)上腕の上の方を抱くと両肘は張り、尻を強く後に引くと相手の両腕は外れる。また相手の両肘の真下を抱くと、相手は片肘で我の下腕を押して腕を抜きとることが出来るから、前述のように肘と肩の中間を抱くこと。このように両手で前より強く抱くと外し難い。

〔捕〕体を強く左に廻し、体を屈める。(❷)次に体を強く右に廻し、(❸)受の左足が前に出たところを、左足を受の左足外にかけ、(❹・❺)体を右に押し倒す。(❻)倒れない時は左右に何度も体を強く廻して、受を振り回し足をかけて体で押し倒す。

1 後抱き

後より両腕上から抱かれた場合、(❶)尻で相手の腹を突いてから技をかける方法があるが、この場合両手で後の相手の腰を抱くか、腰の衣を握って(❷)前に引くと同時に尻を後に突き出すと(❸)なお効果がある。相手は腹が痛く悲鳴を上げて後に下がる。ひどいときは相手の小腸が切れて死ぬ場合があるから注意しなければならない。

2 後抱き外し(肘痛め捻り小手返し)

〔受〕両手で捕を腕上より抱く。(❶)(捕の両肘の上より抱いた場合)

〔捕〕右手肘を曲げて、受の右肘の上に置き、(❷)右肘で受の右肘を下に押す。(❸)左手で受の右手首をとる。(❸)受は右肘を下に押され痛く、両手を緩める。左手で受の右手掌をとり右に捻り、右手も受の右手甲をとり両手で右に捻り、小手返しをする。(❹)

3 相手を逃がさない後抱き

59 後抱き(腕上より)

❶

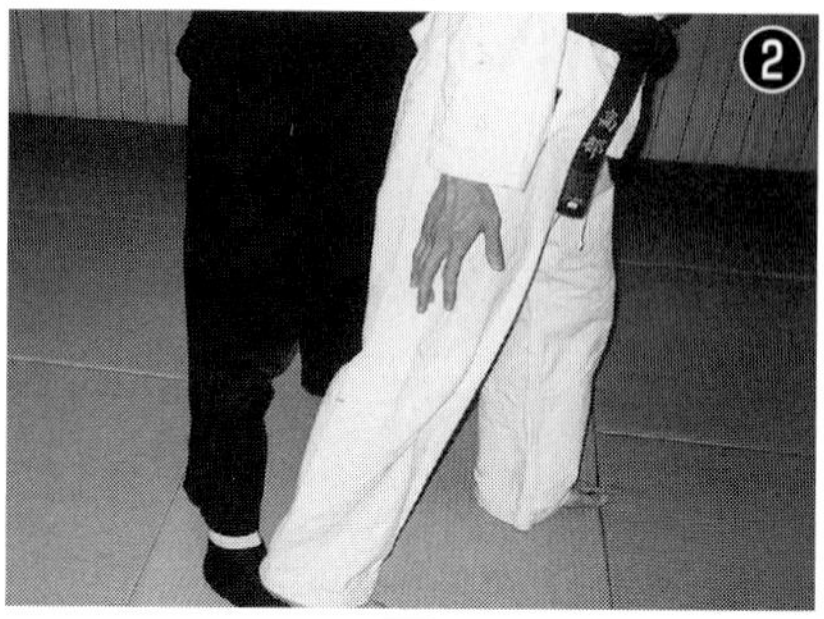

❷

❸

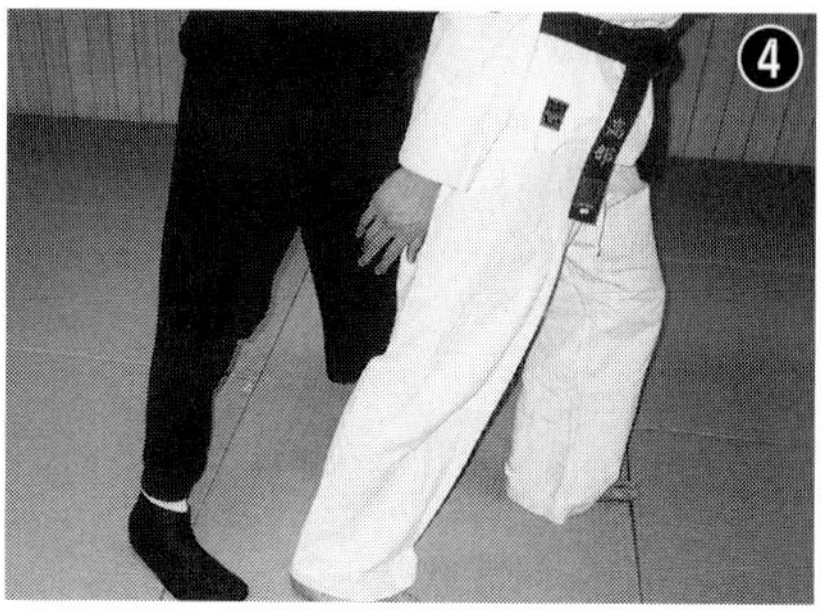

❹

❺

❻

❼

〔受〕後より腕上から捕を抱く。(❶)

〔捕〕(1)捕は後頭で受の顔面を打つ。

(2)足で受の足甲を打つ。(❷)

(3)体を前に屈めて尻で受の腹を打つ。(❸)

(4)両肘を左右に張り、(❸)受の両手を緩めて逃げるか、技をかけて受を倒す。

以上のことが普通書かれている。

(1)の後頭で相手の顔面を打つというが、腰を下げ低く捕を抱き、顔の位置を下げ、受の肩に隠れれば受より後頭で顔面を打たれることはない。

(2)の例は右足で受の右足甲を打つ場合、受は右足を後に引けば、すぐに外れる。(❹)すぐに外せば痛みは少ない。

(3)の前に屈み尻で受の腹を打つ場合は、受の両手が前に出るから、両手で受の両手をとり後に引き(❺)右足で受の右足膝後を蹴り(❻)押し両手を引き倒す。(❼)両手を引き上げ、肩を極める。

抱かれた受が必ず勝つとは限らず、後から抱いた捕が勝つのである。固定観念に捕らわれてはならない。

1 両手両腿支え後抱き外し ①

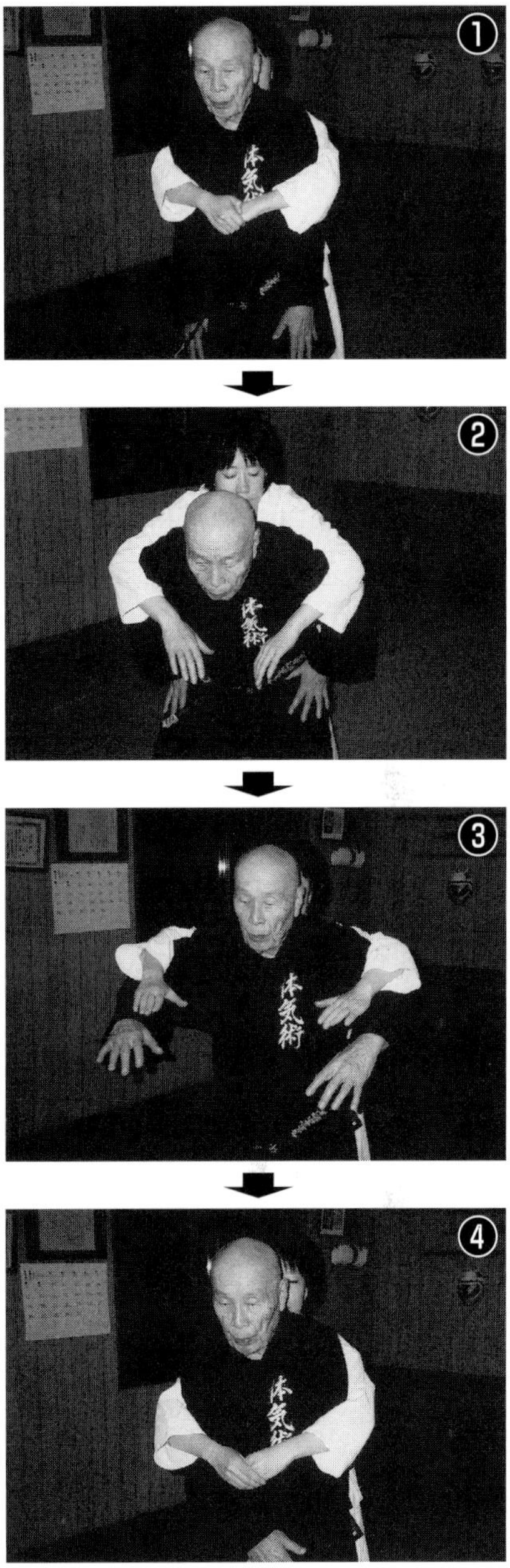

〔受〕後より両手で捕の両腕の上より抱く。(❶)

〔捕〕体を大きく前傾して、(❷)両手を両腿上部に当てて、(❷)両肘を開くと、(❷)受の両手は簡単に外れる。(❷)受が再び両手で締めてきても、両手を両腿で支えているので、再び両腕は締められない。普通は写真(❸)のように、受の両手を両肘を跳ね上げて外しても、再び受により両手で締められる。(❹)このように再び締められないのが、両手両腿支え外しである。両手を腿で支えて、両肘を張り三角形を作ることにより、力学的に強固な構造となる。両手を腿につけていないと弱く、再び締められる。

2 後抱き外しの返し ②

〔受〕後より両手で捕の両腕の上より捕を抱く。(❶)

〔捕〕腰を落し両肘を左右に張り、受の両腕より脱して、何等かの技を掛けて受を倒さんとする。(❷)

〔受〕捕が両肘を左右に張り上げた瞬間に右手で捕の右上膊を抱き後に引き、(❸)左手で捕の右手首をとり、捕の背中に上げる。(❹)右手先で捕の右肩を押え、右肘を上げて捕の右腕を延子極めにする。(❹)

1 横抱き倒し①

〔受〕両手で捕の右横より捕を抱く。（❶）

〔捕〕腰を落し右手を左前に出し、反動をつけて受の胸に肘打ちをする。（❷）腰を上げ、右肘を延し、受の右横首に右手を当て、（❸）体気を入れて後に倒す。（❹）

2 横抱き倒し②

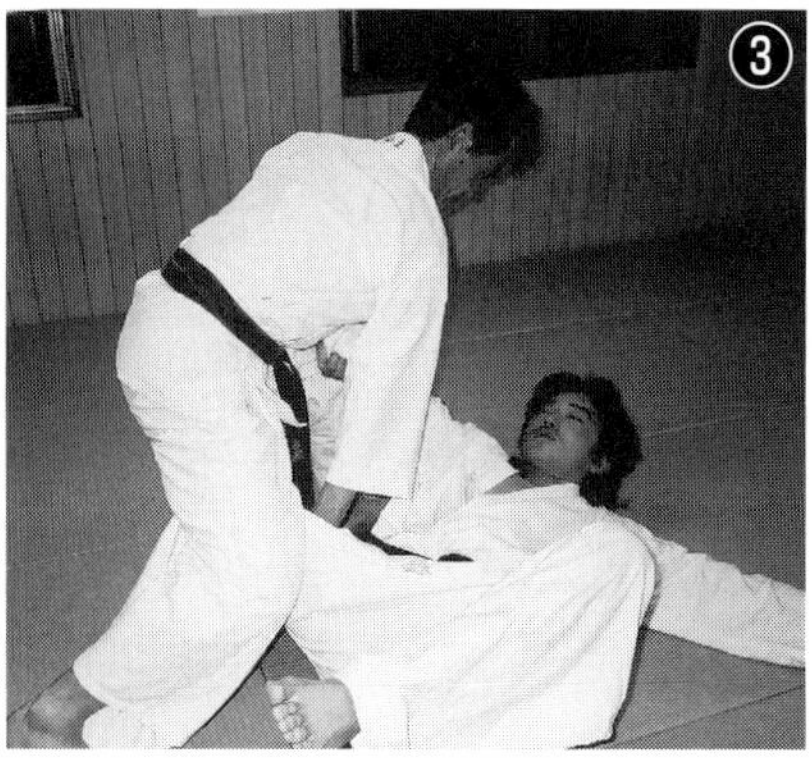

〔受〕両手で横より捕を抱く。（❶）

〔捕〕右足で受の右足後内側にかける。（❷）体を左に廻して、左手で受の右中袖をとり左に引く。（❷）右膝で受の右膝を内側より左に押し倒す。（❸）左肘を左に突張り、受の両手を外してから、受の右手中袖をとってもよい。

① 袖口掴み倒し ①

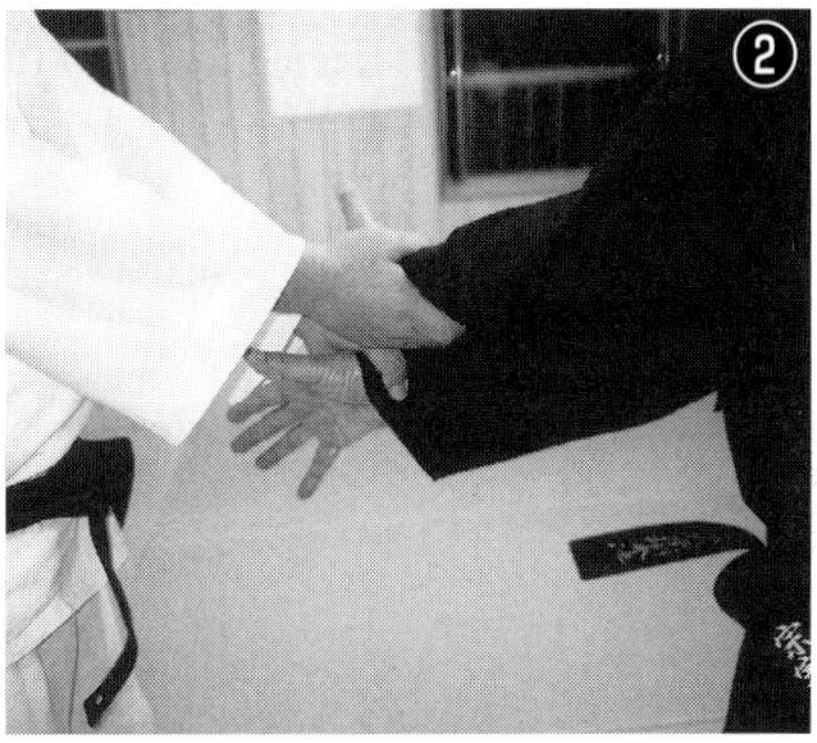

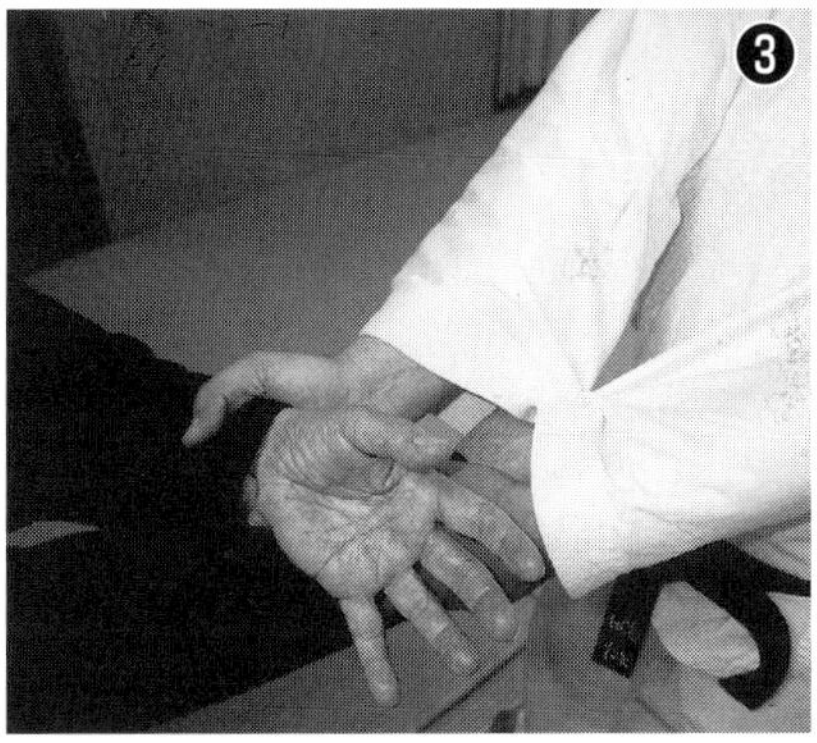

〔受〕両手で受の両手をそれぞれとる。(❶)

〔捕〕右手を下に、左手を上にして両手を浅く交差して、(❷・❸)右手先を受の両手の真中に持ってくる。右手親指を受の右手袖口に入れ、右手四指を受の左手袖口に入れ、(❸)右手で受の両袖口を掴み、(❸)受の両手の自由を奪う。左手を外し、(❹)受の喉に当て(❺)左足を受の右足後にかけて後に倒す。(❻)

② 袖口掴み倒し ②

〔受〕右手中段突き。(❶)

〔捕〕体を右に開き、左手で受の右手を右に払い、(❶)右手を受の右袖口に五指を延ばし入れる。(❷)右手で受の右手袖の中より衣を掴む。掴んだまま左手で受の胸を前より後に押し、(❸)左足を受の右足後にかけて後に受を倒す。(❹・❺)

① 親指で頸動脈突き倒し ①

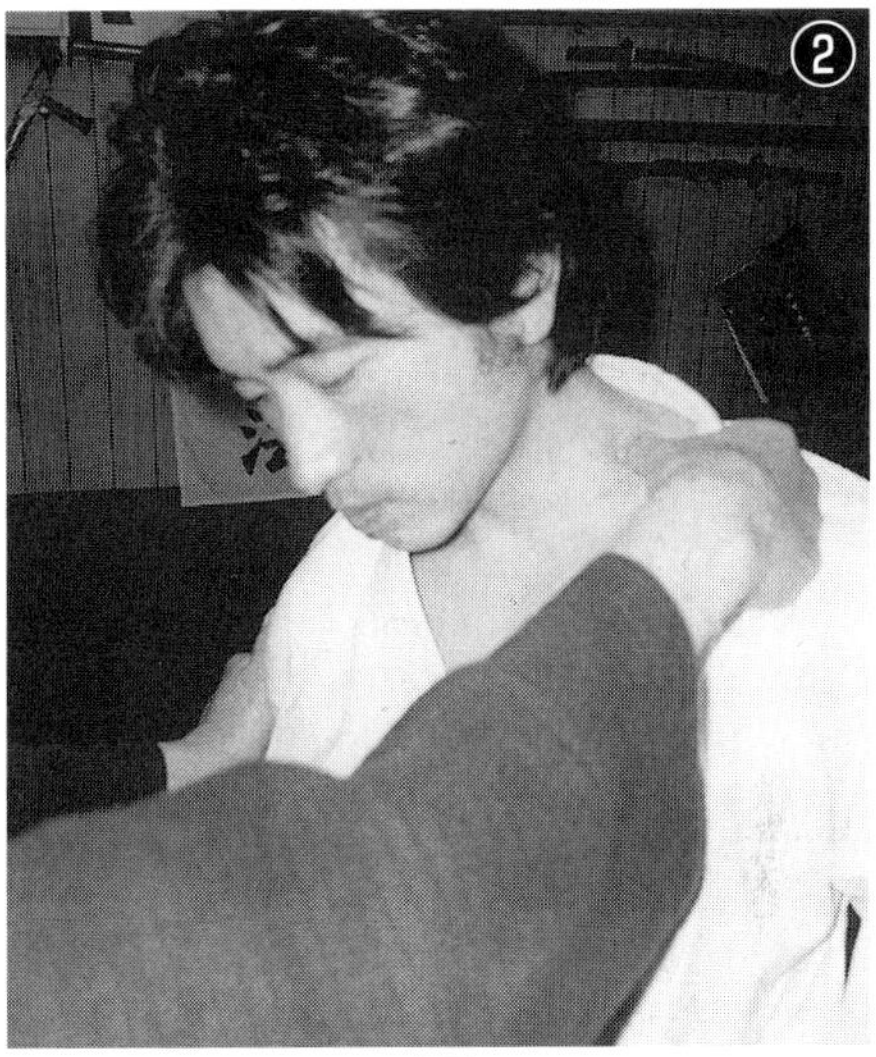

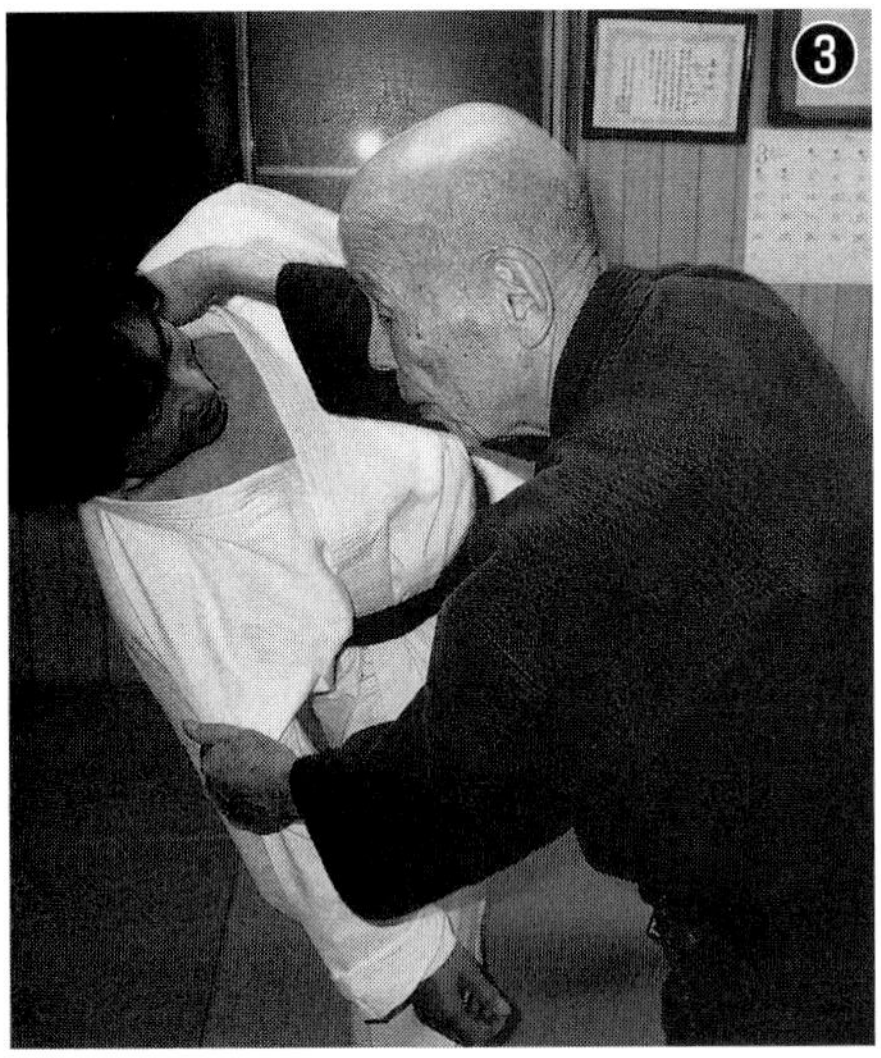

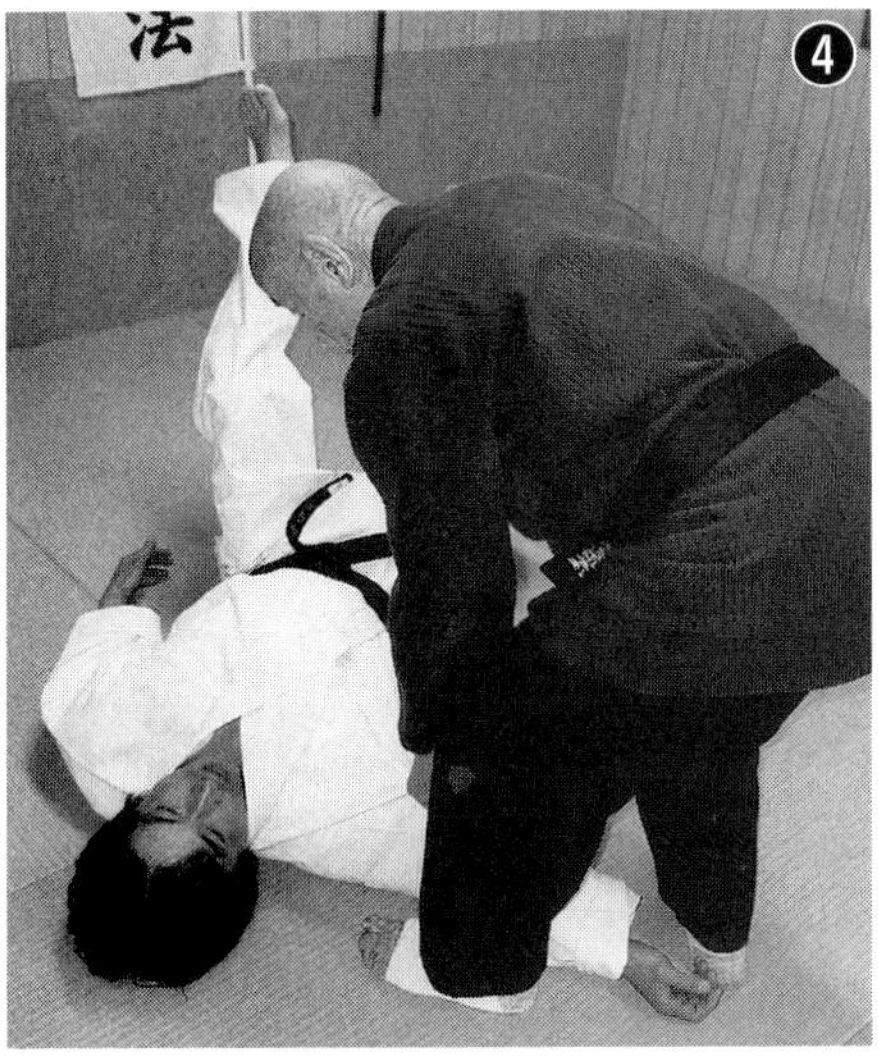

相手の胸襟を右手でとり、相手の肘衣を左手でとり、柔道のように組む。(❶)右手の親指を除く四指と右手掌底で相手の胸襟を掴む。(❷)右手親指を自由にする。右手親指を相手の左首横に当て突き刺すように左下に押し、(❸)左手で相手の右肩衣をとり(❸)左下に引き倒す。(❹)相手は左首に激痛が走り容易に倒れる。写真は相手が組んでないが、柔道のように相手が両手を組んでも同様である。

2 親指で頸動脈突き倒し ②

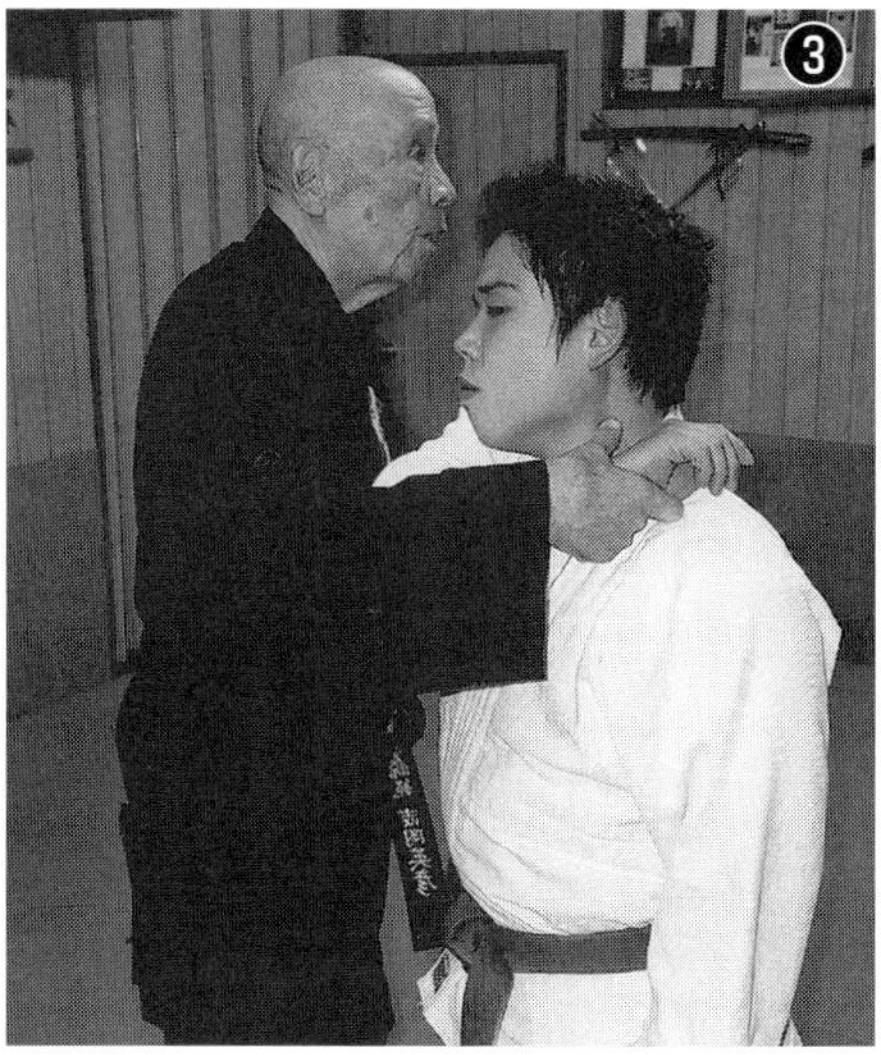

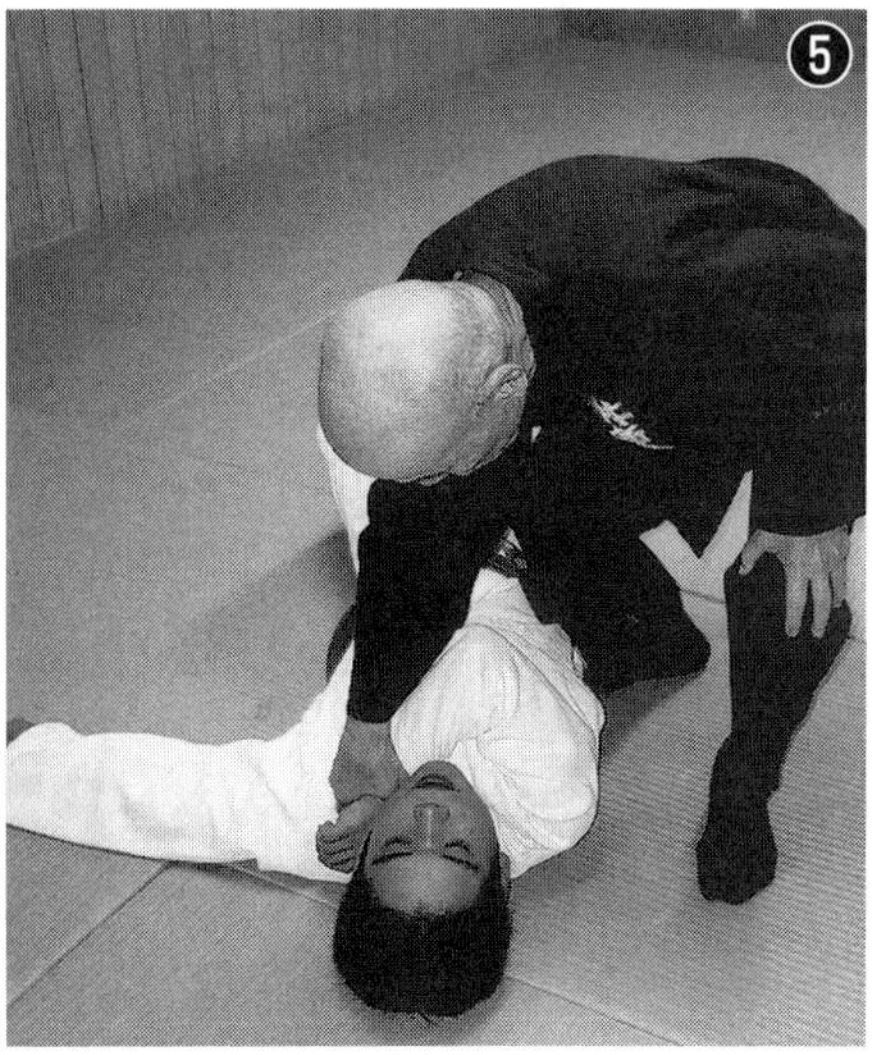

〔受〕右手で受の右手をとる。(❶)
〔捕〕右手で下より矢筈にして、受の右手をとり、(❷)受の左首横に持って行き、(❸)右手親指を立てて受の頸動脈を突き、右足を受の右足後にかけて倒す。(❹・❺)

3 親指以外の四指と掌底で掴み極め

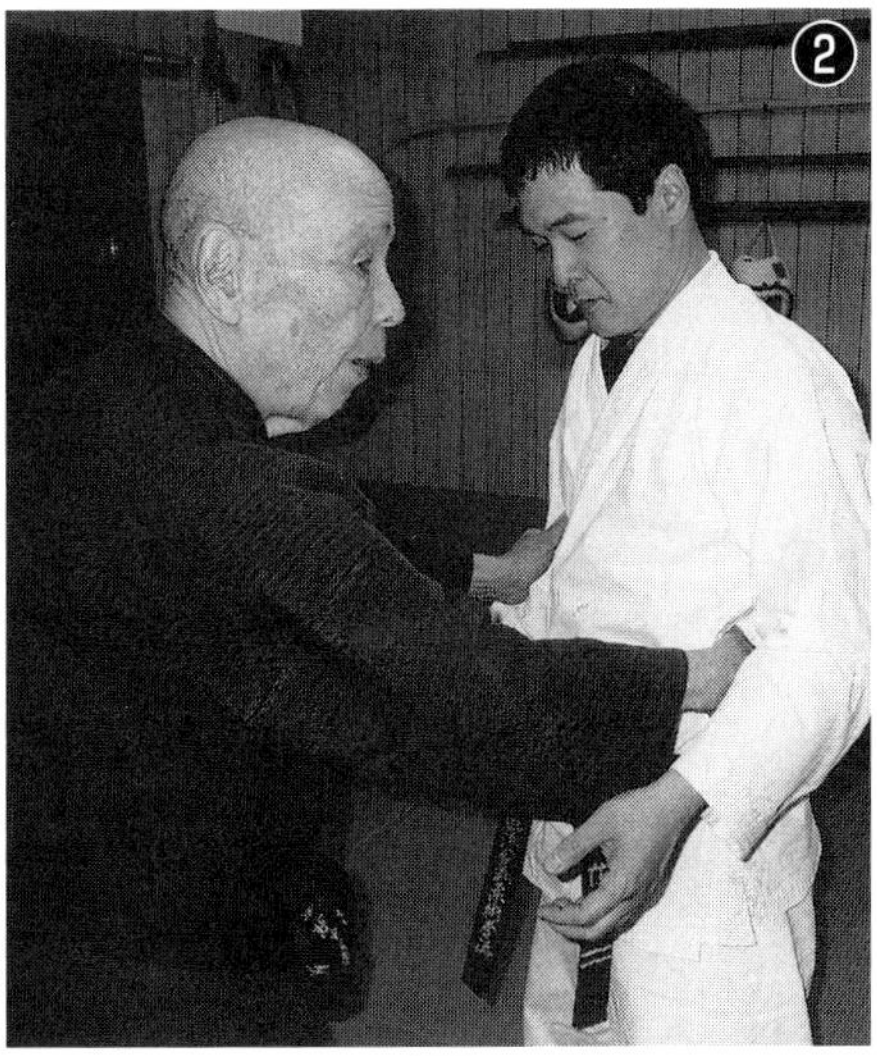

〔受〕柔道で組む。

〔捕〕左手で受の右胸横の衣を掴み、右手で親指を除く四指と掌底で受の横腹衣を掴み、親指を立てる。（❶・❷）右手親指を受の横腹に突き立て左に押す。左手を右に押し、両手の隅力で受を左に倒しながら、右手親指で受の左横腹を突き（❸）極め倒す。（❹）単に親指で横腹を突けば相手に逃げられるので、親指を除く四指と掌底で、相手の衣を掴み逃げられないようにする。

（右手の握り掴みがわかるように、相手に左手を上に上げさせている❶）

1 頸動脈突きに対して ①

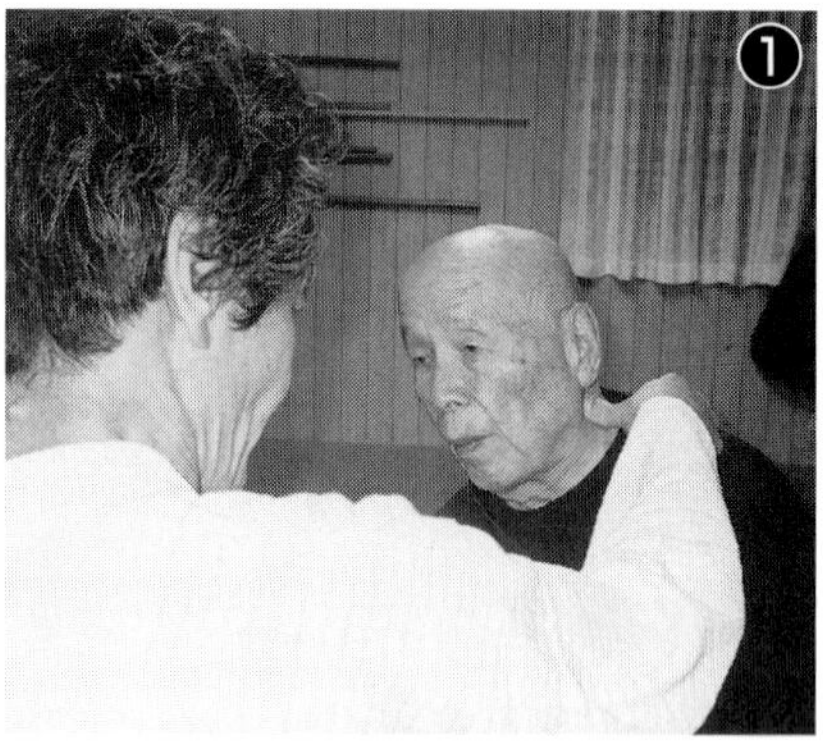

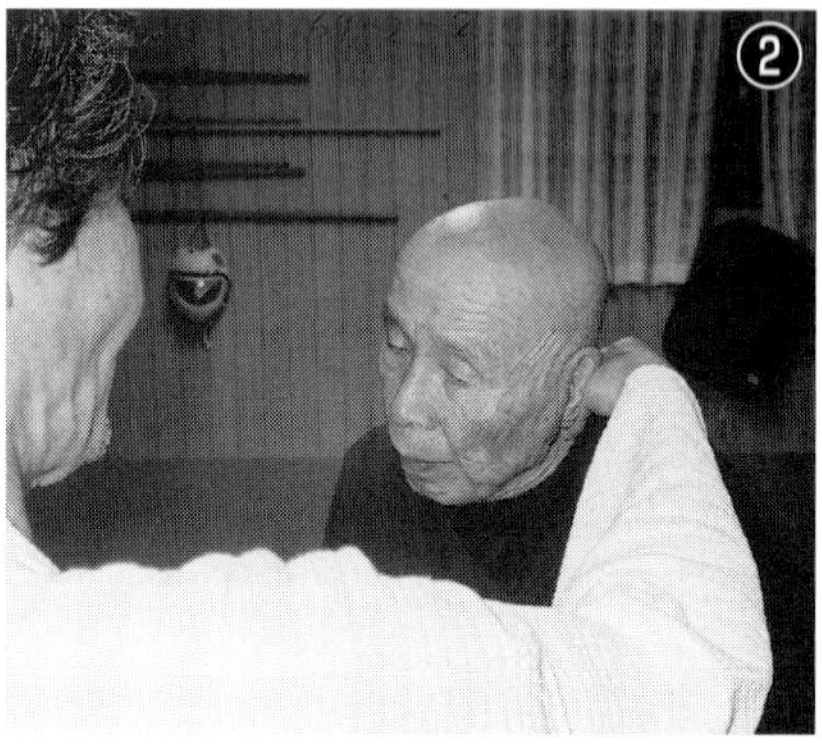

〔受〕左手で捕の右中袖をとり、右手で捕の奥襟を握り、親指を立てて捕の左頸動脈を突き左に押し、(❶)左手を引き捕を倒さんとする。

〔捕〕体気を入れ首を左に曲げ、左肩を上げれば痛くなくなり、(❷)左手で受の右肘をとり、右手で受の右手首をとり、両手で一本捕をする。(❸)

2 頸動脈突きに対して ②

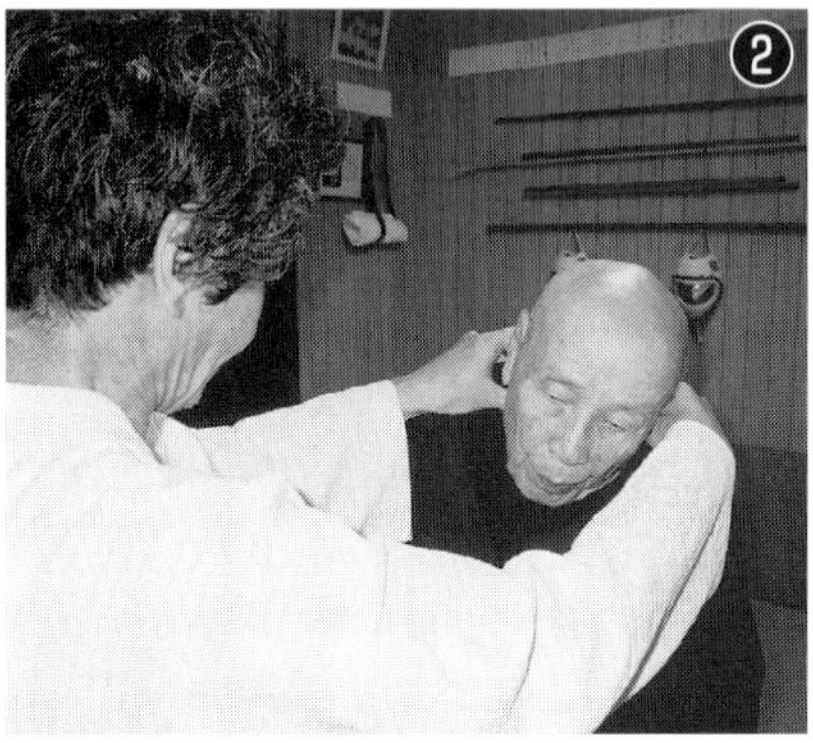

〔受〕両手で捕の奥襟をそれぞれとり、親指を立て捕の左右の頸動脈を突き痛め極めんとする。(❶)

〔捕〕前述のように首を左右どちらかに曲げて、首を曲げた方の肩を上げれば痛くなくなる。(❷)首を曲げた方の首の筋肉が厚くなり痛くなくなり、首が延びた方の筋肉は固くなり痛くなくなる。前述のように受の左手を一本捕する。(❸)

③ 頸動脈打ちに対して

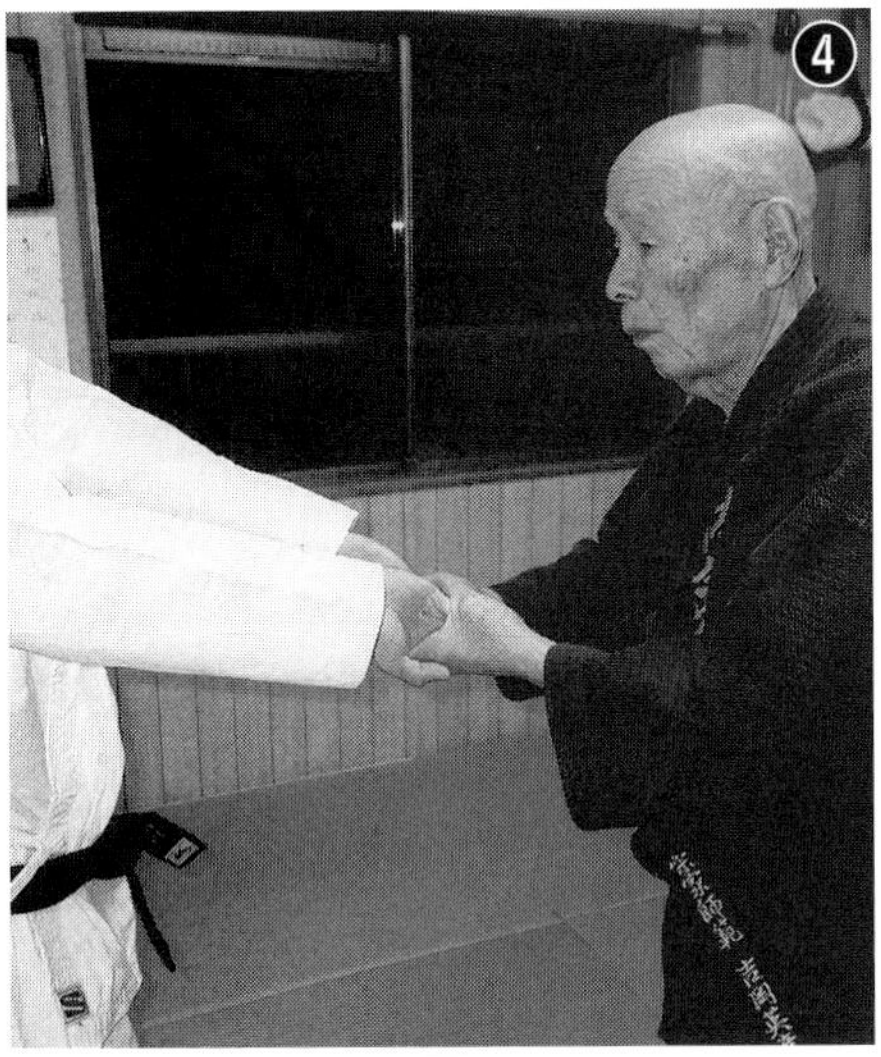

〔受〕両手で捕の頸動脈を打つ。（❶）

〔捕〕両手で受の頸動脈打ちを受けて、（❷）受の掌側より両手で指を握り、（❸）内より外に捻り極めて（❹）右足で受の金を蹴る。（❺）

◇1 脇下潜り技の返し技（片手とり）①

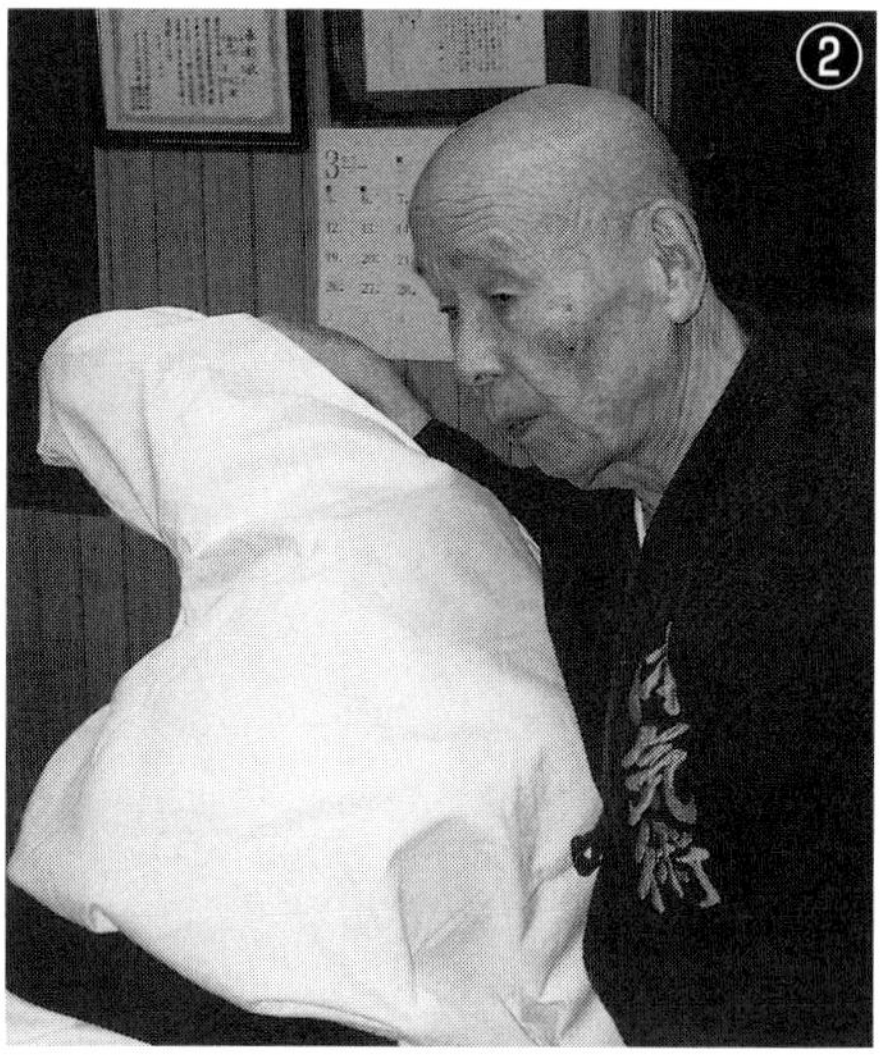

〔受〕右手で捕の左手をとる。（❶）

〔捕〕受の右手を左手でとり、受の右腕下を潜り後に廻り、受の背中にくの字に曲げ上げや、その他の技をかけんとする。（❷）

〔捕〕捕が右手下を潜った瞬間、右肘を受の首後に置き体を右に開く。左手で受の右手を握り、右肘で捕の首を下右に落し倒す。受の左手を握った右手を後に引く。（❸）

②脇下潜り技の返し技（片手とり）②

〔受〕左手で捕の右手をとる。（❶）
〔捕〕左手で受の顔を裏拳打ち。（❷）
〔受〕右手で捕の裏拳打ちを受ける。（❷）
〔捕〕左手で受の左手首をとり大きく受の左手を上に上げ、受の左脇下を潜り（❸）右回りに後を向き、受の左手を極めんとする。（❹）
〔受〕捕の右手を左手でとり、左肘を延し受の喉に当て、右手で捕の左手をとり（❺）左足を受の右足後にかけて後倒し。（❻）

◇3 脇下潜り技の返し技（片手とり）③

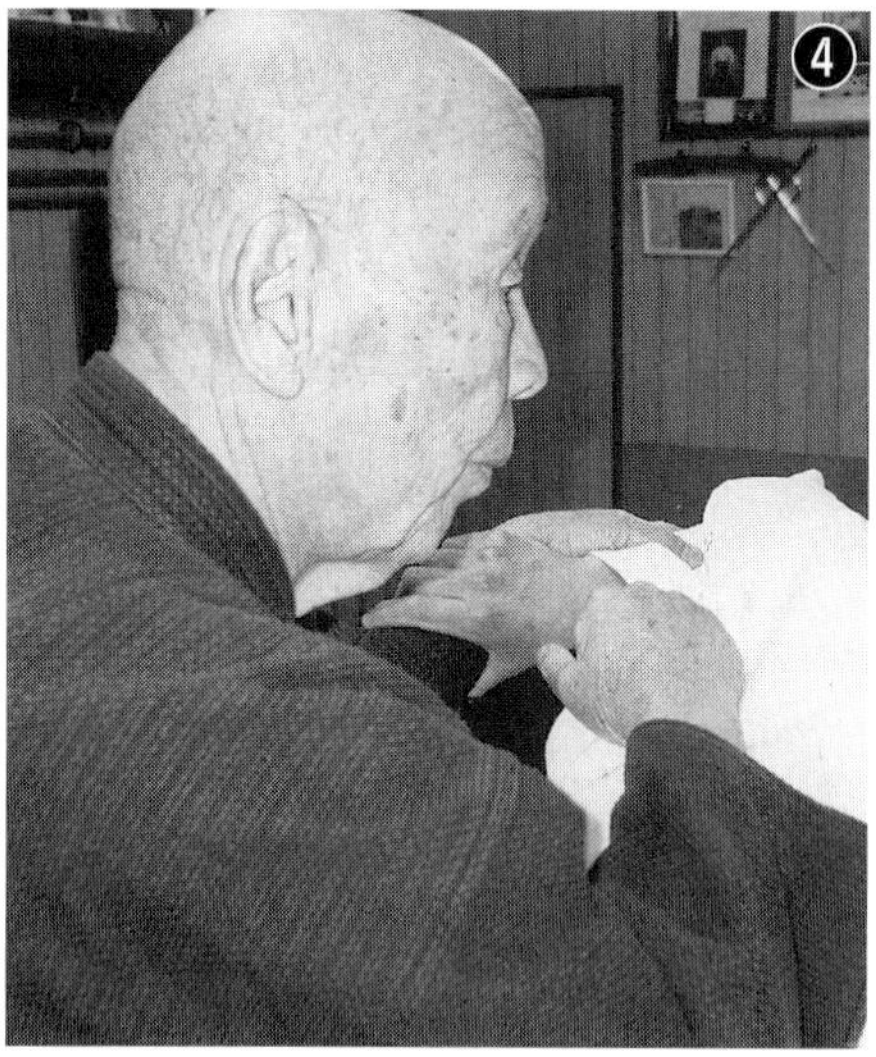

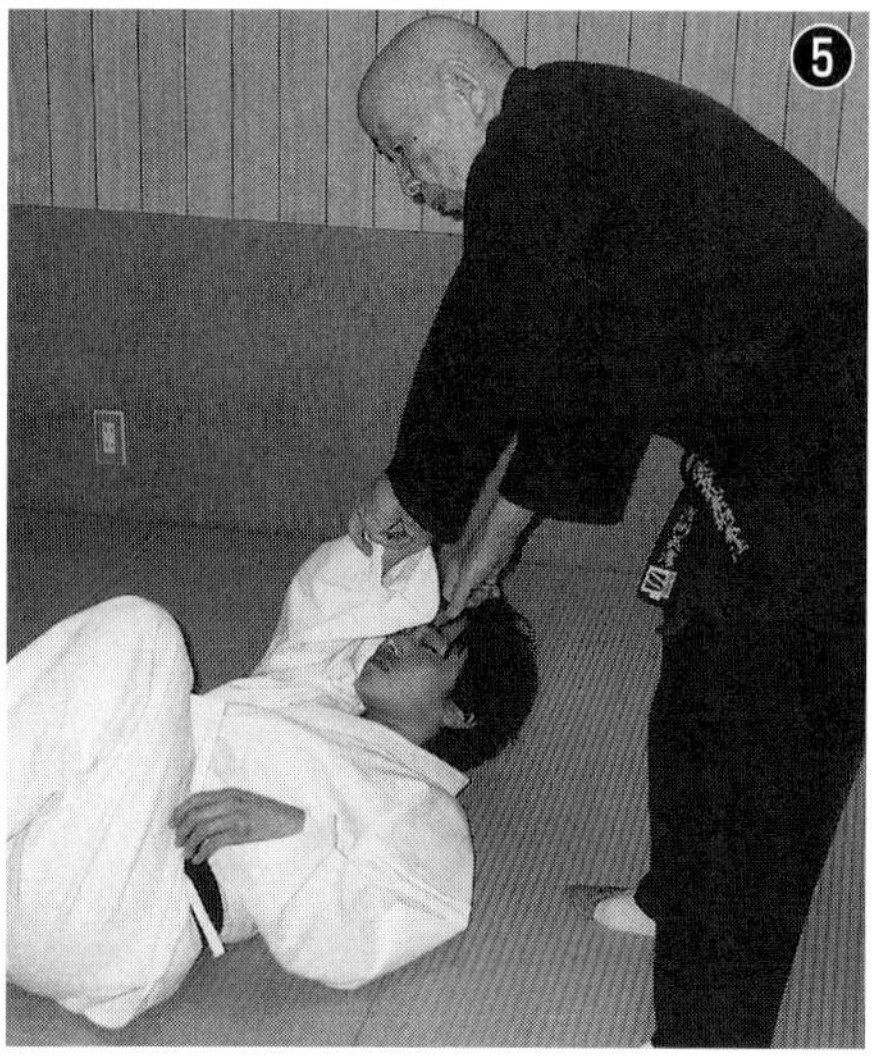

〔受〕左手で捕の右手をとる。（❶）

〔捕〕前述のように右手で受の左手をとり、受の左手を上げ、受の左手下を潜り技をかけようとする。（❷・❸）

〔受〕捕が受の左手下を潜らんと後向きになった瞬間、右手で捕の後襟を握り後に引き倒す。（❹・❺）

4 脇下潜り技の返し技（胸襟とり）①

〔受〕右手で捕の胸襟をとる。（❶）
〔捕〕両手で受の右手首を握り、（❶）受の右肘をくの字に直角に曲げて、受の右手下を潜り、受の後に行き反時計廻りに反転して後に向き、受の右手を捻り極めんとする。（❷）
〔受〕捕が受の右手下を潜らんとする時に、体を右に開き右脇を締める。捕は受の右手下を潜れない。左手で捕の後襟をとり後に引き倒す。（❸・❹）

5 脇下潜り技の返し技（胸襟とり）②

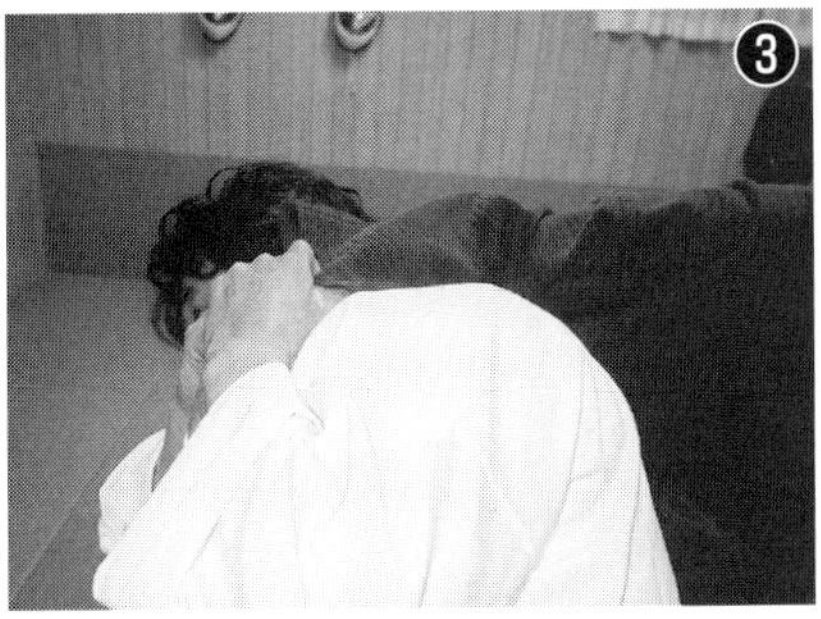

〔受〕右手で捕の胸襟をとる。
〔捕〕両手で受の右手首を握り、受の右手下を潜り、前述のように極めんとする。（❶）
〔受〕捕が受の右手下を潜った瞬間、右肘を捕の首後に置き、（❶）体を左に開き、捕の左後に行き、（❷）右肘で捕の首後を下右に落し倒す。（❸・❹）

6 脇下潜り技の返し技（胸襟とり）③

〔受〕右手で捕の胸襟をとる。（❶）

〔捕〕両手で受の右手首を順手にとり、受の右肘を直角に曲げて、受の右手下を潜り左に反転して、受の右手を小手捻りに極めんとする。（❷）

〔受〕左手で捕の左肘にかけて上に上げ（❸）右手を後に引き倒す。（❹）

1 腕背中くの字極め①

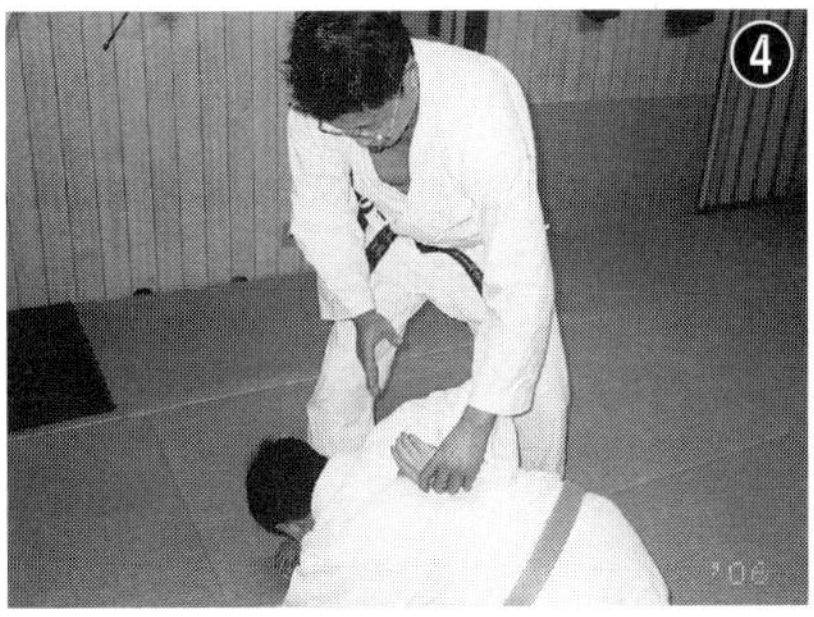

〔受〕右手で捕の左手をとる。(❶)

〔捕〕受の右手を左掌を上に向けて下より握り、時計廻りに捻り、受の右手を水平になる迄上げ、(❷)右手で受の右肘をとり(❸)手前に引き倒し、受の右肘を折り背中にくの字に曲げて極める。(❹)体は受の右横に行く。

2 腕背中くの字極め②

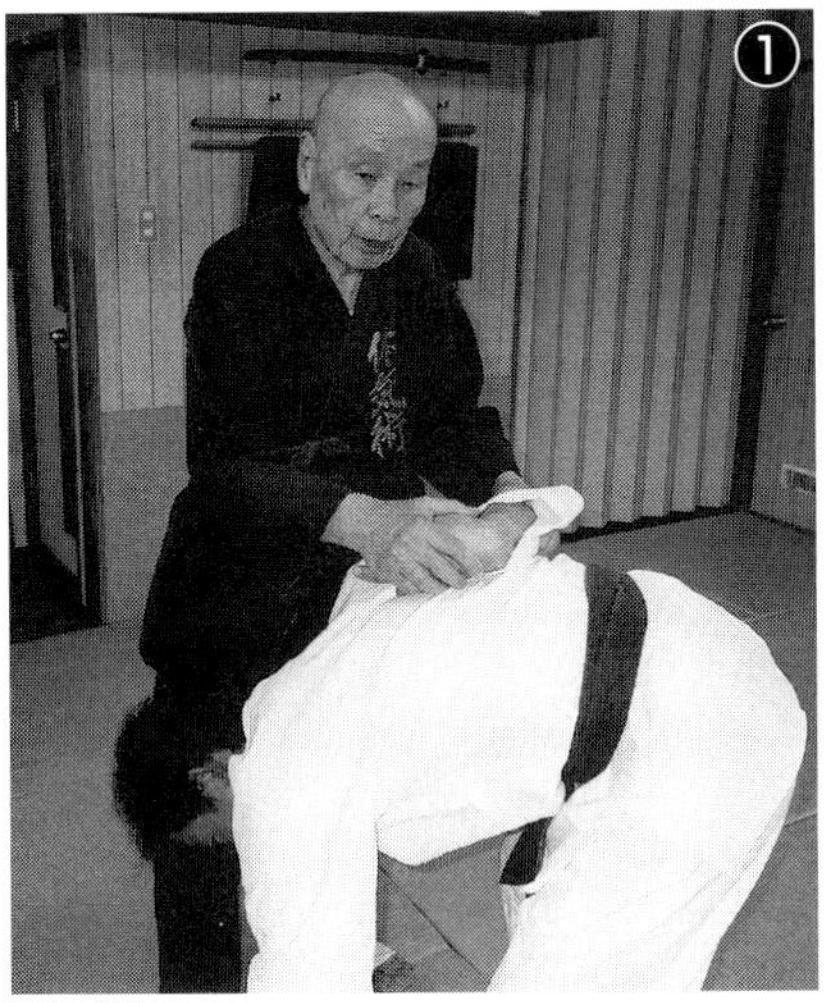

〔受〕右手で捕の左手をとる。

〔捕〕左手首を外より内に返して、受の右手首をとり肘を折り、受の背中にくの字に折り曲げ上げ、右手で受の右手甲の上から握り折り曲げ、左手で受の右肘を上に押し、両手で挟み押して極める。(❶)

1 腕背中くの字極めの返し

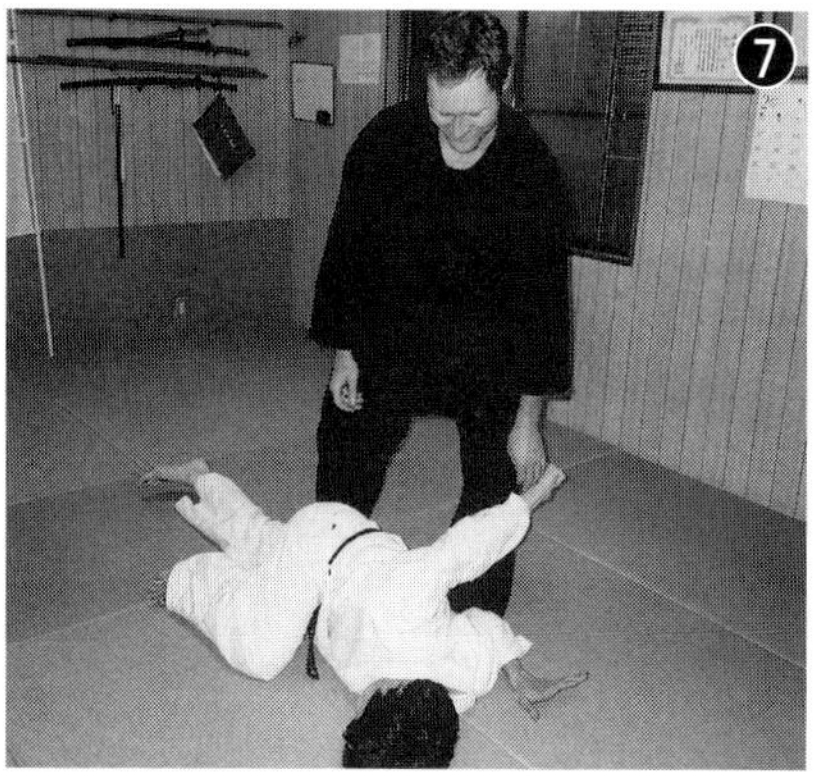

〔受〕右手上段打ち。(❶)

〔捕〕両手で受けて下に下し、(❶)受の右手を背中にくの字に折り曲げ、右手を受の右手下より入れ、受の右肩に置き、右肘を上げ右手先を下に押し、受の右肘と右肩を極めんとする。(❸)

〔受〕体を大きく前に屈み、右手を自分の体から離さず体につけたまま、自分の右脇腹を摺り抜けて、右手首を左に廻しながら、自分の右胸下に持ってくる。(❹)体を起こし右に反転して、右手で捕の右手を右に押えて、(❺)右手で捕の右手首をとり、左手で捕の右脇を押えて下に倒す。(❻・❼)

67 腕背中くの字極めの返し

2 背中くの字の極め返し（右手）

〔受〕右手で捕の右手をとる。（❶）

〔捕〕右手首を返して受の右手をとり、受の後に行き、受の右手を背中に折り曲げる。受の右手を左手で握り替え、右手を受の右手下に入れ右手先を肩に滑らせ、右手肘を上げて、右手先で受の右肩を抑えて、受の右肘を極めんとする。（❷）

〔受〕体を前に大きく屈め体気を入れて抵抗する。（❷）尻を右に廻して起き上り右肘を延して、捕の右手を右脇に抱き、（❸）左手で捕の上膊を押し極める。脇抱き一本捕をする。（❹）

3 背中くの字の極め返し（左手）

〔受〕左手で捕の右手をとる。（❶）

〔捕〕右手を返して受の左手をとり、受の左後横に行き、右手を受の左手下に入れ背中を滑らせ、右手先を受の左肩に置き、左手で受の左手をとり、受の右腕をくの字に折り上げて極めんとする。（❷）

〔受〕体を大きく前に屈み、（❷）尻を左に廻して起き上がり、左手で受の左手を外より抱く。（❸）左肘を受の右肘に当て、受の右肘を上に巻き上げて受の右肘を極めながら後に倒す。（❹）

1 両手とり天地投げ（袖口とり）

〔受〕両手で捕の両手をそれぞれとる。（❶）

〔捕〕両手で受の両袖口をとり（❷）右手を上げ、左手を腰に引き、（❸）右足を踏み出し受の右足後にかけて天地投げをする。（❹）

2 両手とり天地投げ（手首とり）

〔受〕両手で捕の両手をそれぞれとる。（❶）

〔捕〕右手で受の左手を下よりYの字にしてとり、（❷）左手首を内より外に返して受の右手をとり、（❷）右足を踏み出し受の右足後にかけて、右手を上げ、左手を腰に引き、天地投げをする。（❸）

3 天地投げの返し

〔受〕両手で捕の両手をとる。（❶）

〔捕〕右手を受の左肩に上げ、左手を左下にして天地投げをする。（❶）

〔受〕右足を大きく後に下げ、（❸）受の右手を胸で支え体を前傾して両手で捕の腰を抱き、左足を前に踏み出し、頭で受の右肩横を押し、鯖折りをして倒す。（❹）

1 坐り両手とり足蹴り

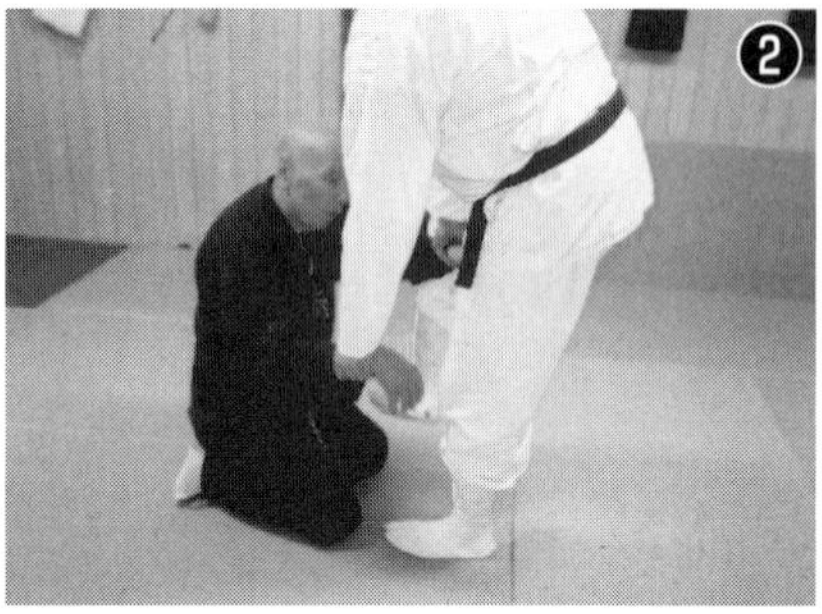

〔受〕坐った捕の両手をとり、右足で蹴る。（❶）

〔捕〕受が強く両手を握った場合、体気を入れ肩肘の動作で、捕の両手は左右に動くものである。左手を右に振り受の右足蹴りを防ぐ。（❷）左手で受の右膝内衣を捕み左に押し、（❸）右手で受の右足首を掴み手前に引き、（❸）両手の作用で受を後に倒す。（❹）

2 内腿つねり膝押し倒し

〔受〕正座している捕の左手を、立って右手でとる。（❶）

〔捕〕左手で受の右膝を押し、（❷）右手で受の右足首を後からとり、（❷）手前に引き、受を後に倒さんとする。

〔受〕右膝を大きく曲げて、左足を大きく後に引き、後倒しに抵抗する。（❸）

〔捕〕右手親指と人差指で、受の内腿をつねり、左手で受の右膝を斜め左後に押し倒す。（❹）

3 膝押し倒しの返し技 ①

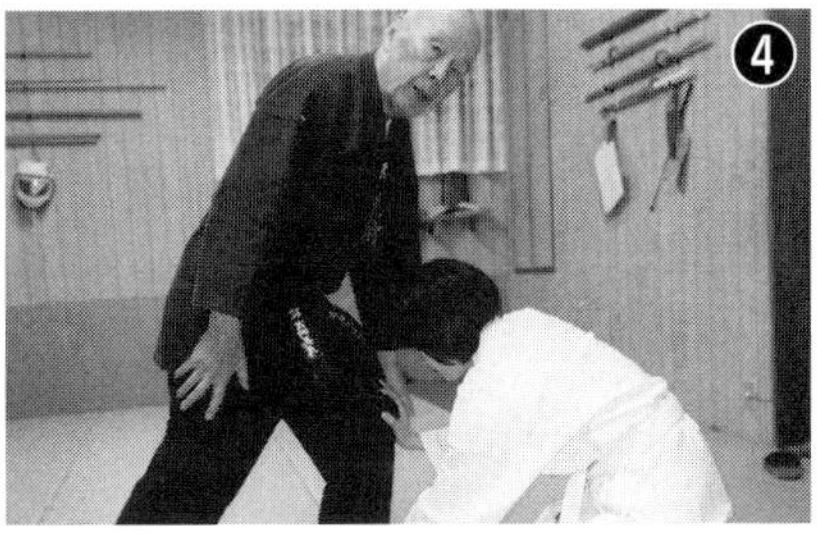

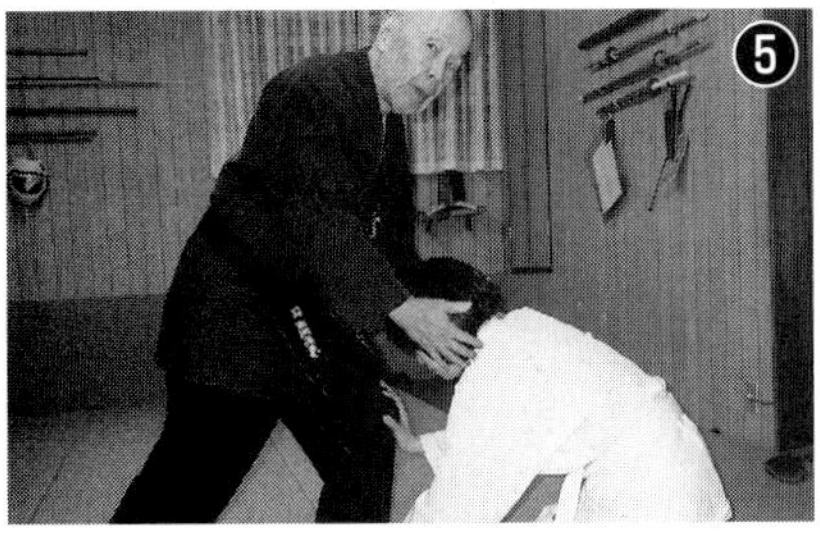

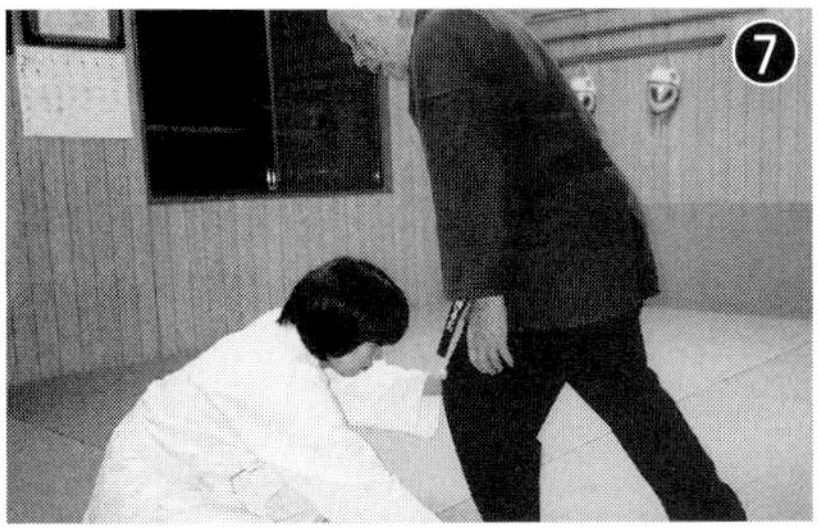

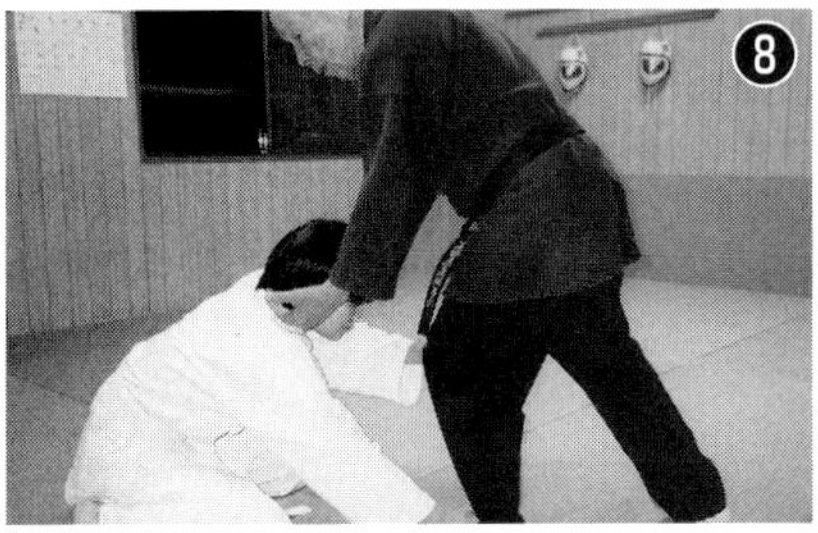

〔受〕立ったまま捕の右手を左手でとり、手前に引く。(❶)

〔捕〕右手で受の右膝を押し、左手で受の足首をとり手前に引き、受を倒さんとする。(❷)

〔受〕体気をかけ左膝を曲げ、重心を左膝にかければ、捕は如何に受を押し倒そうとしても倒れない。(❷)

〔捕〕前述のように受の左膝を強く押して倒れないので、捕は右手を受の左膝の外側に当て体を少し左に開き、右手で受の膝を右から左に横方向に押し、左手を引き倒さんとする。(❸)

〔受〕体を左に反時計廻りに廻し、自分の左膝を受の右手掌の押しと垂直に対抗すれば倒されない。(❹)左膝は曲げて重心をかけ体気を入れたままであることは申す迄もない。常に相手の捕の押す力と真直ぐに膝を向けることが肝要である。両手で受の両耳を叩き、捕の鼓膜破りをする。(❺)

〔受〕両手を替えて右手で捕の左足首をとり、左手で捕の左膝内側に当て捕の左膝の内側より外に押し倒さんとする。(❻)

〔捕〕体を時計廻りに右に廻り受の左手の内横押しに対し真直ぐに左膝を向けると左後に倒れない。(❼)受の両首動脈を叩く。

(❽) 膝に対する正面押しでも、左横押しも、右横押しも、膝を相手の押しに直角に向けて膝を曲げ体気を入れ体重をかければ、膝押し倒しはかからない。

4 膝押し倒しの返し技 ②

〔受〕正座している捕の右手を左手でとる。（❶）

〔捕〕右手で受の左膝を押し、左手で受の左足首をとり手前に引き、両手で受を倒さんとする。（❷）

〔受〕左膝を前に曲げ、体を大きく前に屈めて、体気を入れ、左膝に重心をかければ後に倒されない。左手を捕の左脇下に入れ、捕の左手を上に上げて、左手を捕の背中に上げ、捕の左手をくの字に極める。（❸）体を捕の左に移す。

1 目潰し額巻き倒し

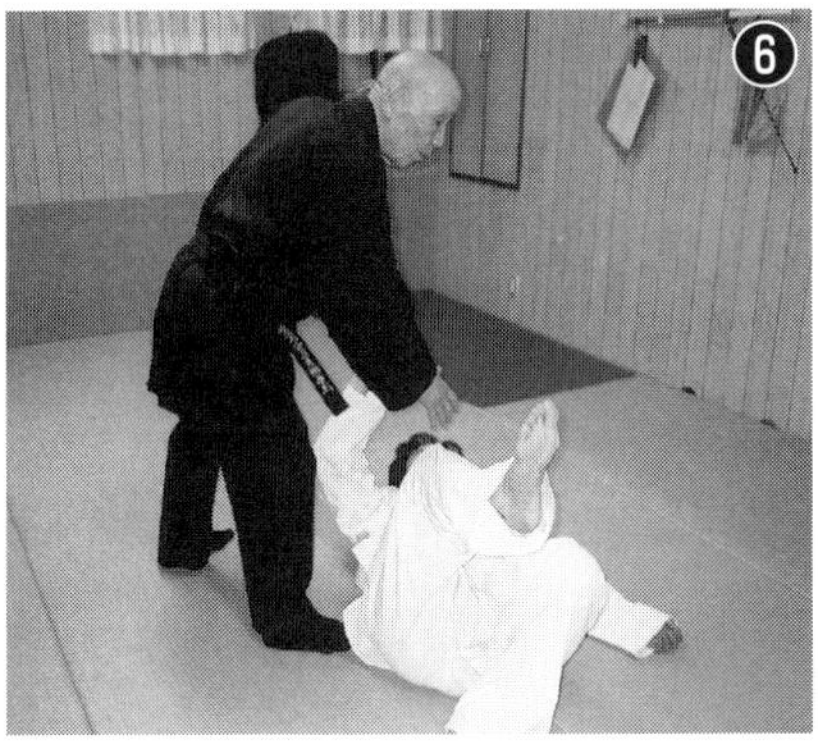

〔受〕右手中段突き。（❶）

〔捕〕体を右に開き左手下膊で、受の右手を右に払い受ける。（❶）同時に左肘を延して、左手甲と指で受の両眼を叩き目潰しをする。（❷）受の右手を受け払うと同時に目潰しをする。右手で受の額をとり（❸）左に捻り後に倒す。（❹・❺・❻）

70 目潰し・空手目潰しの返し

2 両手目潰し

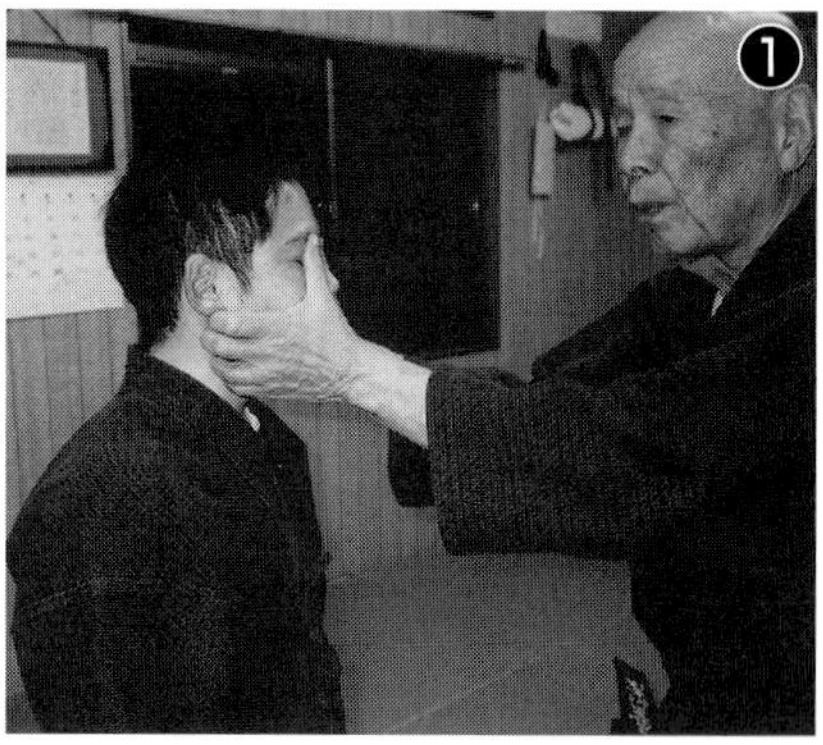

親指を除く両手の四指を相手の両顎横にかけて、両親指で相手の目を押え潰す。四指を深く相手の両横顎（エラ）に喰い込ませるので、相手は逃げられない。両横顔又は両頬を四指で挟んで、親指で目を押えては、容易に相手は逃げられる。（❶）

3 空手目突きの返し

〔受〕右手指で捕の両目を突く。（❶）

〔捕〕体を右に開き、左手で受の右手を右に払い、受の右手を左手でとる。（❷）右手で親指を下にして、ほかの四指を手甲側にして、受の親指を除く四指を握り、右に巻き落し、更に右に巻き上げて、受の四指を折り極める。（❸）

① 蹴り足とりを外す ①

〔受〕右足蹴り。（❶）
〔捕〕左に避け、右手で受の右足を下段払い。右手で下より受の右足を抱き、（❶）左手で受の右膝を左から右に押し、（❷）受を俯伏せに倒さんとする。
〔受〕体を反時計廻りに左に廻し、右足を外して、反転して左足で後蹴りをする。（❹）

② 蹴り足とりを外す②

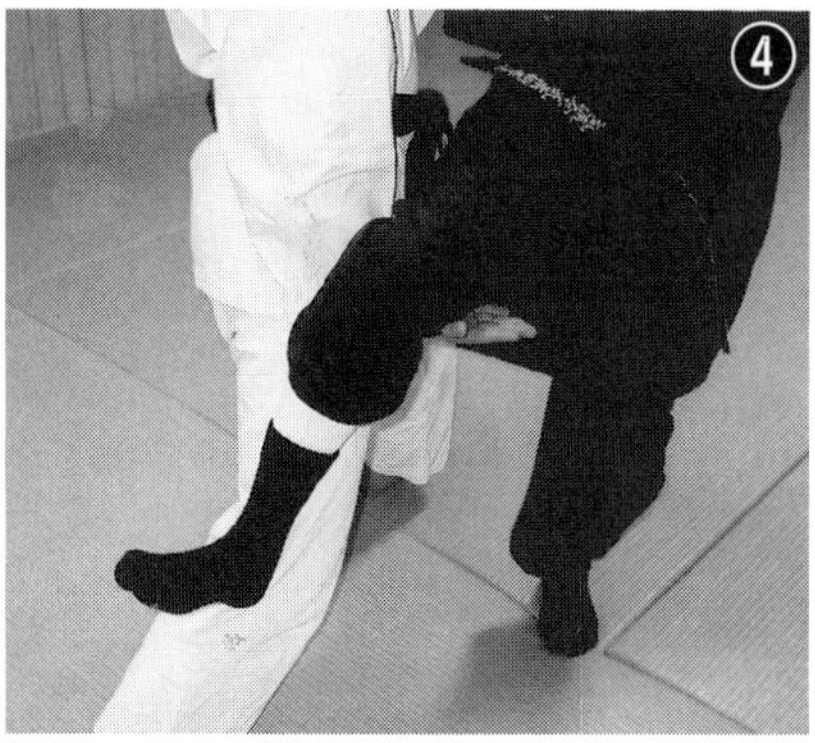

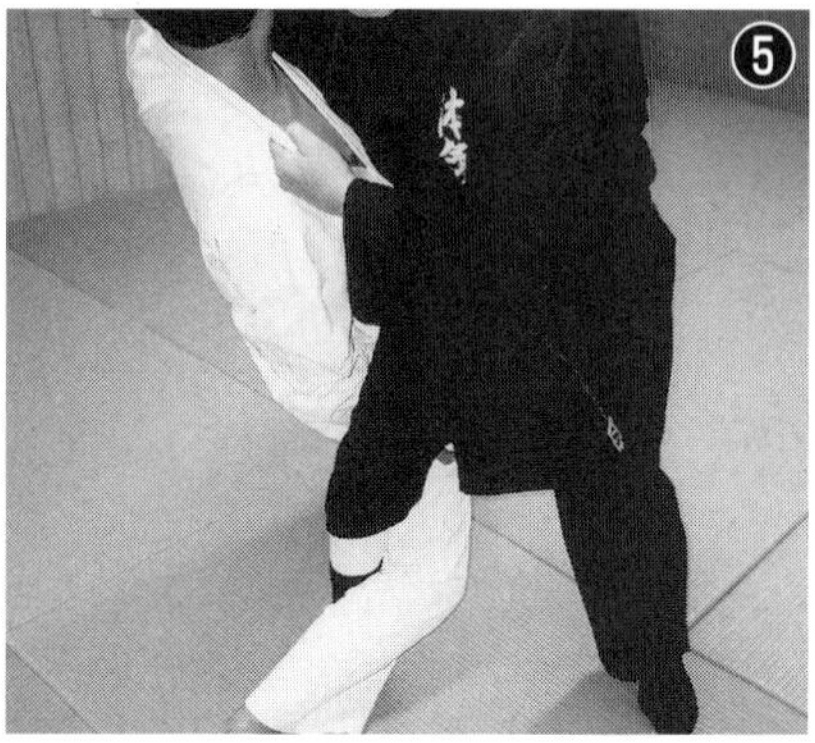

〔受〕右足蹴り。（❶）

〔捕〕左足を斜め左前に一歩踏み出し、右手で受の右足蹴りを下段払いをして、受の右足を下から右腕で抱き上げ、（❶）左手を受の右腿上に置き押え、受の右足を上に上げて、倒さんとする。（❷）

〔受〕右足をとられたら直に左手で捕の胸襟をとり、（❷）右手で捕の肩衣をとり、体を前に屈め、両手を手前に引けば（❸）後に倒されない。右足に体気を入れて、受の右手の上を滑らせるように右足を下に下す。（❹）右足を下ろすときに右足に全体重をかけること。右膝を曲げて捕の右膝裏にかけ下して、（❺）両手で捕を押し倒す。（❻）柔道の大外刈りで倒すことになる。

③ 蹴り足とりを外す ③

〔受〕右足正面蹴り。(❶)

〔捕〕左足を左横に出し、右手で受の右足蹴りを下段払いをして、(❶)右手で下より受の右足を抱き、左手で受の右腿を押え、右手で受の右足を上に上げ受を後に倒さんとする。(❷)

〔受〕体を左足を軸にして左に回転して、右足先に力を入れ下に押し気味にして、右足を体の左回転に合わせて廻せば(❸)右足は捕の両手から容易に外れる。(❹)

④ 蹴り足とり外し ④

〔受〕右足中段蹴り。

〔捕〕受の右足中段蹴りを右手で下段払いをして、受の右足を右手で下から掬い上げる。（❶）

〔受〕左足を少し進めて、右膝を捕の右手の上に置き、右膝を曲げて受の右手を右膝で挟み込む。（❸）右手で捕の右胸襟をとり後に倒しされるのを防ぐ。（❸）体を右に回転して右足を左前につき、（❹）左足で捕を後蹴り。（❺）

5 片手で両足抱き極め

〔受〕右足蹴り。
〔捕〕前述のように受の右足を右手下段払いをして、受の右足を下から抱きとり後に倒す。右脇に受の右足を抱く。（❶）受が左足で顔を蹴ってくるのを左手で防ぎ、（❷）受の左足を右肘で抱きとる。受の右足を右脇で抱き、（❸）受の左足を右肘で抱く。片手で受の両足を固定する。（❹）左手で右手を握り（❹）体を左に廻して受の左膝を極める。（❹

1 手拳曲げ落し

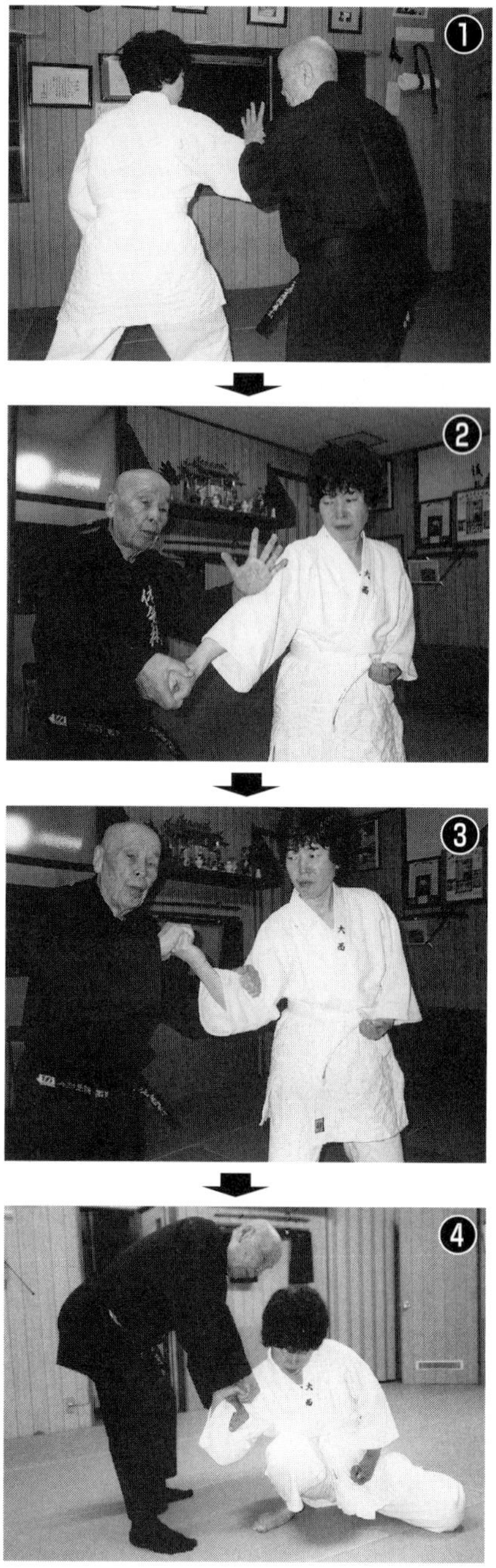

〔受〕右手中段突き。（❶）

〔捕〕右足を右後に引き、体を右に開き、左手で受の右手を右に払い、（❶）右手で受の右手拳下から親指を上にし、他の四指を下にして掴み（❷）左に捻り、受の右手掌側を上に向ける。（❸）左手で受の右中袖を上から掴み下手前に引き押す。（❸）右手で受の右手拳と手首を掌側に曲げて下に落す。（❹）

2 空手の引き拳掴み巻き込み倒し

〔受〕右手中段突き。（❶）空手の中段突きは、突いたら直ぐに引き元の構えに戻る。いつ迄も技をかけて貰うために、右手を突いたまま置いてはくれない。

〔捕〕受が右手を引いて戻すのに素早くついて行く。（❷）右手で受の右手拳を上から握り、（❸）手前に巻き込み受の右手首を曲げ落し倒す。（❹）

3 手首巻き込み倒し

〔受〕右手上段突き。(❶)
〔捕〕体を右に開き左手で受の右手を右に払う。(❶) 左手で受の右手拳を前から握り、(❷) 左手で受の右手首を握る。(❸) 左手で受の右手首を手前に引き、右手で受の右拳を前下に巻き込む(❸)ようにして下に落し倒す。(❹)
前述の手首巻き込み倒しの場合に、受が右肘を突張り抵抗すれば、(❺) 左手で受の右肘を上から押し曲げて、(❻) 右手で受の右拳を前述と同じように、前下手前に巻き込み倒す。(❼)

4 上段打ち巻き落し

〔受〕右手上段打ち。(❶)

〔捕〕右足半歩前に出し、体を左に向けて、右手で受の右手を内より外に向けて打ち払い、(❶)下右に大きく巻き落して、受を後向け、(❷)右手で受の右手首をとり上後に上げ、左手で受の後襟をとり(❸)後に引き倒す。(❹)

① 足踏み倒し ①

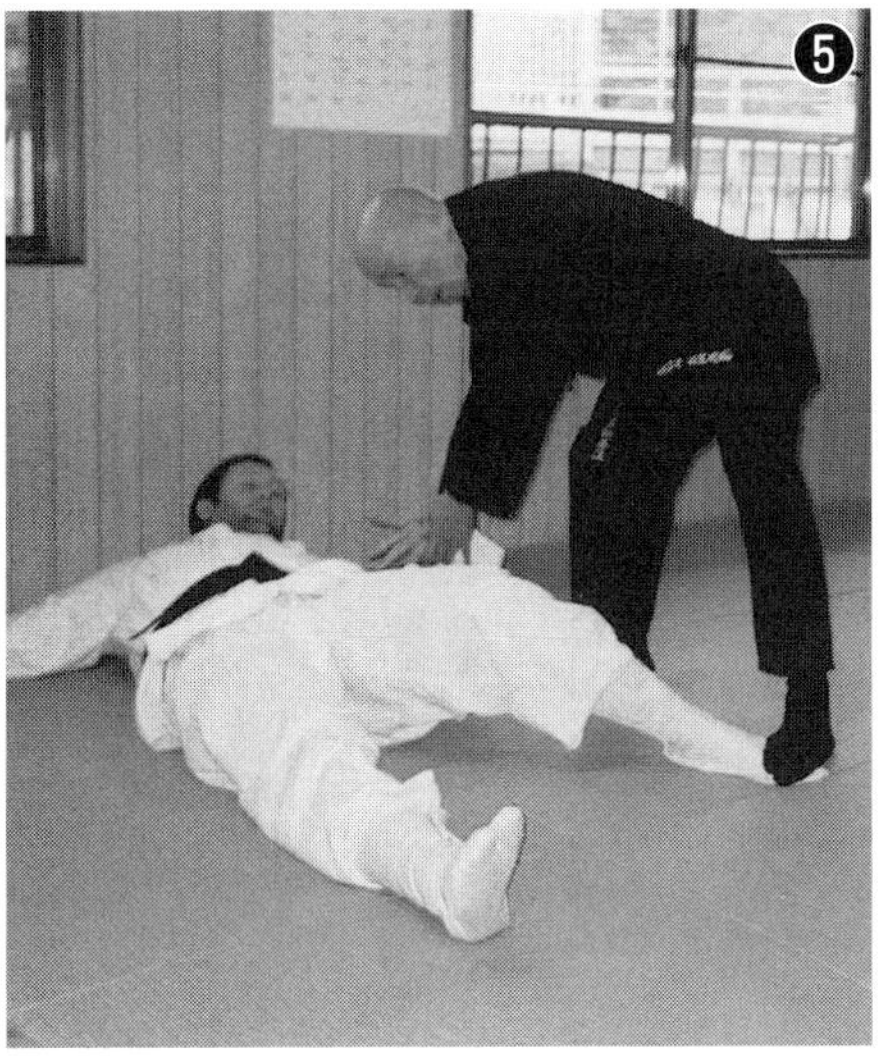

〔受〕左手で捕の胸襟をとる。（❶）
〔捕〕右手で受の左手首を握る。（❷）左足で受の左足踏み、（❸）左手で受の左手肘を下に落す。（❸）右足を一歩大きく前に出し体を前に屈め受を倒す。（❹）倒して受の左手を手首折り極め。相手の足を見ないで足を踏むことが大切である。

2 足踏み倒し ②

〔受〕捕の右手を左手でとる。

〔捕〕左手首を返して受の右手首をとり(❶)、右足で受の右足を踏み(❷)右手で受の右肩を押し倒す。(❷)

3 片足廻し倒し

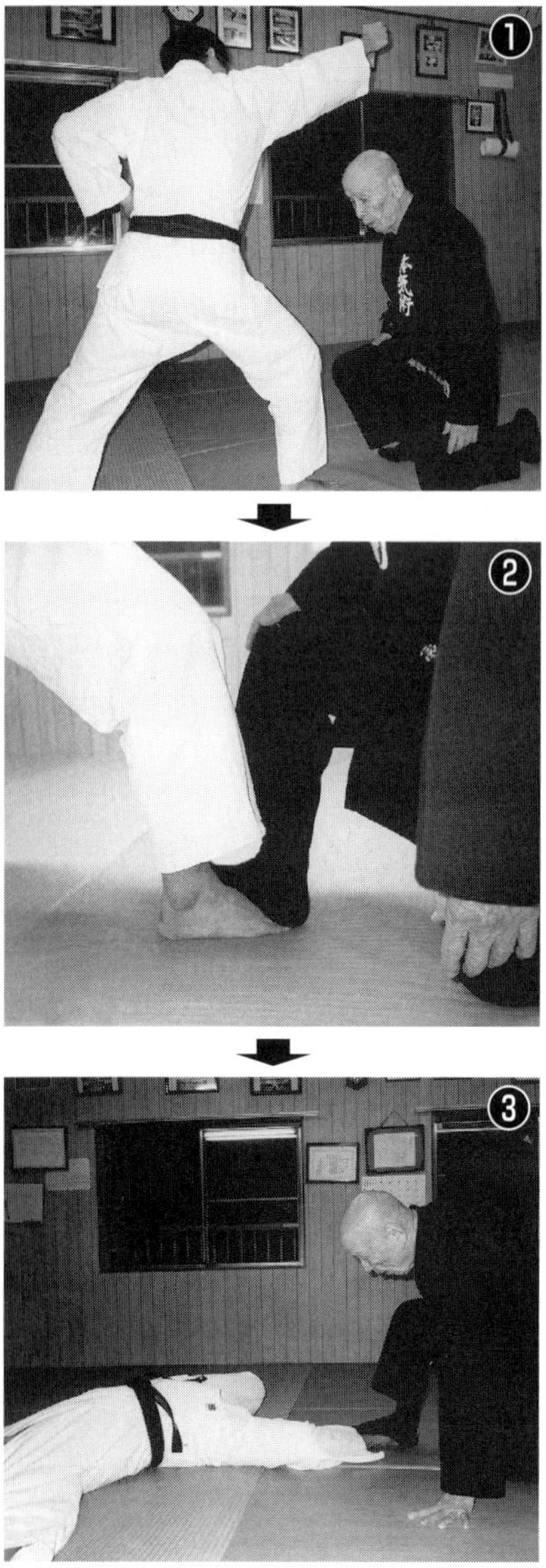

〔受〕右手上段突き。(❶)

〔捕〕前に一歩進み左膝をつき、右膝を立てて右足踵を受の右足指に置き、右足先を上げて受の右足踝の上にかけて、(❷)右足踵を支点にして、右足先を左に廻して体を左に廻し、受の右足を左に押し倒す。(❸)

4 足踏み一本捕り

〔受〕右手上段打ち。（❶）

〔捕〕両手で受け（❶）前述のように受の右腕を一本捕をする。（❷）左足で受の左手を踏み、受が左手で自分の左足又は右足の急所を攻撃されないようにして受の右腕を極める。（❷）受の左手が遠い場合は（❸）左足を受の右手の上を跨いで、受の左手を踏み、（❹）受の右肩を尻で押し受の右手肘を両手で受の右手を上に上げて極める。

1 後羽交締め返し

〔受〕両手で捕を後より羽交締めをする。(❶)

〔捕〕腰を下げて両肘を大きく下げて、(❷)受の羽交締めを外す。両手で下より親指を受の手甲側におき握り、(❸)受の両手指を手甲側に曲げて極める。(❸)

2 両手指交差クラッチ羽交締め外し ①

〔受〕後より両手で捕の両脇後より、両手を入れ、前に上げて、受の両肩を抱き、受の首後で両手指を交差して羽交締めをする。(❶)

〔捕〕腰を落し、両肘を締めて下に大きく下げ、後頭部を受の顔面を打つように後に傾けると、受の両手指の交差クラッチは外れる。(❷)

74 後羽交締めの返し

3 両手指交差クラッチ羽交締め外し②

〔受〕前述のように後より捕を羽交締めにして、両手指を受の首後で交差クラッチをする。

〔捕〕右手を後に上げて、受の右手指を指先より握り、(❶)手甲側に曲げて、(❶)右下に下す。(❷)右手で受の右手指を更に手甲側に曲げて、(❸)右手首で受の右手甲を下に押す。更に左手で受の右手親指をとり左に曲げ(❸)ると更に痛めることになる。右足で金を蹴る。

4 襷締め外し①

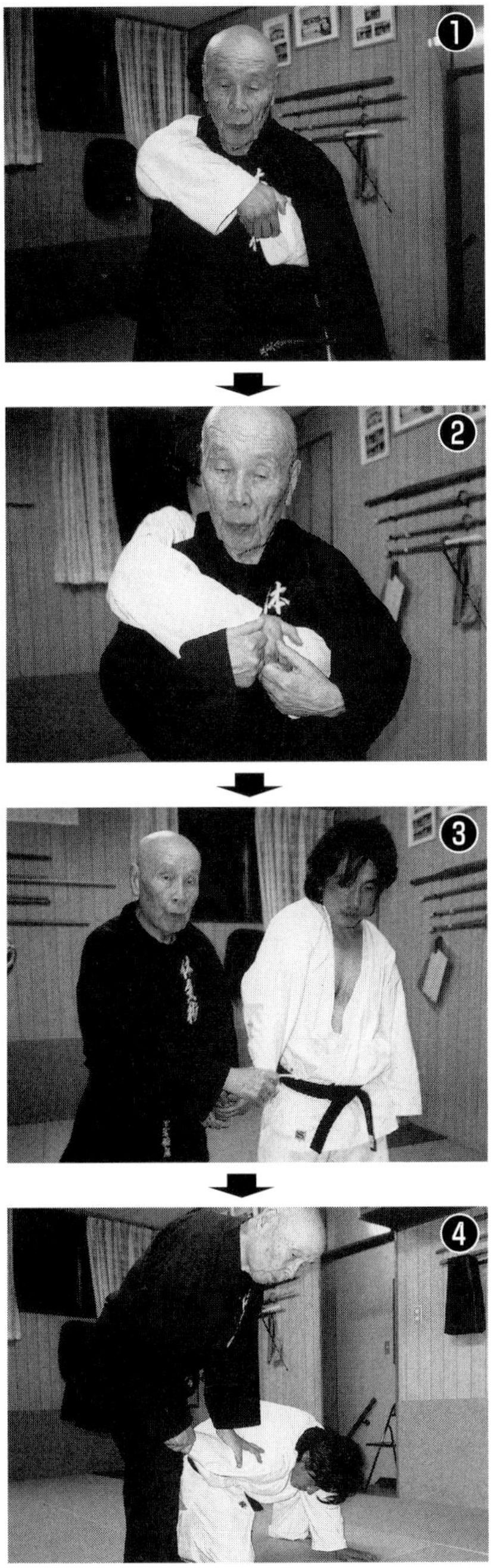

〔受〕右手で捕の後より捕の右肩より前に下し、左手を左後脇より入れ右手とロックして捕を襷締めをする。右手が上、左手が下でロックする。(❶)

〔捕〕両手で受の右手指を折り上に上げ、(❷)受の右手を頭を越して前に持ってきて、一本捕をする。(❹)

⑤ 襷締め外し ②

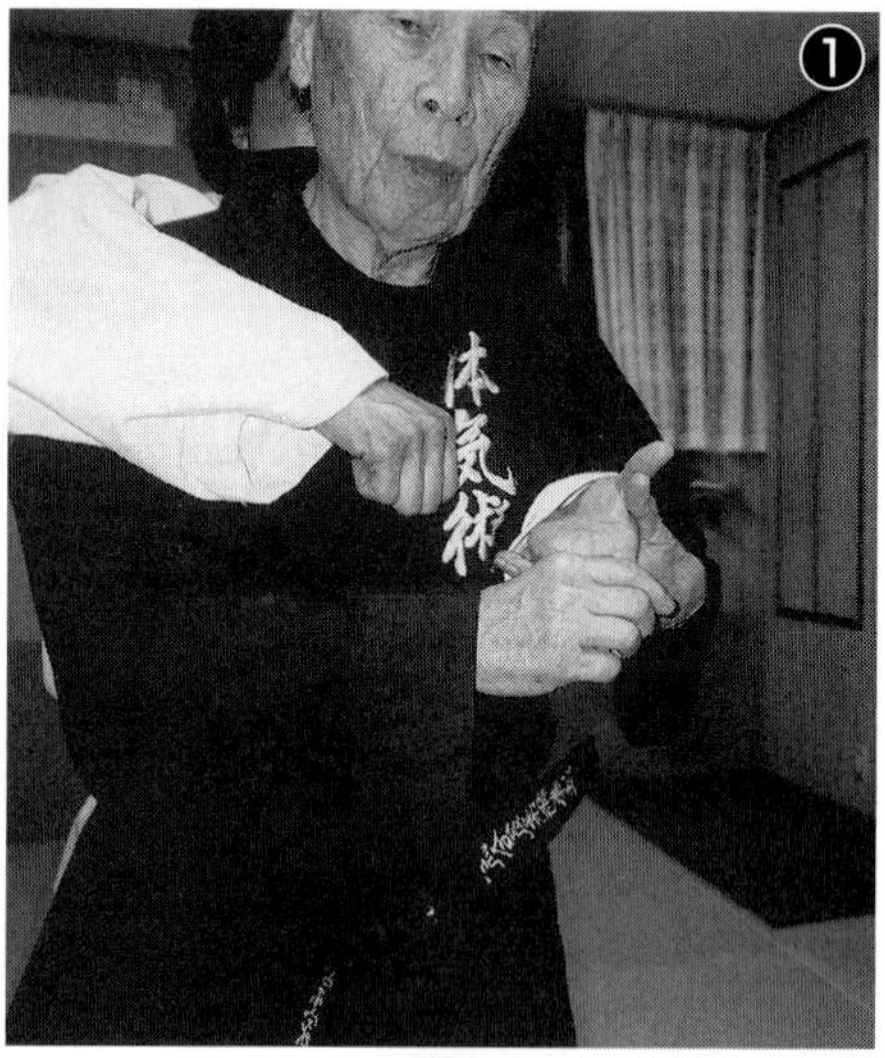

〔受〕前述のように捕を後から襷締めをする。右手が上で左手が下でロックした場合。

〔捕〕右手で受の左手指をとり（❶）手甲側に曲げ左手で受の左手首を握る。（❶）体を反時計廻りに左に廻り後を向き、受と向き合う。右手で受の左指を手甲側に折り、（❷）左手で受の左肘を下に押し（❷）落す。（❸）

1

後抱き足捕り倒しの返し ①

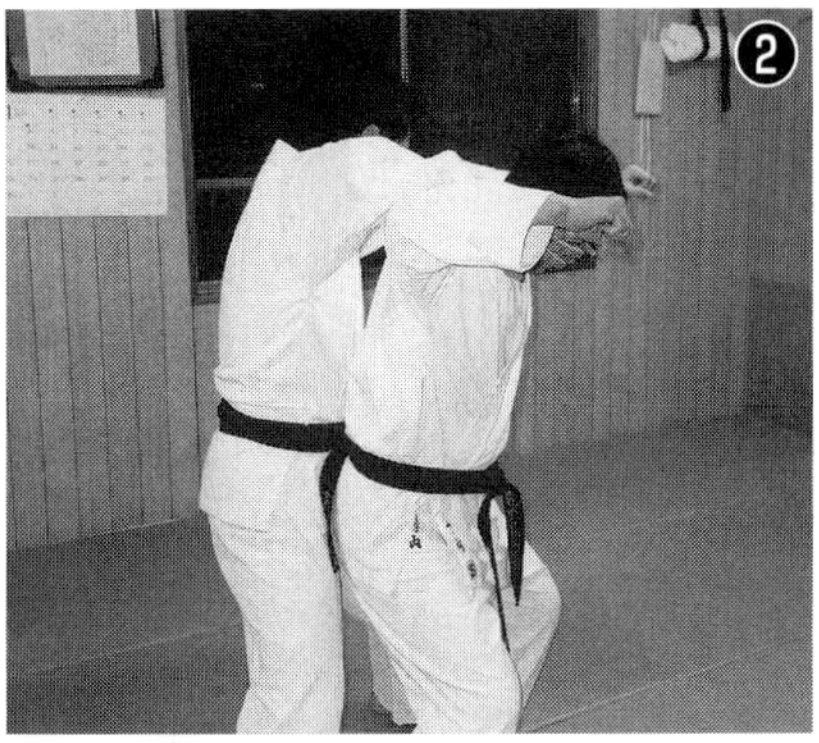

〔受〕両手で後より捕の両腕の上より捕を抱く。(❶)

〔捕〕両肘を左右に張り、腰を落し、受の両手を外し、(❷)右足を右横後に引き、左足を右後に引き、体を屈め両手で受の右足を両手でとり上に上げ(❸)後に倒さんとする。

〔受〕捕の首を右手で抱き、左手で右手をとり、捕の頭をヘッド・ロックして極める。(❹)又は両手で捕の両耳を掴み、(❺)捻り投げてもよい。(❻)

◇2 後抱き足捕り倒しの返し ②

〔受〕両手で後より捕の両腕の上より抱く。

〔捕〕両肘を左右に張り、腰を落し右足を右横後に引き、受の右足を両足の間より両手でとり引き上げて後に倒さんとする。(❶)

〔受〕捕が両手で掴んだ右足膝で捕の会陰部を蹴り上げ前に倒す。(❷)

3 足とり倒しの返し

❶

❷

❸

❹

❺

〔受〕前から両手で捕の両足をとり、(❶)左肩で捕の左膝を押し倒す。(❷)

〔捕〕後に倒れた左足を受の両手から抜き、(❸)左膝で受の顎を打ち上げる。(❹)左足を大きく上げて受の顔を蹴る。(❺)

75 足とり返し

4 後足とり逃げ

〔受〕右手中段突き。（❶）
〔捕〕受の右手中段突きを左手で払いながら、（❶）受の後に廻り受の両足首を両手でとり、右肩で受の左足腿を押して前に倒さんとする。（❷）
〔受〕両手を前につき、（❸）左足で捕の顔を蹴りながら前受身で逃げる。（❹）

5 後足とり返し（背乗り）

〔受〕右手中段突き。
〔捕〕前述のように受の右手を左手で払いながら後ろに廻り、受の両足を両手でとり、右肩で受の左足腿を後より押し倒さんとする。
〔受〕体気を入れて体の重心を後にかけて、捕の右肩に尻を落し体重をかける。
（❶）左手で捕の後首を掴み極め、右手で捕の右手をとり、上に上げて、捕の肘と肩を極める。（❷）

1 切返しの返し

〔受〕両手で捕の両袖口をとる。(❶)

〔捕〕両手首を内より外に返して、受の両手首をとる。(❷)体を右廻りに回転して受の左手を自分の頭の後に持ってくる。(❸)左手で受の右手を受の胸の前に押しつける。左足を受の右足後にかけて、左手で受の胸を押し後に倒さんとする。(❸)切返しをせんとする。

〔受〕左足を後に引き体を屈めて、捕の後倒しに抵抗する。(❹)右肘を右脇下に向かって後に引き右手を捕の左肩に乗せて肩極めで極め倒す。(❺・❻)

2 両耳捻り投げの返し

〔受〕両手で捕の左右の耳を握り、左か右に捻り倒さんとする。(❶)

〔捕〕両手で受の両手甲を上から押さえ、右足で受の金を蹴り、自分の耳を押える。(❷)両耳を捻られ引張られて痛くなるのを防ぐ。右肘を受の左肘に下より当て(❸)体を左に廻し倒す。(❹)

3 鯖折り返し

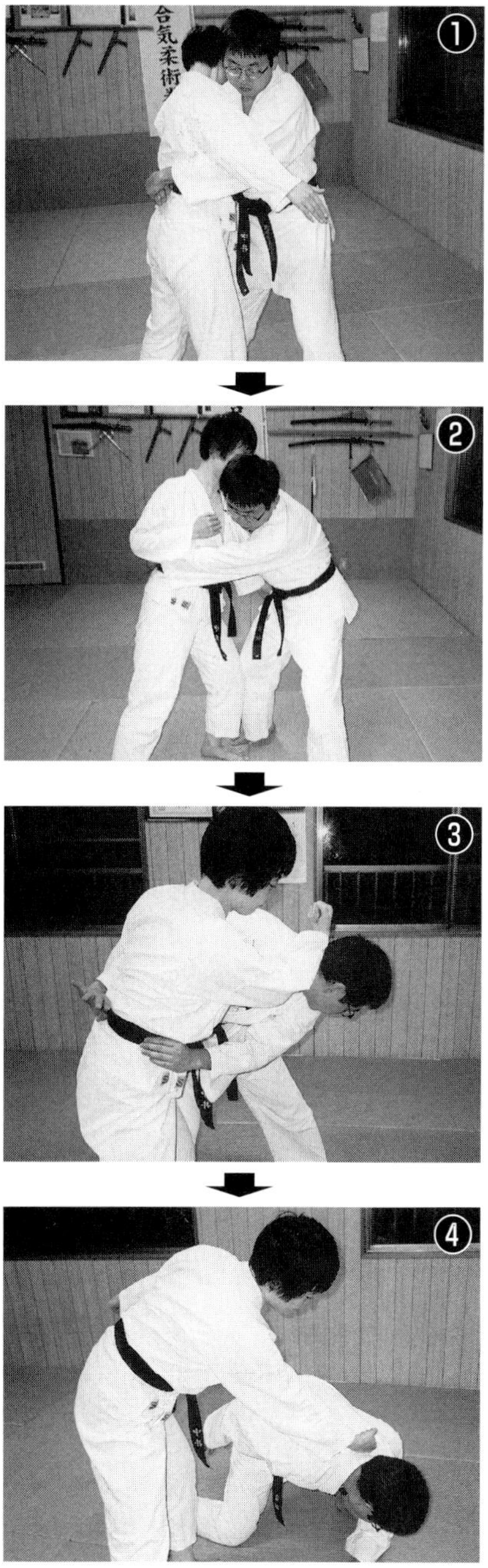

〔受〕両手で捕の腰を抱き、体を捕に密着して頭を捕の右横におき左足を前に出して、両手で捕の腰を手前に引き体で捕を押し、鯖折り倒しをせんとする。(❶)

〔捕〕右足を大きく後にひき(❷)尻を後に突き出し鯖折りを抵抗して、右肘を曲げ下より受の左顔に右下膊を当て、(❸)右に右肘を延し右下に落し倒す。(❹)

① 耳後下急所突きの返し ①

〔受〕小手返しで捕を倒し、(❶)左手で捕の横顔を押し、左手親指で捕の耳後下の急所を押す。(❷)

〔捕〕左手で受の右手をとり、(❸)左に引き、右手で受の右肘をとり、(❹)体を左に回転して、受を左に投げる。(❺)受の右腕を極める。

2 耳後下急所突きの返し ②

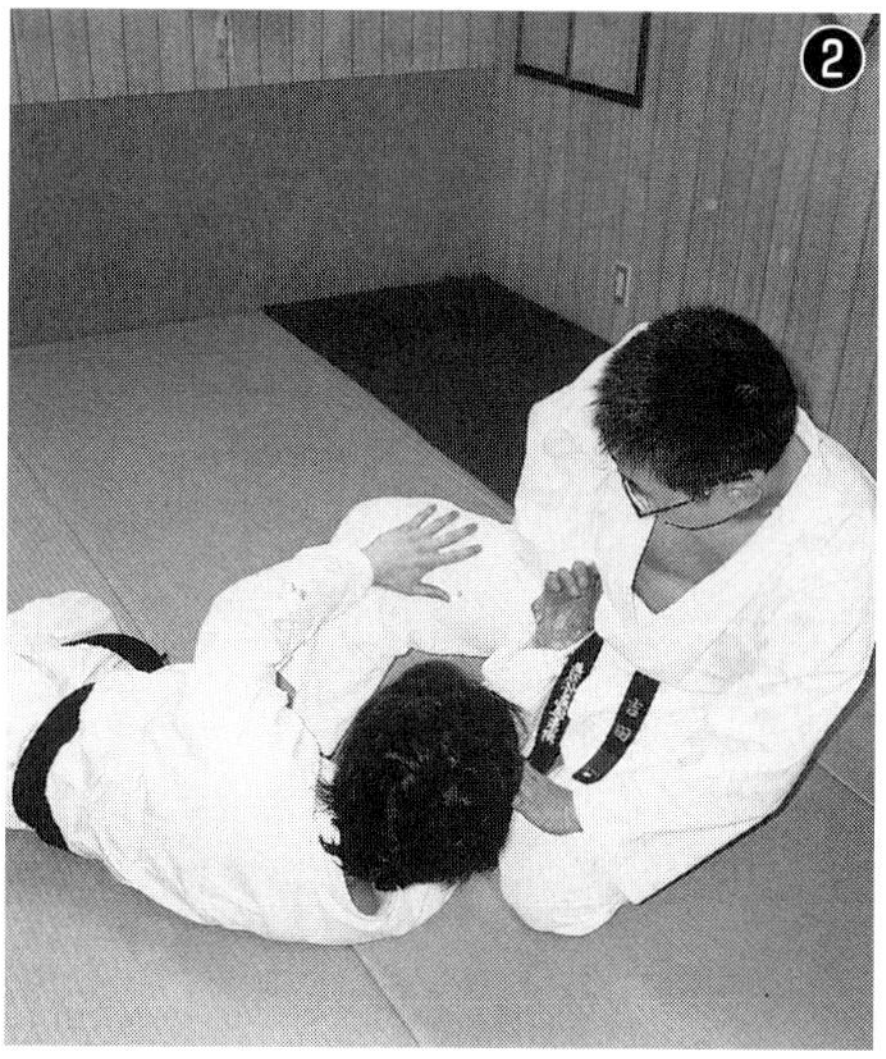

〔受〕前述のように捕の耳後下の急所を、左手親指で突く。

〔捕〕前述のように左手で受の左手をとり外し、(❶)左手で受の右膝を押し、(❷)右手で受の右足首をとり、両手で受を後に倒す。(❸)受の右足ふくらはぎを極めるか、アキレス極めをする。

3 裏落しの返し

〔受〕右手で捕の斜め左前より捕の左手をとる。(❶)

〔捕〕左手を返して受の右手首をとり左後に引き、右足を一歩左前に出し、体を左に開く。右手を受の腰後に当て、右肩で受の右手付根を押し後に倒さんとする。(❷)裏落しをせんとする。

〔受〕体気を入れ左足を大きく後に引き体を前に傾け抵抗すれば、捕の裏落しはかからない。(❷・❸)体を右に開き左手で捕の後襟をとり、(❹・❺・❻)後下に引き倒す。右手で受の胸又は喉を押し、後倒しを確実にする。

1 肘捻り突き上げ倒しの返し

〔受〕右手上段打ち。（❶）

〔捕〕左手で受の右手上段打ちを受けて、左手で受の右手首をとり、左廻りに巻き下し、右手で受の右手甲を握り左に捻りながら、（❷）受の左肩に受の右肘を曲げて突き上げて、受を後向きにして後に倒さんとする。（❸）

〔捕〕左足を後に大きく引き、体を前に屈め、捕の後倒しに抵抗する。（❹）体を左に廻し右手を頭を越して前に持ってくる。（❹）右手で捕の右手首を握り、左手で捕の右肘をとり一本捕をして極める。（❺・❻）

②両肩捻りの返し

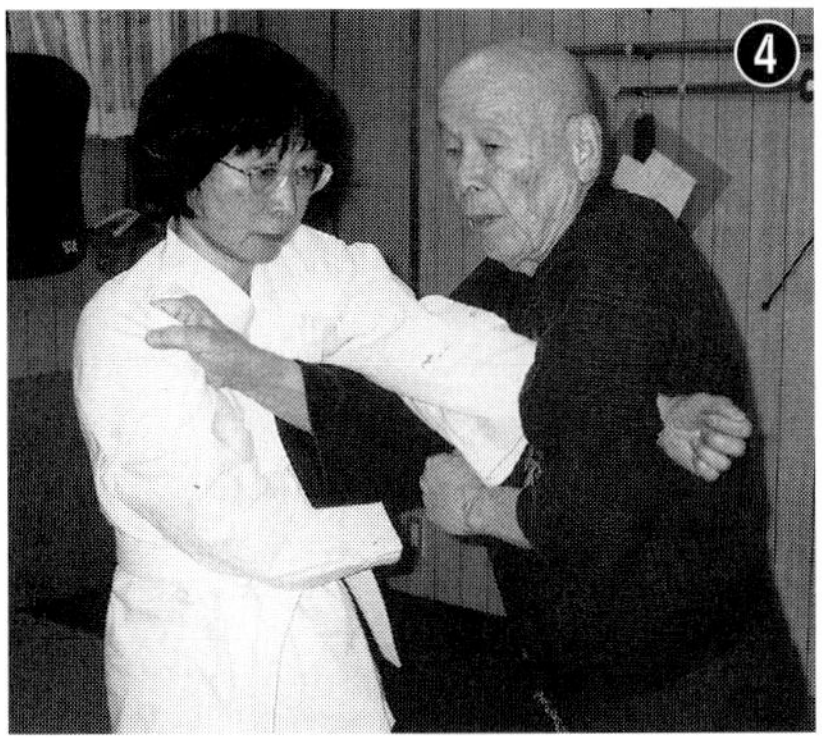

〔受〕後より捕の両肩を両手でとる。(❶)
〔捕〕体を右廻りに廻して右手で受の横腹を打ち、(❷)受の右横に行き左手を受の右手の上より内に入れて受の左脇下に入れる。(❸)体を少し屈める。右手を受の腹に当てる。両手で受を後に倒さんとする。(❸)両肩捻りをせんとする。
〔受〕捕の右手の横腹打ちを右肘を下に曲げて腰を下げて受ける。(❷)左脇下にある捕の左腕を左手で上より抱き締める。(❹)右腕を捕の左上膊に当て(❺)下に押し倒す。(❻)

79 両手とり足蹴りの返し・居返りの返し

① 両手とり足蹴り返し ①

〔受〕座って両手で座っている捕の両手をとる。❶
〔捕〕外より内に両手首を廻して、受の手首を逆手に握る。❷ 受も捕も両手甲は内側に向く。右足で受を蹴る。❸
〔受〕両手を下に下げ捕の右足蹴りを防ぎ、捕の右膝を押し倒す。❹

② 両手とり足蹴り返し②

〔受〕立ったまま両手で捕の両手をそれぞれとり、(❶)右足で蹴る。(❷)

〔捕〕左手を右に持ってきて受の右足蹴りを防ぎ、(❸) 右手で受の右手首を掴む。(❹) 左手を外して受の右肩先の衣を左手で掴み、(❹) 右手で受の右手を受の顔に打ち当て上げ、(❺) 左手を引き受を倒す。(❻)

3 居返りの返し ①

〔受〕座った受の両手を捕が両手でそれぞれとる。(❶)

〔捕〕座ったまま両手を上げ、内より外に両手を廻し、後上より下前に降し受を引き込み、受の下に潜り、居返りをせんとする。(❷)

〔受〕受が両手を上げるときに、素早く受の両手を握った両手で捕の胸を両手で受の両手を握ったまま押し、後に倒す。(❷・❸・❹)

4 居返りの返し ②

〔受〕前述の通り。

〔捕〕座ったまま受が両手を上げ、後に廻し、更に前に両手を廻して体を前に大きく屈めた時に(❶)受の背中の上に覆い被さり、両膝をつき下に押し潰す。(❷)右手を受の左脇下より上に入れ、受の左脇を抱き左に返し倒す。(❸)

1 膝返し ①

〔受〕両手で捕の両手をそれぞれとる。（❶）

〔捕〕両手首を内より外に返して、受の両手首をとり、（❷）受の両手を掌を上にして重ねて、左膝で受の重ねた両手を踏み、（❸）両手で両首横の頸動脈を打たんとする。（❹）

〔受〕右手掌上、左手掌下で重ねられて、捕の左膝で踏まれた時に、体を大きく前傾にして、体気を入れ上の右手を指の付根を支点にして曲げ、右手首を掌側に曲げ上げて、捕の左膝を上に上げながら（❹・❺）両手を抜き外して捕を後に倒す。（❻）

◇2◇ 膝返し ②

〔受〕両手で捕の両手をそれぞれとる。

〔捕〕両手を内から外に手首を返して、受の両手をとり、受の両手掌を上に向けて、両膝で踏み押え、両手で受の首横頸動脈を打たんとする。（❶）

〔受〕両手首を手甲側に曲げて、体気を入れて捕の両膝を上に上げて後に倒す。（❷）

③ 握手返し

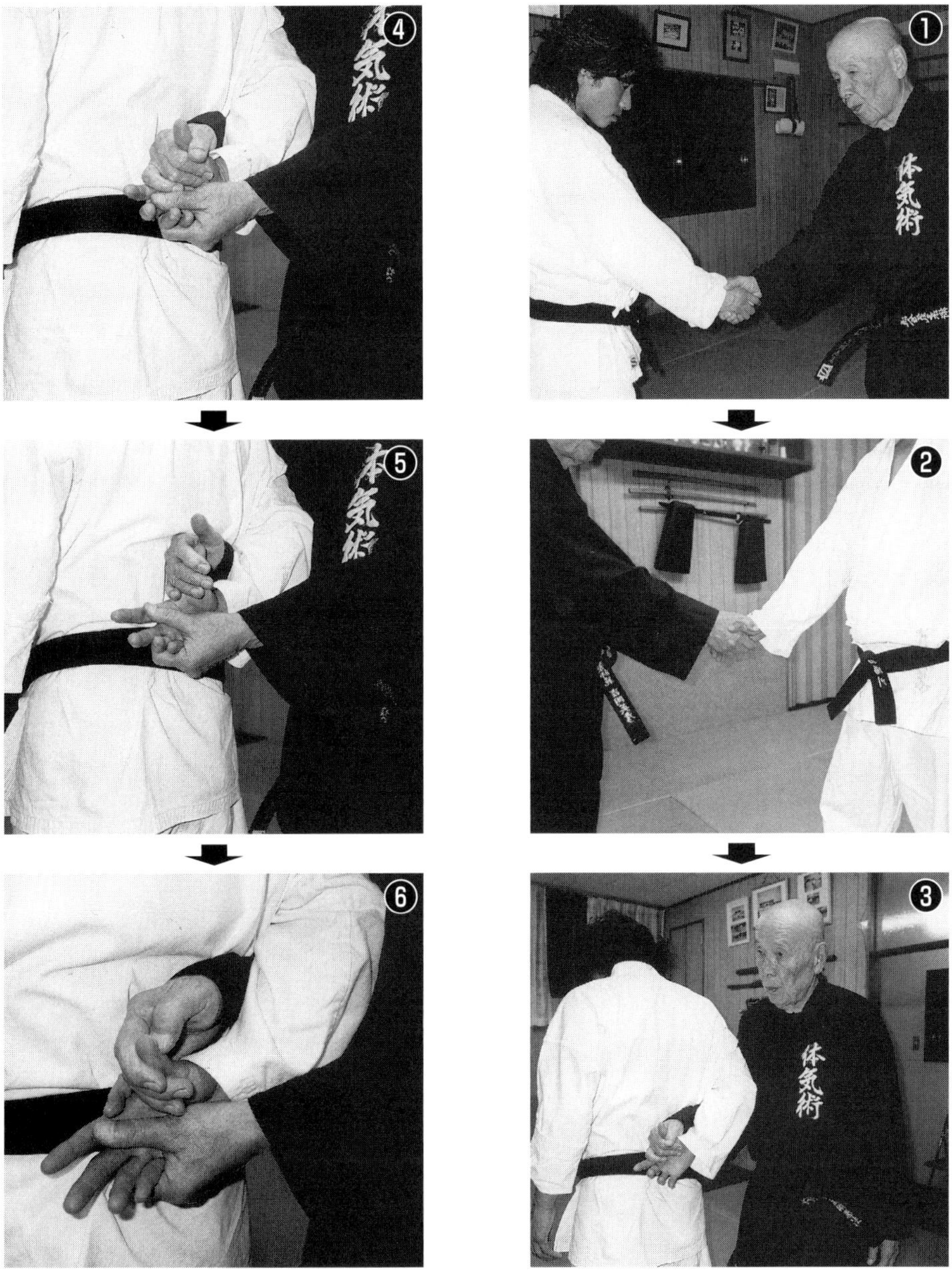

〔受〕右手で捕と握手する。(❶)
〔捕〕親指と人差指とで受の親指を挟み、(❷)受の後に行き、受の右腕をくの字に曲げ、背中に上げる。(❸)左手で受の右手小指側より受の右手四指（親指を除く）を握り、右手で受の親指を握り、右に引き折り極める。(❹・❺)又は親指爪で受の親指の爪の生え際を突き極める。(❻)

1 後より両腕上げ極めの返し

〔受〕右手中段突き。(❶)

〔捕〕受の右手中段突きを、体を右に開き左手で右に払い、右手で受の右手首を握る。受の後に廻り後より受の左手を左手で捕る。(❷)左足で受の左膝後を押し、(❷)両手で受の両手を下後に引き倒す。(❸)受の両手を後斜め上に引き上げ、受の両肩を極めんとする。

〔受〕両肘を曲げ、体気を入れる。両肘を脇につけて前に出す。(❹)体を左廻りに回転して、捕の右足膝裏に両手をかけ、右肩で捕の右腿を押し倒す。(❺)捕のふくらはぎの急所を極める。(❻)

② 半身投げの返し

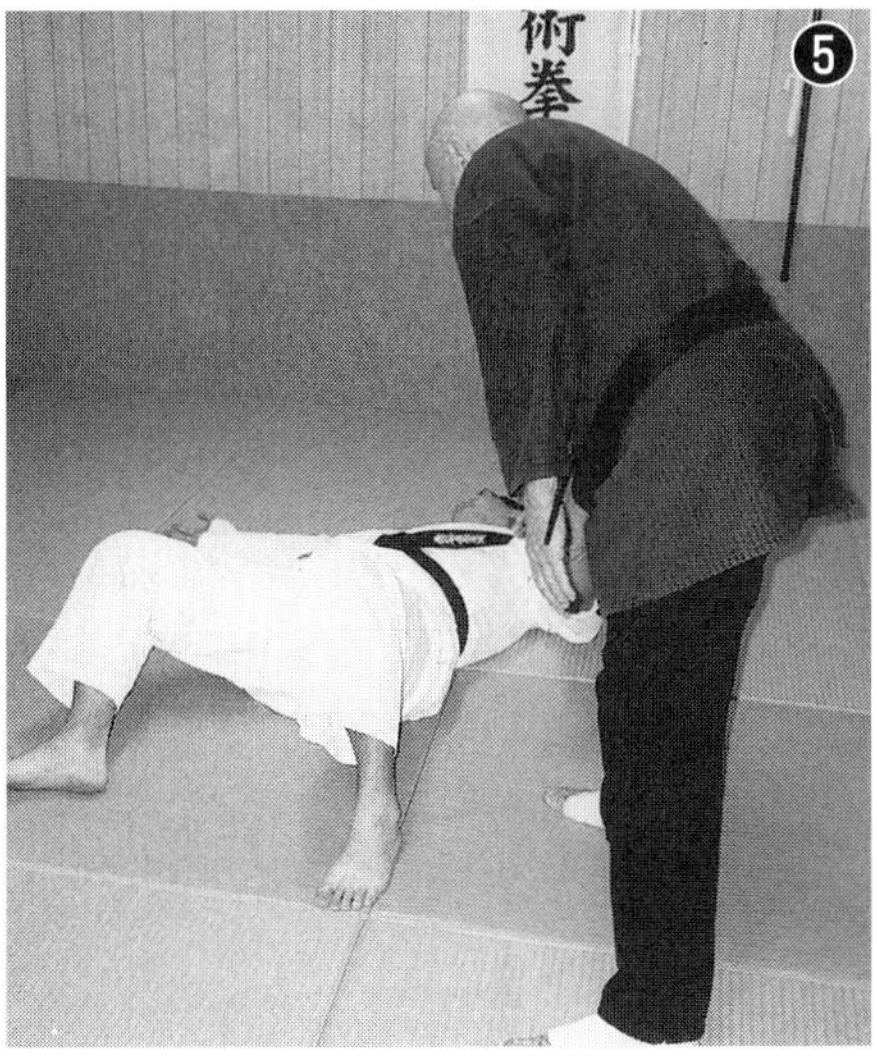

〔受〕立ったまま座った捕の斜め左前より捕の左手を右手でとる。(❶)

〔捕〕右手で受の右手首をとり、手前下に引き、左手を五指を開き、下より上に小指を上にして上げ、受の右手首を極めたまま、我が頭の後に廻し、受を右前に倒さんとする。半身投げをせんとする。(❷)

〔受〕体気を入れ、右手首を掌の方に曲げ、肘を少し曲げれば(❸)容易に半身投げに捕は入れない。左手で捕の胸を押し倒す。(❹・❺)

①

両手膝押え外し（座技）

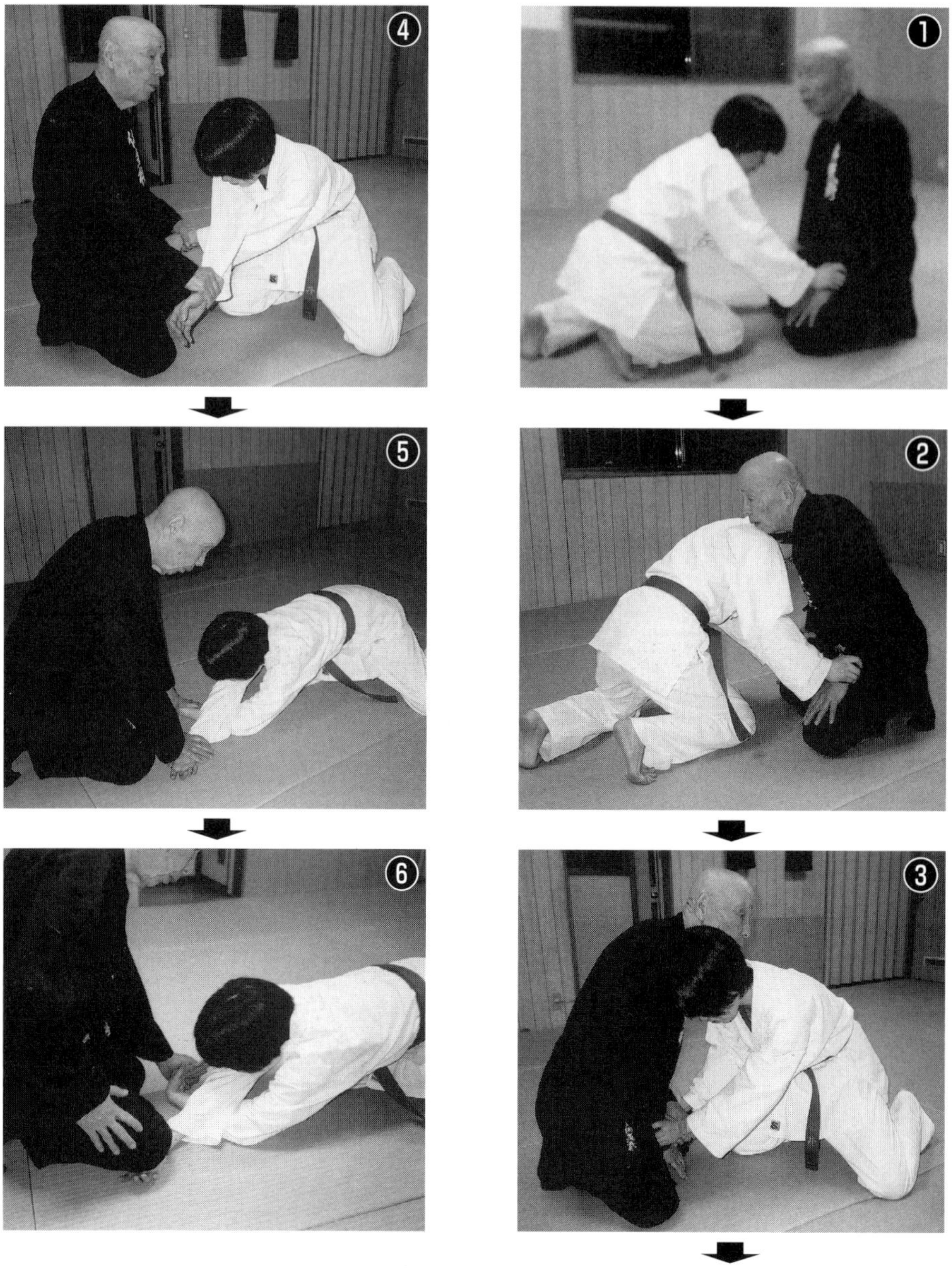

〔受〕両手で正座している捕の両手をそれぞれとり、（❶）両手で捕の両手を強く押え、捕の両膝に固定して、頭で捕の右肩を押し後に倒さんとする。（❷）

〔捕〕右膝を右に動かし、左手で受の左手をとり左に引き、（❸）右手を外す。右手で受の右手を受の左手上よりとり受の両手を交差する。（❹）受の両手を手前に引き倒し、（❺）受の右手を右膝で踏み、（❻）左手で受の左手首を折って極める。（❻）

2 両手で片手押え外し（座技）

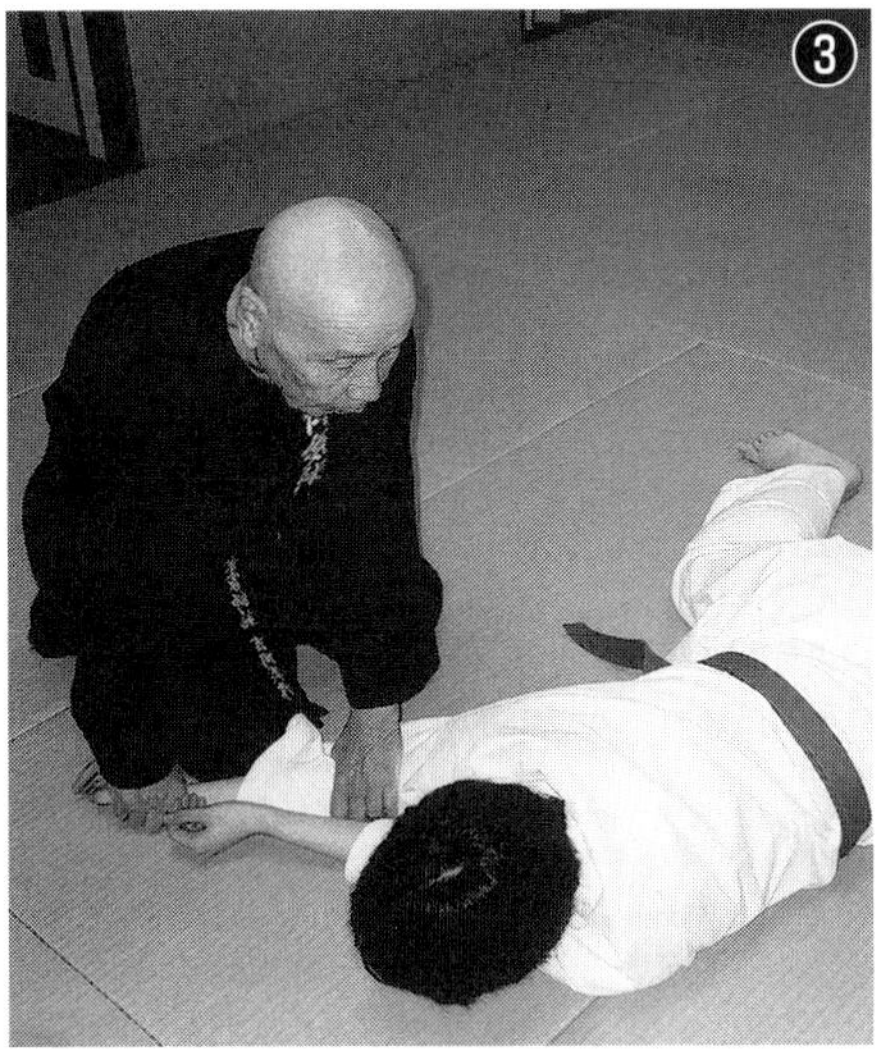

〔受〕両手で捕の右手を押えて、頭で捕の右肩を突き押して、後に倒さんとする。（❶）

〔捕〕左膝頭を軸にして、右膝を右に動かして、体を右に回転して、右手を後に引き受を前に倒す。（❷）受の右手を両手でとり、左手で受の右肘を押え極める。（❸）

3 タックルの返し①

〔受〕両手で捕の腰を抱き、頭を捕の右腰につけ、右足を前に出しタックルする。(❶)

〔捕〕両手を受の両脇下より入れ、受の背中で両手をクラッチして(❷)両肘を絞り上げ(❸)受の肘を極め上げ右に返し倒す。(❹)

又は受の右側に行き、右足を受の右足後にかけて倒してもよい。(❺・❻)

4 タックルの返し ②

〔受〕両手で捕の腿を抱き、左肩で受を押し後に倒さんとする。(❶)

〔捕〕両足を大きく後に下げ、体を前に倒して受の背に被さる。(❷)両手で受の腰を抱き、(❸)右手で受の金を後より打つ。(❹)

1 後より両手前交叉締めの返し

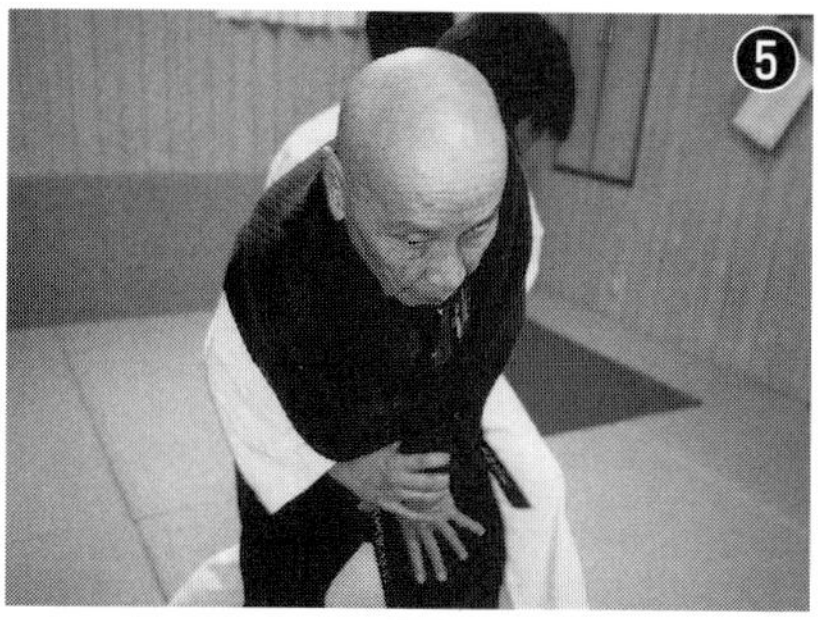

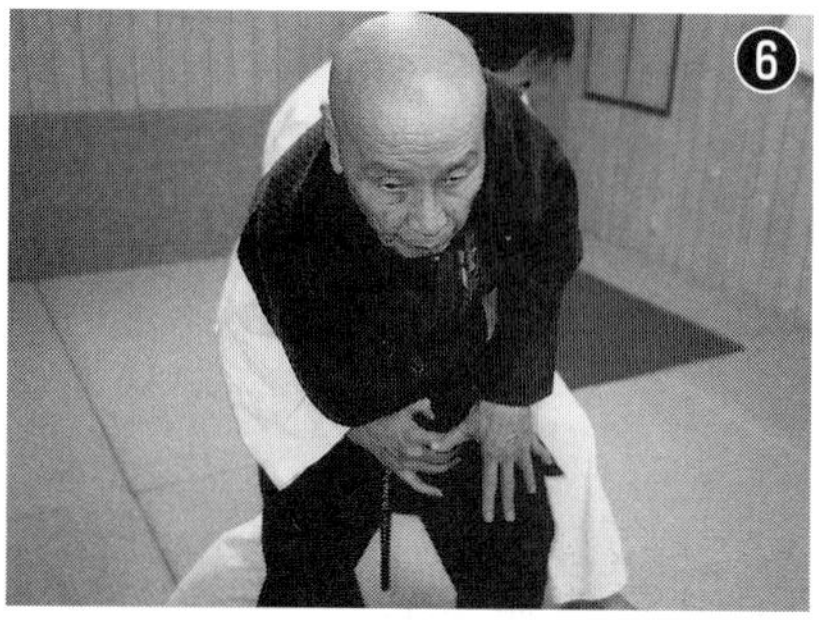

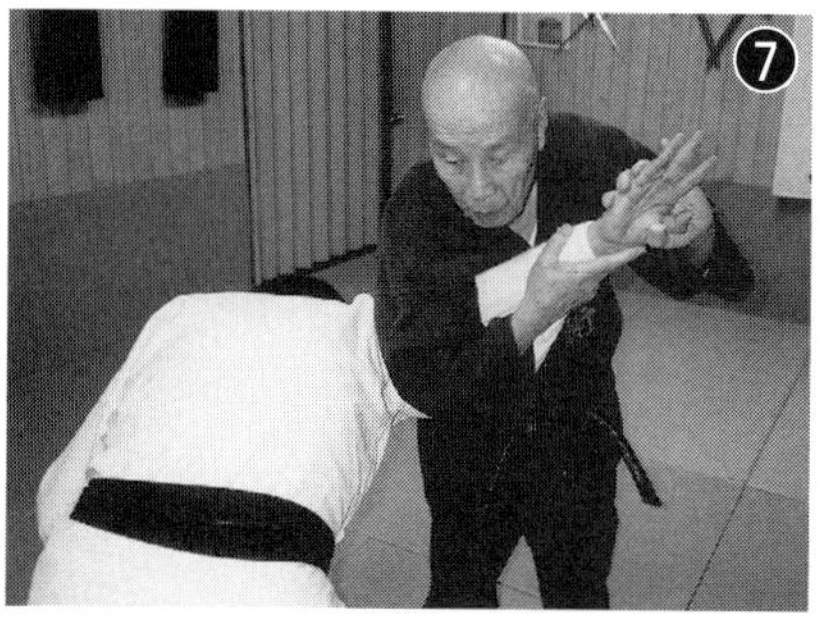

〔受〕右手上段打ちをする。(❶)続いて左手上段打ちをする。(❷)

〔捕〕受の右手上段打ちを左手で受け、(❶)左手で受の右手をとる。続いて受の左上段打ちを右手で受け、右手で受の左手をとる。(❷)両手で受の両手をそれぞれとり、受の右手を下に受の左手を上にして交差し、(❸)受の腹に押える。右手で受の左手を押え、受の右手も一緒に押え、左手を放し後に廻り、左手で受の右手をとり、両手を確り左右に引き締め、(❹)後に受の両手を廻し、下後に引き倒さんとする。(❹)

〔受〕体を前に屈め、尻を後に突き出す。(❺)体気を入れて、両手先を前に出す。小指側を前に出す。(❻)両肘を少し前に延ばし、捕の両手をそれぞれ外す。体を少し右に廻し、受の右手首を左手でとる。右腕で捕の右上膊を抱く。(❼)体は更に右に廻り後向き。両手で捕の右腕をとり、右肘で捕の右肘極め倒し。(❽)

② 両手後交叉捕りの外し

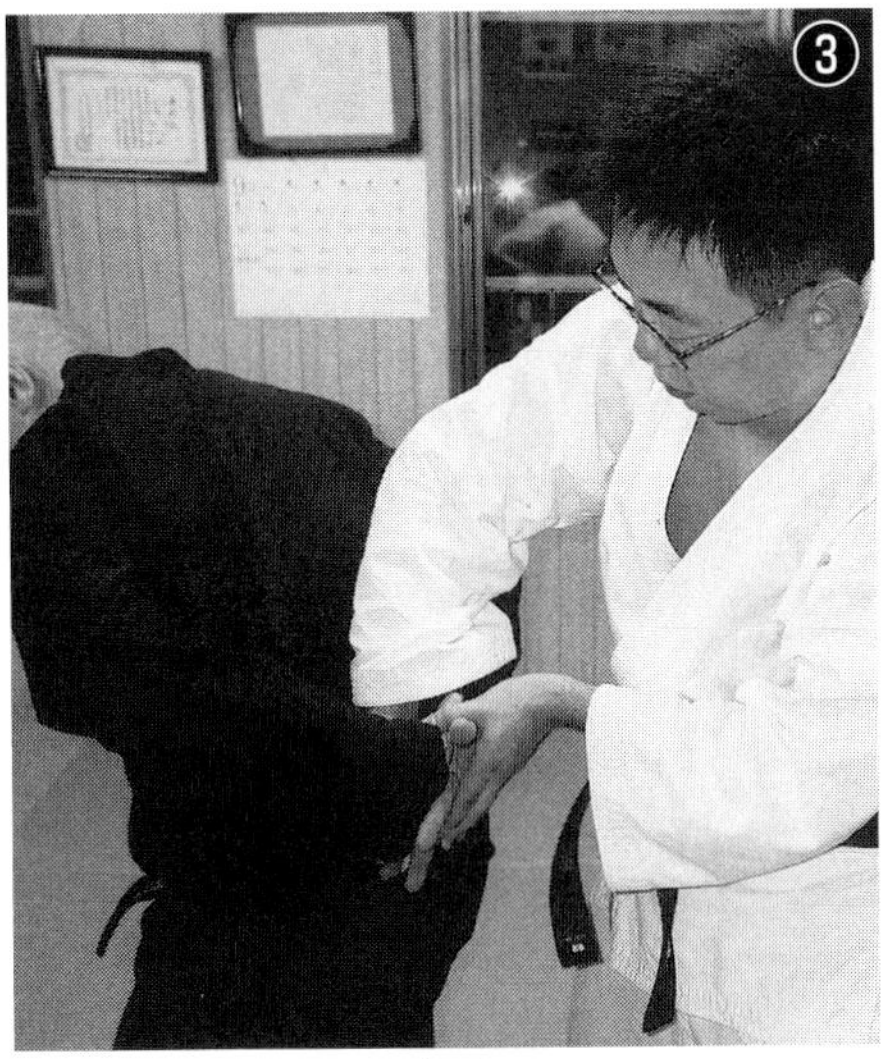

〔受〕右手で捕の右手をとる。(❶)

〔捕〕右手首を返して受の右手首をとり、受の後に廻り、左手で受の左手をとり、受の右手と交差する（受の右手上、左手下）。(❷)左手で受の両手を下より握り、(❷)右手で受の両手を上より下に入れて小指側より握り、(❸)手前に捻り廻して極めんとする。

〔受〕上体を屈め体気を入れて、体を左に回転すれば外れる。(❹)

1 帯落しの返し ①

〔受〕両手で捕の胸襟をとり十字締めをする（右手上、左手下）。（❶）

〔捕〕両手で受の水落ちを突く。（❷）

〔受〕腰を後に引き、両腕を延し突張り、捕の両手水落ち突きを避ける。（❷）

〔捕〕右手で受の前帯を掌を上にして下から掴み（❸）左手で受の喉を左手指を又にして喉輪にして受の喉を押して（❹）後に倒して、体を右に向け受の右横に行く。受の体を倒して左腿に乗せ、左手で受の首後を抱き、右肘で受の水落ちを上から肘打ちをせんとする。合気道の帯落しをせんとする。

〔受〕捕が我が前帯を右手で掴み、左手で我が喉を喉輪にして倒さんとする時に、右足を大きく後に引き下げ、両腕を突張り、体を前に屈めて抵抗すれば、後にのけぞらない。（❹）帯落しは不可能になる。右手で捕の右手首を握り、（❺）左手を捕の右肘に当て（❻）受の右肘を極め後に倒す。（❼・❽）

◇2 帯落しの返し ②

〔受〕両手で（右手上、左手下）捕の胸襟を十字締めにする。（❶）

〔捕〕左手で受の右手下より受の喉を押し上げ、右手で受の前帯を掴み手前に引き、受の右横に左足を出して行き、帯落しをせんとする。

〔受〕左手で受の左手首を握り、右手で受の左肘を上から右下に打ち落とし（❷）体を右に回転して捕を倒す。（❸）

1 車投げの返し ①

〔受〕右手で捕の横面打ちをする。(❶)

〔捕〕左手で受の右手横面打ちを受けて、(❶)左手で受の右手首を握り、(❷)右手で受の左頸動脈を打ち、左手で受の右手を引き倒さんとする。車投げをせんとする。

〔受〕左手で捕の頸動脈右手うちを受け、(❷)捕の左手引きを体気を入れて抵抗する。左手で捕の左手甲を押え、右手を受の左手首にかけ(❸)両手で捕の左手首を折り極め下に落す。(❹・❺)

◇2 車投げの返し ②

〔受〕右手で横面打ちをする。（❶）

〔捕〕左手で受の右手横面打ちを受けて、（❶）受の右手首をとり、右手で受の左首の頸動脈を打ち、車投げで倒さんとする。

〔受〕左手で捕の右手首打ちを受ける。（❷）左手を捕の右腕下より右肘に上よりかける。（❸）右手で我が左手首を握り、両手で肘を極める。（❹）

3 車投げの返し ③

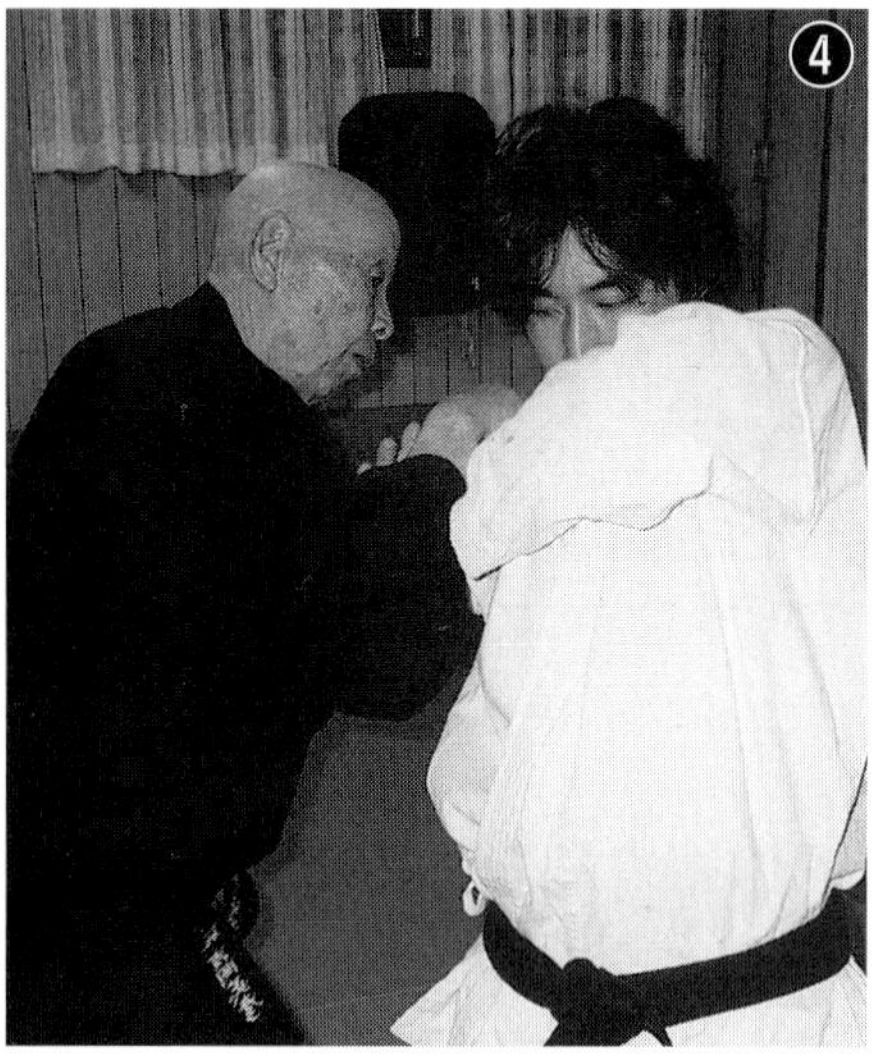

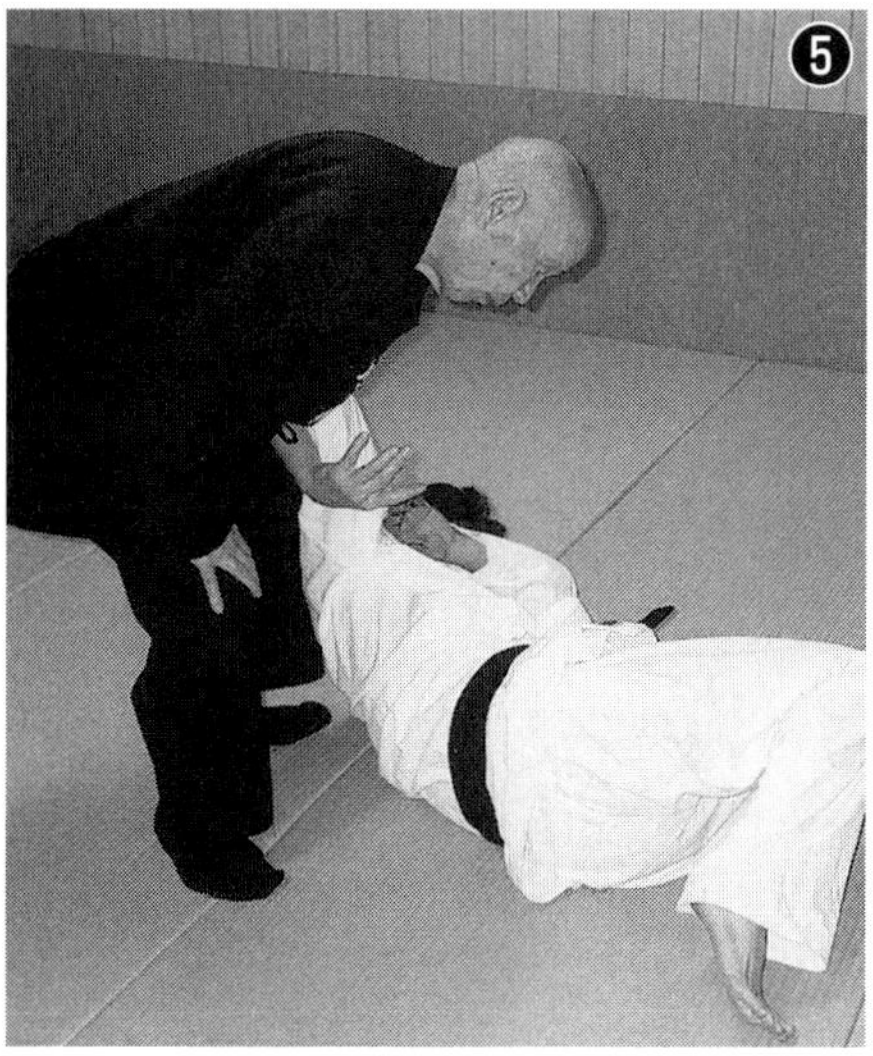

〔受〕右手上段打ち。(❶)

〔捕〕左手で受の右手を受ける。(❶) 受の右手を左手でとり、手前に引き右手で受の左頸動脈を打ち、車投げで倒さんとする。(❷)

〔受〕捕の右手左首打ちを左手で受ける。(❷) 左手で深く捕の上膊を上より抱き、(❸)体を少し右に向け、右手を捕の右肩に当て押す。(❹) 左手も捕の上膊を内より外に押して、体を左に回転して捕を倒す。(❺)

① 膝締めの返し ①

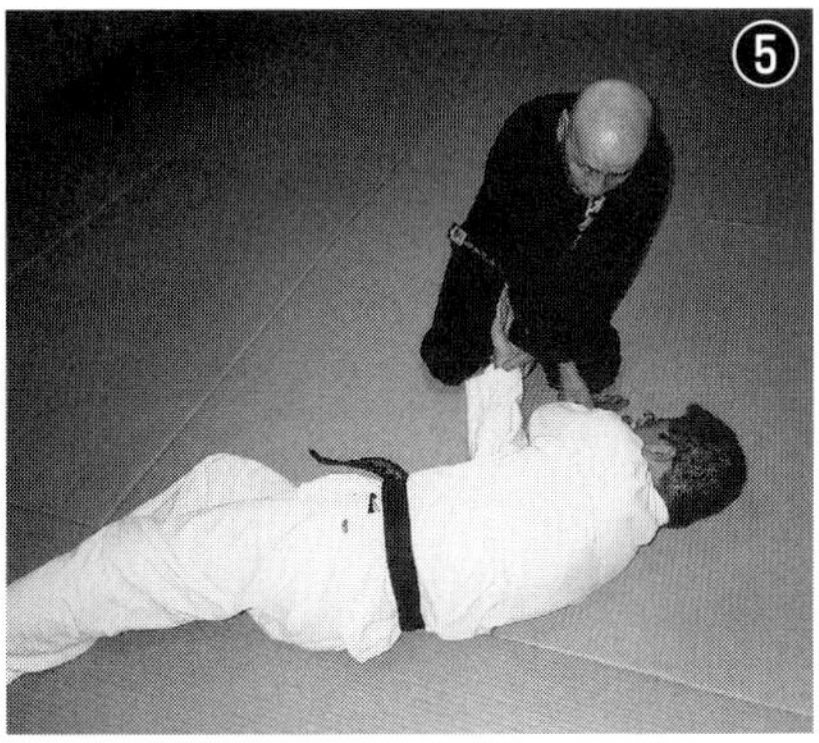

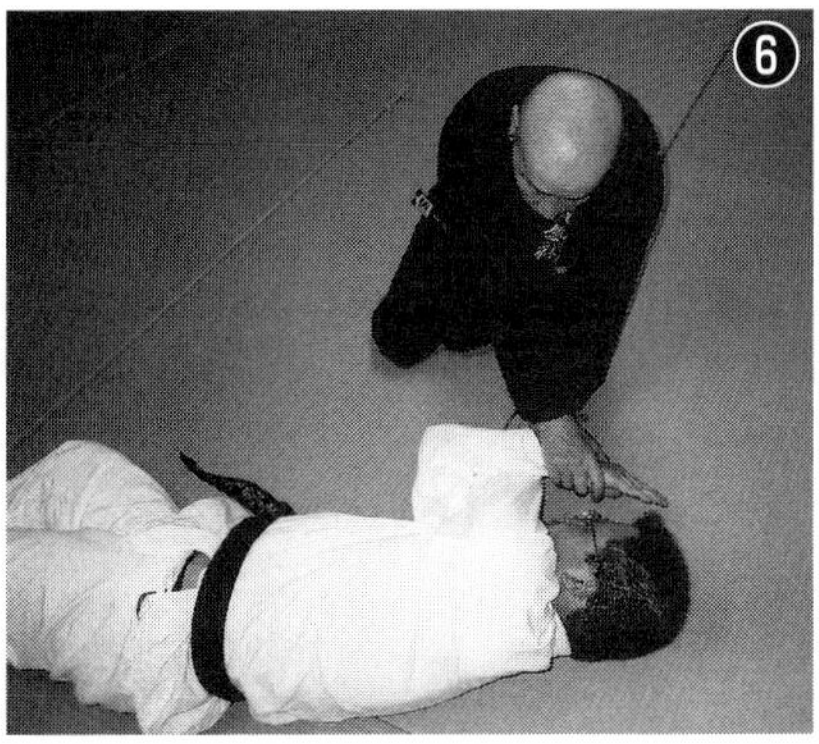

〔受〕両手で捕の両手をとる。(❶)

〔捕〕両手を外より打ちに手首を廻し、親指を外側にして、受の両手甲を合せて握る。(❷)捕の両手甲も合される。受の両手を引き込み、両膝で挟まんとする。

〔受〕両肘を曲げて、両肘を張り手首を手前に引き(❸)反転して、捕の両手首を握り(❹)左に引き、体を左に開き倒す。(❺)捕の右腕が下で左腕が上になる。捕の右手を下より、捕の左手の上に絡め乗せて、受の左肘を極める。(❻)

86 膝締めの返し

2 膝締めの返し ②

〔受〕座って捕の両手をそれぞれとる。(❶)

〔捕〕両手を外より内に手首を返して、上より受の手首をとる。(❷) 受の両手甲はそれぞれ内側に向く。捕の両手甲も内側に向く。受も捕も共に手甲側を内に向けてとり手前に引き、左足で座り蹴りをして、手前に引く。(❷) 受の両手を両膝の間に入れて、両膝で挟み、両手で受の両肘を打つ。左手を受の右肘に当て右に倒さんとする。いわゆる膝締めをせんとする。

〔受〕捕の右足蹴りを左手を右に振り、捕の右足蹴りを防ぐ。(❷) 左手で捕の右膝内の衣を掴み、左に押し倒す。(❸) 左手親指で捕の右足急所を突き極める。右手で捕の右足首を掴み、手前に引き両手で倒してもよい。捕の蹴りが不充分で捕が受の両手を両膝に挟むため引き込んだときに、両手先を外に廻しながら、両手刀にして、捕を突き倒す。

3 膝締めの返し ③

捕が受の両手を両膝で挟んでも(❶・❷) 両手首を外に開き、両手指先をつけて、三角形の形を両手で作る。(❸) 体気を入れ、左右手前に引けば外れる。(❹) 直ちに両手で捕の胸を押し倒す。又は捕の水落ちに頭突きして倒す。

87 横腹掴み・脇掴み・脇締め倒し

1 片手指掴み

相手の左横腹衣を中指と薬指と小指と右手掌底で掴む。(❶) 人差指と親指を自由にする。(❶) 人差指と親指で相手の左横腹の筋肉を抓み(❷)苦痛を与えて、左手で肩衣をとり左に倒す。

2 両手指掴み

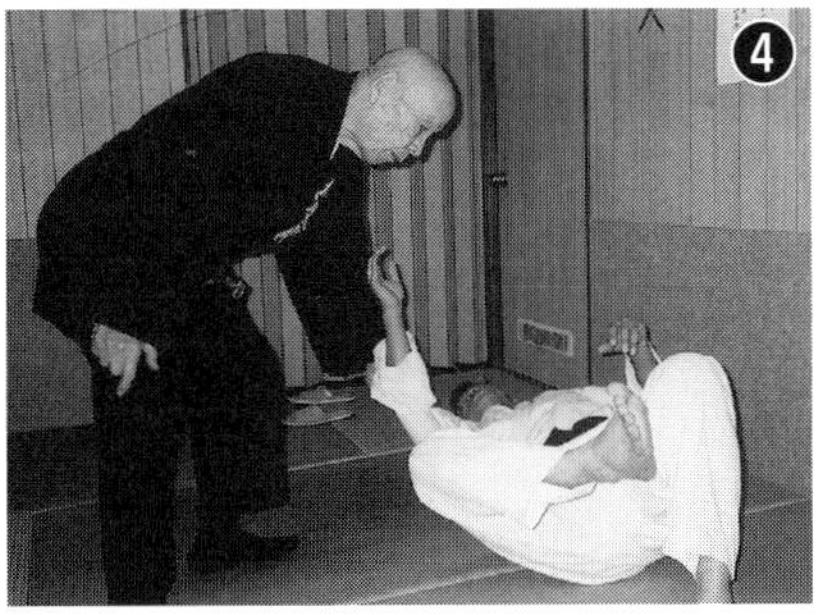

小指と薬指と中指の三本と拇指丘で、相手の腹衣を握り、親指と人差指で相手の腹の筋肉を掴み痛める。(❶・❷)相手が痛がって逃げようとしても、三本指と拇指丘で腹衣を掴んでいるから逃げられない。普通の五本指で握り痛めた場合は逃げられる。二本指で握り痛めて、左右どちらかに倒せばよい。(❸・❹)

3 脇掴み

〔受〕右手で捕の左手をとる。(❶)

〔捕〕左手首を外より内に時計廻りに廻して、(❷)受の手首を上からとり、(❸)更に右廻りに捻り上に上げる。(❸)右手で受の右腕の付根下の筋肉を親指を上にして掴み痛め極める。(❹)

4 片手胸脇締め倒し

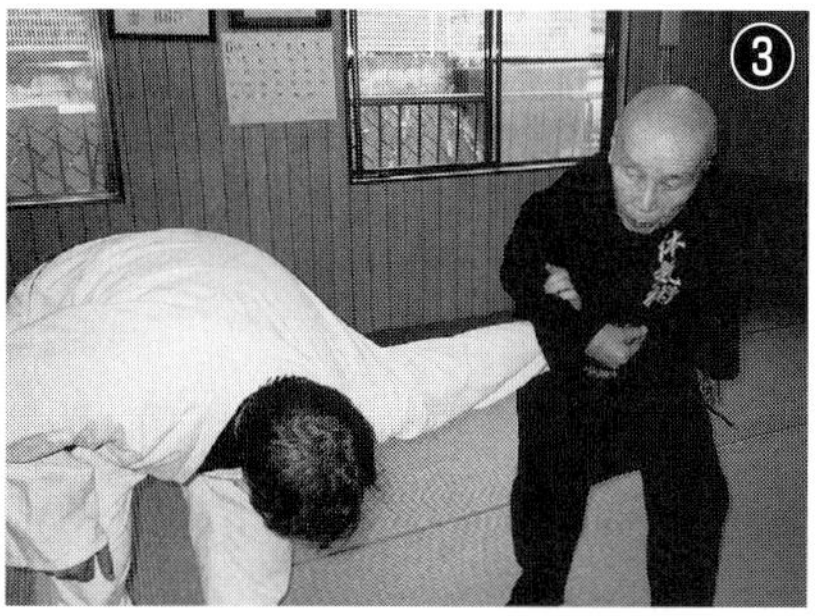

〔受〕左手で捕の右手中袖をとる。(❶)

〔捕〕右手で下より受の左手の外から上に上げ、上より受の左手首を押さえ、(❷)受の左手を右脇下胸に固定する。脇を締め、右手下膊を左に曲げ、右手首を曲げ、親指と人差指に力を入れると、(❸)受の左手は捕の右脇に強く挟まれて抜けられない。受を腰を落し左に体を廻し倒す。(❹)

1 後両手交叉極め

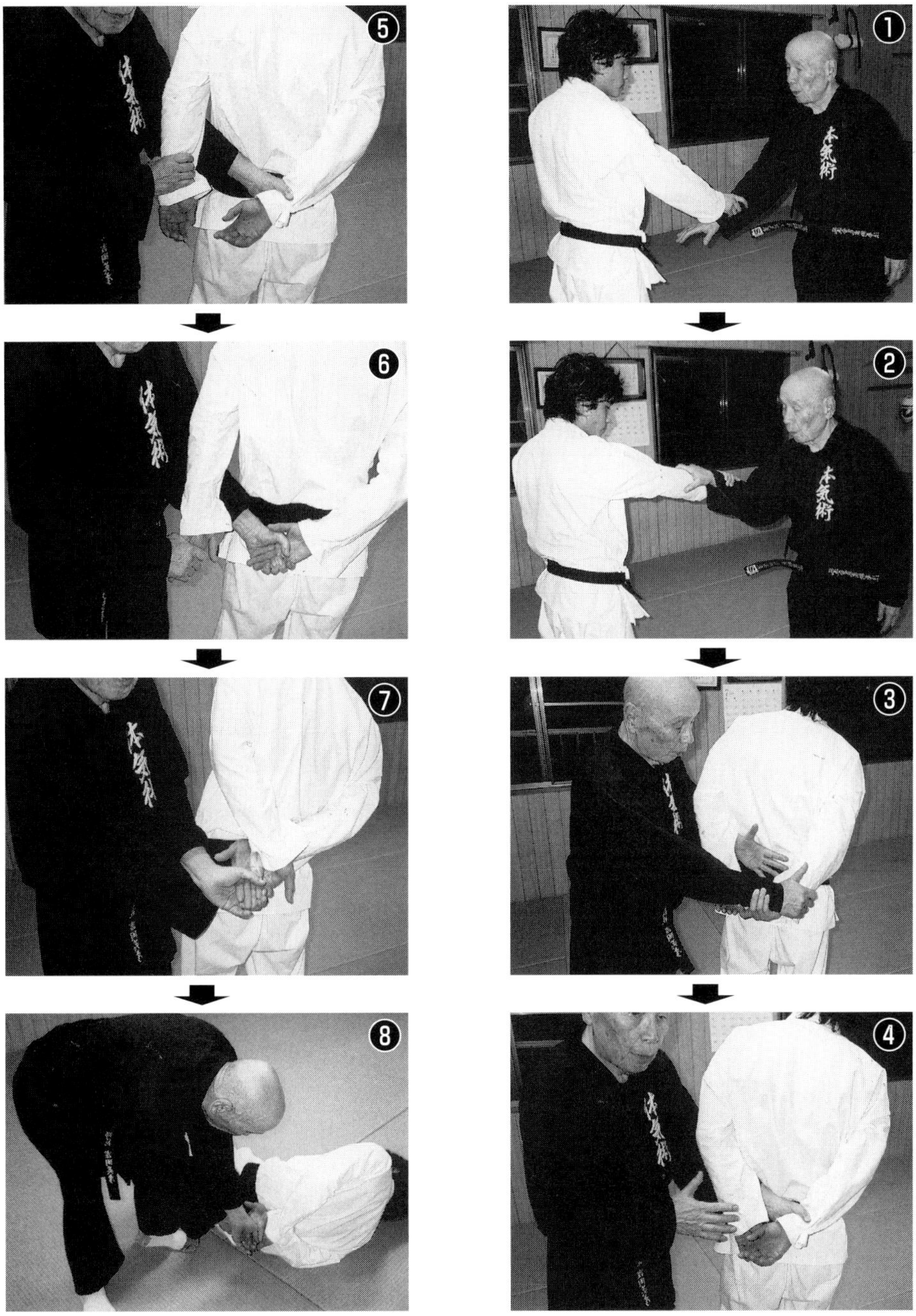

〔受〕右手で捕の右手をとる。❶

〔捕〕右手首を右に返して、受の右手首をとり（❷）受の後に廻る。（❸）左手で受の左脇下に入れて、（❸）受の右手首をとり、右手を受の右手より外し、受の左手をとる。（❹）受の左手を上にして、受の右手を下に交差する。（❺・❻・❼）両手で受の親指を除く四指を深く握り、左手を押し、右手を引き、受の右掌を上にして、左掌を下に交差して捻り極め下に倒す。（❽）

② 片手とり上段突き ①

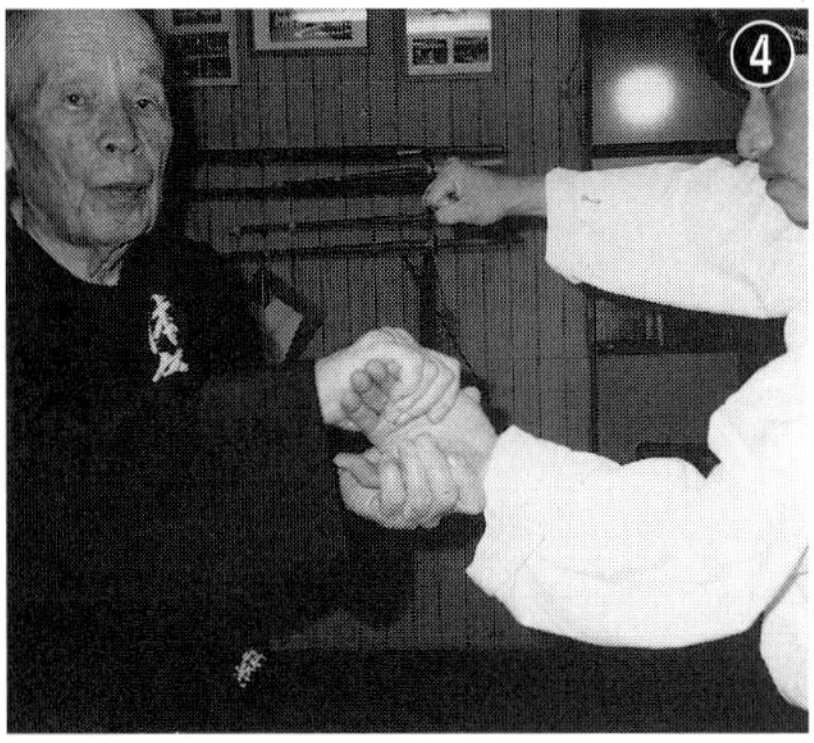

〔受〕左手で捕の右手をとり、（❶）右手で直に捕の顔面を打つ。（❷）

〔捕〕受の左側に体を移動して、右手を上げ、受の右手上段突きをかわす。（❷）左手で受の左手拇指丘を下から握り、（❸）右手を外して、受の親指を除く四指を上から握り、（❹）両手で右に小手返しをする。（❺・❻）

3 片手とり上段突き②

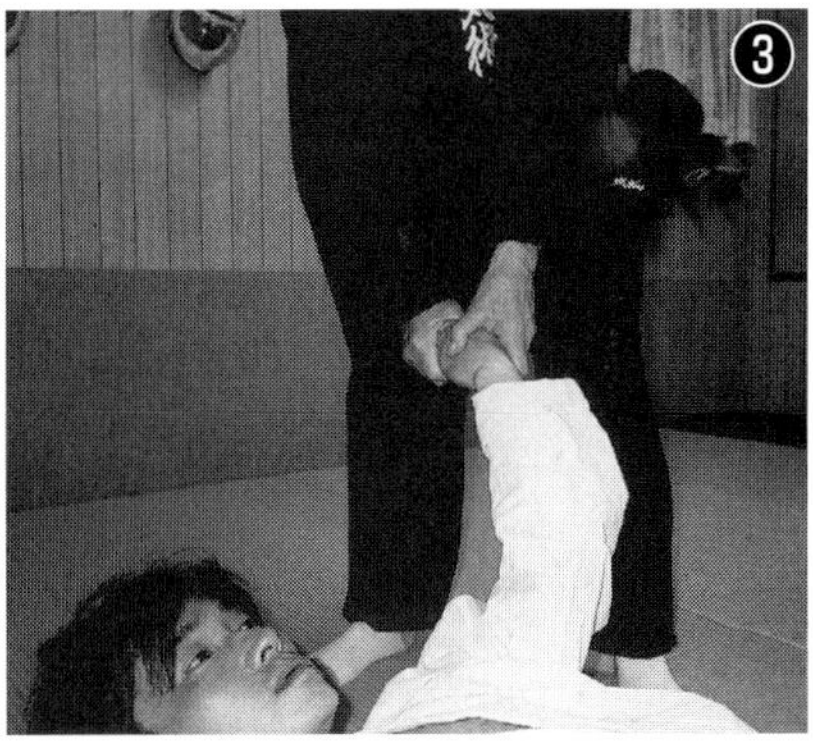

〔受〕左手で捕の右手をとり、直に右手で受の顔面を突く。

〔捕〕前述のように同じ動作で受の右手上段突きをかわし、(❶)左手で受の左手甲を上から握り、(❷)右手を外して、受の右手甲をとり、両手で右に小手返しをする。

4 抵抗出来ない首締め捻り

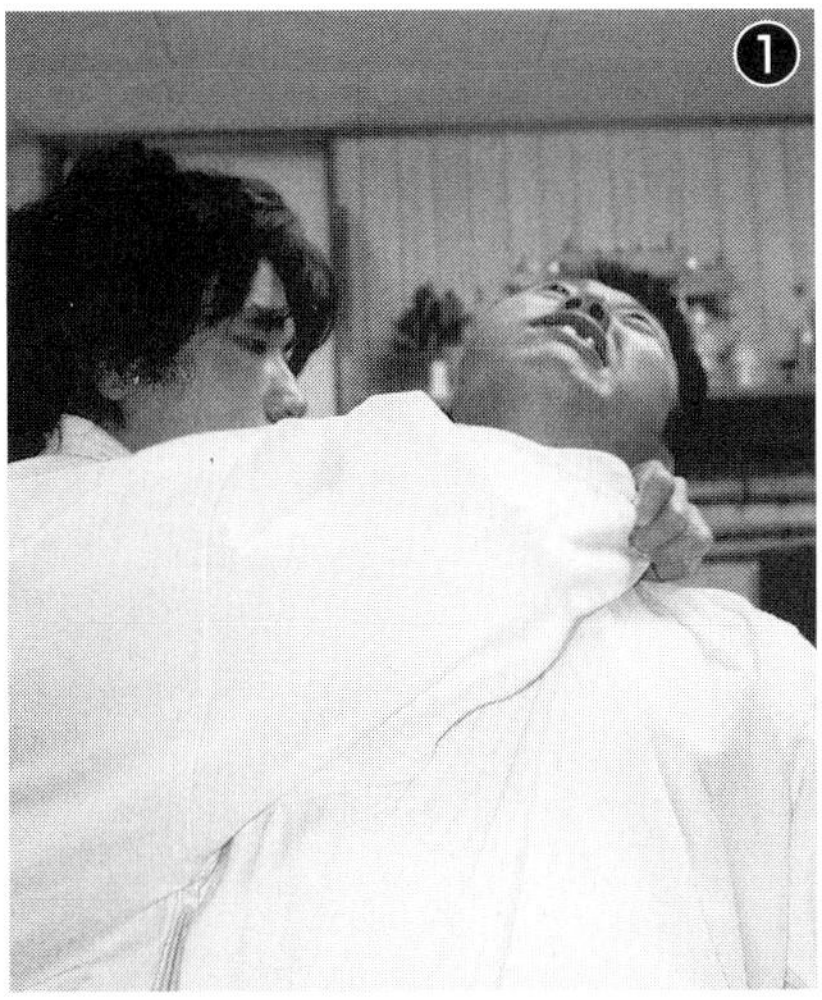

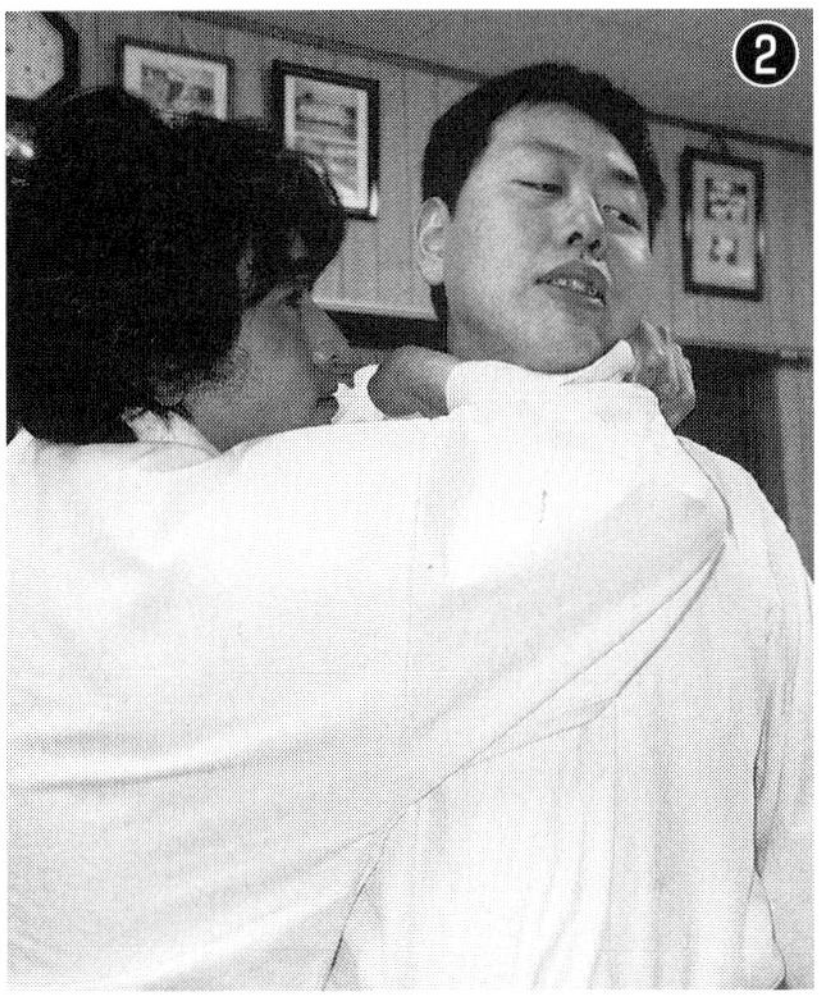

相手の右首横の襟を右手で握り、右肘を右上に寄せ上げ、体を受の少し右後に移動して、左手で相手の首後より首左に廻し我が右袖を握る。(❶・❷)体を相手の前に戻し移しながら、相手の首を締め捻る。左肘を相手の右肩上に乗せる。普通の首締めでは、顎を引き締め両肩を上げて抵抗すれば、窒息はしないがこの首締めをされれば首が締まるだけでなく捻れるので、顎を締め両肩を上げ抵抗しても、抵抗できない。相手が中段突きをしたときに相手の右横に避けてこの首締め捻りをすればよい。

1 ふくらはぎ極め

〔受〕立って右足蹴り。(❶)

〔捕〕座ったまま体を右に開き、両手で受の右足蹴りを右に払い、右手で受の右足首を抱き、(❶) 左手で受の右膝横を右に押し受を俯伏に倒す。(❷)体を受の股の間におき、左足で受の左足を押え、(❸) 左手で受の右足を折り曲げて上から抱き、(❸) 左下膊を受の右ふくらはぎに当て極める。(❸) 体の位置が浅く受の膝より足首に近い方にあれば、受の右アキレス腱極めをしてもよい。(❹)

2 膝極め

〔受〕右足けり。(❶)

〔捕〕受の右足けりを左に避け、右手で下段払いをして、右手で受の右足をとり (❶) 左手で受の右膝を押さえて (❶) 右手で受の右足首を上げて受を仰向けに倒す。(❷) 受の右横に行き、両手で受の右足をとり (❸) 左膝で受の右膝を横より押し、両手で受の右足下肢を右手前に引き、受の右膝を極める。(❸)

③ アキレス腱極め ①

❶

相手の両足をタックルしてとり、左肩か右肩かで相手を仰向けに押し倒し、両手で相手の両足首を抱き、アキレス腱を極める。(❶)

④ アキレス腱極め ②

❶

❷

相手の足けりをとって仰向けに倒したり、又は足とりタックルで相手を仰向けに倒してアキレス腱極めをする場合に、片方の足で顔面を蹴られる恐れがある。(❶)その場合仰向けの受の右側より右手で受の右足を右脇に抱き、左手を添えて両手でアキレス腱極めをせんとする際に、受が左足で顔を蹴ってくる。(❶)

〔捕〕受の左足蹴りを左手で右より左に払い捕りして、下に落し、受の右足の上に左足を重ねて、床におき、両足で受の左足を挟み、受の左足を両足で固定する。(❷)再び両手で受の左足をアキレス腱極めをする。(❷)

5

アキレス腱極めの返し

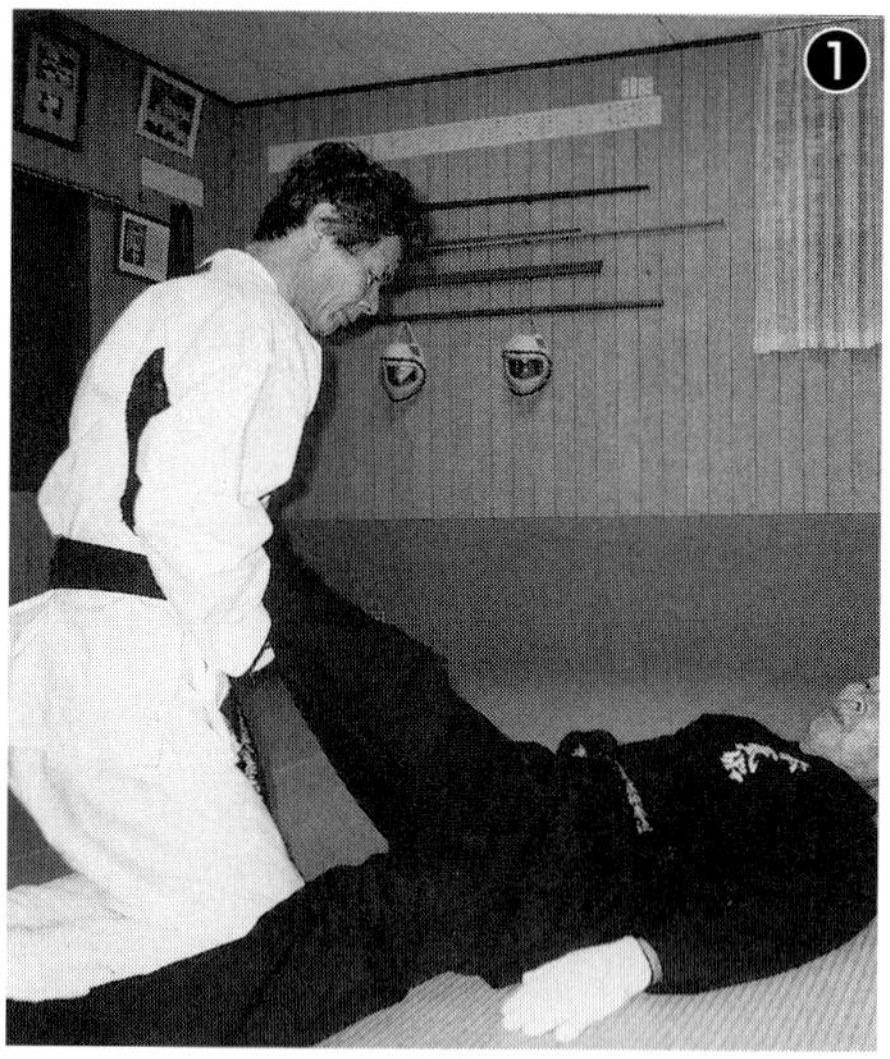

〔受〕捕の右足を右脇に抱き、右手を締め、アキレス極めをせんとする。(❶)

〔捕〕右足踵を突き出し力を入れて、足首を手前に曲げて、右膝を延し体気を入れるとアキレス極めはかからない。(❷)足首を抱かれていると、わかりにくいので(❷)は抱かれていない状態で、足の操作を示す。右膝を折り手前に引き、左足で受の右胸を蹴り押し、右足を押し両足で受を後に倒す。(❸・❹)

90 両足挟み倒し・両手甲打ち

① 両足挟み倒し①

柔道で組み（❶）左足で相手の右足後にかけ、（❷）（柔道の外掛け）右足を相手の右足内に出して（❸）両足で相手の右足を挟み、（❸）体気を入れ両手で相手を押し倒す。（❹）

② 両足挟み倒し②

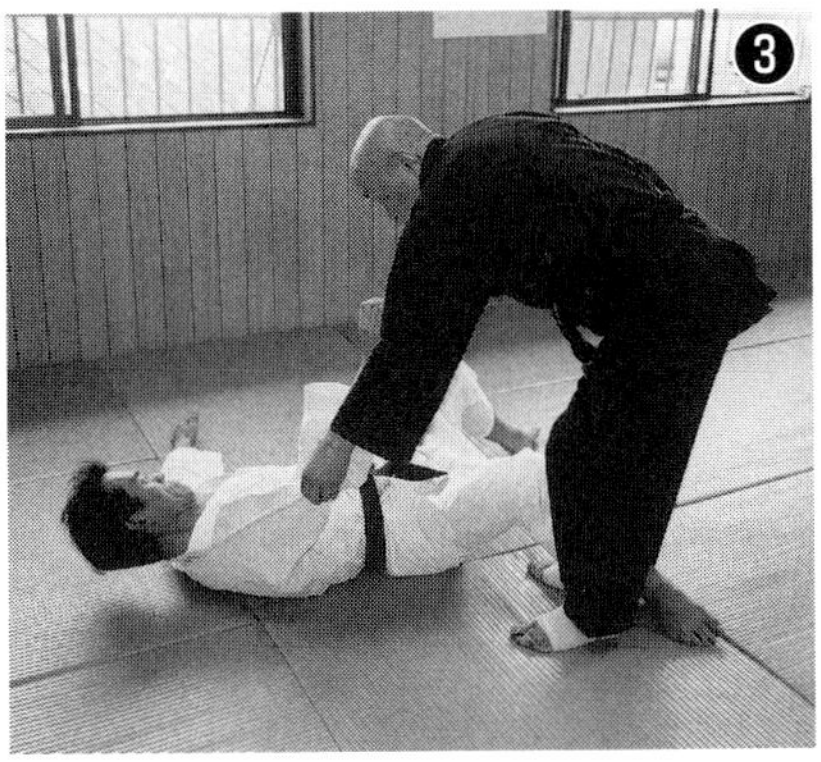

柔道で組み、前述と反対に右足を前に出し、相手の右足内側より後に掛けて、（❶）左足で相手の右足を挟み、（❷）両膝で強く相手の右膝を締めて体気を入れ相手を倒す。（❸）

3 両手甲打ち痛め

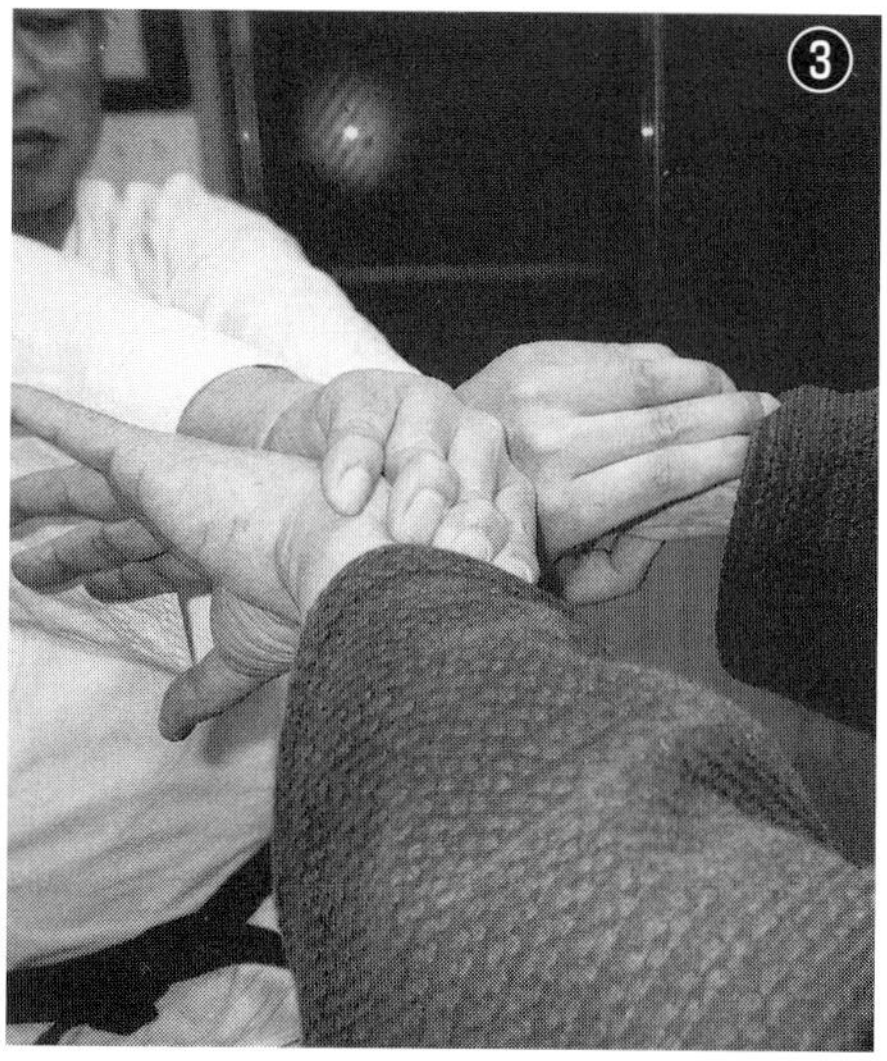

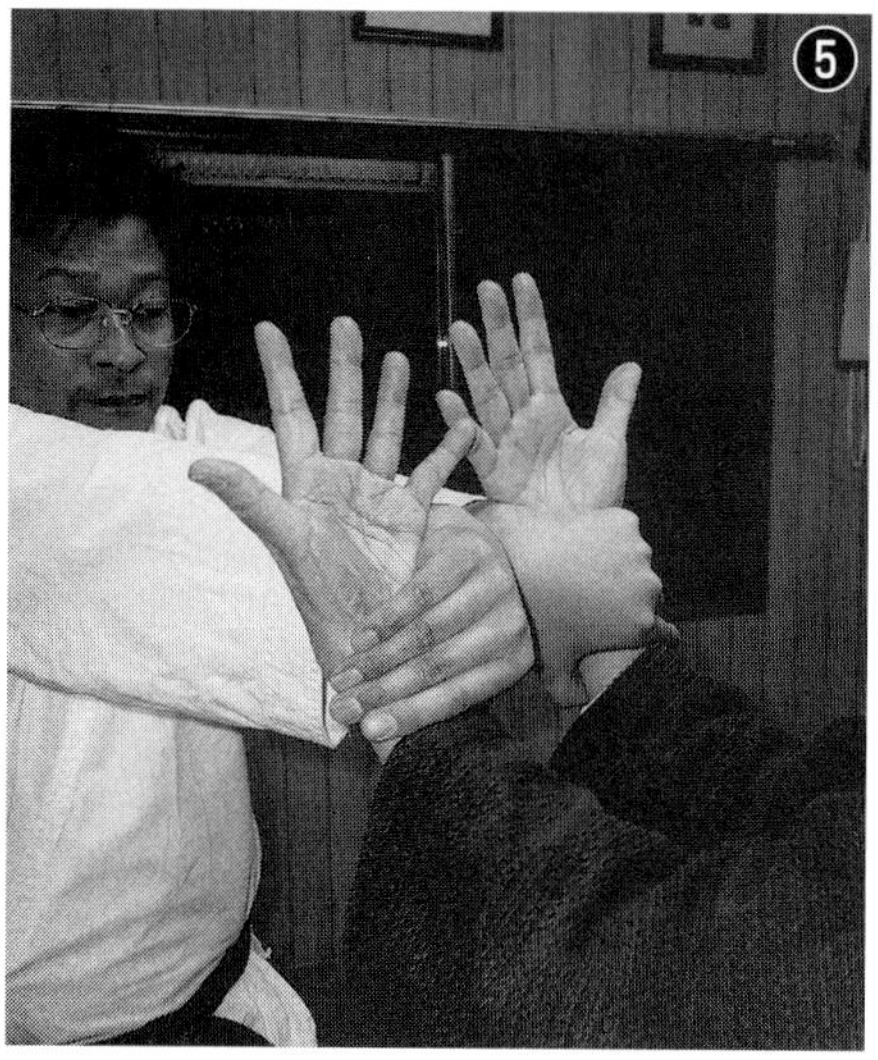

〔受〕両手で捕の両手をそれぞれとる。（❶）

〔捕〕両手を外より内に向かって手首を廻し、（❶）両掌を外に向けて手首を掌側に折り、両手を内に打ちつけて、受の両手甲を打ち付けて痛める。（❸）又は両手を手刀にして掌を手前に向けて、（❹）受の両手首を打ち付けてもよい。（❺）

1 二百七十度廻り投げ

〔受〕右上段打ち。(❶)
〔捕〕両手で受ける。(❶)(右手で受の右手首を受け、左手で受の右肘を受ける。)右手で受の右手甲側より、受の右手拇指丘をとり、(❷)左手で手甲側より小指側を握り、(❸)受の右手下を外より内に潜り、更に反転して、二百七十度廻り、受の右手を捻り、右前に投げ倒す。(❹)四方投げは三百六十度体を回転するが、この技は二百七十度の回転である。

2 一八〇度廻り投げ

〔受〕右手中段突き。(❶)
〔捕〕体を右に開き、左手で受の右手を左に払い、(❶)右手で受の右手甲をとる。受の右手を上に上げ、体を一八〇度右に回転して、受の右手を頭を越して右斜め前に投げる。(❷)受の右手を確りと強く握ることで、受の右手は右回りに捻れて倒れざるを得なくなる。緩く握るとずれて捻りが弱く倒れない。三六〇度廻れば四方投げになる。

3 蟹挟み

❶

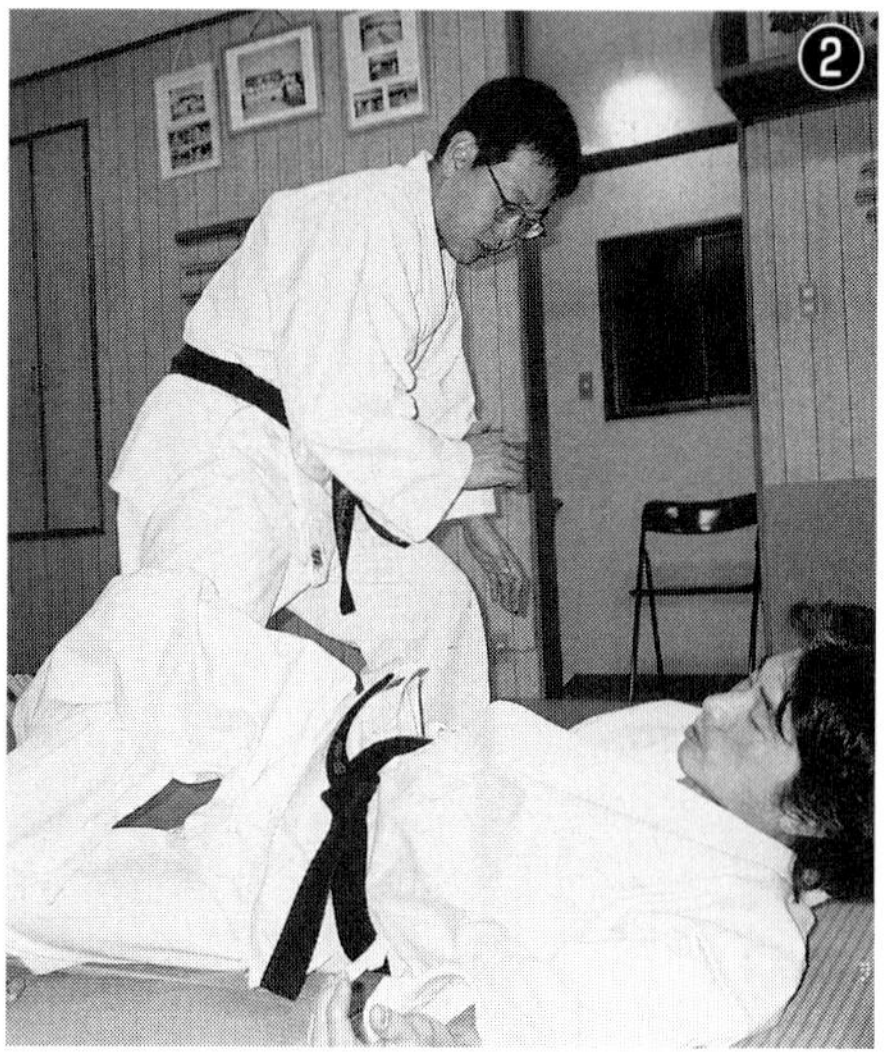
❷

〔受〕捕を仰向けに倒し、両足で受の体を跨いで立って、次の攻撃をせんとする場合。(❶)

〔捕〕仰向けに寝たまま、左足甲又は左膝で受の右足首にかけて(❷)右足で受の右膝又は右腿を押して(❷)受を後に倒す。もし受の右膝又は右腿を押したときに、足が滑り倒せないときは、滑った右足を曲げて受の右膝に絡ませて体を右に捻り、受を右横に倒す。(❸)

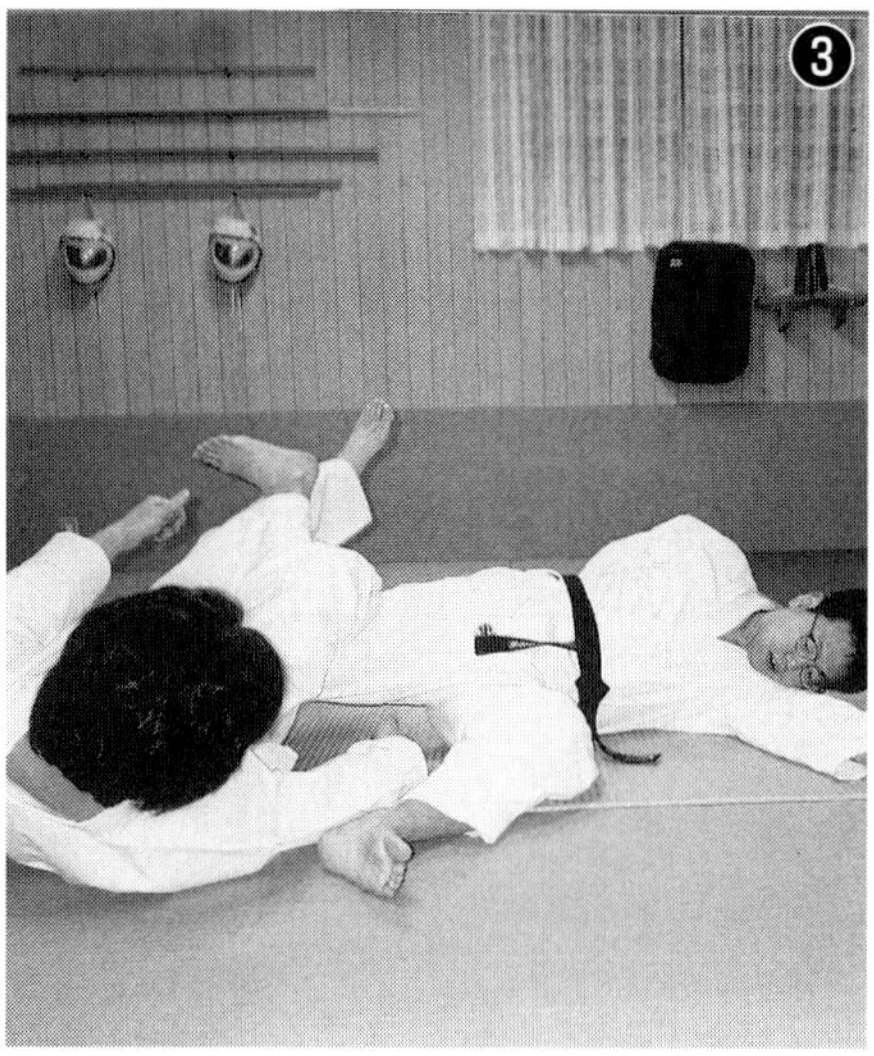
❸

4

両手交叉足かけ倒し

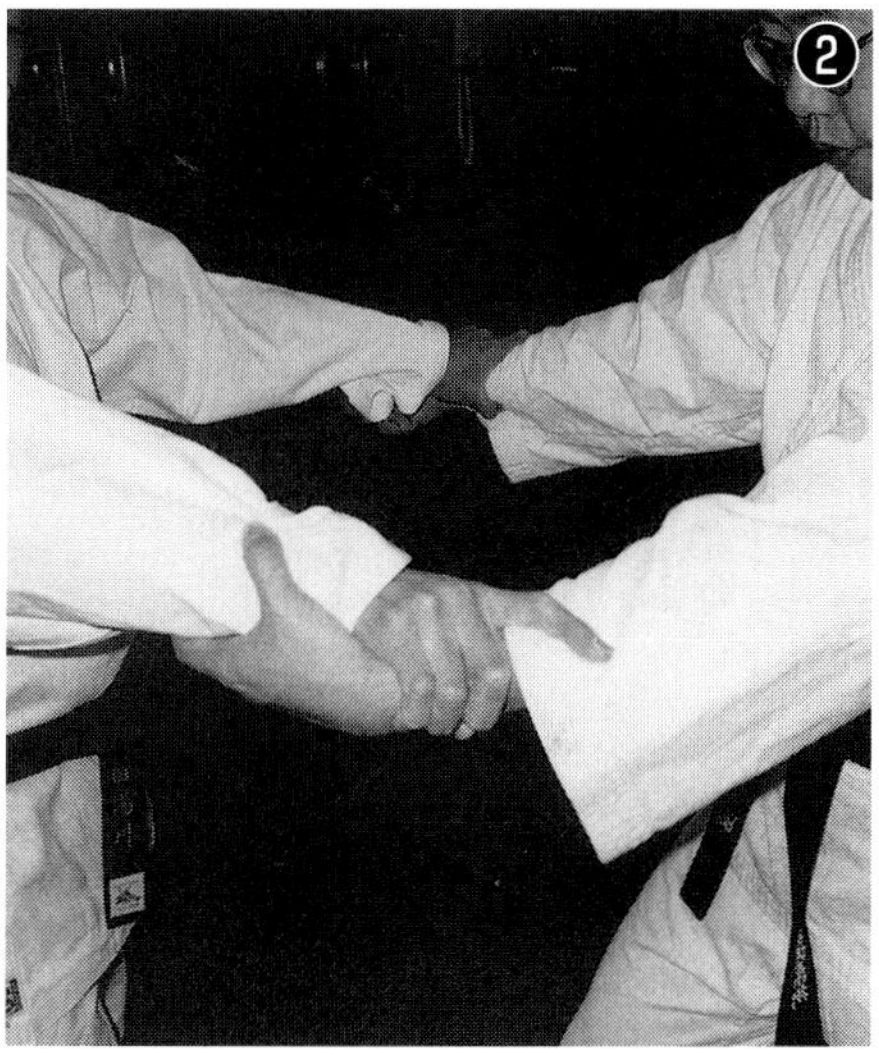

〔受〕両手で捕の両手をそれぞれとる。(❶)
〔捕〕両手首を内より外に廻し、受の両手首を捕る。(❷) 受の左手首を握った右手を受の右脇に押し付け、受の右手首を握った左手を左に引き、受の左横につける。(❸) 受の手は右手が上で、左手が下になる。体は受の左横に持って来て、右足を受の左足後に深くかけて、(❹) 右手で受の胸を押して後に倒す。(❺) 受が左足を上げて逃げんとすると、受の両足間に深く入れた右足踵を上げて、右膝を高くすれば逃げられない。

1 逃げられない蹴りの足衣とり倒し

〔受〕右足蹴り。(❶)

〔捕〕右手で受の右足蹴りを右に下段払い。左手で受の膝衣を掴み、(❷)右手で受の右足を上から抱く。(❸)右手で左手首を握る。左手で受の右膝を右に押し、(❸)左足を前に出し、受を俯伏せに倒す。(❹)左膝で受の右腿裏を押え、(❹)両手で受の右足指を折り極める。(❹)又は左手で受の右膝を押え、右手で受の右足首を抱き右に押し極める。(❺)受の右膝は曲げる。

2 両足衣裾とり

〔受〕右足蹴り。(❶)
〔捕〕体を左に避けて、右手で受の足蹴りを下段払いして、右手で受の右足を下より抱きとり、(❶)受の足を上に上げ、左手で受の右腿を押えて、受を後に倒す。(❷)右手で受の袴の裾を握る。(❸)左手で受の右足をとり、上に上げて、受の左足の袴の裾と右足の裾を右手で一緒に握り、(❹)受の両足の動きを封じる。受の両足袴を掴み、受の頭のほうに曲げる。(❹)左足で受の胸を踏み極める。

3 蹴り足衣とり倒し

〔受〕右足蹴りとり。(❶)
〔捕〕右手で体を左に避け、受の右足を下段払いをして、右手で受の右足を下より抱く。(❶)左手で受の右膝横の袴衣を掴み右に押し、(❶)受を俯伏せに倒し、(❷)左手で受の右足首を抱き右手で受の右足親指を曲げ折り極める。(❸)膝横の袴衣を握ることで、受は逃げられない。

93 足押し倒し

① 足出し片手上段打ち ①

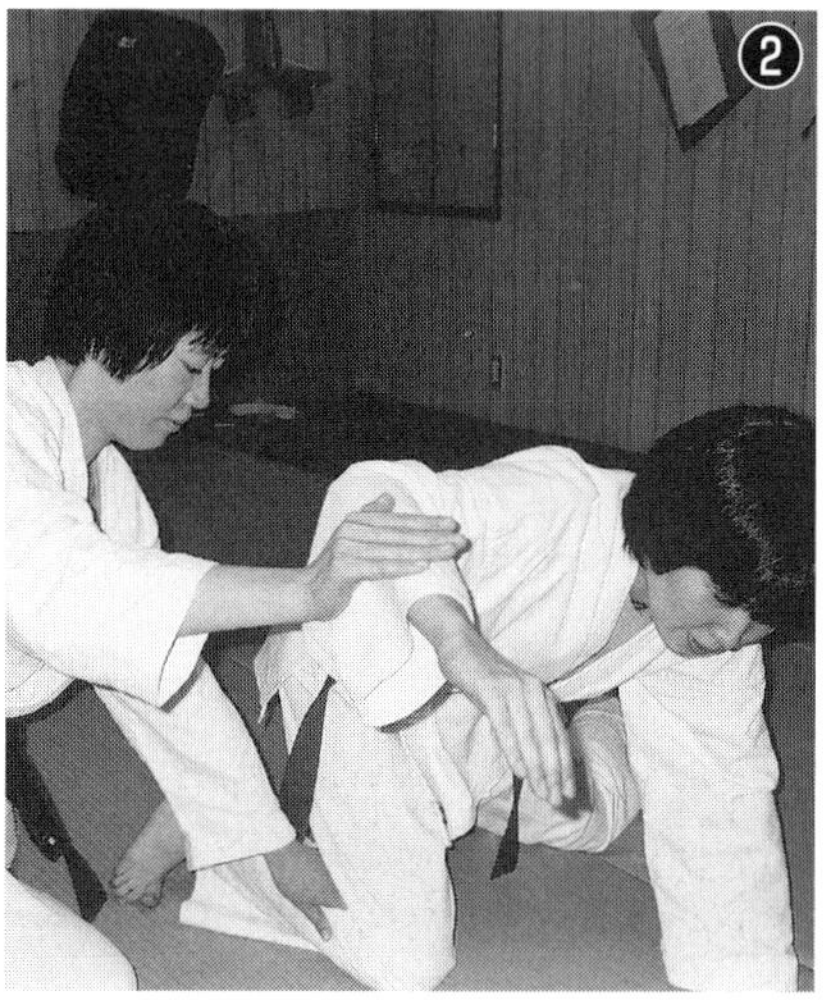

〔受〕正座より右足を出し右膝を立てて、右手上段打ち。(❶)

〔捕〕右手で受の右手上段打ちを受けて、(❶)左手で受の右膝を外より内に押して受を倒して(❷)左手で膝裏の急所を掴み極める。(❷)

② 足出し片手上段打ち ②

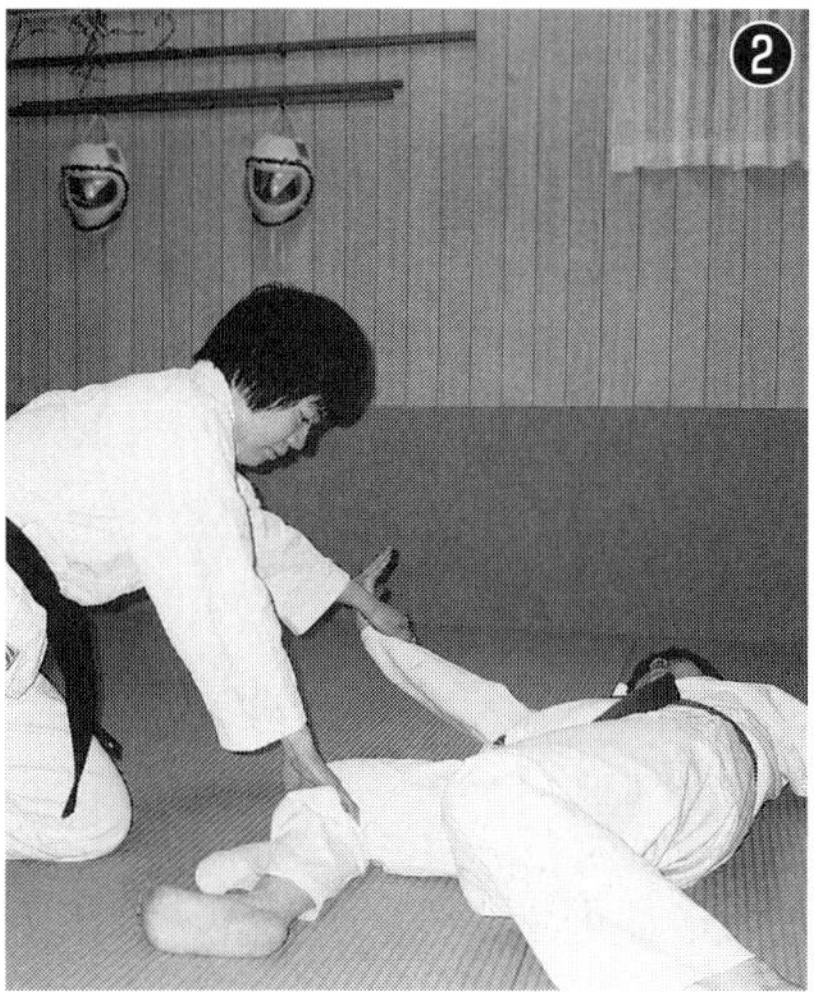

〔受〕①と同様。

〔捕〕左手で受の右手上段打ちを受けて、(❶)右手で受の右膝を内より外に押し倒す。(❷)

93 足押し倒し

③ 足出し片手上段打ち ③

〔受〕正座より右足を前に出し、右手上段打ち。(❶)

〔捕〕右手で受の右手上段打ちを受け(❶)ながら右足を前に出し、右膝で受の右膝を内より外に押し(❷)倒す。(❸)右膝で受の右膝の内側に当て外左側に倒すときは、体を左に開き体重を右膝にかけて倒す。膝行と同じ動作である。

④ 足出し片手上段打ち ④

〔受〕「足出し片手上段打ち③」と同様。

〔捕〕右手で受の右手上段打ちを受けながら、左足を前に出し(❷)左膝を立てて、受の右膝を外より内に向かって(❷)押し倒す。(❸)左膝を受の右膝に当て体を右に開き左膝を床につけるようにして受の右膝を押し倒す。正座より上段打ちをする場合は片足を前に出さずに、膝を床につけたまま前に出し上段打ちをする方がよい。足を前に出して上段打ちをすれば、このように容易に倒される。

① 脈極め ①

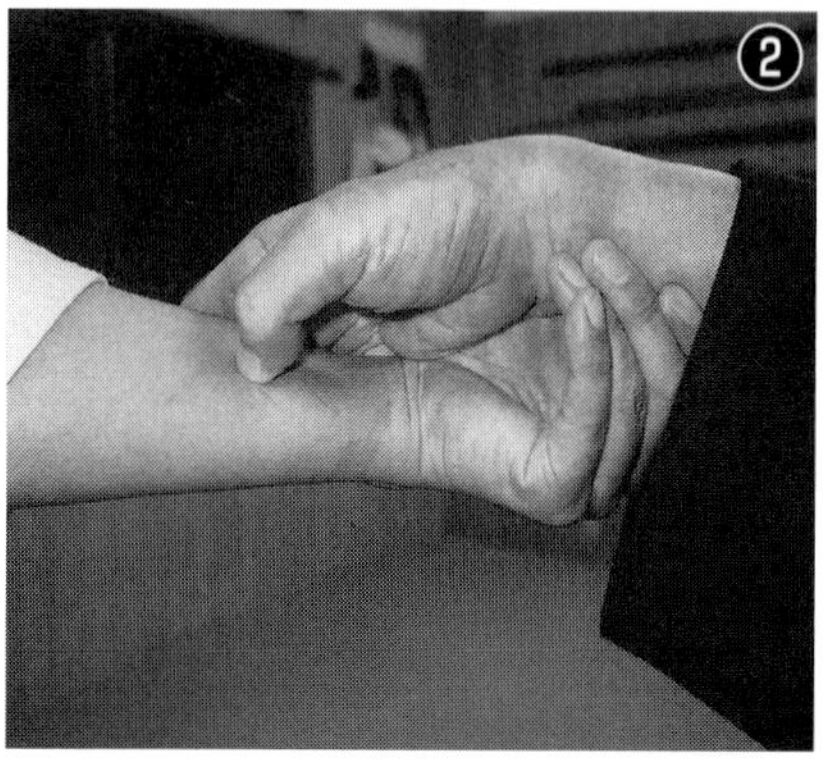

〔受〕左手で捕の右手をとる。(❶)

〔捕〕右手首を内より外に右回りに返して、受の右手首の脈に親指を当て(❷)他の四指を外側にして握る。(❷)親指を脈に突き立てて、親指と四指で握り締め脈極めをして受を下に落す。(❸)

② 脈極め ②

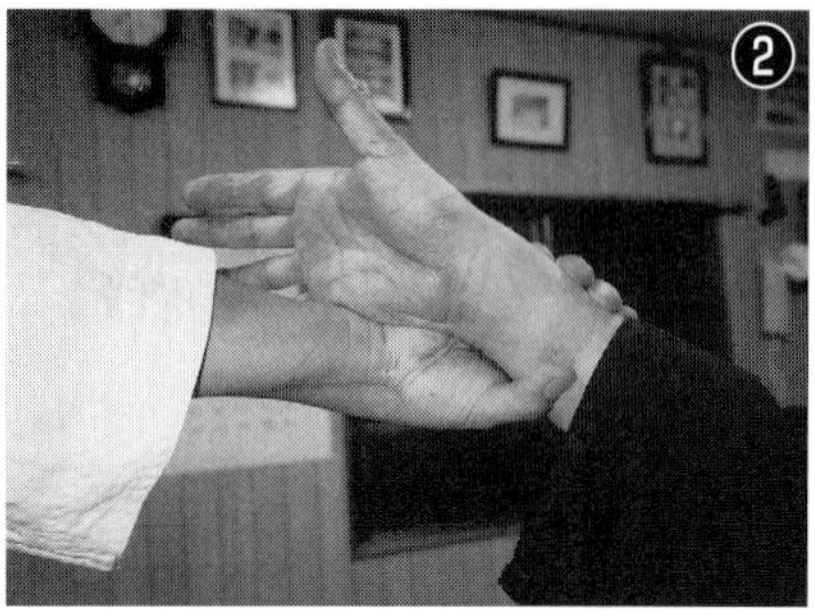

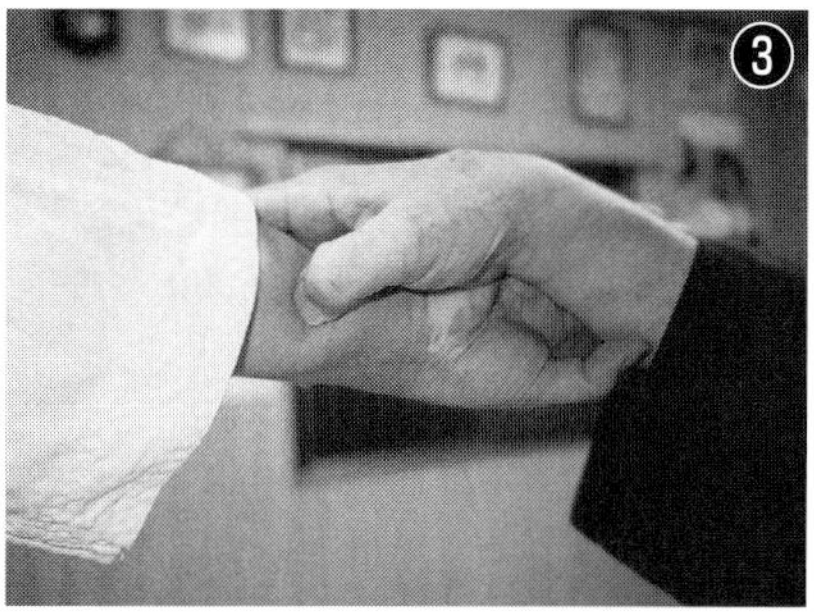

〔受〕右手で捕の右手首をとる。(❶)

〔捕〕右手首を右に反転して、(❷)親指を受の脈に突き立てて、(❸)四指を外にして握り、親指で受の脈を極め落す。(❹)

3 脈極め ③

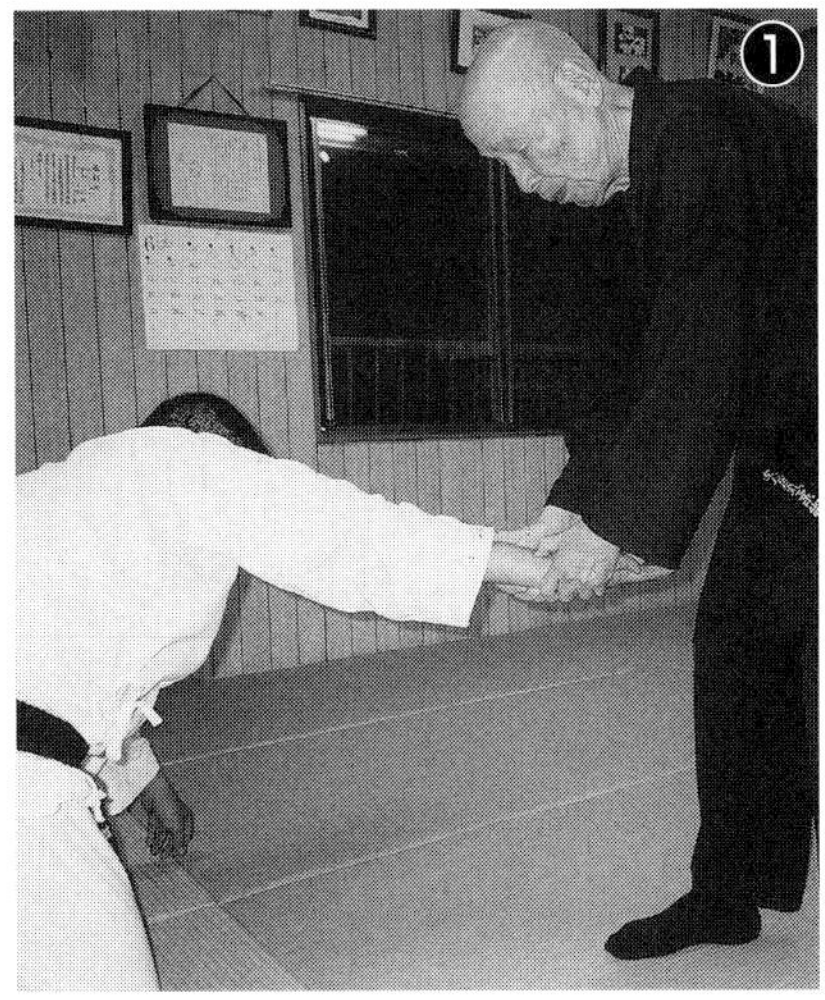

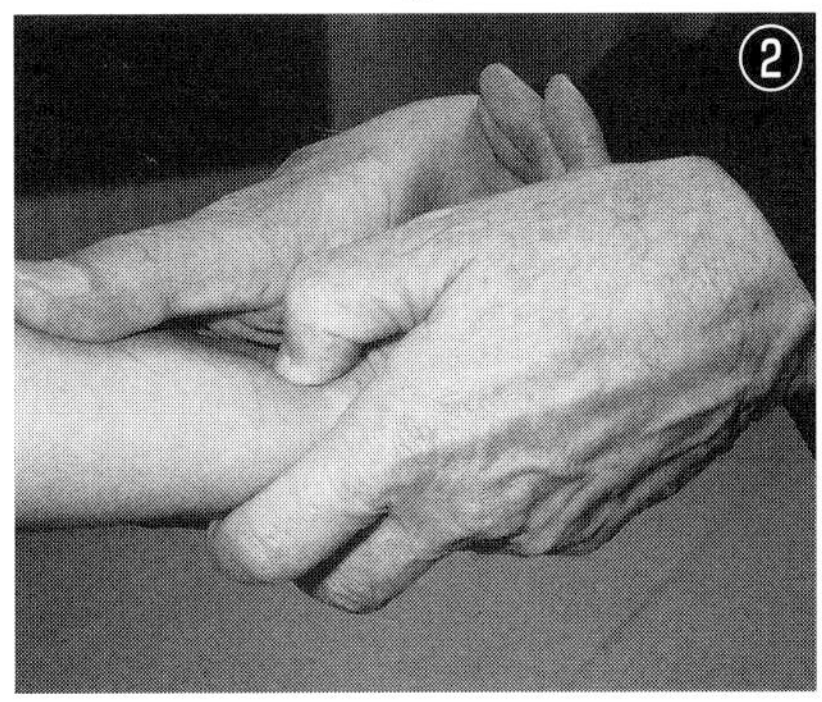

〔受〕右手で捕の右手をとる。
〔捕〕右手を右に返して受の右手首を握り、左手で受の脈を親指で突き極め下に落す。（❶・❷）

4 脈極め ④

〔受〕左手で捕の右手をとる。
〔捕〕右手を右に反転して、受の左手首を握り、左手親指で受の脈極めをする。親指を受の脈に突き押すには、他の四指で受の左手甲側より握り締めることが大事である。（❶）

①後に廻らんとする場合の返し①

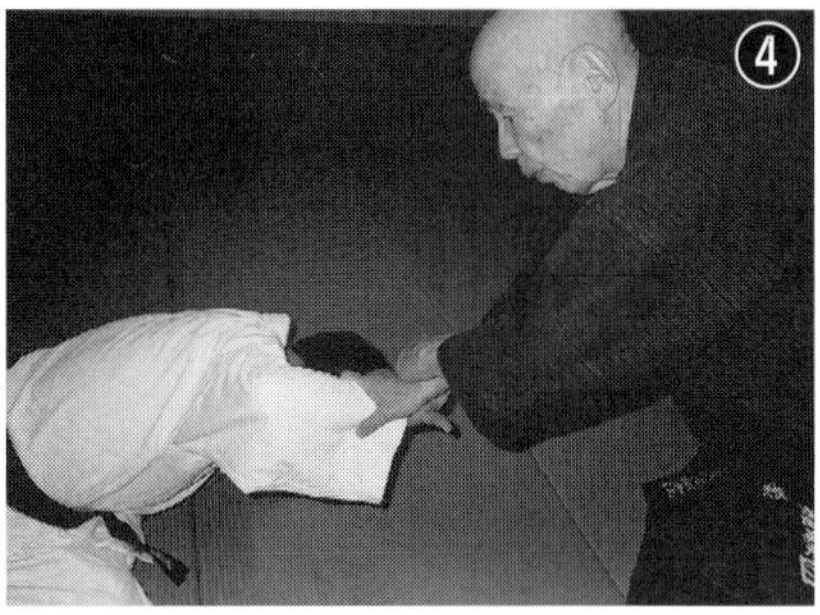

〔受〕右手中段突き。(❶)

〔捕〕体を右に大きく開き、左手で受の右手中段突きを右に払い、(❶)右手で受の右手をとり後ろに廻り、(❷)左手で受の左手をとり後に倒さんとする。(❷)

〔受〕捕の右手で右手首をとられて、捕が後に廻らんとする時に、右に廻り綾手とり手首二ヶ条極めをする。(❸・❹)

②後に廻らんとする場合の返し②

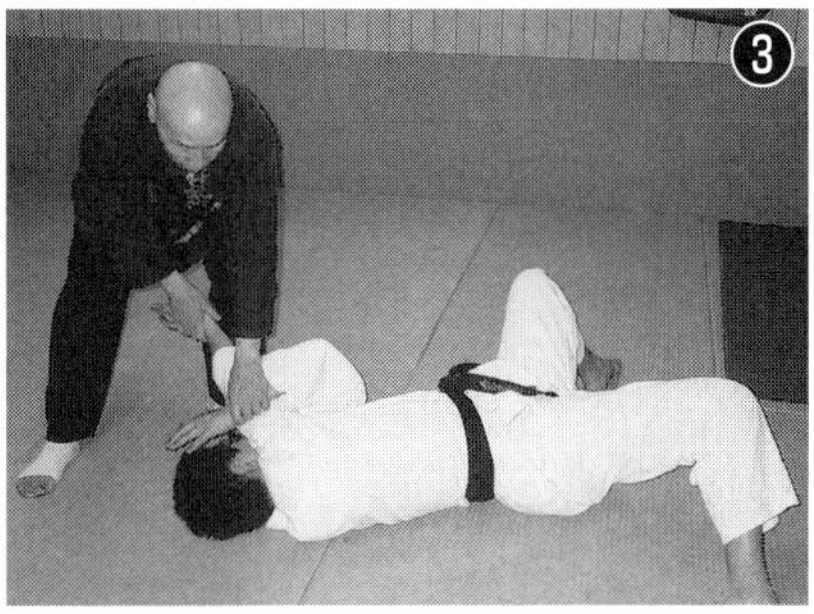

〔受〕①と同じ。

〔捕〕①と同じ。

〔受〕捕に右手を捕られて、後に廻られ捕に左手もとられたときに、右手を上げて(❶)捕の右手下を潜り、体を右廻りに回転して、両手で捕の両手をそれぞれとり、(❷)後を向き搦投げで捕を倒す。(❸・❹)

3 後に廻らんとする場合の返し③

〔受〕右手中段突き。(❶)

〔捕〕後に廻らんとする場合の返し①のように、右手で受の右手をとり、後に廻らんとする(❶)。

〔受〕体を右に廻し左手で捕の右手首をとり(❷)左に捻り、右手を添えて両手で小手返しをする。(❸)

4 後廻り両手とり倒しの返し

〔受〕前述の通り。

〔捕〕前述の通り。

〔受〕体を右廻りに後を向き、捕の右手でとられた右手を上げる。(❶)右手首を外より内に右廻りに返して、捕の右手首を握り、(❷)左手も添えて両手で捕の右手を小手ひねりをして極める。(❸)

⑤ 後廻り両肩とり引き倒しの返し ①

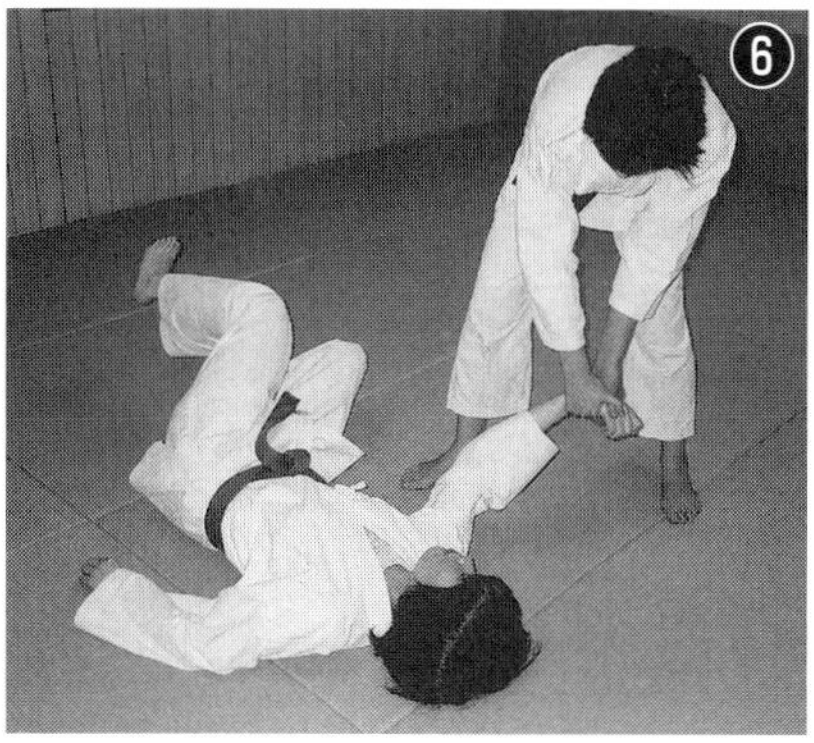

〔受〕右手中段突き。（❶）

〔捕〕受の右手中段突きを体を右に開き、左手で受の右手を払い、（❶）受の後に廻り（❷）両手で受の両肩をとり、自分の右側に引き倒さんとする。

〔受〕捕の右手が我が右肩を捕った時に、（❸）体を右に廻し後を向き、両手で捕の右手をとり（❹）左に小手返しをして倒す。（❺・❻）

6 後廻り両肩とり引き倒しの返し②

〔受〕右手中段突き。
〔捕〕前述の①の通り。
〔受〕捕の右手が右肩に触れた時に、体を右に廻し斜め右後を向き、右手を捕の右肘の上に置き下に押し、（❶）左手で捕の右手首をとり（❶）右足を大きく踏み出し、右手で受の右肘を押し倒す。（❸）

7

後廻り両手とり倒しの返し

〔受〕右手中段突き。(❶)

〔捕〕前述のように受の右手を左手で払い、(❶)右手で受の右手首をとり、(❶)後に廻り受の左手を捕らんとする。(❸)

〔受〕体を右に廻し左手で捕の右手首をとり(❹)右手で捕の右手をとり、(❹)捕の右手下を潜り四方投げをする。(❺・❻)

1 後廻り片手とり倒し ①

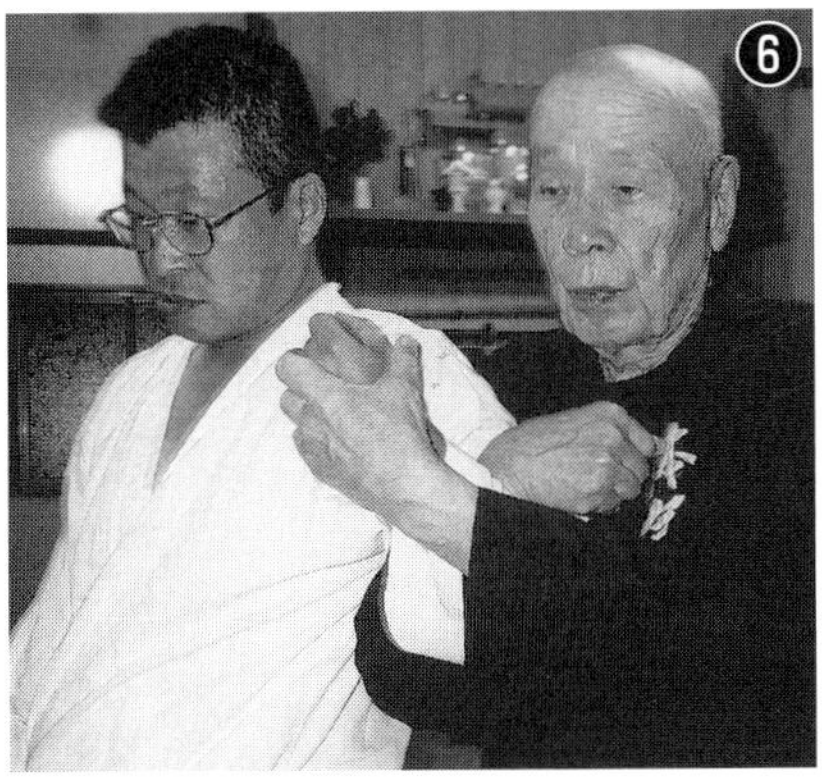

〔受〕右手中段突き。（❶）
〔捕〕体を右に開き、左手で受の右手を右に払う。（❶）左手で受の右手首を握り、（❷）直ちに受の後に廻り、右手を受の左脇下に入れて、受の左肘を後向きでだきとる。（❹）体を右に回転して、受の左手甲を左手でとり、受の左手首を掌側に折り曲げ（❺）後下に押し、右肘で受の右肘を締め押して後に倒す。（❻・❼）

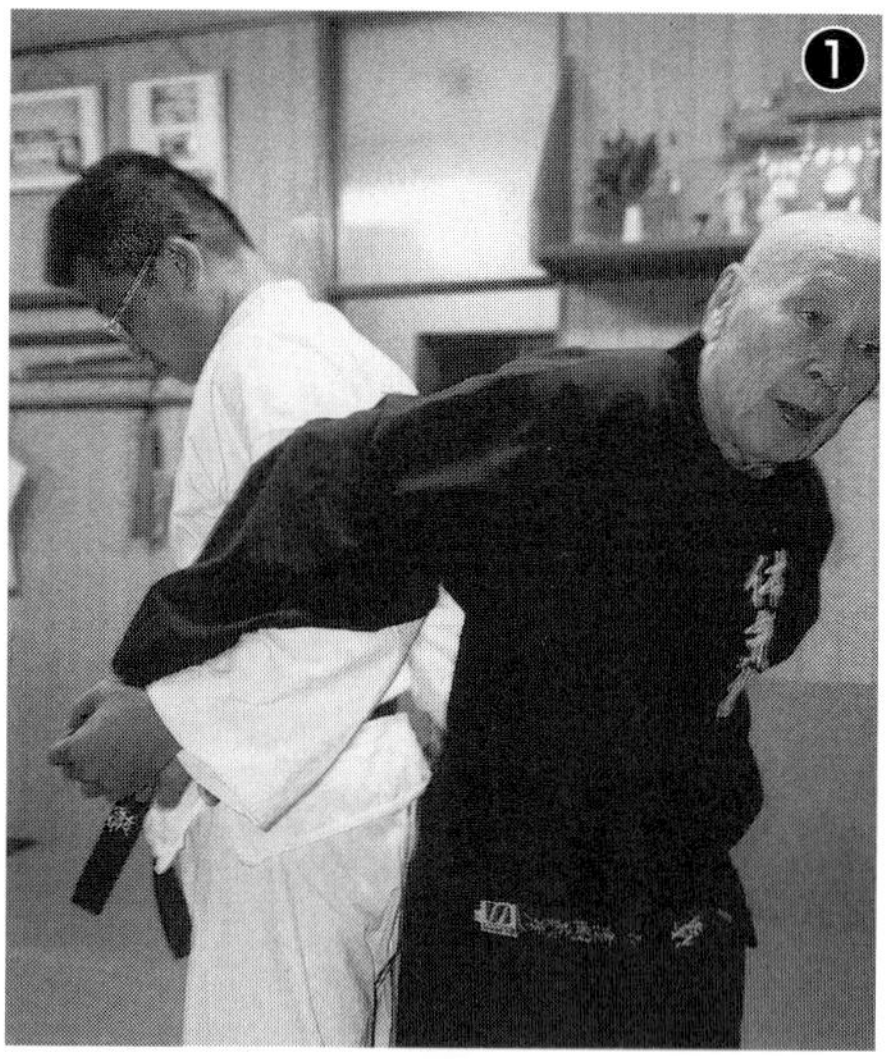

② 後廻り片手とり倒し ②

〔受〕右手中段突き。(「後廻り片手とり倒し①」)

〔捕〕左手で受の右手を体を右に開き右に払い、受の右手をとり直ちに後ろに廻り、右手で受の左手の外側より右手を内に入れて、(❶)受の左肘を右肘で抱く。(❷)体を時計廻りに右に反転して、左手で受の左手首をとり、(❸)受の左手を曲げ上げる。右肘で受の左肘を肘落しで後に倒す。(❹)

受が左手を下に垂らしている場合は、容易に受の左手を右手でとり、体を右に反転して、右に受の左手を小手返しで倒せるが、空手の構えのように左肘を曲げている場合は、受の左手首をとれないから、受の左肘を前記①・②のように肘をとる。

1 片手とり連行を返す（綾手とり）

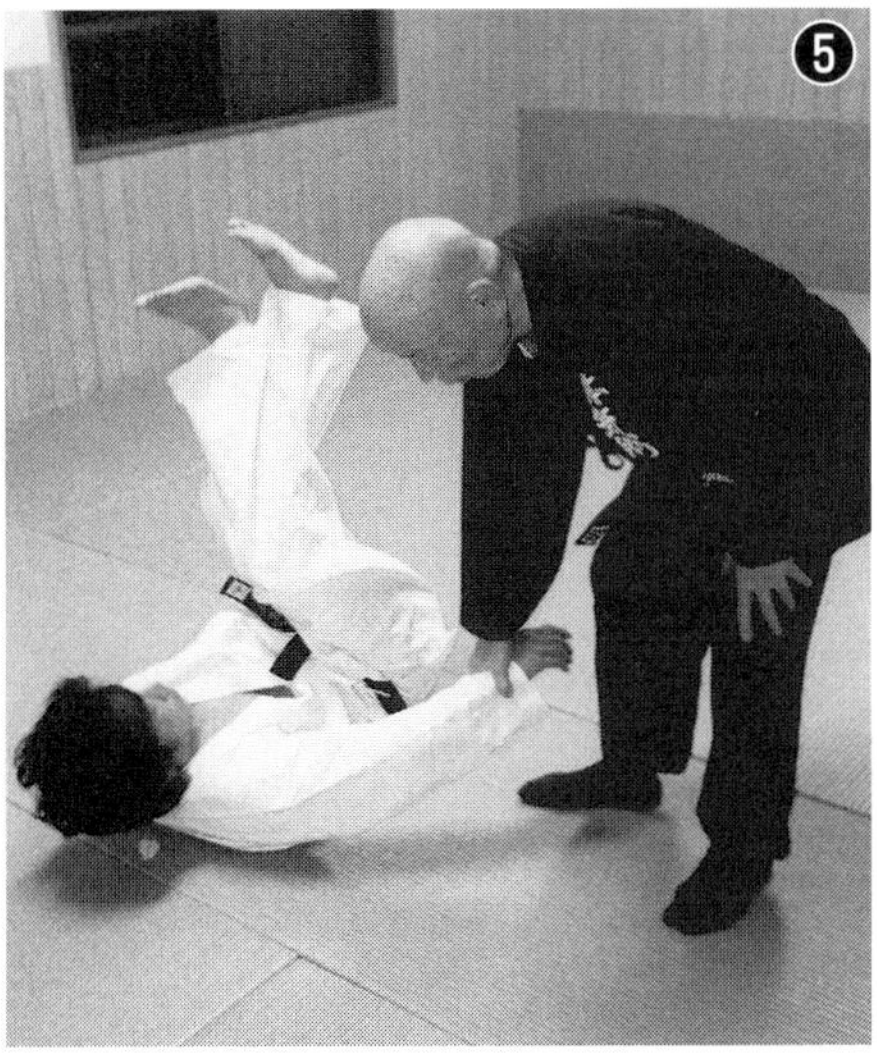

〔受〕右手で捕の右手をとり（❶）引張る。
（❷）（綾手にとる）
〔捕〕受の引張る力に従い前に進みながら、右手首を時計廻りに右に返して、受の右手首を握り、（❸）受の右手を受の後左に押し倒す。（❹・❺）受が捕の右手を引張り後に下る力を利用して倒すことが大事である。

② 片手とり連行を返す（順手とり）

〔受〕右手で捕の左手をとり（❶）引張る。

〔捕〕受が引張るのに従い、体を前に進め左手首を反時計廻りに左に返して、（❷）受の右手をとり、体を進めて受の右手を右後に押し込み、後に落し倒す。（❹）受が後に下がり引張る力を利用する。

③ 顎上げ落し

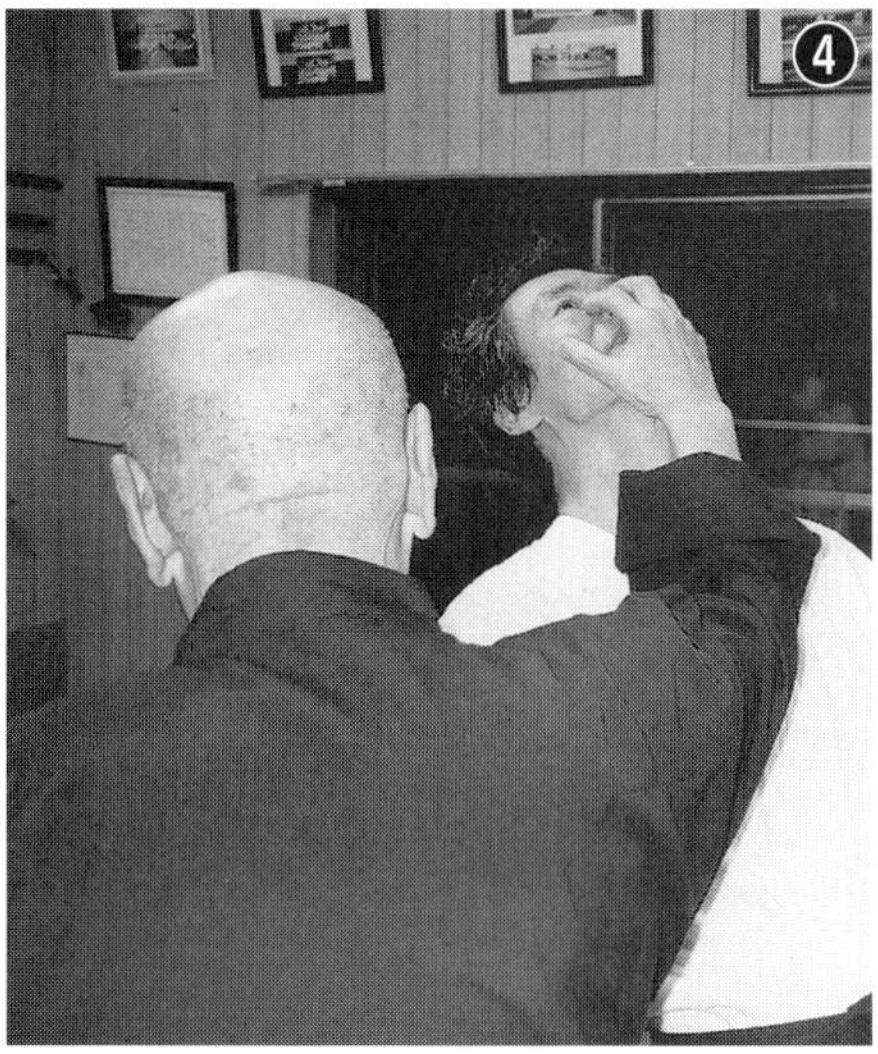

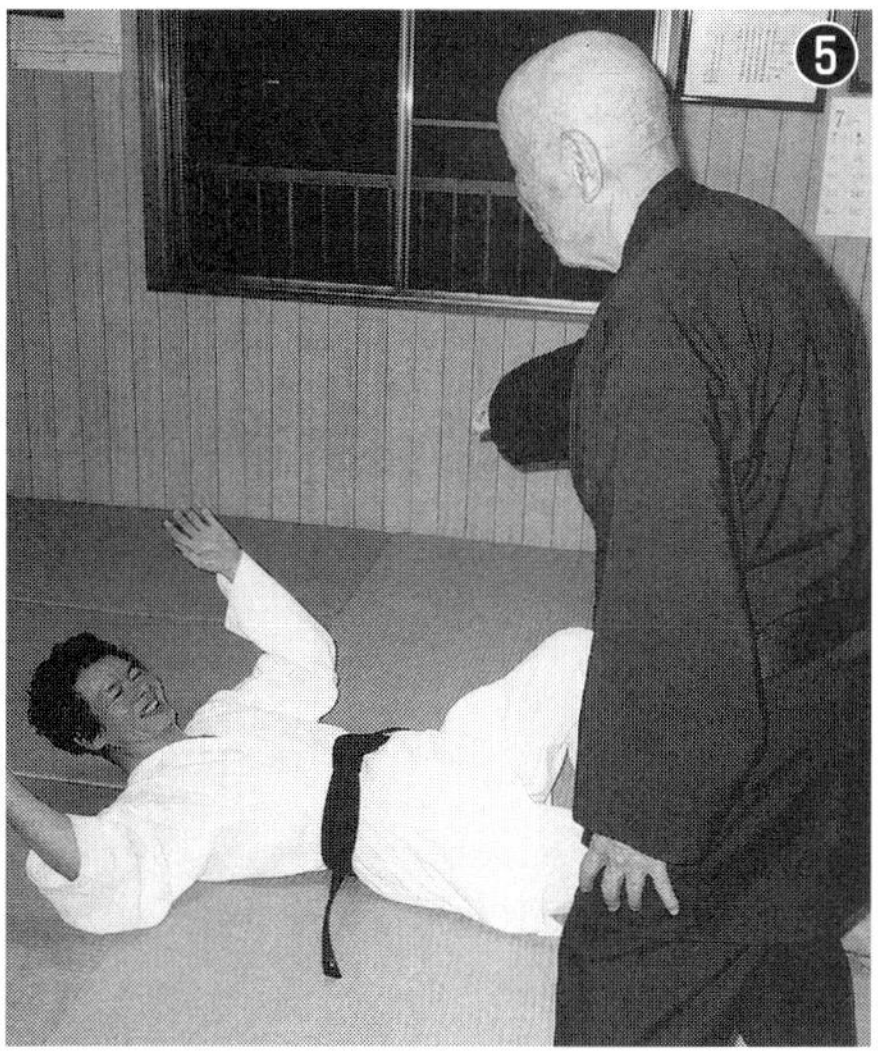

〔受〕右手で捕の左手をとる。（❶）
〔捕〕左足より一歩前に踏み込み、右足を進め右手掌底で、受の顎を下から押し上げ、（❷）五指を延して、（❸）受の両目又は両目下の凹みに当て、（❹）五指先を下に向けて、真下に落し倒す。（❺）

1 後頭髪とり

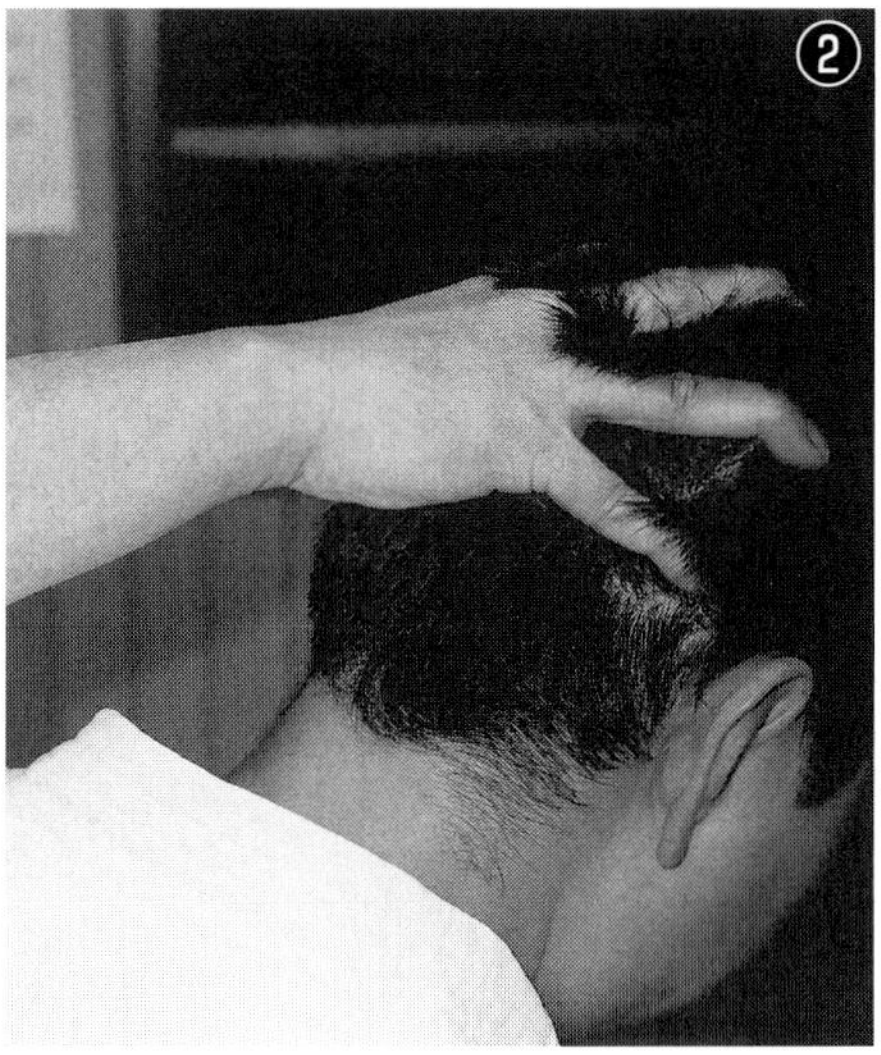

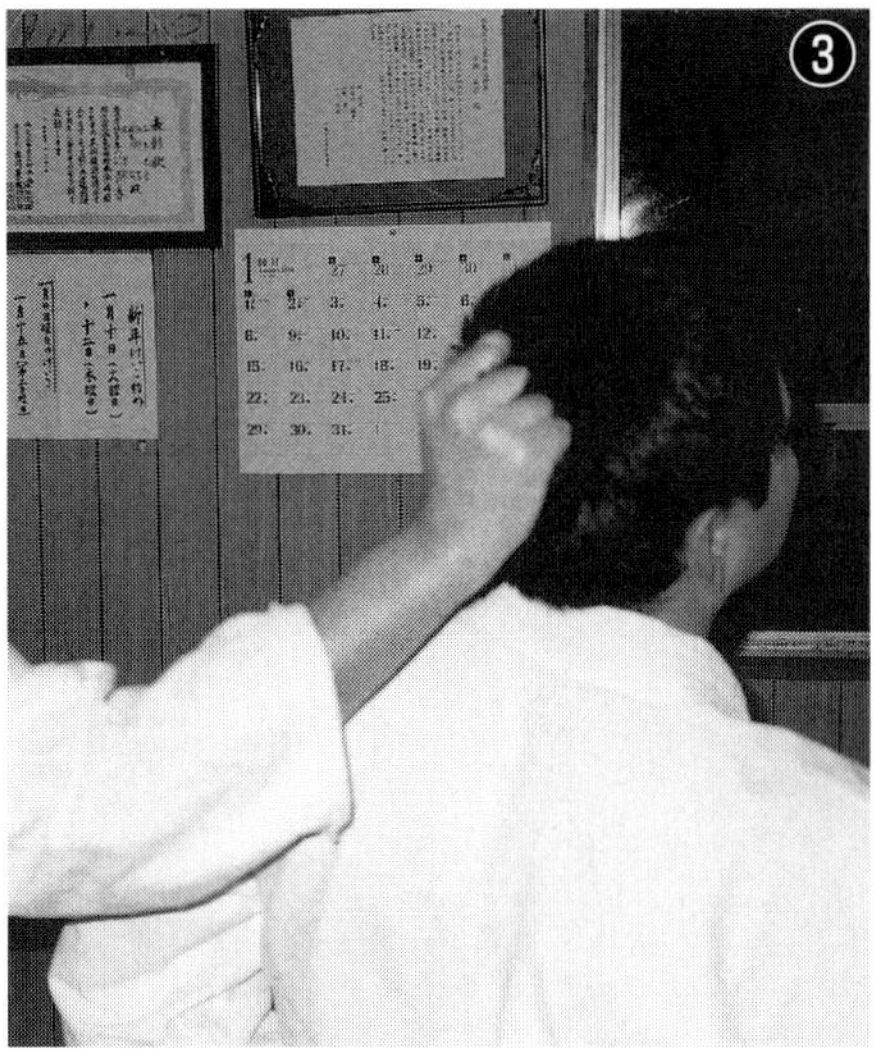

〔受〕右手中段突き。
〔捕〕受の右手中段突きを左手で右に払いながら受の後に行き、受の頭髪を右手で握り後に引き倒す。髪の握り方は只単に髪を掴むだけでは外れ安い。(❸)五指を大きく開げて、(❶)掌を受の頭に密着させて上に滑らせて、掌底と五指先を合わせるようにして握ると(❷)相手には大きな痛みを与え、髪が外れにくくなる。五指の間にも髪の毛が入り、指で挟むと同時に五指先と掌底で髪の根元を掴むので、相手は逃げられなく苦痛が大きい。

98 頭髪掴み・羽交締めより急所極め・亀の子返し

2 羽交締めより急所攻め

両手指で目を打つ。（❷）
両手指で鎖骨凹み突き極め。（❸）
両手親指で耳後急所突き。（❹・❺）
両耳を両手掌で打ってもよい。
両手親指で両頸動脈突き。（❻）
両手で両乳掴み。（❼）

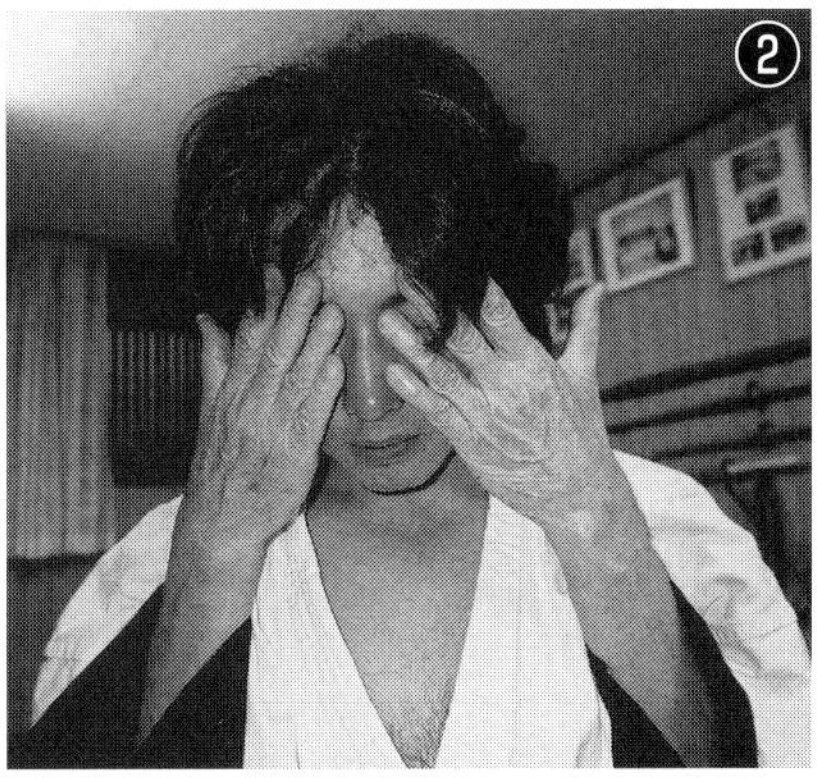

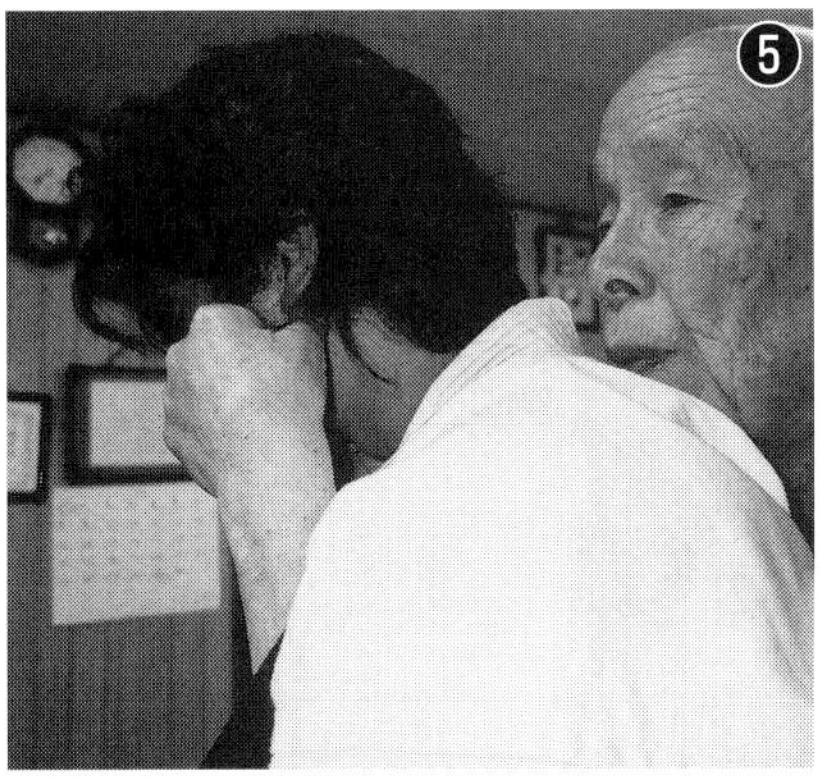

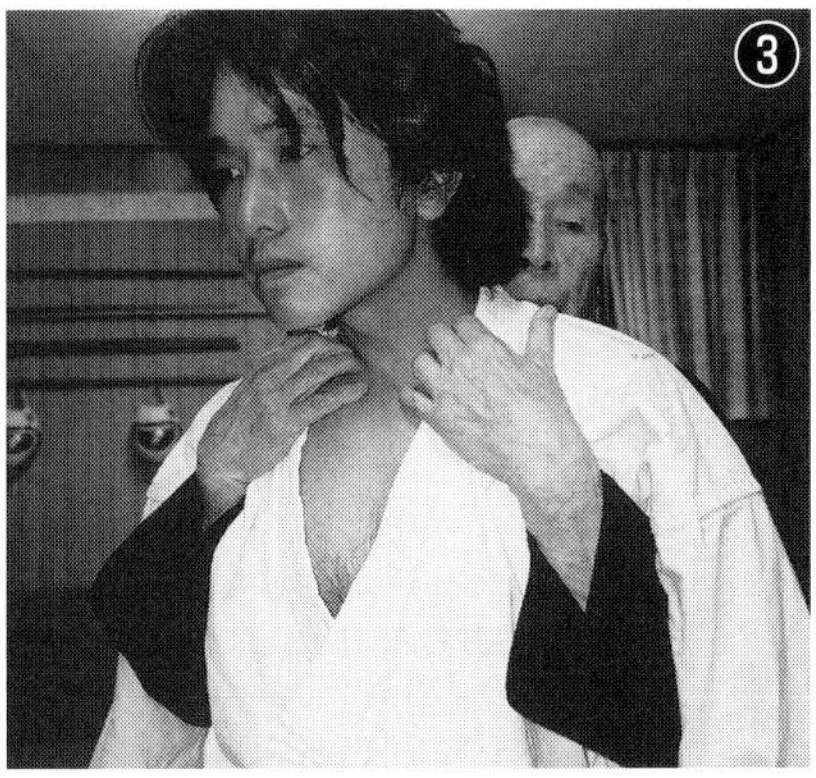

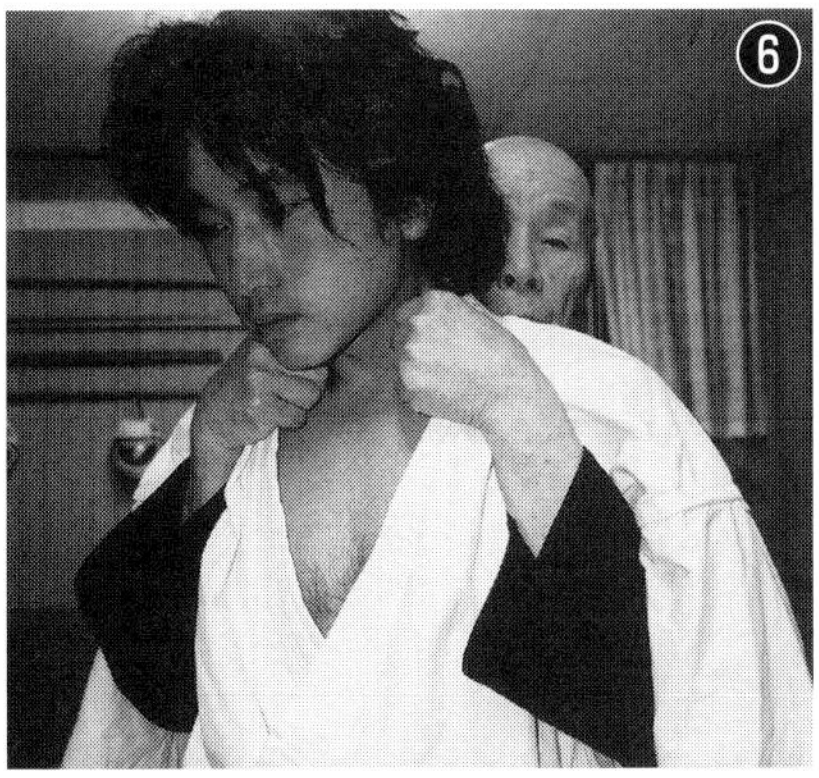

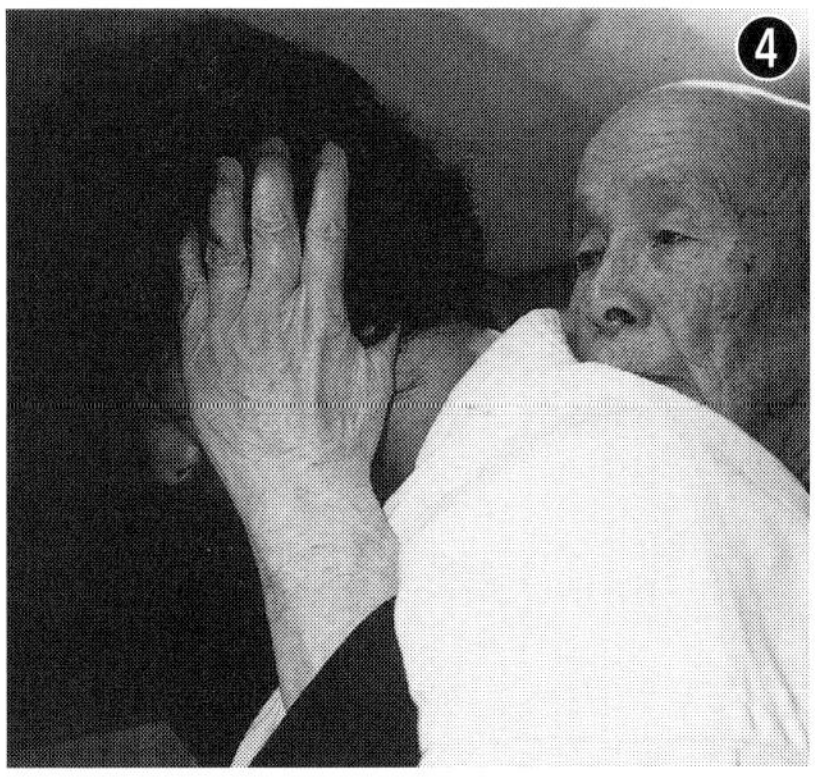

3 亀の甲返し

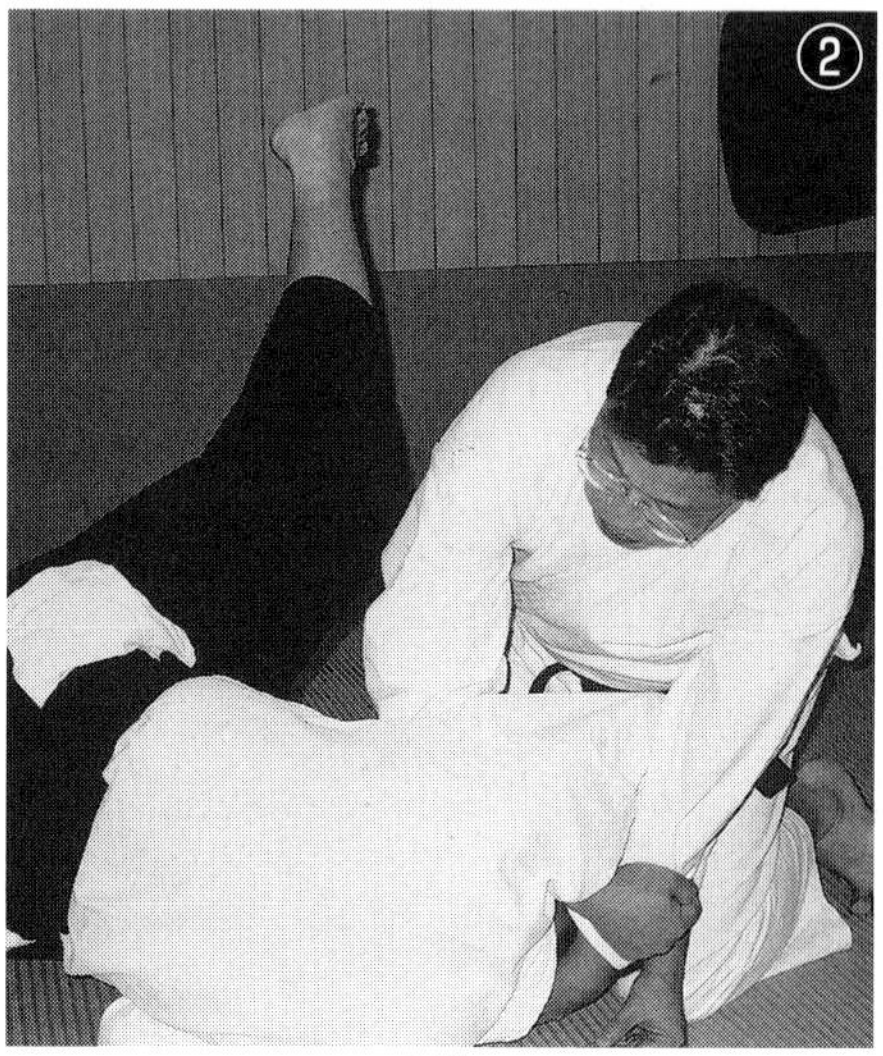

〔受〕四つんばいに亀の甲になる。(❶)柔道で寝技のときに逃げて審判の待ての声を待つ間に、この態勢をとることが多い。柔道の試合では審判の合図で再び立ち上がり、試合は続行されるが実戦の場合はそうはいかない。蹴られたり殴られたりする。

〔捕〕受の左側より左手を受の首後に置き、(❶)受の左耳を握り右手を受の左脇下より入れ、自分の左手を握り(❶)首を下に押し手前に引き、受を返し倒す。(❷・❸)

1 壁に押しつけられた場合①

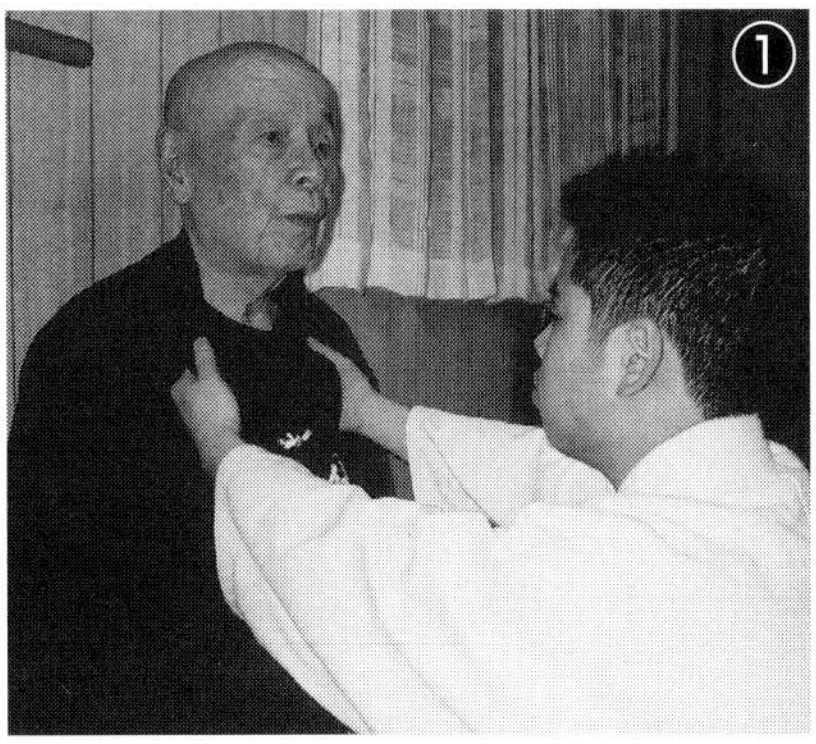

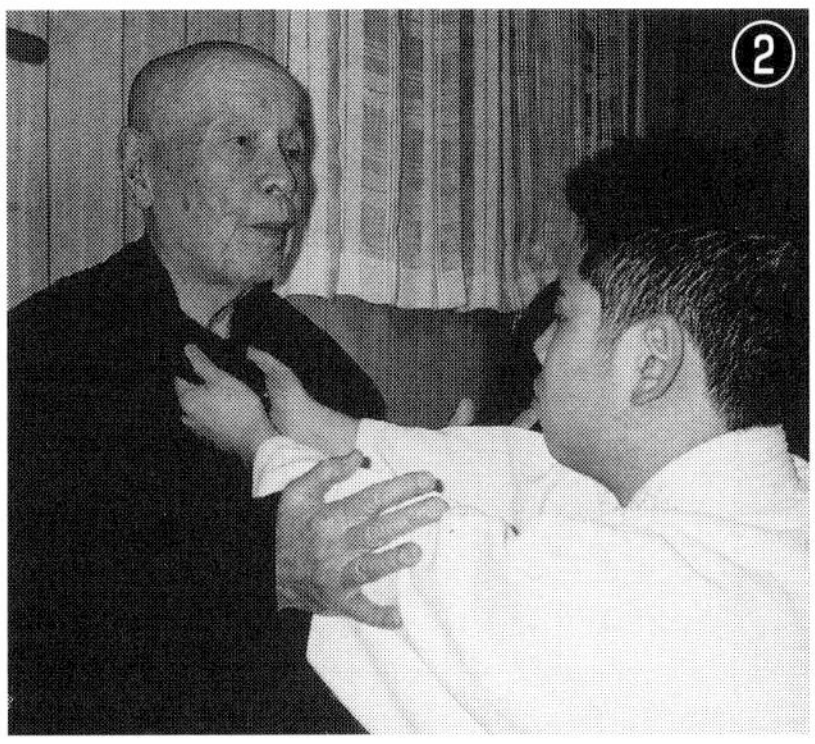

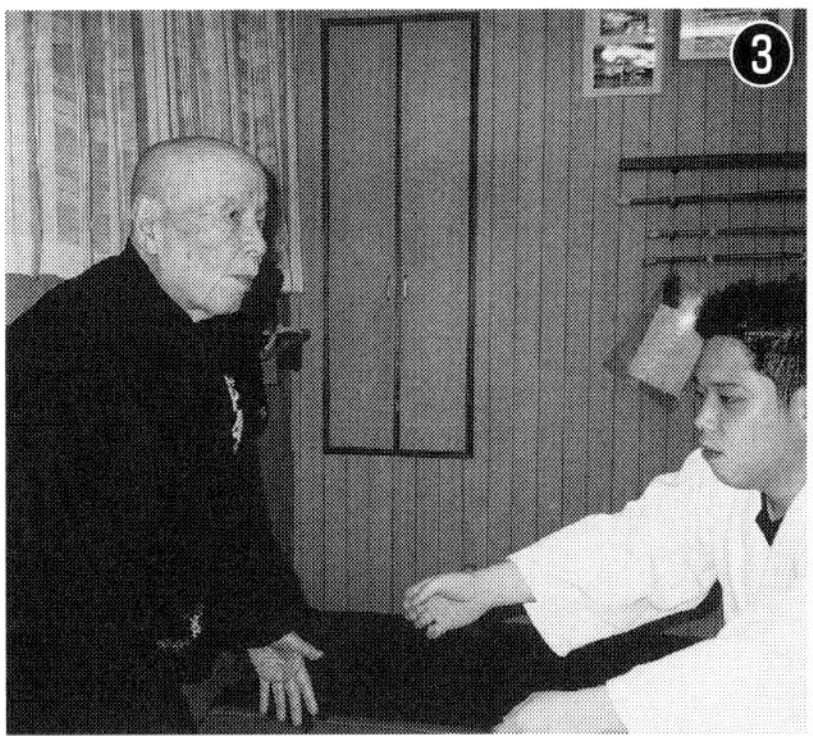

〔受〕両手で捕の両胸襟をとり、壁に押しつける。(❶)

〔捕〕両手で受の両肘を外側より内に押える。(❷)尻で壁を蹴り、上体を前に屈めると、受は後に飛ばされる。(❸)

2 壁に押しつけられた場合②

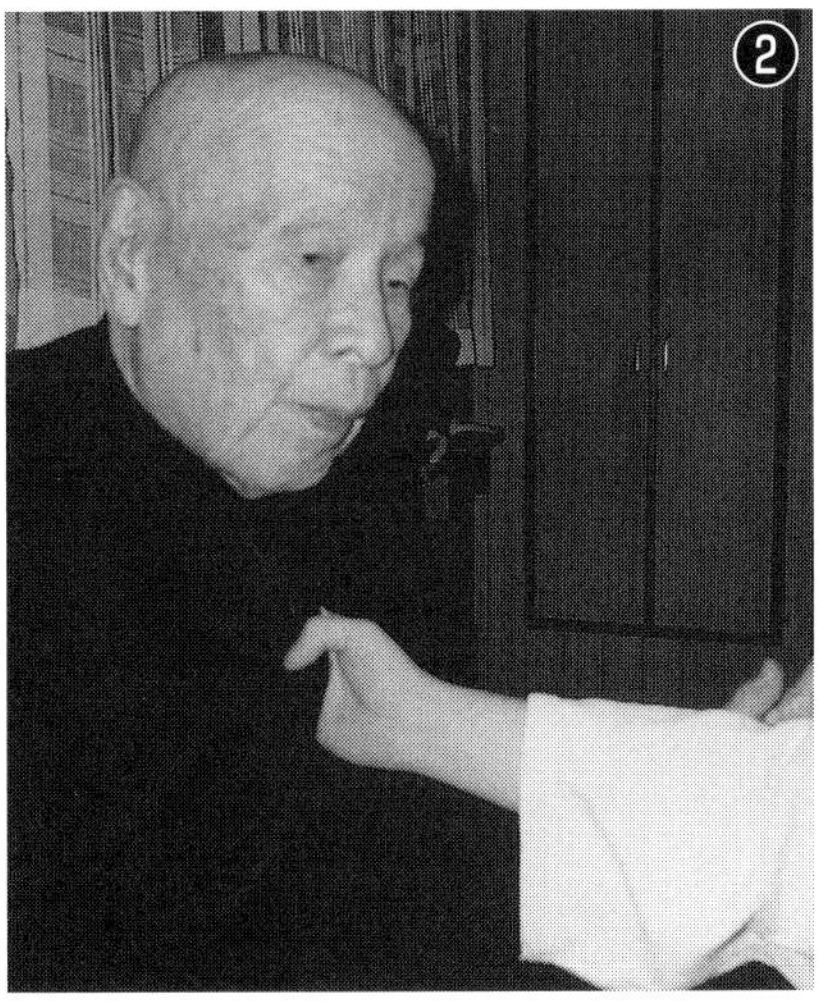

片手で胸倉をとられて壁に押しつけられた場合も(❶)同様に、左手で相手の右肘を外側より押さえ、(❷)同様に尻で強く壁を押し蹴り、体を前に屈めば相手は後に飛ばされる。

3 技の変化連繋

〔受〕右手上段打ち。(❶)

〔捕〕前述のように鎌手極めをして、(❷) 受が抵抗すれば小手ひねりをする。(❸) このように技を変化して行くことも大事である。この逆で小手ひねりをして、鎌手極めをする。一つの技にこだわることなく、相手の変化に応じて、こちらも技を変えて行くことが大切である。

4 肘打ちについて

肘打ちは肘を曲げ、掌を上に向けて、体気を入れ手の力を抜き、肘と肩に力を入れて、体を回転して体で打つ。腕の力だけで打たない。写真は後肘打ち。(❶)

横肘打ちの場合は、肘打ちをして、体を相手に体当たりのように持って行き、体の力を肘に伝えて肘打ちをする。(❷)

前肘打ちの場合は右足を前に出し、右肩を前に出し、体を少し左に開き、体気を入れて肘打ちをする。(❸) 空手のように手の拳を握り肘打ちをすると、拳を握る力だけ肘打ちの力が減じる。後肘打ちと、横肘打ちの場合、右手拳に左手掌を被せて右手拳を押し、右手肘で肘打ちする場合があるがその必要はない。片手肘打ちで十分である。

1

両手お化け上げ倒し

＊普通の合気上げは多数の本に書かれているので略す。

〔受〕正座している捕の両手首をとり押える。(❶)

〔捕〕体気を入れ両手首を曲げ(❷)手前に引き胸に沿って両手を上げる。両手内より外に手首を返して、受の両手首を握り、(❸)受の両手首を内に捻り、左右どちらかに倒す。(❹) 合気道の合気上げは両掌を上に向けるが、これは掌を下に向ける。

2 合気上げ突き放し

〔受〕正座している相手の両手首を立ったまま とり、両膝に押さえつける。

〔捕〕両手を自分の膝を押える気持ちで押えて、両手を腿の付根に体気を入れて引く。両肘を左右に張り、両手掌を上に向ける。両手を胸に沿って胸につけて上げ、両手を胸の前で両手甲を外に向ける。両小指を並べる。両肘を確り両脇につける。両手首を内より外に廻しながら両手刀にして前に突き放す。

3 合気上げ崩し

〔受〕両手で座った捕の両手をそれぞれとる。(❶)

〔捕〕両手で受の両手を合気上げをする。

〔受〕右膝を曲げ左足を大きく後に引き体を前傾する。顔を捕の右肩越しにおく。両肘を延し体気を入れ、捕の両手を握った両手首を前に曲げ体重をかける。両手で捕の両手を下に押し、地球の中心に向かって沈んで行くようにイメージして下に押すと合気上げは出来ない。(❶)

① 上段打ち

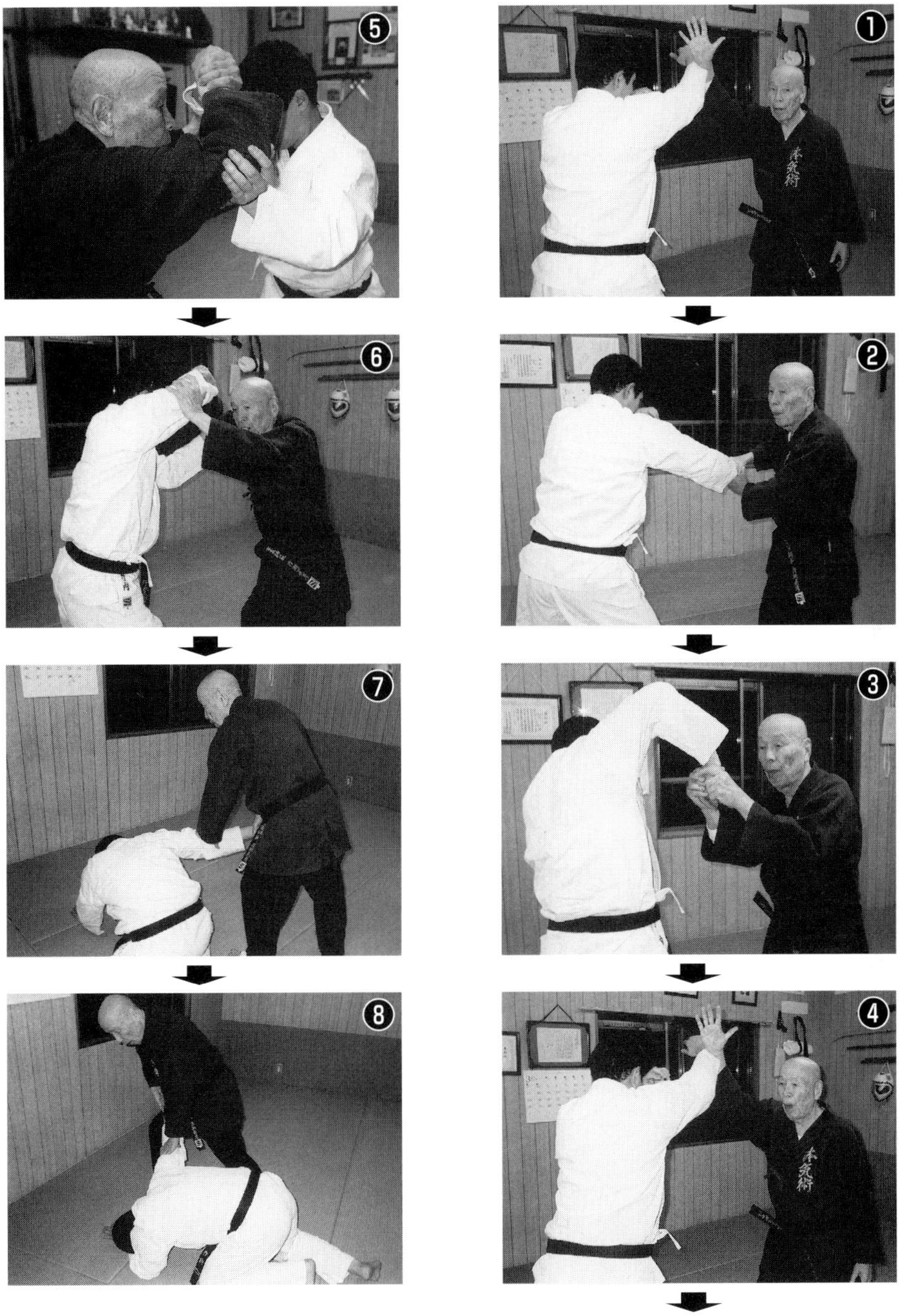

〔受〕右手上段打ち。(❶)

〔捕〕右手で受の右手上段打ちを受ける。(❶)普通は最初に攻撃する受が負けて捕が技をかけて倒し勝つが、実戦では必ず捕が勝つとは限らない。受が右手で上段打ちをして捕が右手で受けた場合、お互いの右手は交叉して対等である。(❶)

〔受〕捕が右手上段打ちを受けた場合(❶)直ぐに捕の右手首を右手でとり時計回りに捕の右手を廻し下し、両手で受の右手甲をとり小手ひねりをする。(❷・❸)又は捕の右手首を右手で掴み(❹)左手で捕の右肘をとり(❺・❻)一本捕で倒す。(❼・❽)

② 先手袖掴み倒し

相手の右手袖を左手で先手掴み、(❶)相手の右手を喉に押し当て、(❷)左足を相手の右足後にかけて後に倒す。(❸)

1 掌つけ後倒し

〔受〕右手中段突き。(❶)

〔捕〕受の右手中段突きを避けて、後に廻り(❷)両手で受の後両肩に両手首を折り、両掌を受の胸上部につけて、(❶)後に倒す(❷)。

❸のように後より受の両肩に置くだけでは、相手が抵抗すれば倒れない。(❸)受の両肩衣を両手で握れば後に引き倒せるが、握手が浅いと体を回転するか、体を前屈して外されてしまう。

2 片手手首垂直曲げ技①

〔受〕右手上段打ち。(❶)

〔捕〕左手で受の右手上段打ちを受ける。(❶)

〔受〕普通に右手刀に力を入れて、捕の左手を下に落そうとしても捕が左手に力を入れて抵抗すれば左手は下らない。(❷)

〔受〕右手刀首を垂直に曲げて体気を入れて下におろすと下に下る。(❷)捕の左手を右手で下におろして、下から捕の左脇に右手を入れて体を反転して、肩極めをする。(❸)

③ 片手手首垂直曲げ技 ②

〔受〕右手横面打ち。(❶)
〔捕〕左手で受の右手横打ちを受けて下に巻き落そうとしても、(❷)受が右手に力を入れて抵抗すれば、下に巻き落しは出来ない。左手首を垂直に曲げて、(❷)体気を入れれば受の右手を下に巻き落しが可能となる。(❸)受の右手を左手でとり右上に上げて、両手で左に小手返しをする(❹・❺)

① 一本背負投げで倒されてから返す（小手返し）

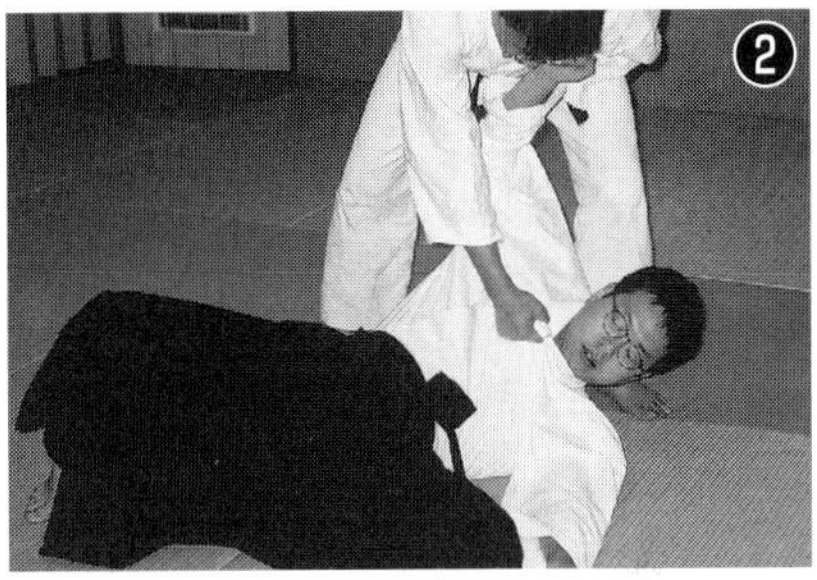

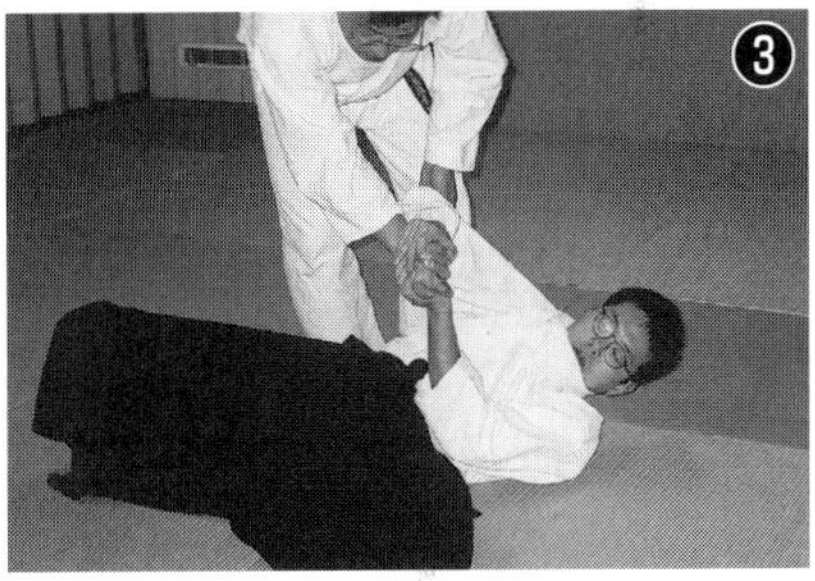

〔受〕捕を柔道の背負投げで倒す。（❶・❷）
〔捕〕背負投げで倒されてから受の右手をとり、小手返しで倒す。（❸・❹）柔道では背負投げを決めれば試合は勝ちであるが実戦ではそうはいかない。背負で倒された場合の、前受身で前方に回転して倒れるが、軽く倒れること。猫のように身をこなして倒れること。柔道の受身のようにドスンと倒れぬこと。軽く倒れることによって、起き上がり反撃が出来る。

② 背負投げで倒されてから返す（足とり倒し）

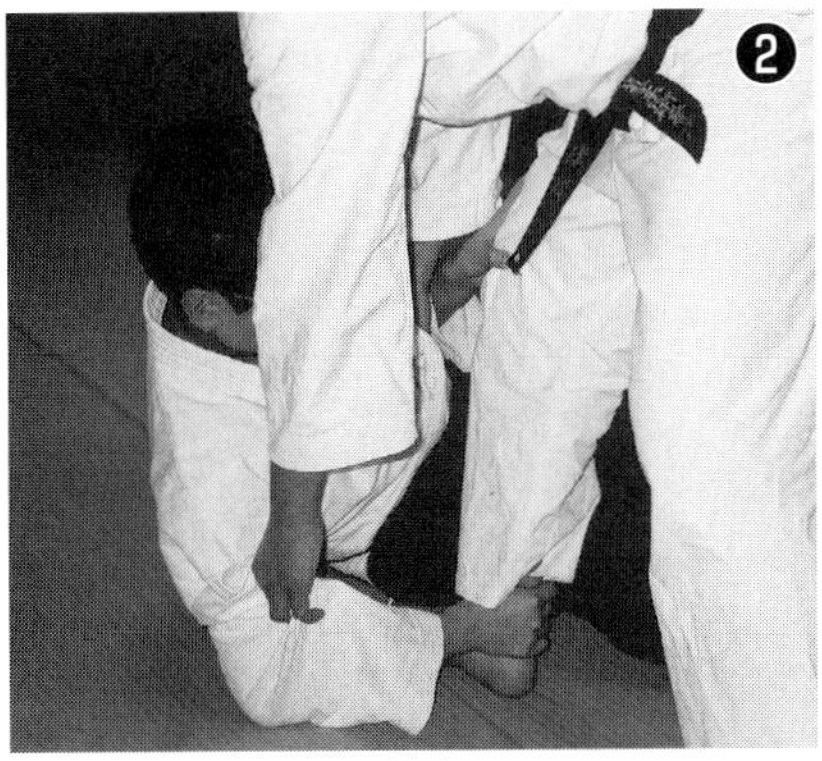

〔受〕捕を背負投げで倒す。（❶）
〔捕〕背負投げで倒されて直に上半身起き上がり、受の右膝を左手で押し（❶）右手で受の右足首をとり（❷）手前に引き両手で受を後に倒して、受の右足をアキレス極めにする。（❸）

③ 背負投げの返し ①

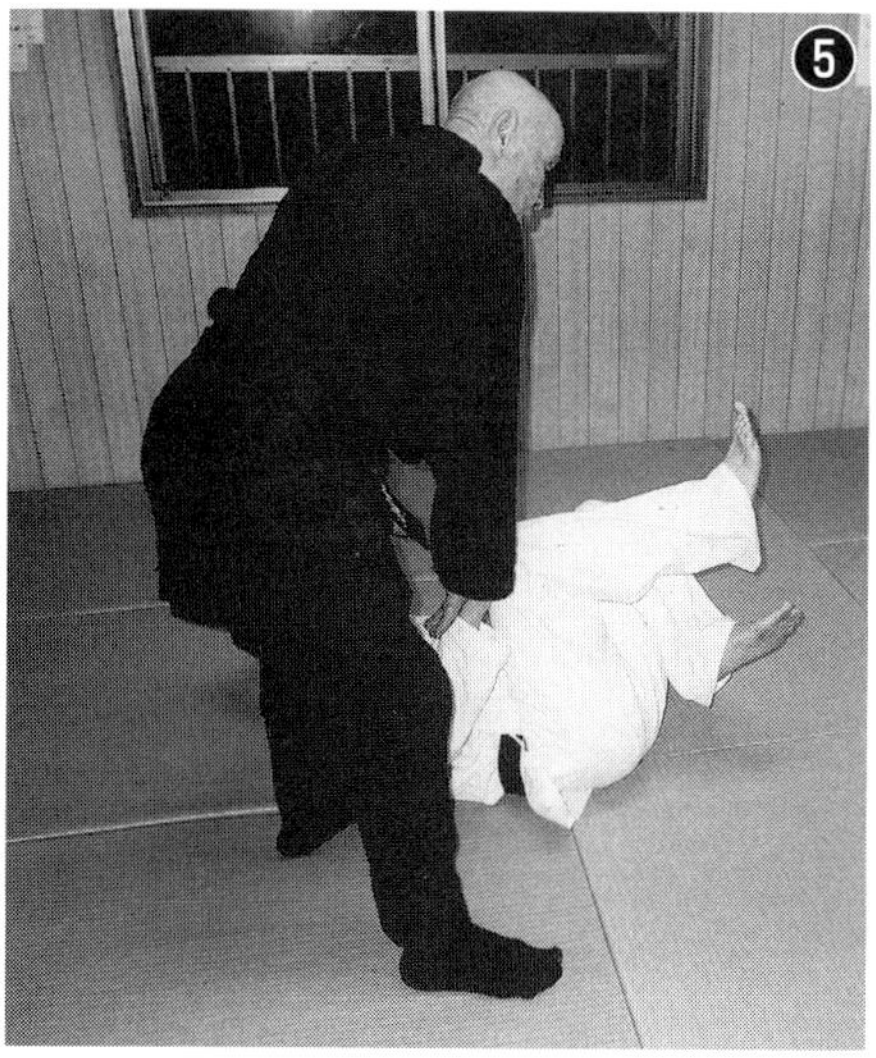

〔受〕捕を背負投げをせんとする。(❶)

〔捕〕受の胸襟をとっている右手と、受の左中袖をとっている左手を外し、腰を落し体気を入れる。(❷) 両手で受の胸襟と中袖をとったままでは、体は前に傾き投げられやすくなるから、両手を外すこと。両手で受の腰にあて(❸)後下に引き倒す。(❹・❺)

4 背負投げの返し ②

〔受〕背負投げをする。(❶)

〔捕〕前述のように両手を外し、腰を落し、右手を受の顎に当て、(❷) 左手で受の頭の右側に当て、両手で受の頭を左に捻り倒す。(❸)

5 背負投げの返し ③

〔受〕前述のように背負投げをする。

〔捕〕前述のように両手を外し、腰を落し、体気を入れる。左手で受の右肘を右に強く押す。(❶) 受が後を向く。(❷)両手で受の両肩をとり引き倒す。(❸・❹)

6 腕挫十字固めの返し

〔受〕捕の右手を柔道の腕挫十字固めをする。(❶)

〔捕〕体気を入れ、右肘を少し曲げる。(❷)これで腕挫十字固めはかからない。右肩を起点にして、左肩を上げる。(❸)受の左足を左手で押し上げる。(❹・❺)右手で受の左腿を打ち極める。(❻)筆者は目の前にある受の左腿を噛みつくと弟子は悲鳴をあげていた。生死存亡の場合は如何なる方法をとっても逃げることである。

7 蟹挟み返し ①

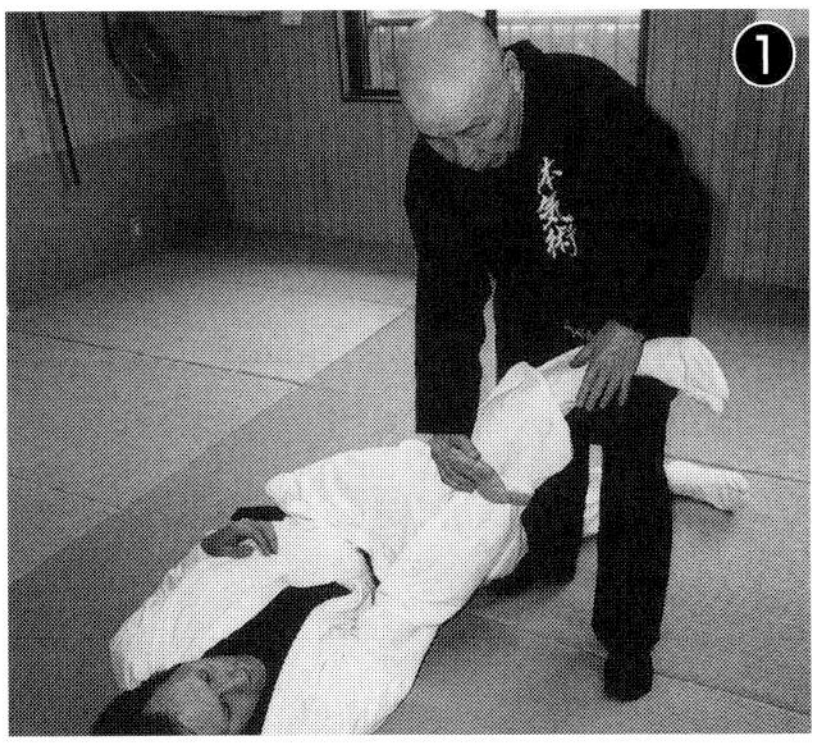

〔受〕倒されて右足を捕の右足首後にかけて、左足で捕の両腿又は右腿を押して、蟹挟みで倒さんとする。(❶)

〔捕〕左足を前に大きく出し、体を前に屈め、受の蟹挟みに抵抗する。(❶) 右膝をつき左手で受の左足をとり、(❷) 右肘で受の左腿の急所を肘打ちする。(❸)

8 蟹挟み返し ②

〔受〕左足上、右足下で捕を蟹挟みで仰向けに倒す。

〔捕〕左手で受の左足親指を曲げ痛め、(❷) 右手拳で受の左腿横の急所を突き叩き極める。(❸) 右手肘で受の左膝下を肘打ちしてもよい。その他右手で受のふくらはぎを下から掴み極める。

9 大外返し

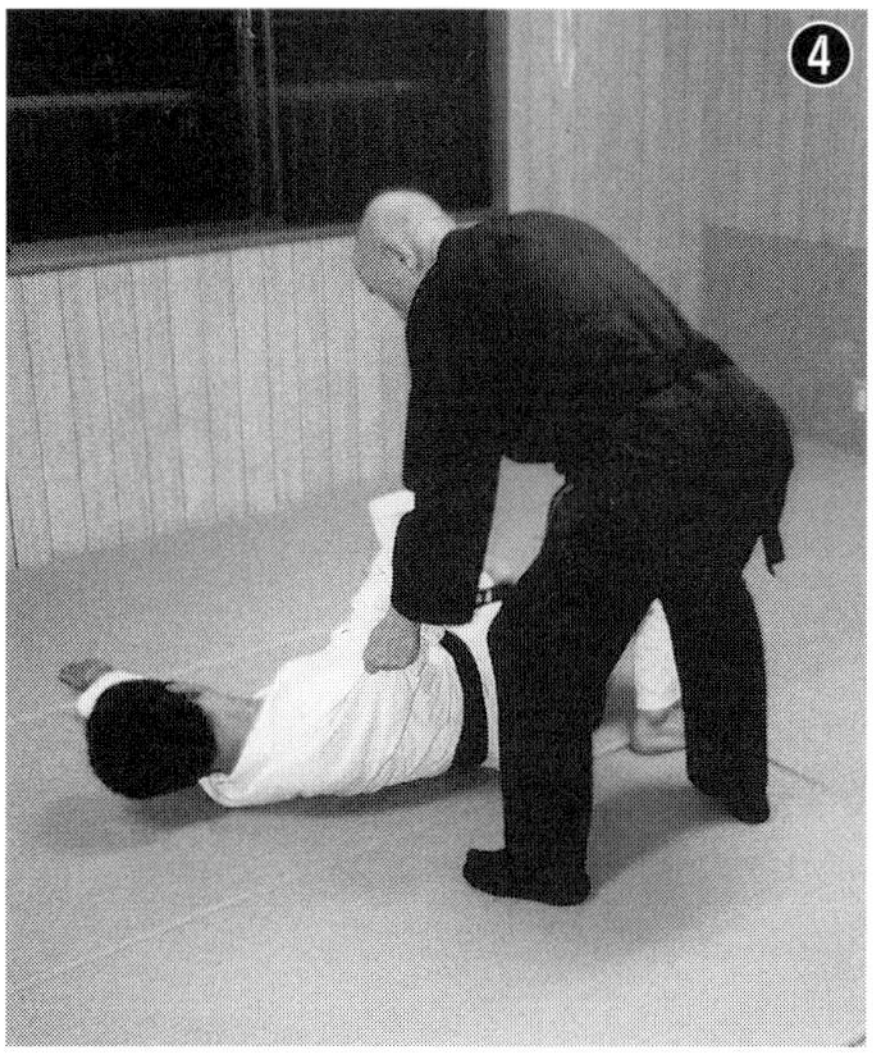

〔受〕柔道で組み（❶）両手で捕を引きつけ、右足を捕の後にかけ大外刈をする。（❷）

〔捕〕受が大外刈をかけんと、捕の右側に行くのに従い体を右に廻して、右足を延して左足に重心を移す。（❸）右足で受の右足膝裏を押し、両手で体気を入れ受を真下に落し倒す。（❹）

104 ヘッド・ロックの返し

1 ヘッド・ロック返し ①

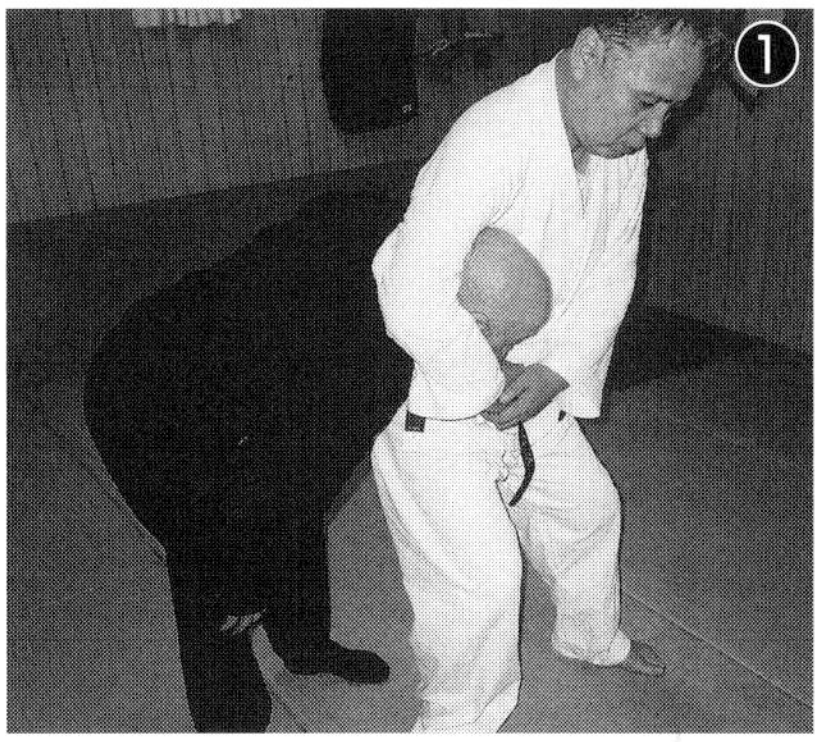

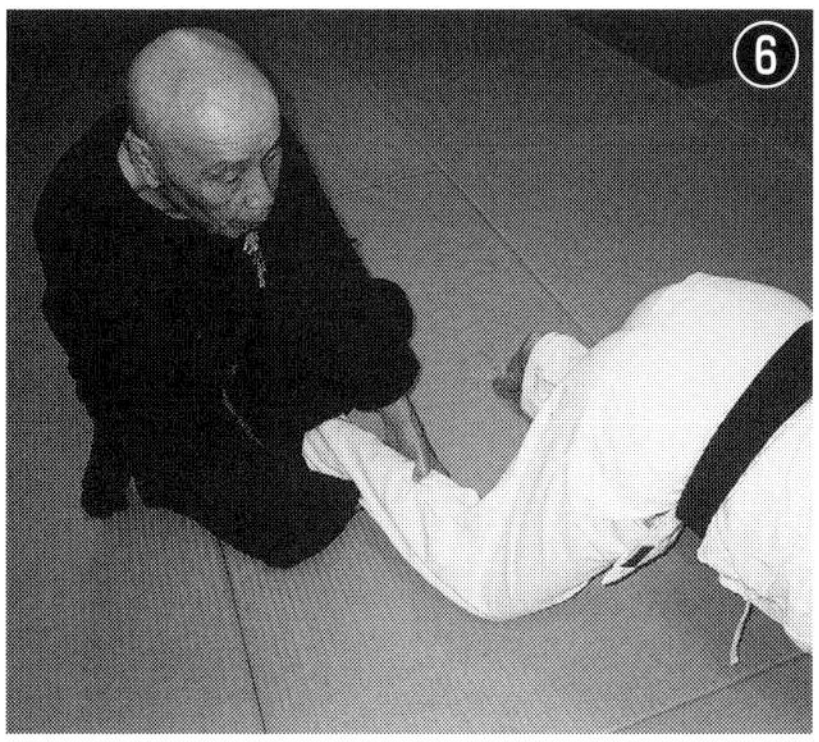

〔受〕右手で捕の頭を抱き、(❶)左手で右手首を握り、両手でヘッド・ロックをする。(❶)

〔捕〕左手で受の金を後から叩く、(❷)腰を下げ、右膝を曲げて、右膝頭で受の右足甲を打ち押える。(❸)左手で受の両足間の後より入れ、受の左足首前にかける。(❹)右手で受の右足膝を抱き、(❹)右肩で受の尻を押し倒す。(❺)左手で受の右ふくらはぎを握り、親指で急所突き極め。(❻)右手で受の足首を抱く。

2 ヘッド・ロック外し②

〔受〕前述のように捕をヘッド・ロックする。(❶)

〔捕〕腰を下げて両手で後から受の右膝を抱く。(❷)左膝で受の右膝後を押し倒す。(❸)左膝で受の右膝を押え極め。(❹)左手で受の右手を前に押し外す。

3 ヘッド・ロック外し③

〔受〕前述のように捕をヘッド・ロックする。(❶)

〔捕〕左手で受の後襟をとる。(❶)右手で受の両手の下より入れ前に押し開げる。(❷)右手で受の顎を後に押し、(❸)左手で受の後襟を後に引き両手で受を後に倒す。(❹)

4 ヘッド・ロック外し④

〔受〕前述のように捕をヘッド・ロックする。（❶）

〔捕〕左手で受の左肩衣を握り、（❷）右手で受の前帯を握り、（❷）左足を受の右足後にかけて、横捨身で後に投げる。（❸）受を倒して、受の右手を両手で捻り極める。（❹）

1 バット打ち①

〔受〕正面より両手で（右手上、左手下）バットを持ち、正面打ちをする。（❶）

〔捕〕前に一歩進み左手で受の右手首を受けて握り、右手で受の左手のバットを握った所を受けて握る。（❶）左手で受の右手甲を握り替えて、左手で受の右手を左に返し折り、右手で受の右手首を折り、両手で左に小手返しをして受を倒す。（❸・❹）バットを取る。

2 バット打ち②

〔受〕両手で（右手上、左手下）バットを握り、捕の左横面打ちをする。（❶）

〔捕〕素早く受の左に飛び込み、左手で受の左手首を押え握り、（❷）右手で受の左肘を押さえ（❷）両手で受の左手を前に押し、一本捕で（❸）受を倒しバットを取る。（❹）

3 鞄取り

〔受〕捕が右手に持っている手提げ鞄を両手でとり引張る。(❶・❷)

〔捕〕体を前に移動して、右肘を右横腹につけて体気を入れる。(❸) 体を右に少し開き、右手の握りを腹につけて (❹) 右足に重心を乗せ、右膝を曲げ、体を右に倒す。(❹) 左膝を延す。左手で鞄を持ち、両手で引き、(❺) 左足で受の金を蹴り、鞄を取り返す。(❺)

4 ステッキ打ち

〔受〕右手でステッキを持ち、上段打ち。（❶）

〔捕〕右足を後左に引き、体を右に開き、受のステッキを避け、左手で受の右手を払いながら、受の右手首を持ち（❶）受の右肩に向かって折り曲げる。（❷）右手で受のステッキを受の右手下よりとり、（❸）手前に引き右肘を上げ、受のステッキを反時計廻りに廻して、受を倒してステッキを取り上げる。（❹）

1 短刀二人突き ①

〔受〕二人が短刀を持ち、畳半畳の間合いで同時に中段突きをする。(❶)二人が間隔を広くとって突いて来る場合と違って、この場合は危険である。

〔捕〕体を少し後に下げて、両手で受二人の短刀中段突きを左右の手で同時に下段払いをする。(❷)同時に左手で左側受の右手をとる。(❸)右手で右側の受の右手をとる。(❸)右手で右側受の右手を上げて、右側受の右手下を潜り、(❹)体を右に回転して後を向き、二人の受の右手を深く交差搦めて(❺)下に重ね倒し、右手で短刀を奪う。(❻)

2 短刀二人突き ②

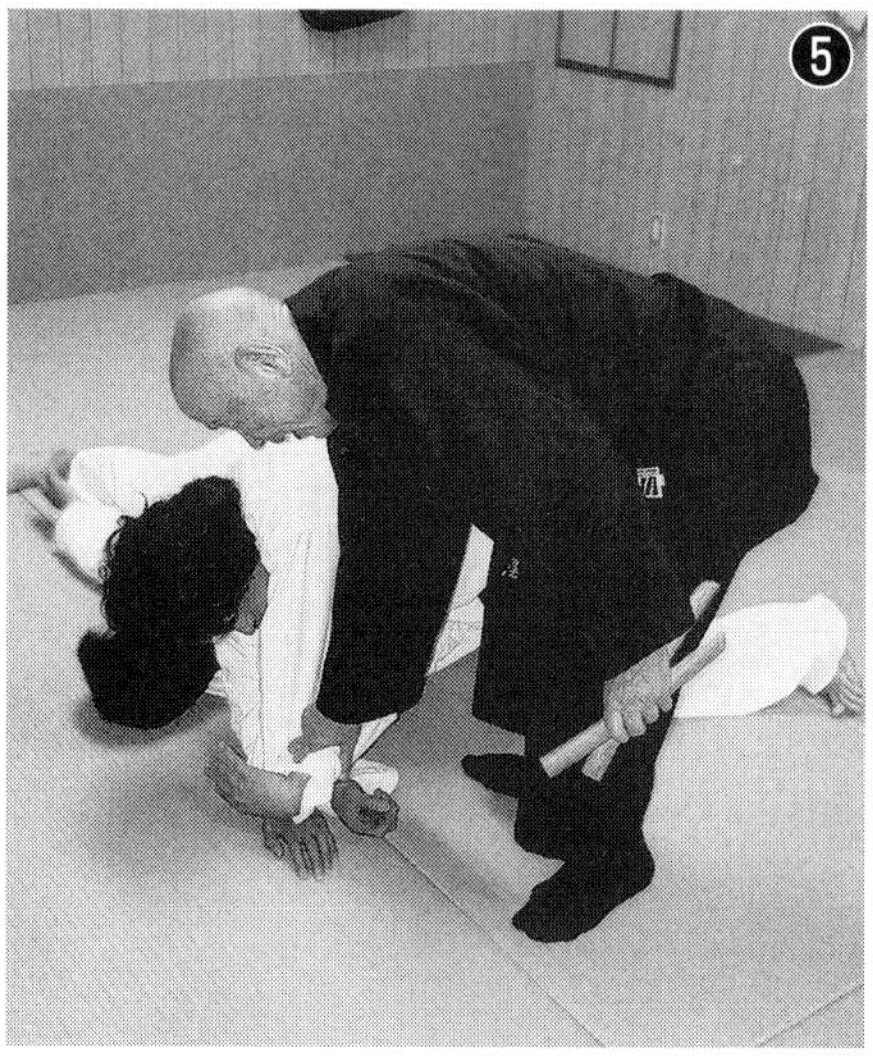

〔受〕前述と同じ。

〔捕〕二人の受の短刀中段突きを両手でそれぞれの受の右手短刀を下段払いをして、(❶)右足を進めて体を左廻りに回転して後を向く。(❷)直に左の受の左手を右手でとり、(❷)左手で右の受の右手をとる。(❷)左手で右の受の右手を上げ、左に小手返しをする。(❸)右手で受の左手を他の受の右手に交差搦める二人を重ねて倒す。(❹)右手で二人の受の右手と左手を重ねて押えて、受の短刀を奪う。(❻)左手で右側の受の右手を片手小手返しをする時に、左側の受が右手短刀で突いてくる場合は、左側の受の左手で防ぐ。

1

爪突き

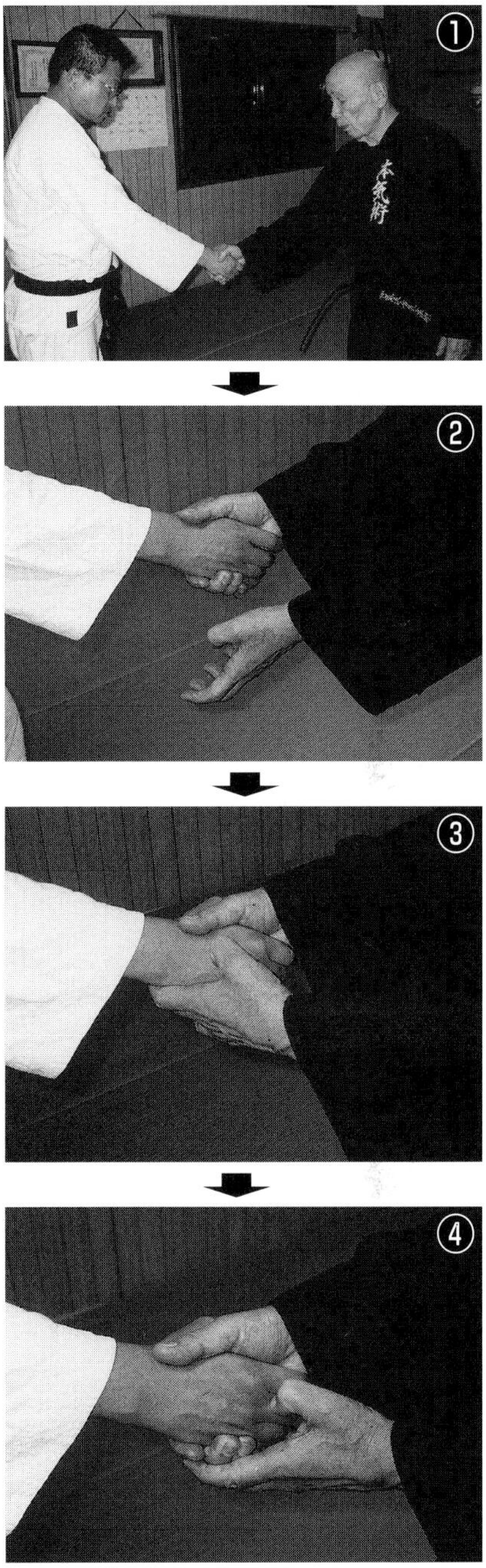

〔受〕右手で捕と握手する。（❶）
〔捕〕左手の親指を除く四指で受の右手を下より握る。（❷・❸）左手親指爪を受の右手指の間に入れて、（❹）受の指横腹を爪で突き押え痛める。

2

指側腹きり ①

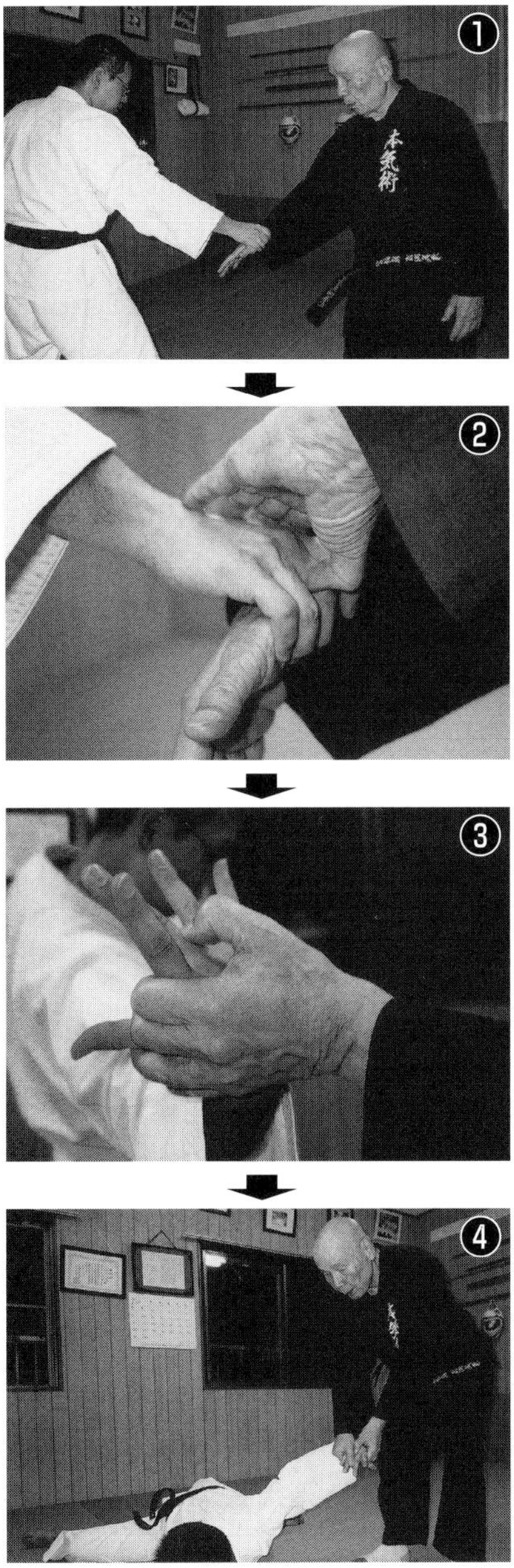

〔受〕右手で捕の右手をとる。（❶）
〔捕〕左手で逆手にして、親指を受の指の間に押し入れて、（❷）他の四指で受の右手の親指側の掌を掴み、左手親指の爪を立て、受の指の横腹を突く。（❷）受は痛くて右手を外す。右手で受の右手甲をとり左に小手返しをする。（❸）左手は受の指横腹に爪を立てたまま。指の側腹は弱いので爪で突き押えると痛い。又爪で押えて左右に動かすと、指の側腹の皮が切れて出る。

③ 指側腹きり ②

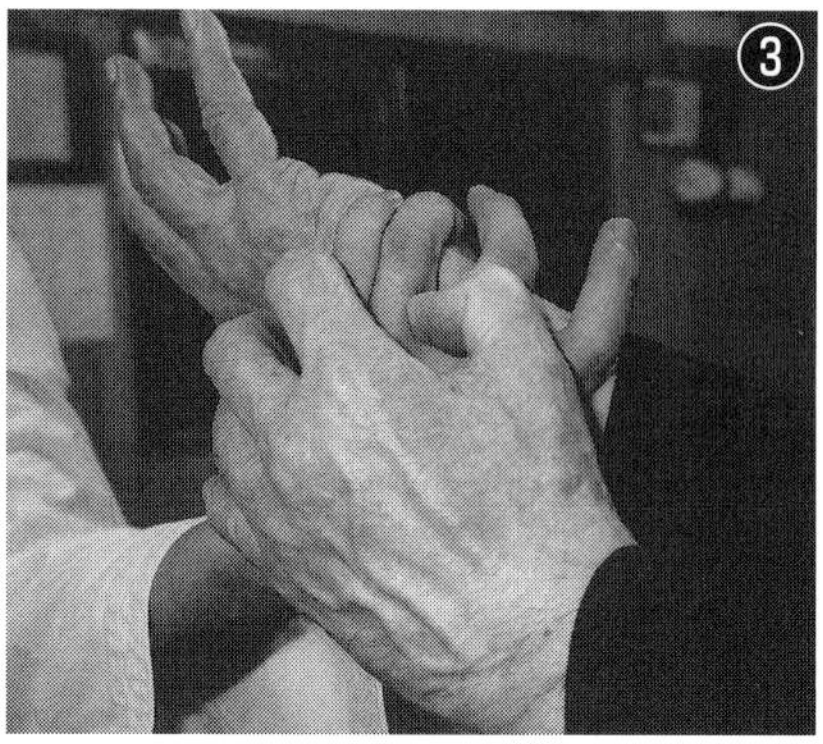

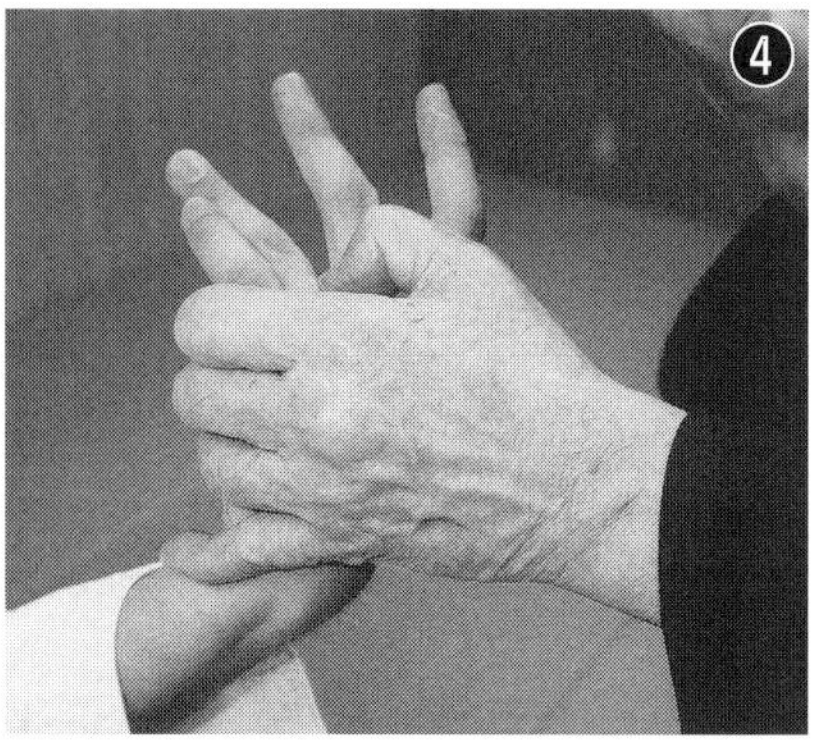

〔受〕左手で捕の右手をとる。(❶)
〔捕〕右手を上げて、掌を手前に向け、(❷)
左手親指を受の指間に押し込み、(❸)
四指で受の左手小指側の掌を掴む。左
手親指で受の指の側腹を突き押し痛め
る。(❹)右手を受の左手より外す。右手
で受の親指を除く四指を握り右に捻り
倒す。(❺・❻)

1 逃げる背広を掴み倒し

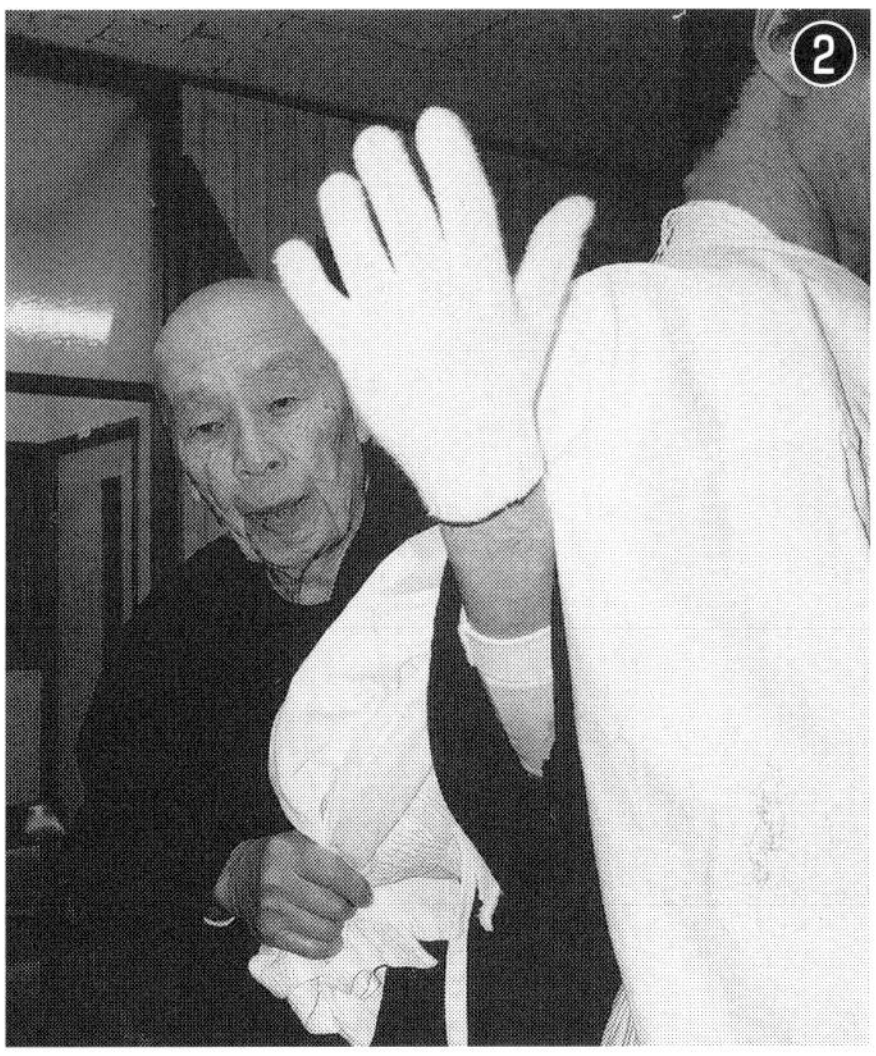

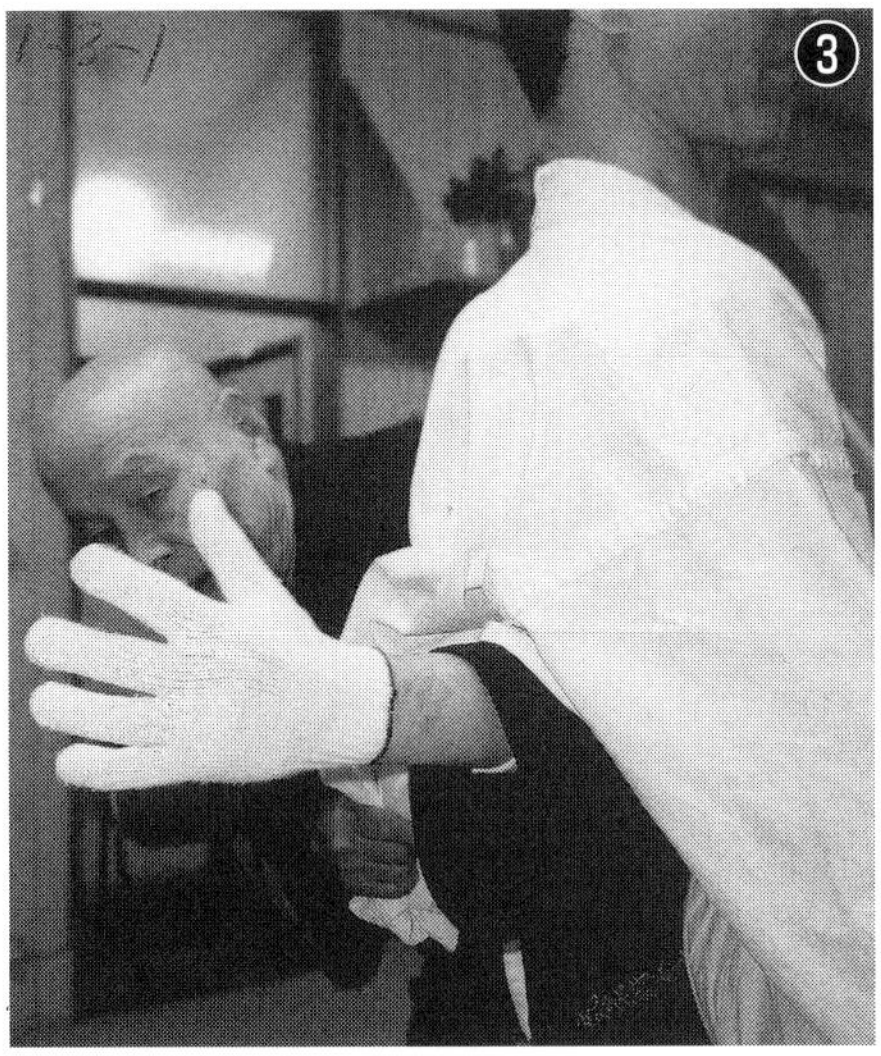

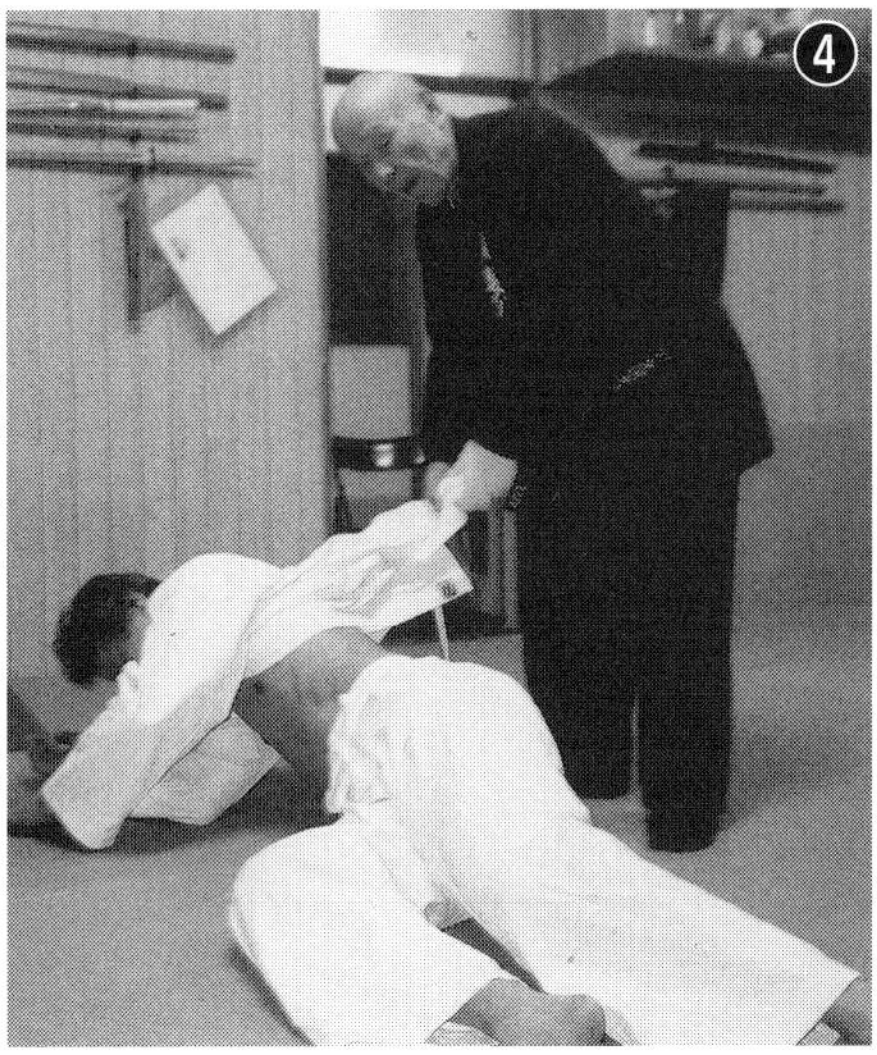

〔受〕逃げる。

〔捕〕後より追いかけ、右手で背広の上衣の下端をとる。（❶）受の背広の下端を上にまくり上げて、左手で上衣を丸くまとめて上に上げ、受を背伸びさせる。（❷）右足を受の右足にかけて、両手で受を下に引き倒す。（❸・❹）

あとがき

如何にして弱い者が危機を脱するか、強い者に対抗出来るか。

これが武道を習う者の目的だと思います。弱い者が強くなりたいという願望は誰でも持っているはずです。短期間でこの希望を適えるには合理的な考えと、稽古が必要です。本書を読まれ参考になれば幸いと存じます。

武道は武道家のみの占有物ではなく、広く一般国民も学び、自分の身と家族を守る自信を持つべきです。日本では会社人間、仕事人間となり忙しく、暇がない日常で、武道を習うことは困難と思いますが、出来るだけ習ってください。習っただけの効果はあります。それは人生に自信がつきます。

最後に本書を完成するに当たり、御協力を煩わせました左記の方々に感謝申し上げます。

（敬称略）

山上忠彦、西野篤、桂芳紀、桂悠、田場川毅、吉田雅英、高部和男、倉三稚代、中井薫、竹内智志、溝端俊明、ロッドニイー・マーラー、畑野和男、畑村実、大井理恵、蛭川祐治、木村奈央、大西由美、藤田千恵。

■著者略歴

吉岡英彦(よしおかひでひこ)

大正8年11月18日生まれ
昭和18年9月　京都帝国大学卒業
昭和18年12月　任陸軍建技中尉
昭和20年6月　任陸軍建技大尉
技術士建設部門(都市計画、下水道)
合気道、柔道、空手、棒術、サイ、
古流剣術等修業
昭和63年1月　奈良に道場開設

体《たい》気《き》流《りゅう》合《あい》気《き》柔《じゅう》術《じゅつ》拳《けん》法《ぽう》
――体気流護身術のすべて――

二〇〇八年二月二十九日　初版第一刷発行
二〇一二年八月十八日　初版第三刷発行

著者
吉岡英彦

発行者
井戸清一

発行所
図書出版　浪速社
〒540-0037
大阪市中央区内平野町二-二-七
電　話(〇六)六九四二-五〇三二
FAX(〇六)六九四三-一三四六

印刷・製本
モリモト印刷(株)

落丁・乱丁その他不良品がございましたら、お手数ではございますが
お買い求めの書店もしくは小社へお申しつけください。お取り替えさせて頂きます。

Printed in Japan　ISBN978-4-88854-020-9